2024 年 版

活 用 労 働 統 計

―生産性・賃金・物価関連統計―

利用上の注意

1．年次の表わし方

とくに断りのないもの、および「年」としてあるのは暦年（1－12月）である。「年度」とあるのは該当年4月－翌年3月である。

2．パーセントとポイント

前年比較の数字は、通常は比率（百分率、すなわち%）で示される。しかしパーセントどうしの比較を前年比で行う場合、パーセントをパーセントで割ってパーセントを出すことになり混乱もするし無意味なこともあり､引き算をして差をとる。この結果を「ポイント」(正確にはパーセンテージ・ポイント）と呼び、本書でもその場合「ポイント」として、ポイント差でマイナスのとき「－」を付した。なお「△」は増減率や騰落率のマイナスをあらわす。

3．年　　率

年率とは年平均上昇率のことをいい、その算出には各種の方法がある。本書では、複利計算方式や算術平均方式等によって算出されている。そして、各方式によって得られる値には若干の差を生じることがある（詳細は用語解説4を参照)。

4．指数の基準時の変更と数値改訂

本書で掲載されている指数の基準年次は主に令和2年と平成27年であるが、指数の基準時が変更される際に、指数値やその増減率が遡及して変えられる。加えて、計算方法や採用品目、ウエイトの改訂などにより従来の公表数値と性格が異なる場合があり、一定年限まではそれらを反映して接続できる数値が遡及して公表されるが、公表されない数値は接続できないので、本書ではその接続指数の最も古い年次でリンクさせ、そのリンクした年次の数値の下にを引いて接続できないことを示している。

5．産業分類

日本標準産業分類は、昭和24年に設定されて以降、産業構造の変化に応じて改訂されてきたが、直近では平成25年10月に第13回目の改訂が行われ、官公庁公表の統計データも改められている。本冊子でも、公表の範囲で新産業分類で掲載されている。

改訂内容の詳細については、D－3表下段を参照のこと。

6．複数回答

制度調査などでは、複数回答の設問が存在するが、その場合は統計表の見出しや表中にM.A.とmulti-answers の頭文字を明記している。

7．資料出所

資料出所は各統計表の下に掲載しているが、2001年1月の官庁組織改編により名称が変更になったものについては、新名称のみで掲載している。

刊　行　の　辞

本統計集は、生産性・賃金、その他労働経済を学ぶ際の資料となり、また労働関係者の皆様にさまざまな場面で活用いただくことを想定し、編集いたしました。各種の統計調査機関が発表する統計資料を簡約に整理し、加工・分析を加えてあります。

統計数字は、さまざまな事象を数量的に表現したものです。したがって統計数字は一つだけでなく、一定の基準に合わせて集めてみると、それらの統計が互いに共鳴し色々な事実を教えてくれます。技術生産物にみえる統計数字からさまざまな事象の相互関係が浮かび上がるという統計の面白さが、本統計集を通じて少しでも利用される皆様に伝われば幸いです。

1966年創刊の本統計集は、2024年で59回目の版を重ねます。創刊以来、高度成長、石油ショック、低成長、円高、バブル景気、マイナス成長、IT景気、リーマンショック、ユーロ危機、働き方改革といった内外経済の大きなうねりの局面に合わせ、その都度、改良改善を加え、現在ではハンディで包括的な労働経済関連統計集として、企業実務家・労働組合関係の皆様のみならず、研究者や一般の方々にも広く利用されております。長期時系列データに加え、その時々で話題性のあるデータや調査結果を掲載するなど、長年にわたって多くの方々からご支持いただいております。

今年度版でも、雇用構造変化の動向にあわせ、サービス経済化、非正規雇用の増大や就業形態の多様化、ダイバーシティ時代に対応したデータを掲載するとともに、2015年度版から利用者の皆様からの声により、A項とB項を年度から暦年表示に、なお2017年度版より、スペースの関係から1985年以前は５年毎に変更しています。また、国際比較の一部では、掲載年次と内容の見直しや国の加除を行いました。労使交渉、賃金・人事制度検討などの基礎資料にとどまらず、わが国の労働経済全般を把握するための基本指標として、是非ご活用下さい。

また、創刊より長年、ご指導をいただきました故孫田良平先生、故中村厚史先生ほか、関係者の方々に厚く御礼申し上げます。

2024年１月

公益財団法人　日本生産性本部
生産性労働情報センター

序

――この統計集はなぜ生まれたか――

現在の経済にみられる大きな特徴は、数字によって事態が表わされ、評価され、判断されるということである。かっての統計数字は人口・土地面積・田畑や森林の広さなど、静態的に状況を説明するために用いられた。明治初年に統計を政表（Statistikの訳）と呼んだが、この語はまさにその特徴を示していた。しかし、今の統計は予見と行動のための用具である。事物が複雑になればなるほど、行政機関も企業も、刻々に統計をつくり、計画的に業務を遂行しなければならない。最近の計画理論や計算機の発展は、それと密接な関連をもっている。

労働組合・労使関係ではどうであろうか。ひところにくらべると、統計の利用は長足の進歩をとげた。「やや」「かなり」「甚だしく」といった主観的表現は具体的な数字で表わすようになったし、「政府統計は人民抑圧の手段」という声も聞かれなくなった。賃金・物価・生産性・経営・家計などの数字を使う方法も客観性を加えた。

統計的手法はさらに利用されるべきであろう。孫子は「名主賢将の人に勝ち、成功の衆にぬきんでる所以のものは先知なり」といい「先知なるものは鬼神の秘法で知るものでなければ、過去の出来事で類推し得るものでもなく、人に頼って敵情を知ること」だと説いた。情勢を人に依存した孫子も、2500年たった現代だったら、先知とは統計と情報を活用することだ、というであろう。情報でさえ統計的手法でその確かさを類推し得るのである。

さて、既存の統計を利用しようにも多くの障害がある。第１に統計数字が利用できる形で一か所に集まっていないことだ。各省庁ごとに統計報告書が発行されているが、統括してみるには不便である。経済企画庁・総理府統計局・労働省などで統計月報を刊行しているが、とくに労使関係を対象としてはいなかったり、省庁の枠のなかでしか記載されていなかったり、あるいは長期系列がなかったりしているため、不便が多い。第２に統計の原数字があっても、これに適当な加工を行ったり、比較対象のため異なった統計を組みあわせたりしていないことである。たとえば売上高・付加価値・賃金総額の統計がならんでいても、これから付加価値率・労働分配率を計算しておかなければ、すぐに使うわけにはいかぬ。生産性の数字があっても賃金と比較できるよう対照できる表を作らねばならぬ。日本生産性本部発表の生産性指数のほかに国民的生産性（１人あたり国民総生産）も必要だ。またいくら昭和35年にくらべ39年の賃金が５割増した、といっても、何年に何パーセント上がったかが判らぬと判断が困難である。第３に統計を使うには、目先の政治的判断が優先して、結論に合うような数字なら使用するが、さもなければ知らぬ顔で通そうとする粗雑さが許されていることである。統計に対して無知な人は数字に幻惑されて、特定目的のために数字にふりまわされ、結論を誤ってしまう。「世の中にウソが三つある。知っているウソ、知っているが黙っているウソ、そして統計」（ディスレー卿）という表現は、統計の偽まん性をつくものである。しかし統計の利用法が正しい限り、統計は率直に問題の所在を教え、行動の方法を示唆する。統計数字はその意味で、人により生きもし、死にもする。その性質を忘れると、統計が単に自己主張の武器になり下がったり、他人の非を攻撃する道具となる。この点を考えた親切な統計が少ない。

以上の３つの難点を考慮して、われわれは第１に自由な立場で、孤立的に労働経済をみるのでなく、総合的に「経済のなかの労働」をみることに便なるような利用度の高いものを、加工・分析して日常に供すること、第２に一方的独断的判断を避け、時系列比較では少なくも５年から10年はさかのぼって比較できるよう、また今日の日本の特質をみるためには国際比較をも加えること、第３に表の羅列に止まらず、表や注や説明を通じて努めて統計の示すものを十分に伝えるよう工夫することを念頭において、この統計集を作成した。

原典は経済企画庁・総理府統計局・労働省・ILO・国連等、内外諸機関からの既刊の報告書のほか、原数字を直接収集し、必要最小限度の量を考えて編集・加工を行った。とくに加工にあたっては指数化・比率化などは実際上の必要を十分に考え、また統計利用の頻度が高い生産性・賃金・物価については、近時の所得政策・物価対策等を考究する便も考えて早見表形式を採用した。

本統計集の構想は、日本生産性本部労働教育委員会（委員長・金子美雄）が数年前からもっていたものである。その間、仮報告書を作成したり、研究会を開催してプランを練り、ようやく本書が生まれた。しかし、これもまだ出発点に立ったにすぎない。必要に応じて、さらに統計表を加え、説明を付し、改良を重ねる計画である。

（1965年・初版より）

目　次

D　生 産 性・経 営

E　雇　　用

J　国　際　比　較

K　中・長期経済見通し

付　録

経済白書・経済財政白書の副題からみた日本経済の歩み

	経済白書・経済財政白書の副題
	＜経済白書（平成12年まで）＞
昭和30	前進への道
31	日本経済の成長と近代化
32	速すぎた拡大とその反省
33	景気循環の復活
34	速やかな景気回復と今後の課題
35	日本経済の成長力と競争力
36	成長経済の課題
37	景気循環の変貌
38	先進国への道
39	開放体制下の日本経済
40	安定成長の課題
41	持続的成長への道
42	能率と福祉の向上
43	国際化のなかの日本経済
44	豊かさへの挑戦
45	日本経済の新しい次元
46	内外均衡達成への道
47	新しい福祉社会の建設
48	インフレなき福祉をめざして
49	成長経済を超えて
50	新しい安定軌道をめざして
51	新しい発展のための基礎がため
52	安定成長への適応を進める日本経済
53	構造転換を進めつつある日本経済
54	すぐれた適応力と新たな出発
55	先進国日本の試練と課題
56	日本経済の創造的活力を求めて
57	経済効率性を活かす道
58	持続的成長への足がため
59	新たな国際化に対応する日本経済
60	新しい成長とその課題
61	国際的調和をめざす日本経済
62	進む構造調整と今後の課題
63	内需型成長持続と国際社会に貢献
平成元	平成経済の門出と日本経済の新しい潮流
2	持続的拡大への道
3	長期拡大の条件と国際社会における役割
4	調整をこえて新たな展開を目指す日本経済
5	バブルの教訓と新たな発展への課題
6	厳しい調整を越えて新たなフロンティアへ
7	日本経済のダイナミズムの復活をめざして
8	改革が展望を切り開く
9	改革へ本格起動する日本経済
10	創造的発展への基礎固め
11	経済再生への挑戦
12	新しい世の中が始まる
	＜経済財政白書（平成13年以降）＞
13	改革なくして成長なし
14	改革なくして成長なしⅡ
15	改革なくして成長なしⅢ
16	改革なくして成長なしⅣ
17	改革なくして成長なしⅤ
18	成長条件が復元し、新たな成長をめざす日本経済
19	生産性上昇に向けた挑戦
20	リスクに立ち向かう日本経済
21	危機の克服と持続的回復への展望
22	需要の創造による成長力の強化
23	日本経済の本質的な力を高める
24	日本経済の復興から発展的創造へ
25	経済の好循環の確立に向けて
26	よみがえる日本経済、広がる可能性
27	四半世紀ぶりの成果と再生する日本経済
28	リスクを越えて好循環の確立へ
29	技術革新と働き方改革がもたらす新たな成長
30	今、Society5.0の経済へ
令和元	「令和」新時代の日本経済
2	コロナ危機：日本経済変革のラストチャンス
3	レジリエントな日本経済へ：強さと柔軟性を持つ経済社会に向けた変革の加速
4	人への投資を原動力とする成長と分配の好循環実現へ
5	動き始めた物価と賃金

資料出所　内閣府経済社会総合研究所。
注　「経済白書」は、平成13年より「経済財政白書」に書名が変更された。

景気動向指数（DI・一致指数）にみる日本経済の動き

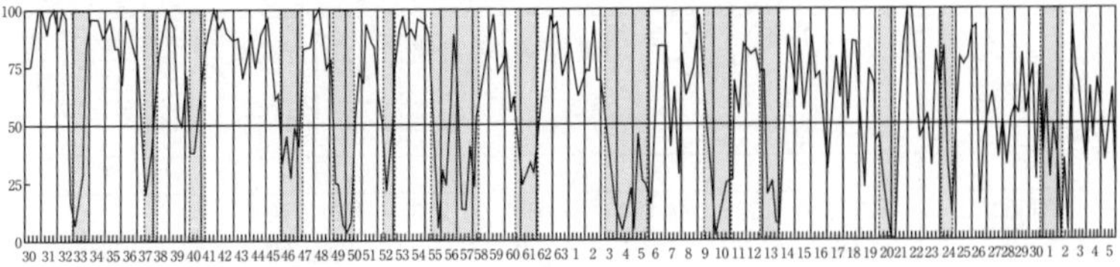

注：シャドー部分は景気後退期を示す

生産性・賃金・物価関連指標対前年同期増減率

(1) 生産性（製造業）

（%）

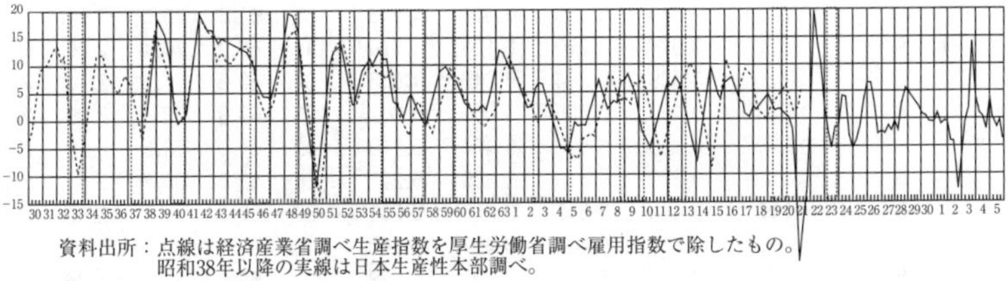

資料出所：点線は経済産業省調べ生産指数を厚生労働省調べ雇用指数で除したもの。
昭和38年以降の実線は日本生産性本部調べ。

(2) 名目賃金（現金給与総額）（製造業）

（%）

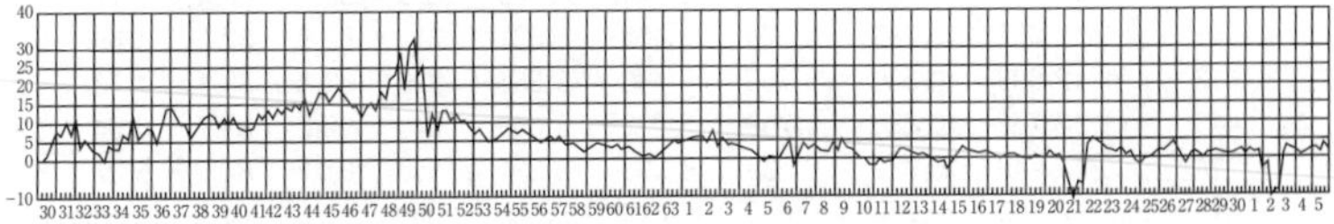

資料出所：厚生労働省「毎月勤労統計」（規模30人以上）。

(3) 消費者物価

（%）

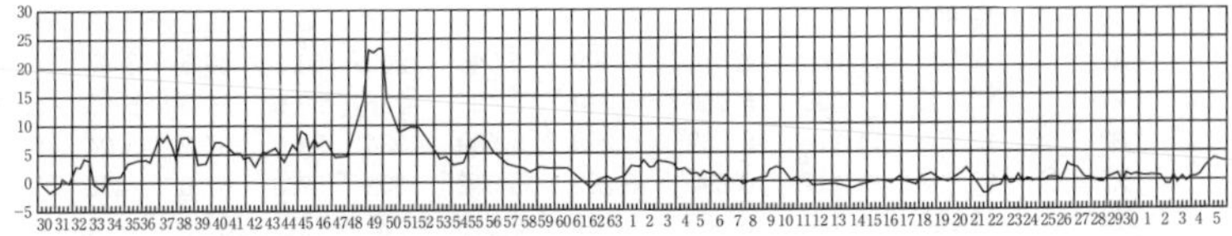

資料出所：総務省統計局「消費者物価指数」。
注：昭和40年までは「人口５万人以上の都市」。41年以降は「全国」。

(4) 完全失業者数（季節調整済）

（万人）

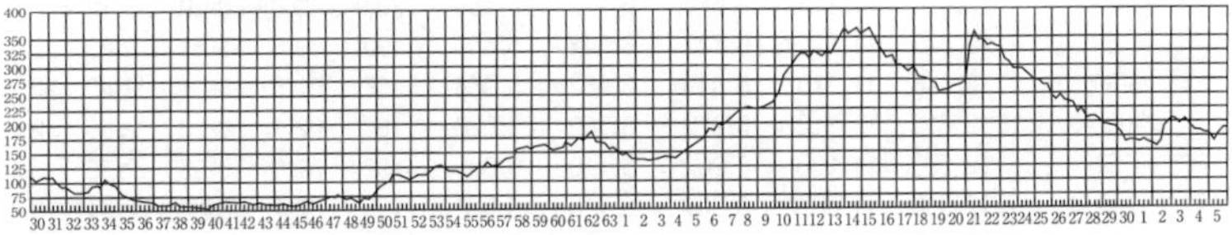

資料出所：総務省統計局「労働力調査」。

A－1(1) 主　要

暦年	総人口 (1)	15歳以上人口 (2)	労働力人口 (3)	就業者 (4)	雇用者 (5)	完全失業者 (6)	労働力率 (3)÷(2)	雇用者比率 (5)÷(4)	完全失業率 (6)÷(3)	完全失業率 (6)÷{(6)+(5)}
	万人						%			
昭和30年	8,928	5,925	4,194	4,090	1,778	105	70.8	43.5	2.50	5.58
35	9,342	6,520	4,511	4,436	2,370	75	69.2	53.4	1.66	3.07
40	9,828	7,287	4,787	4,730	2,876	57	65.7	60.8	1.19	1.94
45	10,372	7,885	5,153	5,094	3,306	59	65.4	64.9	1.14	1.75
50	11,194	8,443	5,323	5,223	3,646	100	63.0	69.8	1.88	2.67
55	11,706	8,932	5,650	5,536	3,971	114	63.3	71.7	2.02	2.79
60	12,105	9,465	5,963	5,807	4,313	156	63.0	74.3	2.62	3.49
63	12,275	9,849	6,166	6,011	4,538	155	62.6	75.5	2.51	3.30
平成元年	12,321	9,974	6,270	6,128	4,679	142	62.9	76.4	2.26	2.95
2	12,361	10,089	6,384	6,249	4,835	134	63.3	77.4	2.10	2.70
3	12,410	10,199	6,505	6,369	5,002	136	63.8	78.5	2.09	2.65
4	12,457	10,283	6,578	6,436	5,119	142	64.0	79.5	2.16	2.70
5	12,494	10,370	6,615	6,450	5,202	166	63.8	80.7	2.51	3.09
6	12,527	10,444	6,645	6,453	5,236	192	63.6	81.1	2.89	3.54
7	12,557	10,510	6,666	6,457	5,263	210	63.4	81.5	3.15	3.84
8	12,586	10,571	6,711	6,486	5,322	225	63.5	82.1	3.35	4.06
9	12,616	10,661	6,787	6,557	5,391	230	63.7	82.2	3.39	4.09
10	12,647	10,728	6,793	6,514	5,368	279	63.3	82.4	4.11	4.94
11	12,667	10,783	6,779	6,462	5,331	317	62.9	82.5	4.68	5.61
12	12,693	10,836	6,766	6,446	5,356	320	62.4	83.1	4.73	5.64
13	12,732	10,886	6,752	6,412	5,369	340	62.0	83.7	5.04	5.96
14	12,749	10,927	6,689	6,330	5,331	359	61.2	84.2	5.37	6.31
15	12,769	10,962	6,666	6,316	5,335	350	60.8	84.5	5.25	6.16
16	12,779	10,990	6,642	6,329	5,355	313	60.4	84.6	4.71	5.52
17	12,777	11,008	6,651	6,356	5,393	294	60.4	84.8	4.42	5.17
18	12,790	11,030	6,664	6,389	5,478	275	60.4	85.7	4.13	4.78
19	12,803	11,066	6,684	6,427	5,537	257	60.4	86.2	3.85	4.44
20	12,808	11,086	6,674	6,409	5,546	265	60.2	86.5	3.97	4.56
21	12,803	11,099	6,650	6,314	5,489	336	59.9	86.9	5.05	5.77
22	12,806	11,111	6,632	6,298	5,500	334	59.6	87.3	5.04	5.73
23	12,783	11,117	6,596	6,293	5,512	302	59.3	87.6	4.58	5.19
24	12,763	11,110	6,565	6,280	5,513	285	59.1	87.8	4.34	4.92
25	12,741	11,107	6,593	6,326	5,567	265	59.3	88.0	4.02	4.54
26	12,723	11,109	6,609	6,371	5,613	236	59.4	88.1	3.57	4.03
27	12,705	11,110	6,625	6,402	5,663	222	59.6	88.5	3.35	3.77
28	12,694	11,115	6,678	6,470	5,755	208	60.0	88.9	3.12	3.49
29	12,673	11,118	6,732	6,542	5,830	190	60.5	89.1	2.83	3.16
30	12,648	11,116	6,849	6,682	5,954	167	61.5	89.1	2.43	2.72
令和元年	12,619	11,112	6,912	6,750	6,028	162	62.1	89.3	2.35	2.63
2	12,586	11,108	6,902	6,710	6,005	192	62.0	89.5	2.78	3.10
3	12,550	11,087	6,907	6,713	6,016	195	62.1	89.6	2.81	3.13
4	12,495	11,038	6,902	6,723	6,041	179	62.5	89.9	2.59	2.88

資料出所　(1)～(6)欄：総務省統計局「労働力調査」。(7)～(17)欄：内閣府「国民経済計算年報」。(19)欄：経済産業省「鉱工業生産指数」。(20)欄：日本銀行「企業物価指数」。(21)欄：総務省統計局「消費者物価指数」。

注　1．「国民経済計算年報」「労働力調査」に関する数値は昭和48年度までは沖縄県を含んでいない。

経　済　指　標

国民総所得（GNI）		国内総生産（GDP）		就業者１人当り GNI		就業者１人当り GDP		
名　目 (7)	実　質 (8)	名　目 (9)	実　質 (10)	名　目 (11) (7)÷(4)	実　質 (8)÷(4)	名　目 (12) (9)÷(4)	実　質 (10)÷(4)	暦　年 (西暦)
10億円		10億円		千　円		千　円		
8,399	47,243	8,370	47,075	205.4	1,155.1	204.6	1,151.0	1955
15,998	71,632	16,010	71,683	360.6	1,614.8	360.9	1,615.9	60
32,773	110,976	32,866	111,294	692.9	2,346.2	694.8	2,352.9	65
73,188	187,918	73,345	188,323	1,436.8	3,689.0	1,439.8	3,697.0	70
148,170	234,203	148,327	234,459	2,836.9	4,484.1	2,839.9	4,489.0	75
242,791	281,335	242,839	284,375	4,385.7	5,081.9	4,386.5	5,136.8	80
326,616	348,508	325,402	350,602	5,624.5	6,001.5	5,603.6	6,037.6	85
382,955	407,705	380,743	402,160	6,370.9	6,782.6	6,334.1	6,690.4	88
412,845	429,786	410,122	423,757	6,737.0	7,013.5	6,692.6	6,915.1	89
445,553	451,713	442,781	447,370	7,130.0	7,228.6	7,085.6	7,159.1	90
472,493	467,510	469,422	462,242	7,418.6	7,340.4	7,370.4	7,257.7	91
484,772	472,797	480,783	466,028	7,532.2	7,346.1	7,470.2	7,241.0	92
487,875	474,244	483,712	466,825	7,564.0	7,352.6	7,499.4	7,237.6	93
515,164	469,137	510,916	446,522	7,983.3	7,270.1	7,917.5	6,919.6	94
526,046	482,565	521,614	458,270	8,146.9	7,473.5	8,078.3	7,097.3	95
542,020	498,142	535,562	472,632	8,356.8	7,680.3	8,257.2	7,287.0	96
550,679	502,204	543,545	477,270	8,398.3	7,659.1	8,289.5	7,278.8	97
543,123	496,781	536,497	471,207	8,337.8	7,626.4	8,236.1	7,233.8	98
534,554	495,510	528,070	469,633	8,272.3	7,668.1	8,171.9	7,267.6	99
543,164	508,755	535,418	482,617	8,426.4	7,892.6	8,306.2	7,487.1	2000
539,919	510,780	531,654	484,480	8,420.5	7,966.0	8,291.5	7,555.8	01
532,133	510,953	524,479	484,684	8,406.5	8,071.9	8,285.6	7,656.9	02
532,434	518,540	523,969	492,124	8,429.9	8,209.9	8,295.9	7,791.7	03
539,621	530,220	529,401	502,882	8,526.2	8,377.6	8,364.7	7,945.7	04
544,324	537,233	532,516	511,954	8,563.9	8,452.4	8,378.2	8,054.7	05
549,471	541,977	535,170	518,980	8,600.3	8,483.0	8,376.4	8,123.0	06
555,807	549,063	539,282	526,681	8,648.0	8,543.1	8,390.9	8,194.8	07
542,003	532,124	527,824	520,233	8,456.9	8,302.8	8,235.7	8,117.2	08
507,378	509,167	494,938	490,615	8,035.8	8,064.1	7,838.7	7,770.3	09
518,997	526,973	505,531	510,720	8,240.7	8,367.3	8,026.8	8,109.2	10
511,914	521,703	497,449	510,842	8,134.7	8,290.2	7,904.8	8,117.6	11
514,292	526,879	500,475	517,864	8,189.4	8,389.8	7,969.3	8,246.2	12
526,197	540,005	508,701	528,248	8,318.0	8,536.3	8,041.4	8,350.4	13
538,096	541,723	518,811	529,813	8,446.0	8,503.0	8,143.3	8,316.0	14
559,196	559,290	538,032	538,081	8,734.7	8,736.2	8,404.1	8,404.9	15
563,307	566,469	544,365	542,137	8,706.4	8,755.3	8,413.7	8,379.2	16
573,534	573,344	553,073	551,220	8,766.9	8,764.0	8,454.2	8,425.9	17
577,919	573,210	556,630	554,767	8,648.9	8,578.4	8,330.3	8,302.4	18
579,767	572,152	557,911	552,535	8,589.1	8,476.3	8,265.3	8,185.7	19
559,606	552,272	539,808	529,621	8,339.9	8,230.6	8,044.8	7,893.0	20
578,986	565,051	552,571	543,176	8,624.8	8,417.3	8,231.4	8,091.4	21
593,729	564,725	559,710	548,362	8,831.3	8,399.9	8,325.3	8,156.5	22

2．令和５年12月25日発表値。国民経済計算の系列は、昭和30年から54年まで（上表では５年おき）が68SNA、昭和55年から平成５年までが93SNA、平成６年以降が2008SNAベース。上表では便宜的に各系列を昭和30年から掲載しているが、ただし昭和30年から最新年までの同一基準による遡及データは発表されていないため、直接は接続しない。なお実質値は、昭和54年までは平成２年暦年の固定基準年、以降平成５年までは平成12年暦年基準の連鎖価格、平成６年以降は平成27年暦年基準の連鎖価格表示。

A－1(2) 主　要

暦　年	分配国民所得（名目）(13)	雇用者報酬（名目）(14)	〔参考〕雇用者報酬（実質）	民間法人企業所得（配当受払後）（名目）(15)	民間最終消費支出 名目 (16)	民間最終消費支出 実質 (17)	労働分配率 (14)÷(13)	労働分配率 (18)÷(12)	人口１人当り分配国民所得（名目）(13)÷(1)
	10億円						%		
昭和30年	6,772	3,456	19,525	357	5,502	30,697	51.0	95.0	75.9
35	12,912	6,483	33,943	1,661	9,395	46,232	50.2	75.8	138.2
40	26,065	14,528	56,751	2,475	19,239	69,964	55.7	72.7	265.2
45	59,153	31,942	95,635	9,694	38,333	109,287	54.0	67.1	570.3
50	121,026	81,678	142,049	6,988	84,763	142,605	67.5	78.9	1,081.2
55	196,750	129,498	164,129	23,924	132,247	167,313	65.8	74.3	1,680.8
60	256,338	171,888	190,352	31,667	176,707	197,044	67.1	71.1	2,117.6
63	296,228	196,182	215,585	40,720	203,367	224,263	66.2	68.3	2,413.4
平成元年	316,003	210,203	226,025	38,832	217,529	235,099	66.5	67.1	2,564.9
2	339,441	227,343	237,062	35,928	234,704	247,309	67.0	66.4	2,746.0
3	363,376	245,595	247,825	34,503	246,499	252,716	67.6	66.6	2,928.1
4	366,180	253,578	251,816	30,488	255,976	258,038	69.2	66.3	2,939.6
5	366,975	259,075	254,245	30,521	261,256	260,635	70.6	66.4	2,937.3
6	369,218	261,625	239,364	29,711	269,405	249,412	70.9	63.1	2,947.5
7	377,736	266,003	245,164	36,309	275,119	255,554	70.4	62.6	3,008.2
8	390,199	270,690	249,714	47,520	280,900	260,558	69.4	61.6	3,100.3
9	394,664	278,751	254,567	44,619	285,926	262,003	70.6	62.4	3,128.4
10	383,850	274,572	250,980	39,481	284,340	260,308	71.5	62.1	3,035.1
11	377,739	269,252	247,474	41,147	285,672	263,087	71.3	61.8	2,982.1
12	385,745	269,890	250,594	50,431	287,352	267,139	70.0	60.7	3,039.1
13	379,834	266,604	251,513	49,860	289,337	272,617	70.2	59.9	2,983.4
14	375,855	257,433	246,583	53,769	288,791	276,130	68.5	58.3	2,948.2
15	379,296	255,180	247,028	59,580	287,644	277,881	67.3	57.7	2,970.4
16	385,931	255,963	249,477	65,643	289,743	281,553	66.3	57.1	3,020.1
17	390,659	260,594	256,996	63,251	291,829	285,863	66.7	57.7	3,057.6
18	392,040	265,192	261,788	57,358	294,499	288,517	67.6	57.8	3,065.2
19	396,234	266,616	264,500	58,468	295,717	290,696	67.3	57.4	3,094.8
20	379,417	266,806	262,604	47,051	294,335	287,402	70.3	58.4	2,962.3
21	348,968	253,798	256,361	32,390	285,154	284,772	72.7	59.0	2,725.6
22	362,502	251,175	257,615	49,766	287,488	291,408	69.3	56.9	2,830.8
23	356,058	251,584	259,098	44,790	284,641	289,880	70.7	57.7	2,785.4
24	359,170	251,650	260,507	46,858	288,669	295,760	70.1	57.3	2,814.2
25	369,920	253,333	261,978	54,864	295,751	303,468	68.5	56.6	2,903.4
26	373,997	257,521	259,597	55,323	298,999	300,717	68.9	56.3	2,939.5
27	389,445	260,614	260,614	65,443	300,065	300,065	66.9	54.8	3,065.3
28	393,197	267,401	268,206	64,916	297,776	298,785	68.0	55.2	3,097.5
29	401,074	272,102	271,288	66,654	302,054	301,929	67.8	55.2	3,164.8
30	402,481	281,350	277,740	61,452	304,892	302,626	69.9	56.7	3,182.2
令和元年	401,408	286,892	281,543	56,094	304,366	300,738	71.5	57.6	3,181.0
2	378,900	283,187	276,549	39,751	291,783	287,369	75.0	58.7	3,010.5
3	393,200	288,745	279,792	48,515	295,828	289,619	73.7	58.6	3,133.1
4	403,156	295,385	276,319	50,851	311,063	295,860	73.3	58.7	3,226.5

注　1．分配国民所得等の内容については用語解説７～13を参照。労働分配率は後掲の用語解説19参照。
　　2．雇用者報酬の実質値は、名目値を家計最終消費支出（除く持家の帰属家賃）デフレーターで除して算出。

経 済 指 標

人口1人当り民間最終消費支出 名目 (16)÷(1)	人口1人当り民間最終消費支出 実質 (17)÷(1)	雇用者1人当り雇用者報酬 名目 (18) (14)÷(5)	雇用者1人当り雇用者報酬 実質	デフレーター GNI	デフレーター GDP	鉱工業生産指数（付加価値額ウエイト）(19)	国内企業物価指数（総平均）(20)	消費者物価指数（全国・総合）(21)	暦年（西暦）
千円				注4		注5			
61.6	343.8	194.4	1,098.2	19.1	19.9	7.2	－	－	1955
100.6	494.9	273.5	1,432.2	23.9	25.0	15.0	48.0	－	60
195.8	711.9	505.2	1,973.3	31.6	33.0	26.2	49.0	－	65
369.6	1,053.7	966.2	2,892.8	41.7	43.6	54.0	54.7	30.9	70
757.2	1,273.9	2,240.2	3,896.0	67.8	70.9	58.3	83.6	53.1	75
1,129.7	1,429.3	3,261.1	4,133.2	88.6	92.6	80.7	109.6	73.2	80
1,459.8	1,627.8	3,985.3	4,413.4	100.1	104.6	95.5	110.2	83.8	85
1,656.8	1,827.1	4,323.1	4,750.7	102.6	107.3	108.1	101.2	85.0	88
1,765.6	1,908.2	4,492.5	4,830.6	104.8	109.5	114.4	103.0	86.9	89
1,898.7	2,000.7	4,702.0	4,903.0	107.1	112.0	119.0	104.6	89.6	90
1,986.3	2,036.4	4,909.9	4,954.5	110.0	115.0	121.0	105.7	92.6	91
2,054.9	2,071.5	4,953.7	4,919.2	111.9	117.0	113.6	104.7	94.1	92
2,091.1	2,086.1	4,980.3	4,887.4	112.6	117.7	109.2	103.1	95.4	93
2,150.7	1,991.1	4,996.6	4,571.5	109.8	114.4	110.4	101.4	96.0	94
2,191.0	2,035.1	5,054.2	4,658.3	109.0	113.8	113.8	100.5	95.9	95
2,231.9	2,070.2	5,086.3	4,692.1	108.8	113.3	116.5	98.9	96.0	96
2,266.4	2,076.8	5,170.7	4,722.1	109.7	113.9	120.7	99.5	97.7	97
2,248.2	2,058.2	5,115.0	4,675.5	109.3	113.9	112.4	98.0	98.3	98
2,255.3	2,077.0	5,050.7	4,642.2	107.9	112.4	112.6	96.6	98.0	99
2,263.9	2,104.7	5,039.0	4,678.8	106.8	110.9	119.2	96.6	97.3	2000
2,272.6	2,141.3	4,965.6	4,684.5	105.7	109.7	111.1	94.4	96.7	01
2,265.3	2,166.0	4,829.0	4,625.5	104.1	108.2	109.8	92.5	95.8	02
2,252.6	2,176.1	4,783.1	4,630.3	102.7	106.5	113.0	91.6	95.5	03
2,267.4	2,203.3	4,779.9	4,658.8	101.8	105.3	118.4	92.8	95.5	04
2,284.1	2,237.4	4,832.1	4,765.4	101.3	104.0	120.0	94.3	95.2	05
2,302.6	2,255.8	4,841.0	4,778.9	101.4	103.1	125.3	96.4	95.5	06
2,309.7	2,270.5	4,815.2	4,777.0	101.2	102.4	129.0	98.1	95.5	07
2,298.0	2,243.9	4,810.8	4,735.0	101.9	101.5	124.6	102.6	96.8	08
2,227.2	2,224.2	4,623.8	4,670.5	99.6	100.9	97.4	97.2	95.5	09
2,245.0	2,275.6	4,566.8	4,683.9	98.5	99.0	112.5	97.1	94.8	10
2,226.7	2,267.7	4,564.3	4,700.6	98.1	97.4	109.3	98.5	94.5	11
2,261.8	2,317.3	4,564.7	4,725.3	97.6	96.6	110.1	97.7	94.5	12
2,321.3	2,381.8	4,550.6	4,705.9	97.4	96.3	109.6	98.9	94.9	13
2,350.1	2,363.6	4,587.9	4,624.9	99.3	97.9	111.9	102.1	97.5	14
2,361.8	2,361.8	4,602.0	4,602.0	100.0	100.0	110.5	99.7	98.2	15
2,345.8	2,353.7	4,646.4	4,660.4	99.4	100.4	110.5	96.2	98.1	16
2,383.4	2,382.5	4,667.3	4,653.3	100.0	100.3	114.0	98.4	98.6	17
2,410.6	2,392.7	4,725.4	4,664.8	100.8	100.3	114.6	101.0	99.5	18
2,412.0	2,383.2	4,759.3	4,670.6	101.3	101.0	111.6	101.2	100.0	19
2,318.3	2,283.2	4,715.8	4,605.3	101.3	101.9	100.0	100.0	100.0	20
2,357.2	2,307.7	4,799.6	4,650.8	102.5	101.7	105.4	104.6	99.8	21
2,489.5	2,367.8	4,889.7	4,574.1	105.1	102.1	105.3	114.7	102.3	22

3．消費者物価指数の昭和37年以前は人口５万人以上都市の指数（当時は、その範囲でしか調査されてなかった）。また、昭和45年以前は持家の帰属家賃を除く指数だが、45年からは持家の帰属家賃を含む指数。
4．デフレーターの基準年については９頁の注２を参照のこと。
5．鉱工業生産指数と国内企業物価指数と消費者物価指数の基準年は令和２年。

A－1(3) 主 要 経 済

暦　年	総人口(年央値) (1)	15歳以上人口 (2)	労働力人口 (3)	就業者 (4)	雇用者 (5)	完全失業者 (6)	国民総所得(GNI) 名目 (7)	国民総所得(GNI) 実質 (8)
昭和35／30年	1.08	1.9	1.5	1.6	5.9	△6.5	13.8	8.7
40／35	1.02	2.2	1.2	1.3	3.9	△5.3	15.4	9.2
45／40	1.08	1.6	1.5	1.5	2.8	0.7	17.4	11.1
50／45	1.54	1.4	0.7	0.5	2.0	11.1	15.1	4.5
55／50	0.90	1.1	1.2	1.2	1.7	2.7	10.4	3.7
60／55	0.67	1.2	1.1	1.0	1.7	6.5	6.1	4.4
61	0.50	1.3	1.0	0.8	1.5	7.1	4.6	4.5
62	0.48	1.4	1.1	1.0	1.1	3.6	4.2	4.3
63	0.41	1.3	1.3	1.7	2.5	△10.4	7.5	7.3
平成元年	0.37	1.3	1.7	1.9	3.1	△8.4	7.8	5.4
2	0.33	1.2	1.8	2.0	3.3	△5.6	7.9	5.1
3	0.40	1.1	1.9	1.9	3.5	1.5	6.0	3.5
4	0.38	0.8	1.1	1.1	2.3	4.4	2.6	1.1
5	0.30	0.8	0.6	0.2	1.6	16.9	0.6	0.3
6	0.26	0.7	0.5	0.0	0.7	15.7	0.9	0.9
7	0.24	0.6	0.3	0.1	0.5	9.4	2.1	2.9
8	0.23	0.6	0.7	0.4	1.1	7.1	3.0	3.2
9	0.24	0.9	1.1	1.1	1.3	2.2	1.6	0.8
10	0.25	0.6	0.1	△0.7	△0.4	21.3	△1.4	△1.1
11	0.15	0.5	△0.2	△0.8	△0.7	13.6	△1.6	△0.3
12	0.20	0.5	△0.2	△0.2	0.5	0.9	1.6	2.7
13	0.31	0.5	△0.2	△0.5	0.2	6.3	△0.6	0.4
14	0.13	0.4	△0.9	△1.3	△0.7	5.6	△1.4	0.0
15	0.16	0.3	△0.3	△0.2	0.1	△2.5	0.1	1.5
16	0.07	0.3	△0.4	0.2	0.4	△10.6	1.3	2.3
17	△0.01	0.2	0.1	0.4	0.7	△6.1	0.9	1.3
18	0.10	0.2	0.2	0.5	1.6	△6.5	0.9	0.9
19	0.10	0.3	0.3	0.6	1.1	△6.5	1.2	1.3
20	0.04	0.2	△0.1	△0.3	0.2	3.1	△2.5	△3.1
21	△0.04	0.1	△0.4	△1.5	△1.0	26.8	△6.4	△4.3
22	0.02	0.1	△0.3	△0.3	0.2	△0.6	2.3	3.5
23	△0.18	0.1	△0.5	△0.1	0.2	△9.6	△1.4	△1.0
24	△0.16	△0.1	△0.5	△0.2	0.0	△5.6	0.5	1.0
25	△0.17	△0.0	0.4	0.7	1.0	△7.0	2.3	2.5
26	△0.14	0.0	0.2	0.7	0.8	△10.9	2.3	0.3
27	△0.14	0.0	0.2	0.5	0.9	△5.9	3.9	3.2
28	△0.09	0.0	0.8	1.1	1.6	△6.3	0.7	1.3
29	△0.17	0.0	0.8	1.1	1.3	△8.7	1.8	1.2
30	△0.20	△0.0	1.7	2.1	2.1	△12.1	0.8	0.0
令和元年	△0.23	△0.0	0.9	1.0	1.2	△3.0	0.3	△0.2
2	△0.26	△0.0	△0.1	△0.6	△0.4	18.5	△3.5	△3.5
3	△0.29	△0.2	0.1	0.0	0.2	1.6	3.5	2.3
4	△0.44	△0.4	△0.1	0.1	0.4	△8.2	2.5	△0.1

資料出所　A－1(1)～(2)表参照。
注　1．△印は減少率を示す。
　　2．GNI 等の国民経済計算関係の項目の実質値については9頁の注3を参照のこと。

指　標（対前年増減率）

（単位　%）

国内総生産（GDP） 名目 (9)	国内総生産（GDP） 実質 (10)	就業者1人当り GNI 名目 (11) (7)÷(4)	就業者1人当り GNI 実質 (8)÷(4)	就業者1人当り GDP 名目 (12) (9)÷(4)	就業者1人当り GDP 実質 (10)÷(4)	分配国民所得（名目） (13)	雇用者報酬（名目） (14)	〔参考〕雇用者報酬（実質）	民間法人企業所得（配当受払後）（名目） (15)	暦年（西暦）
13.9	8.8	11.9	6.9	12.0	7.0	13.8	13.4	−	36.0	60／55
15.5	9.2	14.0	7.8	14.0	7.8	15.1	17.5	−	8.3	65／60
17.4	11.1	15.7	9.5	15.7	9.5	17.8	17.1	−	31.4	70／65
15.1	4.5	14.6	4.0	14.6	4.0	15.4	20.7	−	△ 6.3	75／70
10.4	3.9	9.1	2.5	9.1	2.7	10.2	9.7	−	27.9	80／75
6.0	4.3	5.1	3.4	5.0	3.3	5.4	5.8	3.0	5.8	85／80
4.7	2.8	3.8	3.7	3.8	2.0	4.2	4.2	3.8	9.5	86
4.0	4.1	3.2	3.3	3.0	3.1	3.6	3.5	3.7	8.0	87
7.5	7.1	5.7	5.5	5.7	5.4	7.0	5.8	5.2	8.7	88
7.7	5.4	5.7	3.4	5.7	3.4	6.7	7.1	4.8	△ 4.6	89
8.0	5.6	5.8	3.1	5.9	3.5	7.4	8.2	4.9	△ 7.5	90
6.0	3.3	4.0	1.5	4.0	1.4	7.1	8.0	4.5	△ 4.0	91
2.4	0.8	1.5	0.1	1.4	△ 0.2	0.8	3.3	1.6	△11.6	92
0.6	0.2	0.4	0.1	0.4	△ 0.0	0.2	2.2	1.0	0.1	93
1.0	0.9	0.9	0.9	0.9	0.8	0.1	2.0	1.5	△ 8.1	94
2.1	2.6	2.0	2.8	2.0	2.6	2.3	1.7	2.4	22.2	95
2.7	3.1	2.6	2.8	2.2	2.7	3.3	1.8	1.9	30.9	96
1.5	1.0	0.5	△ 0.3	0.4	△ 0.1	1.1	3.0	1.9	△ 6.1	97
△ 1.3	△ 1.3	△ 0.7	△ 0.4	△ 0.6	△ 0.6	△ 2.7	△ 1.5	△ 1.4	△ 11.5	98
△ 1.6	△ 0.3	△ 0.8	0.5	△ 0.8	0.5	△ 1.6	△ 1.9	△ 1.4	4.2	99
1.4	2.8	1.9	2.9	1.6	3.0	2.1	0.2	1.3	22.6	2000
△ 0.7	0.4	△ 0.1	0.9	△ 0.2	0.9	△ 1.5	△ 1.2	0.4	△ 1.1	01
△ 1.3	0.0	△ 0.2	1.3	△ 0.1	1.3	△ 1.0	△ 3.4	△ 2.0	7.8	02
△ 0.1	1.5	0.3	1.7	0.1	1.8	0.9	△ 0.9	0.2	10.8	03
1.0	2.2	1.1	2.0	0.8	2.0	1.7	0.3	1.0	10.2	04
0.6	1.8	0.4	0.9	0.2	1.4	1.2	1.8	3.0	△ 3.6	05
0.5	1.4	0.4	0.4	△ 0.0	0.8	0.4	1.8	1.9	△ 9.3	06
0.8	1.5	0.6	0.7	0.2	0.9	1.1	0.5	1.0	1.9	07
△ 2.1	△ 1.2	△ 2.2	△ 2.8	△ 1.8	△ 0.9	△ 4.2	0.1	△ 0.7	△ 19.5	08
△ 6.2	△ 5.7	△ 5.0	△ 2.9	△ 4.8	△ 4.3	△ 8.0	△ 4.9	△ 2.4	△ 31.2	09
2.1	4.1	2.5	3.8	2.4	4.4	3.9	△ 1.0	0.5	53.6	10
△ 1.6	0.0	△ 1.3	△ 0.9	△ 1.5	0.1	△ 1.8	0.2	0.6	△ 10.0	11
0.6	1.4	0.7	1.2	0.8	1.6	0.9	0.0	0.5	4.6	12
1.6	2.0	1.6	1.7	0.9	1.3	3.0	0.7	0.6	17.1	13
2.0	0.3	1.5	△ 0.4	1.3	△ 0.4	1.1	1.7	△ 0.9	0.8	14
3.7	1.6	3.4	2.7	3.2	1.1	4.1	1.2	0.4	18.3	15
1.2	0.8	△ 0.3	0.2	0.1	△ 0.3	1.0	2.6	2.9	△ 0.8	16
1.6	1.7	0.7	0.1	0.5	0.6	2.0	1.8	1.1	2.7	17
0.6	0.6	△ 1.3	△ 2.1	△ 1.5	△ 1.5	0.4	3.4	2.4	△ 7.8	18
0.2	△ 0.4	△ 0.7	△ 1.2	△ 0.8	△ 1.4	△ 0.3	2.0	1.4	△ 8.7	19
△ 3.2	△ 4.1	△ 2.9	△ 2.9	△ 2.7	△ 3.6	△ 5.6	△ 1.3	△ 1.8	△ 29.1	20
2.4	2.6	3.4	2.3	2.3	2.5	3.8	2.0	1.2	22.0	21
1.3	1.0	2.4	△ 0.2	1.1	0.8	2.5	2.3	△ 1.2	4.8	22

3．雇用者報酬の実質については、10頁注2を参照のこと。

A－1(4) 主要経済

暦年	民間最終消費支出		人口1人当り分配国民所得（名目）	人口1人当り民間最終消費支出		雇用者1人当り雇用者報酬	
	名目 (16)	実質 (17)	(13)÷(1)	名目 (16)÷(1)	実質 (17)÷(1)	名目 (18) (14)÷(5)	実質
昭和35／30年	11.3	8.5	12.7	10.3	7.6	7.1	－
40／35	15.4	8.6	13.9	14.2	7.5	13.1	－
45／40	14.8	9.3	16.5	13.6	8.2	13.8	－
50／45	17.2	5.5	13.6	15.4	3.9	18.3	－
55／50	9.3	3.2	9.2	8.3	2.3	7.8	－
60／55	6.0	3.3	4.7	5.3	2.6	4.1	1.3
61	4.1	3.7	3.7	3.6	3.2	2.7	2.2
62	4.7	4.4	3.1	4.2	3.9	2.3	2.6
63	5.6	5.1	6.6	5.2	4.7	3.3	2.7
平成元年	7.0	4.8	6.3	6.6	4.4	3.9	1.7
2	7.9	5.2	7.1	7.5	4.8	4.7	1.5
3	5.0	2.2	6.6	4.6	1.8	4.4	1.1
4	3.8	2.1	0.4	3.5	1.7	0.9	△ 0.7
5	2.1	1.0	△ 0.1	1.8	0.7	0.5	△ 0.6
6	2.8	2.3	△ 0.2	2.5	2.0	1.3	0.8
7	2.1	2.5	2.1	1.9	2.2	1.2	1.9
8	2.1	2.0	3.1	1.9	1.7	0.6	0.7
9	1.8	0.6	0.9	1.5	0.3	1.7	0.6
10	△ 0.6	△ 0.6	△ 3.0	△ 0.8	△ 0.9	△ 1.1	△ 1.0
11	0.5	1.1	△ 1.7	0.3	0.9	△ 1.3	△ 0.7
12	0.6	1.5	1.9	0.4	1.3	△ 0.2	0.8
13	0.7	2.1	△ 1.8	0.4	1.7	△ 1.5	0.1
14	△ 0.2	1.3	△ 1.2	△ 0.3	1.2	△ 2.8	△ 1.3
15	△ 0.4	0.6	0.8	△ 0.6	0.5	△ 0.9	0.1
16	0.7	1.3	1.7	0.7	1.2	△ 0.1	0.6
17	0.7	1.5	1.2	0.7	1.5	1.1	2.3
18	0.9	0.9	0.2	0.8	0.8	0.2	0.3
19	0.4	0.8	1.0	0.3	0.7	△ 0.5	△ 0.0
20	△ 0.5	△ 1.1	△ 4.3	△ 0.5	△ 1.2	△ 0.1	△ 0.9
21	△ 3.1	△ 0.9	△ 8.0	△ 3.1	△ 0.9	△ 3.9	△ 1.4
22	0.8	2.3	3.9	0.8	2.3	△ 1.2	0.3
23	△ 1.0	△ 0.5	△ 1.6	△ 0.8	△ 0.3	△ 0.1	0.4
24	1.4	2.0	1.0	1.6	2.2	0.0	0.5
25	2.5	2.6	3.2	2.6	2.8	△ 0.3	△ 0.4
26	1.1	△ 0.9	1.2	1.2	△ 0.8	0.8	△ 1.7
27	0.4	△ 0.2	4.3	0.5	△ 0.1	0.3	△ 0.5
28	△ 0.8	△ 0.4	1.1	△ 0.7	△ 0.3	1.0	1.3
29	1.4	1.1	2.2	1.6	1.2	0.4	△ 0.2
30	0.9	0.2	0.5	1.1	0.4	1.2	0.2
令和元年	△ 0.2	△ 0.6	△ 0.0	0.1	△ 0.4	0.7	0.1
2	△ 4.1	△ 4.4	△ 5.4	△ 3.9	△ 4.2	△ 0.9	△ 1.4
3	1.4	0.8	4.1	1.7	1.1	1.8	1.0
4	5.1	2.2	3.0	5.6	2.6	1.9	△ 1.7

注　1．春季賃上げ率は昭和55年以降は組合員数による加重平均値、昭和54年以前は単純平均値で、双方とも定昇込みである。
　　2．消費者物価指数(21)欄は、持家の帰属家賃を含んだ数値だが、（　）内は持家の帰属家賃を除いた数値。持家の帰属家賃を含んだ数値は昭和45年からしか調査されていない。持家の帰属家賃とは、所有住宅から

指　標（対前年増減率）

春季賃上げ率	デフレーター		注3			暦年（西暦）
	GNI	GDP	鉱工業生産指数（付加価値額ウェイト）(19)	国内企業物価指数（総平均）(20)	消費者物価指数（全国）(21)	
7.10	4.6	4.6	15.8	—	—（　—）	60／55
11.30	5.8	5.8	11.8	0.4	—（　—）	65／60
14.20	5.7	5.7	15.6	2.2	—（　—）	70／65
19.50	10.2	10.2	1.5	8.9	11.4（11.4）	75／70
7.80	5.5	5.5	6.7	5.6	6.6（ 6.5）	80／75
5.70	2.5	2.5	3.4	0.1	2.7（ 2.7）	85／80
5.03	1.8	1.8	△0.2	△4.7	0.6（ 0.4）	86
3.56	0.1	0.1	3.5	△3.1	0.1（△0.2）	87
4.43	0.6	0.6	9.6	△0.5	0.7（ 0.6）	88
5.17	2.1	2.1	5.8	1.9	2.2（ 2.2）	89
5.94	2.2	2.2	4.0	1.5	3.1（ 3.1）	90
5.65	2.7	2.7	1.7	1.0	3.3（ 3.3）	91
4.95	1.8	1.8	△6.1	△0.9	1.6（ 1.6）	92
3.89	0.6	0.6	△3.9	△1.6	1.4（ 1.2）	93
3.13	△2.5	△2.8	0.0	△1.6	0.6（ 0.4）	94
2.83	△0.7	△0.5	3.1	△0.8	△0.1（△0.2）	95
2.86	△0.2	△0.4	2.4	△1.7	0.1（ 0.0）	96
2.90	0.8	0.5	3.6	0.7	1.8（ 1.6）	97
2.66	△0.3	0.0	△6.9	△1.6	0.6（ 0.6）	98
2.21	△1.3	△1.2	0.2	△1.4	△0.3（△0.3）	99
2.06	△1.0	△1.3	5.9	0.0	△0.7（△0.9）	2000
2.01	△1.0	△1.1	△6.8	△2.3	△0.6（△0.9）	01
1.66	△1.5	△1.4	△1.2	△2.0	△0.9（△1.0）	02
1.63	△1.4	△1.6	2.9	△0.9	△0.3（△0.3）	03
1.67	△0.9	△1.1	4.8	1.3	0.0（ 0.0）	04
1.71	△0.4	△1.2	1.4	1.6	△0.3（△0.4）	05
1.79	0.1	△0.9	4.4	2.2	0.3（ 0.3）	06
1.87	△0.2	△0.7	3.0	1.7	0.0（ 0.1）	07
1.99	0.6	△0.9	△3.4	4.6	1.4（ 1.6）	08
1.83	△2.2	△0.6	△21.8	△5.3	△1.3（△1.5）	09
1.82	△1.2	△1.9	15.5	△0.1	△0.7（△0.8）	10
1.83	△0.4	△1.6	△2.8	1.4	△0.3（△0.3）	11
1.78	△0.5	△0.8	0.7	△0.9	0.0（ 0.1）	12
1.80	△0.2	△0.4	△0.5	1.2	0.4（ 0.4）	13
2.19	1.9	1.7	2.1	3.2	2.7（ 3.3）	14
2.38	0.7	2.1	△1.3	△2.3	0.7（ 1.0）	15
2.14	△0.5	0.4	0.0	△3.5	△0.1（△0.1）	16
2.11	0.6	△0.1	3.2	2.3	0.5（ 0.6）	17
2.26	0.8	0.0	0.5	2.6	0.9（ 1.2）	18
2.18	0.5	0.6	△2.6	0.2	0.5（ 0.5）	19
2.00	0.0	0.9	△10.4	△1.2	0.0（ 0.0）	20
1.86	1.1	△0.2	5.4	4.6	△0.2（△0.2）	21
2.20	2.6	0.3	△0.1	9.7	2.5（ 2.5）	22

得られるサービスを消費していると考え、このサービス額を一般市場価格（家賃）で評価したもの。また、消費者物価指数の増減率は指数の基準年次が変わっても変更されない。

3．鉱工業生産指数、国内企業物価指数、消費者物価指数の基準年については、11頁注5を参照のこと。

A－2(1) 生産性・賃金・雇用・

暦年	賃金指数（就業形態計） 現金給与総額（30人以上事業所） 産業計 名目 (1)	実質	製造業 名目 (2)	実質	定期給与 (産業計)(30人以上) (3)	(製造業)(30人以上) (4)	所定内給与 (産業計)(30人以上) (5)	(製造業)(30人以上) (6)
	令和2年＝100.0							
昭和30年	—	—	3.8	22.9	—	4.3	—	—
35	—	—	5.3	29.6	—	5.3	—	—
40	—	—	8.3	34.7	—	8.5	—	—
45	19.6	62.8	16.7	53.5	18.3	16.0	—	—
50	46.4	86.2	38.0	70.6	42.4	36.0	—	—
55	67.9	91.9	56.5	76.5	62.3	53.8	61.4	52.3
60	81.6	96.6	68.8	81.4	75.7	66.2	74.2	63.6
63	88.4	103.9	74.2	87.2	82.3	71.6	80.3	68.5
平成元年	92.2	106.0	78.5	90.2	84.9	74.8	82.8	71.3
2	96.5	107.6	82.7	92.2	88.0	78.0	85.9	74.5
3	99.7	107.6	85.5	92.2	91.1	80.7	89.2	77.6
4	101.6	107.9	86.4	91.7	93.1	81.7	92.4	80.6
5	102.2	107.2	86.5	90.8	95.0	82.9	94.9	83.4
6	104.0	108.7	88.3	92.3	97.1	85.1	97.2	85.7
7	105.9	110.9	91.2	95.5	99.2	87.6	98.9	87.5
8	107.6	112.8	93.5	98.0	101.0	90.0	100.5	88.9
9	109.6	113.0	96.1	99.1	102.5	92.1	101.7	90.1
10	108.2	110.9	95.0	97.3	102.3	92.1	102.2	91.6
11	106.7	109.7	94.2	96.8	102.5	93.0	102.4	92.6
12	106.4	110.4	96.1	99.7	102.8	94.6	102.4	93.1
13	105.4	110.4	96.0	100.5	102.1	94.8	102.0	94.1
14	102.4	108.4	94.9	100.4	100.5	95.2	100.1	93.8
15	102.3	108.6	97.3	103.3	100.5	97.1	99.8	94.7
16	101.8	108.1	99.1	105.2	100.8	98.8	99.7	96.0
17	102.9	109.7	99.9	106.5	101.4	98.8	100.3	96.1
18	103.9	110.4	101.1	107.4	101.9	99.5	100.7	96.4
19	103.0	109.3	100.8	107.0	102.0	99.7	100.7	96.8
20	102.5	107.1	100.9	105.4	101.3	99.5	100.2	97.2
21	97.6	103.5	93.1	98.7	98.7	95.0	98.8	96.2
22	98.6	105.5	97.1	103.9	99.3	98.5	98.6	97.2
23	98.9	106.0	99.2	106.3	99.2	99.4	98.4	98.1
24	97.9	104.9	98.5	105.6	99.1	99.7	98.3	98.4
25	97.9	104.5	98.4	105.0	98.4	99.0	97.4	97.4
26	98.9	102.2	100.2	103.5	98.8	99.6	97.5	97.3
27	99.0	101.2	100.4	102.7	99.3	100.0	98.0	97.3
28	100.1	102.5	101.1	103.5	99.9	100.4	98.6	97.8
29	100.7	102.4	102.4	104.2	100.3	101.4	99.2	98.5
30	101.9	102.4	103.9	104.4	101.0	102.5	99.9	99.7
令和元年	101.7	101.7	104.1	104.1	101.0	102.9	99.9	100.8
2	100.0	100.0	100.0	100.0	100.0	100.0	100.0	100.0
3	100.9	101.2	102.2	102.5	101.2	102.1	100.8	100.9
4	104.0	101.3	103.7	101.0	103.6	102.5	102.8	101.1

資料出所　(1)〜(9)、(12)は厚生労働省「毎月勤労統計調査（30人以上）」、(10)、(11)は厚生労働省「賃金構造基本統計調査」、(13)欄は総務省統計局「消費者物価指数」、(14)は日本生産性本部「生産性統計（30人以上）」。

注　1．一時金支給率は定期給与（きまって支給する給与）の月額に対する割合で、夏季・年末の合計。

物価関連指標

賃金格差（就業形態計）〔現金給与総額〕（製造業） 100～499人 (7)	30～99人 (8)	5～29人 (9)	初任給（男性）（10人以上事業所） 高卒 (10)	大卒 (11)	一時金支給率（製造業）（30人以上） (12)	消費者物価指数（全国総合） (13)	労働生産性指数（製造業） (14)	賃金費用指数（製造業）（30人以上） (2)÷(14)	暦年（西暦）
500人以上規模＝100.0			千円		月	注4			
—	—	—	6.6	10.7	1.29	—	—	—	1955
—	—	—	8.2	13.1	1.96	—	—	—	60
—	—	—	16.4	23.0	2.26	—	—	—	65
81.4	69.6	—	28.4	36.7	3.01	30.9	—	—	70
82.9	68.7	—	70.4	83.6	3.08	53.1	—	—	75
80.5	65.4	—	92.8	114.5	3.15	73.2	57.0	99.1	80
77.1	62.9	—	112.2	140.0	2.95	83.8	64.7	106.3	85
76.7	61.8	—	120.3	153.1	2.89	85.0	72.3	102.6	88
76.8	61.6	—	125.6	160.9	3.03	86.9	75.7	103.7	89
77.0	60.3	55.2	133.0	169.9	3.10	89.6	77.7	106.4	90
78.2	63.7	56.2	140.8	179.4	3.25	92.6	79.0	108.2	91
78.6	64.8	57.1	146.6	186.9	3.19	94.1	76.1	113.5	92
78.4	63.3	56.5	150.6	190.3	2.96	95.4	75.4	114.7	93
79.5	63.2	56.8	153.8	192.4	2.83	96.0	77.8	113.5	94
79.7	61.9	55.8	154.0	194.2	2.81	95.9	81.3	112.2	95
78.3	63.8	55.6	154.5	193.2	2.93	96.0	84.5	110.7	96
77.7	62.7	54.6	156.0	193.9	2.96	97.7	88.7	108.3	97
77.6	62.2	54.7	156.5	195.5	2.82	98.3	85.5	111.1	98
76.5	60.1	54.3	157.6	196.6	2.53	98.0	88.2	106.8	99
76.1	59.4	52.9	157.1	196.9	2.52	97.3	94.2	102.0	2000
75.3	58.8	51.6	158.1	198.3	2.47	96.7	91.5	104.9	01
77.4	58.2	51.7	157.5	198.5	2.35	95.8	94.8	100.1	02
76.8	58.6	50.0	157.5	201.3	2.37	95.5	99.6	97.7	03
76.2	60.2	49.8	156.1	198.3	2.51	95.5	104.0	95.3	04
76.8	60.4	50.6	155.7	196.7	2.55	95.2	105.9	94.3	05
77.7	60.6	51.0	157.6	199.8	2.62	95.5	108.9	92.8	06
72.8	59.5	50.4	158.8	198.8	2.81	95.5	111.9	90.1	07
73.5	60.1	50.3	160.0	201.3	2.74	96.8	108.1	93.3	08
78.4	60.7	53.4	160.8	201.4	2.36	95.5	91.6	101.6	09
77.9	59.6	52.6	160.7	200.3	2.23	94.8	102.1	95.1	10
77.7	59.1	52.7	159.4	205.0	2.36	94.5	100.4	98.8	11
78.4	63.1	55.1	160.1	201.8	2.33	94.5	101.0	97.5	12
78.5	62.9	53.1	158.9	200.2	2.36	94.9	102.9	95.6	13
77.6	62.4	52.4	161.3	202.9	2.44	97.5	105.6	94.9	14
73.8	60.9	53.5	163.4	204.5	2.40	98.2	105.1	95.5	15
74.8	61.7	54.2	163.5	205.9	2.44	98.1	105.8	95.6	16
74.4	62.4	55.3	164.2	207.8	2.56	98.6	108.5	94.4	17
75.6	61.6	54.4	166.6	210.1	2.56	99.5	109.1	95.2	18
77.7	61.5	53.8	168.9	212.8	2.52	100.0	107.4	96.9	19
76.3	61.6	55.6	—	—	2.43	100.0	100.0	100.0	20
75.5	60.8	55.1	—	—	2.29	99.8	105.0	97.3	21
73.4	61.6	54.5	—	—	2.75	102.3	106.2	97.6	22

2．所定内給与指数は昭和54年４月から集計・公表されている。
3．消費者物価指数は、昭和45年以前は持家の帰属家賃を除く。45年からは持家の帰属家賃を含む。
4．消費者物価指数と労働生産性指数と賃金費用指数の基準年は令和２年。

A－2(2) 生産性・賃金・雇用・

暦　年	勤労者世帯家計（全国・２人以上世帯） 実収入 (15)	可処分所得 (16)	消費支出 (17)	平均消費性向 (18)	エンゲル係数 (19)	世帯消費動向指数（二人以上、勤労者世帯） 名目 (20)	実質 (21)
	千円			%		令和２年＝100.0	
昭和30年	29.2	25.9	23.5	90.8	44.5	—	—
35	40.9	37.7	32.1	85.1	38.8	—	—
40	65.1	59.6	49.3	82.8	36.2	—	—
45	112.9	103.6	82.6	79.7	32.2	—	—
50	236.2	215.5	166.0	77.0	30.0	—	—
55	349.7	305.5	238.1	77.9	27.8	—	—
60	444.8	373.7	289.5	77.5	25.7	—	—
63	481.3	405.9	307.2	75.7	24.4	—	—
平成元年	495.8	421.4	316.5	75.1	24.3	—	—
2	521.8	440.5	331.6	75.3	24.1	—	—
3	548.8	463.9	345.5	74.5	24.0	—	—
4	563.9	473.7	352.8	74.5	23.7	—	—
5	570.5	478.2	355.3	74.3	23.2	—	—
6	567.2	481.2	353.2	73.4	23.1	—	—
7	570.8	482.2	349.7	72.5	22.6	—	—
8	579.5	488.5	351.8	72.0	22.2	—	—
9	595.2	497.0	357.6	72.0	22.3	—	—
10	588.9	495.9	353.6	71.3	22.7	—	—
11	574.7	483.9	346.2	71.5	22.5	—	—
12	562.8	474.4	341.9	72.1	22.0	—	—
13	552.7	466.0	336.2	72.1	21.9	—	—
14	539.9	453.7	331.2	73.0	22.2	114.6	121.3
15	524.8	440.7	326.6	74.1	21.9	113.0	120.0
16	531.7	446.3	331.6	74.3	21.7	114.3	121.4
17	524.6	441.2	329.5	74.7	21.5	113.5	121.0
18	525.7	441.4	320.2	72.5	21.7	111.6	118.6
19	528.8	442.5	323.5	73.1	21.7	112.1	119.0
20	534.2	442.7	324.9	73.4	21.9	112.7	117.8
21	518.2	427.9	319.1	74.6	22.0	110.3	117.0
22	520.7	430.0	318.3	74.0	21.9	110.2	117.9
23	510.1	420.5	308.8	73.4	22.2	106.4	114.1
24	518.5	425.0	313.9	73.9	22.1	108.7	116.5
25	523.6	426.1	319.2	74.9	22.1	110.7	118.1
26	519.8	423.5	318.8	75.3	22.3	110.0	113.7
27	525.7	427.3	315.4	73.8	23.6	107.4	109.9
28	527.0	428.7	309.6	72.2	24.2	105.5	108.0
29	533.8	434.4	313.1	72.1	23.8	106.3	108.1
30	558.7	455.1	315.3	69.3	24.1	107.0	107.5
令和元年	586.1	476.6	323.9	67.9	23.9	108.1	108.1
2	609.5	498.6	305.8	61.3	26.0	100.0	100.0
3	605.3	492.7	309.5	56.6	25.4	100.6	100.9
4	617.7	500.9	320.6	64.0	25.1	102.8	100.1

資料出所　(15)～(21)欄は総務省統計局「家計調査年報」、(22)～(27)欄は総務省統計局「労働力調査」、(28)～(31)欄は厚生労働省「毎月勤労統計調査（30人以上）」。

注　1．上記の(15)～(21)欄の平成12年以降は農林漁家世帯を含むが、それ以前は農林漁家世帯を含まない。

物価関連指標

雇用・労働時間										暦　年（西暦）
就業者数						常用雇用指数		製造業月間労働時間		
						就業形態計・30人以上				
(22)	第2次産業 (23)	第3次産業 (24)	雇用者数 (25)	女　性 (26)	65歳以上 (2)	産業計 (28)	製造業 (29)	総実時間(30)	所定外 (31)	
万　人						令和2年＝100.0		時　間		
4,090	997	1,557	1,778	531	—	—	53.4	—	—	1955
4,436	1,242	1,854	2,370	738	—	—	88.5	207.0	25.0	60
4,730	1,507	2,109	2,876	913	—	—	119.3	191.8	16.7	65
5,094	1,791	2,409	3,306	1,096	230	67.4	138.8	187.4	19.0	70
5,223	1,841	2,710	3,646	1,167	242	68.8	129.7	167.8	9.1	75
5,536	1,926	3,020	3,971	1,354	274	72.2	123.8	178.2	16.4	80
5,807	1,992	3,283	4,313	1,548	295	75.7	128.7	179.7	18.4	85
6,011	2,021	3,486	4,538	1,670	322	78.1	129.1	181.1	19.7	88
6,128	2,069	3,566	4,679	1,749	335	80.0	132.1	179.3	20.0	89
6,249	2,099	3,669	4,835	1,834	357	82.6	135.6	176.6	19.7	90
6,369	2,160	3,752	5,002	1,918	385	85.2	138.9	173.2	18.4	91
6,436	2,194	3,801	5,119	1,974	405	87.1	139.8	168.1	14.4	92
6,450	2,176	3,863	5,202	2,009	413	88.1	138.8	163.4	12.0	93
6,453	2,157	3,893	5,236	2,034	428	88.2	135.7	163.1	12.1	94
6,457	2,125	3,939	5,263	2,048	438	87.7	133.3	163.9	13.3	95
6,486	2,121	3,979	5,322	2,084	448	87.3	130.2	165.8	14.8	96
6,557	2,134	4,039	5,391	2,127	469	87.9	128.8	165.5	15.9	97
6,514	2,050	4,084	5,368	2,124	476	88.4	126.6	162.7	13.5	98
6,462	2,008	4,078	5,331	2,116	483	87.9	122.9	161.9	13.5	99
6,446	1,979	4,102	5,356	2,140	482	87.1	119.5	164.7	15.4	2000
6,412	1,921	4,133	5,369	2,629	480	86.3	115.9	162.9	14.1	01
6,330	1,825	4,158	5,331	2,594	477	85.2	110.2	163.8	15.3	02
6,316	1,787	4,176	5,335	2,597	477	84.4	106.8	165.6	16.9	03
6,329	1,738	4,236	5,355	2,616	480	84.8	105.7	167.8	17.7	04
6,356	1,713	4,284	5,393	2,633	495	85.5	105.9	166.8	17.7	05
6,389	1,726	4,320	5,478	2,654	510	86.4	106.8	167.9	18.3	06
6,427	1,728	4,352	5,537	2,665	539	88.8	107.4	167.6	18.5	07
6,409	1,695	4,370	5,546	2,664	553	91.6	108.5	165.5	17.2	08
6,314	1,607	4,380	5,489	2,649	565	92.7	106.0	156.0	11.7	09
6,298	1,567	4,414	5,489	2,656	570	93.0	104.8	163.3	15.4	10
6,293	1,554	4,434	5,512	2,654	571	93.5	104.1	162.2	15.4	11
6,280	1,539	4,436	5,513	2,658	596	93.7	103.4	164.6	15.8	12
6,326	1,544	4,458	5,567	2,707	637	94.1	101.8	163.7	16.4	13
6,326	1,553	4,488	5,613	2,737	682	94.9	100.8	164.5	17.5	14
6,402	1,545	4,530	5,663	2,764	732	95.9	99.7	164.6	17.6	15
6,470	1,544	4,601	5,755	2,813	770	96.7	99.0	164.5	17.5	16
6,542	1,556	4,660	5,830	2,865	806	98.1	99.2	165.1	17.9	17
6,682	1,572	4,746	5,954	2,956	860	98.5	99.3	165.1	18.0	18
6,750	1,570	4,808	6,028	3,005	890	99.7	100.1	162.0	16.7	19
6,710	1,547	4,826	6,005	2,986	903	100.0	100.0	155.8	13.4	20
6,713	1,533	4,866	6,016	3,002	909	99.8	98.4	159.0	15.3	21
6,723	1,525	4,881	6,032	2,764	912	99.0	97.0	159.3	16.0	22

2．世帯消費動向指数とは、世帯の消費支出の平均額の推移を示す指数である。毎月の家計調査の結果に家計消費状況調査及び家計消費単身モニター調査の結果を合成した支出金額によって作成している。
3．就業者数計には、分類不能の産業が含まれる。

A－2(3) 生産性・賃金・雇用・

暦年	労働市場 完全失業者(31)	労働市場 完全失業率(32)	労働市場 有効求人倍率(33)	労働市場 新規学卒求人倍率(高校卒)(34)	労働市場 欠員率(35)	企業物価指数 国内(36)	企業物価指数 輸出(円ベース)(37)	企業物価指数 輸入(円ベース)(38)	〔参考〕為替相場 1US$(12月末スポット17時)
	万人	%	倍	倍	%	令和2年＝100.0	令和2年＝100.0	令和2年＝100.0	円
昭和30年	105	2.5	0.22	—	—	—	—	—	—
35	75	1.7	0.59	1.5	—	48.0	130.0	50.0	358.3
40	57	1.2	0.64	3.5	2.2	49.0	124.5	49.5	360.9
45	59	1.1	1.41	7.1	3.9	54.7	133.6	53.0	357.7
50	100	1.9	0.61	3.4	2.2	83.6	180.4	110.6	305.2
55	114	2.0	0.75	1.9	2.5	109.6	191.9	170.7	203.0
60	156	2.6	0.68	1.8	2.3	110.2	188.1	162.6	200.6
63	155	2.5	1.01	1.6	3.0	101.2	148.2	91.4	125.9
平成元年	142	2.3	1.25	2.1	3.3	103.0	154.7	98.3	143.4
2	134	2.1	1.40	2.57	3.4	104.6	158.0	106.8	135.4
3	136	2.1	1.40	3.09	3.3	105.7	149.5	98.1	125.3
4	142	2.2	1.08	3.34	2.7	104.7	144.0	92.0	124.7
5	166	2.5	0.76	3.11	2.2	103.1	132.6	82.5	111.9
6	192	2.9	0.64	2.48	2.0	101.4	128.9	78.0	99.8
7	210	3.2	0.63	1.94	2.1	100.5	126.1	77.9	102.9
8	225	3.4	0.70	1.76	2.4	98.9	132.1	85.4	116.0
9	230	3.4	0.72	1.80	2.5	99.5	134.6	91.8	119.9
10	279	4.1	0.53	1.90	2.0	98.0	136.3	87.3	115.2
11	317	4.7	0.48	1.57	2.0	96.6	122.6	79.2	102.1
12	320	4.7	0.59	1.35	2.4	96.6	116.8	83.0	114.9
13	340	5.0	0.59	1.34	2.5	94.4	120.4	85.0	131.5
14	359	5.4	0.54	1.32	2.4	92.5	119.1	83.8	119.4
15	350	5.3	0.64	1.27	2.7	91.6	114.2	83.1	107.0
16	313	4.7	0.83	1.30	3.2	92.8	112.8	86.5	103.8
17	294	4.4	0.95	1.46	3.6	94.3	114.9	97.8	117.5
18	275	4.1	1.06	1.63	3.7	96.4	118.4	111.5	118.9
19	257	3.9	1.04	1.81	3.5	98.1	121.1	119.8	113.1
20	265	4.0	0.88	1.89	3.0	102.6	113.7	130.2	90.3
21	336	5.1	0.47	1.84	2.0	97.2	101.8	97.1	92.1
22	334	5.1	0.52	1.32	2.8	97.1	99.3	104.0	81.5
23	302	4.6	0.65	1.27	2.6	98.5	97.1	111.8	77.6
24	285	4.3	0.80	1.32	3.1	97.7	95.1	111.6	86.3
25	265	4.0	0.93	1.38	3.4	98.9	106.2	127.7	105.4
26	236	3.6	1.09	1.57	3.6	102.1	109.5	133.1	119.8
27	222	3.4	1.20	1.85	3.8	99.7	110.9	118.1	120.4
28	208	3.1	1.36	2.05	4.0	96.2	100.6	98.7	116.5
29	190	2.8	1.50	2.23	4.2	98.4	105.9	109.5	110.5
30	167	2.4	1.61	2.53	4.3	101.0	107.4	117.8	110.5
令和元年	162	2.4	1.60	2.79	4.1	101.2	103.3	111.5	109.6
2	192	2.8	1.18	2.90	3.3	100.0	100.0	100.0	103.8
3	195	2.8	1.13	2.64	3.4	104.6	108.3	121.6	115.1
4	179	2.6	1.28	2.89	3.8	114.7	125.8	169.0	131.4

資料出所　(31)・(32)は総務省統計局「労働力調査」、(33)～(34)は厚生労働省「職業安定業務統計」、(36)～(38)は日本銀行「企業物価指数」、(39)～(43)は経済産業省「鉱工業生産指数」等、(44)～(47)は財務省「法人企業統計年報」。〔参考〕欄は日本銀行。

物価関連指標

鉱工業					経営指標（製造業）				〔参考〕	
生産指数（付加価値額ウエイト）(39)	出荷指数 (40)	製品在庫率指数 (41)	製造業稼働率指数 (42)	第３次産業活動指数 (43)	売上高経常利益率 (44)	売上高人件費率 (45)	労働分配率 (46)	付加価値率 (47)	基準割引率及び基準貸付利率（12月末）	暦年（西暦）
令和２年＝100.0				平成27年＝100.0	%（昭和36年以降は年度ベース）				%	
7.2	7.3	—	—	—	3.2	13.9	55.7	24.8	7.30	1955
15.0	15.1	—	—	—	5.3	12.6	54.0	23.3	6.94	60
26.2	25.6	—	—	—	3.3	14.3	61.9	23.0	5.48	65
54.0	52.2	59.0	—	39.2	4.7	14.0	60.8	23.1	6.00	70
58.3	58.5	82.7	—	40.9	1.2	16.6	75.6	22.0	6.50	75
80.7	77.9	68.9	138.7	52.0	3.6	14.3	68.2	20.9	7.25	80
95.5	90.2	70.0	137.9	61.5	3.2	15.3	72.4	21.1	5.00	85
108.1	102.6	63.6	139.4	73.5	4.5	15.7	69.0	22.7	2.50	88
114.4	108.5	65.3	142.1	78.1	4.7	15.3	68.1	22.4	4.25	89
119.0	113.9	64.5	143.6	82.2	4.3	15.1	68.6	22.0	6.00	90
121.0	115.5	68.9	140.6	85.2	3.4	15.8	70.7	22.3	4.50	91
113.6	109.6	75.6	129.1	85.7	2.6	16.7	74.6	22.4	3.25	92
109.2	106.5	76.5	122.5	86.3	1.9	17.4	77.7	22.4	1.75	93
110.4	107.5	73.4	122.0	87.6	2.4	17.3	75.8	22.9	1.75	94
113.8	110.2	74.7	125.1	89.2	2.9	16.9	74.7	22.7	0.50	95
116.5	113.2	75.4	126.3	91.6	3.4	16.3	72.8	22.3	0.50	96
120.7	117.7	74.7	130.7	92.6	3.3	16.6	74.2	22.4	0.50	97
112.4	111.1	82.4	120.8	92.2	2.3	17.5	77.0	22.7	0.50	98
112.6	112.3	75.4	120.4	92.3	2.9	17.2	76.7	22.5	0.50	99
119.2	119.0	73.1	125.8	94.0	3.9	16.1	73.7	21.9	0.50	2000
111.1	111.3	80.6	116.3	95.0	2.8	16.6	77.7	21.4	0.10	01
109.8	111.1	74.5	117.6	95.0	3.2	16.3	75.7	21.5	0.10	02
113.0	114.9	70.9	122.7	95.8	3.9	15.5	73.0	21.2	0.10	03
118.4	120.6	67.8	128.4	97.5	4.8	14.3	69.3	20.7	0.10	04
120.0	122.2	69.6	130.0	99.3	5.0	13.3	68.7	19.3	0.10	05
125.3	127.9	69.7	133.5	101.1	5.3	13.2	66.8	19.8	0.40	06
129.0	131.7	69.8	134.7	102.1	5.1	12.7	67.4	18.8	0.75	07
124.6	126.4	76.5	128.6	100.6	2.3	13.3	80.4	16.6	0.30	08
97.4	99.0	92.0	96.4	95.8	2.4	14.8	81.1	18.2	0.30	09
112.5	114.3	72.3	115.3	96.9	3.9	14.2	74.8	19.0	0.30	10
109.3	110.0	78.2	110.4	97.0	3.7	14.1	76.9	18.3	0.30	11
110.1	111.3	81.9	112.7	98.7	4.1	14.1	76.6	18.5	0.30	12
109.6	113.2	78.2	114.8	100.2	5.5	13.8	71.7	19.3	0.30	13
111.9	114.0	79.4	119.7	99.6	5.9	13.4	71.0	18.9	0.30	14
110.5	112.5	81.7	116.5	100.0	5.9	13.7	70.8	19.4	0.30	15
110.5	112.1	82.5	114.7	100.6	6.1	14.1	70.4	20.0	0.30	16
114.0	114.9	82.2	119.2	101.5	7.0	14.0	68.5	20.4	0.30	17
114.6	114.9	85.5	119.3	102.8	6.6	13.6	69.5	19.6	0.30	18
111.6	112.0	89.5	114.8	103.1	5.7	13.8	73.7	18.7	0.30	19
100.0	100.0	100.0	100.0	96.0	6.0	14.5	75.8	19.1	0.30	20
105.4	104.4	89.8	108.5	97.4	8.3	13.6	67.3	20.2	0.30	21
105.3	103.9	96.6	108.1	99.1	7.9	13.0	69.0	18.8	0.30	22

注　1．欠員率は $\frac{(\text{有効求人数}-\text{就職件数})}{\text{雇用者数}+(\text{有効求人数}-\text{就職件数})}\times 100$ で日本生産性本部にて算出。

2．第３次産業活動指数の昭和62年以前は平成２年基準指数を平成12年基準指数でリンクして算出したもの。

A－2(4)　生産性・賃金・雇用・

暦　年	賃金指数（就業形態計）								初任給（男性）	
	現金給与総額（30人以上事業所）				定期給与		所定内給与		10人以上事業所	
	産業計		製造業		(産業計)(30人以上)(3)	(製造業)(30人以上)(4)	(産業計)(30人以上)(5)	(製造業)(30人以上)(6)	高卒(7)	大卒(8)
	名目(1)	実質	名目(2)	実質						
昭和35／30年	—	—	6.9	5.3	—	4.3	—	—	4.4	4.1
40／35	—	—	9.4	3.2	—	9.9	—	—	14.9	11.9
45／40	—	—	15.0	9.0	—	13.5	—	—	11.6	9.8
50／45	18.8	6.5	17.9	5.7	18.3	17.6	—	—	19.9	17.9
55／50	7.9	1.3	8.3	1.6	8.0	8.4	—	—	5.7	6.5
60／55	3.7	1.0	4.0	1.2	4.0	4.2	3.9	4.0	3.9	4.1
63	3.5	3.1	4.5	4.1	3.5	4.1	2.7	2.5	1.9	3.3
平成元年	4.3	2.0	5.8	3.4	3.2	4.5	3.1	4.1	4.4	5.1
2	4.7	1.5	5.4	2.2	3.7	4.3	3.7	4.5	5.9	5.6
3	3.3	0.0	3.4	0.0	3.5	3.5	3.8	4.2	5.9	5.6
4	1.9	0.3	1.1	△0.5	2.2	1.2	3.6	3.9	4.1	4.2
5	0.6	△0.6	0.1	△1.0	2.0	1.5	2.7	3.5	2.7	1.8
6	1.8	1.4	2.1	1.7	2.2	2.7	2.4	2.8	2.1	1.1
7	1.8	2.0	3.3	3.5	2.2	2.9	1.7	2.1	0.1	0.9
8	1.6	1.7	2.5	2.6	1.8	2.7	1.6	1.6	0.3	△0.5
9	1.9	0.2	2.8	1.1	1.5	2.3	1.2	1.3	1.0	0.4
10	△1.3	△1.9	△1.1	△1.8	△0.2	0.0	0.5	1.7	0.3	0.8
11	△1.4	△1.1	△0.8	△0.5	0.2	1.0	0.2	1.1	0.7	0.6
12	△0.3	0.6	2.0	3.0	0.3	1.7	0.0	0.5	△0.3	0.2
13	△0.9	0.0	△0.1	0.8	△0.7	0.2	△0.4	1.1	0.6	0.7
14	△2.8	△1.8	△1.1	△0.1	△1.6	0.4	△1.9	△0.3	△0.4	0.1
15	△0.1	0.2	2.5	2.9	0.0	2.0	△0.3	1.0	0.0	1.4
16	△0.5	△0.5	1.8	1.8	0.3	1.8	△0.1	1.4	△0.9	△1.5
17	1.1	1.5	0.8	1.2	0.6	0.0	0.6	0.1	△0.3	△0.8
18	1.0	0.6	1.2	0.8	0.5	0.7	0.4	0.3	1.2	1.6
19	△0.9	△1.0	△0.3	△0.4	0.1	0.2	0.0	0.4	0.8	△0.5
20	△0.5	△2.0	0.1	△1.5	△0.7	△0.2	△0.5	0.4	0.8	1.3
21	△4.8	△3.4	△7.7	△6.4	△2.6	△4.5	△1.4	△1.0	0.5	0.0
22	1.0	1.9	4.3	5.3	0.6	3.7	△0.2	1.0	△0.1	△0.5
23	0.3	0.5	2.2	2.3	△0.1	0.9	△0.2	0.9	△0.8	2.3
24	△1.0	△1.0	△0.7	△0.7	△0.1	0.3	△0.1	0.3	0.4	△1.6
25	0.0	△0.4	△0.1	△0.6	△0.7	△0.7	△0.9	△1.0	△0.7	△0.8
26	1.0	△2.2	1.8	△1.4	0.4	0.6	0.1	△0.1	1.5	1.3
27	0.1	△1.0	0.2	△0.8	0.5	0.4	0.5	0.0	1.3	0.8
28	1.1	1.3	0.7	0.8	0.6	0.4	0.6	0.5	0.1	0.7
29	0.6	△0.1	1.3	0.7	0.4	1.0	0.6	0.7	0.4	0.9
30	1.2	0.0	1.5	0.2	0.7	1.1	0.7	1.2	1.5	1.1
令和元年	△0.2	△0.7	0.2	△0.3	0.0	0.4	0.0	1.1	1.4	1.3
2	△1.7	△1.7	△3.9	△3.9	△1.0	△2.8	0.1	△0.8	—	—
3	0.9	1.2	2.2	2.5	1.2	2.1	0.8	0.9	—	—
4	3.1	0.1	1.5	△1.5	2.4	0.4	2.0	0.2	—	—

資料出所　A―2(1)～(3)表参照。

注　1．春季賃上率は昭和54年までは１社あたりの単純平均値、55年以降は１社ごとの組合員数による加重平均値。集計対象は、平成15年までは東証・大証１部上場企業・資本金20億円以上で従業員数

物価関連指標（対前年増減率）

春季賃上げ率（昭和54年まで単純平均、55年以降加重平均）(9)	消費者物価指数（全国総合）(10)	労働生産性指数（製造業）（30人以上）(11)	賃金費用指数（製造業）（30人以上）(2)÷(11) (12)	勤労者世帯家計（全国・2人以上）			世帯消費動向指数		暦年（西暦）
				実収入 (13)	可処分所得 (14)	消費支出 (15)	名目 (18)	実質 (19)	
7.1	—	—	—	7.0	7.8	6.4	—	—	60／55
11.3	—	—	—	9.7	9.6	9.0	—	—	65／60
14.2	—	—	—	11.6	11.7	10.9	—	—	70／65
19.7	11.4	—	—	15.9	15.8	15.0	—	—	75／70
7.2	6.6	—	—	8.2	7.2	7.5	—	—	80／75
5.72	2.7	2.6	1.4	4.9	4.1	4.0	—	—	85／80
4.43	0.7	7.3	△2.6	4.5	4.8	3.8	—	—	88
5.17	2.2	4.7	1.1	3.0	3.8	3.0	—	—	89
5.94	3.1	2.6	2.6	5.2	4.5	4.8	—	—	90
5.65	3.3	1.7	1.7	5.2	5.3	4.2	—	—	91
4.95	1.6	△3.7	4.9	2.7	2.1	2.1	—	—	92
3.89	1.4	△0.9	1.1	1.2	0.9	0.7	—	—	93
3.13	0.6	3.2	△1.0	△0.6	0.6	△0.6	—	—	94
2.83	△0.1	4.5	△1.1	0.6	0.2	△1.0	—	—	95
2.86	0.1	3.9	△1.3	1.5	1.3	0.6	—	—	96
2.90	1.8	5.0	△2.2	2.7	1.7	1.7	—	—	97
2.66	0.6	△3.6	2.6	△1.1	△0.2	△1.1	—	—	98
2.21	△0.3	3.2	△3.9	△2.4	△2.4	△2.1	—	—	99
2.06	△0.7	6.8	△4.5	△2.4	△2.3	△1.5	—	—	2000
2.01	△0.6	△2.9	2.8	△1.8	△1.8	△1.7	—	—	01
1.66	△0.9	3.6	△4.6	△2.3	△2.6	△1.5	—	—	02
1.63	△0.3	5.1	△2.4	△2.8	△2.9	△1.4	△1.4	△1.1	03
1.67	0.0	4.4	△2.5	1.0	1.3	1.6	1.1	1.1	04
1.71	△0.3	1.8	△1.0	△1.3	△1.1	△0.6	△0.8	△0.3	05
1.79	0.3	2.8	△1.6	0.2	0.1	△2.8	△1.6	△1.9	06
1.87	0.0	2.8	△2.9	0.6	0.2	1.0	0.4	0.3	07
1.99	1.4	△3.4	3.6	1.0	0.0	0.4	0.6	△1.0	08
1.83	△1.3	△15.3	8.9	△3.0	△3.3	△1.8	△2.1	△0.6	09
1.82	△0.7	11.5	△6.4	0.5	0.5	△0.3	△0.1	0.8	10
1.83	△0.3	△1.7	3.9	△2.0	△2.2	△3.0	△3.5	△3.2	11
1.78	0.0	0.6	△1.3	1.6	1.1	1.7	2.2	2.1	12
1.80	0.4	1.9	△1.9	1.0	0.3	1.7	1.8	1.3	13
2.19	2.7	2.6	△0.7	△0.7	△0.6	△0.1	△0.6	△3.8	14
2.38	0.7	△0.5	0.6	1.1	0.9	△1.1	△2.3	△3.3	15
2.14	△0.1	0.7	0.1	0.2	0.3	△1.8	△1.8	△1.7	16
2.11	0.5	2.6	△1.3	1.3	1.3	1.1	0.8	0.2	17
2.26	0.9	0.6	0.8	4.7	4.8	0.7	0.6	△0.6	18
2.18	0.5	△1.6	1.8	4.9	4.7	2.7	1.0	0.5	19
2.00	0.0	△6.9	3.2	4.0	4.6	△5.6	△7.5	△7.5	20
1.86	△0.2	5.0	△2.7	△0.7	△1.2	1.2	2.8	0.1	21
2.20	2.5	1.1	0.3	2.0	1.7	3.6	2.2	△0.8	22

1,000人以上の労組のある企業、平成16年以降は10億円以上で1,000人以上の労組のある企業。

2．(12)賃金費用指数は(2)と(11)の対前年同期増減率を用いて算出したために、指数系列値で計算したものとは微妙な差を生じる。

A－2(5) 生産性・賃金・雇用・

暦年	雇用・労働時間								
	就業者数						常用雇用指数（30人以上）		製造業月間（30人
	(18)	第2次産業 (19)	第3次産業 (20)	雇用者数 (21)	女性 (22)	65歳以上 (23)	産業計 (24)	製造業 (25)	総実時間 (26)
昭和35／30年	1.6	4.5	3.6	5.9	6.8	—	—	10.6	—
40／35	1.3	3.9	2.6	3.9	4.3	—	—	6.2	△1.5
45／40	1.5	3.5	2.7	2.8	3.7	—	—	3.1	△0.5
50／45	0.5	0.6	2.4	2.0	1.3	1.0	0.4	△1.3	△2.2
55／50	1.2	0.9	2.2	1.7	3.0	2.5	1.0	△0.9	1.2
60／55	0.2	0.1	0.4	0.3	0.5	1.5	1.0	0.8	0.2
63	1.7	2.8	1.6	2.5	3.4	4.2	1.7	1.0	1.2
平成元年	1.9	2.4	2.3	3.1	4.7	4.0	2.4	2.3	△1.0
2	2.0	1.4	2.9	3.3	4.9	6.6	3.2	2.6	△1.3
3	1.9	2.9	2.3	3.5	4.6	7.8	3.1	2.4	△2.2
4	1.1	1.6	1.3	2.3	2.9	5.2	2.2	0.6	△3.3
5	0.2	△0.8	1.6	1.6	1.8	2.0	1.1	△0.7	△2.3
6	0.0	△0.9	0.8	0.7	1.2	3.6	0.1	△2.2	0.0
7	0.1	△1.5	1.2	0.5	0.7	2.3	△0.6	△1.8	0.6
8	0.4	△0.2	1.0	1.1	1.8	2.3	△0.5	△2.3	0.8
9	1.1	0.6	1.5	1.3	2.1	4.7	0.7	△1.1	△0.2
10	△0.7	△3.9	1.1	△0.4	△0.1	1.5	0.6	△1.7	△1.8
11	△0.8	△2.0	△0.1	△0.7	△0.4	1.5	△0.6	△2.9	0.0
12	△0.2	△1.4	0.6	0.5	1.1	△0.2	△0.9	△2.8	1.8
13	△0.5	△2.9	0.8	0.2	1.3	△0.4	△0.9	△3.0	△1.0
14	△1.3	△5.0	0.6	△0.7	△1.3	△0.6	△1.3	△4.9	0.3
15	△0.2	△2.1	0.4	0.1	0.1	0.0	△0.9	△3.1	1.1
16	0.2	△2.7	1.4	0.4	0.7	0.6	0.5	△1.0	1.3
17	0.4	△1.4	1.1	0.7	0.6	3.1	0.8	0.2	△0.6
18	0.5	0.8	0.8	1.6	0.8	3.0	1.1	0.8	0.7
19	0.6	0.1	0.7	1.1	0.4	5.7	2.8	0.6	△0.2
20	△0.3	△1.9	0.4	0.2	0.0	2.6	3.2	1.0	△1.3
21	△1.5	△5.2	0.2	△1.0	△0.6	2.2	1.2	△2.3	△5.7
22	△0.3	△2.5	0.8	0.2	0.3	0.9	0.3	△1.1	4.7
23	△0.1	△0.8	0.5	0.1	△0.1	0.2	0.5	△0.7	△0.7
24	△0.3	△1.0	0.0	△0.1	0.2	4.4	0.2	△0.7	1.5
25	0.7	0.2	0.5	0.9	1.8	6.9	0.4	△1.5	△0.5
26	0.7	0.6	0.7	0.8	1.1	7.1	0.9	△1.0	0.5
27	1.2	△0.6	0.9	0.9	1.0	7.3	1.1	△1.1	0.1
28	1.1	△0.1	1.6	1.6	1.8	5.2	0.8	△0.7	△0.1
29	1.1	0.8	1.3	1.3	1.8	4.7	1.4	0.2	0.4
30	2.1	1.0	1.8	2.1	3.2	6.7	0.4	0.1	0.0
令和元年	1.0	△0.1	1.3	1.2	1.7	3.5	1.2	0.8	△1.9
2	△0.6	△1.5	0.4	△0.4	△0.6	1.5	0.3	△0.1	△3.8
3	0.0	△0.9	1.1	0.2	0.5	0.7	△0.2	△1.6	2.1
4	0.1	△0.5	0.3	0.3	△7.9	0.3	△0.8	△1.4	0.2

資料出所　A—2(1)～(3)表参照。

物価関連指標（対前年増減率）

労働時間数（以上）	企業物価指数			鉱工業			製造業稼働率指数	第3次産業活動指数	暦年（西暦）
所定外 (27)	国内 (29)	輸出 (30)	輸入 (31)	生産指数（付加価値額ウエイト） (32)	出荷指数 (33)	製品在庫率指数 (34)	(35)	(36)	
—	—	—	—	15.8	15.6	—	—	—	60／55
△7.8	0.4	△0.9	△0.2	11.8	11.1	—	—	—	65／60
2.6	2.2	1.4	1.4	15.6	15.3	—	—	—	70／65
△13.7	8.9	6.2	15.9	1.5	2.3	7.0	—	0.8	75／70
12.5	5.6	1.2	9.1	6.7	5.9	△3.6	—	4.9	80／75
2.3	0.1	△0.4	△1.0	3.4	3.0	0.3	0.0	3.4	85／80
14.2	△0.5	△2.3	△4.6	9.5	8.7	△4.1	5.8	6.9	88
1.8	1.9	4.4	7.6	5.8	5.9	2.5	1.9	6.2	89
0.1	1.5	2.1	8.7	4.1	4.8	△1.2	1.1	5.2	90
△8.8	1.0	△5.4	△8.2	1.7	1.5	6.8	△2.1	3.7	91
△22.9	△0.9	△3.6	△6.2	△6.1	△5.1	9.8	△8.2	0.6	92
△15.1	△1.6	△8.0	△10.3	△4.5	△3.7	2.1	△5.1	0.7	93
1.3	△1.6	△2.8	△5.5	0.9	0.9	△4.0	△0.4	1.5	94
10.7	△0.8	△2.2	△0.2	3.2	2.6	1.7	2.5	1.8	95
9.7	△1.7	4.8	9.7	2.3	2.7	1.0	1.0	2.7	96
7.7	0.7	1.9	7.5	3.6	4.0	△0.9	3.5	1.1	97
△15.2	△1.6	1.3	△4.9	△7.2	△6.6	11.2	△7.6	△0.4	98
0.6	△1.4	△10.1	△9.3	0.2	1.1	△8.4	△0.3	0.1	99
14.8	0.0	△4.7	4.7	5.7	5.8	△3.2	4.5	1.8	2000
△7.9	△2.3	3.0	2.4	△6.8	△6.3	10.4	△7.6	1.1	01
4.2	△2.0	△1.1	△1.4	△1.3	△0.2	△7.6	1.1	0.0	02
10.4	△0.9	△4.1	△0.9	3.3	4.0	△4.0	4.3	0.8	03
4.7	1.3	△1.3	4.2	4.9	4.8	△4.4	4.6	1.8	04
0.0	1.6	1.9	13.1	1.3	1.4	2.7	1.2	1.9	05
3.4	2.2	3.1	13.9	4.5	4.6	0.1	2.7	1.8	06
1.1	1.7	2.2	7.5	2.8	3.1	0.2	0.9	1.0	07
△7.0	4.6	△6.1	8.6	△3.4	△3.2	8.3	△4.5	△1.5	08
△32.0	△5.3	△10.5	△25.4	△21.9	△21.7	20.3	△25.0	△4.7	09
31.6	△0.1	△2.5	7.1	15.6	15.5	△21.4	19.6	1.1	10
0.0	1.4	△2.2	7.5	△2.8	△3.7	8.1	△4.2	0.1	11
2.6	△0.9	△2.1	△0.2	0.6	1.2	4.7	2.1	1.8	12
3.8	1.2	11.6	14.5	△0.8	△0.6	△3.7	1.9	0.8	13
6.7	3.2	3.2	4.2	2.0	0.7	1.6	4.3	△0.4	14
0.6	△2.3	1.3	△11.2	△1.2	△1.4	2.9	△2.7	0.9	15
△0.6	△3.5	△9.3	△16.4	0.0	△0.3	1.0	△1.5	0.7	16
2.3	2.3	5.3	11.0	3.1	2.5	△0.4	3.9	0.8	17
0.6	2.6	1.4	7.5	1.1	0.8	4.0	0.1	1.3	18
△7.2	0.2	△3.8	△5.3	△2.6	△2.5	4.7	△3.8	0.3	19
△19.8	△1.2	△3.2	△10.3	△10.4	△10.7	11.7	△12.9	△6.9	20
14.2	4.6	8.3	21.6	5.4	4.4	△10.2	8.5	1.5	21
4.6	9.7	16.2	39.0	△0.1	△0.5	7.6	△0.4	1.7	22

B－1 国内

暦年			国内総支出(GDP)	民間最終消費支出	政府最終消費支出	国内総			
							総固定資本		
								民間資本	
									住宅
名目	実額(10億円)	平成19年	539,282	295,717	95,099	138,966	137,005	111,007	22,294
		20	527,824	294,335	95,140	136,546	133,502	108,138	21,447
		21	494,938	285,154	95,690	111,872	116,926	90,595	17,262
		22	505,531	287,488	97,075	114,201	114,349	88,723	16,868
		23	497,449	284,641	98,920	117,102	116,160	91,980	18,034
		24	500,475	288,669	99,881	120,139	118,981	94,357	18,317
		25	508,701	295,751	100,999	124,213	124,919	98,622	20,172
		26	518,811	298,999	103,379	129,891	130,141	102,664	20,205
		27	538,032	300,065	105,550	135,398	134,355	107,625	20,306
		28	544,365	297,776	107,007	135,196	134,788	107,622	20,990
		29	553,073	302,054	107,361	139,456	138,309	110,710	21,456
		30	556,630	304,892	108,897	142,730	140,648	112,426	20,406
		令和元年	557,911	304,366	111,276	143,884	142,533	113,369	21,517
		2	539,808	291,783	113,194	136,282	137,618	107,226	20,071
		3	552,571	295,828	117,504	142,116	140,673	110,137	21,072
		4	559,710	311,063	120,881	148,814	145,314	116,370	21,780
	対前年増減(△)率(%)	平成20年	△2.1	△0.5	0.0	△1.7	△2.6	△2.6	△3.8
		21	△6.2	△3.1	0.6	△18.1	△12.4	△16.2	△19.5
		22	2.1	0.8	1.4	2.1	△2.2	△2.1	△2.3
		23	△1.6	△1.0	1.9	2.5	1.6	3.7	6.9
		24	0.6	1.4	1.0	2.6	2.4	2.6	1.6
		25	1.6	2.5	1.1	3.4	5.0	4.5	10.1
		26	2.0	1.1	2.4	4.6	4.2	4.1	0.2
		27	3.7	0.4	2.1	4.2	3.2	4.8	0.5
		28	1.2	△0.8	1.4	△0.1	0.3	0.0	3.4
		29	1.6	1.4	0.3	3.2	2.6	2.9	2.2
		30	0.6	0.9	1.4	2.3	1.7	1.6	△4.9
		令和元年	0.2	△0.2	2.2	0.8	1.3	0.8	5.4
		2	△3.2	△4.1	1.7	△5.3	△3.4	△5.4	△6.7
		3	2.4	1.4	3.8	4.3	2.2	2.7	5.0
		4	1.3	5.1	2.9	4.7	3.3	5.7	3.4
実質(連鎖方式)	実額(10億円)	平成19年	526,681	290,696	93,691	139,912	137,561	110,203	23,378
		20	520,233	287,402	93,609	135,852	132,304	106,284	21,929
		21	490,615	284,772	95,452	114,161	119,042	91,488	18,035
		22	510,720	291,408	97,239	117,481	117,490	90,529	17,795
		23	510,842	289,880	99,402	121,067	120,098	94,622	19,018
		24	517,864	295,760	101,075	124,660	123,428	97,432	19,457
		25	528,248	303,468	102,569	127,770	128,504	101,060	21,047
		26	529,813	300,717	103,556	131,098	131,358	103,535	20,396
		27	538,081	300,065	105,550	135,447	134,355	107,625	20,306
		28	542,137	298,785	107,254	136,424	135,912	108,530	21,092
		29	551,220	301,929	107,345	139,303	138,101	110,694	21,194
		30	554,767	302,626	108,430	140,969	138,927	111,344	19,828
		令和元年	552,535	300,738	110,489	141,057	139,688	111,577	20,650
		2	529,621	287,369	113,110	133,571	134,682	105,559	19,063
		3	543,176	289,619	116,916	135,686	134,507	105,925	19,010
		4	548,362	295,860	118,857	135,479	132,647	106,875	18,346
	対前年増減(△)率(%)	平成20年	△1.2	△1.1	△0.1	△2.9	△3.8	△3.6	△6.2
		21	△5.7	△0.9	2.0	△16.0	△10.0	△13.9	△17.8
		22	4.1	2.3	1.9	2.9	△1.3	△1.0	△1.3
		23	0.0	△0.5	2.2	3.1	2.2	4.5	6.9
		24	1.4	2.0	1.7	3.0	2.8	3.0	2.3
		25	2.0	2.6	1.5	2.5	4.1	3.7	8.2
		26	0.3	△0.9	1.0	2.6	2.2	2.4	△3.1
		27	1.6	△0.2	1.9	3.3	2.3	4.0	△0.4
		28	0.8	△0.4	1.6	0.7	1.2	0.8	3.9
		29	1.7	1.1	0.1	2.1	1.6	2.0	0.5
		30	0.6	0.2	1.0	1.2	0.6	0.6	△6.4
		令和元年	△0.4	△0.6	1.9	0.1	0.5	0.2	4.1
		2	△4.1	△4.4	2.4	△5.3	△3.6	△5.4	△7.7
		3	2.6	0.8	3.4	1.6	△0.1	0.3	△0.3
		4	1.0	2.2	1.7	△0.2	△1.4	0.9	△3.5

資料出所　内閣府経済社会総合研究所「国民経済計算年報」。

注　1．国内総支出の項目の詳細内容については用語解説13を参照。

2．国内総支出系列は、平成16年に平成６年度以降の算定方式が改められ、実質については従来の固定基準年方式が前暦年連鎖価格方式へと移行されている。

総　支　出（2008SNA）

※2023年12月25日発表値

資本形成						（参考）		暦年（西暦）
形成		在庫品（公民計）	財貨・サービスの純輸出	財貨・サービスの輸出	財貨・サービスの輸入	海外からの所得の純受取	国民総所得（GNI）	
形成	公的固定資本形成							
企業設備								
88,712	25,999	1,961	9,500	93,237	83,737	16,526	555,807	2007
86,692	25,363	3,044	1,803	90,973	89,170	14,179	542,003	08
73,333	26,331	−5,054	2,222	61,469	59,247	12,439	507,378	09
71,855	25,626	−148	6,767	75,418	68,651	13,466	518,997	10
73,946	24,180	942	−3,214	73,495	76,709	14,465	511,914	11
76,040	24,624	1,158	−8,215	72,142	80,357	13,818	514,292	12
78,450	26,298	−707	−12,262	80,294	92,556	17,497	526,197	13
82,460	27,477	−250	−13,459	90,370	103,829	19,285	538,096	14
87,319	26,729	1,043	−2,980	93,815	96,796	21,163	559,196	15
86,632	27,166	408	4,386	87,414	83,028	18,943	563,307	16
89,254	27,599	1,148	4,202	97,294	93,092	20,461	573,534	17
92,020	28,222	2,082	111	101,947	101,835	21,289	577,919	18
91,852	29,164	1,351	−1,615	97,431	99,045	21,857	579,767	19
87,156	30,392	−1,337	−1,451	83,824	85,275	19,798	559,606	20
89,065	30,536	1,443	−2,876	100,156	103,033	26,414	578,986	21
94,591	28,944	3,500	−21,047	120,571	141,618	34,018	593,729	22
△2.3	△2.4	−	−	△2.4	6.5	−	△2.5	2008
△15.4	3.8	−	−	△32.4	△33.6	−	△6.4	09
△2.0	△2.7	−	−	22.7	15.9	−	2.3	10
2.9	△5.6	−	−	△2.5	11.7	−	△1.4	11
2.8	1.8	−	−	△1.8	4.8	−	0.5	12
3.2	6.8	−	−	11.3	15.2	−	2.3	13
5.1	4.5	−	−	12.5	12.2	−	2.3	14
5.9	△2.7	−	−	3.8	△6.8	−	3.9	15
△0.8	1.6	−	−	△6.8	△14.2	−	0.7	16
3.0	1.6	−	−	11.3	12.1	−	1.8	17
3.1	2.3	−	−	4.8	9.4	−	0.8	18
△0.2	3.3	−	−	△4.4	△2.7	−	0.3	19
△5.1	4.2	−	−	△14.0	△13.9	−	△3.5	20
2.2	0.5	−	−	19.5	20.8	−	3.5	21
6.2	△5.2	−	−	20.4	37.4	−	2.5	22
86,899	27,284	1,981	2,971	84,830	81,859	16,396	549,063	2007
84,385	25,931	3,129	3,718	86,177	82,459	13,991	532,124	08
73,439	27,641	−4,757	−3,602	66,026	69,628	12,507	509,167	09
72,718	27,037	21	4,955	82,441	77,486	13,699	526,973	10
75,605	25,483	975	418	82,342	81,925	14,782	521,703	11
77,971	25,999	1,219	−3,930	82,462	86,392	14,195	526,879	12
80,040	27,455	−667	−5,999	83,131	89,130	17,958	540,005	13
83,139	27,831	−222	−5,475	90,897	96,372	19,433	541,723	14
87,319	26,729	1,054	−2,980	93,815	96,796	21,206	559,290	15
87,437	27,383	511	−324	95,334	95,658	19,087	566,469	16
89,501	27,408	1,244	2,823	101,644	98,821	20,519	573,344	17
91,540	27,583	2,077	2,876	105,465	102,590	21,171	573,210	18
90,933	28,106	1,389	324	103,927	103,604	21,650	572,152	19
86,516	29,077	−1,133	−4,732	91,877	96,609	19,581	552,272	20
86,940	28,550	1,302	1,208	102,785	101,577	25,817	565,051	21
88,623	25,807	2,909	−1,372	108,215	109,587	32,282	564,725	22
△2.9	△5.0	−	−	1.6	0.7	−	△3.1	2008
△13.0	6.6	−	−	△23.4	△15.6	−	△4.3	09
△1.0	△2.2	−	−	24.9	11.3	−	3.5	10
4.0	△5.7	−	−	△0.1	5.7	−	△1.0	11
3.1	2.0	−	−	0.1	5.5	−	1.0	12
2.7	5.6	−	−	0.8	3.2	−	2.5	13
3.9	1.4	−	−	9.3	8.1	−	0.3	14
5.0	△4.0	−	−	3.2	0.4	−	3.2	15
0.1	2.4	−	−	1.6	△1.2	−	1.3	16
2.4	0.1	−	−	6.6	3.3	−	1.2	17
2.3	0.6	−	−	3.8	3.8	−	0.0	18
△0.7	1.9	−	−	△1.5	1.0	−	△0.2	19
△4.9	3.5	−	−	△11.6	△6.8	−	△3.5	20
0.5	△1.8	−	−	11.9	5.1	−	2.3	21
1.9	△9.6	−	−	5.3	7.9	−	△0.1	22

3．「在庫品」「財貨・サービスの純輸出」「海外からの所得の純受取」の対前年増減率は公表されていない。

B－2 国民所得

暦年	要素費用表示国民所得	雇用者報酬	賃金・俸給	雇主の現実社会負担	雇主の帰属社会負担	財産所得（非企業部門）	一般政府	家計	対家計民間非営利団体
実額（名目・10億円）									
平成15年	379,296	255,180	219,452	34,207	1,521	18,514	－3,379	21,642	251
16	385,931	255,963	221,664	33,475	825	18,767	－2,562	21,060	268
17	390,659	260,594	226,392	32,509	1,694	20,922	－1,038	21,650	309
18	392,040	265,192	230,110	33,260	1,821	24,756	－141	24,532	365
19	396,234	266,616	231,212	33,621	1,783	26,648	－787	27,028	406
20	379,417	266,806	230,891	33,319	2,597	25,075	－1,672	26,368	380
21	348,968	253,798	219,333	32,541	1,924	21,609	－2,278	23,563	324
22	362,502	251,175	216,369	33,267	1,538	21,086	－2,747	23,516	316
23	356,058	251,584	215,812	34,632	1,140	21,002	－3,450	24,149	303
24	359,170	251,650	215,132	35,474	1,044	21,074	－3,687	24,492	269
25	369,920	253,333	216,267	35,878	1,188	22,115	－3,405	25,252	267
26	373,997	257,521	219,259	36,598	1,664	22,520	－3,291	25,547	263
27	389,445	260,614	221,198	37,665	1,752	24,287	－2,785	26,800	273
28	393,197	267,401	226,809	38,496	2,096	22,569	－2,833	25,151	251
29	401,074	272,102	230,473	39,540	2,089	24,508	－2,157	26,362	303
30	402,481	281,350	238,648	40,463	2,239	26,027	－1,146	26,824	349
令和元年	401,408	286,892	243,183	41,852	1,857	25,783	－482	25,957	308
2	378,900	283,187	239,763	42,025	1,398	24,940	－636	25,278	298
3	393,200	288,745	244,330	43,317	1,099	26,811	－615	27,088	338
4	403,156	295,385	249,856	44,391	1,138	29,434	640	28,384	410
対前年増減（△）率（%）									
平成16年	1.7	0.3	1.0	△2.1	－	1.4	24.2	△2.7	6.9
17	1.2	1.8	2.1	△2.9	－	11.5	59.5	2.8	15.4
18	0.4	1.8	1.6	2.3	－	18.3	86.4	13.3	18.1
19	1.1	0.5	0.5	1.1	－	7.6	△456.6	10.2	11.2
20	△4.2	0.1	△0.1	△0.9	－	△5.9	△112.6	△2.4	△6.5
21	△8.0	△4.9	△5.0	△2.3	－	△13.8	△36.2	△10.6	△14.8
22	3.9	△1.0	△1.4	2.2	－	△2.4	△20.6	△0.2	△2.3
23	△1.8	0.2	△0.3	4.1	－	△0.4	△25.6	2.7	△4.3
24	0.9	0.0	△0.3	2.4	－	0.3	△6.9	1.4	△11.1
25	3.0	0.7	0.5	1.1	－	4.9	7.7	3.1	△0.6
26	1.1	1.7	1.4	2.0	－	1.8	3.3	1.2	△1.5
27	4.1	1.2	0.9	2.9	－	7.8	15.4	4.9	3.5
28	1.0	2.6	2.5	2.2	－	△7.1	△1.7	△6.2	△7.9
29	2.0	1.8	1.6	2.7	－	8.6	23.9	4.8	20.8
30	0.4	3.4	3.5	2.3	－	6.2	46.9	1.8	15.1
令和元年	△0.3	2.0	1.9	3.4	－	△0.9	57.9	△3.2	△11.7
2	△5.6	△1.3	△1.4	0.4	－	△3.3	△31.9	△2.6	△3.2
3	3.8	2.0	1.9	3.1	－	7.5	3.3	7.2	13.4
4	2.5	2.3	2.3	2.5	－	9.8	204.0	4.8	21.4
構成比（%）									
平成19年	100.0	67.3	58.4	8.5	0.4	6.7	−0.2	6.8	0.1
20	100.0	70.3	60.9	8.8	0.7	6.6	−0.4	6.9	0.1
21	100.0	72.7	62.9	9.3	0.6	6.2	−0.7	6.8	0.1
22	100.0	69.3	59.7	9.2	0.4	5.8	−0.8	6.5	0.1
23	100.0	70.7	60.6	9.7	0.3	5.9	−1.0	6.8	0.1
24	100.0	70.1	59.9	9.9	0.3	5.9	−1.0	6.8	0.1
25	100.0	68.5	58.5	9.7	0.3	6.0	−0.9	6.8	0.1
26	100.0	68.9	58.6	9.8	0.4	6.0	−0.9	6.8	0.1
27	100.0	66.9	56.8	9.7	0.4	6.2	−0.7	6.9	0.1
28	100.0	68.0	57.7	9.8	0.5	5.7	−0.7	6.4	0.1
29	100.0	67.8	57.5	9.9	0.5	6.1	−0.5	6.6	0.1
30	100.0	69.9	59.3	10.1	0.6	6.5	−0.3	6.7	0.1
令和元年	100.0	71.5	60.6	10.4	0.5	6.4	−0.1	6.5	0.1
2	100.0	74.7	63.3	11.1	0.4	6.6	−0.2	6.7	0.1
3	100.0	73.4	62.1	11.0	0.3	6.8	−0.2	6.9	0.1
4	100.0	73.3	62.0	11.0	0.3	7.3	0.2	7.0	0.1

資料出所　内閣府経済社会総合研究所「国民経済計算年報」。

注　1．要素費用表示国民所得＝雇用者報酬＋財産所得＋企業所得。通常、国民所得の金額はこれを指す。

2．市場価格表示国民所得＝要素費用表示国民所得＋（間接税－補助金）。

の 分 配（2008SNA）

※2023年12月25日発表値

企業所得（分配所得受払後）	民間法人企業	公的企業	個人企業				民間法人企業所得（法人企業の分配所得受払前）	民間法人企業所得に対する所得・富等に課される経常税	国民所得（市場価格表示）	暦年（西暦）
				農林水産業	その他産業（非農林水産・非金融）	持ち家				
										実 額
105,602	59,580	6,507	39,516	2,790	19,503	17,223	66,851	17,016	412,252	2003
111,201	65,643	7,020	38,539	2,695	17,859	17,985	75,421	18,728	419,845	04
109,143	63,251	7,976	37,917	2,642	16,473	18,801	77,710	21,825	425,342	05
102,093	57,358	7,843	36,892	2,519	14,881	19,493	75,280	24,555	426,965	06
102,970	58,468	8,260	36,242	2,341	14,431	19,470	77,115	25,359	430,899	07
87,536	47,051	5,598	34,887	2,065	12,982	19,840	62,567	21,169	413,453	08
73,561	32,390	4,876	36,296	1,900	13,296	21,100	44,433	14,350	380,991	09
90,241	49,766	3,984	36,491	2,183	12,478	21,830	62,841	15,148	395,034	10
83,472	44,790	3,866	34,817	2,009	10,728	22,080	57,204	16,348	388,472	11
86,446	46,858	3,753	35,835	2,199	11,121	22,515	64,890	17,250	392,138	12
94,471	54,864	3,402	36,205	2,097	11,720	22,388	76,941	19,436	403,066	13
93,956	55,323	3,482	35,151	1,835	11,659	21,658	82,931	21,640	411,715	14
104,544	65,443	3,286	35,815	2,370	12,104	21,341	99,434	22,471	431,008	15
103,227	64,916	2,948	35,363	2,738	11,454	21,171	95,842	21,755	435,137	16
104,464	66,654	2,812	34,998	2,727	11,533	20,738	100,793	23,260	443,592	17
95,103	61,452	2,620	31,031	2,156	8,500	20,375	100,610	24,582	445,457	18
88,733	56,094	2,008	30,631	2,007	8,499	20,125	88,943	24,461	444,854	19
70,774	39,751	1,580	29,443	1,901	7,513	20,030	70,303	23,663	423,604	20
77,644	48,515	1,048	28,081	1,652	7,323	19,106	86,183	26,825	440,194	21
78,337	50,851	1,017	26,470	1,540	7,182	17,748	91,378	29,853	450,010	22
										増減率
5.3	10.2	7.9	△2.5	△3.4	△8.4	4.4	12.8	—	1.8	2004
△1.9	△3.6	13.6	△1.6	△1.9	△7.8	4.5	3.0	—	1.3	05
△6.5	△9.3	△1.7	△2.7	△4.7	△9.7	3.7	△3.1	—	0.4	06
0.9	1.9	5.3	△1.8	△7.1	△3.0	△0.1	2.4	—	0.9	07
△15.0	△19.5	△32.2	△3.7	△11.8	△10.0	1.9	△18.9	—	△4.0	08
△16.0	△31.2	△12.9	4.0	△8.0	2.4	6.4	△29.0	—	△7.9	09
22.7	53.6	△18.3	0.5	14.9	△6.2	3.5	41.4	—	3.7	10
△7.5	△10.0	△3.0	△4.6	△8.0	△14.0	1.1	△9.0	—	△1.7	11
3.6	4.6	△2.9	2.9	9.5	3.7	2.0	13.4	—	0.9	12
9.3	17.1	△9.4	1.0	△4.6	5.4	△0.6	18.6	—	2.8	13
△0.5	0.8	2.4	△2.9	△12.5	△0.5	△3.3	7.8	—	2.1	14
11.3	18.3	△5.6	1.9	29.2	3.8	△1.5	19.9	—	4.7	15
△1.3	△0.8	△10.3	△1.3	15.5	△5.4	△0.8	△3.6	—	1.0	16
1.2	2.7	△4.6	△1.0	△0.4	0.7	△2.0	5.2	—	1.9	17
△9.0	△7.8	△6.8	△11.3	△20.9	△26.3	△1.7	△0.2	—	0.4	18
△6.7	△8.7	△23.3	△1.3	△6.9	△0.0	△1.2	△11.6	—	△0.1	19
△20.2	△29.1	△21.3	△3.9	△5.3	△11.6	△0.5	△21.0	—	△4.8	20
9.7	22.0	△33.7	△4.6	△13.1	△2.5	△4.6	22.6	—	3.9	21
0.9	4.8	△3.0	△5.7	△6.8	△1.9	△7.1	6.0	—	2.2	22
										構成比
26.0	14.8	2.1	9.1	0.6	3.6	4.9	19.5	6.4	108.7	2007
23.1	12.4	1.5	9.2	0.5	3.4	5.2	16.5	5.6	109.0	08
21.1	9.3	1.4	10.4	0.5	3.8	6.0	12.7	4.1	109.2	09
24.9	13.7	1.1	10.1	0.6	3.4	6.0	17.3	4.2	109.0	10
23.4	12.6	1.1	9.8	0.6	3.0	6.2	16.1	4.6	109.1	11
24.1	13.0	1.0	10.0	0.6	3.1	6.3	18.1	4.8	109.2	12
25.5	14.8	0.9	9.8	0.6	3.2	6.1	20.8	5.3	109.0	13
25.1	14.8	0.9	9.4	0.5	3.1	5.8	22.2	5.8	110.1	14
26.8	16.8	0.8	9.2	0.6	3.1	5.5	25.5	5.8	110.7	15
26.3	16.5	0.7	9.0	0.7	2.9	5.4	24.4	5.5	110.7	16
26.0	16.6	0.7	8.7	0.7	2.9	5.2	25.1	5.8	110.6	17
23.6	15.3	0.7	7.7	0.5	2.1	5.1	25.0	6.1	110.7	18
22.1	14.0	0.5	7.6	0.5	2.1	5.0	22.2	6.1	110.8	19
18.7	10.5	0.4	7.8	0.5	2.0	5.3	18.6	6.2	111.8	20
19.7	12.3	0.3	7.1	0.4	1.9	4.9	21.9	6.8	112.0	21
19.4	12.6	0.3	6.6	0.4	1.8	4.4	22.7	7.4	111.6	22

3．企業所得＝営業余剰＋財産所得の受取－財産所得の支払。
4．雇用者報酬については用語解説12参照。

C－1(1)　賃金指数（5人以上事業所）（男女計）〔令和2年＝100.0〕

	年	調査産業計（サービス業を含む） 現金給与総額指数 名目	現金給与総額指数 実質	定期給与指数（名目）	所定内給与指数（名目）	製造業計 現金給与総額指数 名目	現金給与総額指数 実質	定期給与指数（名目）	所定内給与指数（名目）
賃金指数	平成2年	100.3	111.8	92.4	90.9	83.0	92.5	78.8	75.6
	7	109.9	115.1	103.5	103.8	91.6	95.9	88.7	88.4
	12	109.8	113.9	106.5	106.5	95.6	99.2	94.9	93.4
	17	104.3	111.2	103.1	102.6	98.5	105.0	97.9	95.4
	22	99.9	106.8	100.5	100.2	96.6	103.3	98.0	96.8
	27	99.1	101.3	99.3	98.3	99.8	102.0	99.4	96.9
	28	99.7	102.0	99.6	98.6	100.5	102.9	99.9	97.4
	29	100.2	101.9	100.0	99.1	102.0	103.8	101.0	98.3
	30	101.6	102.1	100.9	99.9	103.8	104.3	102.3	99.5
	令和元年	101.2	101.2	100.7	99.8	103.5	103.5	102.2	100.2
	2	100.0	100.0	100.0	100.0	100.0	100.0	100.0	100.0
	3	100.3	100.6	100.5	100.3	101.9	102.2	101.7	100.7
	4	102.3	99.6	101.9	101.4	103.6	100.9	102.3	100.9
対前年増減率（%）	平7/2	1.8	0.6	2.3	2.7	2.0	0.7	2.4	3.2
	平12/7	0.0	△0.2	0.6	0.5	0.9	0.7	1.4	1.1
	平17/12	△1.0	△0.5	△0.6	△0.7	0.6	1.1	0.6	0.4
	平22/17	△0.9	△0.8	△0.5	△0.5	△0.4	△0.3	0.0	0.3
	平27/22	△0.2	△1.1	△0.2	△0.4	0.7	△0.3	0.3	0.0
	27	0.1	△1.0	0.2	0.3	0.4	△0.7	0.5	0.2
	28	0.6	0.7	0.3	0.3	0.7	0.9	0.5	0.5
	29	0.5	△0.1	0.4	0.5	1.5	0.9	1.1	0.9
	30	1.4	0.2	0.9	0.8	1.8	0.5	1.3	1.2
	令和元年	△0.4	△0.9	△0.2	△0.1	△0.3	△0.8	△0.1	0.7
	2	△1.2	△1.2	△0.7	0.2	△3.4	△3.4	△2.2	△0.2
	3	0.3	0.6	0.5	0.3	1.9	2.2	1.7	0.7
	4	2.0	△1.0	1.4	1.1	1.7	△1.3	0.6	0.2

資料出所　厚生労働省「毎月勤労統計調査」。30人以上事業所では約15,000ヵ所が、5～29人事業所では約18,000ヵ所が集計対象.上表はパートタイム労働者を含む常用労働者（就業形態計）を対象とした数値。以下、同じ。

C－1(2)　産業大分類別の賃金指数（名目）：5人以上事業所（現金給与総額・男女計）〔令和2年＝100.0〕

	年	鉱業	建設業	電気・ガス熱供給水道業	情報通信業	運輸・郵便業	卸売・小売業	金融・保険業	不動産・物品賃貸業	学術研究,専門技術サービス業	宿泊・飲食サービス業	生活関連サービス・娯楽業	教育・学習支援業	医療福祉	複合サービス事業	サービス業(他に分類されないもの)
賃金指数	平成2年	87.1	82.4	88.4	−	−	−	−	−	−	−	−	−	−	−	−
	7	96.4	92.3	99.4	−	−	−	−	−	−	−	−	−	−	−	−
	12	106.1	90.1	103.1	98.0	106.1	102.7	101.5	−	−	−	−	128.0	119.1	108.5	−
	17	97.2	86.1	104.0	94.1	98.8	94.9	103.4	−	−	−	−	118.3	107.9	97.7	−
	22	97.7	88.8	101.6	97.9	96.8	95.6	98.9	100.4	93.4	108.7	102.2	105.8	99.4	107.9	104.2
	27	82.1	91.5	96.2	99.5	99.8	95.3	98.8	97.2	95.4	109.8	100.1	101.0	99.0	101.8	101.6
	28	83.6	92.9	97.4	100.1	99.9	97.1	97.3	101.9	96.6	110.3	99.3	101.9	99.8	104.5	101.4
	29	86.6	93.8	97.3	99.9	101.1	97.6	99.9	100.2	97.1	108.5	101.0	101.1	101.3	103.4	100.7
	30	97.0	97.0	98.5	101.5	103.8	101.3	99.0	97.3	99.1	107.3	100.7	101.6	99.5	104.4	100.2
	令和元年	103.1	99.7	99.6	100.2	105.2	99.9	98.9	97.2	101.2	106.3	102.5	99.0	99.8	103.2	102.0
	2	100.0	100.0	100.0	100.0	100.0	100.0	100.0	100.0	100.0	100.0	100.0	100.0	100.0	100.0	100.0
	3	111.9	99.7	101.1	99.2	100.4	102.1	97.9	105.5	98.7	99.6	101.4	97.1	99.0	99.9	103.4
	4	117.4	103.4	98.2	101.5	105.7	103.8	98.8	109.6	102.8	109.5	105.2	98.4	100.9	100.1	105.1
対前年増減率（%）	平7/2	2.0	2.3	2.4	−	−	−	−	−	−	−	−	−	−	−	−
	平12/7	1.9	△0.5	0.7	−	−	−	−	−	−	−	−	−	−	−	−
	平17/12	△1.7	△0.9	0.2	△0.8	△1.4	△1.6	0.4	−	−	−	−	△1.6	△2.0	△2.1	−
	平22/17	0.1	0.6	△0.5	0.8	△0.4	0.1	△0.9	−	−	−	−	△2.2	△1.6	2.0	−
	平27/22	△3.4	0.6	△1.1	0.3	0.6	△0.1	0.0	△0.6	0.4	0.2	△0.4	△0.9	△0.1	△1.2	△0.5
	27	△5.7	2.0	△0.9	0.3	0.1	△0.2	0.7	△2.8	1.3	1.2	△2.6	1.1	0.1	1.4	△0.1
	28	1.8	1.5	1.2	0.6	0.1	1.9	△1.5	4.8	1.3	0.5	△0.8	0.9	0.8	2.7	△0.2
	29	3.6	1.0	△0.1	△0.2	1.2	0.5	2.7	△1.7	0.5	△1.6	1.7	△0.8	1.5	△1.1	△0.7
	30	12.0	3.4	1.2	1.6	2.7	3.8	△0.9	△2.9	2.1	△1.1	△0.3	0.5	△1.8	1.0	△0.5
	令和元年	6.3	2.8	1.1	△1.3	1.3	△1.4	△0.1	△0.1	2.1	△0.9	1.8	△2.6	0.3	△1.1	1.8
	2	△3.0	0.3	0.4	△0.2	△4.9	0.1	1.1	2.9	△1.2	△5.9	△2.4	1.0	0.2	△3.1	△2.0
	3	11.9	△0.3	1.1	△0.8	0.4	2.1	△2.1	5.5	△1.3	△0.4	1.4	△2.9	△1.0	△0.1	3.4
	4	4.9	3.7	△2.9	2.3	5.3	1.7	0.9	3.9	4.2	9.9	3.7	1.3	1.9	0.2	1.6

注　日本標準産業分類の改訂により、長期遡及できない業種がある。以下、同じ。

C－2(1) 賃金指数 (30人以上事業所・男女計)〔令和2年＝100.0〕

	年	調査産業計				製造業計			
		現金給与総額指数		定期給与指数	所定内給与指数	現金給与総額指数		定期給与指数	所定内給与指数
		名目	実質	(名目)	(名目)	名目	実質	(名目)	(名目)
賃金指数	昭和45年	19.6	62.8	18.3	—	16.7	53.5	16.0	—
	50	46.4	86.2	42.4	—	38.0	70.6	36.0	—
	55	67.9	91.9	62.3	61.4	56.5	76.5	53.8	52.3
	60	81.6	96.6	75.7	74.2	68.8	81.4	66.2	63.6
	平成2年	96.5	107.6	88.0	85.9	82.7	92.2	78.0	74.5
	7	105.9	110.9	99.2	98.9	91.2	95.5	87.6	87.5
	8	107.6	112.8	101.0	100.5	93.5	98.0	90.0	88.9
	9	109.6	113.0	102.5	101.7	96.1	99.1	92.1	90.1
	10	108.2	110.9	102.3	102.2	95.0	97.3	92.1	91.6
	11	106.7	109.7	102.5	102.4	94.2	96.8	93.0	92.6
	12	106.4	110.4	102.8	102.4	96.1	99.7	94.6	93.1
	13	105.4	110.4	102.1	102.0	96.0	100.5	94.8	94.1
	14	102.4	108.4	100.5	100.1	94.9	100.4	95.2	93.8
	15	102.3	108.6	100.5	99.8	97.3	103.3	97.1	94.7
	16	101.8	108.1	100.8	99.7	99.1	105.2	98.8	96.0
	17	102.9	109.7	101.4	100.3	99.9	106.5	98.8	96.1
	18	103.9	110.4	101.9	100.7	101.1	107.4	99.5	96.4
	19	103.0	109.3	102.0	100.7	100.8	107.0	99.7	96.8
	20	102.5	107.1	101.3	100.2	100.9	105.4	99.5	97.2
	21	97.6	103.5	98.7	98.8	93.1	98.7	95.0	96.2
	22	98.6	105.5	99.3	98.6	97.1	103.9	98.5	97.2
	23	98.9	106.0	99.2	98.4	99.2	106.3	99.4	98.1
	24	97.9	104.9	99.1	98.3	98.5	105.6	99.7	98.4
	25	97.9	104.5	98.4	97.4	98.4	105.0	99.0	97.4
	26	98.9	102.2	98.8	97.5	100.2	103.5	99.6	97.3
	27	99.0	101.2	99.3	98.0	100.4	102.7	100.0	97.3
	28	100.1	102.5	99.9	98.6	101.1	103.5	100.4	97.8
	29	100.7	102.4	100.3	99.2	102.4	104.2	101.4	98.5
	30	101.9	102.4	101.0	99.9	103.9	104.4	102.5	99.7
	令和元年	101.7	101.7	101.0	99.9	104.1	104.1	102.9	100.8
	2	100.0	100.0	100.0	100.0	100.0	100.0	100.0	100.0
	3	100.9	101.2	101.2	100.8	102.2	102.5	102.1	100.9
	4	104.0	101.3	103.6	102.8	103.7	101.0	102.5	101.1
対前年増減率(%)	50/45	18.8	6.5	18.3	—	17.9	5.7	17.6	—
	55/50	7.9	1.3	8.0	—	8.3	1.6	8.4	—
	60/55	3.7	1.0	4.0	3.9	4.0	1.2	4.2	4.0
	2/60	1.9	0.6	2.4	2.9	2.0	0.7	2.3	3.3
	7/2	0.1	△0.1	0.7	0.7	0.5	1.2	1.1	0.7
	8	1.6	1.7	1.8	1.6	2.5	2.6	2.7	1.6
	9	1.9	0.2	1.5	1.2	2.8	1.1	2.3	1.3
	10	△1.3	△1.9	△0.2	0.5	△1.1	△1.8	0.0	1.7
	11	△1.4	△1.1	0.2	0.2	△0.8	△0.5	1.0	1.1
	12	△0.3	0.6	0.3	0.0	2.0	3.0	1.7	0.5
	13	△0.9	0.0	△0.7	△0.4	△0.1	0.8	0.2	1.1
	14	△2.8	△1.8	△1.6	△1.9	△1.1	△0.1	0.4	△0.3
	15	△0.1	0.2	0.0	△0.3	2.5	2.9	2.0	1.0
	16	△0.5	△0.5	0.3	△0.1	1.8	1.8	1.8	1.4
	17	1.1	1.5	0.6	0.6	0.8	1.2	0.0	0.1
	18	1.0	0.6	0.5	0.4	1.2	0.8	0.7	0.3
	19	△0.9	△1.0	0.1	0.0	△0.3	△0.4	0.2	0.4
	20	△0.5	△2.0	△0.7	△0.5	0.1	△1.5	△0.2	0.4
	21	△4.8	△3.4	△2.6	△1.4	△7.7	△6.4	△4.5	△1.0
	22	1.0	1.9	0.6	△0.2	4.3	5.3	3.7	1.0
	23	0.3	0.5	△0.1	△0.2	2.2	2.3	0.9	0.9
	24	△1.0	△1.0	△0.1	△0.1	△0.7	△0.7	0.3	0.3
	25	0.0	△0.4	△0.7	△0.9	△0.1	△0.6	△0.7	△1.0
	26	1.0	△2.2	0.4	0.1	1.8	△1.4	0.6	△0.1
	27	0.1	△1.0	0.5	0.5	0.2	△0.8	0.4	0.0
	28	1.1	1.3	0.6	0.6	0.7	0.8	0.4	0.5
	29	0.6	△0.1	0.4	0.6	1.3	0.7	1.0	0.7
	30	1.2	0.0	0.7	0.7	1.5	0.2	1.1	1.2
	令和元年	△0.2	△0.7	0.0	0.0	0.2	△0.3	0.4	1.1
	2	△1.7	△1.7	△1.0	0.1	△3.9	△3.9	△2.8	△0.8
	3	0.9	1.2	1.2	0.8	2.2	2.5	2.1	0.9
	4	3.1	0.1	2.4	2.0	1.5	△1.5	0.4	0.2

C－2(2) 産業大分類別の賃金指数：30人以上事業所
(現金給与総額・男女計)〔令和２年＝100.0〕

	年	鉱業	建設業	電気・ガス熱供給水道業	情報通信業	運輸・郵便業	卸売・小売業	金融・保険業	不動産・物品賃貸業	学術研究,専門技術サービス業	宿泊・飲食サービス業	生活関連サービス・娯楽業	教育・学習支援業	医療福祉	複合サービス事業	サービス業(他に分類されないもの)
賃金指数	昭和45年	15.8	13.8	17.5	－	－	－	－	－	－	－	－	－	－	－	－
	50	39.9	31.6	38.6	－	－	－	－	－	－	－	－	－	－	－	－
	55	55.3	48.5	55.6	－	－	－	－	－	－	－	－	－	－	－	－
	60	66.7	59.9	69.5	－	－	－	－	－	－	－	－	－	－	－	－
	平成2年	76.6	76.9	85.3	－	－	－	－	－	－	－	－	－	－	－	－
	7	89.0	88.6	95.5	－	－	－	－	－	－	－	－	－	－	－	－
	8	91.9	89.6	96.8	－	－	－	－	－	－	－	－	－	－	－	－
	9	91.8	91.0	98.7	－	－	－	－	－	－	－	－	－	－	－	－
	10	91.8	88.9	99.4	－	－	－	－	－	－	－	－	－	－	－	－
	11	90.5	86.8	100.1	－	－	－	－	－	－	－	－	－	－	－	－
	12	92.3	85.4	98.7	96.9	103.5	94.6	101.1	－	－	－	－	123.1	114.1	111.5	－
	13	93.8	84.0	98.9	97.8	101.6	92.6	100.9	－	－	－	－	125.7	113.3	114.2	－
	14	87.9	81.8	99.3	95.5	99.1	88.4	99.1	－	－	－	－	121.5	109.6	107.7	－
	15	89.4	81.5	99.7	94.6	96.2	88.7	99.0	－	－	－	－	119.4	107.7	105.4	－
	16	92.7	83.1	100.2	95.1	95.9	86.3	102.0	－	－	－	－	115.3	105.5	99.2	－
	17	95.7	84.1	100.8	95.3	97.1	89.8	103.7	－	－	－	－	116.0	105.8	98.6	－
	18	97.8	84.8	101.2	95.7	98.8	92.9	107.4	－	－	－	－	115.8	106.5	99.1	－
	19	98.6	87.9	102.4	98.1	97.3	91.6	106.3	－	－	－	－	113.7	105.7	99.2	－
	20	99.3	90.9	102.9	98.9	98.1	91.7	103.0	－	－	－	－	111.5	102.5	115.5	－
	21	94.3	89.9	102.2	95.5	95.4	87.1	97.5	－	－	－	－	104.5	99.9	122.5	－
	22	98.4	90.1	101.0	98.8	96.1	90.9	97.5	99.3	94.4	111.8	105.9	104.2	97.1	115.7	105.0
	23	98.9	90.1	98.7	101.1	95.9	92.5	95.2	97.8	94.4	111.1	108.1	103.2	97.4	105.7	102.3
	24	99.1	86.3	94.8	99.7	98.2	94.2	92.1	94.8	93.2	111.5	111.6	100.9	97.2	98.9	100.2
	25	92.0	87.1	92.3	100.4	100.9	92.3	95.6	94.2	93.1	110.4	107.4	99.6	97.6	100.4	101.1
	26	88.6	90.0	95.1	100.7	101.0	92.4	97.0	96.7	94.5	111.9	104.8	99.5	98.8	102.0	103.1
	27	83.3	90.5	95.3	101.9	102.1	91.4	98.0	96.6	96.0	112.5	101.9	100.6	99.1	103.4	101.0
	28	84.4	93.7	96.8	102.8	103.3	93.2	96.3	98.7	98.7	116.0	100.8	102.3	100.0	107.1	101.3
	29	85.8	95.1	96.9	102.3	103.6	95.4	97.4	101.3	97.4	113.6	100.3	100.7	101.2	106.1	100.3
	30	100.1	96.7	98.6	103.0	106.0	101.8	98.5	102.9	98.2	109.4	104.9	99.9	99.9	104.9	100.6
	令和元年	102.8	100.8	99.8	101.4	106.9	98.4	100.0	101.6	100.1	108.3	103.9	98.1	100.6	103.0	102.5
	2	100.0	100.0	100.0	100.0	100.0	100.0	100.0	100.0	100.0	100.0	100.0	100.0	100.0	100.0	100.0
	3	105.3	99.6	100.8	99.5	99.8	103.3	96.9	104.3	98.6	97.7	102.1	100.1	99.8	98.9	103.3
	4	109.7	102.7	97.7	101.5	106.7	107.5	97.3	113.0	103.1	116.3	109.7	101.9	101.2	98.1	107.4
対前年増減率(%)	50/45	20.4	18.0	17.1	－	－	－	－	－	－	－	－	－	－	－	－
	55/50	6.7	8.9	7.6	－	－	－	－	－	－	－	－	－	－	－	－
	60/55	3.8	4.3	4.6	－	－	－	－	－	－	－	－	－	－	－	－
	2/60	2.8	5.1	4.2	－	－	－	－	－	－	－	－	－	－	－	－
	7/2	3.0	2.9	2.3	－	－	－	－	－	－	－	－	－	－	－	－
	8	3.3	1.1	1.4	－	－	－	－	－	－	－	－	－	－	－	－
	9	△0.1	1.6	2.0	－	－	－	－	－	－	－	－	－	－	－	－
	10	0.0	△2.3	0.7	－	－	－	－	－	－	－	－	－	－	－	－
	11	△1.4	△2.4	0.7	－	－	－	－	－	－	－	－	－	－	－	－
	12	2.0	△1.6	△1.4	－	－	－	－	－	－	－	－	－	－	－	－
	13	1.6	△1.6	0.2	0.9	△1.8	△2.1	△0.2	－	－	－	－	2.1	△0.7	2.4	－
	14	△6.3	△2.6	0.4	△2.4	△2.5	△4.5	△1.8	－	－	－	－	△3.3	△3.3	△5.7	－
	15	1.7	△0.4	0.4	△0.9	△2.9	0.3	△0.1	－	－	－	－	△1.7	△1.7	△2.1	－
	16	3.7	2.0	0.5	0.5	△0.3	△2.7	3.0	－	－	－	－	△3.4	△2.0	△5.9	－
	17	3.2	1.2	0.6	0.2	1.3	4.1	1.7	－	－	－	－	0.6	0.3	△0.6	－
	18	2.2	0.8	0.4	0.4	1.8	3.5	3.6	－	－	－	－	△0.2	0.7	0.5	－
	19	0.8	3.7	1.2	2.5	△1.5	△1.4	△1.0	－	－	－	－	△1.8	△0.8	0.1	－
	20	0.7	3.4	0.5	0.8	0.8	0.1	△3.1	－	－	－	－	△1.9	△3.0	16.4	－
	21	△5.0	△1.1	△0.7	△3.4	△2.8	△5.0	△5.3	－	－	－	－	△6.3	△2.5	6.1	－
	22	4.3	0.2	△1.2	3.5	0.7	4.4	0.0	－	－	－	－	△0.3	△2.8	△5.6	－
	23	0.5	0.0	△2.3	2.3	△0.2	1.8	△2.4	△1.5	0.0	△0.6	2.1	△1.0	0.3	△8.6	△2.6
	24	0.2	△4.2	△4.0	△1.4	2.4	1.8	△3.3	△3.1	△1.3	0.4	3.2	△2.2	△0.2	△6.4	△2.1
	25	△7.2	0.9	△2.6	0.7	2.7	△2.0	3.8	△0.6	△0.1	△1.0	△3.8	△1.3	0.4	1.5	0.9
	26	△3.7	3.3	3.0	0.3	0.1	0.1	1.5	2.7	1.5	1.4	△2.4	△0.1	1.2	1.6	2.0
	27	△6.0	0.6	0.2	1.2	1.1	△1.1	1.0	△0.1	1.6	0.5	△2.8	1.1	0.3	1.4	△2.0
	28	1.3	3.5	1.6	0.9	1.2	2.0	△1.7	2.2	2.8	3.1	△1.1	1.7	0.9	3.6	0.3
	29	1.7	1.5	0.1	△0.5	0.3	2.4	1.1	2.6	△1.3	△2.1	△0.5	△1.6	1.2	△0.9	△1.0
	30	16.7	1.7	1.8	0.7	2.3	6.7	1.1	1.6	0.8	△3.7	4.6	△0.8	△1.3	△1.1	0.3
	令和元年	2.7	4.2	1.2	△1.6	0.8	△3.3	1.5	△1.3	1.9	△1.0	△1.0	△1.8	0.7	△1.8	1.9
	2	△2.7	△0.8	0.2	△1.4	△6.5	1.6	0.0	△1.6	△0.1	△7.7	△3.8	1.9	△0.6	△2.9	△2.4
	3	5.3	△0.4	0.8	△0.5	△0.2	3.3	△3.1	4.3	△1.4	△2.3	2.1	0.1	△0.2	△1.1	3.3
	4	4.2	3.1	△3.1	2.0	6.9	4.1	0.4	8.3	4.6	19.0	7.4	1.8	1.4	△0.8	4.0

C－3　産業大分類別の平均賃金と格差
（男女計・1カ月当たり現金給与総額・就業形態計）

規模	区分	産業	平成12年	30年	令和元年	2年	3年	4年	4年 一般	4年 パート
30人以上事業所	実額（千円）	調査産業計	335.8	369.3	368.3	365.1	368.5	379.7	465.2	116.5
		鉱業,採石業,砂利採取業	351.1	505.0	517.4	504.0	531.0	552.3	558.1	170.4
		建設業	362.3	491.9	513.3	513.3	510.8	526.4	540.7	148.4
		製造業	385.8	422.8	423.1	407.9	416.5	423.2	457.3	140.0
		電気・ガス・熱供給・水道業	584.9	591.9	599.1	603.4	607.6	589.6	606.7	186.6
		情報通信業	478.7	531.4	524.1	517.0	514.3	525.0	551.4	135.3
		運輸業,郵便業	361.9	373.6	376.7	355.5	354.6	378.9	432.9	126.3
		卸売業,小売業	270.5	329.3	318.2	327.0	337.8	351.5	499.7	109.3
		金融業,保険業	506.3	530.8	539.0	541.2	524.3	526.7	574.6	159.9
		不動産業,物品賃貸業	－	407.2	403.1	396.0	413.0	447.5	531.5	102.5
		学術研究,専門・技術サービス業	－	530.4	540.9	541.1	533.7	558.3	588.2	157.9
		宿泊業,飲食サービス業	－	151.4	149.9	140.2	137.0	163.3	333.4	79.6
		生活関連サービス,娯楽業	－	222.3	219.0	212.1	216.6	233.0	354.4	96.8
		教育,学習支援業	432.3	431.4	419.1	434.3	434.6	442.4	563.0	108.5
		医療,福祉	329.1	343.2	346.1	347.8	346.9	352.0	425.4	142.9
		複合サービス事業	348.2	391.0	380.6	372.2	367.9	363.9	417.5	148.4
		サービス業(他に分類されないもの)	－	240.7	245.6	239.0	247.2	257.1	326.6	115.2
	格差	調査産業計	100.0	100.0	100.0	100.0	100.0	100.0	100.0	100.0
		鉱業,採石業,砂利採取業	104.6	136.8	140.5	138.0	144.1	145.4	120.0	146.3
		建設業	107.9	133.2	139.4	140.6	138.6	138.6	116.2	127.3
		製造業	114.9	114.5	114.9	111.7	113.0	111.5	98.3	120.2
		電気・ガス・熱供給・水道業	174.2	160.3	162.7	165.3	164.9	155.3	130.4	160.2
		情報通信業	142.6	143.9	142.3	141.6	139.6	138.3	118.5	116.1
		運輸業,郵便業	107.8	101.2	102.3	97.4	96.2	99.8	93.0	108.4
		卸売業,小売業	80.6	89.2	86.4	89.6	91.7	92.6	107.4	93.8
		金融業,保険業	150.8	143.7	146.4	148.2	142.3	138.7	123.5	137.2
		不動産業,物品賃貸業	－	110.3	109.5	108.5	112.1	117.8	114.2	88.0
		学術研究,専門・技術サービス業	－	143.6	146.9	148.2	144.8	147.0	126.4	135.5
		宿泊業,飲食サービス業	－	41.0	40.7	38.4	37.2	43.0	71.7	68.3
		生活関連サービス,娯楽業	－	60.2	59.5	58.1	58.8	61.4	76.2	83.0
		教育,学習支援業	128.7	116.8	113.8	118.9	117.9	116.5	121.0	93.1
		医療,福祉	98.0	92.9	94.0	95.3	94.2	92.7	91.4	122.6
		複合サービス事業	103.7	105.9	103.3	101.9	99.8	95.8	89.7	127.4
		サービス業(他に分類されないもの)	－	65.2	66.7	65.5	67.1	67.7	70.2	98.9
5人以上事業所	実額（千円）	調査産業計	362.5	322.1	321.0	318.4	319.5	325.8	429.1	102.1
		鉱業,採石業,砂利採取業	367.5	373.5	397.5	385.9	432.2	451.3	458.9	151.6
		建設業	377.4	403.7	414.9	417.5	416.3	431.6	451.1	127.2
		製造業	357.5	391.5	389.9	377.6	384.8	391.2	432.5	127.6
		電気・ガス・熱供給・水道業	568.3	555.1	561.3	566.2	572.2	556.3	576.5	174.4
		情報通信業	－	497.6	492.2	491.2	487.1	498.7	525.5	131.1
		運輸業,郵便業	－	354.5	359.3	343.7	344.9	363.0	408.5	125.0
		卸売業,小売業	－	284.7	280.8	282.5	288.5	293.2	435.2	99.1
		金融業,保険業	－	480.7	480.0	486.5	476.6	481.2	522.2	153.5
		不動産業,物品賃貸業	－	349.7	350.0	359.7	379.3	394.0	477.1	105.8
		学術研究,専門・技術サービス業	－	470.6	480.8	475.5	469.3	488.9	529.5	140.4
		宿泊業,飲食サービス業	－	125.7	124.5	117.6	117.2	128.9	310.0	74.0
		生活関連サービス,娯楽業	－	206.5	209.5	204.9	207.7	215.9	323.4	95.9
		教育,学習支援業	－	381.3	368.1	378.1	367.3	372.1	514.9	95.2
		医療,福祉	－	296.7	297.9	299.4	296.6	302.1	392.9	123.5
		複合サービス事業	－	386.2	380.0	369.4	369.0	369.1	416.8	148.6
		サービス業(他に分類されないもの)	－	255.8	260.8	255.2	264.1	268.4	335.1	112.4
	格差	調査産業計	100.0	100.0	100.0	100.0	100.0	100.0	100.0	100.0
		鉱業,採石業,砂利採取業	101.4	115.9	123.8	121.2	135.3	138.5	107.0	148.5
		建設業	104.1	125.3	129.2	131.1	130.3	132.5	105.1	124.6
		製造業	98.6	121.5	121.4	118.6	120.4	120.1	100.8	125.0
		電気・ガス・熱供給・水道業	156.8	172.3	174.9	177.8	179.1	170.7	134.4	170.8
		情報通信業	－	154.5	153.3	154.3	152.5	153.1	122.5	128.5
		運輸業,郵便業	－	110.0	111.9	107.9	108.0	111.4	95.2	122.5
		卸売業,小売業	－	88.4	87.5	88.7	90.3	90.0	101.4	97.1
		金融業,保険業	－	149.2	149.5	152.8	149.2	147.7	121.7	150.4
		不動産業,物品賃貸業	－	108.6	109.0	113.0	118.7	120.9	111.2	103.6
		学術研究,専門・技術サービス業	－	146.1	149.8	149.3	146.9	150.0	123.4	137.6
		宿泊業,飲食サービス業	－	39.0	38.8	36.9	36.7	39.6	72.3	72.5
		生活関連サービス,娯楽業	－	64.1	65.3	64.3	65.0	66.3	75.4	94.0
		教育,学習支援業	－	118.4	114.7	118.8	115.0	114.2	120.0	93.3
		医療,福祉	－	92.1	92.8	94.0	92.9	92.7	91.6	121.0
		複合サービス事業	－	119.9	118.4	116.0	115.5	113.3	97.1	145.5
		サービス業(他に分類されないもの)	－	79.4	81.2	80.2	82.7	82.4	78.1	110.1

資料出所　厚生労働省「毎月勤労統計調査」。左表はパートタイム労働者を含む常用労働者（就業形態計）を対象。
注　一般とパートはその内訳となっている就業形態別（男女計）にみたもので、一般労働者とパートタイム労働者を指し、産業区分の変更により、データが遡及できない産業がある。令和元年までは「従来の公表値」、以下同じ。

C－4　製造業中分類別の賃金格差〔製造業＝100.0〕
（男女計・1カ月当たり現金給与総額・就業形態計）

	産　　業	平成12年	17年	29年	30年	令和元年	2年	3年	4年	実額（千円）
30人以上事業所	製造業計実額(千円)	406.7	419.7	415.5	422.8	423.1	407.9	416.5	423.2	
	製造業計	100.0	100.0	100.0	100.0	100.0	100.0	100.0	100.0	423.2
	食料品・たばこ	−	73.7	67.0	66.7	69.3	71.8	67.7	65.0	275.1
	繊維工業	−	−	66.7	64.7	61.0	71.1	70.3	73.1	309.4
	木材・木製品	78.9	77.1	80.6	77.8	75.6	79.8	82.4	81.4	344.4
	家具・装備品	81.2	76.9	93.4	101.6	94.7	99.7	95.4	89.4	378.5
	パルプ・紙	95.5	92.7	91.4	92.9	92.2	98.2	89.3	86.8	367.2
	印刷・同関連業	89.7	88.9	91.1	88.3	82.2	92.7	86.5	90.7	383.7
	化学、石油・石炭	−	−	119.1	124.5	121.8	125.1	119.7	120.0	507.8
	プラスチック製品	91.3	89.3	85.0	93.3	91.9	97.0	92.5	92.2	390.1
	ゴム製品	97.5	101.5	101.8	102.6	96.7	100.5	100.7	101.7	430.6
	窯業・土石製品	96.0	92.0	106.5	103.4	98.2	103.2	102.6	106.5	450.7
	鉄鋼業	116.6	129.7	111.8	115.6	110.3	120.2	108.1	118.5	501.5
	非鉄金属製造業	116.5	109.6	107.8	110.8	106.6	105.5	103.2	104.5	442.3
	金属製品製造業	94.9	90.3	90.3	94.3	90.8	90.9	86.2	91.2	385.8
	はん用機械器具	−	−	111.8	117.9	114.6	123.9	115.0	111.8	473.2
	生産用機械器具	−	−	107.2	108.9	111.3	114.1	108.7	109.7	464.1
	業務用機械器具	−	−	105.1	106.3	104.5	109.5	109.5	107.1	453.5
	電子・デバイス	103.3	98.1	109.2	112.8	105.3	114.8	110.8	110.1	465.8
	電気機械器具	−	−	107.8	107.7	106.2	110.9	107.4	105.7	447.2
	情報通信機械器具	−	−	124.7	126.9	124.8	129.7	124.4	123.2	521.5
	輸送用機械器具	114.4	115.8	120.1	122.0	121.4	126.1	121.1	122.4	518.0
	その他の製造業	−	−	92.5	89.7	85.7	85.8	85.0	86.6	366.5
	消費関連製造業	69.8	75.2	73.3	72.3	72.2	76.4	72.6	71.2	301.5
	素材関連製造業	105.3	105.2	101.7	105.0	101.8	105.7	100.7	102.8	435.1
	機械関連製造業	111.4	110.1	113.5	115.6	113.8	119.5	114.7	114.3	483.8
5人以上事業所	製造業計実額(千円)	371.5	380.9	383.7	391.5	389.9	377.6	384.8	391.2	
	製造業計	100.0	100.0	100.0	100.0	100.0	100.0	100.0	100.0	391.2
	食料品・たばこ	68.2	74.2	68.3	68.6	69.5	62.1	69.6	66.3	259.4
	繊維工業	−	−	62.8	63.6	61.9	58.9	65.9	68.4	267.5
	木材・木製品	76.2	76.1	81.6	76.1	74.7	71.0	80.3	83.0	324.6
	家具・装備品	81.6	75.9	87.0	93.8	88.3	81.0	91.1	86.5	338.5
	パルプ・紙	93.7	91.8	90.2	89.7	89.0	83.0	88.4	85.7	335.1
	印刷・同関連業	92.4	91.7	91.8	88.8	83.5	77.8	85.9	89.4	349.8
	化学、石油・石炭	−	−	126.3	130.8	129.5	112.5	126.7	126.0	492.7
	プラスチック製品	88.3	90.0	85.8	94.1	90.7	80.8	91.8	91.8	359.2
	ゴム製品	98.4	101.4	102.9	103.6	98.6	87.6	102.9	103.9	406.5
	窯業・土石製品	96.2	91.5	98.9	97.8	93.4	84.1	96.3	99.6	389.5
	鉄鋼業	121.7	133.7	116.6	118.6	115.0	105.8	113.0	121.6	475.6
	非鉄金属製造業	120.7	113.9	107.8	111.1	107.9	91.9	106.8	107.7	421.4
	金属製品製造業	95.7	90.8	89.9	94.1	90.0	79.7	88.6	92.2	360.7
	はん用機械器具	−	−	114.4	121.0	118.9	108.8	117.0	114.9	449.3
	生産用機械器具	−	−	109.2	112.4	113.2	97.0	108.4	110.0	430.4
	業務用機械器具	−	−	109.7	109.0	107.9	98.2	114.7	109.0	426.5
	電子・デバイス	107.6	102.9	111.2	117.2	108.2	100.6	115.5	115.6	452.4
	電気機械器具	−	−	111.7	110.2	107.8	96.6	109.7	108.3	423.5
	情報通信機械器具	−	−	130.3	133.8	130.6	116.7	128.9	129.1	504.9
	輸送用機械器具	119.7	121.3	125.5	127.0	126.4	111.2	124.7	125.9	492.4
	その他の製造業	−	−	89.3	85.9	84.3	73.8	83.4	86.0	336.4
	消費関連製造業	71.7	75.3	73.6	73.4	72.5	65.6	73.4	72.1	282.0
	素材関連製造業	104.1	104.3	100.9	103.9	100.9	89.9	100.7	102.3	400.2
	機械関連製造業	115.3	113.5	117.0	119.2	117.1	104.4	117.2	116.9	457.3

資料出所　厚生労働省「毎月勤労統計調査」。上表はパートタイム労働者を含む常用労働者（就業形態計）を対象。
注　製造業中分類別賃金指数についてはD－2表を参照。

C－5　事業所規模別の賃金指数と賃金格差

〔製造業〕〔令和2年＝100.0〕（男女計・就業形態計）

	年	現金給与総額 500人以上	100～499人	30～99人	5～29人	定期給与（きまって支給する給与） 500人以上	100～499人	30～99人	5～29人
賃金指数	昭和55年	57.7	60.8	61.2	－	55.9	57.0	57.2	－
	60	72.0	72.7	73.5	－	70.1	69.3	70.0	－
	平成2年	86.5	87.3	84.7	85.8	82.9	81.2	79.0	80.9
	7	94.3	98.4	94.8	94.6	96.7	97.2	97.0	96.0
	12	101.6	101.3	97.9	96.6	100.2	99.0	96.8	96.0
	17	104.8	106.0	103.3	95.8	103.2	104.1	102.3	96.1
	22	97.4	99.4	94.2	92.3	98.5	100.2	96.3	94.5
	26	101.2	104.0	103.0	95.9	100.6	103.0	102.6	96.7
	27	101.9	99.0	100.4	98.0	100.7	99.1	100.2	97.8
	28	101.7	100.2	101.5	98.7	101.1	99.5	100.6	98.4
	29	102.7	100.8	103.6	101.8	101.8	100.0	102.0	100.4
	30	106.2	104.4	104.5	102.7	103.5	103.1	102.9	101.2
	令和元年	104.6	105.7	103.3	100.4	102.8	104.7	102.1	99.4
	2	100.0	100.0	100.0	100.0	100.0	100.0	100.0	100.0
	3	102.6	101.5	101.3	101.7	102.6	101.7	101.1	100.8
	4	105.3	101.2	105.2	103.2	103.0	101.1	104.0	101.4
対前年増減（△）率（%）	昭和60/55（年率）	4.6	4.0	3.3	－	4.7	4.2	3.7	－
	平成2/60（〃）	3.7	3.8	4.0	－	3.4	3.4	3.6	－
	7/2（〃）	1.8	2.1	2.2	2.0	1.9	2.5	2.8	2.6
	12/7（〃）	1.4	1.0	1.0	0.4	1.8	1.6	1.5	0.8
	17/12（〃）	0.6	0.9	1.1	△0.2	0.6	1.0	1.1	0.0
	22/17（〃）	△1.6	△1.2	△1.8	△0.8	△1.0	△0.7	△1.2	△0.3
	26	3.5	2.5	2.4	2.2	1.7	1.5	1.4	1.7
	27	0.7	△4.8	△2.5	2.1	0.1	△3.8	△2.3	1.1
	28	△0.3	1.2	1.1	0.8	0.4	0.4	0.4	0.6
	29	1.1	0.6	2.1	3.1	0.7	0.5	1.4	2.1
	30	3.4	3.6	0.9	0.9	1.6	3.1	1.0	0.7
	令和元年	△1.5	1.2	△1.2	△2.2	△0.7	1.5	△0.8	△1.8
	2	△4.4	△5.4	△3.2	△0.4	△2.7	△4.5	△2.0	0.6
	3	2.6	1.5	1.3	1.7	2.6	1.7	1.1	0.8
	4	2.7	△0.3	3.9	1.4	0.4	△0.6	2.8	0.6
賃金格差	昭和55年	100.0	80.5	65.3	－	100.0	81.9	70.5	－
	60	100.0	77.1	62.9	－	100.0	79.4	68.7	－
	平成2年	100.0	77.0	60.3	55.2	100.0	78.8	65.7	63.9
	7	100.0	79.7	61.9	55.8	100.0	80.8	69.1	65.0
	12	100.0	76.1	59.4	52.9	100.0	79.5	66.5	62.8
	17	100.0	77.2	60.7	50.9	100.0	81.0	68.3	60.9
	22	100.0	77.9	59.6	52.6	100.0	81.8	67.3	62.8
	26	100.0	78.4	62.7	52.7	100.0	82.3	70.2	62.9
	27	100.0	74.1	60.7	53.4	100.0	79.1	68.5	63.6
	28	100.0	75.2	61.5	54.0	100.0	79.1	68.5	63.7
	29	100.0	74.9	62.1	55.1	100.0	79.0	69.0	64.6
	30	100.0	75.1	60.6	53.7	100.0	80.1	68.5	64.0
	令和元年	100.0	77.1	60.8	53.4	100.0	81.9	68.4	63.3
	2	100.0	76.3	61.6	55.6	100.0	80.4	68.9	65.5
	3	100.0	75.5	60.8	55.1	100.0	79.7	67.9	64.3
	4	100.0	73.4	61.6	54.5	100.0	78.9	69.5	64.4
平均賃金額（千円）	昭和55年	296.1	238.3	193.5	－	215.4	176.4	151.8	－
	60	369.8	285.0	232.7	－	270.2	214.5	185.7	－
	平成2年	444.1	342.1	268.0	245.1	319.3	251.5	209.7	204.0
	7	484.2	385.8	299.8	270.2	372.5	300.9	257.5	242.2
	12	521.8	397.0	309.7	275.8	386.0	306.7	256.8	242.3
	17	538.0	415.4	326.7	273.6	397.8	322.3	271.6	242.4
	22	500.4	389.7	298.0	263.4	379.6	310.4	255.5	238.5
	26	519.9	407.6	325.9	273.9	387.7	319.0	272.2	244.0
	27	523.5	388.1	317.6	279.7	388.1	306.9	265.9	246.7
	28	522.0	392.7	321.1	281.8	389.5	308.2	266.9	248.2
	29	527.5	395.0	327.8	290.6	392.4	309.8	270.6	253.4
	30	545.5	409.4	330.7	293.2	398.8	319.4	273.2	255.3
	令和元年	537.2	414.5	326.9	286.7	396.0	324.2	270.9	250.8
	2	513.5	392.0	316.4	285.5	385.3	309.7	265.4	252.3
	3	526.8	397.9	320.5	290.3	395.2	315.1	268.4	254.2
	4	540.8	396.8	333.0	294.5	396.9	313.1	276.0	255.8

資料出所　厚生労働省「毎月勤労統計調査」。平均賃金額より算出。

C－6　産業別の平均月間定期給与・所定内給与・特別給与

（常用労働者・男女計・5人以上事業所・令和4年1カ月平均）

産　　　業	総　額（千円）	定期給与（千円）	所定内給与（千円）	超過給与（千円）	特別給与（千円）	女性比率（%）	パート比率（%）	女性パート比率（%）
産業計	325.8	267.5	248.5	18.9	58.4	47.6	31.6	72.0
鉱業，採石業，砂利採取業	451.3	359.8	336.6	23.2	91.5	17.1	2.6	74.8
建設業	431.6	351.9	326.2	25.7	79.6	18.6	6.0	62.8
総合工事業	436.6	354.3	329.8	24.4	82.3	21.0	6.4	68.2
職別工事業（設備工事業を除く）	379.3	329.7	313.8	15.9	49.7	18.0	7.3	61.8
設備工事業	456.1	362.1	328.2	33.9	94.1	15.1	4.6	51.2
製造業	391.2	310.4	280.3	30.1	80.8	29.9	13.6	76.0
食料品製造業、飲料・たばこ・飼料製造業	259.4	223.2	200.9	22.4	36.2	53.1	36.5	78.1
畜産食料品製造業	255.4	218.3	199.4	19.0	37.1	52.9	37.3	76.0
水産食料品製造業	222.1	197.8	182.4	15.4	24.2	65.5	32.4	88.0
パン・菓子製造業	233.5	208.7	183.7	25.0	24.8	54.3	40.0	79.5
繊維工業	267.5	227.2	215.1	12.1	40.4	58.6	17.1	86.5
木材・木製品製造業（家具を除く）	324.6	268.8	250.1	18.7	55.8	21.7	10.2	61.1
家具・装備品製造業	338.5	289.2	265.0	24.1	49.3	24.8	10.8	62.0
パルプ・紙・紙加工品製造業	335.1	278.1	251.9	26.3	57.0	30.2	15.9	74.1
印刷・同関連業	349.8	300.5	273.1	27.4	49.3	31.0	13.4	70.9
印刷業	347.0	299.9	272.3	27.6	47.1	30.5	12.4	73.0
化学工業、石油製品・石炭製品製造業	492.7	372.0	339.3	32.6	120.7	28.2	8.6	83.1
医薬品製造業	508.1	388.4	360.3	28.1	119.7	35.3	5.1	80.2
プラスチック製品製造業（別掲を除く）	359.2	293.4	263.9	29.4	65.8	33.9	15.0	82.7
工業用プラスチック製品製造業	300.7	255.6	230.5	25.1	45.1	42.4	17.2	85.9
ゴム製品製造業	406.5	322.0	288.2	33.8	84.5	24.2	9.5	73.2
窯業・土石製品製造業	389.5	305.7	277.2	28.5	83.9	20.4	7.9	66.1
鉄鋼業	475.6	357.9	312.4	45.6	117.7	11.7	3.4	51.0
非鉄金属製造業	421.4	327.0	289.7	37.3	94.4	19.7	6.4	61.6
金属製品製造業	360.7	295.4	270.3	25.1	65.4	24.3	10.0	63.8
建設用・建築用金属製品製造業（含製缶板金業）	376.7	307.9	281.7	26.1	68.8	20.4	8.8	58.1
はん用機械器具製造業	449.3	353.0	320.0	33.0	96.3	16.6	5.2	57.5
生産用機械器具製造業	430.4	339.1	307.0	32.1	91.3	16.2	5.5	51.9
金属加工機械製造業	401.1	324.4	291.9	32.4	76.7	16.4	6.5	41.7
業務用機械器具製造業	426.5	328.4	305.6	22.9	98.1	30.6	10.5	80.9
電子部品・デバイス・電子回路製造業	452.4	345.4	307.3	38.1	106.9	26.9	6.9	85.8
電子デバイス製造業	528.2	397.0	346.7	50.3	131.2	16.5	0.6	69.6
電気機械器具製造業	423.5	326.1	297.0	29.1	97.4	30.6	11.2	81.1
発電用・送電用・配電用電気機械器具製造業	406.7	314.1	283.8	30.3	92.6	29.0	11.6	83.2
産業用電気機械器具製造業	399.3	307.2	278.2	28.9	92.1	35.0	12.7	81.7
情報通信機械器具製造業	504.9	373.0	341.1	31.9	131.9	25.4	5.5	83.8
輸送用機械器具製造業	492.4	375.4	330.8	44.6	117.0	15.4	3.7	66.9
自動車・同付属品製造業	490.0	372.5	325.4	47.1	117.5	15.4	3.6	67.3
その他の製造業，なめし革・同製品・毛皮製造業	336.4	279.3	263.2	16.1	57.1	40.5	18.1	83.6
消費関連製造業	282.0	241.3	220.0	21.3	40.8	48.6	28.5	78.3
素材関連製造業	400.2	316.5	286.1	30.4	83.7	25.3	10.1	73.1
機械関連製造業	457.3	351.9	316.1	35.8	105.4	21.0	6.3	72.4
電気・ガス・熱供給・水道業	556.3	437.7	387.3	50.5	118.6	13.5	5.0	46.8
電気業	620.3	502.7	429.3	73.4	117.6	11.7	1.9	69.6
情報通信業	498.7	384.7	352.0	32.7	114.1	30.5	6.8	79.7
通信業	522.6	396.4	359.6	36.9	126.2	34.8	3.8	90.0
情報サービス業	490.9	376.8	347.4	29.4	114.1	27.1	6.4	84.4
ソフトウェア業	497.7	382.2	351.9	30.3	115.5	24.1	3.9	80.2
映像・音声・文字情報制作業	489.4	389.3	347.8	41.6	100.0	38.5	11.7	61.7
運輸業，郵便業	363.0	306.5	265.6	40.9	56.5	21.7	16.1	55.1
鉄道業	532.1	412.4	357.4	55.0	119.7	12.9	2.8	35.7
道路旅客運送業	287.2	257.5	216.2	41.3	29.7	8.9	11.4	20.6
道路貨物運送業	330.1	289.5	246.6	42.8	40.6	20.7	18.4	55.8
卸売業，小売業	293.2	241.0	228.8	12.2	52.2	51.1	42.3	74.8
卸売業	454.0	351.4	332.7	18.6	102.7	33.5	11.0	74.5
繊維・衣服等卸売業	397.8	322.3	307.6	14.6	75.5	51.5	13.3	85.0
飲食料品卸売業	346.9	287.4	272.6	14.8	59.6	37.0	23.4	74.1

資料出所　厚生労働省「毎月勤労統計調査」。上表はパートタイム労働者を含む常用労働者（就業形態計）を対象とした数値である。表側には、毎月勤労統計調査の小分類項目（データ公表分のみ）まで掲載している。

注　1．定期給与とは毎月きまって支給される給与で、事前に決められている時間外勤務や交替制などがある場合は、それらの手当を含む。

産　　業	総　額(千円)	定期給与(千円)	所定内給与(千円)	超過給与(千円)	特別給与(千円)	女性比率(%)	パート比率(%)	女性パート比率(%)
食料・飲料卸売業	390.7	313.0	297.1	16.0	77.7	35.6	18.3	78.1
機械器具卸売業	522.2	393.3	368.6	24.7	128.9	24.4	3.9	69.5
電気機械器具卸売業	550.3	409.5	381.9	27.6	140.8	24.4	3.9	62.6
小売業	210.7	184.3	175.5	8.9	26.3	60.1	58.3	74.9
各種商品小売業	221.4	189.6	183.3	6.3	31.9	72.0	57.8	80.7
織物・衣服・身の回り品小売業	210.9	189.3	182.1	7.2	21.6	79.3	58.0	89.4
飲食料品小売業	146.4	134.0	128.0	6.0	12.4	66.6	77.2	74.3
各種食料品小売業	148.9	136.8	130.0	6.8	12.1	70.0	78.2	79.0
機械器具小売業	385.9	312.0	291.1	20.8	74.0	22.3	10.6	57.8
自動車小売業	392.7	319.1	297.4	21.8	73.5	19.0	6.4	49.8
金融業，保険業	481.2	364.8	340.2	24.6	116.4	57.7	11.1	90.4
銀行業	480.7	359.7	326.9	32.8	121.1	58.0	19.0	94.2
協同組織金融業	445.1	333.9	318.4	15.5	111.2	44.4	7.6	83.3
貸金業，クレジットカード業等非預金信用機関	528.6	399.3	361.5	37.8	129.3	50.5	10.3	93.2
金融商品取引業，商品先物取引業	833.1	578.9	552.2	26.7	254.1	35.8	1.6	85.8
保険業(保険媒介代理業，保険サービス業を含む)	433.9	342.6	326.0	16.6	91.3	68.6	6.7	82.2
不動産業，物品賃貸業	394.0	311.5	291.2	20.3	82.5	39.2	22.3	61.3
不動産取引業、不動産賃貸業・管理業	392.8	309.7	292.0	17.8	83.0	41.0	22.5	65.5
不動産管理業	300.7	247.3	230.8	16.6	53.4	37.5	32.7	53.0
物品賃貸業	397.3	316.4	289.1	27.3	80.9	34.0	21.8	49.2
学術研究，専門・技術サービス業	488.9	376.1	349.2	26.9	112.7	33.5	10.4	70.9
学術・開発研究機関	598.1	435.3	406.8	28.5	162.8	27.8	10.3	57.0
自然科学研究所	595.8	434.1	405.8	28.3	161.7	27.5	9.5	53.4
専門サービス業(他に分類されないもの)	472.4	373.8	352.9	21.0	98.5	48.3	13.6	81.1
広告業	477.9	383.1	348.6	34.4	94.8	36.0	9.9	59.1
技術サービス業(他に分類されないもの)	458.5	354.1	325.5	28.6	104.4	27.0	8.8	70.2
土木建設サービス業	453.1	357.6	329.6	27.9	95.5	28.3	8.6	56.6
機械設計業	539.6	390.2	357.8	32.3	149.4	16.0	1.3	62.7
宿泊業，飲食サービス業	128.9	121.5	115.2	6.3	7.4	61.7	76.8	67.9
宿泊業	206.7	189.2	177.2	12.0	17.5	55.9	45.8	70.9
飲食店	115.2	109.9	104.4	5.4	5.3	60.9	82.5	66.5
持ち帰り・配達飲食サービス業	144.1	133.1	126.5	6.6	11.1	70.4	69.1	75.9
生活関連サービス業，娯楽業	215.9	196.3	187.6	8.7	19.6	56.8	47.3	69.3
娯楽業	210.7	191.1	183.4	7.7	19.5	47.3	52.5	58.2
スポーツ施設提供業	180.8	163.6	157.7	5.9	17.2	50.3	56.9	56.7
遊戯場	220.0	206.3	199.1	7.2	13.7	46.5	49.0	63.2
教育，学習支援業	372.1	291.5	284.8	6.7	80.6	53.1	34.1	62.8
学校教育	418.7	322.3	317.3	5.0	96.5	53.5	27.7	64.0
その他の教育，学習支援業	248.0	209.7	198.4	11.2	38.3	52.2	51.0	61.2
医療，福祉	302.1	257.4	242.7	14.7	44.7	75.9	33.7	82.6
医療業	366.9	311.7	289.0	22.7	55.1	76.2	26.4	80.5
病院	433.8	360.6	328.7	31.9	73.2	72.1	15.8	74.4
一般診療所	266.8	237.9	229.4	8.5	28.8	82.5	43.4	82.3
社会保険・社会福祉・介護事業	237.9	204.3	197.5	6.8	33.7	75.8	40.7	83.9
児童福祉事業	227.6	190.3	185.2	5.1	37.3	91.4	43.2	92.5
老人福祉・介護事業	235.9	206.9	199.8	7.1	29.0	73.6	40.0	83.3
障害者福祉事業	231.2	195.6	189.3	6.2	35.6	62.5	43.5	70.6
複合サービス事業	369.1	291.1	274.2	16.9	78.0	41.3	17.8	73.7
協同組合(他に分類されないもの)	354.6	275.6	267.7	7.9	79.0	47.8	6.9	79.9
サービス業(他に分類されないもの)	268.4	234.3	215.9	18.4	34.2	44.3	30.0	66.7
廃棄物処理業	345.1	290.0	270.0	20.0	55.1	14.2	15.4	34.7
一般廃棄物処理業	347.7	287.7	269.8	17.8	60.1	13.0	16.8	35.2
自動車整備・機械等修理業	390.5	318.0	291.9	26.1	72.5	20.1	10.3	57.8
職業紹介・労働者派遣業	250.1	231.4	212.3	19.1	18.7	51.8	20.9	68.8
労働者派遣業	241.2	227.0	207.4	19.6	14.1	52.0	19.7	70.2
その他の事業サービス業	244.3	213.7	195.5	18.2	30.6	46.7	39.2	67.5
建物サービス業	183.8	165.6	155.6	10.0	18.1	51.4	57.6	67.9
警備業	262.5	234.2	202.1	32.1	28.4	13.3	15.8	15.8

2．所定内給与とは、上記定期給与のうち、超過労働給与額を除いたもの。
3．特別給与には賞与、一時金のほかベースアップ遡及払いなどを含む。用語解説17参照。
4．女性比率は調査期間末の労働者数から、女性の割合を算出したものである。
5．女性パート比率とは、パートタイム労働者にしめる女性の割合。

C－7　産業別の性別及び

（10人以上事業所・

産業	総労働者数（男女・学歴計）				男性								
					高校卒				専門学校卒				
	年齢（歳）	勤続年数（年）	所定内給与額（千円）	労働者数（十人）	年齢（歳）	勤続年数（年）	所定内給与額（千円）	労働者数（十人）	年齢（歳）	勤続年数（年）	所定内給与額（千円）	労働者数（十人）	年齢（歳）
産業計(民・公営計)	43.7	12.3	312.2	2,804,532	45.8	14.8	297.7	684,100	42.7	12.5	316.1	192,257	43.3
産業計(民営のみ)	43.7	12.3	311.8	2,790,674	45.8	14.8	297.5	681,991	42.7	12.5	316.0	191,656	43.4
鉱業	47.8	14.2	347.4	1,137	49.0	15.1	308.4	610	46.2	11.6	324.8	39	44.9
建設業	45.0	12.8	335.4	191,546	45.5	13.1	321.4	76,244	45.6	13.8	357.9	12,770	44.6
製造業	43.5	14.8	301.5	603,731	43.3	16.7	296.5	237,735	43.7	14.1	305.3	28,841	44.0
食料品製造業	44.1	12.3	244.5	75,618	43.6	14.1	255.0	20,544	43.1	13.2	281.4	3,096	44.3
飲料・たばこ・飼料製造業	43.5	14.0	286.3	8,546	43.3	15.6	288.8	3,558	43.9	12.8	287.6	471	43.2
繊維工業	46.0	14.2	229.1	17,616	47.0	17.0	269.7	4,662	43.8	10.2	264.8	605	45.6
木材・木製品製造業(家具を除く)	44.7	12.7	261.8	6,573	44.6	13.4	260.5	3,231	44.2	12.2	279.8	460	43.5
家具・装備品製造業	44.0	14.5	276.0	6,283	44.2	15.9	271.6	2,815	43.0	12.3	275.2	397	45.3
パルプ・紙・紙加工品製造業	44.1	15.8	286.9	16,019	43.9	17.5	286.9	7,814	44.5	14.7	294.0	916	44.9
印刷・同関連産業	42.7	12.8	287.9	25,170	44.6	18.6	295.8	6,266	43.0	15.2	285.1	1,756	42.3
化学工業	42.8	16.1	377.1	31,577	42.3	18.1	331.1	11,127	42.8	15.5	345.8	1,088	45.0
石油製品・石炭製品製造業	45.5	14.7	349.6	2,501	45.5	15.1	334.0	1,137	42.0	12.3	321.5	43	49.8
プラスチック製品製造業	43.4	13.8	279.8	30,101	43.2	15.5	282.2	12,543	43.7	13.7	301.1	1,584	43.8
ゴム製品製造業	42.6	14.7	305.6	9,925	41.6	15.7	290.5	4,624	43.4	13.8	300.2	373	43.4
なめし革・同製品・毛皮製造業	44.3	12.8	249.8	944	44.9	15.0	261.6	292	45.1	14.1	330.0	56	43.4
窯業・土石製品製造業	45.6	14.4	297.4	18,634	45.5	14.9	284.1	9,538	44.3	12.8	295.6	838	44.8
鉄鋼業	42.4	15.9	319.1	19,369	41.9	17.1	304.5	11,243	43.0	13.6	307.6	829	42.4
非鉄金属製造業	43.6	16.0	316.3	11,174	43.6	18.0	305.4	5,536	44.3	14.3	308.4	567	43.5
金属製品製造業	42.7	13.7	282.7	55,529	42.9	15.0	285.8	24,079	43.9	12.3	303.5	2,892	43.4
はん用機械器具製造業	42.9	15.4	328.2	25,964	42.5	16.9	310.2	11,975	42.3	13.2	327.7	1,406	43.3
生産用機械器具製造業	43.5	15.1	319.8	51,249	44.2	17.0	305.6	20,156	43.8	14.6	319.5	2,862	42.8
業務用機械器具製造業	44.5	16.4	327.9	18,107	44.9	18.7	310.1	4,946	44.4	16.2	322.2	932	46.0
電子部品・デバイス・電子回路製造業	44.3	17.5	325.5	37,634	44.3	20.1	308.7	13,284	46.2	17.9	335.1	1,909	45.9
電気機械器具製造業	44.5	16.8	317.6	40,738	44.8	19.3	311.3	14,079	44.9	14.8	306.2	1,835	45.4
情報通信機械器具製造業	45.8	19.0	412.5	14,806	47.5	23.2	370.6	3,945	47.7	20.6	343.1	440	47.9
輸送用機械器具製造業	41.1	14.8	305.8	67,487	40.9	16.1	302.1	36,587	42.4	13.4	303.0	2,784	41.5
その他の製造業	43.7	14.0	291.9	12,165	44.5	16.8	302.7	3,753	41.0	12.2	295.3	702	44.1
電気・ガス・熱供給業・水道業	43.2	18.6	402.0	13,889	45.3	22.3	413.9	7,336	42.6	14.7	361.8	357	41.6
情報通信業	40.2	12.0	378.8	132,704	46.8	18.1	379.5	9,506	41.4	13.4	348.0	17,361	40.8
運輸業，郵便業	47.5	12.7	285.4	226,219	49.1	13.8	283.0	116,703	45.8	12.0	286.9	15,516	44.4
道路貨物運送業	47.7	12.1	272.6	130,286	48.4	12.5	279.4	75,294	46.2	11.6	277.1	8,543	45.3
卸売業，小売業	43.3	13.8	314.6	437,284	45.8	16.4	307.2	81,296	42.2	14.8	327.2	33,076	43.2
卸売業	44.0	15.0	351.4	240,857	47.0	17.7	325.0	47,232	45.0	16.0	360.0	15,486	43.9
小売業	42.4	12.4	269.5	196,426	44.1	14.5	282.5	34,064	39.8	13.9	299.3	18,189	41.8
金融業，保険業	43.2	13.9	374.0	100,053	52.5	20.3	387.7	2,777	47.5	15.8	432.4	804	42.4
不動産業，物品賃貸業	43.3	10.4	339.5	44,890	46.9	11.3	337.9	7,131	43.4	10.7	358.1	2,909	42.6
学術研究，専門・技術サービス業	42.7	12.1	385.5	111,633	46.1	16.8	349.1	12,954	44.4	14.3	361.8	7,149	43.4
宿泊業，飲食サービス業	43.5	10.0	257.4	80,583	46.1	11.5	272.1	16,382	41.6	10.3	304.2	8,415	42.3
生活関連サービス業，娯楽業	41.9	10.5	271.6	59,170	45.5	11.8	282.0	11,652	40.1	10.8	298.3	5,551	42.5
教育，学習支援業	43.9	11.4	377.7	77,963	52.4	15.8	305.4	3,558	44.0	13.8	337.1	2,309	44.9
医療，福祉	42.9	9.1	296.7	426,890	45.6	8.9	255.3	21,633	40.5	9.8	299.1	36,603	42.1
社会保険・福祉・介護	44.3	8.6	260.4	213,391	44.4	7.8	250.7	16,345	40.8	9.1	280.3	16,202	43.4
複合サービス事業	44.0	16.3	298.8	28,613	46.9	20.0	325.9	7,531	43.9	16.3	315.4	1,461	41.0
サービス業(他に分類されないもの)	45.2	9.1	268.4	254,368	48.4	10.6	264.8	68,944	42.8	10.0	287.8	17,894	45.5

資料出所　厚生労働省「賃金構造基本統計調査」。

注１．「総労働者数」欄は中学卒、高専・短大卒、大学院卒等を含む。勤続年数は同一企業での勤続年数。パート労働者を含まない常用労働者を対象。

２．民・公営計は「電気・ガス・熱供給・水道業」「運輸業，郵便業」等の公営を含んだもの。

学歴別平均所定内給与・平均年齢等

令和4年6月末時点)

大学卒			女性												産業
			高校卒				専門学校卒				大学卒				
勤続年数	所定内給与額	労働者数	年齢	勤続年数	所定内給与額	労働者数	年齢	勤続年数	所定内給与額	労働者数	年齢	勤続年数	所定内給与額	労働者数	
(年)	(千円)	(十人)	(歳)	(年)	(千円)	(十人)	(歳)	(年)	(千円)	(十人)	(歳)	(年)	(千円)	(十人)	
13.5	392.6	620,224	45.6	11.2	223.0	318,563	42.0	9.5	270.9	170,776	36.6	7.9	294.4	263,762	計
13.5	392.1	617,047	45.6	11.1	222.9	318,100	42.0	9.4	269.4	168,153	36.6	7.9	294.0	262,136	計
15.3	502.7	149	49.6	14.4	245.2	75	45.3	12.4	243.2	15	34.0	7.2	334.3	28	鉱
13.9	401.0	47,052	46.9	10.5	238.9	12,479	41.4	7.2	232.9	3,405	36.1	8.1	270.1	7,997	建
15.0	373.3	109,590	43.7	13.2	210.5	86,964	43.2	10.9	229.7	9,453	37.8	9.0	287.5	22,641	製
14.7	341.1	10,905	44.0	10.5	184.2	17,768	44.4	12.7	217.8	1,892	36.3	8.4	261.0	3,607	食
13.8	341.8	1,637	45.2	13.4	209.6	973	44.1	11.2	220.0	111	38.4	9.4	261.4	362	飲
14.3	326.6	1,722	46.7	14.3	177.4	6,082	42.4	10.5	200.6	846	37.4	7.8	239.8	741	繊
12.5	314.0	917	44.0	11.6	199.5	666	39.7	7.7	198.3	136	33.9	6.4	230.7	151	木
16.1	353.6	890	42.3	12.0	209.4	832	37.4	6.8	240.8	154	36.6	8.1	273.6	247	家
15.1	350.4	2,478	43.0	12.3	209.7	2,193	42.9	9.1	208.0	257	37.2	10.3	259.6	482	パ
11.6	319.4	6,251	43.7	12.7	231.2	2,599	40.4	9.9	229.7	670	38.3	6.1	284.9	3,262	印
16.5	446.1	6,435	43.2	15.3	248.2	3,096	42.6	12.2	288.4	412	40.4	12.4	391.8	1,915	化
16.2	423.1	587	44.4	11.3	239.8	232	38.4	10.7	274.4	27	39.7	14.7	323.8	84	石
14.1	351.8	4,621	42.5	11.9	205.4	5,516	44.4	11.7	220.7	388	36.5	8.1	267.7	686	プ
15.2	391.3	1,594	43.4	12.7	213.3	1,316	46.0	11.0	228.8	132	38.3	10.3	272.5	202	ゴ
12.4	315.8	102	46.2	12.4	199.2	247	42.4	10.5	238.9	46	34.9	5.7	233.3	68	な
14.0	375.4	2,573	45.8	13.6	226.2	1,835	47.0	13.0	253.4	247	40.6	10.7	296.1	426	窯
13.8	376.2	2,842	44.7	14.6	245.6	1,104	45.1	9.2	247.0	115	35.2	8.2	270.1	376	鉄
14.2	382.8	1,738	44.6	13.6	224.5	1,009	45.5	14.8	257.0	138	37.0	8.1	267.7	218	非
13.5	345.3	7,620	40.9	12.0	215.5	10,629	41.7	10.3	231.6	472	36.5	8.6	249.3	1,047	金
15.1	397.7	4,998	45.0	14.7	237.5	2,328	41.9	9.2	246.0	235	37.9	9.8	307.0	758	は
14.1	370.3	12,863	44.3	13.1	230.2	3,846	42.9	9.6	247.0	669	39.7	9.2	275.2	2,053	生
17.4	402.3	4,145	44.9	15.1	220.0	2,710	42.5	9.7	210.4	350	38.4	10.4	304.9	742	業
17.1	411.2	7,983	45.0	17.7	218.5	6,338	43.5	12.2	248.8	536	37.0	10.0	295.9	1,213	デ
17.1	380.9	9,496	45.5	16.1	222.0	5,926	44.1	11.6	218.1	621	38.6	10.5	282.9	1,176	電
19.9	455.3	4,012	45.5	18.9	224.6	1,644	49.2	9.7	253.3	245	37.1	10.9	339.4	661	通
14.1	358.1	10,755	39.8	12.0	222.5	6,161	42.5	9.5	240.8	454	36.6	8.9	291.4	1,370	輸
13.8	358.9	2,426	45.5	13.8	218.0	1,916	40.1	8.5	227.7	298	37.2	8.4	276.4	795	他
14.8	426.1	2,111	45.2	19.3	331.2	735	43.7	13.2	294.5	55	34.6	8.9	332.6	477	電
12.9	408.2	54,586	42.2	10.5	281.0	3,724	37.2	9.0	272.2	3,559	35.2	8.1	327.8	20,118	情
12.1	346.3	32,942	46.2	10.0	219.0	15,523	41.3	9.2	239.2	3,153	35.1	7.9	281.5	7,577	運
12.5	301.0	12,538	46.4	9.1	216.0	9,912	42.0	7.9	218.3	1,545	37.8	8.4	261.0	1,982	道
15.4	388.2	134,250	44.7	12.1	217.5	49,095	41.0	9.7	244.9	14,155	36.3	8.6	286.9	46,818	卸
16.0	413.5	91,862	45.2	13.8	241.2	18,468	41.9	10.7	278.1	6,970	36.4	8.8	297.1	28,097	卸
14.0	333.3	42,388	44.4	11.1	203.1	30,627	40.1	8.8	212.7	7,185	36.1	8.2	271.7	18,721	小
16.1	485.0	38,221	48.3	13.7	268.1	17,808	47.6	11.8	271.4	2,381	35.4	9.4	299.4	21,589	金
11.7	405.7	16,278	47.0	8.7	237.6	3,961	42.1	7.1	257.0	1,863	35.5	7.7	288.5	6,218	不
12.3	431.9	36,762	44.6	13.1	262.9	5,007	37.8	8.8	264.9	3,329	37.9	7.2	328.6	15,594	学
11.3	326.5	10,550	46.3	10.0	197.1	12,994	37.5	7.7	230.1	4,383	36.0	7.7	270.4	6,420	宿
12.1	341.5	9,990	44.1	10.2	210.3	9,868	34.7	7.7	241.1	6,646	36.3	8.2	265.8	4,493	生
12.9	403.7	19,463	45.3	11.5	241.0	2,316	42.1	9.9	280.3	2,950	38.6	9.0	315.0	15,734	教
9.0	441.5	49,247	48.0	8.7	226.5	63,560	42.8	9.7	285.4	103,230	36.8	6.9	298.6	60,489	医
9.7	310.3	22,171	48.3	8.1	229.2	44,276	45.7	9.0	263.4	33,347	39.0	7.4	267.5	24,487	社
14.7	318.9	6,532	43.8	14.8	239.4	4,225	43.0	12.3	233.0	439	35.0	9.9	252.5	2,237	複
10.3	321.0	49,324	45.9	8.3	222.0	29,766	41.8	6.7	232.3	9,138	37.6	6.6	260.5	23,706	サ

3．中分類項目では製造業はすべて掲載しているが、その他の産業については、労働者数の多いもののみを掲載。
4．製造業等で生産と管理・事務・技術等での職務区分のある産業については、その合計での数値となっている。
5．「複合サービス事業」とは郵便局と協同組合を指す。

C－8(1) 年齢・勤続年数

（令和４年

区　　分	勤続年数計	0年	1～2年	3～4年	5～9年	10～14年	15～19年	20～24年	25～29年	30年以上
企業規模　10人以上〔学歴計〕										
男性労働者										
高校卒(計)	296.5	211.2	223.5	230.1	250.8	280.6	309.3	336.3	351.3	380.0
～　19歳	186.3	181.6	192.1	222.7	—	—	—	—	—	—
20　～　24	204.8	197.7	193.9	207.6	216.6	—	—	—	—	—
25　～　29	231.5	217.0	211.0	218.1	234.4	251.9	—	—	—	—
30　～　34	261.7	219.3	234.9	232.3	250.3	271.7	286.2	—	—	—
35　～　39	285.8	235.6	248.2	245.7	263.0	284.5	307.2	322.5	—	—
40　～　44	311.3	252.8	264.3	258.6	270.6	295.7	319.1	342.7	344.1	—
45　～　49	337.0	246.4	278.0	259.4	280.1	303.6	330.1	346.3	362.6	392.3
50　～　54	352.9	250.5	269.4	272.9	273.3	300.6	320.9	347.1	357.3	397.6
55　～　59	366.7	242.5	260.9	266.4	289.9	302.2	325.8	339.9	357.1	413.3
60　～　64	279.9	224.3	238.7	237.8	249.7	259.7	277.2	272.6	271.9	302.8
65　～　69	238.5	182.2	250.3	199.6	223.0	227.9	259.3	236.4	236.4	252.6
70歳～	222.2	211.6	219.6	215.9	201.7	203.8	228.3	263.9	233.6	238.4
大学卒(計)	373.3	265.8	281.1	286.5	318.8	354.3	396.6	447.0	490.2	487.4
22　～　24歳	231.1	211.8	225.1	—	—	—	—	—	—	—
25　～　29	233.3	245.8	266.2	239.2	—	—	—	—	—	—
30　～　34	260.2	262.7	287.6	318.2	354.2	—	—	—	—	—
35　～　39	311.0	296.2	312.8	345.5	373.3	358.5	—	—	—	—
40　～　44	321.5	308.3	338.5	363.7	399.6	440.3	476.7	—	—	—
45　～　49	341.0	357.9	366.5	382.7	412.3	455.4	471.6	403.9	—	—
50　～　54	465.9	401.7	351.6	378.3	412.8	473.6	509.4	555.2	—	—
55　～　59	410.8	430.6	511.6	385.0	438.2	447.9	481.3	537.5	—	—
60　～　64	331.1	351.2	414.8	376.8	336.0	325.3	385.4	357.2	—	—
65　～　69	243.0	277.7	334.9	305.8	314.0	332.2	342.1	310.6	—	—
70歳～	267.6	231.8	245.5	338.6	268.6	196.1	204.1	302.1	—	—
女性労働者										
高校卒(計)	210.5	177.1	183.4	190.1	194.8	207.3	218.7	227.2	246.9	271.9
～　19歳	179.9	178.9	181.6	—	—	—	—	—	—	—
20　～　24	186.4	173.1	179.1	189.4	198.5	—	—	—	—	—
25　～　29	196.9	174.5	174.6	189.1	199.6	210.2	—	—	—	—
30　～　34	208.0	174.6	179.5	192.7	195.4	219.6	233.2	—	—	—
35　～　39	211.0	175.1	180.8	190.7	195.6	208.0	232.7	258.1	—	—
40　～　44	217.7	182.3	203.4	190.9	194.1	207.1	231.5	258.0	259.6	—
45　～　49	228.0	174.4	191.2	194.0	204.9	215.2	214.7	236.8	268.7	292.1
50　～　54	228.7	174.8	188.1	194.8	190.9	209.7	221.3	222.3	250.5	295.9
55　～　59	225.1	188.8	202.6	186.1	186.7	199.8	214.5	217.8	241.8	287.1
60　～　64	186.6	182.2	182.7	171.2	185.7	176.8	184.4	180.3	183.2	207.0
65　～　69	173.7	176.4	139.2	158.5	165.1	168.9	169.7	171.8	177.2	199.0
70歳～	181.5	157.4	147.7	146.2	159.7	165.4	191.9	183.7	184.3	187.5
大学卒(計)	287.5	227.4	249.4	260.9	278.0	298.3	332.7	376.7	388.9	451.5
20　～　24歳	227.5	188.3	198.1	—	—	—	—	—	—	—
25　～　29	237.9	234.2	263.9	191.2	—	—	—	—	—	—
30　～　34	251.7	253.0	264.2	279.2	263.2	—	—	—	—	—
35　～　39	277.4	287.7	277.1	299.9	336.1	197.8	—	—	—	—
40　～　44	321.5	320.6	260.7	285.7	339.4	340.7	—	—	—	—
45　～　49	291.6	270.3	261.4	317.9	368.8	396.8	363.1	327.0	—	—
50　～　54	278.9	289.3	293.0	322.1	332.6	481.8	426.1	498.3	—	—
55　～　59	224.3	270.0	468.3	314.6	271.3	321.8	393.6	457.0	—	—
60　～　64	152.1	327.4	241.7	244.0	224.7	278.6	305.8	306.4	—	—
65　～　69	180.0	141.7	172.5	191.1	204.4	160.1	163.5	204.8	—	—
70歳～	183.0	—	—	—	—	311.9	—	278.1	—	—

資料出所　厚生労働省「賃金構造基本統計調査」。

注　1．企業規模10～99人、100～999人の区分は省略しているが、10人以上の数値には含まれる。

階級別にみた所定内給与〔製造業〕
6月分）

（単位　千円）

区　分	勤続年数計	0年	1～2年	3～4年	5～9年	10～14年	15～19年	20～24年	25～29年	30年以上
企業規模　1,000人以上〔学歴計〕										
男性労働者										
高校卒(計)	330.5	209.1	235.5	234.6	259.4	296.2	332.7	366.9	383.1	411.1
～19歳	188.8	184.6	195.5	—	—	—	—	—	—	—
20～24	214.6	207.8	200.6	217.5	227.1	—	—	—	—	—
25～29	250.5	232.8	226.9	240.5	251.1	263.9	—	—	—	—
30～34	290.2	241.1	278.5	248.7	275.0	290.4	310.0	—	—	—
35～39	316.0	252.4	274.4	248.2	274.9	309.5	333.2	357.0	—	—
40～44	348.5	250.2	296.1	300.7	288.7	318.2	345.8	370.9	378.2	—
45～49	379.9	280.9	361.6	280.7	299.3	319.0	354.0	380.5	388.9	415.8
50～54	399.3	317.0	344.0	293.0	290.7	331.9	363.2	366.2	384.8	418.1
55～59	428.5	395.8	317.6	305.7	316.0	323.8	352.4	350.3	373.4	446.9
60～64	300.1	235.2	251.5	277.3	218.0	204.8	274.6	279.5	272.8	316.5
65～69	216.5	177.6	161.0	167.6	212.1	184.3	165.0	277.7	232.4	233.4
70歳～	231.9	—	257.0	—	233.9	201.8	132.0	240.6	—	230.4
大学卒(計)	438.2	283.4	294.3	298.3	352.7	386.3	459.4	521.1	565.0	539.4
22～24歳	234.5	263.6	255.4	—	—	—	—	—	—	—
25～29	239.6	251.6	280.8	430.5	—	—	—	—	—	—
30～34	277.6	281.0	306.4	342.5	—	—	—	—	—	—
35～39	350.0	346.2	364.5	377.4	422.2	353.6	—	—	—	—
40～44	415.3	382.5	395.0	389.4	452.9	497.0	419.8	—	—	—
45～49	435.7	485.2	457.8	448.5	490.5	515.4	546.7	402.2	—	—
50～54	528.7	454.3	412.3	457.4	478.0	586.1	574.7	599.6	—	—
55～59	541.7	710.8	724.1	442.0	583.6	544.1	598.0	580.7	—	—
60～64	339.5	312.7	533.9	371.6	470.0	490.0	348.9	359.8	—	—
65～69	234.6	383.5	441.1	564.2	167.7	393.6	235.9	305.9	—	—
70歳～	—	—	—	267.3	—	—	—	—	—	—
女性労働者										
高校卒(計)	247.4	190.2	199.9	205.7	215.0	232.4	249.6	270.0	282.0	311.6
～19歳	188.6	188.6	188.7	—	—	—	—	—	—	—
20～24	201.0	182.0	192.9	199.7	212.9	—	—	—	—	—
25～29	212.3	177.3	197.1	191.5	212.8	241.7	—	—	—	—
30～34	231.2	181.2	204.1	227.0	191.6	239.7	260.4	—	—	—
35～39	244.2	197.5	192.7	203.5	218.7	224.5	260.9	308.0	—	—
40～44	260.7	217.1	220.3	221.3	225.1	236.0	265.1	283.5	288.9	—
45～49	279.2	203.2	237.0	221.4	234.8	264.5	223.6	267.9	290.0	317.2
50～54	295.3	165.5	194.7	230.0	235.0	256.7	265.9	223.8	266.1	324.5
55～59	272.8	146.0	222.2	207.3	194.5	201.0	216.6	244.4	237.1	319.4
60～64	201.5	213.3	235.4	177.3	177.9	179.6	184.1	197.6	183.6	222.1
65～69	188.5	—	157.6	164.7	204.5	173.2	191.8	190.9	169.1	173.1
70歳～	199.1	—	—	—	158.6	174.3	159.7	—	241.4	146.5
大学卒(計)	338.7	233.0	281.8	273.1	316.8	357.7	399.6	414.6	468.8	495.9
20～24歳	233.9	161.7	203.7	—	—	—	—	—	—	—
25～29	252.1	249.0	279.1	—	—	—	—	—	—	—
30～34	295.3	276.9	302.7	308.9	—	—	—	—	—	—
35～39	328.4	350.0	393.2	340.5	375.0	—	—	—	—	—
40～44	491.6	339.3	282.3	420.7	419.5	384.8	—	—	—	—
45～49	365.1	270.4	338.8	439.2	404.3	427.2	430.9	—	—	—
50～54	405.5	305.1	427.9	464.3	504.0	546.1	505.7	508.3	—	—
55～59	309.1	250.1	495.5	310.6	265.9	439.4	433.4	498.7	—	—
60～64	187.0	204.5	185.6	246.7	143.9	337.3	—	364.4	—	—
65～69	—	—	—	—	205.4	147.2	—	—	—	—
70歳～	—	—	—	—	—	—	—	—	—	—

2．勤続年数は、労働者が定年後も再雇用等で引き続き同一企業に勤務する場合には通算されている。

C－8(2)　年齢・勤続年数

（令和４年

区　　分	勤続年数計	０年	１～２年	３～４年	５～９年	10～14年	15～19年	20～24年	25～29年	30年以上
企業規模　10人以上										
男性労働者										
高校卒(計)	307.2	222.8	231.3	237.9	265.8	293.1	329.9	339.8	370.0	396.1
～　19歳	191.6	189.8	193.2	—	—	—	—	—	—	—
20　～　24	199.9	189.9	196.0	200.2	217.1	—	—	—	—	—
25　～　29	231.7	225.3	231.5	225.7	233.6	241.8	—	—	—	—
30　～　34	258.0	230.6	222.9	246.2	259.8	273.9	300.0	—	—	—
35　～　39	282.0	232.1	257.8	245.5	274.0	291.7	310.5	297.3	—	—
40　～　44	310.0	245.7	288.8	272.7	275.2	294.3	351.2	327.9	352.5	—
45　～　49	345.0	277.8	266.5	277.9	319.3	313.0	345.5	368.5	378.0	404.4
50　～　54	371.7	261.4	263.5	277.1	289.0	319.2	369.1	366.0	389.4	432.1
55　～　59	380.3	248.1	241.0	260.3	314.5	342.8	351.4	367.9	392.0	431.3
60　～　64	286.5	215.8	235.5	236.6	241.5	259.2	262.3	278.8	292.1	325.9
65　～　69	238.4	242.4	223.8	220.0	211.2	212.7	215.7	241.2	221.2	272.5
70歳～	210.7	161.3	231.6	202.3	191.3	179.8	189.7	245.5	190.9	240.3
大学卒(計)	388.2	270.0	299.6	308.4	337.5	375.8	420.2	453.8	487.4	476.2
22　～　24歳	239.2	232.3	244.8	201.2	227.3	—	—	—	—	—
25　～　29	272.3	252.4	269.9	264.5	286.5	280.6	—	—	—	—
30　～　34	313.5	279.7	288.3	288.1	316.0	336.4	259.9	—	—	—
35　～　39	369.3	329.0	349.2	314.1	356.8	371.2	396.8	251.7	—	—
40　～　44	409.7	365.3	360.2	367.0	377.2	392.7	423.2	440.0	223.5	—
45　～　49	450.6	397.1	379.4	378.2	396.6	425.1	459.7	466.0	480.1	408.6
50　～　54	489.1	349.1	382.4	387.7	433.0	442.0	457.4	469.4	502.8	542.9
55　～　59	498.8	326.4	467.5	490.4	451.3	448.4	445.2	447.9	474.3	522.9
60　～　64	365.6	284.9	362.9	368.6	435.2	369.4	316.4	366.6	403.3	361.9
65　～　69	312.8	353.7	322.5	396.2	272.4	298.9	254.5	286.7	273.9	324.0
70歳～	250.4	—	237.8	195.7	244.7	261.8	181.6	198.3	243.9	266.8
女性労働者										
高校卒(計)	217.5	188.4	189.0	203.3	203.5	210.8	222.1	234.1	252.5	311.9
～　19歳	178.0	179.2	176.7	—	—	—	—	—	—	—
20　～　24	192.6	179.3	186.8	195.4	206.4	—	—	—	—	—
25　～　29	207.7	204.1	194.2	218.9	213.5	198.4	—	—	—	—
30　～　34	214.9	207.7	201.4	198.7	217.2	221.7	241.2	—	—	—
35　～　39	215.6	190.7	202.0	211.8	206.0	216.9	229.3	279.3	—	—
40　～　44	225.3	191.8	187.0	211.2	213.1	219.5	245.3	256.5	251.0	—
45　～　49	229.9	234.1	194.0	208.8	201.7	216.9	238.1	257.2	279.7	291.9
50　～　54	239.3	168.9	182.3	207.9	205.8	209.8	231.2	242.4	265.8	343.4
55　～　59	235.3	149.9	194.8	194.2	195.1	229.0	212.3	230.7	245.0	337.6
60　～　64	190.3	161.9	172.8	169.0	175.4	171.4	183.5	187.5	201.4	254.3
65　～　69	170.5	152.4	154.0	147.8	155.2	167.4	172.1	190.0	187.1	173.8
70歳～	169.8	194.2	134.5	158.3	154.4	145.7	148.9	173.1	199.6	219.9
高専・短大卒(計)	262.8	213.2	219.0	230.6	235.1	242.2	276.9	287.2	303.8	351.6
20　～　24歳	204.4	197.0	205.8	212.3	—	—	—	—	—	—
25　～　29	221.4	215.9	197.2	219.8	231.1	155.4	—	—	—	—
30　～　34	235.7	212.5	227.0	250.5	227.9	245.1	253.5	—	—	—
35　～　39	244.3	188.0	213.5	240.9	232.6	227.4	276.8	249.1	—	—
40　～　44	271.2	212.6	277.4	223.0	239.1	276.4	298.0	284.3	407.6	—
45　～　49	274.5	253.3	219.7	244.4	252.4	247.3	293.9	289.6	311.5	340.9
50　～　54	299.8	257.8	208.8	259.8	241.2	236.3	286.7	314.2	296.6	358.2
55　～　59	298.2	180.4	270.9	238.0	225.5	221.4	270.0	254.4	318.1	369.5
60　～　64	226.0	129.7	182.8	170.5	206.2	202.9	184.1	271.9	282.1	291.3
65　～　69	173.4	203.3	162.2	154.0	163.5	191.1	159.9	151.7	147.8	223.8
70歳～	210.3	—	141.6	155.6	300.0	161.0	113.3	165.2	207.9	214.6

資料出所　厚生労働省「賃金構造基本統計調査」。

注　1．企業規模10～99人、100人～999人の区分は省略しているが、10人以上の数値には含まれる。

2．勤続年数は、労働者が定年後も再雇用等で引き続き同一企業に勤務する場合には通算されている。

階級別にみた所定内給与〔卸売・小売業〕
6月分)

（単位　千円）

区　　分	勤続年数計	0年	1～2年	3～4年	5～9年	10～14年	15～19年	20～24年	25～29年	30年以上
企業規模　1,000人以上										
男性労働者										
高　校　卒(計)	329.0	225.0	224.8	233.8	263.9	291.8	343.2	359.7	401.7	423.1
～　19歳	194.7	195.7	194.2	—	—	—	—	—	—	—
20　～　24	210.6	207.9	203.7	209.3	223.7	—	—	—	—	—
25　～　29	244.8	266.8	251.6	224.7	243.5	247.4	—	—	—	—
30　～　34	260.4	231.3	233.6	246.6	267.4	255.0	317.3	—	—	—
35　～　39	286.5	270.2	210.2	254.1	260.2	298.4	305.7	344.9	—	—
40　～　44	337.1	276.3	312.0	286.0	269.4	288.9	384.3	346.5	390.7	—
45　～　49	382.3	282.2	306.4	281.5	329.9	310.2	335.1	378.5	415.4	430.8
50　～　54	421.4	378.5	322.1	332.6	312.8	344.8	385.6	396.5	403.2	457.4
55　～　59	423.2	169.8	238.5	262.8	380.9	384.0	387.4	342.3	380.8	447.8
60　～　64	277.7	220.3	246.9	221.4	243.2	232.2	256.2	291.9	242.6	302.1
65　～　69	217.1	177.2	196.0	266.9	230.1	221.6	168.5	421.7	180.6	301.3
70歳～	184.0	185.5	181.6	157.6	117.4	154.1	154.5	168.4	223.4	220.6
大　学　卒(計)	413.1	260.5	297.0	318.0	344.9	389.0	434.3	475.1	523.9	501.3
22　～　24歳	246.4	240.0	250.9	163.2	199.3	—	—	—	—	—
25　～　29	289.0	255.4	290.0	282.4	301.7	—	—	—	—	—
30　～　34	336.2	327.9	310.4	308.6	331.3	361.9	259.9	—	—	—
35　～　39	393.4	282.3	346.5	368.9	349.1	394.6	416.2	251.7	—	—
40　～　44	434.6	281.0	380.9	422.0	403.1	389.9	439.9	462.7	—	—
45　～　49	489.2	354.9	480.2	339.3	423.6	419.9	490.5	497.8	512.5	441.1
50　～　54	525.3	460.5	419.4	455.1	440.6	446.0	432.7	450.6	537.0	570.3
55　～　59	517.7	403.2	514.8	405.6	412.2	405.5	455.2	404.2	523.9	533.6
60　～　64	361.1	299.4	327.4	351.9	577.4	411.5	276.6	263.0	396.2	348.6
65　～　69	283.2	576.8	268.1	413.7	226.2	187.8	186.0	357.7	391.7	283.4
70歳～	234.7	—	—	—	245.8	246.9	—	212.9	190.2	239.9
女性労働者										
高　校　卒(計)	223.1	185.1	188.7	202.3	195.5	206.2	219.5	242.5	259.3	357.3
～　19歳	180.1	176.7	182.7	—	—	—	—	—	—	—
20　～　24	197.0	173.0	194.3	203.6	203.9	—	—	—	—	—
25　～　29	209.4	200.3	192.0	212.4	216.1	231.3	—	—	—	—
30　～　34	228.0	285.2	210.2	192.3	218.3	239.2	246.2	—	—	—
35　～　39	213.1	170.8	190.3	208.4	181.8	215.8	223.8	296.6	—	—
40　～　44	234.3	202.6	180.2	226.4	218.1	221.0	247.5	272.7	264.4	—
45　～　49	238.8	214.6	204.8	206.6	190.8	207.3	238.4	246.2	294.6	333.0
50　～　54	253.5	171.7	172.6	185.4	200.7	208.9	230.3	240.9	246.0	379.8
55　～　59	237.1	172.1	177.0	193.3	184.1	178.7	199.1	217.2	221.7	373.5
60　～　64	183.8	156.5	143.8	155.3	159.4	169.3	176.5	189.8	183.4	261.6
65　～　69	166.4	142.5	129.3	156.4	150.8	175.8	176.3	179.4	185.5	194.0
70歳～	163.8	—	—	—	153.5	156.5	152.8	191.2	172.0	144.9
高専・短大卒(計)	275.7	217.2	212.1	229.2	228.5	238.3	262.2	291.6	329.2	356.1
20　～　24歳	214.9	208.9	226.9	205.5	—	—	—	—	—	—
25　～　29	228.1	194.4	174.8	225.9	242.0	155.4	—	—	—	—
30　～　34	238.5	152.8	220.9	202.0	226.0	260.1	—	—	—	—
35　～　39	270.3	155.1	197.0	195.2	247.9	260.2	291.5	—	—	—
40　～　44	258.6	188.1	201.9	320.1	179.1	217.9	286.8	293.5	—	—
45　～　49	284.6	201.3	214.9	237.3	229.4	276.2	254.7	297.8	324.8	—
50　～　54	320.5	408.3	201.5	261.2	231.9	229.1	277.1	297.0	387.8	368.5
55　～　59	309.5	202.6	195.5	210.9	250.3	208.6	217.4	293.9	275.5	371.6
60　～　64	195.7	129.7	191.0	199.7	217.2	172.3	171.4	206.8	208.7	214.8
65　～　69	155.2	—	—	—	—	—	157.7	148.2	—	—
70歳～	193.4	—	—	—	—	—	—	—	—	193.4

3．表示学歴の年齢と勤続年数については、定時制卒業の場合も含まれる。
4．サンプル数が少ない場合は、数値が安定しないので、注意されたい。

C－9　年齢別にみた企業規模別所定内賃金格差

（製造業・男性・学歴計）〔1,000人以上＝100〕

年齢	年	1,000人以上	100～999人	10～99人	年齢	年	1,000人以上	100～999人	10～99人
～19歳	平成22年	100	97	94	40～44歳	平成22年	100	80	72
	27	100	97	93		27	100	81	74
	令和2年	100	97	94		令和2年	100	83	76
	3	100	98	95		3	100	83	78
	4	100	98	97		4	100	82	73
	平均勤続年数(年)	0.9	1.0	0.9		平均勤続年数(年)	16.4	15.4	12.2
20～24歳	平成22年	100	93	89	45～49歳	平成22年	100	78	67
	27	100	92	87		27	100	76	66
	令和2年	100	92	91		令和2年	100	82	74
	3	100	93	92		3	100	84	77
	4	100	93	92		4	100	82	73
	平均勤続年数(年)	3.2	3.1	2.7		平均勤続年数(年)	22.0	19.7	15.2
25～29歳	平成22年	100	90	86	50～54歳	平成22年	100	80	65
	27	100	89	83		27	100	76	63
	令和2年	100	89	86		令和2年	100	81	68
	3	100	90	87		3	100	82	72
	4	100	89	86		4	100	80	68
	平均勤続年数(年)	5.3	5.4	4.8		平均勤続年数(年)	27.2	23.5	17.6
30～34歳	平成22年	100	87	85	55～59歳	平成22年	100	83	68
	27	100	84	80		27	100	79	66
	令和2年	100	85	83		令和2年	100	81	67
	3	100	85	82		3	100	82	70
	4	100	86	83		4	100	80	67
	平均勤続年数(年)	9.7	8.6	6.9		平均勤続年数(年)	32.1	26.5	19.8
35～39歳	平成22年	100	87	81	60～64歳	平成22年	100	88	87
	27	100	82	77		27	100	94	96
	令和2年	100	80	76		令和2年	100	92	94
	3	100	84	79		3	100	93	96
	4	100	81	76		4	100	91	92
	平均勤続年数(年)	12.6	11.7	9.6		平均勤続年数(年)	31.8	25.6	20.8

資料出所　厚生労働省「賃金構造基本統計調査」。各年６月分の所定内給与。
注　１．区分は企業の常用労働者数による。パートタイム労働者を含まない数値である。
２．平均勤続年数は令和４年次のものである。
３．平成20年次より，年齢階級区分のうち、17歳以下及び18～19歳が「～19歳」に統合されたため、上記の「～19歳」欄の平成17年以前のデータは「18～19歳」であることに留意されたい。C-10も同じ。

C－10　企業規模別にみた年齢別所定内賃金格差

（製造業・男性・学歴計）〔20～24歳の平均賃金＝100〕

規模	年	～19歳	20～24歳	(平均賃金)(千円)	25～29歳	30～34歳	35～39歳	40～44歳	45～49歳	50～54歳	55～59歳	60～64歳
1000人以上	平成17年	－	100	(205.7)	119	144	177	206	227	229	227	149
	22	86	100	(205.7)	120	141	165	201	228	240	229	143
	27	85	100	(212.2)	119	142	163	187	218	236	230	131
	令和2年	86	100	(215.9)	119	139	168	183	201	224	230	141
	3	88	100	(214.6)	119	141	163	179	195	218	223	142
	4	87	100	(218.1)	120	140	167	186	200	219	227	149
	平均勤続年数(年)	0.9	3.2		5.3	9.7	12.6	16.4	22.0	27.2	32.1	31.8
100～999人	平成17年	－	100	(190.9)	116	135	156	177	192	203	204	151
	22	90	100	(191.1)	116	132	154	172	192	207	204	136
	27	90	100	(195.2)	115	130	145	164	180	194	198	134
	令和2年	91	100	(198.3)	115	129	146	165	179	198	204	142
	3	92	100	(200.0)	115	129	146	159	175	192	195	141
	4	91	100	(203.1)	115	129	146	164	176	189	196	146
	平均勤続年数(年)	1.0	3.1		5.4	8.6	11.7	15.4	19.7	23.5	26.5	25.6
10～99人	平成17年	－	100	(187.5)	116	135	152	163	172	175	176	144
	22	91	100	(183.0)	116	134	151	162	173	176	174	141
	27	92	100	(185.4)	113	129	144	157	165	169	175	144
	令和2年	89	100	(195.3)	113	127	141	154	164	168	171	147
	3	91	100	(196.4)	113	126	140	153	163	170	169	148
	4	91	100	(201.6)	112	125	138	147	158	161	165	148
	平均勤続年数(年)	0.9	2.7		4.8	6.9	9.6	12.2	15.2	17.6	19.8	20.8

資料出所　厚生労働省「賃金構造基本統計調査」。各年６月分の所定内給与。
注　Ｃ－９表の注を参照のこと。

C−11 標準労働者の企業内・企業間所定内賃金格差
（製造業、高校卒・大学卒男性労働者、職種計）

（単位 千円）

学歴	年	1,000人以上 20〜24歳(A)	1,000人以上 50〜54歳(B)	1,000人以上 格差〔倍〕(B)/(A)	100〜999人 20〜24歳(C)	100〜999人 50〜54歳(D)	100〜999人 格差〔倍〕(D)/(C)	10〜99人 20〜24歳(E)	10〜99人 50〜54歳(F)	10〜99人 格差〔倍〕(F)/(E)	規模別格差〔%〕(F)/(B)
製造業・高校卒・男性	昭和36年	19.7	(66.8)	3.39	19.0	(56.3)	2.96	18.4	(40.9)	2.22	61.2
	39	25.6	(90.9)	3.55	26.1	(72.3)	2.80	27.9	(51.0)	1.83	56.1
	42	26.3	(94.2)	3.58	26.3	(79.4)	3.02	28.0	(68.3)	2.44	72.5
	45	45.4	(133.6)	2.94	44.6	(119.4)	2.68	47.6	(94.9)	1.99	71.0
	48	72.4	200.6	2.77	71.7	182.9	2.55	73.4	143.0	1.95	71.3
	51	110.8	279.6	2.52	105.7	249.5	2.36	110.1	229.4	2.08	82.0
	54	127.1	300.8	2.37	120.7	286.5	2.37	125.5	260.2	2.07	86.5
	57	148.2	346.7	2.34	138.8	338.6	2.44	144.1	295.9	2.05	85.3
	60	160.6	393.1	2.45	149.2	362.8	2.43	153.5	315.8	2.06	80.3
	63	169.3	399.8	2.36	156.6	400.6	2.56	161.4	348.3	2.16	87.1
	平成2年	183.6	441.8	2.41	172.3	407.8	2.37	176.7	378.3	2.14	85.6
	5	200.0	470.9	2.35	193.0	441.6	2.29	202.7	402.0	1.98	85.4
	8	205.5	493.7	2.40	192.4	450.3	2.34	195.6	410.9	2.10	83.2
	11	203.3	501.0	2.46	189.1	459.0	2.43	186.6	422.9	2.27	84.4
	14	200.7	464.9	2.32	188.9	428.7	2.27	186.1	406.3	2.18	87.4
	17	203.8	456.2	2.24	188.0	432.0	2.30	186.3	398.1	2.14	87.3
	20	204.2	457.7	2.24	192.6	406.0	2.11	188.1	393.5	2.09	86.0
	23	208.1	446.6	2.15	189.5	412.5	2.18	181.7	354.4	1.95	79.4
	26	209.3	448.9	2.14	190.1	401.0	2.11	187.1	356.4	1.90	79.4
	27	210.6	461.4	2.19	195.7	384.4	1.96	188.3	333.6	1.77	72.3
	28	211.2	446.8	2.12	197.1	389.2	1.97	193.5	358.6	1.85	80.3
	29	217.7	459.0	2.11	197.1	393.3	2.00	196.4	363.9	1.85	79.3
	30	212.7	453.7	2.13	198.1	386.4	1.95	195.5	343.4	1.76	75.7
	令和元年	213.9	440.3	2.06	198.6	401.7	2.02	195.7	358.2	1.83	81.4
	2	212.2	449.3	2.12	199.1	413.9	2.08	191.6	368.2	1.92	81.9
	3	211.2	434.9	2.06	198.6	390.2	1.96	198.7	383.0	1.93	88.1
	4	215.2	430.8	2.00	202.2	393.4	1.95	205.4	364.8	1.78	84.7
製造業・大学卒・男性	昭和36年	21.1	(111.1)	5.27	19.2	(85.5)	4.45	18.4	(57.6)	3.13	51.8
	39	27.3	(122.9)	4.50	26.3	(85.2)	3.24	27.1	(63.7)	2.35	51.8
	42	29.8	(140.0)	4.70	28.5	(116.9)	4.10	30.0	(116.5)	3.88	83.2
	45	47.2	(206.3)	4.37	44.0	(146.6)	3.33	46.2	(128.6)	2.78	62.3
	48	75.9	295.6	3.89	68.9	218.7	3.17	70.7	199.4	2.82	67.5
	51	110.6	391.9	3.54	106.0	336.3	3.17	107.0	290.6	2.72	74.2
	54	126.3	455.8	3.61	122.4	373.8	3.05	125.1	322.9	2.58	70.8
	57	146.1	518.9	3.55	142.0	425.2	2.99	146.1	440.3	3.01	84.9
	60	162.6	553.7	3.41	158.6	489.3	3.09	156.8	483.2	3.08	87.3
	63	174.9	603.2	3.45	169.7	503.4	2.97	170.8	474.4	2.78	78.6
	平成2年	194.5	628.1	3.23	186.2	538.1	2.89	190.0	461.4	2.43	73.5
	5	215.2	668.1	3.10	211.0	577.7	2.74	225.3	544.4	2.42	81.5
	8	217.5	696.2	3.20	216.9	590.1	2.72	210.2	525.1	2.50	75.4
	11	217.7	669.6	3.08	213.9	550.9	2.58	210.7	488.5	2.32	73.0
	14	218.8	638.0	2.92	214.8	533.8	2.49	207.1	483.7	2.34	75.8
	17	217.9	628.9	2.89	211.4	522.7	2.47	199.9	513.3	2.57	81.6
	20	220.3	656.4	2.98	220.9	503.4	2.28	204.5	446.7	2.18	68.1
	23	222.3	629.9	2.83	214.0	494.0	2.31	206.7	444.5	2.15	70.6
	26	225.3	629.2	2.79	216.4	504.6	2.33	204.1	445.8	2.18	70.9
	27	221.3	628.3	2.84	213.8	503.0	2.35	208.5	415.9	1.99	66.2
	28	224.7	594.1	2.64	218.1	486.7	2.23	208.9	414.7	1.99	69.8
	29	226.0	585.2	2.59	218.4	489.4	2.24	213.2	446.8	2.10	76.3
	30	233.9	584.4	2.50	217.7	483.2	2.22	207.8	430.8	2.07	73.7
	令和元年	225.4	594.4	2.64	218.0	492.8	2.26	210.5	418.5	1.99	70.4
	2	228.8	569.6	2.49	218.6	488.9	2.24	216.2	457.7	2.12	80.4
	3	232.9	574.0	2.46	222.1	485.0	2.18	211.8	463.2	2.19	80.7
	4	231.3	594.6	2.57	223.6	477.5	2.14	231.6	395.6	1.71	66.5

資料出所　厚生労働省「賃金構造基本統計調査」。
注　1．標準労働者として高校卒では「20〜24歳・勤続５〜９年」、大学卒では「20〜24歳・勤続１〜２年」の者を、また高校卒・大学卒とも「50〜54歳・勤続30年以上」の者で全職種を対象者としている。
2．昭和36年・39年の賃金は定期給与（きまって支給する給与）。
3．（ ）内は50〜59歳の賃金。

C－12　標準労働者の特定条件別にみた所定内賃金格差〔製造業〕
（令和２年・３年・４年各６月分）

年齢・勤続年数	規模計			1,000人以上			100～999人			10～99人		
	令和2年	3年	4年	令和2年	3年	4年	令和2年	3年	4年	令和2年	3年	4年
高校卒（職種計）：男性												
所定内給与額（単位　千円）												
～19歳　0年	182.5	185.3	187.0	186.7	188.8	188.8	181.2	183.7	185.3	176.5	180.0	188.7
20～24　3～4	202.6	203.8	208.0	212.2	211.2	215.2	199.1	198.6	202.2	191.6	198.7	205.4
25～29　5～9	242.0	241.9	241.8	257.6	255.2	254.4	231.1	231.9	234.5	227.7	233.9	234.1
30～34　10～14	276.5	278.6	279.5	294.0	293.3	298.5	265.2	266.3	266.7	257.2	259.2	250.7
35～39　15～19	313.3	318.9	312.5	343.3	338.3	347.5	296.9	313.0	299.0	278.4	288.7	280.0
40～44　20～24	342.2	337.3	348.1	367.9	364.8	373.8	326.1	320.1	335.1	313.9	302.8	304.6
45～49　25～29	385.8	380.4	378.7	407.7	403.0	402.5	364.1	360.8	361.2	338.5	334.7	330.9
50～54　30年以上	426.7	410.8	405.9	449.3	434.9	430.8	413.9	390.2	393.4	368.2	383.0	364.8
55～59　30年以上	436.1	430.2	430.6	459.3	454.7	457.1	413.1	404.0	407.6	364.4	362.6	360.9
60～64　30年以上	295.5	281.9	297.1	306.2	290.0	305.0	254.6	257.6	273.9	354.8	324.4	321.4
格　差												
55～59歳/20～24歳	2.15	2.11	2.07	2.16	2.15	2.12	2.07	2.03	2.02	1.90	1.82	1.76
高専・短大卒（職種計）：男性												
所定内給与額（単位　千円）												
20～24歳　0年	206.9	207.3	209.2	217.8	207.1	215.6	201.6	206.9	203.8	191.7	208.2	202.7
25～29　5～9	251.5	252.8	254.4	259.7	265.1	268.9	252.2	238.1	238.4	220.2	240.5	238.4
30～34　10～14	287.0	304.9	297.8	308.7	322.6	317.5	271.8	293.6	283.5	255.1	279.0	252.4
35～39　15～19	349.2	335.2	335.0	373.9	351.3	373.8	341.9	325.9	299.9	313.3	300.5	290.5
40～44　20～24	393.9	380.8	394.6	451.9	405.2	430.7	353.2	365.6	352.4	368.5	355.2	374.2
45～49　25～29	466.0	453.0	447.7	498.0	478.9	506.5	437.8	436.8	443.8	346.8	376.3	319.4
50～54　30年以上	521.8	510.3	479.2	558.6	558.5	515.0	464.2	448.3	449.7	403.7	411.5	364.7
55～59　30年以上	523.4	541.1	534.6	539.1	553.3	563.4	457.0	497.1	513.2	476.9	530.0	419.2
60～64　30年以上	375.1	382.4	342.6	510.2	332.0	367.6	299.1	431.9	317.8	333.7	373.5	275.7
格　差												
55～59歳/20～24歳	2.53	2.61	2.56	2.48	2.67	2.61	2.27	2.40	2.52	2.49	2.55	2.07
大学卒（職種計）：男性												
所定内給与額（単位　千円）												
22～24歳　0年	222.5	224.3	227.6	228.8	232.9	231.3	218.6	222.1	223.6	216.2	211.8	231.6
25～29　3～4	252.1	246.8	252.9	267.4	258.5	261.8	243.0	241.4	247.0	245.0	234.6	247.8
30～34　5～9	302.7	295.5	303.0	328.1	325.9	321.1	284.9	278.6	293.4	287.3	272.9	297.6
35～39　10～14	358.1	350.7	363.5	420.4	389.7	398.7	329.3	330.2	343.5	310.3	319.3	312.6
40～44　15～19	415.3	427.6	426.0	464.2	489.5	479.2	396.1	400.2	406.8	348.9	372.3	372.4
45～49　20～24	480.5	473.3	472.8	551.1	535.1	530.5	432.4	446.8	454.4	425.1	405.8	379.7
50～54　25～29	542.1	535.6	542.4	569.6	574.0	594.6	488.9	485.0	477.5	457.7	463.2	395.6
55～59　30年以上	578.9	551.8	549.3	618.9	593.7	589.8	524.0	494.1	509.9	447.0	492.3	425.7
60～64　30年以上	370.9	363.3	364.1	348.8	374.4	369.3	392.8	356.2	362.8	366.7	324.2	347.9
格　差												
55～59歳/22～24歳	2.60	2.46	2.41	2.70	2.55	2.55	2.40	2.22	2.28	2.07	2.32	1.84

資料出所　厚生労働省「賃金構造基本統計調査」。
注　企業規模は常用労働者数による。パートタイム労働者は含まない。

C−13 初任給〔企業規模別〕

規模・年		男性								女性							
		高校卒		短大・高専卒		大学卒		大学院修士卒		高校卒		短大・高専卒		大学卒		大学院修士卒	
		千円	%	千円	%	千円	%	千円	%	千円	%	千円	%	千円	%	千円	%
規模計	昭和55年	92.8	4.7	100.7	5.1	114.5	4.6	—	—	88.3	4.3	97.4	4.7	108.7	4.8	—	—
	60	112.2	3.1	123.6	3.0	140.0	3.1	—	—	106.2	3.1	117.0	3.5	133.5	3.7	—	—
	平成2年	133.0	5.9	145.4	5.1	169.9	5.6	—	—	126.0	6.5	138.1	4.9	162.9	4.7	—	—
	7	154.0	0.1	165.1	△0.9	194.2	0.9	—	—	144.7	△0.5	158.7	0.6	184.0	△0.3	—	—
	12	157.1	△0.3	171.6	0.8	196.9	0.2	—	—	147.6	△0.5	163.6	0.9	187.4	△0.7	—	—
	17	155.7	△0.3	170.3	△0.2	196.7	△0.8	221.0	—	148.0	0.5	164.2	0.0	189.3	△0.1	216.6	—
	21	160.8	0.5	175.8	2.4	201.4	0.0	228.6	1.1	153.0	△0.8	171.7	1.8	194.9	0.2	227.1	1.6
	22	160.7	△0.1	173.6	△1.3	200.3	△0.5	224.5	△1.8	153.2	0.1	168.2	△2.0	193.5	△0.7	221.2	△2.6
	23	159.4	△0.8	175.5	1.1	205.0	2.3	233.9	4.2	151.8	△0.9	170.5	1.4	197.9	2.3	237.3	7.3
	24	160.1	0.4	173.0	△1.4	201.8	△1.6	225.6	△3.5	153.6	△0.9	168.4	△1.2	196.5	△0.7	228.4	△3.8
	25	158.9	△0.7	174.2	0.7	200.2	△0.8	227.6	0.9	151.3	△1.5	171.2	1.7	195.1	△0.7	230.0	0.7
	26	161.3	1.5	176.1	1.1	202.9	1.3	227.7	0.0	154.2	1.9	172.8	0.9	197.2	1.1	230.7	0.3
	27	163.4	1.3	177.3	0.7	204.5	0.8	228.5	0.4	156.2	1.3	174.6	1.0	198.8	0.8	228.5	△1.0
	28	163.5	0.1	179.7	1.4	205.9	0.7	231.7	1.4	157.2	0.6	175.2	0.3	200.0	0.6	229.7	0.5
	29	164.2	0.4	180.6	0.5	207.8	0.9	233.6	0.8	158.4	0.8	178.4	1.8	204.1	2.1	232.4	1.2
	30	166.6	1.5	182.9	1.3	210.1	1.1	239.9	2.7	162.3	2.5	180.4	1.1	202.6	△0.7	234.2	0.8
	令和元年	168.9	1.4	184.7	1.0	212.8	1.3	239.0	△0.4	164.6	1.4	183.4	1.7	206.9	2.1	238.3	1.8
1000人以上	昭和55年	95.8	4.8	104.2	5.1	116.9	4.6	—	—	90.4	3.8	99.4	4.4	110.8	4.9	—	—
	60	114.4	3.2	126.2	2.0	142.1	2.7	—	—	109.9	3.4	119.5	3.5	136.0	4.8	—	—
	平成2年	135.4	5.5	149.9	5.9	171.8	5.6	—	—	129.9	5.6	141.7	4.9	165.3	5.4	—	—
	7	153.9	△0.8	167.3	△0.8	196.0	1.2	—	—	149.4	△0.1	160.4	0.4	185.6	0.3	—	—
	12	156.1	△0.8	173.6	0.7	199.0	0.9	—	—	153.3	0.9	163.3	1.4	187.1	0.2	—	—
	17	157.6	△1.1	173.9	△0.1	196.4	△1.8	223.0	—	154.4	2.3	164.7	0.2	189.2	△1.4	219.5	—
	21	162.0	0.4	179.3	2.2	203.4	0.7	229.0	1.3	159.6	1.1	184.9	4.3	195.9	0.5	231.8	2.2
	22	160.0	△1.2	177.7	△0.9	201.2	△1.1	226.9	△0.9	156.6	△1.9	171.5	△7.2	194.5	△0.7	227.1	△2.0
	23	160.3	0.2	178.0	0.2	207.5	3.1	233.9	3.1	155.9	△0.4	188.2	9.7	207.1	6.5	245.9	8.3
	24	159.8	△0.3	177.7	△0.2	204.0	△1.7	229.4	△1.9	157.6	1.1	177.5	△5.7	199.6	△3.6	234.7	△4.6
	25	160.9	0.7	181.5	2.1	203.6	△0.2	231.3	0.8	157.4	△0.1	186.6	5.1	200.9	0.7	240.6	2.5
	26	161.5	0.2	178.0	△1.9	205.5	0.9	231.8	0.2	159.2	1.1	178.7	△4.3	200.5	△0.2	236.9	△1.5
	27	163.1	1.0	180.9	1.6	206.9	0.7	232.0	0.1	160.9	1.1	185.2	3.6	203.1	1.3	233.6	△1.4
	28	164.9	1.1	184.1	1.8	209.5	1.3	234.9	1.3	160.8	△0.1	185.0	△0.1	203.5	0.2	234.4	0.3
	29	164.9	0.0	183.4	△0.4	212.6	1.5	236.8	0.8	161.7	0.6	182.6	△1.3	209.2	2.8	239.6	2.2
	30	167.0	1.3	185.1	0.9	214.2	0.8	237.4	0.3	165.6	2.4	187.0	2.4	205.8	△1.6	238.6	△0.4
	令和元年	169.1	1.3	187.3	1.2	215.9	0.8	241.6	1.8	166.9	0.8	184.0	△1.6	209.7	1.9	244.4	2.4
100～999人	昭和55年	92.2	4.2	99.3	5.3	113.2	4.4	—	—	88.3	4.0	97.4	4.1	108.3	4.4	—	—
	60	111.2	2.7	122.9	3.7	139.1	3.4	—	—	106.5	2.8	118.6	3.0	133.8	3.3	—	—
	平成2年	132.5	6.4	144.6	5.0	168.6	5.4	—	—	127.2	7.2	138.9	4.8	163.0	3.8	—	—
	7	152.8	0.1	163.7	△0.4	193.9	1.5	—	—	144.7	△0.8	160.3	1.0	184.6	△0.5	—	—
	12	157.4	△0.1	170.7	1.4	196.4	0.3	—	—	148.9	△0.5	169.2	3.1	192.8	1.7	—	—
	17	155.5	0.5	170.3	0.2	198.6	△0.6	217.9	—	148.4	0.2	168.4	1.1	191.3	0.4	218.4	—
	21	158.1	0.2	177.6	3.6	201.1	△0.2	228.6	0.8	152.5	△1.2	173.1	1.6	196.0	0.3	222.3	1.3
	22	159.1	0.6	172.7	△2.8	199.7	△0.7	219.7	△3.9	153.4	0.6	168.8	△2.5	193.4	△1.3	218.8	△1.6
	23	158.6	△0.3	174.7	1.2	206.3	3.3	237.4	8.1	151.7	△1.1	171.2	1.4	195.8	1.2	238.1	8.8
	24	160.0	0.9	171.7	△1.7	200.1	△3.0	219.9	△7.4	154.0	1.5	166.6	△2.7	195.1	△0.4	219.7	△7.7
	25	157.8	△1.4	172.3	0.3	199.1	△0.5	221.6	0.8	151.1	△1.9	172.7	3.7	194.3	△0.4	216.3	△1.5
	26	161.0	2.0	176.5	2.4	202.6	1.8	221.0	△0.3	153.9	1.9	176.4	2.1	196.5	1.1	219.6	1.5
	27	162.0	0.6	177.8	0.7	204.1	0.7	220.8	△0.1	156.1	1.4	175.6	△0.5	197.2	0.4	221.9	1.0
	28	161.6	△0.2	178.6	0.4	203.6	△0.2	224.6	1.7	156.9	0.5	175.1	△0.3	197.7	0.3	225.8	1.8
	29	162.5	0.6	179.7	0.6	203.9	0.1	224.9	0.1	158.0	0.7	177.8	1.5	200.6	1.5	224.7	△0.5
	30	165.2	1.7	181.5	1.0	207.0	1.5	247.8	10.2	162.0	2.5	179.3	0.8	200.7	0.0	231.8	3.2
	令和元年	167.6	1.5	184.2	1.5	211.1	2.0	232.5	△6.2	163.6	1.0	183.0	2.1	205.2	2.2	230.8	△0.4
10～99人	昭和55年	90.0	4.0	100.9	4.5	113.1	4.1	—	—	83.3	3.9	94.6	4.2	105.9	3.8	—	—
	60	110.7	2.9	123.2	2.8	136.8	2.5	—	—	101.0	3.2	112.3	4.1	127.7	2.7	—	—
	平成2年	130.2	4.7	143.8	4.7	163.3	5.4	—	—	119.3	6.0	130.5	4.2	152.0	4.5	—	—
	7	155.7	1.2	166.0	△1.1	191.0	△0.7	—	—	141.8	0.1	156.0	0.7	180.7	△0.3	—	—
	12	157.3	△0.4	171.9	△0.1	193.7	△1.9	—	—	143.1	△0.5	159.4	△1.1	178.7	△6.3	—	—
	17	154.3	△1.1	168.3	△1.0	190.2	△0.4	213.5	—	144.5	0.1	160.6	△1.2	183.2	△0.4	198.1	—
	21	163.3	0.6	168.2	0.7	195.4	△1.3	222.3	△1.5	148.2	△2.0	164.9	1.2	189.6	△0.3	219.6	△0.9
	22	163.7	0.2	172.2	2.4	199.8	2.3	224.1	0.8	151.1	2.0	167.0	1.3	191.5	1.0	204.7	△6.8
	23	159.8	△2.4	175.1	1.7	194.3	△2.8	209.9	△6.3	149.1	△1.3	165.5	△0.9	185.3	△3.2	196.6	△4.0
	24	160.4	0.4	170.7	△2.5	200.2	3.0	208.3	△0.8	151.0	1.3	166.4	0.5	192.5	3.9	217.6	10.7
	25	158.1	△1.4	170.5	△0.1	194.6	△2.8	214.6	3.0	148.1	△1.9	165.9	△0.3	185.1	△3.8	216.8	△0.4
	26	161.7	2.3	173.9	2.0	197.3	1.4	216.4	0.8	151.8	2.5	168.0	1.3	190.4	2.9	230.5	6.3
	27	166.1	2.7	171.6	△1.3	198.1	0.4	222.2	2.7	151.8	0.0	169.0	0.6	191.5	0.6	222.1	△3.6
	28	164.7	△0.8	176.6	2.9	201.9	1.9	221.6	△0.3	154.3	1.6	172.2	1.9	195.9	2.3	213.8	△3.7
	29	166.6	1.2	179.1	1.4	202.9	0.5	228.2	3.0	156.0	1.1	177.2	2.9	196.5	0.3	209.5	△2.0
	30	168.9	1.4	183.2	2.3	203.1	0.1	228.1	0.0	159.1	2.0	178.3	0.6	197.0	0.3	211.1	0.8
	令和元年	171.8	1.7	182.3	△0.5	206.0	1.4	232.6	2.0	163.8	3.0	183.5	2.9	201.8	2.4	218.8	3.6

資料出所　厚生労働省「賃金構造基本統計調査」。
注　令和元年まで。

C－14　都道府県別初任給、パート労働者時間当たり所定内給与と法定一般最低賃金

都道府県	確定初任給（令和４年・千円）						パート労働者時間あたり所定内給与（令和４年：円）		法定一般最低賃金（時間額:円）		
	男女計		男　性		女　性				令和4年度	令和５年度	
	大学卒	高校卒	大学卒	高校卒	大学卒	高校卒	男性	女性	金額	金額	引上額
全国加重平均	212.7	175.4	211.1	173.4	215.4	176.8	1,624	1,270	961	1,002	41
北海道	203.6	169.2	199.3	164.4	208.7	173.7	1,271	1,119	920	959	39
青森	206.1	168.0	201.0	165.5	215.1	170.4	1,356	1,058	853	891	38
岩手	193.0	166.7	191.8	162.4	199.2	169.6	1,308	1,099	854	890	36
宮城	224.2	172.2	226.0	172.8	214.6	171.8	1,211	1,138	883	923	40
秋田	204.5	157.0	189.8	161.5	215.2	156.1	1,196	1,030	853	891	38
山形	210.3	170.4	198.7	170.5	216.3	170.3	1,277	1,051	854	891	37
福島	211.7	175.2	207.8	174.6	217.5	175.6	1,239	1,157	858	898	40
茨城	209.5	177.7	206.1	177.2	217.2	178.1	1,502	1,164	911	950	39
栃木	203.7	174.0	203.0	177.7	204.9	171.9	1,249	1,199	913	953	40
群馬	207.0	173.1	203.9	171.6	211.9	175.2	1,391	1,226	895	935	40
埼玉	221.9	185.8	221.1	185.0	223.0	187.7	1,667	1,245	987	1,028	41
千葉	217.9	180.1	216.7	179.8	220.7	180.4	1,567	1,233	984	1,025	41
東京	223.4	187.2	223.5	183.9	223.3	188.5	2,035	1,530	1,072	1,113	41
神奈川	218.0	182.4	220.4	181.2	215.3	183.0	1,841	1,405	1,071	1,112	41
新潟	207.1	180.8	205.1	182.5	209.3	179.8	1,350	1,138	890	929	39
富山	212.4	167.8	211.4	170.2	213.4	167.5	1,323	1,179	908	948	40
石川	212.2	175.0	211.9	172.5	213.3	178.4	1,299	1,171	891	931	40
福井	212.7	180.8	209.6	178.9	215.7	182.0	1,342	1,153	888	928	40
山梨	208.7	173.5	206.0	172.7	213.3	174.7	1,467	1,189	898	937	39
長野	221.5	176.6	211.7	174.6	226.7	177.0	1,350	1,170	908	948	40
岐阜	211.5	175.6	208.3	172.7	214.5	178.3	1,310	1,174	910	950	40
静岡	212.7	174.4	208.1	173.4	219.4	174.9	1,454	1,229	944	984	40
愛知	212.5	179.1	210.4	176.5	216.5	180.6	1,660	1,325	986	1,027	41
三重	215.1	178.6	214.8	178.1	215.8	179.3	1,432	1,189	933	973	40
滋賀	212.8	177.0	211.0	174.6	216.6	183.6	1,435	1,151	927	967	40
京都	228.6	176.4	221.3	172.6	239.6	178.1	1,674	1,356	968	1,008	40
大阪	219.6	181.1	218.1	179.6	222.4	183.1	1,769	1,355	1,023	1,064	41
兵庫	214.0	177.5	211.4	174.8	220.5	178.7	1,840	1,280	960	999	39
奈良	207.3	170.5	205.1	165.7	211.5	173.2	1,359	1,165	896	936	40
和歌山	223.3	172.6	216.8	172.8	234.6	172.6	1,540	1,137	889	929	40
鳥取	203.6	170.5	－	－	－	－	1,106	1,069	854	890	36
島根	204.8	168.5	198.3	160.0	210.9	170.4	1,343	1,072	857	894	37
岡山	202.2	170.1	200.2	169.4	205.8	171.1	1,677	1,127	892	932	40
広島	209.7	173.7	206.5	170.0	213.9	174.9	1,439	1,220	930	970	40
山口	209.1	185.8	203.8	175.3	214.7	187.4	1,353	1,087	888	927	39
徳島	210.1	172.8	204.8	164.6	215.3	174.6	1,250	1,231	855	894	39
香川	209.2	173.9	205.1	175.8	215.5	173.2	1,220	1,101	878	918	40
愛媛	201.3	165.0	201.1	165.2	203.1	164.9	1,123	1,066	853	891	38
高知	203.7	161.3	203.6	166.1	204.1	158.6	1,262	1,122	853	889	36
福岡	211.7	172.6	203.9	169.9	219.4	173.6	1,473	1,119	900	940	40
佐賀	202.1	166.4	196.6	163.7	210.3	168.2	1,384	1,129	853	890	37
長崎	197.3	162.2	193.5	158.0	202.0	166.3	1,178	1,053	853	890	37
熊本	199.6	165.0	191.7	163.7	209.0	166.1	1,296	1,104	853	890	37
大分	201.4	167.8	194.6	165.8	209.0	169.6	1,341	1,055	854	891	37
宮崎	206.4	165.0	211.2	162.4	196.3	166.9	1,193	1,030	853	890	37
鹿児島	214.3	162.9	186.8	159.0	238.9	169.3	1,516	1,175	853	890	37
沖縄	185.9	163.7	188.1	165.4	179.0	157.4	1,299	1,118	853	889	36

資料出所　職種学歴別の初任給は、人事院「人事院勧告」各都道府県人事委員会「職員の給与等に関する報告および勧告」。パートタイム労働者時間当たり所定内給与は、厚生労働省「賃金構造基本調査」（産業計・企業規模10人以上計）。法定一般最低賃金は、厚生労働省労働基準局調べ。

注　最低賃金の時間額は、毎月支払われる基本的なものに限られ、賞与や時間外・休日・深夜手当、精皆勤手当及び家族手当等は対象外となる。派遣労働者は派遣先の都道府県のものが適用される。

〔参考〕　最低賃金制とは、最低賃金法に基づき国が最低賃金の最低限度を定め、使用者は、その最低賃金額以上の賃金を労働者に支払わなければならないとされている制度である。仮に最低賃金額より低い賃金を労使合意の上で定めても、それは法律により無効とされ、最低賃金額と同額の定めをしたものとみなされる（但し申請による減額の特例措置あり）。最低賃金制には、①地域別最低賃金、②特定最低賃金の２種類が存在する。従来の労働協約の拡張適用による地域別最低賃金は、平成20年７月施行の改正最低賃金法により廃止された。

C−15(1) 中途採用者の採用時賃金〔全産業〕

(男性労働者・職種計・令和4年6月分)　　(単位　千円・%)

年齢		1,000人以上			100〜999人			10〜99人		
		所定内給与額	標準労働者		所定内給与額	標準労働者		所定内給与額	標準労働者	
			給与額	格差		給与額	格差		給与額	格差
高校卒	〜19歳	187.7	190.1	99	183.0	185.9	98	184.0	190.0	97
	20〜24	221.0	216.5	102	205.1	205.6	100	200.5	208.4	96
	25〜29	240.6	257.0	94	219.2	236.0	93	217.6	241.1	90
	30〜34	234.6	303.0	77	244.2	267.4	91	239.0	266.0	90
	35〜39	249.6	354.9	70	232.2	299.6	78	240.4	295.4	81
	40〜44	268.4	389.4	69	243.4	347.2	70	258.8	326.0	79
	45〜49	251.0	422.2	59	233.7	372.6	63	261.9	352.0	74
	50〜54	252.7	456.8	55	263.1	406.8	65	275.5	380.3	72
	55〜59	224.5	467.5	48	244.3	422.0	58	263.3	380.2	69
	60〜64	235.0	302.8	78	218.3	347.0	63	231.6	332.7	70
大学卒	20〜24歳	232.7	240.7	97	226.7	231.8	98	222.1	227.0	98
	25〜29	286.9	284.7	101	269.0	260.5	103	257.4	255.4	101
	30〜34	395.4	350.3	113	327.3	314.9	104	286.0	301.2	95
	35〜39	394.6	432.5	91	392.6	357.6	110	321.3	333.1	96
	40〜44	407.0	486.0	84	411.9	416.8	99	376.0	379.9	99
	45〜49	466.5	553.2	84	344.9	457.0	75	366.2	408.4	90
	50〜54	491.2	605.5	81	453.4	497.9	91	336.2	457.7	73
	55〜59	370.3	584.0	63	417.1	523.0	80	380.2	460.3	83
	60〜64	361.9	364.0	99	375.3	399.8	94	296.5	371.1	80

資料出所　厚生労働省「賃金構造基本統計調査」。

注　1．標準労働者とは、学校卒業後直ちに入社し、引き続き勤続している者を含む年齢及び勤続年数階級別の労働者のことである。C−17表〔参考〕欄参照のこと。「標準労働者との格差」とは、中途採用者所定内給与額の標準労働者所定内給与額に対する比率である。

2．中途採用者とは勤続1年未満の労働者のことで、勤続年数0年の欄の掲載データを用いている。

3．格差は、同年齢ゾーンでの標準労働者賃金を100とした基準での中途採用者賃金を示したもの。

4．調査サンプル数が少ない場合は数値にバラつきが生じるため、数値が不安定となる場合がある。

C−15(2) 中途採用者の採用時賃金〔製造業〕

(男性労働者・職種計・令和4年6月分)　　(単位　千円・%)

年齢		1,000人以上			100〜999人			10〜99人		
		所定内給与額	標準労働者		所定内給与額	標準労働者		所定内給与額	標準労働者	
			給与額	格差		給与額	格差		給与額	格差
高校卒	〜19歳	184.6	188.8	98	182.9	185.3	99	179.3	188.7	95
	20〜24	207.8	215.2	97	185.0	202.2	91	195.7	205.4	95
	25〜29	232.8	254.4	92	208.4	234.5	89	202.8	234.1	87
	30〜34	241.1	298.5	81	219.8	266.7	82	213.8	250.7	85
	35〜39	252.4	347.5	73	221.1	299.0	74	231.2	280.0	83
	40〜44	250.2	373.8	67	244.0	335.1	73	256.4	304.6	84
	45〜49	280.9	402.5	70	227.8	361.2	63	248.5	330.9	75
	50〜54	317.0	430.8	74	291.7	393.4	74	246.8	364.8	68
	55〜59	395.8	457.1	87	221.5	407.6	54	250.4	360.9	69
	60〜64	235.2	305.0	77	243.4	273.9	89	226.8	321.4	71
大学卒	20〜24歳	224.4	231.3	97	218.9	223.6	98	232.6	231.6	100
	25〜29	236.8	261.8	90	229.6	247.0	93	217.9	247.8	88
	30〜34	312.2	321.1	97	248.2	293.4	85	246.2	297.6	83
	35〜39	312.5	398.7	78	286.2	343.5	83	256.0	312.6	82
	40〜44	384.9	479.2	80	296.5	406.8	73	259.7	372.4	70
	45〜49	586.9	530.5	111	287.1	454.4	63	279.2	379.7	74
	50〜54	483.4	594.6	81	343.5	477.5	72	299.4	395.6	76
	55〜59	745.2	589.8	126	424.8	509.9	83	346.5	425.7	81
	60〜64	304.6	369.3	82	268.6	362.8	74	331.5	347.9	95

資料出所　同上。

C−16　産業別の標準労働者特定年齢別所定内

区分		企業規模計					1,000人以上			
		30歳	35歳	40歳	45歳	50歳	30歳	35歳	40歳	45歳
産業計	労働者数（十人）	6,756	5,662	4,698	4,360	5,165	2,985	2,964	2,230	2,024
	第1・十分位数（千円）	238.6	264.5	292.1	319.3	343.9	250.5	284.5	320.1	358.0
	第1・四分位数（千円）	262.5	303.6	331.4	379.6	404.7	272.6	319.9	360.6	436.3
	中位数（千円）	290.9	340.4	393.3	459.2	488.3	304.6	370.1	438.0	520.7
	第3・四分位数（千円）	333.9	398.9	497.2	562.0	613.1	349.5	432.4	528.9	618.7
	第9・十分位数（千円）	401.4	490.9	596.7	656.0	737.5	404.4	527.7	666.9	760.5
	十分位分散係数	0.28	0.33	0.39	0.37	0.40	0.25	0.33	0.40	0.39
	四分位分散係数	0.12	0.14	0.21	0.20	0.21	0.13	0.15	0.19	0.18
製造業	労働者数（十人）	960	1,010	746	914	1,185	284	494	225	321
	第1・十分位数（千円）	232.2	249.4	271.3	308.5	343.6	251.0	284.9	341.2	353.8
	第1・四分位数（千円）	252.6	288.3	321.6	356.9	388.1	261.0	323.7	393.3	371.3
	中位数（千円）	272.3	330.3	356.9	421.4	446.2	268.5	363.8	446.3	458.7
	第3・四分位数（千円）	305.5	380.7	452.7	553.6	513.6	300.6	409.4	537.5	615.7
	第9・十分位数（千円）	403.0	466.2	517.4	654.4	683.4	351.2	469.9	589.8	765.2
	十分位分散係数	0.31	0.33	0.34	0.41	0.38	0.19	0.25	0.28	0.45
	四分位分散係数	0.10	0.14	0.18	0.23	0.14	0.07	0.12	0.16	0.27
情報通信業	労働者数（十人）	478	686	523	484	366	115	159	140	214
	第1・十分位数（千円）	251.8	281.0	305.9	333.0	347.2	290.7	277.4	307.7	395.1
	第1・四分位数（千円）	290.9	313.8	341.2	391.1	386.4	293.5	371.5	362.9	473.0
	中位数（千円）	307.2	332.6	429.1	473.7	525.9	298.1	385.8	479.7	542.3
	第3・四分位数（千円）	359.9	388.8	558.7	568.2	672.9	354.9	463.5	695.1	614.3
	第9・十分位数（千円）	488.7	521.6	712.1	645.6	819.0	427.7	604.1	784.3	770.0
	十分位分散係数	0.39	0.36	0.47	0.33	0.45	0.23	0.42	0.50	0.35
	四分位分散係数	0.11	0.11	0.25	0.19	0.27	0.10	0.12	0.35	0.13
卸売・小売業	労働者数（十人）	1,806	1,433	1,260	1,067	1,355	787	849	724	574
	第1・十分位数（千円）	250.6	270.8	291.6	325.9	324.8	261.2	290.5	297.1	349.1
	第1・四分位数（千円）	272.2	309.5	331.8	397.3	382.0	278.6	314.7	336.8	432.2
	中位数（千円）	296.0	335.9	377.4	457.6	477.0	302.6	361.4	392.6	476.4
	第3・四分位数（千円）	340.1	399.2	456.4	531.5	575.0	335.3	413.4	479.1	583.3
	第9・十分位数（千円）	381.9	483.1	519.0	628.8	687.9	363.9	486.3	527.5	661.9
	十分位分散係数	0.22	0.32	0.30	0.33	0.38	0.17	0.27	0.29	0.33
	四分位分散係数	0.11	0.13	0.17	0.15	0.20	0.09	0.14	0.18	0.16
金融・保険業	労働者数（十人）	673	495	426	461	676	502	353	309	359
	第1・十分位数（千円）	253.9	300.4	357.3	398.9	441.7	270.9	325.6	373.9	458.1
	第1・四分位数（千円）	286.5	344.7	428.2	483.0	536.9	316.4	367.7	473.0	543.4
	中位数（千円）	344.0	403.2	519.0	570.6	665.5	366.0	441.5	553.5	619.3
	第3・四分位数（千円）	409.0	477.5	641.4	737.3	756.3	450.5	517.3	681.4	806.0
	第9・十分位数（千円）	470.7	596.4	791.9	837.0	930.5	478.3	649.1	829.2	839.5
	十分位分散係数	0.32	0.37	0.42	0.38	0.37	0.28	0.37	0.41	0.31
	四分位分散係数	0.18	0.16	0.21	0.22	0.16	0.18	0.17	0.19	0.21
教育・学習支援	労働者数（十人）	184	90	105	66	119	97	58	46	22
	第1・十分位数（千円）	229.1	301.3	320.2	345.6	357.7	266.5	310.8	362.1	390.0
	第1・四分位数（千円）	265.4	340.6	363.9	407.8	405.0	287.8	362.0	371.3	435.8
	中位数（千円）	301.7	382.0	451.8	446.8	450.4	317.5	382.6	450.7	510.1
	第3・四分位数（千円）	333.9	402.5	512.6	515.0	557.0	335.8	388.2	501.9	552.9
	第9・十分位数（千円）	366.8	445.1	544.1	560.1	655.4	361.9	408.4	515.1	626.1
	十分位分散係数	0.23	0.19	0.25	0.24	0.33	0.15	0.13	0.17	0.23
	四分位分散係数	0.11	0.08	0.16	0.12	0.17	0.08	0.03	0.14	0.11
サービス業（他に分類されないもの）	労働者数（十人）	371	198	257	144	141	167	129	160	64
	第1・十分位数（千円）	220.9	260.9	292.7	324.7	309.9	242.3	270.7	316.0	320.9
	第1・四分位数（千円）	245.0	273.9	327.3	369.6	380.6	252.4	282.6	330.9	363.6
	中位数（千円）	267.0	300.2	386.0	459.4	441.5	274.8	309.4	462.1	482.2
	第3・四分位数（千円）	300.3	329.9	573.0	489.7	555.6	321.8	362.6	597.6	543.1
	第9・十分位数（千円）	381.1	448.5	633.6	578.3	728.8	389.6	484.6	638.1	578.1
	十分位分散係数	0.30	0.31	0.44	0.28	0.47	0.27	0.35	0.35	0.27
	四分位分散係数	0.10	0.09	0.32	0.13	0.20	0.13	0.13	0.29	0.19

資料出所　厚生労働省「賃金構造基本統計調査」。

注　1．標準労働者の定義はC−17表下段〔参考〕を参照のこと。
　　2．調査サンプル数が少ない場合には、数値が安定しないので、注意を要する。
　　3．産業計には、上記以外の産業データも含まれる。

給与額の分布特性値（大学卒・男性労働者）（令和４年）

	100〜999人					10〜99人					区分
50歳	30歳	35歳	40歳	45歳	50歳	30歳	35歳	40歳	45歳	50歳	
2,430	2,940	1,930	1,734	1,675	2,230	831	768	734	662	505	数
381.2	235.4	252.4	284.2	297.6	336.8	225.4	238.7	275.4	293.3	296.8	1/10
428.4	258.3	283.3	324.8	358.0	381.6	243.5	288.4	296.9	328.6	339.4	1/4
549.5	282.8	329.7	376.3	425.2	465.3	269.6	315.1	335.4	394.6	438.8	中位
698.8	328.6	372.6	482.5	500.1	541.5	296.7	329.1	384.4	445.7	489.1	3/4
816.5	403.4	469.2	552.4	614.5	657.3	336.5	383.9	468.5	507.3	489.1	9/10
0.40	0.30	0.33	0.36	0.37	0.34	0.21	0.23	0.29	0.27	0.31	係数
0.25	0.12	0.14	0.21	0.17	0.17	0.10	0.06	0.13	0.15	0.17	係数
415	497	380	361	421	686	180	137	160	172	84	数
420.6	229.6	248.4	265.9	290.0	341.1	224.4	227.0	261.0	303.2	218.1	1/10
424.3	247.7	274.4	296.4	344.6	358.7	237.2	236.1	279.9	325.2	294.4	1/4
447.8	274.6	306.3	344.9	428.6	456.7	272.7	291.4	333.2	373.6	339.7	中位
682.0	326.5	355.9	394.1	523.3	489.5	295.1	318.4	339.8	445.8	443.5	3/4
801.3	406.2	386.9	484.3	644.0	546.5	581.4	504.5	470.2	530.8	443.5	9/10
0.43	0.32	0.23	0.32	0.41	0.22	0.65	0.48	0.31	0.30	0.38	係数
0.29	0.14	0.13	0.14	0.21	0.14	0.11	0.14	0.09	0.16	0.22	係数
211	299	259	294	206	125	64	268	89	64	29	数
340.0	256.0	255.8	310.3	342.1	352.5	216.0	310.3	274.9	301.6	320.7	1/10
385.6	295.5	321.9	342.2	360.4	417.0	243.0	312.4	312.0	313.6	358.9	1/4
543.0	316.0	350.0	451.9	427.9	523.5	272.5	315.8	346.1	387.2	441.6	中位
801.2	365.6	484.1	557.2	603.6	636.5	313.0	319.3	426.9	446.3	566.1	3/4
941.4	531.5	552.7	711.6	617.4	782.4	422.3	337.7	445.4	532.8	566.1	9/10
0.55	0.44	0.42	0.44	0.32	0.41	0.38	0.04	0.25	0.30	0.34	係数
0.38	0.11	0.23	0.24	0.28	0.21	0.13	0.01	0.17	0.17	0.23	係数
578	827	461	360	381	620	192	122	177	112	156	数
355.3	250.0	258.4	305.3	305.9	306.0	228.5	116.9	274.4	257.0	313.3	1/10
417.4	267.9	288.8	328.0	379.8	364.4	259.3	249.2	304.4	325.9	364.8	1/4
520.9	289.5	331.5	422.8	429.0	456.8	277.6	305.1	338.9	408.8	442.5	中位
660.9	348.4	396.7	474.9	499.7	560.9	300.6	346.3	373.0	443.5	512.7	3/4
719.9	386.8	585.4	526.5	596.0	663.7	308.1	358.7	422.1	469.5	512.7	9/10
0.35	0.24	0.49	0.26	0.34	0.39	0.14	0.40	0.22	0.26	0.32	係数
0.23	0.14	0.16	0.17	0.14	0.22	0.07	0.16	0.10	0.14	0.17	係数
529	144	127	110	91	129	27	15	7	11	18	数
476.5	235.2	278.4	329.5	375.1	391.3	222.5	266.6	327.8	362.4	307.4	1/10
602.6	255.9	299.6	385.4	389.0	451.7	229.1	326.9	354.1	464.1	333.7	1/4
709.4	290.3	344.5	436.5	431.7	494.2	272.5	355.3	394.9	510.4	399.4	中位
779.2	311.1	367.6	506.8	497.3	638.3	284.5	403.9	429.8	568.9	511.6	3/4
934.2	340.2	411.9	565.2	623.9	731.1	429.9	428.4	526.0	617.6	511.6	9/10
0.32	0.18	0.19	0.27	0.29	0.34	0.38	0.23	0.25	0.25	0.43	係数
0.12	0.10	0.10	0.14	0.13	0.19	0.10	0.11	0.10	0.10	0.22	係数
56	58	18	44	30	52	28	14	14	14	11	数
410.2	224.6	313.3	299.7	325.1	315.4	221.9	177.0	274.5	354.1	324.9	1/10
438.6	253.0	373.0	339.5	403.7	369.2	227.2	290.6	320.2	413.7	437.0	1/4
550.4	277.9	414.8	503.4	440.8	406.3	254.5	319.4	368.3	441.4	521.3	中位
559.5	317.4	444.4	542.0	518.2	463.2	300.8	347.2	471.8	471.2	609.6	3/4
675.3	377.5	477.0	548.1	539.8	579.4	369.1	417.4	504.7	482.6	655.9	9/10
0.24	0.28	0.20	0.25	0.24	0.32	0.29	0.38	0.31	0.15	0.32	係数
0.11	0.12	0.09	0.20	0.13	0.12	0.14	0.09	0.21	0.07	0.17	係数
82	120	53	65	50	32	83	15	31	30	28	数
382.7	211.6	207.3	264.7	329.5	303.4	224.0	280.9	303.9	332.6	343.3	1/10
432.3	225.1	257.2	287.0	426.1	308.5	248.0	285.3	337.1	353.8	358.8	1/4
520.0	259.6	267.2	339.2	467.7	375.6	266.8	301.0	383.1	385.0	430.6	中位
723.2	285.3	288.7	397.8	486.4	449.3	285.3	322.1	388.2	465.6	481.1	3/4
772.0	329.1	400.5	427.3	636.1	551.5	363.2	414.8	497.7	514.1	550.3	9/10
0.37	0.23	0.36	0.24	0.33	0.33	0.26	0.22	0.25	0.24	0.24	係数
0.28	0.12	0.06	0.16	0.06	0.19	0.07	0.06	0.07	0.15	0.14	係数

〔解説〕分位数とは、分布の形を示す値である。具体的には、全労働者を賃金の低い者から高い者へと一列に並べて、全労働者数の所定の何等分目かに位置する者の値である。第１十分位数：10等分し低い方から最初の節の者の賃金。第１四分位数：４等分し低い方から最初の節の者の賃金。中位数：２等分した節の者の賃金。第３四分位数：４等分し高い方から最初の節の者の賃金。第９・十分位数：10等分し高い方から最初の節の者の賃金。

分散係数とは、次の算式で計算された数値が小さいほど分布の広がりの程度の小さいことを示す。

○十分位分散係数＝$\frac{\text{第９・十分位数}-\text{第１・十分位数}}{2\times\text{中位数}}$　○四分位分散係数＝$\frac{\text{第３・四分位数}-\text{第１・四分位数}}{2\times\text{中位数}}$

C－17　標準労働者の特定年齢別所定内給与の分布特性値

〔製造業〕（令和４年）

（単位　千円）

労働者の性・学歴・年齢			企業規模計			1,000人以上			100～999人			10～99人		
			第１四分位数	中位数	第３四分位数	第１四分位数	中位数	第３四分位数	第１四分位数	中位数	第３四分位数	第１四分位数	中位数	第３四分位数
男性	高校卒	25歳	206.7	220.8	241.3	213.3	232.3	254.8	202.9	218.5	235.4	205.1	216.2	232.0
		30	238.5	260.7	293.2	269.6	294.7	315.7	229.7	246.7	267.1	219.1	251.5	272.7
		35	258.2	291.3	325.3	295.5	323.5	355.5	253.9	275.1	308.3	227.6	259.1	292.6
		40	289.1	336.9	369.2	301.9	341.2	388.3	285.8	336.1	367.4	280.5	333.6	352.8
		45	286.3	344.6	399.0	317.3	376.3	438.2	281.0	333.3	385.0	256.4	297.0	360.5
		50	338.7	384.3	447.6	349.8	399.9	455.5	319.1	373.4	444.1	272.0	324.4	420.1
		55	354.9	407.4	483.4	371.1	419.8	486.2	334.4	398.8	477.1	287.5	364.7	496.5
		60	227.9	277.4	360.4	238.7	296.9	382.9	207.0	251.6	299.3	231.9	238.5	414.0
	高専・短大卒	25歳	229.4	260.7	273.2	249.1	270.7	275.3	209.6	237.8	261.6	—	—	—
		30	236.2	261.0	286.3	242.9	263.9	293.9	236.7	263.1	286.3	—	—	—
		35	278.8	313.6	347.4	318.8	341.6	491.7	271.8	281.7	349.1	—	—	—
		40	303.5	356.8	431.0	377.1	406.2	438.4	301.1	309.8	396.1	—	—	—
		45	267.5	361.5	493.2	—	—	—	329.1	406.0	514.8	—	—	—
		50	355.1	392.0	527.9	363.5	393.8	684.2	354.9	429.2	494.7	—	—	—
		55	410.7	504.1	648.6	474.9	571.2	674.4	355.2	419.6	641.2	—	—	—
		60	254.3	259.0	441.1	—	—	—	—	—	—	—	—	—
	大学卒	25歳	221.4	231.2	247.5	223.8	230.9	250.3	218.5	231.1	248.0	217.6	231.5	238.0
		30	252.6	272.3	305.5	261.0	268.5	300.6	247.7	274.6	326.5	237.2	272.7	295.1
		35	288.3	330.3	380.7	323.7	363.8	409.4	274.4	306.3	355.9	236.1	291.4	318.4
		40	321.6	356.9	452.7	393.3	446.3	537.5	296.4	344.9	394.1	279.9	333.2	339.8
		45	356.9	421.4	553.6	371.3	458.7	615.7	344.6	428.6	523.3	325.2	373.6	445.8
		50	388.1	446.2	513.6	424.3	447.8	682.0	358.7	456.7	489.5	294.4	339.7	443.5
		55	410.1	521.5	648.8	435.8	581.3	703.1	370.3	481.6	597.8	394.3	501.7	519.7
		60	265.7	371.7	510.4	271.6	350.4	471.6	243.0	316.5	445.5	—	—	—
女性	高校卒	25歳	188.0	203.6	222.5	194.4	212.2	229.9	181.4	195.8	222.9	201.3	205.6	210.0
		30	190.9	213.7	237.2	213.2	224.5	243.2	200.4	215.3	248.9	165.7	173.7	195.5
		35	189.0	225.0	239.2	243.2	257.6	322.4	187.2	208.9	234.6	194.6	232.8	267.9
		40	233.8	255.0	280.8	252.1	259.8	285.5	218.4	244.1	277.7	159.0	184.1	260.6
		45	239.3	264.8	306.1	263.2	270.6	323.9	209.9	234.7	254.3	208.8	262.3	267.3
		50	269.9	294.1	334.1	283.7	314.7	365.0	270.2	295.5	321.9	232.1	236.8	256.3
		55	250.4	259.1	315.4	293.4	316.4	354.7	247.3	256.6	305.9	—	—	—
		60	171.9	203.1	243.9	186.0	219.6	246.1	171.7	200.3	289.7	—	—	—
	高専・短大卒	25歳	183.9	204.3	238.1	—	—	—	221.2	196.8	206.0	—	—	—
		30	241.3	259.4	268.0	—	—	—	—	—	—	—	—	—
		35	227.4	311.6	317.7	—	—	—	—	—	—	—	—	—
		40	248.9	276.1	336.9	—	—	—	—	—	—	—	—	—
		45	256.1	309.5	362.0	—	—	—	249.9	302.0	362.3	—	—	—
		50	264.5	308.1	368.8	300.8	309.0	381.8	253.2	294.9	360.3	—	—	—
		55	—	—	—	—	—	—	—	—	—	—	—	—
		60	—	—	—	—	—	—	—	—	—	—	—	—
	大学卒	25歳	217.3	234.1	250.8	231.7	247.2	267.0	207.7	226.8	238.8	205.0	220.4	240.3
		30	234.9	281.0	311.4	284.1	312.5	353.0	227.3	248.0	274.0	232.0	293.4	299.8
		35	270.8	279.9	321.2	259.7	279.2	331.4	273.7	286.7	320.6	204.4	226.9	263.0
		40	228.6	300.4	345.8	312.2	343.3	466.6	247.8	304.9	345.5	—	—	—
		45	341.4	471.9	479.4	355.5	429.2	515.7	345.9	473.2	478.4	—	—	—
		50	341.6	358.8	429.9	350.9	410.7	565.0	—	—	—	—	—	—
		55	405.5	452.5	539.4	452.7	532.3	627.4	—	—	—	—	—	—
		60	—	—	—	—	—	—	—	—	—	—	—	—

資料出所　厚生労働省「賃金構造基本統計調査」。

注　C－16表〔解説〕を参照。

〔参考〕厚生労働省「賃金構造基本統計調査」で定義している標準労働者とは、学校卒業後直ちに企業に就職し、同一企業に継続勤務しているとみなされる労働者のうち、学歴別に年齢から勤続年数を差し引いた数が次に該当する者とされている。

中学卒：15。高校卒：18。高専・短大卒：20。大学卒：22又は23。

C−18 都道府県別にみた所定内給与〔企業規模100～999人〕（令和4年6月）〔調査産業計・学歴計〕

都道府県	実額（千円）					地域間格差（東京＝100.0）				男女格差（男＝100）
	男性				女性	男性				
	20～24歳	30～34歳	40～44歳	50～54歳	20～24歳	20～24歳	30～34歳	40～44歳	50～54歳	20～24歳
全国計	218.9	287.2	352.4	396.9	214.3	87.6	86.4	82.2	81.6	97.9
北海道	201.1	275.1	324.1	345.2	204.8	80.5	82.7	75.6	70.9	101.8
青森	189.4	240.2	286.4	320.2	181.9	75.8	72.2	66.8	65.8	96.0
岩手	186.4	231.7	273.8	312.4	193.2	74.6	69.7	63.9	64.2	103.6
宮城	206.1	267.8	318.0	358.8	193.8	82.5	80.5	74.2	73.7	94.0
秋田	194.5	239.7	305.7	308.0	185.0	77.9	72.1	71.3	63.3	95.1
山形	193.1	241.9	298.9	336.5	180.6	77.3	72.8	69.7	69.2	93.5
福島	202.3	248.2	293.6	346.8	189.3	81.0	74.6	68.5	71.3	93.6
茨城	215.3	274.5	319.4	385.0	216.3	86.2	82.6	74.5	79.1	100.5
栃木	210.4	288.8	320.4	399.1	208.9	84.2	86.9	74.8	82.0	99.3
群馬	212.3	267.9	322.8	362.2	207.4	85.0	80.6	75.3	74.4	97.7
埼玉	221.8	284.0	345.2	364.8	216.8	88.8	85.4	80.5	75.0	97.7
千葉	222.7	267.5	342.9	351.0	217.8	89.2	80.5	80.0	72.1	97.8
東京	249.8	332.5	428.6	486.6	234.0	100.0	100.0	100.0	100.0	93.7
神奈川	224.6	286.8	366.8	393.3	226.8	89.9	86.3	85.6	80.8	101.0
新潟	206.9	258.8	322.5	359.2	200.9	82.8	77.8	75.2	73.8	97.1
富山	203.6	270.6	319.4	344.9	209.8	81.5	81.4	74.5	70.9	103.0
石川	210.7	284.0	341.7	387.6	200.2	84.3	85.4	79.7	79.7	95.0
福井	207.4	268.9	339.2	390.3	202.4	83.0	80.9	79.1	80.2	97.6
山梨	204.9	273.2	311.2	378.6	191.3	82.0	82.2	72.6	77.8	93.4
長野	209.0	274.0	337.1	367.9	196.9	83.7	82.4	78.7	75.6	94.2
岐阜	212.5	305.5	342.6	367.9	199.1	85.1	91.9	79.9	75.6	93.7
静岡	210.0	268.0	343.9	372.2	201.3	84.1	80.6	80.2	76.5	95.9
愛知	214.6	280.4	351.1	393.1	207.9	85.9	84.3	81.9	80.8	96.9
三重	204.9	272.2	322.0	365.6	192.5	82.0	81.9	75.1	75.1	93.9
滋賀	206.5	266.6	337.9	378.7	214.1	82.7	80.2	78.8	77.8	103.7
京都	208.1	279.9	314.0	380.9	218.1	83.3	84.2	73.3	78.3	104.8
大阪	227.5	301.6	366.1	408.0	222.1	91.1	90.7	85.4	83.8	97.6
兵庫	215.8	291.7	343.9	407.2	212.7	86.4	87.7	80.2	83.7	98.6
奈良	211.5	289.6	366.0	386.8	232.3	84.7	87.1	85.4	79.5	109.8
和歌山	200.1	257.8	315.5	332.3	191.7	80.1	77.5	73.6	68.3	95.8
鳥取	206.8	257.5	314.6	370.3	214.8	82.8	77.4	73.4	76.1	103.9
島根	203.2	254.9	313.9	347.7	192.2	81.3	76.7	73.2	71.5	94.6
岡山	205.2	269.7	339.9	364.6	200.8	82.1	81.1	79.3	74.9	97.9
広島	209.5	252.5	324.1	361.2	205.8	83.9	75.9	75.6	74.2	98.2
山口	204.7	255.8	297.6	367.1	193.7	81.9	76.9	69.4	75.4	94.6
徳島	218.5	252.6	312.1	342.7	213.3	87.5	76.0	72.8	70.4	97.6
香川	205.5	262.3	311.8	382.1	195.8	82.3	78.9	72.7	78.5	95.3
愛媛	204.2	254.8	288.6	351.9	203.9	81.7	76.6	67.3	72.3	99.9
高知	196.9	240.2	300.8	365.5	210.1	78.8	72.2	70.2	75.1	106.7
福岡	214.5	276.5	317.4	367.9	229.0	85.9	83.2	74.1	75.6	106.8
佐賀	194.7	267.1	307.5	370.0	194.2	77.9	80.3	71.7	76.0	99.7
長崎	194.1	249.2	279.6	342.1	191.9	77.7	74.9	65.2	70.3	98.9
熊本	194.8	252.8	318.0	411.7	194.7	78.0	76.0	74.2	84.6	99.9
大分	206.1	289.9	295.1	342.7	217.7	82.5	87.2	68.9	70.4	105.6
宮崎	197.9	241.9	305.0	315.1	197.4	79.2	72.8	71.2	64.8	99.7
鹿児島	191.4	249.3	298.2	367.6	194.7	76.6	75.0	69.6	75.5	101.7
沖縄	186.2	236.6	292.4	353.5	188.9	74.5	71.2	68.2	72.6	101.5

資料出所　厚生労働省「賃金構造基本統計調査」。
注　「男女格差」は、女性の20～24歳の所定内給与を同じ都道府県の男性の同一年齢層のそれと比較した場合の格差を示している。

C−19　企業規模別・学歴別平均所定内給与と年間賞与

〔製造業〕（令和４年・令和３年）

（単位　千円）

労働者の種類・学歴及び年齢		企業規模計		1,000人以上		100～999人		10～99人	
		所定内給与	年間賞与	所定内給与	年間賞与	所定内給与	年間賞与	所定内給与	年間賞与
男性	高校卒（計）	296.5	988.4	330.5	1,387.4	285.8	979.7	277.7	624.2
	～19歳	186.3	175.0	188.8	178.1	185.3	188.1	184.3	127.4
	20～24	204.8	662.5	214.6	810.7	199.4	672.8	199.1	399.9
	25～29	231.5	723.9	250.5	923.7	223.7	731.4	223.4	519.9
	30～34	261.7	915.2	290.2	1,205.3	251.2	902.7	243.4	595.3
	35～39	285.8	971.8	316.0	1,304.2	276.3	977.3	273.8	702.3
	40～44	311.3	1,092.6	348.5	1,507.7	301.8	1,112.6	288.4	693.0
	45～49	337.0	1,201.5	379.9	1,673.2	328.6	1,198.2	304.4	734.8
	50～54	352.9	1,255.1	399.3	1,779.9	347.8	1,265.7	315.5	747.7
	55～59	366.7	1,283.0	428.5	1,926.6	354.2	1,248.7	321.8	705.8
	高専・短大卒(計)	348.9	1,331.4	385.2	1,707.9	327.8	1,307.5	322.8	772.1
	～19歳	—	—	—	—	—	—	—	—
	20～24	208.7	540.2	220.1	629.2	198.3	516.8	195.7	249.5
	25～29	243.5	906.1	259.1	1,076.1	238.7	926.3	210.6	383.0
	30～34	289.5	1,056.6	314.5	1,383.8	259.3	968.7	282.8	584.0
	35～39	323.6	1,196.1	356.9	1,627.3	301.0	1,108.3	315.9	805.6
	40～44	360.5	1,343.5	389.0	1,803.0	339.2	1,289.7	349.8	823.0
	45～49	401.3	1,662.7	449.0	2,159.8	392.9	1,816.6	359.5	910.9
	50～54	432.8	1,761.2	506.2	2,195.6	400.0	1,708.6	335.8	974.0
	55～59	460.4	1,914.1	525.1	2,481.4	434.4	1,879.0	378.0	896.5
	大学卒（計）	373.3	1,413.9	438.2	2,067.7	358.9	1,311.6	312.1	719.0
	～19歳	—	—	—	—	—	—	—	—
	20～24	226.9	387.2	231.1	478.4	222.8	411.6	230.1	151.0
	25～29	247.9	806.2	258.9	1,097.1	245.7	767.1	236.5	470.4
	30～34	284.4	999.3	308.3	1,361.0	277.7	1,011.6	272.6	658.9
	35～39	333.4	1,220.9	381.4	1,768.6	322.2	1,118.2	290.4	684.2
	40～44	373.7	1,398.7	434.8	2,051.6	367.1	1,320.1	314.1	779.3
	45～49	420.1	1,666.7	504.4	2,431.8	407.4	1,612.0	347.5	894.6
	50～54	481.0	2,054.6	566.9	2,761.4	449.9	1,861.5	357.6	898.1
	55～59	503.7	2,144.6	582.6	2,922.5	481.3	1,903.7	374.4	914.1
	大学院卒（計）	449.1	2,024.4	478.1	2,179.4	391.1	1,805.8	366.3	1,010.4
	20～24歳	248.9	33.7	251.3	25.5	246.9	49.3	222.7	23.4
	25～29	283.6	1,003.8	293.8	1,049.7	259.0	924.1	238.5	465.4
	30～34	331.1	1,532.5	348.9	1,633.3	300.4	1,428.1	311.2	913.8
	35～39	429.0	1,961.7	455.6	2,122.7	371.9	1,708.8	343.4	1,013.9
	40～44	520.4	2,390.8	562.4	2,515.9	434.4	2,209.0	424.3	1,524.0
	45～49	544.5	2,588.6	587.2	2,874.8	464.4	2,263.4	404.0	1,042.4
	50～54	608.4	2,893.5	647.8	3,110.8	528.2	2,535.2	467.7	1,144.3
	55～59	638.8	3,101.5	679.5	3,364.2	566.9	2,732.9	423.6	964.1
女性	高校卒（計）	210.5	549.8	247.4	915.9	208.5	593.5	196.0	324.0
	～19歳	179.9	131.9	188.6	153.9	175.5	153.0	180.4	58.0
	20～24	186.4	497.6	201.0	752.0	183.1	482.9	179.3	281.6
	25～29	196.9	604.3	212.3	743.9	198.1	705.5	184.7	285.7
	30～34	208.0	612.0	231.2	843.2	212.3	724.1	188.7	286.4
	35～39	211.0	585.5	244.2	894.7	213.8	663.2	192.4	331.0
	40～44	217.7	583.3	260.7	1,031.0	221.7	638.3	196.6	350.2
	45～49	228.0	638.0	279.2	1,143.1	223.1	601.0	204.4	391.9
	50～54	228.7	645.4	295.3	1,223.6	220.6	651.0	209.6	400.9
	55～59	225.1	610.9	272.8	1,060.6	227.1	700.3	205.4	348.3
	大学卒（計）	287.5	899.9	338.7	1,414.3	279.5	789.2	240.0	488.6
	～19歳	—	—	—	—	—	—	—	—
	20～24	221.3	348.0	230.3	492.8	218.0	328.9	214.7	150.8
	25～29	246.5	758.0	260.7	1,130.7	247.1	671.9	218.7	337.7
	30～34	258.3	711.5	298.7	1,251.9	251.3	560.7	234.7	492.6
	35～39	292.4	940.5	362.7	1,515.0	278.1	794.8	234.8	531.8
	40～44	308.1	1,120.5	390.9	1,699.2	299.0	1,082.9	238.0	591.0
	45～49	329.5	1,184.4	391.9	1,800.8	330.8	1,188.0	261.5	529.2
	50～54	366.5	1,351.0	479.0	2,132.7	323.1	1,054.9	267.8	656.8
	55～59	386.0	1,171.4	458.8	2,009.6	393.6	950.9	278.7	635.5

資料出所　厚生労働省「賃金構造基本統計調査」。

注　1.各学歴計には、該当者がいれば、表示以外の年齢層（60～64歳、65～69歳、70歳以上）が含まれる。

2.所定内給与は令和4年6月、年間賞与は令和3年年間のものを指す。

C−20　役職別にみた年齢別平均所定内給与及び年間賞与

（令和４年・令和３年）〔調査産業計・男女計〕

（単位　千円）

職階及び年齢	1,000人以上				100～999人			
	高校卒		大学卒		高校卒		大学卒	
	所定内給与（令和４年６月）	年間賞与（令和３年）	所定内給与（令和４年６月）	年間賞与（令和３年）	所定内給与（令和４年６月）	年間賞与（令和３年）	所定内給与（令和４年６月）	年間賞与（令和３年）
部長級(計)	622.0	2,635.0	756.9	3,458.4	534.4	1,730.1	630.7	2,129.6
35～39	676.6	952.1	670.1	2,447.9	389.6	910.1	537.2	1,102.5
40～44	538.8	1,806.2	744.0	2,922.5	567.5	1,296.6	579.5	1,646.3
45～49	578.9	2,407.9	735.8	3,361.7	515.9	1,410.8	604.5	2,146.8
50～54	615.1	2,722.9	747.9	3,557.8	536.2	1,853.4	628.9	2,369.4
55～59	659.4	2,916.1	786.9	3,724.3	545.3	1,860.0	668.0	2,448.6
60～64	581.3	2,195.0	779.6	3,054.4	567.0	2,026.4	645.6	1,757.9
65～69	422.4	1,390.8	837.1	1,658.1	529.2	2,517.2	832.3	1,018.8
課長級(計)	531.8	2,250.9	606.3	2,876.8	423.9	1,458.1	489.3	1,741.0
30～34	357.9	679.0	557.4	1,894.2	346.3	771.8	384.5	1,180.2
35～39	427.0	1,404.7	580.4	2,855.9	350.6	976.7	460.2	1,496.3
40～44	491.7	1,949.4	584.3	2,749.9	403.9	1,407.3	476.7	1,698.2
45～49	514.2	2,217.6	602.6	2,784.8	430.9	1,582.7	489.7	1,790.1
50～54	558.8	2,258.0	633.3	3,106.8	437.4	1,487.0	521.9	1,874.9
55～59	550.3	2,472.2	627.3	3,060.3	443.7	1,536.5	519.0	1,961.0
60～64	450.6	2,169.1	534.5	2,326.0	389.2	1,332.4	431.4	1,506.8
65～69	236.0	460.7	583.5	1,736.7	327.2	490.5	352.1	584.6
係長級(計)	413.1	1,644.4	422.2	1,798.4	337.7	1,181.6	368.9	1,287.1
25～29	281.6	741.0	336.3	1,258.2	243.6	497.7	304.7	863.4
30～34	324.9	1,193.6	366.8	1,553.4	284.4	930.0	325.7	1,119.4
35～39	355.1	1,294.5	408.8	1,723.5	306.3	1,021.6	351.1	1,245.3
40～44	395.5	1,557.7	428.1	1,817.1	330.7	1,245.2	373.3	1,320.1
45～49	426.9	1,686.9	429.8	1,836.5	359.4	1,212.8	385.0	1,274.3
50～54	427.2	1,663.3	453.8	1,976.4	353.9	1,243.3	405.1	1,403.0
55～59	436.3	1,878.7	451.2	1,961.9	350.8	1,260.1	416.1	1,471.2
60～64	385.3	1,584.2	460.4	1,896.1	311.1	1,380.1	377.1	2,435.7
65～69	281.3	615.3	647.7	2,138.3	187.0	615.8	283.7	533.8
非役職(計)	283.2	941.8	330.9	1,223.2	245.8	628.2	302.1	852.2
～19歳	188.1	196.7	－	－	182.9	164.1	－	－
20～24	212.7	700.4	239.8	404.5	205.6	562.4	230.5	323.8
25～29	241.4	774.2	277.7	1,054.9	225.0	625.0	257.6	737.7
30～34	267.4	928.5	320.4	1,249.9	238.4	693.9	288.8	877.2
35～39	283.0	914.9	356.7	1,466.2	251.0	679.3	320.8	936.9
40～44	299.3	997.1	375.8	1,458.4	260.0	677.5	335.6	1,042.9
45～49	312.5	1,120.4	396.2	1,528.2	265.7	694.5	347.8	1,133.7
50～54	319.7	1,119.5	433.7	1,745.8	269.0	708.8	378.1	1,158.9
55～59	330.3	1,167.9	440.3	1,824.5	271.6	715.8	400.8	1,230.1
60～64	262.1	677.4	331.2	1,110.0	227.4	394.8	366.9	853.2
65～69	245.5	531.0	300.7	680.1	213.9	234.6	308.5	429.6

資料出所　厚生労働省「賃金構造基本統計調査」。
注　１．各役職（計）には、掲載を割愛した年齢層を含む。
２．表示した企業規模以外（100人以上計、500～999人）は省略している。
３．非役職とは、役職者（部長級・課長級・係長級等）以外をいう。

C−21 職種別にみた年齢別の
(令和4年6月)〔産業計・企業規模計・

年齢	機械技術者(男)		システムコンサルタント・設計者(男)		ソフトウエア作成者(男)		医師(男)		看護師(女)		准看護師(女)	
	時間	給与	時間	給与	時間	給与	時間	給与	時間	給与	時間	給与
計	165	348.4	166	430.6	167	360.7	167	1,028.5	159	317.3	161	273.6
～19歳	167	177.8	174	195.3	168	182.2	−	−	−	−	−	−
20～24	165	224.8	172	285.7	168	229.4	174	358.9	160	261.6	161	219.9
25～29	165	261.4	169	327.3	168	283.1	174	434.8	159	294.5	163	240.1
30～34	166	298.9	168	458.6	167	345.5	167	650.4	157	293.4	164	230.3
35～39	163	352.4	171	456.7	169	385.4	166	926.7	158	311.5	162	263.6
40～44	166	372.7	166	461.9	167	401.8	169	1,022.1	158	324.9	162	267.9
45～49	166	399.0	161	464.3	166	431.4	172	1,453.4	159	349.0	160	278.4
50～54	166	429.3	167	474.2	166	425.5	166	1,275.4	158	346.6	161	278.7
55～59	165	433.0	164	432.7	165	453.4	163	1,317.3	159	361.8	160	300.7
60～64	162	348.1	159	367.0	165	351.1	165	1,322.5	159	326.9	159	271.4
65～69	165	322.7	157	412.9	165	337.0	165	1,399.4	160	278.9	160	253.0
70歳～	170	293.9	160	300.0	194	434.9	157	1,219.5	161	299.9	158	252.5
労働者数(10名)	32,724		8,837		49,204		10,076		72,673		11,409	

年齢	大学教授(男)		事務用機器操作員(女)		販売店員(女)		販売店員(百貨店店員を除く)(男)		自動車営業職業従事者(男)		保険営業職業従事者(女)	
	時間	給与	時間	給与	時間	給与	時間	給与	時間	給与	時間	給与
計	167	667.0	165	232.6	160	208.3	167	279.5	164	343.0	146	278.6
～19歳	−	−	162	163.9	166	180.3	162	178.7	180	217.6	159	174.9
20～24	−	−	162	191.9	165	204.0	166	202.8	163	241.5	149	223.1
25～29	196	250.8	162	216.2	159	217.8	167	234.6	163	281.9	147	224.8
30～34	166	357.9	171	234.9	158	221.9	168	261.7	166	339.2	144	236.4
35～39	191	452.1	169	234.8	158	222.2	167	283.1	162	359.2	147	250.2
40～44	173	604.8	159	232.2	161	224.4	168	310.7	164	370.2	145	264.1
45～49	168	649.3	165	236.9	160	213.2	168	324.2	162	400.1	147	290.6
50～54	168	667.1	159	275.0	158	205.3	169	330.0	165	391.6	147	298.8
55～59	167	690.6	161	241.6	158	198.8	167	318.2	168	388.5	148	329.0
60～64	166	681.7	167	204.2	158	180.7	166	255.7	163	306.6	146	308.8
65～69	165	622.7	170	227.5	160	172.0	165	207.1	176	337.1	144	315.6
70歳～	164	584.6	142	182.3	151	155.3	163	195.4	158	279.4	142	296.8
労働者数(10名)	5,330		4,740		63,728		61,575		9,315		20,032	

年齢	タクシー運転者(男)		営業用大型貨物自動車運転者(男)		営業用普通・小型貨物自動車運転者(男)		金属プレス従事者(男)		金属工作機械作業従事者(男)		電気機械器具組立従事者(男)	
	時間	給与	時間	給与	時間	給与	時間	給与	時間	給与	時間	給与
計	165	242.9	175	286.7	174	264.6	169	269.1	168	286.4	164	271.5
～19歳	−	−	−	−	177	200.0	168	200.8	169	195.7	166	182.0
20～24	173	248.9	174	261.0	172	229.7	165	206.6	167	216.8	164	199.1
25～29	165	297.4	176	274.0	173	245.4	166	215.9	169	236.8	163	223.2
30～34	166	272.7	175	277.4	174	256.7	171	246.0	168	258.2	165	250.6
35～39	167	291.8	174	281.7	173	273.0	172	281.0	167	288.8	166	264.6
40～44	169	251.1	175	292.8	175	270.6	169	281.6	166	311.6	164	276.4
45～49	170	275.7	176	298.4	174	281.5	169	304.1	169	329.1	164	299.1
50～54	170	260.0	176	294.8	176	277.6	173	303.1	168	325.9	164	311.9
55～59	170	255.6	175	292.5	174	263.2	167	332.1	169	324.0	165	326.8
60～64	164	236.2	175	270.6	174	236.3	167	255.0	168	294.8	166	258.7
65～69	163	227.8	172	249.0	173	229.6	165	202.1	172	263.4	167	231.1
70歳～	159	219.6	172	226.1	167	209.4	172	200.4	166	247.8	166	229.4
労働者数(10名)	16,986		40,368		48,200		7,318		31,972		22,945	

資料出所　厚生労働省「賃金構造基本統計調査」。
注　1．上記は令和4年6月の月間の所定内の実労働時間数と給与額を示したものである。
　　2．所定内給与は用語解説17を参照。企業規模は10人以上。

所定内の実労働時間数・給与額

経験年数計・学歴計・男女別〕

（単位　時間・千円）

看護助手（女）		栄養士（女）		保育士（女）		福祉施設介護員（女）		小・中学校教員（女）		高等学校教員（男）		年齢
時間	給与	時間	給与	時間	給与	時間	給与	時間	給与	時間	給与	
157	205.8	165	250.3	167	260.2	163	234.6	175	419.3	171	442.1	計
171	152.1	—	—	—	—	164	185.5	—	—	—	—	～19歳
161	188.7	167	214.4	169	222.2	165	214.5	179	262.3	176	255.7	20～24
159	206.6	165	232.7	168	242.5	164	223.6	174	296.8	175	291.7	25～29
156	196.2	164	235.9	166	250.5	163	231.5	174	354.1	172	353.1	30～34
158	205.2	165	248.8	164	263.8	162	234.0	172	382.3	170	417.3	35～39
159	207.7	165	263.7	166	289.3	163	241.1	175	439.2	170	469.2	40～44
159	203.8	165	273.3	166	273.8	163	244.0	175	493.3	170	505.4	45～49
155	212.9	166	274.9	167	279.6	163	243.7	174	533.7	170	542.2	50～54
157	208.0	164	289.8	166	283.5	163	243.5	175	556.6	171	573.4	55～59
156	215.7	162	277.9	167	264.1	163	230.6	174	515.1	171	470.8	60～64
156	186.3	162	287.8	167	268.6	162	216.8	166	306.1	169	420.3	65～69
156	182.3	159	224.7	163	338.2	159	201.0	167	453.1	148	241.5	70歳～
8,885		10,135		26,787		70,669		1,297		5,485		

飲食物調理従事者(男)		飲食物給仕従事者(女)		娯楽接客員（女）		警備員（男）		理容・美容師（男）		理容・美容師（女）		年齢
時間	給与	時間	給与	時間	給与	時間	給与	時間	給与	時間	給与	
174	272.8	164	206.5	158	216.7	170	217.5	178	287.4	173	246.0	計
174	187.4	160	163.4	158	186.7	165	186.5	171	189.1	167	178.8	～19歳
173	209.5	164	191.2	161	202.4	172	208.1	176	202.4	174	210.8	20～24
175	234.4	162	207.9	155	216.3	176	234.5	177	264.5	180	256.6	25～29
173	255.8	166	221.9	158	219.3	169	232.0	181	339.5	178	274.1	30～34
176	278.2	162	211.4	155	216.5	171	244.3	182	340.2	179	269.9	35～39
174	299.7	165	236.8	159	233.9	170	237.6	178	325.7	167	298.0	40～44
174	304.6	162	204.5	161	235.9	171	239.1	172	382.3	165	272.5	45～49
174	298.2	169	209.4	157	224.5	170	232.2	178	401.7	166	273.1	50～54
173	292.7	171	211.6	157	219.3	171	224.3	175	240.7	164	231.3	55～59
174	264.6	160	197.1	160	211.3	170	204.8	185	237.3	170	266.3	60～64
170	225.8	159	174.3	155	189.7	166	189.1	—	—	150	178.2	65～69
170	201.0	156	170.3	155	176.9	166	182.1	165	221.8	166	227.3	70歳～
25,053		11,870		8,305		22,814		1,430		3,161		

自動車組立従事者(男)		紡織・衣服・繊維製品製造従事者（女）		受付・案内事務員(女)		建築技術者（男）		土木技術者（男）		ビル清掃員（女）		年齢
時間	給与	時間	給与	時間	給与	時間	給与	時間	給与	時間	給与	
163	297.8	170	176.6	162	226.6	173	378.6	169	357.7	161	184.6	計
167	187.3	167	160.6	165	160.6	177	198.6	165	189.8	158	148.2	～19歳
162	228.3	172	168.9	164	203.3	173	235.1	167	230.5	167	171.9	20～24
161	247.2	172	174.3	161	222.9	173	282.4	163	269.4	162	179.7	25～29
162	273.6	173	179.7	162	221.9	173	340.2	166	305.9	159	177.5	30～34
162	288.1	172	174.8	165	227.0	176	389.3	170	337.7	163	183.4	35～39
162	336.8	169	186.6	163	226.3	175	416.8	172	384.7	163	208.7	40～44
164	348.1	169	182.0	160	230.2	174	431.0	171	407.9	162	195.7	45～49
165	346.5	169	185.7	163	282.0	174	461.2	171	421.5	158	196.6	50～54
163	369.0	168	183.7	161	230.7	170	476.1	169	413.5	162	185.7	55～59
165	267.8	168	169.5	163	220.4	169	392.9	167	412.7	161	177.4	60～64
163	240.9	171	162.1	157	164.9	169	355.8	167	324.3	159	174.5	65～69
156	254.5	171	163.4	165	175.9	164	298.7	169	287.3	161	178.1	70歳～
20,031		7,403		7,219		28,984		33,227		7,145		

3．職種・性別の129区分から、労働者数が多く類似職種・性別・掲載継続性を鑑み36区分を掲載した。
4．スペースの関係上、職種別（129職種）・性別に区分されたもののうち、原則として、労働者数40,000人以上の区分のうち、類似職種・性別を調整したうえで数の多い方からの36区分について掲載した。

C－22 性・企業規模・雇用形態・

〔産業計、

(1) 男性

(単位　千円)

区分	企業規模計			1,000人以上			100～999人			10～99人		
	計	正社員・正職員	正社員・正職員以外	計	正社員・正職員	正社員・正職員以外	計	正社員・正職員	正社員・正職員以外	計	正社員・正職員	正社員・正職員以外
学歴計	342.0	353.6	247.5	386.6	405.2	256.3	331.2	343.2	247.2	308.1	314.3	233.3
	(1,776)	(1,581)	(195)	(574)	(503)	(72)	(651)	(569)	(81)	(550)	(509)	(42)
～19歳	187.7	188.4	172.2	190.4	190.0	198.6	186.3	187.2	165.3	186.4	188.4	148.9
20～24	220.5	221.9	206.1	227.4	229.4	205.5	218.9	219.0	218.4	213.2	215.8	181.9
25～29	259.3	262.2	226.3	274.7	279.8	229.2	253.0	254.5	236.3	246.8	249.7	198.4
30～34	297.0	301.6	233.8	324.8	332.6	245.5	287.2	291.4	227.8	277.1	279.8	218.0
35～39	335.8	341.8	233.3	378.7	390.6	241.5	319.0	323.8	227.4	309.0	311.9	222.1
40～44	363.6	370.7	244.3	411.9	425.4	248.1	352.4	359.4	237.4	326.6	329.1	249.7
45～49	388.1	395.9	240.0	447.8	463.0	243.3	374.9	382.3	234.9	341.1	344.3	241.9
50～54	410.9	421.4	241.0	480.6	497.6	242.7	396.9	408.0	238.3	349.1	353.6	243.0
55～59	416.5	431.0	247.3	483.8	506.6	244.4	409.9	426.7	250.4	350.8	356.6	246.2
60～64	321.8	350.5	283.6	340.2	409.1	293.7	321.9	362.7	281.9	307.3	318.7	265.9
65～69	274.5	309.0	238.0	302.3	435.5	257.9	271.7	335.9	234.9	267.9	284.6	227.2
70歳～	245.9	277.6	209.5	252.2	431.4	218.1	253.1	325.6	210.2	240.7	256.9	205.1
高校卒	297.5	307.3	230.3	327.3	343.0	237.8	286.6	297.5	229.8	286.9	292.7	221.9
	(682)	(595)	(87)	(181)	(154)	(27)	(241)	(202)	(39)	(260)	(239)	(21)
～19歳	188.2	188.5	179.8	190.6	190.0	208.7	186.4	187.2	163.2	188.0	188.5	170.7
20～24	211.4	211.2	213.0	216.2	217.1	206.9	210.0	206.8	230.9	208.1	210.5	178.1
25～29	239.2	242.0	216.8	248.4	254.3	213.2	233.8	233.5	236.0	237.7	241.4	184.6
30～34	263.8	268.1	210.4	281.5	289.4	210.7	254.5	258.3	208.7	258.1	260.5	212.4
35～39	287.2	292.5	216.8	308.7	320.2	223.2	275.7	280.5	208.7	283.7	286.6	217.2
40～44	311.2	316.9	234.6	341.5	351.4	242.6	301.3	308.4	225.6	300.0	302.5	239.7
45～49	335.4	341.6	235.2	373.9	385.8	237.5	324.4	331.3	232.2	316.7	319.3	236.7
50～54	346.4	354.1	232.7	393.9	406.3	238.8	336.3	346.0	225.7	321.4	325.0	237.3
55～59	350.3	361.7	226.8	405.7	423.7	227.4	338.5	353.6	225.6	320.1	325.1	228.7
60～64	279.2	296.6	255.2	285.4	317.8	264.5	267.9	287.4	251.9	285.2	294.9	246.2
65～69	241.2	262.9	216.9	236.9	277.2	225.1	233.7	263.8	216.9	247.0	261.5	211.7
70歳～	220.7	237.5	200.7	207.8	239.2	202.4	210.5	233.8	197.7	227.7	238.5	203.4
専門学校卒	316.0	322.5	241.6	330.0	343.5	229.0	312.8	319.0	249.8	311.0	314.5	242.8
	(192)	(176)	(16)	(43)	(38)	(5)	(80)	(73)	(12)	(69)	(66)	(3)
20～24歳	214.6	216.2	192.0	214.9	217.5	190.4	217.6	219.0	196.9	210.0	211.1	181.7
25～29	244.9	247.7	211.9	245.0	251.0	211.0	245.6	248.1	212.3	243.9	245.6	212.7
30～34	275.0	278.6	225.9	287.3	294.6	216.2	271.7	275.7	225.2	271.5	272.6	243.9
35～39	300.0	303.0	242.7	303.6	310.3	230.3	294.5	296.5	259.5	304.1	306.0	225.1
40～44	324.6	329.0	248.5	342.4	351.9	227.5	318.4	323.8	249.3	319.6	319.7	313.5
45～49	352.4	357.7	238.8	374.0	387.6	235.6	350.3	354.8	239.9	341.5	343.8	244.4
50～54	377.9	387.8	249.1	387.4	404.4	220.7	384.3	394.3	263.1	363.8	369.3	260.9
55～59	387.2	397.1	261.2	410.2	434.6	227.6	394.2	404.1	286.9	367.0	370.8	264.3
60～64	302.7	320.9	273.6	305.3	370.7	262.6	294.9	307.4	281.1	308.9	319.3	270.2
65～69	269.3	304.2	229.3	249.7	275.2	239.6	250.8	284.7	233.1	287.8	313.6	214.8
70歳～	221.3	252.9	192.5	190.7	238.8	184.8	226.0	261.9	203.8	223.3	250.2	186.3
大学卒	392.1	400.5	289.0	432.6	443.8	297.2	379.5	387.6	289.7	346.5	351.5	269.8
	(617)	(570)	(47)	(234)	(216)	(18)	(243)	(223)	(20)	(140)	(132)	(9)
20～24歳	235.1	235.8	214.4	241.0	241.4	227.7	232.2	233.0	212.4	226.4	227.6	196.9
25～29	272.8	273.4	260.3	286.4	287.4	267.6	265.7	265.8	265.1	258.5	259.7	220.7
30～34	319.3	321.7	263.2	348.0	350.6	297.2	309.2	311.8	250.6	294.7	297.2	212.8
35～39	375.5	378.5	253.1	418.0	423.0	268.6	357.6	360.3	236.9	337.0	338.4	238.3
40～44	414.8	418.4	273.0	456.5	462.9	266.2	400.8	404.1	268.0	373.1	373.9	313.0
45～49	455.4	460.6	257.3	519.0	527.1	263.3	436.5	440.8	247.9	386.0	389.0	260.2
50～54	500.0	506.9	261.2	563.1	571.9	259.8	475.1	481.5	256.4	410.2	413.9	274.3
55～59	513.8	525.7	293.6	558.3	571.9	283.9	510.4	522.2	303.4	427.2	435.0	293.4
60～64	377.3	420.6	323.4	378.2	455.4	325.8	390.1	443.0	328.2	356.9	374.9	304.1
65～69	332.2	388.6	276.8	367.0	521.6	301.2	331.7	412.1	275.0	318.1	347.5	258.5
70歳～	339.3	415.5	245.3	324.9	584.6	260.5	383.2	533.8	251.4	299.8	327.7	218.4

資料出所　厚生労働省「賃金構造基本統計調査」。

注　1．学歴計欄の（　）内数値は推計労働者数を示す（単位：万人）。

2．同調査での雇用形態の区分は一般労働者と短時間労働者の二種類からなり、そのうちの一般労働者の数値を掲載した。

学歴及び年齢階級別所定内給与（令和４年）

一般労働者の賃金〕

(2) 女性

（単位　千円）

区分	企業規模計			1,000人以上			100～999人			10～99人		
	計	正社員・正職員	正社員・正職員以外	計	正社員・正職員	正社員・正職員以外	計	正社員・正職員	正社員・正職員以外	計	正社員・正職員	正社員・正職員以外
学歴計	258.9	276.4	198.9	278.2	307.8	206.0	257.0	273.8	198.0	241.3	251.8	187.6
	(1,015)	(786)	(229)	(314)	(223)	(91)	(399)	(311)	(88)	(302)	(253)	(49)
～19歳	178.4	179.2	168.0	182.2	184.0	165.0	176.5	176.9	170.9	178.2	178.9	166.4
20～24	216.3	220.0	188.2	227.0	232.5	190.8	214.3	217.4	189.6	206.0	208.8	181.3
25～29	240.8	247.1	201.7	255.5	265.7	210.5	236.9	242.4	198.6	225.6	230.1	184.3
30～34	254.0	263.8	202.3	276.8	294.9	208.6	248.8	256.2	204.5	234.8	241.7	186.3
35～39	268.2	283.3	202.2	292.4	319.0	209.0	264.8	278.3	202.0	245.3	254.1	188.1
40～44	275.6	294.2	203.6	299.8	336.0	210.7	276.5	293.8	205.0	250.4	260.6	185.5
45～49	278.5	300.4	201.6	299.5	341.4	210.2	279.4	301.5	196.9	256.9	267.7	191.9
50～54	279.2	307.4	200.0	305.2	360.6	208.4	277.5	305.3	195.9	255.7	269.6	190.0
55～59	280.0	310.4	199.8	299.3	361.1	201.4	284.0	314.3	203.5	257.6	272.2	189.8
60～64	237.3	276.5	199.1	243.2	320.9	201.8	236.0	284.9	199.3	234.2	252.7	194.4
65～69	216.2	258.9	185.8	226.6	306.2	195.3	210.9	267.9	184.2	215.8	242.7	180.1
70歳～	217.8	259.8	177.3	237.9	302.9	186.1	200.5	255.5	172.7	219.1	248.4	176.5
高校卒	222.9	238.4	185.7	241.7	268.5	195.3	219.2	235.8	184.5	213.7	223.7	176.1
	(318)	(225)	(93)	(80)	(50)	(29)	(127)	(86)	(41)	(112)	(88)	(23)
～19歳	178.7	179.4	168.2	182.8	184.2	163.6	177.1	177.1	176.5	177.8	178.8	157.0
20～24	193.5	197.0	175.9	200.6	206.1	180.6	192.2	195.1	177.7	189.0	192.6	165.3
25～29	205.3	211.7	185.1	211.2	220.5	196.1	205.2	211.5	184.2	200.4	206.7	162.5
30～34	214.4	221.9	189.1	226.0	238.2	201.3	218.1	225.9	187.7	200.9	206.8	174.6
35～39	220.2	232.0	186.6	231.3	251.1	192.3	220.2	231.6	190.3	212.6	221.7	172.6
40～44	229.2	243.5	188.3	240.4	266.2	197.6	232.3	250.7	187.6	218.5	226.5	174.2
45～49	234.7	251.4	188.8	259.0	286.9	200.1	230.6	250.4	186.9	221.2	230.5	176.8
50～54	240.2	261.9	186.6	266.9	304.0	200.8	236.1	261.8	182.1	225.6	238.2	176.5
55～59	242.1	264.3	188.9	268.9	313.5	197.2	238.4	262.7	187.5	226.6	238.0	179.7
60～64	211.4	239.7	186.5	229.1	287.3	190.5	199.6	227.6	185.6	212.6	227.5	184.0
65～69	197.2	227.4	177.1	223.7	289.4	185.1	185.1	213.9	174.8	194.1	212.0	174.9
70歳～	204.7	238.3	173.3	243.0	298.8	178.3	177.7	199.3	169.8	203.6	226.4	174.1
専門学校卒	269.4	279.9	210.5	286.8	307.9	208.1	271.8	281.7	214.2	254.0	260.1	206.8
	(168)	(143)	(25)	(37)	(30)	(8)	(77)	(66)	(11)	(54)	(48)	(6)
20～24歳	224.1	226.7	195.9	242.7	246.3	190.6	223.5	225.7	203.7	209.5	211.7	186.2
25～29	244.4	249.8	206.6	264.0	276.9	209.1	241.7	246.5	205.3	231.9	234.3	204.1
30～34	248.4	255.7	199.9	263.2	277.4	197.7	249.3	256.2	203.7	236.4	240.7	194.8
35～39	267.2	277.0	197.5	280.7	298.3	199.2	270.2	278.9	199.1	253.8	261.0	193.2
40～44	275.2	287.2	214.4	299.3	326.7	197.9	277.1	285.7	234.1	255.8	265.6	192.6
45～49	291.5	305.2	210.7	312.1	343.6	207.6	293.6	306.2	210.8	274.1	280.9	215.5
50～54	294.4	308.0	220.4	320.4	354.7	216.8	293.4	306.2	217.3	275.8	280.4	233.9
55～59	306.2	322.3	205.9	329.7	368.1	209.2	312.2	327.2	200.9	283.0	291.5	209.3
60～64	271.6	295.5	223.6	255.8	296.5	221.4	282.9	310.0	227.9	261.6	276.1	217.0
65～69	250.7	272.5	221.0	255.6	263.9	252.1	248.2	277.9	214.9	252.3	269.0	214.1
70歳～	254.1	294.0	206.1	203.3	268.6	191.1	280.4	327.4	214.1	256.9	281.2	212.4
大学卒	294.0	300.8	234.2	308.2	318.3	235.8	289.3	294.3	241.6	277.7	283.2	213.8
	(262)	(235)	(27)	(100)	(88)	(12)	(104)	(94)	(10)	(57)	(53)	(5)
20～24歳	232.1	232.9	210.2	238.8	239.8	211.9	227.7	228.4	210.2	224.7	225.5	205.9
25～29	255.9	257.9	228.6	268.4	271.0	240.7	249.4	251.3	216.3	242.2	243.8	213.4
30～34	279.2	284.6	220.0	300.7	309.7	227.7	269.7	273.0	220.7	259.7	264.6	200.9
35～39	307.2	316.2	226.9	328.8	341.8	232.7	298.4	306.7	223.5	281.2	285.8	216.4
40～44	327.6	340.4	236.8	353.3	373.9	248.3	321.2	331.3	240.3	300.1	309.9	196.3
45～49	343.4	359.5	223.6	366.1	392.5	226.0	347.6	362.4	228.1	310.2	319.1	209.7
50～54	364.2	387.7	233.8	397.1	440.1	230.0	365.6	387.6	240.7	320.2	329.4	228.3
55～59	375.7	402.0	273.3	401.2	451.6	239.9	389.8	418.1	306.2	329.9	339.2	253.1
60～64	312.4	355.1	256.4	309.1	383.7	257.5	335.6	393.0	269.6	283.8	304.8	221.3
65～69	318.2	360.7	237.0	284.2	413.1	227.8	372.3	421.7	273.1	288.3	309.8	200.7
70歳～	319.6	350.0	256.4	259.5	296.2	223.9	445.5	450.7	430.0	288.9	319.6	214.7

C−23　職種別・年齢階層別

（令和５年

年齢階層（歳）	支店長	事務部長	事務課長	事務係長	事務係員	工場長	技術部長	技術課長	技術係長
以上　未満									
～ 20	—	—	—	—	191.7	—	—	—	—
20 ～ 24	—	—	—	—	229.1	—	—	—	＊234.7
24 ～ 28	—	＊600.9	x	294.3	263.0	—	—	＊395.5	286.7
28 ～ 32	—	＊494.0	518.2	360.0	△290.2	—	＊669.5	486.7	342.4
32 ～ 36	x	551.6	579.9	378.9	◎311.0	x	573.9	531.1	389.7
36 ～ 40	＊517.3	649.6	598.2	△409.0	320.6	＊546.3	607.5	552.3	△417.2
40 ～ 44	732.5	727.0	608.6	428.8	320.7	＊554.4	633.5	576.7	425.6
44 ～ 48	642.7	735.7	△597.4	◎427.5	▽321.4	676.4	670.4	△586.8	◎435.8
48 ～ 52	△757.7	△729.3	◎610.2	▽434.4	326.7	△700.5	△680.3	◎589.4	450.1
52 ～ 56	◎789.1	◎736.3	▽626.5	442.7	339.3	◎743.1	◎716.9	▽608.9	▽459.5
56 ～	▽800.0	▽717.1	617.6	446.1	349.9	▽747.1	▽721.7	620.3	461.5
計（平均年齢）	772.0（53.8歳）	726.8（52.5歳）	610.8（49.2歳）	422.7（45.3歳）	302.3（37.5歳）	729.5（54.3歳）	700.6（52.9歳）	594.1（49.7歳）	433.3（45.9歳）

年齢階層（歳）	研究員	病院長	医科長	医師	薬剤師	診療放射線技師	臨床検査技師	栄養士	看護師
以上　未満									
～ 20	—	—	—	—	—	—	—	—	—
20 ～ 24	218.4	—	—	—	—	244.6	248.1	205.0	271.1
24 ～ 28	279.0	—	—	＊695.5	278.3	257.1	255.3	△225.1	292.1
28 ～ 32	△305.9	—	＊1252.6	637.4	△303.2	△285.5	△271.1	237.2	△305.7
32 ～ 36	◎343.8	—	＊988.8	△844.2	◎318.7	300.1	300.4	◎253.4	313.7
36 ～ 40	393.7	—	1249.9	◎944.9	347.3	◎340.9	311.8	271.3	◎325.4
40 ～ 44	421.9	—	1105.1	1043.2	▽388.3	343.9	◎319.6	▽291.1	344.7
44 ～ 48	▽406.7	＊1972.3	△1113.9	1243.5	366.6	380.7	336.0	309.1	▽365.0
48 ～ 52	424.7	＊2114.4	◎1226.0	▽1238.5	397.3	▽433.1	▽394.1	328.5	373.3
52 ～ 56	427.8	＊1599.9	1209.9	1281.5	421.6	438.7	394.7	352.5	377.4
56 ～	440.4	※1728.4	▽1282.1	1325.7	406.4	483.2	457.8	349.0	397.3
計（平均年齢）	358.4（37.5歳）	1745.6（62.7歳）	1207.6（51.9歳）	1003.9（42.7歳）	336.3（37.2歳）	346.5（39.7歳）	332.0（40.7歳）	265.0（36.1歳）	333.6（39.0歳）

資料出所　人事院給与局「民間給与の実態―令和５年職種別民間給与実態調査の結果―」。

注　1．調査事業所は企業規模50人以上で、かつ事業所規模50人以上の全国民間11,864事業所（母集団58,818事業所）。調査実人員は行政職（一）相当職種が413,737人、その他の職種が47,327人（母集団は4,153,876人であり、行政職（一）相当職種は3,413,516人。臨時雇用者と役員を除く）の76職種。スペースの関係で上記以外は割愛。

2．政府機関、地方公共団体、公庫・公団、駐留軍・国連機関、企業組合等は上表には含まれない。

3．上記の所定内給与は「きまって支給する給与」から「時間外手当」を除いた額。「きまって支給する給与」とは基本給はもとより、年齢給、勤続給、地域給、寒冷地手当、能率給、家族手当、住宅手当、精勤手当、特殊作業手当、役付手当、職務手当、通勤手当、超過勤務手当、夜勤手当、休日出勤手当等、月ごとに支給されるすべての給与を含めたものをいう。

の平均所定内給与〔月額・企業規模　50人以上〕

4月分）

（単位・千円）

技術係員	電話交換手	自家用乗用自動車運転手	守衛	用務員	研究所長	研究部（課）長	主任研究員	年齢（歳）
200.6	−	−	x	x	−	−	−	～ 20
227.3	−	−	＊204.4	＊157.0	−	−	x	20 ～ 24
△259.8	＊210.9	−	＊209.1	−	−	−	＊275.7	24 ～ 28
294.3	＊229.6	x	＊227.5	＊172.1	−	−	326.6	28 ～ 32
◎319.2	＊238.6	＊204.9	272.4	＊256.6	−	＊601.9	379.8	32 ～ 36
338.1	△＊341.1	＊266.0	274.9	＊244.2	−	555.8	△440.9	36 ～ 40
▽342.7	＊332.4	＊333.1	△＊310.4	＊247.5	−	582.7	511.0	40 ～ 44
342.5	◎＊332.6	＊323.1	316.7	△＊308.8	＊679.7	△620.8	◎508.7	44 ～ 48
350.1	＊261.2	△＊294.0	◎305.9	＊296.4	＊755.1	◎680.5	▽538.4	48 ～ 52
360.4	▽＊237.7	◎320.5	314.8	◎322.6	※809.4	▽687.8	531.2	52 ～ 56
367.3	＊305.5	▽279.4	▽306.5	▽274.6	▽833.7	730.9	550.2	56 ～
307.3 (35.9歳)	279.9 (45.1歳)	296.0 (53.6歳)	300.0 (49.3歳)	283.2 (51.2歳)	811.6 (55.5歳)	671.9 (51.1歳)	482.2 (44.7歳)	計 (平均年齢)

准看護師	大学学部長	大学教授	大学准教授	大学講師	高校校長	高校教頭	高校教諭	年齢（歳）
−	−	−	−	−	−	−	−	～ 20
214.5	−	−	−	−	−	−	＊270.7	20 ～ 24
234.2	−	−	−	x	−	−	310.8	24 ～ 28
244.6	−	−	＊459.8	373.9	−	−	342.9	28 ～ 32
246.0	−	−	534.0	421.1	−	−	△391.5	32 ～ 36
△251.5	x	＊653.3	559.9	501.3	−	＊677.5	452.3	36 ～ 40
264.7	＊575.9	672.1	△603.7	△537.5	−	＊559.6	◎472.5	40 ～ 44
◎276.2	＊660.6	692.0	613.4	◎572.0	x	＊589.3	521.7	44 ～ 48
281.0	698.6	699.8	◎622.9	▽594.6	＊853.9	626.8	▽547.5	48 ～ 52
▽292.7	△775.2	△727.0	▽641.4	564.1	＊700.3	△626.8	572.7	52 ～ 56
295.0	※819.0	※764.1	642.1	566.6	※798.4	※653.0	594.4	56 ～
272.8 (46.4歳)	798.1 (59.7歳)	741.6 (57.3歳)	616.7 (48.6歳)	543.7 (45.5歳)	792.8 (61.1歳)	637.7 (55.9歳)	482.2 (43.8歳)	計 (平均年齢)

4．所定内給与のうち２カ月以上の期間について払われるものは１カ月あたりに修正して加えてある。
5．表中「＊」印のあるものは調査実人員20人以下を、「×」印は同１人を、「−」印のあるものは当該従業員のないことを示す。
6．また、「△」は第１四分位を、「◎」は中位を、「▽」は第３四分位を示し、「※」は分位が重複することを示す。
7．年齢は令和５年４月１日現在における満年齢。

C−24 各地のモデル

学歴職種	標準年齢	勤続年数	扶養家族	北海道	旭川市	東京都(中小企業)	愛知県	富士市	堺市	広島市	福岡県	北九州市	沖縄県
大学卒・事務販売部門				(男性)(事務販売)	(男性)(事務)	(職種計)	(総合職)	(男性)	(基幹)(事務技術)		(大学卒)	(男性)(全産業)	(男性)(事務)
	22歳	初任給	0人	192	198.6	216.3	209.0	−	212.5	204.2	196.7	193.6	160.0
	23	1年	0	−	−	−	−	−	−	214.7	−	−	−
	25	3	0	206	−	233.4	227.4	220.2	234.6	223.6	215.3	−	191.6
	27	5	0	235	−	−	−	−	−	238.4	−	−	−
	30	8	2	258	259.5	273.4	277.0	−	272.1	256.1	248.3	237.7	233.5
	35	13	3	312	−	312.0	323.6	288.1	341.4	295.9	278.9	−	255.6
	40	18	3	−	334.1	354.3	377.6	−	419.5	339.8	313.1	292.3	293.8
	45	23	3	393	−	395.9	−	347.5	−	379.3	−	−	344.1
	50	28	3	−	386.2	428.6	461.2	−	497.5	411.9	364.0	345.4	372.9
	55	33	2	433	−	450.8	−	397.9	541.2	449.0	389.8	−	426.3
	60	38	1	−	340.6	459.6	475.3	−	518.5	403.5	367.8	354.6	382.8
高校卒・事務販売・基幹等				(男性)(事務販売)	(男性)(事務)	(職種計)	(一般職・事務)	(男性)(管理・事務)	(基幹)(事務技術)		(男性)(営業販売事務)	(高校卒)	(男性)(事務)
	18歳	初任給	0人	158	181.6	188.7	168.6	176.2	176.4	173.8	164.1	166.2	−
	19	1年	0	−	−	−	−	−	−	176.5	−	−	169.9
	20	2	0	−	183.8	194.7	−	186.2	188.3	177.5	174.8	−	−
	22	4	0	176	−	200.7	186.1	−	−	188.5	−	−	−
	25	7	0	188	−	220.4	200.0	214.5	215.4	207.5	198.0	−	180.2
	27	9	1	−	−	−	−	−	−	217.8	−	−	−
	30	12	2	234	269.8	252.3	227.1	−	269.3	233.8	224.4	215.8	222.4
	35	17	3	280	−	282.6	251.9	267.2	308.8	251.1	248.3	−	203.4
	40	22	3	−	301.6	314.2	276.2	−	357.2	296.0	274.4	252.6	230.3
	45	27	3	351	−	342.0	−	316.3	−	330.6	−	−	314.6
	50	32	3	−	349.6	371.4	317.1	−	423.3	375.3	313.2	302.7	373.8
	55	37	2	377	−	389.0	−	355.9	435.8	375.7	330.8	−	387.0
	60	42	1	367	347.7	398.7	325.7	−	375.9	321.8	312.8	313.3	307.3

資料出所　東京都産業労働局「中小企業の賃金事情」、関経連「標準勤続者賃金に関する調査」、そのほかは各地商工会議所賃金調査。

注　1．本調査の賃金とは、所定労働時間内の労働に対して支払われる一切の現金給与の合計額（月額）をいう。従って、交通費は除外しているが、役付・家族・住宅・生活補助等の諸手当は含まれる。

2．モデル賃金とは学校卒業後直ちに入社し、標準的な昇進経路を経た者の賃金。後掲用語解説参照。上記掲載は実在者モデル賃金である。

3．東京都は従業員規模10〜299人の中小企業が集計対象であるが、他は大企業を含んだそれぞれ地場企業、出先企業の合計。

4．東京都は事務と営業販売、生産と技術は各々別途に集計されており、その他の地域についても性別やコース別などによりそれぞれ集計されているために、（　）内の表示のものを掲載しており、性別の表記のないものに限り男女計の数値である。

5．調査年度は、旭川・東京都・愛知県・富士市・堺市が2022年度、北九州市が2020年度、富山県・沖縄県が2019年度、福岡市が2017年度、北海道が2016年度である。

所定内賃金

（単位　千円）

学歴職種	標準年齢	勤続年数	扶養家族	北海道	旭川市	東京都（中小企業）	愛知県	富士市	堺市	広島市	福岡県	北九州市	沖縄県
高校卒・生産技術部門				（男性）（技術）	（男性）（技術・労務）	（生産）	（現業職）		（基幹現業）			（男性）（技術）	（男性）（生産技術）
	18歳	初任給	0人	166	173.3	188.7	176.9	—	175.4	174.0	—	169.2	—
	19	1年	0	—	—	—	—	—	—	181.2	—	—	160.0
	20	2	0	—	200.4	197.2	—	—	186.6	186.9	—	—	—
	22	4	0	183	—	206.9	198.9	—	—	198.5	—	—	179.8
	25	7	0	200	—	219.1	214.8	—	211.7	212.7	—	—	187.8
	27	9	0	—	—	—	—	—	—	225.9	—	—	—
	30	12	1	238	255.9	245.1	258.3	—	255.4	245.7	—	226.2	200.3
	35	17	3	267	—	269.3	298.0	—	297.7	266.6	—	—	230.8
	40	22	3	—	286.4	296.0	336.6	—	327.9	288.0	—	268.2	243.5
	45	27	3	340	—	317.5	—	—	—	309.3	—	—	268.9
	50	32	3	—	327.8	343.2	401.0	—	420.5	346.1	—	309.4	274.5
	55	37	2	384	—	359.7	—	—	415.2	351.5	—	—	279.7
	60	42	1	380	329.6	365.1	409.0	—	414.8	317.4	—	303.9	266.5
短大卒・事務販売部門				（一般職）（事務販売）	（女性）（事務）	（事務）	（一般職）（大学卒）	（女性）	（定型）（大学卒）		（短大卒）	（女性）	（大卒女性）（事務）
	20歳	初任給	0人	160	184.5	197.7	—	186.4	—	184.5	177.7	177.2	—
	21	1年	0	—	—	—	—	—	—	—	—	—	—
	22	2	0	168	—	202.8	191.1	—	195.1	195.3	—	—	147.8
	25	5	0	179	—	218.0	203.8	207.4	212.0	203.4	202.9	—	169.2
	27	7	0	—	—	—	—	—	—	211.1	—	—	—
	30	10	0	211	229.7	251.5	231.5	—	248.0	221.5	228.4	220.6	201.2
	35	15	0	233	—	282.9	256.3	299.4	—	237.4	252.9	—	203.6
	40	20	0	—	280.5	314.4	281.3	—	—	263.0	282.4	260.4	236.0
	45	25	0	—	—	347.1	—	344.7	—	286.8	—	—	238.3
	50	30	0	—	275.2	381.5	324.0	—	—	324.7	328.3	303.1	277.8
	55	35	0	279	—	401.1	—	355.9	—	366.7	—	—	249.7
高校卒・事務販売・定型等				（一般職）（事務販売）	（女性）（事務）	（事務）		（女性）	（定型）（高卒）			（女性）	（女性）（事務）
	18歳	初任給	0人	153	179.1	187.1	—	170.6	172.4	—	—	166.2	—
	19	1年	0	—	—	—	—	—	—	—	—	—	147.0
	20	2	0	—	182.3	190.7	—	179.8	178.1	—	—	—	—
	22	4	0	165	—	201.0	—	—	—	—	—	—	145.4
	25	7	0	196	—	216.6	—	200.1	206.8	—	—	—	161.0
	27	9	0	—	—	—	—	—	—	—	—	—	—
	30	12	0	208	222.6	248.7	—	—	247.3	—	—	215.8	168.5
	35	17	0	231	—	279.3	—	245.8	—	—	—	—	171.9
	40	22	0	—	241.1	308.3	—	—	—	—	—	252.6	185.7
	45	27	0	270	—	336.5	—	284.6	—	—	—	—	206.0
	50	27	0	—	241.8	366.7	—	—	—	—	—	302.7	210.8

C−25 学歴・職種にみたモデル
（令和４年

	年齢	大学卒、事務・技術労働者								短大・高専卒、事務・技術労働者							
		総合職相当				一般職相当				総合職相当				一般職相当			
		勤続年数(年)	扶養家族(人)	所定内賃金(千円)	集計社数(社)	勤続年数(年)	扶養家族(人)	所定内賃金(千円)	集計社数(社)	勤続年数(年)	扶養家族(人)	所定内賃金(千円)	集計社数(社)	勤続年数(年)	扶養家族(人)	所定内賃金(千円)	集計社数(社)
調査産業計		（集計社数 146社）				（集計社数 28社）				（集計社数 47社）				（集計社数 30社）			
	18歳	−	−	−	−	−	−	−	−	−	−	−	−	−	−	−	−
	20	−	−	−	−	−	−	−	−	0	0	200.8	35	0	0	183.4	23
	22	0	0	225.4	140	0	0	200.1	25	2	0	216.5	35	2	0	195.7	22
	25	3	0	255.1	143	3	0	219.9	25	5	0	244.1	36	5	0	212.2	22
	30	8	2	325.4	140	8	0	254.0	24	10	2	307.1	34	10	0	249.1	21
	35	13	3	392.4	131	13	0	289.0	23	15	3	373.3	39	15	0	270.0	20
	40	18	3	462.7	100	18	0	302.1	20	20	3	400.2	28	20	0	290.3	19
	45	23	3	540.8	83	23	0	330.0	18	25	3	440.9	29	25	0	312.5	18
	50	28	2	589.9	85	28	0	357.0	18	30	2	455.1	29	30	0	332.6	22
	55	33	1	612.2	79	33	0	382.0	19	35	1	491.2	26	35	0	334.5	18
	60	38	1	579.3	54	38	0	333.1	13	40	1	451.7	14	40	0	300.3	13
うち製造業		（集計社数 89社）				（集計社数 14社）				（集計社数 31社）				（集計社数 19社）			
	18歳	−	−	−	−	−	−	−	−	−	−	−	−	−	−	−	−
	20	−	−	−	−	−	−	−	−	0	0	198.8	21	0	0	184.9	13
	22	0	0	225.1	86	0	0	203.0	11	2	0	214.9	21	2	0	193.8	12
	25	3	0	253.9	88	3	0	219.9	11	5	0	239.3	21	5	0	210.1	13
	30	8	2	321.6	84	8	0	264.8	11	10	2	305.2	19	10	0	252.5	12
	35	13	3	384.2	78	13	0	318.6	10	15	3	368.5	25	15	0	273.0	11
	40	18	3	451.1	55	18	0	338.8	8	20	3	397.4	16	20	0	298.7	11
	45	23	3	518.2	43	23	0	369.6	9	25	3	427.4	17	25	0	322.5	10
	50	28	2	560.3	44	28	0	407.6	9	30	2	424.4	17	30	0	340.1	14
	55	33	1	569.7	41	33	0	433.0	10	35	1	472.1	15	35	0	363.8	12
	60	38	1	571.8	27	38	0	391.4	5	40	1	422.7	7	40	0	327.1	7

〈参考〉各種賃金にみる賃金格差（調査産業計）〔令和４年６月〕

（単位　千円）

学歴・職種	18歳	20歳	22歳	25歳	30歳	35歳	40歳	45歳	50歳	55歳	60歳
(1)モデル所定内賃金（千円）											
大学卒　事務・技術　総合職相当	−	−	225.4	255.1	325.4	392.4	462.7	540.8	589.9	612.2	579.3
高校卒　事務・技術　総合職相当	179.5	192.5	207.7	233.1	293.0	346.8	380.9	423.0	462.0	486.5	445.1
高校卒　生　　産	177.1	187.4	199.5	220.2	266.5	312.2	351.1	382.1	399.9	408.5	389.4
年齢間格差(22歳=100.0)											
大学卒　事務・技術　総合職相当	−	−	100.0	113.2	144.4	174.1	205.3	239.9	261.7	271.6	257.0
高校卒　事務・技術　総合職相当	86.4	92.7	100.0	112.2	141.1	167.0	183.4	203.7	222.4	234.2	214.3
高校卒　生　　産	88.8	93.9	100.0	110.4	133.6	156.5	176.0	191.5	200.5	204.8	195.2
学歴間格差(大学卒=100.0)											
大学卒　事務・技術　総合職相当	−	−	100.0	100.0	100.0	100.0	100.0	100.0	100.0	100.0	100.0
高校卒　事務・技術　総合職相当	−	−	92.1	91.4	90.0	88.4	82.3	78.2	78.3	79.5	76.8
高校卒　生　　産	−	−	88.5	86.3	81.9	79.6	75.9	70.7	67.8	66.7	67.2
(2)実在者平均所定内賃金（千円）											
大学卒　事務・技術　男性	−	−	225.5	251.4	313.5	390.9	448.0	501.2	554.6	568.8	525.7
高校卒　事務・技術　男性	176.2	185.6	201.0	222.2	269.7	317.9	373.0	390.8	415.9	440.5	409.4
高校卒　生　　産　男性	178.1	188.8	202.2	218.9	261.9	302.0	327.8	359.4	383.2	390.8	367.5
年齢間格差(22歳=100.0)											
大学卒　事務・技術　男性	−	−	100.0	111.5	139.0	173.3	198.7	222.3	245.9	252.2	233.1
高校卒　事務・技術　男性	87.7	92.3	100.0	110.5	134.2	158.2	185.6	194.4	206.9	219.2	203.7
高校卒　生　　産　男性	88.1	93.4	100.0	108.3	129.5	149.4	162.1	177.7	189.5	193.3	181.8
学歴間格差(大学卒=100.0)											
大学卒　事務・技術　男性	−	−	100.0	100.0	100.0	100.0	100.0	100.0	100.0	100.0	100.0
高校卒　事務・技術　男性	−	−	89.1	88.4	86.0	81.3	83.3	78.0	75.0	77.4	77.9
高校卒　生　　産　男性	−	−	89.7	87.1	83.5	77.3	73.2	71.7	69.1	68.7	69.9

所定内賃金〔中労委〕
6月）

高校卒、事務・技術労働者								高校卒、生産労働者				年齢
総合職相当				一般職相当								
勤続年数(年)	扶養家族(人)	所定内賃金(千円)	集計社数(社)	勤続年数(年)	扶養家族(人)	所定内賃金(千円)	集計社数(社)	勤続年数(年)	扶養家族(人)	所定内賃金(千円)	集計社数(社)	
(集計社数　62社)				(集計社数　52社)				(集計社数　66社)				
0	0	179.5	54	0	0	175.3	43	0	0	177.1	60	18歳
2	0	192.5	53	2	0	184.4	43	2	0	187.4	63	20
4	0	207.7	53	4	0	195.7	42	4	0	199.5	62	22
7	0	233.1	53	7	0	212.5	41	7	0	220.2	60	25
12	2	293.0	53	12	0	245.9	41	12	2	266.5	61	30
17	3	346.8	53	17	0	282.2	41	17	3	312.2	60	35
22	3	380.9	49	22	0	310.3	40	22	3	351.1	58	40
27	3	423.0	50	27	0	343.1	39	27	3	382.1	55	45
32	2	462.0	48	32	0	365.9	41	32	2	399.9	56	50
37	1	486.5	42	37	0	384.7	41	37	1	408.5	52	55
42	1	445.1	28	42	0	352.3	27	42	1	389.4	29	60
(集計社数　42社)				(集計社数　35社)				(集計社数　66社)				
0	0	179.2	36	0	0	175.9	29	0	0	176.7	49	18歳
2	0	190.4	35	2	0	184.4	29	2	0	186.0	51	20
4	0	205.4	34	4	0	195.7	28	4	0	198.3	50	22
7	0	228.6	34	7	0	214.7	28	7	0	219.0	49	25
12	2	287.7	35	12	0	250.4	29	12	2	266.1	51	30
17	3	336.5	36	17	0	289.8	28	17	3	311.7	50	35
22	3	373.8	34	22	0	320.6	26	22	3	348.6	48	40
27	3	414.1	33	27	0	350.9	26	27	3	381.8	44	45
32	2	452.9	33	32	0	372.9	27	32	2	400.1	44	50
37	1	476.0	28	37	0	407.3	26	37	1	403.0	41	55
42	1	468.0	19	42	0	382.3	16	42	1	390.7	21	60

資料出所　中央労働委員会事務局「賃金事情等総合調査－賃金事情調査－」。
参考表も同じ。

注　1．資本金5億円以上、労働者1,000人以上の民間企業。令和4年調査では 380社を対象。回答があった企業は220社（回答率57.9%）、集計対象は航空・病院・農協団体などを除く213社。

2．ここでの所定内賃金には、時間外給与・通勤手当・交替手当を除く。

3．モデル賃金・一時金とは、学校を卒業後（大学卒は22歳、短大・高専卒は20歳、高校卒は18歳）、直ちに入社して同一企業に継続勤務し、標準的に昇進した者のうち、設定されたモデル条件（性、職種、学歴、年齢、勤続年数、扶養家族数）に該当する者の所定内賃金・一時金。

4．60歳定年制の場合、満60歳到達日を退職日としている場合は満59歳時の賃金である。

5．モデル賃金と実在者賃金の関係は、活用労働統計の「用語の解説」18項を参照。

〈参考〉つづき

学歴・職種	20歳	22歳	25歳	30歳	35歳	40歳	45歳	50歳	55歳	60歳
(3)モデル一時金(千円)〔年間計〕										
大学卒　事務・技術　総合職相当	－	－	1,262	1,683	2,060	2,636	3,116	3,371	3,600	3,237
高校卒　事務・技術　総合職相当	865	962	1,062	1,330	1,672	1,975	2,215	2,439	2,666	2,257
高校卒　生　　産	868	958	1,091	1,266	1,533	1,823	1,937	2,089	2,153	1,996
年齢間格差(25歳=100.0)										
大学卒　事務・技術　総合職相当	－	－	100.0	133.4	163.2	208.9	246.9	267.1	285.3	256.5
高校卒　事務・技術　総合職相当	81.5	90.6	100.0	125.2	157.4	186.0	208.6	229.7	251.0	212.5
高校卒　生　　産	79.6	87.8	100.0	116.0	140.5	167.1	177.5	191.5	197.3	183.0
学歴間格差(大学卒=100.0)										
大学卒　事務・技術　総合職相当	－	－	100.0	100.0	100.0	100.0	100.0	100.0	100.0	100.0
高校卒　事務・技術　総合職相当	－	－	84.2	79.0	81.2	74.9	71.1	72.4	74.1	69.7
高校卒　生　　産	－	－	86.5	75.2	74.4	69.2	62.2	62.0	59.8	61.7

C−26　実在者平均

年齢		大学卒、事務・技術労働者				短大・高専卒、事務・技術労働者			
		男性		女性		男性		女性	
		平均所定内賃金(千円)	平均勤続年数(年)	平均所定内賃金(千円)	平均勤続年数(年)	平均所定内賃金(千円)	平均勤続年数(年)	平均所定内賃金(千円)	平均勤続年数(年)
調査産業計		(集計社数　108社)		(集計社数　105社)		(集計社数　81社)		(集計社数　81社)	
	18歳	−	−	−	−	−	−	−	−
	20	−	−	−	−	194.8	0.3	191.3	0.3
	22	225.5	0.3	220.6	0.3	209.5	1.8	206.6	2.0
	25	251.4	1.9	245.2	2.4	231.5	4.6	219.9	4.5
	30	313.5	6.0	288.9	6.5	289.5	9.2	259.6	9.0
	35	390.9	10.5	338.0	11.1	349.8	13.0	267.7	13.5
	40	448.0	13.9	371.8	14.1	394.0	17.3	288.3	15.8
	45	501.2	18.5	380.3	17.1	422.2	20.7	320.8	21.1
	50	554.6	23.6	407.9	23.1	478.4	26.0	344.5	26.6
	55	568.8	29.8	455.8	29.0	497.8	31.5	370.8	29.5
	60	525.7	32.8	436.4	26.8	478.2	34.6	318.9	33.3
うち製造業		(集計社数　60社)		(集計社数　57社)		(集計社数　50社)		(集計社数　47社)	
	18歳	−	−	−	−	−	−	−	−
	20	−	−	−	−	197.6	0.3	189.3	0.3
	22	221.0	0.3	221.6	0.3	208.8	1.6	205.0	2.1
	25	246.1	1.6	245.2	2.1	231.6	4.4	224.9	4.5
	30	307.1	5.6	296.2	5.9	284.5	9.0	261.0	8.7
	35	375.7	9.9	339.9	10.1	351.4	13.0	303.8	12.6
	40	421.5	12.7	369.4	12.7	394.3	15.3	317.8	15.8
	45	473.8	17.2	394.4	15.7	450.2	18.4	328.2	21.5
	50	507.5	21.5	398.2	20.9	466.1	25.9	349.2	26.7
	55	507.2	29.3	439.3	28.2	487.8	32.1	375.3	31.0
	60	513.3	32.6	493.2	33.6	480.3	36.4	341.8	37.1

資料出所　中央労働委員会事務局「賃金事情等総合調査−賃金事情調査−」。

C−27　一般・パートの賃金・

(1)　労働時間・賃金（調査産業計・令和4年1カ月平均）

就業形態・事業所規模		出勤日数(日)	実労働時間数(時間)			現金給与額(千円)				
			総実労働時間	所定内労働時間	所定外労働時間	現金給与総額	定期給与	所定内給与	超過給与	特別給与
一般労働者	5人以上計	19.4	162.3	148.5	13.8	429.1	345.2	318.8	26.4	83.8
	1,000人以上	18.6	158.9	142.0	16.9	595.1	442.1	395.4	46.7	153.0
	500〜999人	18.7	158.5	143.8	14.7	512.0	395.5	358.5	37.0	116.5
	100〜499人	19.0	161.5	146.3	15.2	459.7	362.4	329.7	32.7	97.2
	30〜99人	19.3	163.8	148.9	14.9	411.8	333.0	309.3	23.7	78.7
	5〜29人	19.9	163.4	152.0	11.4	367.4	310.6	293.1	17.5	56.8
パートタイム労働者	5人以上計	13.8	79.6	77.4	2.2	102.1	99.0	96.1	2.8	3.1
	1,000人以上	14.1	92.0	88.0	4.0	145.5	140.3	132.5	7.8	5.2
	500〜999人	14.5	90.2	86.5	3.7	135.0	130.1	123.7	6.3	5.0
	100〜499人	14.7	90.6	87.1	3.5	122.8	118.8	114.1	4.8	3.9
	30〜99人	14.3	82.7	80.5	2.2	106.3	102.5	99.9	2.6	3.7
	5〜29人	13.3	74.0	72.4	1.6	90.6	88.1	86.2	1.9	2.4

資料出所　厚生労働省「毎月勤労統計調査」。(2)表は日本生産性本部で加工計算したもの。一般・パートともに常用労働者のみを対象。パートタイム労働者とは、一般労働者と比べて1日の所定労働時間が短い者、又は1日の所定労働時間が同じでも1週の所定労働日数が少ない者をいう。

所定内賃金（中労委）〔令和４年６月〕

高校卒、事務・技術労働者				高校卒、生産労働者				年齢
男性		女性		男性		女性		
平均所定内賃金(千円)	平均勤続年数(年)	平均所定内賃金(千円)	平均勤続年数(年)	平均所定内賃金(千円)	平均勤続年数(年)	平均所定内賃金(千円)	平均勤続年数(年)	
(集計社数　91社)		(集計社数　87社)		(集計社数　49社)		(集計社数　39社)		産業計
176.2	0.3	174.7	0.3	178.1	0.3	179.5	0.3	18歳
185.6	2.0	183.0	2.1	188.8	1.9	191.3	1.8	20
201.0	3.8	196.8	3.9	202.2	3.7	201.5	3.7	22
222.2	6.2	212.9	6.5	218.9	6.3	215.5	5.9	25
269.7	10.5	240.5	10.1	261.9	10.5	240.5	10.6	30
317.9	13.7	255.4	13.0	302.0	14.5	269.7	15.3	35
373.0	18.3	286.0	17.6	327.8	18.0	268.2	17.0	40
390.8	22.9	307.8	21.3	359.4	23.4	289.7	21.4	45
415.9	30.1	323.6	27.3	383.2	29.9	317.6	29.1	50
440.5	35.1	336.3	31.7	390.8	33.5	314.6	33.4	55
409.4	40.1	317.5	37.7	367.5	38.5	284.5	38.3	60
(集計社数　52社)		(集計社数　48社)		(集計社数　38社)		(集計社数　31社)		製造業
176.4	0.3	174.5	0.3	178.7	0.3	179.8	0.3	18歳
183.1	2.1	181.0	2.2	187.7	1.9	189.7	1.8	20
200.3	4.0	195.3	4.2	200.3	3.7	202.1	3.7	22
225.1	6.7	209.6	7.0	217.4	6.4	216.9	6.1	25
269.5	11.3	233.6	10.6	262.4	10.6	241.6	10.6	30
308.9	14.1	239.3	15.5	303.8	14.7	270.9	15.6	35
339.5	18.6	275.4	18.4	328.5	18.3	270.7	17.8	40
361.1	21.9	294.5	20.3	355.5	23.4	295.5	22.7	45
405.9	29.2	326.5	29.0	378.4	29.9	318.8	29.4	50
413.8	33.8	336.6	33.5	385.2	33.6	314.4	33.1	55
410.3	40.5	324.6	39.7	366.4	38.7	―	―	60

労働時間及び労働者数

(2)　常用労働者数（令和４年平均）

事業所規模・産業		合計(千人)(A)+(B)	一般労働者数(千人)(A)			パートタイム労働者(千人)(B)			パートタイム労働者比率(%)(B)/((A)+(B))		
			計	男性	女性	計	男性	女性	計	男性	女性
	5人以上計	51,343	35,120	22,375	12,745	16,223	4,545	11,677	31.6	16.9	47.8
事業所規模別	1,000人以上	3,227	2,826	1,892	934	401	120	281	12.4	6.0	23.1
	500～999人	3,373	2,786	1,654	1,133	587	170	417	17.4	9.3	26.9
	100～499人	10,545	8,062	5,265	2,796	2,483	692	1,791	23.6	11.6	39.1
	30～99人	12,172	8,452	5,461	2,991	3,720	1,086	2,635	30.6	16.6	46.8
	5～29人	22,026	12,994	8,103	4,891	9,032	2,479	6,553	41.0	23.4	57.3
産業別	鉱業，採石業，砂利採取業	12	12	10	2	*	*	*	*	*	*
	建設業	2,733	2,568	2,162	406	165	62	104	6.0	2.8	20.4
	製造業	7,695	6,651	5,143	1,508	1,044	251	793	13.6	4.7	34.5
	電気・ガス・熱供給・水道業	244	232	204	27	12	7	6	4.9	3.3	18.2
	情報通信業	1,594	1,486	1,087	399	108	22	87	6.8	2.0	17.9
	運輸業，郵便業	3,041	2,553	2,163	390	488	219	269	16.1	9.2	40.8
	卸売業，小売業	9,550	5,515	3,658	1,857	4,035	1,016	3,020	42.3	21.7	61.9
	金融業，保険業	1,359	1,208	561	647	151	14	136	11.1	2.4	17.4
	不動産業，物品賃貸業	847	658	442	216	189	73	116	22.3	14.2	34.9
	学術研究，専門・技術サービス業	1,562	1,399	990	408	163	47	115	10.4	4.5	22.0
	宿泊業，飲食サービス業	5,125	1,189	702	487	3,936	1,262	2,674	76.8	64.3	84.6
	生活関連サービス業，娯楽業	1,620	854	465	389	766	235	531	47.3	33.6	57.7
	教育，学習支援業	3,315	2,186	1,134	1,052	1,129	419	709	34.1	27.0	40.3
	医療，福祉	7,881	5,224	1,440	3,784	2,657	463	2,194	33.7	24.3	36.7
	複合サービス事業	399	328	216	113	71	19	52	17.8	8.1	31.5
	サービス業(他に分類されないもの)	4,363	3,056	1,996	1,059	1,307	436	871	30.0	17.9	45.1

C−28　賞与の支給状況（5人以上事業所）

（単位　千円）

産業 事業所規模	夏季賞与						年末賞与				
	平成30年	令和元年	2年	3年	4年	5年	平成30年	令和元年	2年	3年	4年
調査産業計	383.9	378.1	383.4	380.3	389.3	397.1	386.5	389.2	380.5	380.8	393.0
鉱業, 採石業等	465.0	575.7	483.8	487.4	595.7	551.3	586.5	493.0	575.3	587.7	544.5
建設業	520.4	510.1	512.3	496.0	524.0	540.7	447.0	494.8	459.8	490.7	498.6
製造業	520.3	513.3	492.0	492.7	527.1	535.2	516.2	511.4	485.6	502.1	514.1
電気・ガス・熱供給等	734.3	775.8	779.0	867.6	773.3	745.2	747.5	779.0	820.7	794.9	805.9
情報通信業	691.3	677.6	671.2	665.2	687.2	708.6	677.6	661.0	659.0	671.0	662.8
運輸業, 郵便業	382.5	363.3	339.2	322.9	368.8	387.9	395.5	402.3	333.1	328.9	390.8
卸売業, 小売業	340.2	336.5	345.4	357.5	358.0	358.4	341.3	337.0	332.1	344.0	365.5
金融・保険業	550.4	604.7	635.6	643.7	644.7	668.0	555.9	621.5	647.1	625.8	621.4
不動産業, 物品賃貸業	401.4	450.2	447.6	499.3	494.7	656.4	409.4	423.8	456.3	499.3	554.7
学術研究等	632.6	656.9	643.1	653.7	659.7	690.8	624.8	591.7	591.4	594.1	634.6
飲食サービス業等	68.7	61.6	55.3	47.1	63.8	60.0	69.3	66.2	52.9	56.1	67.6
生活関連サービス業等	161.8	157.8	162.3	135.0	157.6	186.6	146.0	170.1	141.1	127.7	164.3
教育・学習支援業	511.1	496.4	518.5	499.5	493.3	522.0	566.5	540.4	536.5	520.5	537.6
医療・福祉	267.7	274.6	284.7	275.5	275.1	270.8	306.7	317.2	309.2	308.3	309.2
複合サービス事業	446.7	430.1	434.9	425.4	428.9	425.8	474.0	454.4	455.5	472.2	455.8
その他のサービス業	216.4	209.1	211.2	230.6	217.3	238.0	214.9	229.1	219.7	222.3	217.8
500人以上	665.9	659.8	633.9	636.2	673.6	664.5	671.9	638.3	617.6	621.7	642.3
100〜499人	435.0	427.1	418.3	417.9	441.6	455.9	447.2	447.4	421.5	424.9	452.9
30〜 99人	337.7	331.4	336.0	338.2	337.0	348.2	344.5	350.7	351.2	344.9	354.6
5〜 29人	264.9	261.3	274.5	265.2	264.5	271.4	265.1	273.1	268.8	273.1	274.7

資料出所　厚生労働省「毎月勤労統計調査」。
注　賞与を支給した事業所の全常用労働者一人当たりの平均金額。

C−29　大企業における一時金妥結状況

（単位　千円・%）

産業	夏季一時金				年末一時金			
	令和2年	3年	4年	5年	令和元年	2年	3年	4年
建設	1,081.1	1,079.4	979.0	984.9 (△ 0.05)	934.0	957.5	944.6	930.0 (3.36)
食料品・たばこ	904.3	912.9	913.8	734.3 (△ 2.41)	958.8	828.2	835.8	786.2 (△ 0.03)
繊維	721.1	733.4	771.7	780.0 (△ 2.06)	769.6	693.6	772.9	766.5 (△ 0.26)
紙・パルプ	698.1	710.9	712.8	653.5 (△ 5.57)	648.5	689.3	704.2	678.4 (1.49)
化学	880.2	884.5	1,008.4	962.5 (△ 4.91)	932.2	833.4	912.4	904.5 (△ 2.70)
ゴム製品	720.2	689.0	795.4	812.2 (1.92)	800.2	720.4	756.3	792.1 (4.84)
窯業	871.1	860.6	943.7	896.2 (△ 4.48)	947.9	893.4	883.9	959.6 (8.46)
鉄鋼	551.3	554.6	992.5	959.7 (△ 3.82)	749.4	536.6	545.8	1,002.4 (84.20)
非鉄金属	725.7	709.0	780.8	805.8 (△ 0.12)	786.1	730.7	709.0	861.6 (14.86)
機械	804.5	734.5	788.1	831.9 (3.05)	853.0	804.2	777.8	794.0 (16.30)
電気機器	874.8	882.5	930.6	937.3 (1.85)	886.4	883.8	885.6	933.2 (5.47)
造船	838.7	832.8	919.3	950.9 (1.69)	858.6	854.1	824.3	895.0 (12.82)
精密機器	818.5	724.4	557.1	769.6 (6.54)	876.8	723.5	720.6	759.8 (8.17)
自動車	933.2	848.2	965.7	966.0 (0.26)	953.9	912.7	860.3	963.8 (11.66)
その他製造	712.9	645.0	688.5	701.3 (1.58)	638.0	647.1	661.4	675.8 (2.33)
電力・ガス	761.6	766.2	759.4	678.1 (△11.52)	788.4	756.9	766.4	761.0 (△ 0.71)
情報通信	824.8	836.2	855.9	868.8 (0.69)	818.7	826.5	837.5	858.9 (2.56)
運輸	791.7	534.3	547.4	589.8 (9.49)	817.3	582.5	573.1	619.7 (7.84)
卸・小売	600.3	560.3	528.0	563.8 (3.15)	629.5	563.8	580.6	592.2 (△ 1.46)
金融	625.8	670.0	700.9	744.9 (6.29)	666.6	634.1	674.2	755.1 (7.38)
サービス	498.9	497.7	482.6	571.7 (4.24)	649.6	502.6	545.6	596.9 (△ 7.47)
民間平均	828.2	773.7	832.4	845.6 (0.72)	868.7	786.5	782.2	843.0 (8.58)

資料出所　厚生労働省労使関係担当参事官室。調査対象企業についてはC−33表注1参照。
注　1．数値は、組合員による加重平均値である。集計対象企業の中には、平均方式や個別ポイント方式など妥結形式が異なるが、妥結額によりそれらを合算して集計（加重平均）している。
2．（　）内は対前年同期比増減（△）率（%）で、前年と比較できる同一企業についてのみ算出しているので、掲載金額から算出した増減率とは必ずしも合致しない。
3．集計社数が1〜2社の産業は、平均には算入しているが産業別の公表はされていない。

C－30　大企業における一時金支給状況（全労働者）

産業	平成29年	30年		令和元年		2年		3年		4年
	年末	夏季	年末	夏季	年末	夏季	年末	夏季	年末	夏季
支給額（千円）										
鉱業	1,015.7	1,035.2	1,001.6	1,039.5	1,016.5	1,030.3	950.0	1,043.4	863.2	1,087.5
製造業	830.7	882.7	824.7	847.8	838.3	835.2	799.8	823.3	799.5	899.2
建設	990.8	1,269.6	1,105.3	1,325.7	1,037.8	1,254.9	1,157.4	1,187.8	1,029.1	1,151.7
銀行・保険	847.5	868.2	854.4	873.7	903.8	864.2	976.2	979.9	997.2	1,004.0
銀行	—	—	—	—	—	—	—	—	—	—
保険	—	—	—	—	—	—	—	—	—	—
私鉄・バス	766.0	696.9	826.8	811.2	766.8	674.5	710.4	537.6	583.8	597.9
貨物運送	439.0	385.5	703.2	716.2	442.5	380.0	*	*	*	*
海運・倉庫	717.8	771.9	803.4	750.7	752.8	774.1	503.1	505.4	949.0	1,192.2
電力	695.5	702.3	718.2	749.6	710.0	733.4	738.6	758.4	752.5	757.0
ガス	784.3	783.5	1,759.7	3,028.3	778.9	747.3	775.2	753.0	802.7	760.4
百貨店・スーパー	664.2	562.2	1,105.4	1,108.4	639.6	551.2	609.6	566.4	585.4	503.7
商事	1,518.9	2,942.1	544.6	520.5	1,704.8	2,836.4	1,719.6	2,851.2	1,461.5	3,875.3
新聞・放送	1,298.0	1,281.9	849.2	888.7	1,115.8	1,129.8	1,131.3	1,136.7	1,146.4	1,209.1
ホテル・旅行	541.6	477.7	—	—	*	*	*	*	223.7	319.9
情報サービス	877.3	895.9	*	*	*	*	886.7	883.4	878.6	905.5
飲食・娯楽	—	—	—	—	697.7	592.3	348.3	399.2	523.5	456.0
調査産業計	858.6	958.4	880.8	970.4	881.0	938.5	860.0	929.4	831.4	1,015.7
支給月数（月分）										
鉱業	2.8	2.8	3.0	3.1	2.9	3.0	2.5	2.8	2.9	3.8
製造業	2.5	2.7	2.6	2.6	2.6	2.5	2.4	2.5	2.4	2.7
建設	2.5	3.0	2.7	3.3	2.4	3.0	2.9	3.0	2.7	3.1
銀行・保険	2.2	2.2	2.3	2.3	2.3	2.3	2.6	2.6	2.5	2.6
銀行	—	—	—	—	—	—	—	—	—	—
保険	—	—	—	—	—	—	—	—	—	—
私鉄・バス	2.5	2.1	2.5	2.4	2.6	2.2	2.3	1.7	1.9	1.9
貨物運送	2.2	1.8	1.8	1.8	2.2	1.8	*	*	*	*
海運・倉庫	2.3	2.4	2.5	2.3	2.5	2.6	1.7	1.7	2.4	3.0
電力	1.8	1.8	2.0	2.1	1.8	1.9	1.9	2.0	1.9	2.0
ガス	2.4	2.4	3.4	5.6	2.4	2.3	2.4	2.3	2.4	2.3
百貨店・スーパー	2.0	1.6	2.6	2.6	2.0	1.7	1.8	1.7	1.7	1.5
商事	3.0	5.5	2.1	2.0	3.5	5.3	3.4	5.3	2.9	6.9
新聞・放送	3.0	3.0	3.1	3.2	2.6	2.7	2.7	2.7	2.6	2.8
ホテル・旅行	2.1	1.9	*	*	*	*	*	*	0.7	1.0
情報サービス	2.6	2.7	*	*	*	*	3.2	3.2	3.2	3.1
飲食・娯楽	—	—	—	—	2.0	1.7	1.2	1.3	1.8	1.6
調査産業計	2.5	2.7	2.6	2.7	2.6	2.6	2.4	2.5	2.4	2.8

資料出所　中央労働委員会事務局「賃金事情等総合調査－賃金事情調査－」。下の〔参考〕表も同じ。
注　1．夏季＝３月から８月の間に支給された一時金。年末＝９月から翌年２月の間に支給された一時金。なお、賃金増額に伴う遡及額分、創立記念一時金などの一時金は含まれていない。
2．支給月数とは所定内賃金月額に対する倍率。
3．「＊」は回答企業が１社であったもので、公表されていない。「－」は回答のないことを示す。

C−31(1)　年齢・勤続年数

（令和４年

区　　分	勤続年数計	0年	1～2年	3～4年	5～9年	10～14年	15～19年	20～24年	25～29年	30年以上
企業規模　10人以上〔学歴計〕										
男性労働者										
高校卒(計)	988.4	54.2	520.4	663.2	756.3	931.5	1,072.6	1,210.4	1,313.4	1,505.5
～19歳	175.0	17.4	376.2	712.3	—	—	—	—	—	—
20～24	662.5	57.3	556.4	742.7	823.9	—	—	—	—	—
25～29	723.9	37.1	431.9	598.2	840.6	944.0	—	—	—	—
30～34	915.2	37.8	565.7	679.9	785.7	1,045.9	1,183.5	—	—	—
35～39	971.8	65.5	615.1	712.4	822.4	948.9	1,163.7	1,293.2	—	—
40～44	1,092.6	58.1	691.8	676.6	779.5	1,007.7	1,158.7	1,351.2	1,395.5	—
45～49	1,201.5	54.6	631.0	592.3	767.3	961.8	1,110.2	1,200.4	1,431.5	1,708.1
50～54	1,255.1	50.0	564.4	674.6	610.1	875.8	951.4	1,154.0	1,235.6	1,641.3
55～59	1,283.0	112.8	424.0	515.3	654.9	808.8	918.9	917.1	1,142.0	1,682.4
60～64	753.8	364.6	456.9	372.4	448.6	492.9	620.4	490.6	650.5	1,001.4
65～69	361.7	16.7	219.6	187.7	274.4	318.7	408.0	412.7	274.7	500.0
70歳～	247.4	48.9	52.3	214.9	191.7	177.2	234.2	585.3	139.4	338.5
大学卒(計)	1,413.9	103.3	764.5	914.3	1,085.8	1,378.0	1,539.2	1,912.8	2,186.4	2,248.5
22～24歳	387.2	—	—	—	—	—	—	—	—	—
25～29	806.2	25.1	675.1	495.6	706.6	—	—	—	—	—
30～34	999.3	54.0	674.2	883.3	1,002.4	1,233.8	—	—	—	—
35～39	1,220.9	109.5	639.0	946.4	1,099.7	1,323.8	1,107.5	—	—	—
40～44	1,398.7	101.3	902.0	968.9	1,023.1	1,477.2	1,480.3	1,149.9	—	—
45～49	1,666.7	83.9	844.3	767.3	1,054.7	1,471.5	1,635.6	1,946.3	1,452.0	—
50～54	2,054.6	127.9	940.4	1,281.8	1,246.3	1,363.1	1,617.7	2,013.1	2,085.6	1,665.7
55～59	2,144.6	152.2	1,253.8	786.2	1,192.8	1,396.5	1,534.7	1,981.5	2,357.5	2,668.5
60～64	1,206.0	470.0	922.2	1,419.0	1,336.1	1,211.1	1,639.8	1,693.1	1,917.3	2,575.8
65～69	609.7	560.8	868.3	845.6	1,169.4	819.6	741.2	930.8	1,144.5	1,495.2
70歳～	362.0	8.0	186.2	309.2	651.0	650.4	735.5	916.2	438.4	733.7
女性労働者										
高校卒(計)	549.8	23.1	310.4	419.8	443.5	597.0	652.4	670.5	839.6	989.4
～19歳	131.9	10.7	330.3	—	—	—	—	—	—	—
20～24	497.6	5.7	405.0	563.8	713.4	—	—	—	—	—
25～29	604.3	15.7	220.7	345.6	596.9	989.9	—	—	—	—
30～34	612.0	57.9	167.6	357.8	450.9	797.2	995.8	—	—	—
35～39	585.5	20.6	297.5	431.1	426.0	551.8	841.9	993.7	—	—
40～44	583.3	34.5	367.9	404.8	395.3	534.8	681.6	948.9	979.3	—
45～49	638.0	23.1	299.7	359.2	431.0	450.3	550.3	675.9	1,067.8	1,214.2
50～54	645.4	16.8	244.0	394.7	366.5	487.0	621.0	619.1	791.8	1,176.2
55～59	610.9	25.2	316.3	250.4	281.0	507.1	525.3	538.4	702.5	1,118.5
60～64	314.6	265.9	210.8	227.0	243.2	201.4	293.1	316.3	347.0	492.5
65～69	184.0	38.1	38.2	146.7	174.5	72.9	203.3	202.5	185.5	279.4
70歳～	141.6	—	6.2	44.7	16.2	282.8	84.3	261.3	184.9	128.3
大学卒(計)	899.9	38.2	580.8	846.3	821.4	1,123.2	1,254.4	1,712.3	1,766.8	2,012.9
20～24歳	348.0	16.6	592.8	236.2	810.7	—	—	—	—	—
25～29	758.0	48.4	719.7	868.8	971.6	631.7	—	—	—	—
30～34	711.5	49.8	430.2	577.5	909.5	1,221.5	784.7	—	—	—
35～39	940.5	75.7	506.3	883.8	836.2	1,172.6	1,330.2	209.0	—	—
40～44	1,120.5	112.5	647.7	1,159.9	884.6	1,035.3	1,274.5	1,790.8	—	—
45～49	1,184.4	35.3	679.8	848.7	675.1	1,022.0	1,334.0	1,795.7	1,685.2	1,117.4
50～54	1,351.0	105.9	580.3	1,018.6	411.0	1,290.5	1,497.4	1,803.4	1,943.5	2,309.2
55～59	1,171.4	224.5	131.2	964.8	501.5	944.3	746.7	885.4	1,648.4	2,035.2
60～64	687.3	149.8	214.0	848.5	58.4	655.8	781.4	676.5	946.7	1,243.9
65～69	267.1	—	0.0	318.0	150.0	121.0	1,078.3	—	71.2	110.0
70歳～	261.8	—	110.6	—	—	—	—	505.0	—	257.9

資料出所　厚生労働省「賃金構造基本統計調査」。
注　1．年間賞与は、年間における賞与・期末手当等特別給与額をいう。
　　2．企業規模10～99人、100人～999人の区分は省略しているが、10人以上の数値には含まれる。

階級別にみた年間賞与〔製造業〕

年間特別給与額）

（単位　千円）

区　　分	勤続年数計	0年	1～2年	3～4年	5～9年	10～14年	15～19年	20～24年	25～29年	30年以上
企業規模　1,000人以上〔学歴計〕										
男性労働者										
高　校　卒(計)	1,387.4	60.7	794.3	854.8	1,008.6	1,233.4	1,435.3	1,627.5	1,716.3	1,867.9
～　19歳	178.1	13.4	435.1	—	—	—	—	—	—	—
20　～　24	810.7	79.1	716.1	851.9	941.6	—	—	—	—	—
25　～　29	923.7	56.1	675.2	732.6	1,017.6	1,085.0	—	—	—	—
30　～　34	1,205.3	71.3	837.7	966.8	1,094.2	1,247.9	1,369.5	—	—	—
35　～　39	1,304.2	49.1	914.3	808.9	1,092.7	1,267.2	1,432.5	1,608.7	—	—
40　～　44	1,507.7	64.8	1,287.2	1,059.1	1,120.3	1,351.5	1,550.8	1,640.7	1,669.0	—
45　～　49	1,673.2	182.0	1,455.0	896.6	1,108.6	1,243.3	1,488.3	1,727.9	1,756.6	1,924.6
50　～　54	1,779.9	103.0	1,396.9	1,033.1	874.8	1,330.7	1,492.6	1,705.5	1,702.4	1,909.4
55　～　59	1,926.6	15.8	1,101.3	730.2	1,046.2	1,370.9	1,376.9	1,408.7	1,701.1	2,054.9
60　～　64	1,196.5	667.3	728.1	777.5	535.7	398.4	1,169.0	689.5	1,137.1	1,339.3
65　～　69	586.9	—	62.7	646.1	557.3	212.6	113.5	855.1	264.9	766.1
70歳～	253.2	—	20.0	—	41.7	—	90.0	—	—	650.5
大　学　卒(計)	2,067.7	271.1	1,029.2	1,290.4	1,575.1	1,827.1	2,174.3	2,554.6	2,891.3	2,771.1
22　～　24歳	478.4	—	—	—	—	—	—	—	—	—
25　～　29	1,097.1	29.0	718.9	1,139.2	993.3	—	—	—	—	—
30　～　34	1,361.0	34.9	905.2	1,122.7	1,329.8	1,408.3	—	—	—	—
35　～　39	1,768.6	310.2	963.3	1,267.7	1,455.2	1,641.0	—	—	—	—
40　～　44	2,051.6	46.8	1,248.6	1,590.0	1,619.7	1,847.1	2,046.0	1,723.7	—	—
45　～　49	2,431.8	276.6	1,425.5	1,457.7	1,816.9	1,735.2	2,251.4	2,552.1	2,183.3	—
50　～　54	2,761.4	889.9	1,700.0	2,213.7	2,038.2	2,122.3	2,173.5	2,589.7	2,865.4	1,685.6
55　～　59	2,922.5	773.6	1,119.1	1,831.1	1,911.5	2,357.9	2,065.3	2,455.8	2,927.0	2,984.4
60　～　64	1,834.6	7,170.0	2,028.0	1,902.5	1,978.0	1,725.4	2,554.5	2,675.5	2,915.0	3,047.7
65　～　69	1,012.3	2,151.8	1,724.7	1,243.9	2,455.2	1,499.4	2,027.6	2,147.0	1,538.9	1,871.3
70歳～	760.0	30.0	453.0	1,007.5	1,970.0	693.9	550.0	94.7	777.1	909.8
女性労働者										
高　校　卒(計)	915.9	29.9	501.1	650.5	751.8	820.5	989.5	1,114.9	1,220.7	1,389.5
～　19歳	153.9	24.3	423.5	—	—	—	—	—	—	—
20　～　24	752.0	20.0	662.7	736.6	929.2	—	—	—	—	—
25　～　29	743.9	—	327.0	323.5	881.8	1,038.2	—	—	—	—
30　～　34	843.2	81.8	267.9	686.0	674.6	979.5	1,123.4	—	—	—
35　～　39	894.7	2.1	214.9	561.5	627.5	839.7	1,147.1	1,400.1	—	—
40　～　44	1,031.0	39.3	379.8	583.4	683.8	882.0	1,190.1	1,262.6	1,394.7	—
45　～　49	1,143.1	58.1	700.0	667.3	782.4	884.5	808.6	1,068.1	1,271.8	1,430.6
50　～　54	1,223.6	138.9	271.6	782.9	655.4	781.3	1,080.7	638.1	1,156.1	1,461.1
55　～　59	1,060.6	0.0	675.1	557.1	290.4	495.2	566.4	709.1	912.4	1,457.2
60　～　64	538.3	157.9	555.4	353.8	301.1	313.2	271.9	585.9	343.4	813.4
65　～　69	188.1	—	—	—	196.2	29.4	213.8	323.7	184.6	226.2
70歳～	30.9	—	—	—	77.3	—	25.0	—	14.0	23.4
大　学　卒(計)	1,414.3	80.4	857.1	1,129.5	1,438.5	1,571.0	1,775.9	2,049.7	2,634.9	2,310.9
20　～　24歳	492.8	22.2	740.7	41.6	1,104.2	—	—	—	—	—
25　～　29	1,130.7	296.9	911.2	1,102.7	1,336.4	—	—	—	—	—
30　～　34	1,251.9	17.4	851.8	1,367.5	1,358.1	1,509.9	—	—	—	—
35　～　39	1,515.0	57.9	1,084.0	1,219.5	1,847.9	1,450.6	1,526.6	—	—	—
40　～　44	1,699.2	307.9	902.9	1,184.7	1,303.3	1,878.9	2,052.8	2,176.7	—	—
45　～　49	1,800.8	—	1,098.6	1,004.5	1,202.1	1,908.4	1,893.6	2,003.1	2,932.5	—
50　～　54	2,132.7	—	1,560.1	1,203.2	1,406.3	1,607.1	2,139.8	2,115.5	2,481.6	2,475.5
55　～　59	2,009.6	—	154.0	496.8	2,980.2	1,341.5	450.5	1,835.4	1,948.5	2,233.9
60　～　64	1,190.5	1,070.5	815.0	423.1	573.5	1,167.4	82.7	2,217.3	—	1,581.8
65　～　69	574.7	—	—	—	—	—	1,143.2	—	—	—
70歳～	—	—	—	—	—	—	—	—	—	—

3．勤続年数は、労働者が定年後も再雇用等で引き続き同一企業に勤務する場合には通算される。

C－31(2)　年齢・勤続年数

(令和４年

区　　分	勤続年数計	0年	1～2年	3～4年	5～9年	10～14年	15～19年	20～24年	25～29年	30年以上
企業規模　10人以上										
男性労働者										
高　校　卒(計)	859.5	55.5	374.6	541.6	688.6	771.4	983.1	975.8	1,172.7	1,442.3
～　19歳	189.6	12.6	355.3	—	—	—	—	—	—	—
20　～　24	485.3	7.7	382.9	629.0	765.3	—	—	—	—	—
25　～　29	545.4	38.4	316.8	415.6	735.2	942.9	—	—	—	—
30　～　34	642.7	27.9	314.1	595.3	686.9	826.1	1,111.7	—	—	—
35　～　39	719.5	51.0	364.5	515.9	701.0	729.9	988.5	1,042.6	—	—
40　～　44	909.2	21.8	463.1	710.4	777.0	881.0	1,153.6	1,057.6	1,252.8	—
45　～　49	1,032.3	31.2	550.3	571.3	781.8	744.3	1,037.5	1,120.6	1,373.9	1,583.1
50　～　54	1,161.9	16.4	533.6	543.9	677.9	784.0	1,143.4	1,020.4	1,131.0	1,620.6
55　～　59	1,164.6	77.7	272.2	496.7	658.1	819.6	848.0	831.3	965.8	1,619.0
60　～　64	736.8	424.0	292.5	241.3	314.3	621.8	509.4	496.8	522.5	1,102.7
65　～　69	471.6	66.1	157.3	248.4	305.7	236.6	273.6	971.7	289.2	745.3
70歳～	227.9	—	412.1	117.4	439.8	104.2	77.6	107.6	124.3	288.9
大　学　卒(計)	1,426.2	86.1	761.1	983.5	1,190.0	1,441.8	1,694.3	1,863.4	1,964.2	2,041.2
22　～　24歳	404.4	18.4	689.2	107.4	583.7	—	—	—	—	—
25　～　29	917.0	83.2	709.3	1,030.4	1,157.1	210.6	—	—	—	—
30　～　34	1,104.5	65.0	652.0	1,009.7	1,236.9	1,272.6	720.2	—	—	—
35　～　39	1,390.8	50.5	830.0	933.7	1,025.6	1,632.9	1,689.9	1,279.8	—	—
40　～　44	1,574.2	99.9	1,065.0	1,072.8	1,230.2	1,332.6	1,786.9	1,899.3	130.0	—
45　～　49	1,718.7	166.2	925.2	999.8	1,189.1	1,415.2	1,613.7	1,985.6	2,053.1	1,475.3
50　～　54	1,982.0	26.5	857.6	1,260.9	1,378.6	1,783.9	2,011.2	1,790.1	2,016.1	2,486.2
55　～　59	2,021.7	13.8	1,040.5	1,036.9	1,603.7	1,655.0	1,410.1	1,544.2	1,664.7	2,348.3
60　～　64	1,178.1	899.3	880.9	492.3	1,375.3	1,067.4	787.2	774.6	1,265.9	1,389.9
65　～　69	434.6	554.4	233.3	425.5	291.1	590.7	436.1	449.2	466.8	481.3
70歳～	280.3	—	307.8	43.6	226.3	128.4	141.8	232.3	148.1	590.3
女性労働者										
高　校　卒(計)	432.7	23.1	231.8	383.1	384.8	386.6	468.2	556.9	677.4	1,032.0
～　19歳	166.1	22.5	321.5	—	—	—	—	—	—	—
20　～　24	424.5	3.6	293.3	562.6	692.1	—	—	—	—	—
25　～　29	386.4	33.2	218.6	338.4	572.8	473.9	—	—	—	—
30　～　34	440.0	10.1	192.0	281.8	475.3	627.5	748.6	—	—	—
35　～　39	449.3	71.2	212.6	447.2	389.8	440.3	647.7	1,052.8	—	—
40　～　44	510.9	69.6	235.9	416.4	444.0	429.4	646.9	785.8	695.1	—
45　～　49	487.6	14.1	302.9	283.1	317.9	428.1	412.0	622.6	995.3	1,064.6
50　～　54	520.7	4.4	167.0	297.2	333.9	332.0	550.2	577.6	668.5	1,109.9
55　～　59	502.5	0.4	71.3	253.0	217.5	306.6	340.9	525.3	571.2	1,329.3
60　～　64	226.8	17.7	67.9	83.2	126.2	159.0	211.4	245.2	238.0	552.0
65　～　69	119.7	—	0.1	180.8	45.4	45.5	85.3	173.9	80.1	284.7
70歳～	107.6	—	58.9	146.2	34.3	100.8	53.8	84.2	115.2	315.8
大　学　卒(計)	842.0	24.9	554.8	795.9	949.3	982.6	1,158.1	1,316.5	1,693.6	1,972.1
20　～　24歳	356.1	15.6	580.1	620.3	445.6	—	—	—	—	—
25　～　29	758.8	22.5	561.7	850.7	1,035.9	15.0	—	—	—	—
30　～　34	844.4	19.8	537.6	691.6	1,015.6	1,059.3	1.5	—	—	—
35　～　39	839.0	14.3	358.7	535.2	772.0	1,054.5	1,236.4	1,465.6	—	—
40　～　44	1,057.3	74.5	623.6	857.0	940.4	1,159.3	1,302.2	1,365.0	788.0	—
45　～　49	1,120.3	119.4	890.3	1,114.9	807.7	882.0	1,032.5	1,484.5	1,524.0	1,178.2
50　～　54	1,158.1	28.9	336.7	836.7	767.0	707.2	1,069.3	1,007.8	2,131.3	1,879.7
55　～　59	1,138.7	20.8	568.4	607.6	793.1	235.0	695.3	1,161.6	302.1	2,096.2
60　～　64	861.8	60.6	340.7	27.3	126.3	733.6	152.9	570.9	754.5	1,931.0
65　～　69	497.8	—	1,861.0	42.3	16.8	480.8	214.4	1,295.3	377.5	37.9
70歳～	267.9	—	—	28.4	936.4	294.9	350.5	—	—	1,600.0

資料出所　厚生労働省「賃金構造基本統計調査」。

注　1．年間賞与は、年間における賞与・期末手当等特別給与額をいう。

2．企業規模10～99人、100～999人の区分は省略しているが、10人以上の数値には含まれる。

3．勤続年数は、労働者が定年後も再雇用等で引き続き同一企業に勤続する場合には通算される。

階級別にみた年間賞与〔卸売・小売業〕

年間特別給与額）

（単位　千円）

区　分	勤続年数計	0年	1～2年	3～4年	5～9年	10～14年	15～19年	20～24年	25～29年	30年以上
企業規模　1,000人以上										
男性労働者										
高校卒(計)	1,186.9	144.9	494.2	742.1	919.9	978.2	1,242.0	1,263.2	1,617.5	1,761.7
～19歳	249.7	22.4	371.0	—	—	—	—	—	—	—
20～24	707.4	14.2	585.1	746.4	954.8	—	—	—	—	—
25～29	797.1	41.1	432.5	426.7	934.6	1,077.1	—	—	—	—
30～34	892.0	15.9	421.5	783.2	1,137.3	952.3	1,334.3	—	—	—
35～39	917.5	21.8	366.6	687.9	789.5	914.3	1,157.3	1,223.6	—	—
40～44	1,224.1	19.7	852.8	1,087.7	958.8	1,115.5	1,490.3	1,152.5	1,489.6	—
45～49	1,481.4	20.6	1,507.2	755.3	1,003.3	817.1	1,132.3	1,457.0	1,773.1	1,849.3
50～54	1,613.6	5.9	748.6	1,209.4	830.2	991.8	1,436.9	1,446.3	1,486.2	1,866.0
55～59	1,746.2	6.0	349.4	454.1	1,513.9	1,326.8	1,281.2	1,055.3	1,554.2	1,953.8
60～64	866.1	1,344.1	381.2	209.5	179.4	497.3	417.7	622.3	619.8	1,150.8
65～69	392.8	924.5	63.1	9.5	598.8	256.8	44.3	—	225.0	1,433.6
70歳～	102.7	—	0.4	132.0	—	38.8	1.9	111.7	—	208.4
大学卒(計)	1,809.9	138.0	943.9	1,304.5	1,428.3	1,806.8	2,025.3	2,283.3	2,422.6	2,397.5
22～24歳	486.3	22.5	790.6	48.6	360.0	—	—	—	—	—
25～29	1,102.4	120.2	813.9	1,239.2	1,366.0	—	—	—	—	—
30～34	1,360.3	145.1	916.9	1,098.0	1,398.8	1,650.1	720.2	—	—	—
35～39	1,760.9	40.5	1,175.1	1,393.2	1,348.4	1,946.5	1,853.0	1,279.8	—	—
40～44	2,007.0	245.1	1,634.4	1,838.3	1,468.9	1,545.0	2,115.4	2,246.7	—	—
45～49	2,272.8	221.0	1,704.3	1,268.7	1,435.1	1,750.8	2,221.7	2,422.3	2,441.4	1,704.4
50～54	2,488.5	24.5	1,853.8	1,855.8	1,699.3	2,206.3	2,462.4	2,157.4	2,437.4	2,802.7
55～59	2,465.8	—	1,389.7	2,573.9	1,786.3	2,244.7	1,716.5	1,649.8	2,349.5	2,617.6
60～64	1,475.2	1,552.3	1,327.3	893.2	2,396.0	1,692.0	709.8	639.8	2,795.4	1,486.1
65～69	572.9	2,607.3	355.2	2,855.2	371.0	119.9	205.3	208.2	1,054.8	375.6
70歳～	228.1	—	—	—	426.2	75.0	—	30.0	20.0	1,600.2
女性労働者										
高校卒(計)	501.4	38.7	306.8	431.9	341.5	371.1	455.5	626.3	853.5	1,324.9
～19歳	289.6	30.1	488.3	—	—	—	—	—	—	—
20～24	493.1	—	448.1	603.7	698.2	—	—	—	—	—
25～29	502.6	2.3	220.9	418.5	708.0	674.5	—	—	—	—
30～34	614.4	—	203.5	232.9	525.9	871.1	879.6	—	—	—
35～39	478.8	283.8	266.5	455.2	205.2	402.1	618.9	1,208.7	—	—
40～44	543.7	75.9	271.9	445.3	453.0	357.0	693.4	787.1	967.1	—
45～49	627.5	15.9	403.9	288.5	254.3	316.1	548.1	692.1	1,245.2	1,349.5
50～54	557.5	3.8	182.9	263.6	302.7	245.2	425.9	601.8	522.9	1,197.5
55～59	598.2	—	36.7	290.1	137.1	127.5	231.8	577.6	428.5	1,751.1
60～64	187.3	114.2	28.5	96.3	28.6	110.6	115.2	154.5	211.9	690.3
65～69	41.2	—	—	73.8	13.4	23.5	27.4	147.6	38.4	133.2
70歳～	24.6	—	—	—	20.4	52.8	71.6	12.2	12.1	—
大学卒(計)	1,047.5	28.4	653.1	985.4	1,104.9	1,115.7	1,258.7	1,723.3	2,370.4	2,232.8
20～24歳	402.2	18.7	624.0	593.6	622.4	—	—	—	—	—
25～29	932.9	8.7	638.7	1,020.5	1,215.4	15.0	—	—	—	—
30～34	1,127.3	66.9	653.0	882.7	1,220.6	1,437.8	1.5	—	—	—
35～39	1,162.7	8.1	811.2	876.5	902.6	1,242.3	1,364.6	1,756.3	—	—
40～44	1,271.5	71.7	573.8	2,506.5	1,023.3	1,622.7	1,515.4	1,923.3	788.0	—
45～49	1,371.1	33.6	1,583.6	1,105.2	1,042.9	689.9	1,055.3	1,855.3	1,879.6	1,178.2
50～54	1,442.8	355.0	568.9	1,004.7	421.1	464.9	1,200.8	1,497.2	2,848.8	1,933.0
55～59	1,419.5	—	1,134.5	382.7	574.6	77.5	656.4	1,115.5	548.9	2,295.7
60～64	1,003.2	148.1	269.0	48.3	116.3	857.9	15.0	635.0	561.6	2,678.2
65～69	215.6	—	1,861.0	—	—	406.7	140.3	—	—	—
70歳～	192.8	—	—	27.0	40.0	326.0	539.2	—	—	—

4．表示学歴の年齢と勤続年数については、定時制卒業の場合も含まれる。
5．サンプル数が少ない場合は、数値が安定しないので、注意されたい。

C−32　年間賃金と生涯

(1)　年齢階級別平均年間賃金（産業計）

学歴	年齢階級	実額（千円） 企業規模計 所定内給与	企業規模計 賞与	企業規模計 計	1,000人以上 所定内給与	1,000人以上 賞与	1,000人以上 計	100〜999人 所定内給与	100〜999人 賞与	100〜999人 計
大学卒・男性	22〜24歳	2,819	374	3,193	2,888	434	3,322	2,782	347	3,129
	25〜29	3,254	1,047	4,302	3,416	1,230	4,646	3,126	951	4,077
	30〜34	3,943	1,330	5,274	4,204	1,580	5,784	3,779	1,208	4,987
	35〜39	4,736	1,727	6,464	5,190	2,068	7,258	4,291	1,456	5,748
	40〜44	5,357	1,922	7,278	5,832	2,308	8,140	5,002	1,647	6,649
	45〜49	5,993	2,197	8,190	6,638	2,642	9,281	5,484	1,866	7,350
	50〜54	6,722	2,607	9,330	7,266	3,000	10,266	5,975	2,070	8,045
	55〜59	6,643	2,555	9,198	7,008	2,860	9,868	6,276	2,281	8,557
	60〜64	4,566	1,446	6,012	4,368	1,592	5,960	4,798	1,403	6,200
	65〜69	4,039	840	4,879	3,871	709	4,580	3,774	888	4,662
高校卒・男性	18〜19歳	2,258	198	2,456	2,281	220	2,501	2,231	207	2,438
	20〜24	2,526	738	3,264	2,598	842	3,440	2,467	716	3,184
	25〜29	2,944	912	3,855	3,084	1,023	4,107	2,832	883	3,715
	30〜34	3,414	1,119	4,533	3,636	1,260	4,896	3,209	1,059	4,268
	35〜39	3,827	1,192	5,019	4,259	1,424	5,683	3,595	1,121	4,716
	40〜44	4,348	1,404	5,752	4,673	1,588	6,261	4,166	1,376	5,542
	45〜49	4,750	1,613	6,363	5,066	1,809	6,875	4,471	1,499	5,970
	50〜54	5,141	1,698	6,839	5,482	1,964	7,446	4,882	1,557	6,438
	55〜59	5,317	1,826	7,143	5,610	2,045	7,655	5,064	1,669	6,733
	60〜64	3,870	1,171	5,041	3,634	1,359	4,992	4,164	1,039	5,203
	65〜69	3,433	743	4,176	3,640	964	4,604	3,418	678	4,095

資料出所　厚生労働省「賃金構造基本統計調査」より日本生産性本部で加工したもの。
注　サンプル数が少ない場合は数値が安定しないので注意されたい。(2)も同様。

(2)　産業別生涯賃金（学卒時年齢から60歳までの年間賃金累積値：退職金を除く）

学歴 産業	実額（万円） 企業規模計 所定内給与	企業規模計 賞与	企業規模計 計	1,000人以上 所定内給与	1,000人以上 賞与	1,000人以上 計	100 所定内給与
大学卒・男性							
産業計	19,178	6,799	25,978	20,647	7,966	28,612	17,826
建設業	19,574	7,981	27,555	21,600	10,292	31,892	18,116
製造業	18,288	6,541	24,829	19,894	8,086	27,981	17,218
情報通信業	19,438	6,540	25,978	20,898	7,384	28,282	18,851
卸売業,小売業	18,678	6,601	25,279	19,689	7,651	27,339	17,773
金融業,保険業	22,198	9,081	31,279	23,361	9,929	33,290	18,703
宿泊業,飲食サービス	16,067	2,850	31,279	17,055	2,779	19,834	*15,404
医療,福祉	16,379	4,713	31,279	*17,557	*5,380	*22,937	*15,636
高校卒・男性							
産業計	16,575	5,275	21,850	17,681	6,014	23,695	15,759
建設業	17,604	5,992	23,595	19,144	8,178	27,322	17,641
製造業	16,072	5,345	21,417	17,192	6,234	23,426	15,436
情報通信業	17,612	6,036	31,279	*18,751	*7,345	*26,096	*16,905
卸売業,小売業	16,359	4,815	21,174	17,013	5,471	22,485	15,890
金融業,保険業	*17,233	*5,414	*22,647	−	−	−	*17,048
宿泊業,飲食サービス	14,907	1,553	31,279	*15,802	*2,244	*18,046	14,706
医療,福祉	*16,027	*4,335	20,362	−	−	−	*14,763

資料出所　厚生労働省「賃金構造基本統計調査」より日本生産性本部で加工したもの。
注　「−」で示した箇所は、該当する年齢階級のデータが部分的に欠落していて集計できなかった。

〔生涯賃金の試算について〕

(1)　本表は賃金センサス所収の「標準労働者の年齢各歳別所定内給与額及び年間賞与その他特別給与額」を用いて推計したものである。年間所定内給与は令和４年６月の所定内給与額を12倍した数値であり、年間賞与は令和３年の年間賞与の数値である。

賃金の推計値（令和３・４年）

10～99人			企業規模間格差（1,000人以上＝100.0） 100～999人			10～99人			学歴 年齢	
所定内給与	賞与	計	所定内給与	賞与	計	所定内給与	賞与	計	年齢	学歴
2,724	277	3,001	96.3	80.0	94.2	94.3	63.8	90.3	22～24	大卒男性
3,065	693	3,758	91.5	77.4	87.8	89.7	56.4	80.9	25～29	大卒男性
3,614	909	4,523	89.9	76.4	86.2	86.0	57.5	78.2	30～34	大卒男性
3,997	969	4,966	82.7	70.4	79.2	77.0	46.9	68.4	35～39	大卒男性
4,559	1,229	5,788	85.8	71.4	81.7	78.2	53.3	71.1	40～44	大卒男性
4,901	1,387	6,288	82.6	70.6	79.2	73.8	52.5	67.8	45～49	大卒男性
5,492	1,705	7,197	82.2	69.0	78.4	75.6	56.8	70.1	50～54	大卒男性
5,524	1,488	7,011	89.6	79.8	86.7	78.8	52.0	71.1	55～59	大卒男性
4,453	1,061	5,514	109.8	88.1	104.0	102.0	66.6	92.5	60～64	大卒男性
4,573	868	5,441	97.5	125.3	101.8	118.1	122.3	118.8	65～69	大卒男性
2,280	141	2,421	97.8	94.2	97.5	99.9	64.3	96.8	18～19	高卒男性
2,501	563	3,064	95.0	85.1	92.5	96.3	66.9	89.1	20～24	高卒男性
2,893	766	3,659	91.8	86.3	90.5	93.8	74.8	89.1	25～29	高卒男性
3,192	794	3,986	88.3	84.0	87.2	87.8	63.0	81.4	30～34	高卒男性
3,545	930	4,475	84.4	78.7	83.0	83.2	65.3	78.7	35～39	高卒男性
3,912	992	4,904	89.2	86.6	88.5	83.7	62.5	78.3	40～44	高卒男性
4,224	1,115	5,339	88.3	82.9	86.8	83.4	61.7	77.7	45～49	高卒男性
4,564	1,083	5,647	89.1	79.3	86.5	83.3	55.1	75.8	50～54	高卒男性
4,562	1,170	5,732	90.3	81.6	88.0	81.3	57.2	74.9	55～59	高卒男性
3,992	869	4,861	114.6	76.4	104.2	109.9	63.9	97.4	60～64	高卒男性
3,155	565	3,720	93.9	70.3	89.0	86.7	58.6	80.8	65～69	高卒男性

～999人		10～99人			企業規模間格差（1,000人以上＝100） 100～999人			10～99人			学歴 産業
賞与	計	所定内給与	賞与	計	所定内給与	賞与	計	所定内給与	賞与	計	
											大・男
5,854	23,680	16,448	4,311	20,759	86.3	73.5	82.8	79.7	54.1	72.6	産業計
6,215	24,331	16,663	4,849	21,512	83.9	60.4	76.3	77.1	47.1	67.5	建設業
5,871	23,089	15,492	3,366	18,859	86.5	72.6	82.5	77.9	41.6	67.4	製造業
6,323	25,174	16,673	4,789	21,462	90.2	85.6	89.0	79.8	64.9	75.9	情報通信
5,701	23,474	16,090	3,843	19,933	90.3	74.5	85.9	81.7	50.2	72.9	卸・小売
6,508	25,211	18,504	6,332	24,837	80.1	65.5	75.7	79.2	63.8	74.6	金融保険
*1,797	*17,201	*14,374	*3,928	*18,303	90.3	64.7	86.7	84.3	141.3	92.3	宿泊飲食
*4,308	*19,944	*15,707	*4,423	*20,129	89.1	80.1	87.0	89.5	82.2	87.8	医療福祉
											高・男
4,957	20,716	15,180	3,757	18,937	89.1	82.4	87.4	85.9	62.5	79.9	産業計
6,262	23,903	16,135	4,087	20,222	92.1	76.6	87.5	84.3	50.0	74.0	建設業
4,956	20,393	14,446	3,563	18,008	89.8	79.5	87.1	84.0	57.2	76.9	製造業
*5,898	*22,802	*16,474	*4,371	*20,845	90.2	80.3	87.4	87.9	59.5	79.9	情報通信
4,311	20,200	14,830	3,576	18,406	93.4	78.8	89.8	87.2	65.4	81.9	卸・小売
*4,954	*22,002	－	－	－	－	－	－	－	－	－	金融保険
1,365	16,072	*13,193	*518	*13,711	93.1	60.8	89.1	83.5	23.1	76.0	宿泊飲食
*3,395	*18,158	－	－	－	－	－	－	－	－	－	医療福祉

(2)　上記の生涯賃金の数値は、(1)表の年齢階級別の年間賃金を当該年齢数ごとに掛け合わせて、累積したものである。但し退職金については含まれていない。

(3)　上表と中労委「退職金・年金および定年制事情調査」（令和３年６月）のモデル退職金の集計結果を用いて、産業計・規模1000人以上・大学卒・60歳定年退職者の、生涯賃金に退職金を加えた額を試算すると以下のようになる。

（生涯賃金）　　　　　（退職金）
２億8,612万円　　＋　　2,564万円　＝３億1,176万円

C－33　春季賃上げ状況（民間主要企業）

年	賃上前基準内賃金（円）	要求額（円）	要求率（%）	賃上額（定昇込み）（円）	賃上率（%）	賃上額の分散係数
昭和32年	－	－	－	1,518	8.6	0.20
33	－	－	－	1,050	5.6	0.29
34	－	－	－	1,281	6.5	0.20
35	20,535	2,831	13.8	1,792	8.7	0.17
36	21,444	4,043	18.9	2,970	13.8	0.14
37	23,597	5,004	21.2	2,515	10.7	0.13
38	24,718	4,815	19.5	2,237	9.1	0.16
39	26,622	5,548	20.8	3,305	12.4	0.10
40	29,635	6,214	21.0	3,150	10.6	0.16
41	32,095	6,623	20.6	3,403	10.6	0.12
42	35,037	7,025	20.1	4,371	12.5	0.07
43	38,800	8,305	21.4	5,296	13.6	0.07
44	43,339	9,840	22.7	6,865	15.8	0.07
45	49,503	11,795	23.8	9,166	18.5	0.06
46	57,459	13,991	24.3	9,727	16.9	0.07
47	66,243	15,432	23.3	10,138	15.3	0.08
48	75,446	18,897	25.0	15,159	20.1	0.05
49	88,209	35,177	39.9	28,981	32.9	0.07
50	116,783	37,447	32.1	15,279	13.1	0.16
51	131,349	23,793	18.1	11,596	8.8	0.10
52	143,109	22,181	15.5	12,536	8.8	0.07
53	156,615	19,621	12.53	9,218	5.90	0.20
54	166,026	14,668	8.83	9,959	6.00	0.10
55	173,320	15,157	8.75	11,679	6.74	0.06
56	182,690	18,735	10.26	14,037	7.68	0.06
57	194,154	18,080	9.31	13,613	7.01	0.06
58	203,655	15,002	7.37	8,964	4.40	0.15
59	209,617	13,615	6.50	9,354	4.46	0.12
60	215,998	15,507	7.18	10,871	5.03	0.09
61	222,869	16,391	7.35	10,146	4.55	0.14
62	232,118	12,861	5.54	8,275	3.56	0.18
63	238,409	15,602	6.54	10,573	4.43	0.12
平成元年	246,549	17,430	7.07	12,747	5.17	0.11
2	252,752	20,727	8.20	15,026	5.94	0.08
3	264,082	21,556	8.16	14,911	5.65	0.08
4	276,275	21,956	7.95	13,662	4.95	0.11
5	284,444	20,097	7.07	11,077	3.89	0.12
6	291,694	15,471	5.30	9,118	3.13	0.12
7	296,006	14,218	4.80	8,376	2.83	0.10
8	305,066	13,188	4.32	8,712	2.86	0.10
9	308,106	12,786	4.15	8,927	2.90	0.11
10	312,914	13,770	4.40	8,323	2.66	0.12
11	316,745	9,342	2.95	7,005	2.21	0.15
12	315,347	8,529	2.70	6,499	2.06	0.14
13	315,359	8,670	2.70	6,328	2.01	0.15
14	316,399	6,166	1.95	5,265	1.66	0.15
15	321,308	6,153	1.91	5,233	1.63	0.16
16	319,788	5,737	1.79	5,348	1.67	0.18
17	316,940	5,803	1.83	5,422	1.71	0.16
18	316,723	7,099	2.24	5,661	1.79	0.18
19	314,910	6,975	2.21	5,890	1.87	0.14
20	308,948	7,300	2.36	6,149	1.99	0.13
21	307,991	8,002	2.60	5,630	1.83	0.16
22	303,151	5,761	1.90	5,516	1.82	0.17
23	303,453	5,870	1.93	5,555	1.83	0.17
24	303,238	6,403	2.11	5,400	1.78	0.18
25	304,330	5,916	1.94	5,478	1.80	0.17
26	306,469	8,618	2.81	6,711	2.19	0.18
27	309,431	10,587	3.42	7,367	2.38	0.22
28	310,671	9,045	2.91	6,639	2.14	0.20
29	311,022	9,092	2.92	6,570	2.11	0.19
30	311,183	9,105	2.93	7,033	2.26	0.20
令和元年	311,255	8,898	2.86	6,790	2.18	0.19
2	315,051	8,840	2.81	6,286	2.00	0.20
3	314,357	7,762	2.47	5,854	1.86	0.19
4	313,728	8,544	2.72	6,898	2.20	0.22
5	312,640	13,247	4.24	11,245	3.60	0.30

資料出所　厚生労働省労使関係担当参事官室「民間主要企業春季賃上げ要求・妥結状況」。
注　1．集計対象企業は、平成15年までは東証又は大証１部上場企業のうち、資本金20億円以上かつ従業員数1,000人以上の労働組合がある企業。平成16年以降は、資本金10億円以上、従業員1,000人以上の労働組合のある企業。令和５年の集計社数は364社。
　　2．要求率は賃上げ前基準内賃金に対する要求額の割合。

C−34　各種団体の春季賃上げ状況（民間）

団体・年		調査対象数（社又は組合）	賃上前基準内賃金（円）		賃上額〔定昇込〕（円）		賃上率〔定昇込〕（%）	
			単純平均	加重平均	単純平均	加重平均	単純平均	加重平均
連合	平成23年	4,061	−	−	3,786	4,924	1.50	1.71
	24	4,257	−	−	3,740	4,902	1.50	1.72
	25	4,598	−	−	3,619	4,866	1.51	1.71
	26	5,422	−	−	4,157	5,928	1.74	2.07
	27	5,469	−	−	−	6,354	−	2.20
	28	5,297	−	−	−	5,779	−	2.00
	29	5,416	−	−	−	5,712	−	1.98
	30	5,575	−	−	4,709	5,934	1.93	2.07
	令和元年	5,405	−	−	4,699	5,997	1.91	2.07
	2	4,807	−	−	4,479	5,506	1.81	1.90
	3	4,772	−	−	−	5,180	−	1.78
	4	4,944	−	−	−	6,004	−	2.07
	5	5,272	−	−	−	10,560	−	3.58
日本経団連	平成23年	112	−	−	5,379	5,842	1.78	1.85
	24	112	−	−	5,227	5,752	1.72	1.81
	25	111	−	−	5,340	5,830	1.76	1.83
	26	109	−	−	6,204	7,370	2.02	2.28
	27	116	−	−	6,967	8,235	2.24	2.52
	28	118	−	−	6,481	7,497	2.07	2.27
	29	123	−	−	6,648	7,755	2.11	2.34
	30	116	−	−	7,249	8,539	2.27	2.53
	令和元年	114	−	−	6,905	8,200	2.15	2.43
	2	130	−	−	6,600	7,096	2.04	2.12
	3	130	−	−	5,911	6,124	1.86	1.84
	4	135	−	−	7,290	7,562	2.26	2.27
	5	136	−	−	12,595	13,362	3.88	3.99
	中小企業	367	−	−	7,633	8,012	2.94	3.00
東京都	平成23年	475	300,255	313,447	5,156	5,442	1.72	1.74
	24	486	299,519	309,033	5,149	5,273	1.72	1.71
	25	493	296,293	310,694	5,074	5,266	1.70	1.69
	26	485	298,815	314,382	5,672	6,425	1.90	2.04
	27	478	300,834	311,930	5,930	6,546	1.97	2.10
	28	488	301,933	318,572	5,444	5,664	1.80	1.78
	29	474	299,173	316,651	5,371	5,496	1.80	1.74
	30	486	301,279	319,933	5,573	5,739	1.85	1.79
	令和元年	422	302,396	315,028	5,557	6,001	1.84	1.90
	2	328	300,385	310,708	5,311	5,594	1.77	1.80
	3	397	305,049	320,961	5,538	5,862	1.82	1.83
	4	368	306,288	317,760	6,069	6,866	1.98	2.16
	5	328	309,303	322,750	9,943	12,642	3.21	3.92

資料出所　連合「春季生活闘争情報」。日本経団連「労働情報」。東京都産業労働局「春季賃上げ調査速報」。
注　1．連合は上記の平均方式のほかに、個別方式も別途公表している。
　　2．日本経団連は主要企業の調査。「中小企業」は令和５年、500人未満17業種、内数ではない。

C−35　賃金改定率別の労働者構成比（計＝100.0）（単位　%）

年・規模	−5%以下	−0%未満	0%	0.5%未満	1%未満	1.5%未満	2.0%未満	2.5%未満	3%未満	3.5%未満	4%未満	5%未満	5%以上	平均改定率
令和２年（計）	−	0.0	4.5	3.1	6.9	12.5	23.9	24.7	10.3	6.5	1.9	3.6	1.9	2.0
5,000人以上	−	0.0	1.1	3.6	2.1	9.0	24.6	26.9	19.0	10.6	0.9	0.8	1.4	2.1
1,000〜4,999人	−	0.1	3.8	0.7	4.5	16.3	29.8	27.6	5.7	1.6	1.7	6.4	1.7	2.0
300〜　999人	−	0.0	4.5	4.8	11.4	12.4	21.6	20.6	10.3	6.1	2.2	3.3	2.7	1.9
100〜　299人	−	0.0	7.7	3.3	8.1	11.9	20.2	24.6	8.3	8.4	2.4	3.4	1.8	1.9
令和３年（計）	−	0.3	0.9	6.5	3.5	7.6	20.4	25.5	20.1	6.9	4.6	0.9	0.9	1.7
5,000人以上	−	−	−	5.5	2.4	5.8	13.4	11.5	42.4	9.6	7.3	0.5	−	1.9
1,000〜4,999人	−	0.2	0.8	7.3	4.7	6.7	24.8	22.2	18.9	8.6	2.4	0.8	0.6	1.7
300〜　999人	−	0.3	0.4	4.3	4.4	7.6	18.4	38.6	13.6	4.9	2.7	0.9	1.2	1.7
100〜　299人	−	0.6	2.1	9.3	2.2	9.6	24.0	21.2	13.6	6.0	7.1	1.4	1.3	1.6
令和４年（計）	−	0.2	0.6	8.1	4.4	8.5	19.6	23.0	17.7	8.7	5.2	2.7	0.1	1.6
5,000人以上	−	−	0.6	4.7	1.3	7.4	21.0	31.9	19.7	7.0	4.4	2.0	−	1.6
1,000〜4,999人	−	0.1	0.5	5.3	4.5	8.4	17.9	26.6	19.1	6.8	9.0	1.5	0.1	1.7
300〜　999人	−	0.1	0.9	10.6	7.3	7.5	18.0	16.5	20.2	10.4	3.5	3.5	0.1	1.6
100〜　299人	−	0.6	0.4	10.2	3.2	10.3	21.9	21.0	12.5	9.7	4.0	3.4	0.3	1.6

資料出所　厚生労働省統計情報部「賃金引上げ等の実態に関する調査報告」。民営企業で常用労働者100人以上の企業を対象に実施。調査対象期間は各年１年間で、各年７月に郵送により調査。
注　1．「０％」は各年の１〜12月に賃金改定を実施しない企業である。
　　2．本表は、各企業の賃金改定率の属する階級にその企業の労働者数を加算することによって求めており、個々の労働者の賃上げ率によるものではない。
　　3．「−」（マイナス）の付された数値は賃下げの程度を意味する。
　　4．平均改定率は、労働者数による加重平均値。

C－36　主要産業の春季賃上げ状況

賃上げ額（円）

業　種	平成25年	26年	27年	28年	29年	30年	令和元年	2年	3年	4年	5年	5年妥結前基準内賃金
建設	5,240	6,597	8,056	7,041	7,396	8,370	7,276	7,206	6,462	9,334	11,913	354,258
食料品・たばこ	5,577	6,699	7,023	6,678	6,898	6,737	6,535	6,162	5,944	5,615	8,614	315,254
繊維	5,471	6,567	7,258	6,619	6,462	7,096	7,460	7,080	6,088	8,317	15,027	325,181
紙・パルプ	4,701	4,703	5,665	5,728	5,504	5,417	5,506	5,226	4,716	5,337	5,201	301,023
化学	6,293	7,243	8,097	7,030	6,997	7,582	7,926	7,482	6,569	7,805	13,929	341,930
石油	－	－	－	－	－	－	－	－	－	－	－	－
ゴム製品	5,205	5,434	5,800	6,009	5,272	5,429	5,585	5,316	4,952	5,737	9,161	302,376
窯業	6,194	7,585	38,413	7,078	6,618	6,529	6,254	5,906	5,369	3,979	10,470	292,887
鉄鋼	3,711	4,616	4,877	5,166	4,636	5,105	5,256	3,816	3,711	8,900	8,062	296,430
非鉄金属	5,118	6,384	6,323	5,676	5,313	6,041	5,667	5,389	5,255	3,920	11,325	305,470
機械	5,871	7,160	7,951	7,181	6,585	6,642	8,003	6,870	6,240	7,291	13,593	314,137
電気機器	5,801	7,026	8,476	7,103	6,602	6,942	6,819	6,620	6,816	6,250	13,424	321,866
造船	5,950	7,397	6,434	7,402	6,933	7,363	7,926	6,877	5,726	7,321	18,144	337,626
精密機器	5,528	6,953	8,189	5,917	5,872	7,876	6,719	7,068	6,311	9,511	17,070	347,038
自動車	6,192	7,946	9,102	7,499	7,692	7,703	7,385	7,302	6,633	6,576	12,225	319,326
その他製造	5,062	6,309	7,130	6,582	5,732	6,386	6,343	6,431	6,370	5,447	9,392	303,744
電力・ガス	4,111	4,368	4,558	4,297	4,721	4,677	4,943	4,767	5,296	4,942	2,410	287,839
情報通信	－	－	－	－	－	－	－	－	－	－	－	－
運輸	4,246	4,726	5,068	4,557	6,039	10,004	7,592	4,337	4,424	7,562	8,097	297,642
卸・小売	5,015	5,860	5,997	5,704	5,899	6,453	6,176	6,348	6,147	6,275	11,166	291,366
金融・保険	5,995	6,524	8,882	7,981	7,412	6,802	6,404	7,638	6,915	8,983	13,092	315,630
サービス	5,173	6,231	6,552	6,131	5,420	6,337	7,292	5,967	4,286	5,480	11,692	301,368
平均	5,478	6,711	7,367	6,639	6,570	7,033	6,790	6,286	5,854	6,898	11,245	312,640

基準内賃金に対する賃上げ率（%）

業　種	平成25年	26年	27年	28年	29年	30年	令和元年	2年	3年	4年	5年	（社数）	（年齢）
建設	1.79	2.04	2.53	2.20	2.24	2.41	2.27	2.21	1.92	2.75	3.36	26	35.5
食料品・たばこ	1.77	2.14	2.25	2.17	2.27	2.13	2.06	1.95	1.94	1.84	2.73	26	38.2
繊維	1.87	2.23	2.45	2.21	2.16	2.35	2.44	2.30	1.96	2.63	4.62	12	41.0
紙・パルプ	1.49	1.48	1.91	1.92	1.85	1.82	1.84	1.71	1.60	1.80	1.73	5	41.8
化学	1.87	2.15	2.36	2.08	2.08	2.29	2.37	2.16	1.94	2.26	4.07	38	38.3
石油	－	－	－	－	－	－	－	－	－	－	－	－	－
ゴム製品	1.81	1.86	1.98	2.04	1.80	1.86	1.91	1.76	1.65	1.88	3.03	9	39.7
窯業	2.20	2.72	2.95	2.44	2.24	2.19	2.10	1.95	1.85	1.39	3.57	8	38.8
鉄鋼	1.29	1.61	1.69	1.77	1.59	1.75	1.78	1.29	1.26	3.04	2.72	11	35.3
非鉄金属	1.71	2.10	2.06	1.83	1.74	1.96	1.85	1.77	1.70	1.28	3.71	10	39.8
機械	2.00	2.34	2.58	2.33	2.10	2.17	2.61	2.21	1.96	2.31	4.33	27	39.1
電気機器	1.81	2.24	2.61	2.11	2.10	2.18	2.09	2.04	2.09	1.93	4.17	16	39.8
造船	1.95	2.42	2.10	2.42	2.23	2.34	2.47	2.12	1.76	2.18	5.37	8	38.7
精密機器	1.72	2.11	2.43	1.76	1.75	2.59	2.09	2.11	1.83	2.78	4.92	5	39.8
自動車	1.97	2.54	2.85	2.34	2.39	2.40	2.28	2.21	2.01	2.07	3.83	46	39.4
その他製造	1.68	2.04	2.42	2.25	1.93	2.13	2.11	2.13	2.12	1.79	3.09	8	40.9
電力・ガス	1.38	1.42	1.53	1.44	1.51	1.55	1.61	1.43	1.65	1.49	0.84	11	39.6
情報通信	－	－	－	－	－	－	－	－	－	－	－	－	－
運輸	1.43	1.59	1.71	1.55	2.02	3.32	2.55	1.50	1.52	2.60	2.72	7	43.4
卸・小売	1.71	1.97	2.01	1.91	1.96	2.14	2.05	2.12	2.06	2.09	3.83	70	40.1
金融・保険	2.14	2.14	2.91	2.59	2.45	2.18	2.00	2.49	2.21	2.99	4.15	3	39.0
サービス	1.83	2.30	2.38	2.18	1.85	2.11	2.47	2.04	1.44	1.81	3.88	18	39.8
平均・計	1.80	2.19	2.38	2.14	2.11	2.26	2.18	2.00	1.86	2.20	3.60	364	39.4

資料出所　厚生労働省労使関係担当参事官室「民間主要企業春季賃上げ要求・妥結状況」。
注　1．集計対象企業、定昇込みの有無、年齢ポイントでの扱い等についてはC－33表の注参照。
　　2．2年単位での賃上げの場合でも、単年度だけの額・率を表示している。

C－37　規模別にみた春季賃上げ状況（東京都）

（単位　円）

規模		27年	28年	29年	30年	令和元年	2年	3年	4年	5年
加重平均	全規模	6,546	5,664	5,496	5,739	6,001	5,594	5,698	6,983	12,642
	1,000人以上	6,603	5,688	5,528	5,739	6,050	5,637	5,927	7,007	12,936
	300～999人	6,123	5,306	5,139	5,852	5,603	5,150	5,398	5,740	10,009
	299人以下	5,792	5,787	5,502	5,446	5,439	5,642	5,350	6,031	9,144
単純平均	全規模	5,930	5,444	5,371	5,573	5,557	5,311	5,390	6,217	9,943
	1,000人以上	6,323	5,655	5,555	5,802	5,796	5,524	5,839	6,494	10,761
	300～999人	5,619	4,934	5,015	5,539	5,551	4,950	5,248	5,810	9,992
	299人以下	5,575	5,489	5,375	5,252	5,200	5,255	5,353	5,644	8,437

資料出所　東京都産業労働局労働環境課「春季賃上げ調査速報（最終版）」。
　注　調査対象数は約1,000組合。集計対象数は、C－34表の東京都の欄を参照のこと。

〔参考１〕賃金改定実施状況及びその内容別企業数割合

（単位　%）

年・規模	合計	改定状況		実施した	（予定含む）						実施しない	未定
		額（円）	率		引上げ	額（円）	率	引下げ	額（円）	率		
令和3年計	100.0	4,694	1.6	81.7	80.7	5,187	1.8	1.0	－4,995	△1.6	10.1	8.2
5,000人以上	100.0	5,202	1.6	95.1	94.6	－	－	0.5	－	－	4.0	1.0
1,000～4,999人	100.0	4,937	1.7	89.0	87.8	－	－	1.2	－	－	5.2	5.8
300～ 999人	100.0	4,753	1.6	84.8	83.6	－	－	1.2	－	－	10.8	4.4
100～ 299人	100.0	4,112	1.6	80.0	79.0	－	－	1.0	－	－	10.3	9.6
令和4年計	100.0	5,534	1.9	86.6	85.7	5,828	2.1	0.9	－4,022	△2.4	6.2	7.3
5,000人以上	100.0	6,478	2.0	97.3	96.0	－	－	1.3	－	－	0.4	2.2
1,000～4,999人	100.0	5,393	1.8	92.2	91.9	－	－	0.3	－	－	4.5	3.3
300～ 999人	100.0	5,658	2.0	90.8	90.2	－	－	0.6	－	－	3.8	5.4
100～ 299人	100.0	4,738	1.9	84.6	83.7	－	－	1.0	－	－	7.1	8.2
令和5年計	100.0	9,437	3.2	89.2	89.1	9,779	3.4	0.2	－4,814	△0.2	5.4	5.3
5,000人以上	100.0	12,394	4.0	97.7	97.3	－	－	0.5	－	－	1.3	1.0
1,000～4,999人	100.0	9,676	3.1	93.8	93.3	－	－	0.5	－	－	2.8	3.4
300～ 999人	100.0	9,227	3.2	93.1	93.1	－	－	－	－	－	2.1	4.8
100～ 299人	100.0	7,420	2.9	87.6	87.4	－	－	0.2	－	－	6.7	5.7

資料出所　厚生労働省統計情報部「賃金引上げ等の実態に関する調査報告」。〔参考２〕表も同じ
　注　1．合計欄の改定金額と改定率はいずれも加重平均で、引上げと引下げの双方を含んだ数値である。
　　　2．「実施した」欄の「引上げ」は、賃金の改定により１人当たり平均賃金が増額した場合のみの、「引下げ」は賃金の改定により１人当たり平均賃金が減額した場合についてのみの数値である。
　　　3．「実施しない」とは、１～９月に賃金改定をせず、10～12月にも予定がないとした企業。
　　　4．「未定」とは、１～９月に賃金改定をせず、10～12月に「未定」とした企業。

〔参考２〕令和５年ベースアップの実施状況別企業数割合（定昇制度ある企業）

（単位　%）

企業規模	管理職						一般職					
	計		ベアと定昇を区別している	ベアの実施状況			計		ベアと定昇を区別している	ベアの実施状況		
				実施	未実施	ベースダウンを実施				実施	未実施	ベースダウンを実施
計	〔77.7〕	100.0	64.5	43.4	21.0	－	〔83.4〕	100.0	67.6	49.5	18.2	－
5,000人以上	〔70.3〕	100.0	79.9	51.8	28.1	－	〔89.1〕	100.0	83.2	68.4	14.8	－
1,000～4,999人	〔74.4〕	100.0	84.3	55.4	28.9	－	〔83.8〕	100.0	88.8	67.1	21.7	－
300～ 999人	〔81.5〕	100.0	74.6	47.3	27.3	－	〔90.1〕	100.0	78.0	55.0	23.0	－
100～ 299人	〔76.9〕	100.0	59.5	41.2	18.3	－	〔81.2〕	100.0	62.2	45.9	16.3	－

注　1．賃金の改定を実施又は予定している企業及び賃金の改定を実施しない企業のうち、ベアと定昇を区別している企業についての数値である。
　　2．〔　〕内は、賃金の改定を実施又は予定している企業及び賃金の改定を実施しない企業に占める定期昇給制度がある企業の割合である。
　　3．ベアの実施状況は予定も含む。

C−38 賃金増額状況〔中労委〕

(1) 賃金増額状況の推移（男女・学歴計）

年	集計社数（社）	年間改定額 額（円）	年間改定額 率（%）	昇給分 増加（円）	昇給分 率（%）	賃上げ又は賃下げ分 増減（円）	賃上げ又は賃下げ分（%）
平成5年	399	11,564	4.0	5,747	2.0	5,625	2.0
10	296	7,961	2.6	5,581	1.9	2,378	0.8
15	222	5,582	1.7	5,328	1.6	229	0.1
20	183	6,149	1.83	5,670	1.66	479	0.13
21	192	5,077	1.54	4,923	1.47	92	0.02

年	集計社数（社）	賃金改定額 増加（円）	賃金改定額 率（%）	うちベースアップ分 額（円）	うちベースアップ分 率（%）
22	219	5,951	1.82	103	0.03
23	214	6,138	1.91	75	0.01
24	215	6,138	1.89	66	0.03
25	214	6,003	1.89	80	0.05
26	219	6,688	2.05	1,179	0.31
27	216	7,137	2.15	1,644	0.46
28	174	6,638	2.00	1,335	0.41
29	177	6,984	2.12	1,213	0.38
30	166	7,240	2.17	1,704	0.57
令和元年	145	6,511	2.04	1,388	0.48
2	137	6,176	2.00	668	0.24
3	124	6,195	1.94	493	0.13
4	129	6,631	2.17	1,744	0.56

資料出所　中央労働委員会「賃金事情総合調査－賃金事情調査－」。(2)も同じ。資本金５億円以上、労働者数1,000人以上の民間企業が対象。

注　昇給分と賃上げ又は賃下げ分との区別が明らかではない企業があるため、それらの合計は必ずしも年間改定額と合致しない。うちベースアップ分とは、改定額（率）の内数として回答できる場合にのみ回答を得ている。そのため額と率は一致していない。以下同じ。

(2) 産業別年間賃金増額状況（男女・学歴計）〔令和３年７月～令和４年６月〕

産業	平均賃金（令和４年６月） 集計社数(社)	所定内（千円）	所定外（千円）	所定外（時間）	年間改定額 賃金改定額（円）	うちベースアップ分	賃金改定率（%）	うちベースアップ分
鉱業	2	330.8	60.3	17.7	＊	＊	－	－
製造業	99	361.0	61.6	19.0	6,573	1,660	2.18	0.52
食品・たばこ	11	305.7	79.6	27.2	5,956	487	2.03	0.04
繊維	5	347.9	30.7	12.2	6,410	1,894	2.31	0.88
印刷	3	385.4	91.9	25.3	7,105	1,500	2.32	0.61
パルプ・製紙	3	317.8	65.3	17.6	5,966	1,000	2.08	0.34
化学	22	380.3	45.7	13.3	7,258	2,063	2.09	0.39
薬品	1	＊	＊	＊	＊	＊	＊	＊
石油	2	376.5	94.3	＊	－	－	－	－
ゴム	－	－	－	－	－	－	－	－
窯業・土石製品	6	335.7	49.5	18.6	8,753	4,503	2.89	1.31
製鉄・製鋼	6	311.7	69.3	20.4	5,943	2,040	2.10	0.54
非鉄金属	2	319.2	54.1	17.3	6,277	500	＊	＊
機械	12	367.7	43.3	15.7	6,711	1,416	2.39	0.62
電気機器	11	401.5	47.7	17.7	6,679	1,383	2.27	0.42
車輛・自動車	11	359.9	71.7	19.4	5,783	1,506	1.87	0.48
造船	4	325.1	58.7	18.8	5,175	1,125	1.59	0.32
建設	12	449.5	64.6	29.0	9,244	2,468	2.58	0.67
銀行・保険	4	395.6	37.5	20.2	3,290	0	1.21	0.00
私鉄・バス	15	334.0	71.6	27.3	3,921	333	1.44	0.19
貨物運送	1	＊	＊	＊	＊	＊	－	－
海運・倉庫	4	398.1	58.5	20.4	8,245	2,240	2.48	0.62
電力	7	403.2	82.8	19.9	4,525	－	＊	＊
ガス	2	332.4	51.7	11.9	＊	＊	＊	＊
百貨店・スーパー	3	349.5	18.7	17.1	6,507	4,127	2.43	1.24
商事	7	594.2	42.5	17.5	9,674	0	2.04	0.00
新聞・放送	5	388.0	138.1	31.0	7,379	2,500	2.16	0.88
ホテル・旅行	2	319.2	29.2	12.6	5,695	－	1.95	－
情報サービス	2	336.1	55.2	＊	8,723	3,000	2.95	1.04
飲食・娯楽	2	335.5	22.9	29.8	3,949	500	1.33	0.15
その他のサービス	1	＊	＊	＊	＊	＊	＊	＊

注　1.「＊」は回答社数が１社であったもので公表されていない。
　　2.「平均所定内賃金」又は「平均所定外賃金」の一方のみ回答した企業は、集計から除外しており、所定外時間にはみなし労働時間制の場合を含む。

C−39　性別・雇用形態別にみた賃金格差の動向

(1)　性別の賃金格差の動向

M.A.（単位　%）

年	男女計 賃金（千円）	男女計 対前年増減率（%）	男性 賃金（千円）	男性 対前年増減率（%）	女性 賃金（千円）	女性 対前年増減率（%）	男女間賃金格差（男性＝100）
平成２年	254.7	5.3	290.5	5.2	175.0	5.2	60.2
7	291.3	1.0	330.0	0.8	206.2	1.6	62.5
12	302.2	0.5	336.8	0.0	220.6	1.2	65.5
17	302.0	0.1	337.8	1.2	222.5	△ 1.4	65.9
22	296.2	0.6	328.3	0.5	227.6	△ 0.2	69.3
27	304.0	1.5	335.1	1.7	242.0	1.7	72.2
29	304.3	0.1	335.5	0.1	246.1	0.6	73.4
30	306.2	0.6	337.6	0.6	247.5	0.6	73.3
令和元年	307.7	0.5	338.0	0.1	251.0	1.4	74.3
2	307.7	0.0	338.8	0.2	251.8	0.3	74.3
3	307.4	△ 0.1	337.2	△ 0.5	253.6	1.0	75.2
4	311.8	1.4	342.0	1.4	258.9	2.1	75.7
令和４年年齢（年）	43.7		44.5		42.3		
勤続年数（年）	12.3		13.7		9.8		

資料出所　厚生労働省「賃金構造基本統計調査」。

(2)　雇用形態別にみた賃金格差の動向（令和４年）

	年齢階級 企業規模 産業	男性 正社員 所定内賃金（千円）	男性 正社員 格差（各性別計＝100）	男性 正社員以外 所定内賃金（千円）	男性 正社員以外 格差（各性別計＝100）	男性 雇用形態格差（正社員＝100）	女性 正社員 所定内賃金（千円）	女性 正社員 格差（各性別計＝100）	女性 正社員以外 所定内賃金（千円）	女性 正社員以外 格差（各性別計＝100）	女性 雇用形態格差（正社員＝100）	男女格差（男性＝100） 正社員	男女格差（男性＝100） 正社員以外
	合計	353.6	100	247.5	100	70	276.4	100	198.9	100	72	78	80
年齢階級	〜19歳	188.4	53	172.2	70	91	179.2	65	168.0	84	94	95	98
	20〜24	221.9	63	206.1	83	93	220.0	80	188.2	95	86	99	91
	25〜29	262.2	74	226.3	91	86	247.1	89	201.7	101	82	94	89
	30〜34	301.6	85	233.8	94	78	263.8	95	202.3	102	77	87	87
	35〜39	341.8	97	233.3	94	68	283.3	102	202.2	102	71	83	87
	40〜44	370.7	105	244.3	99	66	294.2	106	203.6	102	69	79	83
	45〜49	395.9	112	240.0	97	61	300.4	109	201.6	101	67	76	84
	50〜54	421.4	119	241.0	97	57	307.4	111	200.0	101	65	73	83
	55〜59	431.0	122	247.3	100	57	310.4	112	199.8	100	64	72	81
	60〜64	350.5	99	283.6	115	81	276.5	100	199.1	100	72	79	70
	65〜69	309.0	87	238.0	96	77	258.9	94	185.8	93	72	84	78
	70歳〜	277.6	79	209.5	85	75	259.8	94	177.3	89	68	94	85
規模	1,000人以上	405.2	115	256.3	104	63	307.8	111	206.0	104	67	76	80
	100〜999人	343.2	97	247.2	100	72	273.8	99	198.0	100	72	80	80
	10〜99人	314.3	89	233.3	94	74	251.8	91	187.6	94	75	80	80
産業	鉱業,採石業,砂利採取業	360.5	102	322.0	130	89	249.9	90	203.4	102	81	69	63
	建設業	355.6	101	295.0	119	83	323.0	117	191.9	96	59	91	65
	製造業	334.5	95	239.9	97	72	279.7	101	181.7	91	65	84	76
	電気・ガス・熱供給・水道業	421.5	119	259.5	105	62	249.0	90	200.8	101	81	59	77
	情報通信業	406.6	115	321.2	130	79	499.9	181	234.8	118	47	123	73
	運輸業,郵便業	300.1	85	232.4	94	77	265.2	96	192.6	97	73	88	83
	卸売業,小売業	362.7	103	241.6	98	67	294.7	107	184.7	93	63	81	76
	金融業,保険業	491.3	139	297.4	120	61	451.8	163	210.8	106	47	92	71
	不動産業,物品賃貸業	391.9	111	249.1	101	64	257.8	93	207.0	104	80	66	83
	学術研究,専門・技術サービス業	422.3	119	353.4	143	84	914.3	331	240.3	121	26	217	68
	宿泊業,飲食サービス業	307.2	87	207.0	84	67	231.7	84	175.2	88	76	75	85
	生活関連サービス業,娯楽業	325.3	92	207.3	84	64	266.9	97	186.3	94	70	82	90
	教育,学習支援業	449.2	127	324.6	131	72	336.5	122	236.1	119	70	75	73
	医療，福祉	369.7	105	249.8	101	68	631.1	228	212.8	107	34	171	85
	複合サービス事業	353.7	100	236.9	96	67	179.7	65	190.0	96	106	51	80
	サービス業（他に分類されないもの）	306.5	87	228.3	92	74	232.6	84	214.9	108	92	76	94

資料出所　厚生労働省「賃金構造基本統計調査」。

C−40　主要企業における

(1)　賃金構成比の推移

(%)

年	所定内賃金計	基本給						奨励給	職務関連手当	生活関連手当	その他の手当
		計	年齢・勤続給	職務・能力給	業績・成果給	総合判断	(区分不明)				
平成22年	100.0	89.4	11.7	41.2	4.1	32.4	—	1.6	2.8	5.9	0.3
23	100.0	91.0	6.8	37.9	7.1	39.1	—	0.5	2.8	5.4	0.3
24	100.0	89.3	11.9	40.7	5.9	41.5	—	1.3	3.0	6.1	0.3
25	100.0	90.0	12.9	28.1	4.4	44.4	—	1.3	2.9	5.5	0.3
26	100.0	90.2	7.7	31.7	4.6	46.2	—	0.1	3.6	5.9	0.3
27	100.0	91.0	8.7	30.6	3.4	48.3	—	0.1	3.4	5.1	0.5
28	100.0	89.8	9.4	30.9	3.9	45.5	—	1.2	3.3	5.4	0.3
29	100.0	89.6	8.8	33.2	2.5	45.2	—	1.2	3.3	5.5	0.4
30	100.0	89.3	10.0	37.3	2.9	49.8	—	1.5	3.1	5.7	0.4
令和元年	100.0	88.9	8.7	34.4	3.3	42.5	—	1.6	3.4	5.7	0.3
2	100.0	89.2	7.8	32.8	4.5	44.1	—	1.6	3.0	5.5	0.6
3	100.0	91.5	9.5	32.7	6.3	43.1	—	0.1	3.2	4.5	0.6
4	100.0	91.5	9.7	34.5	6.4	40.9	—	0.1	3.3	4.6	0.5

資料出所　中央労働委員会事務局「賃金事情等総合調査」。(以下、(4)まで同じ)
　注　平成22年調査より基本給の質問項目を見直し「区分不明」をなくした。

(2)　家族手当制度の有無、上限の有無、上限人数、平均支給額

年	集計社数	制度がある企業(社)	支給対象人数または額に上限がある企業(社)	人数に上限がある場合の上限人数(社)			家族別支給額(千円)			
		(集計178社＝100%)	(制度がある企業147社＝100%)	(上限がある企業39社＝100%)						
				3人まで	4人まで	5人まで	配偶者	第1子	第2子	第3子
平成15年	288	251	123	44	34	38	18.7	6.5	5.9	4.1
18	238	192	88	29	18	24	18.0	7.7	6.5	5.9
20	228	186	72	22	22	16	17.5	8.1	7.2	6.5
22	225	181	71	16	25	14	17.7	8.3	7.0	6.5
24	215	172	62	16	21	12	16.3	8.4	7.2	6.8
27	218	179	58	16	23	10	17.4	9.8	9.2	6.5
令和2年	178	147	31	12	12	5	16.3	11.6	11.2	11.7
		(82.6)	(17.4)	(30.8)	(30.8)	(12.8)				

(3)　住宅手当制度の有無、扶養の有無・住宅の種類別支給額の決め方及び平均支給額(令和3年)

産業	集計社数	制度の有無		扶養の有無で支給が異なる場合(扶養あり)									扶養の		
				借家・借間			自宅			その他			借家・借間		
		あり	なし	社数	定額の場合の支給額	幅がある場合の最高額	社数	定額の場合の支給額	幅がある場合の最高額	社数	定額の場合の支給額	幅がある場合の最高額	社数	定額の場合の支給額	幅がある場合の最高額
調査産業計	171	93	78	51	25.7	44.0	41	19.3	27.6	12	20.2	18.2	45	14.2	27.8
鉱業	3	3	—	2	—	27.0	2	—	19.5	—	—	—	2	—	19.4
製造業	102	57	45	30	30.1	43.8	22	16.4	30.3	4	—	16.1	28	17.1	26.8
建設	10	6	4	2	—	39.5	3	—	26.0	—	—	—	2	—	10.0
銀行・保険	5	3	2	2	46.0	40.0	2	46.0	40.0	2	46.0	40.0	—	—	—
私鉄・バス	15	8	7	6	15.6	—	7	15.7	—	4	11.6	22.6	6	10.4	—
貨物運送	1	*	*	*	*	*	*	*	*	*	*	*	*	*	*
海運・倉庫	2	2	—	—	—	—	—	—	—	—	—	—	—	—	—
電力	7	3	4	3	28.0	9.0	3	25.5	9.0	—	—	—	3	15.3	5.4
ガス	3	—	3	—	—	—	—	—	—	—	—	—	—	—	—
百貨店・スーパー	3	2	1	1	*	*	—	—	—	—	—	—	1	*	*
商事	9	2	7	1	*	*	1	*	*	1	*	*	1	*	*
新聞・放送	4	2	2	—	—	—	—	—	—	—	—	—	—	—	—
ホテル・旅行	1	*	*	*	*	*	*	*	*	*	*	*	*	*	*
情報サービス	2	2	—	1	*	*	—	—	—	—	—	—	—	—	—
飲食・娯楽	2	2	—	2	—	67.5	—	—	—	—	—	—	2	—	45.0
その他の産業	2	—	2	—	—	—	—	—	—	—	—	—	—	—	—

注　1．制度の区分中、「社宅・寮」「その他」についての回答は割愛している(集計社数、制度の有無の集計数には含む)。
　　2．「−」は対象社がないため、また「＊」はサンプル数が少ないためデータを公表していない。

諸手当制度

(4) 地域手当（都市手当）制度の有無、地域区分数、平均支給額（率）及び支給額の決め方（令和４年）

産業	集計社数	制度の有無		地域区分数	無支給地域のある社数	平均支給額(率)及び支給額の決め方										
						定額の場合			支給額に幅がある場合					率で定めている場合		
										最高額のうち		最低額のうち				
		あり	なし			社数	最高額(千円)	最低額(千円)	社数	最も高い地域(千円)	最も低い地域(千円)	最も高い地域(千円)	最も低い地域(千円)	社数	最高率(％)	最低率(％)
調査産業計	172	64	108	4.0	47	28	22.1	10.5	31	27.5	13.1	12.7	6.2	13	8.3	4.1
鉱業	2	2	―	2.0	―	1	*	*	―	―	―	―	―	―	―	―
製造業	101	35	66	3.3	29	14	17.5	7.2	17	25.3	11.5	11.6	5.4	12	8.6	4.4
建設	13	7	6	4.3	7	3	51.7	12.8	3	29.0	9.2	12.4	4.5	1	*	*
銀行・保険	5	2	3	2.5	1	1	*	*	―	―	―	―	―	―	―	―
私鉄・バス	15	1	14	3.0	1	―	―	―	1	*	*	*	*	―	―	―
貨物運送	1	*	*	*	*	*	*	*	*	*	*	*	*	*	*	*
海運・倉庫	4	3	1	2.3	1	1	*	*	2	25.6	12.4	15.3	6.9	―	―	―
電力	7	6	1	4.5	4	3	18.3	11.5	5	26.7	16.7	10.8	7.8	―	―	―
ガス	3	2	1	1.5	1	―	―	―	1	*	*	*	*	―	―	―
百貨店・スーパー	3	―	3	―	―	―	―	―	―	―	―	―	―	―	―	―
商事	7	―	7	―	―	―	―	―	―	―	―	―	―	―	―	―
新聞・放送	4	1	3	2.0	―	1	*	*	1	*	*	*	*	―	―	―
ホテル・旅行	2	1	1	4.0	―	1	*	*	―	―	―	―	―	―	―	―
情報サービス	2	―	2	―	―	―	―	―	―	―	―	―	―	―	―	―
飲食・娯楽	2	2	―	4.0	2	1	*	*	1	*	*	*	*	―	―	―
その他のサービス	1	*	*	*	*	*	*	*	*	*	*	*	*	*	*	*

注　1．支給額の決め方のうち「額で定めている」社について、定額とする地域と支給額に幅がある地域がある社の場合は「定額の場合」と「支給額に幅がある場合」の両方の項目で集計した。
　　2．支給額の集計について、「定額の場合」で支給対象地域が１つのみ、または地域間の差がない場合の当該額は「最高額」として集計した。「支給額に幅がある場合」で支給対象地域が１つのみ、または地域間の差がない場合の当該支給額は「最高地域の（最高額、最低額）」として集計した。各項目の社数は「最高額」の社数である。
　　3．「率＋額で定めている」とは、額に率で算出した額を上乗せして支給するもの（例えば、５千円＋基本給の５％等）をいう。
　　4．支給地域や職種別に「額で定めている」場合と「率で定めている」場合がある社の場合、「額で定めている社数」と「率で定めている社数」の両方の項目で集計した。

有無で支給が異なる場合(扶養なし)						扶養の有無には無関係の場合									産業
自宅			その他			借家・借間			自宅			その他			
社数	定額の場合の支給額	幅がある場合の最高額	社数	定額の場合の支給額	幅がある場合の最高額	社数	定額の場合の支給額	幅がある場合の最高額	社数	定額の場合の支給額	幅がある場合の最高額	社数	定額の場合の支給額	幅がある場合の最高額	
35	10.7	17.3	10	9.7	9.1	32	15.9	32.0	27	14.2	17.4	6	25.3	22.0	調査産業計
2	―	15.8	1	*	*	1	*	*	―	―	―	―	―	―	鉱業
20	9.5	19.1	4	―	10.3	24	14.2	30.2	21	12.4	16.1	3	―	22.0	製造業
2	―	8.5	―	―	―	2	―	34.0	2	―	23.5	―	―	―	建設
―	―	―	―	―	―	1	*	*	1	*	*	―	―	―	銀行・保険
7	10.6	―	4	9.7	―	―	―	―	―	―	―	―	―	―	私鉄・バス
*	*	*	*	*	*	*	*	*	*	*	*	*	*	*	貨物運送
―	―	―	―	―	―	1	*	*	1	*	*	1	*	*	海運・倉庫
3	13.3	5.4	―	―	―	―	―	―	―	―	―	―	―	―	電力
―	―	―	―	―	―	―	―	―	―	―	―	―	―	―	ガス
―	―	―	―	―	―	1	*	*	―	―	―	―	―	―	百貨店・スーパー
1	*	*	1	*	*	―	―	―	―	―	―	―	―	―	商事
―	―	―	―	―	―	2	32.0	70.0	1	*	*	1	*	*	新聞・放送
*	*	*	*	*	*	*	*	*	*	*	*	*	*	*	ホテル・旅行
―	―	―	―	―	―	―	―	―	―	―	―	1	*	*	情報サービス
―	―	―	―	―	―	―	―	―	1	*	*	―	―	―	飲食・娯楽
―	―	―	―	―	―	―	―	―	―	―	―	―	―	―	その他の産業

C－41　退職金制度の実態と給付水準〔令和５年１月調査〕

(1)退職給付制度の有無・形態別企業数割合

（単位　%）

企業規模	退職給付（一時金・年金）がある企業	退職一時金制度のみ	退職年金制度のみ	両制度併用	退職給付（一時金・年金）制度がない企業	（再掲）制度がある	
						退職一時金制度がある（両制度併用含む）	退職年金制度がある（両制度併用含む）
令和５年計	〔74.9〕(100.0)	(69.0)	(9.6)	(21.4)	〔24.8〕	(90.4)	(31.0)
1,000人以上	〔90.1〕(100.0)	(25.9)	(27.0)	(47.1)	〔 8.8〕	(73.0)	(74.1)
300～999人	〔88.8〕(100.0)	(41.9)	(17.9)	(40.2)	〔11.1〕	(82.1)	(58.1)
100～299人	〔84.7〕(100.0)	(60.3)	(13.2)	(26.5)	〔15.1〕	(86.8)	(39.7)
30～99人	〔70.1〕(100.0)	(77.2)	(6.6)	(16.2)	〔29.5〕	(93.4)	(22.8)

資料出所　厚生労働省「就労条件総合調査」。
注　〔　〕内の数値は、全企業に対する割合である。

(2)退職給付支払準備形態別企業数割合

（単位　%）

企業規模・年	支払準備形態									
	退職一時金制度がある企業1) 2)	退職一時金制度支払準備形態（M.A.）				退職年金制度ある企業1) 2)	退職年金制度支払準備形態（M.A.）			
		社内準備	中小企業退職金共済制度	特定退職金共済制度	その他		厚生年金基金（上乗せ給付）	確定給付企業年金（CBP含む）	確定拠出年金（企業型）	企業独自年金
令和５年調査計	〔90.4〕100.0	56.5	42.0	9.9	9.7	〔31.0〕100.0	19.3	44.3	50.3	3.0
1,000人以上	〔73.0〕100.0	91.6	－	3.7	8.3	〔74.1〕100.0	6.6	62.0	70.9	5.0
300～999人	〔82.1〕100.0	79.6	14.9	6.8	13.0	〔58.1〕100.0	9.9	55.6	58.3	1.9
100～299人	〔86.8〕100.0	66.4	35.3	8.4	11.1	〔39.7〕100.0	15.2	48.1	49.5	1.6
30～99人	〔93.4〕100.0	49.6	48.5	11.0	8.9	〔22.8〕100.0	26.5	36.2	45.8	3.9
平成30年調査計	〔91.4〕100.0	57.0	44.0	11.5	10.5	〔26.7〕100.0	20.0	43.3	47.6	3.8

注1.〔　〕内の数値は、退職給付（一時金・年金）制度がある企業のうち、退職一時金制度又は退職年金制度がある企業数割合である。
　2.「退職一時金制度ある企業」「退職年金制度ある企業」には、「両制度併用」を含む。

(3)退職年金制度の見直し内容別企業数割合

（単位　%）

見直しの時期、企業規模・年	退職年金制度の見直しを行った・行う予定がある企業1)	退職年金制度の見直し内容（M.A.）					
		新たに導入又は既存のものの他に設置	全部又は一部を退職一時金へ移行	他の年金制度へ移行	年金制度の廃止	年金支給期間の延長	年金支給期間の短縮
［過去３年間］							
令和５年調査計	〔 4.0〕100.0	37.6	12.8	6.5	－	4.2	0.4
1,000人以上	〔12.2〕100.0	27.9	0.4	10.9	－	3.0	4.3
300～999人	〔 8.1〕100.0	35.0	11.4	16.8	－	0.9	0.8
100～299人	〔 4.2〕100.0	24.9	7.0	13.2	－	4.8	－
30～99人	〔 3.3〕100.0	44.3	16.7	1.0	－	4.9	－
［今後３年間］							
令和５年調査計	〔 3.8〕100.0	41.3	4.2	17.3	0.3	2.9	0.5
1,000人以上	〔11.1〕100.0	15.8	－	14.2	－	2.6	－
300～999人	〔 7.9〕100.0	27.4	3.9	10.9	1.8	0.6	3.7
100～299人	〔 3.4〕100.0	37.6	4.1	7.8	－	4.1	－
30～99人	〔 3.3〕100.0	48.2	4.7	22.0	－	3.1	－

見直しの時期、企業規模・年	退職年金制度の見直し内容（M.A.）							
	算定基礎額の算出方法の変更	特別加算制度の導入	賃金や物価上昇率に伴う給付水準の見直し制度を導入	支給率		退職年金を縮小又は廃止し毎月の給与を拡大		その他
				増加	減少	労働者一律	労働者の選択制	
［過去３年間］								
令和５年調査計	7.8	1.2	－	11.6	5.3	5.5	2.7	22.6
1,000人以上	14.1	0.9	－	13.8	5.8	－	－	36.7
300～999人	14.2	1.7	－	10.1	1.6	3.8	1.5	19.5
100～299人	20.1	－	－	13.3	1.6	3.3	3.3	25.4
30～99人	0.7	1.5	－	11.1	7.6	7.5	3.1	20.6
［今後３年間］								
令和５年調査計	4.3	0.1	1.9	9.1	0.3	0.2	2.3	29.0
1,000人以上	15.2	－	0.9	17.4	4.2	－	－	42.8
300～999人	14.9	0.6	5.8	6.9	0.6	1.2	3.0	33.2
100～299人	6.6	－	5.3	8.7	－	－	－	33.1
30～99人	－	－	－	8.9	－	－	3.1	25.4

(4)退職一時金制度の見直し内容別企業割合

（単位　%）

見直し時期・企業規模・年	退職一時金制度の見直しを行った・行う予定がある企業[1]	退職一時金制度の見直し内容（M.A.） 新たに導入又は既存のものの他に設置	全部又は一部を年金へ移行	他の退職一時金制度へ移行	退職一時金制度の廃止・脱退	算定基礎額の算出方法の変更	特別加算制度の導入	支給率 増加	支給率 減少	退職年金を縮小又は廃止し毎月の給与を拡大 労働者一律	労働者の選択制
〔過去３年間〕											
令和５年調査計	〔 7.9〕100.0	30.0	7.7	7.3	1.5	17.8	5.5	21.3	5.1	7.2	3.3
1,000人以上	〔 9.4〕100.0	2.8	20.4	2.9	—	30.3	4.3	9.1	14.1	1.6	—
300～999人	〔12.0〕100.0	14.9	11.2	4.1	2.2	24.0	4.2	17.8	16.0	5.1	2.4
100～299人	〔 7.8〕100.0	23.4	5.8	4.1	0.6	24.0	2.9	34.4	3.3	1.7	5.6
30～99人	〔 7.4〕100.0	35.5	7.2	8.9	1.7	14.3	6.5	18.1	3.6	9.5	2.8
〔今後３年間〕											
令和５年調査計	〔 6.7〕100.0	34.2	12.4	9.7	6.6	18.9	5.3	28.6	4.0	3.6	3.7
1,000人以上	〔 9.7〕100.0	8.2	13.8	2.8	—	29.1	2.7	10.7	2.3	—	—
300～999人	〔 8.2〕100.0	19.8	13.9	15.5	3.5	32.1	2.3	14.7	5.0	3.5	0.6
100～299人	〔 7.2〕100.0	22.8	13.4	4.0	5.0	16.8	2.6	21.9	2.8	1.0	—
30～99人	〔 6.3〕100.0	41.2	11.8	11.3	7.8	17.4	6.8	33.5	4.4	4.7	5.6

注 〔 〕内の数値は、全企業に対する「退職一時金制度の見直しを行った・見直しを行う予定がある」企業割合である。

(5)退職者のいた企業数割合、退職事由別退職者数割合

（単位　%）

企業規模	退職給付（一時金・年金）制度がある企業[1]		勤続20年以上かつ45歳以上の退職者がいた企業	勤続20年以上かつ45歳以上の退職者[2]	退職事由 定年	定年以外 会社都合	自己都合	早期優遇
令和５年計	〔74.9〕	100.0	29.2	(100.0)	(56.5)	(6.1)	(31.7)	(5.7)
1,000人以上	〔90.1〕	100.0	75.0	(100.0)	(58.5)	(7.6)	(25.3)	(8.6)
300～999人	〔88.8〕	100.0	61.9	(100.0)	(53.6)	(5.2)	(36.6)	(4.6)
100～299人	〔84.7〕	100.0	42.2	(100.0)	(57.1)	(5.7)	(35.9)	(1.3)
30～99人	〔70.1〕	100.0	18.6	(100.0)	(52.5)	(2.1)	(43.8)	(1.5)

注1.〔 〕内の数値は、全企業のうち、退職給付（一時金・年金）制度がある企業数割合である。
　2.（ ）内の数値は、勤続20年以上かつ45歳以上の退職者がいた企業の退職者を100とした退職者数割合である。

(6)退職者１人平均退職給付額（勤続20年以上かつ45歳以上の退職者）

退職理由	大学・大学院卒（管理・事務・技術職） 退職時の所定内賃金（月額）（千円）	１人平均退職給付額[1]（万円）	月収換算[2]（月分）	高校卒（管理・事務・技術職） 退職時の所定内賃金（月額）（千円）	１人平均退職給付額[1]（万円）	月収換算[2]（月分）	高校卒（現業職） 退職時の所定内賃金（月額）（千円）	１人平均退職給付額[1]（万円）	月収換算[2]（月分）
定年	526	1,896	36.0	435	1,682	38.6	345	1,183	34.3
会社都合	623	1,738	27.9	409	1,385	33.8	295	737	25.0
自己都合	476	1,441	30.3	384	1,280	33.3	312	921	29.5
早期優遇	567	2,266	39.9	419	2,432	58.0	354	2,146	60.7

注：1）「退職給付額」は、退職一時金制度のみの場合は退職一時金額、退職年金制度のみの場合は年金現価額、退職一時金制度と退職年金制度併用の場合は、退職一時金額と年金現価額の計である。
　　2）「月収換算」は、退職時の所定内賃金に対する退職給付額割合である。

(7)退職給付（一時金・年金）制度の形態別退職者１人平均退職給付額（勤続20年以上かつ45歳以上の定年退職者）

（単位　万円）

年、勤続年数	大学・大学院卒（管理・事務・技術職） 退職給付制度計	退職給付制度の形態 退職一時金制度のみ	退職年金制度のみ	両制度併用	高校卒（管理・事務・技術職） 退職給付制度計	退職給付制度の形態 退職一時金制度のみ	退職年金制度のみ	両制度併用	高校卒（現業職） 退職給付制度計	退職給付制度の形態 退職一時金制度のみ	退職年金制度のみ	両制度併用
令和５年調査計	1,896	1,623	1,801	2,261	1,682	1,378	1,613	2,145	1,183	956	1,451	1,469
勤続20～24年	1,021	892	1,224	1,490	557	537	764	526	406	377	695	490
25～29年	1,559	1,378	1,586	2,001	618	572	855	1,013	555	421	647	910
30～34年	1,891	1,642	1,598	2,352	1,094	768	1,295	1,732	800	592	877	1,312
35年以上	2,037	1,822	1,909	2,283	1,909	1,670	1,710	2,254	1,471	1,321	1,600	1,610

注 「退職給付額」は、退職一時金制度のみの場合は退職一時金額、退職年金制度のみの場合は年金現価額、退職一時金制度と退職年金制度併用の場合は退職一時金額と年金現価額の計である。

C−42　学歴・職種別にみた

	勤続（年）	大学卒事務・技術労働者　総合職相当					短大・高専卒事務・技術労働者　総合職相当					短大・高専卒事務・技術労働者　一般職相当				
		年齢（歳）	会社都合		自己都合		年齢（歳）	会社都合		自己都合		年齢（歳）	会社都合		自己都合	
			退職金総額（千円）	月収換算（月）	退職金総額（千円）	月収換算（月）		退職金総額（千円）	月収換算（月）	退職金総額（千円）	月収換算（月）		退職金総額（千円）	月収換算（月）	退職金総額（千円）	月収換算（月）
調査産業計		（集計社数　92社）			（83社）		（集計社数　20社）			（20社）		（集計社数　16社）			（15社）	
	3年	25	690	2.8	323	1.3	23	475	2.2	327	1.5	23	485	2.4	223	1.1
	5	27	1,180	4.3	594	2.2	25	1,086	4.5	592	2.5	25	793	3.8	377	1.8
	10	32	3,102	8.8	1,799	5.1	30	2,514	8.5	1,555	5.3	30	1,873	7.8	1,093	4.6
	15	37	5,779	13.7	3,873	9.3	35	4,208	12.7	3,064	9.1	35	3,850	14.0	2,273	8.3
	20	42	9,531	18.8	7,265	14.5	40	7,267	17.0	6,173	14.4	40	7,655	25.2	4,863	16.0
	25	47	13,938	24.7	11,431	20.4	45	9,492	24.2	8,752	22.4	45	10,822	32.9	6,825	20.7
	30	52	19,154	32.0	17,067	28.8	50	13,483	31.9	12,436	29.4	50	13,429	36.4	10,187	27.6
	35	57	23,649	39.3	21,634	35.3	55	16,323	36.6	15,903	35.6	55	14,912	41.4	12,326	34.2
	38	60	25,280	44.6	22,692	39.9	—	—	—	—	—	—	—	—	—	—
	40/42	—	—	—	—	—	60	12,431	28.6	12,431	28.6	60	17,236	54.6	14,293	45.3
	定年	—	25,639	42.6	—	—	—	13,553	39.2	—	—	—	23,439	72.6	—	—
うち製造業		（集計社数　57社）			（53社）		（集計社数　11社）			（11社）		（集計社数　10社）			（10社）	
	3年	25	786	3.2	347	1.4	23	626	3.0	390	1.8	23	524	2.6	234	1.2
	5	27	1,430	5.1	705	2.5	25	1,381	6.0	730	3.2	25	954	4.6	495	2.4
	10	32	3,554	10.4	1,969	5.8	30	3,145	10.9	1,897	6.6	30	2,124	8.7	1,377	5.6
	15	37	6,473	15.7	4,123	9.9	35	5,295	15.7	3,714	11.0	35	4,603	16.5	2,960	10.6
	20	42	9,858	20.5	7,529	15.3	40	7,755	19.4	6,181	15.5	40	6,784	21.9	5,886	19.0
	25	47	14,512	27.3	12,201	22.4	45	9,232	26.3	8,051	23.0	45	9,365	27.2	8,215	23.9
	30	52	19,631	34.6	17,674	30.5	50	14,434	38.6	12,838	34.3	50	12,845	31.1	12,179	29.5
	35	57	24,097	40.4	22,209	36.9	55	17,202	39.3	17,150	39.1	55	14,880	35.7	14,096	33.8
	38	60	26,064	45.7	24,678	42.9	—	—	—	—	—	—	—	—	—	—
	40/42	—	—	—	—	—	60	14,369	41.3	14,369	41.3	60	17,768	49.4	17,768	49.4
	定年	—	23,421	40.3	—	—	—	13,553	39.2	—	—	—	19,862	55.2	—	—

資料出所　中央労働委員会事務局「賃金事情等総合調査－退職金、年金および定年制事情調査－」。C－43も同じ。

注　1．退職一時金又は退職年金（両制度併用の企業を含む）を採用している企業のうち、本項目に回答があった企業分を集計している。

2．退職金総額は、注1による両制度併用での年金分はその年金現価額とし、労働者の拠出に係る部分を除くものである。

3．月収換算は、退職時の所定内賃金に対する倍率である。

4．一部にサンプル数の少ない年齢があり、留意されたい。

C−43　会社都合の実在者モデル退職金

	勤続（年）	大学卒・事務・技術労働者　総合職相当						短大・高専卒・事務・技術労働者　総合職相当					
		年齢（歳）	退職金総額（千円）	月収換算（月）	退職一時金額（千円）	月収換算（月）	退職年金現価額（千円）	年齢（歳）	退職金総額（千円）	月収換算（月）	退職一時金額（千円）	月収換算（月）	退職年金現価額（千円）
調査産業計		（集計社数　50社）						（集計社数　10社）					
	15	37	6,041	14.3	3,227	7.6	2,815	35	4,887	13.8	2,443	6.9	2,445
	20	42	10,167	20.4	5,342	10.7	4,826	40	7,729	15.3	4,120	8.1	3,609
	25	47	14,695	26.1	7,587	13.5	7,108	45	9,374	22.4	5,055	12.1	4,320
	30	52	20,035	34.0	10,464	17.8	9,570	50	12,907	28.2	7,270	15.9	5,637
	35	57	24,378	40.6	12,670	21.1	11,708	55	15,334	33.3	7,958	17.3	7,376
	38	60	26,937	45.0	13,914	23.2	13,023	—	—	—	—	—	—
	40/42	—	—	—	—	—	—	60	12,719	25.5	4,112	8.2	8,607
	定年	—	26,487	43.6	14,126	23.3	12,360	—	11,286	42.1	788	2.9	10,498
うち製造業		（集計社数　27社）						（集計社数　5社）					
	15	37	6,731	16.1	3,567	8.5	3,164	35	6,070	18.1	3,144	9.4	2,926
	20	42	10,282	21.2	5,397	11.1	4,885	40	8,514	20.8	3,966	9.7	4,548
	25	47	15,111	27.8	7,922	14.6	7,189	45	9,124	28.5	4,436	13.8	4,688
	30	52	20,486	36.1	10,811	19.0	9,676	50	12,504	38.2	6,076	18.6	6,428
	35	57	24,946	41.3	13,192	21.9	11,753	55	16,011	39.3	4,803	11.8	11,208
	38	60	27,179	45.9	14,138	23.9	13,041	—	—	—	—	—	—
	40/42	—	—	—	—	—	—	60	13,643	44.0	3,994	12.9	9,649
	定年	—	24,536	42.0	13,659	23.4	10,877	—	11,286	42.0	788	2.9	10,498

モデル退職金総額（中労委）〔令和３年６月〕

	勤続（年）	高校卒事務・技術労働者　総合職相当					高校卒事務・技術労働者　一般職相当					高校卒　生産労働者				
		年齢（歳）	会社都合		自己都合		年齢（歳）	会社都合		自己都合		年齢（歳）	会社都合		自己都合	
			退職金総額（千円）	月収換算（月）	退職金総額（千円）	月収換算（月）		退職金総額（千円）	月収換算（月）	退職金総額（千円）	月収換算（月）		退職金総額（千円）	月収換算（月）	退職金総額（千円）	月収換算（月）
調査産業計		（集計社数	29社）		（28社）		（集計社数	29社）		（29社）		（集計社数	39社）		（36社）	
	3年	21	522	2.7	314	1.6	21	470	2.5	228	1.2	21	549	2.9	220	1.1
	5	23	894	4.2	522	2.5	23	833	4.2	437	2.2	23	950	4.7	430	2.1
	10	28	2,142	8.0	1,378	5.1	28	2,187	9.5	1,329	5.7	28	2,401	9.9	1,257	5.2
	15	33	4,035	12.6	2,890	9.0	33	3,696	14.1	2,523	9.6	33	4,224	14.7	2,634	9.2
	20	38	6,647	18.9	5,573	15.7	38	7,080	23.7	5,162	17.3	38	6,909	21.4	5,082	15.7
	25	43	10,050	24.0	8,628	20.5	43	10,263	31.5	8,165	25.1	43	10,187	28.9	8,397	23.7
	30	48	13,679	31.1	11,970	27.0	48	12,355	35.1	10,824	30.8	48	13,653	35.3	12,055	31.0
	35	53	16,694	36.5	15,462	33.8	53	16,657	43.8	14,741	38.8	53	17,269	43.5	15,451	38.7
	42	60	19,252	39.8	16,789	34.3	60	17,994	52.8	16,059	46.6	60	16,577	43.2	15,722	40.8
	定年	—	19,712	42.6	—	—	—	19,862	56.9	—	—	—	18,397	45.9	—	—
うち製造業		（集計社数	19社）		（18社）		（集計社数	18社）		（18社）		（集計社数	29社）		（27社）	
	3年	23	627	3.2	332	1.7	21	515	2.8	266	1.4	21	567	3.0	243	1.3
	5	25	1,053	5.0	572	2.7	23	912	4.7	525	2.7	23	1,015	5.0	484	2.4
	10	30	2,441	9.2	1,471	5.6	28	2,314	9.9	1,474	6.3	28	2,580	10.5	1,395	5.7
	15	35	4,519	14.6	3,036	9.8	33	4,155	15.7	3,013	11.4	33	4,485	15.5	2,854	9.9
	20	40	7,336	21.0	5,701	16.3	38	6,746	22.7	5,763	19.4	38	7,127	22.1	5,297	16.3
	25	45	10,750	26.6	8,828	21.8	43	9,481	29.3	8,557	26.4	43	10,364	29.2	8,547	23.9
	30	50	14,077	32.7	12,066	27.9	48	12,488	35.3	11,976	33.9	48	14,090	36.1	12,460	31.6
	35	55	16,941	38.0	15,420	34.6	53	16,367	43.2	15,824	41.8	53	17,592	44.6	15,932	40.1
	42	60	19,349	39.7	17,258	35.1	60	18,100	51.4	18,368	51.2	60	16,604	42.6	16,871	42.6
	定年	—	18,753	39.3	—	—	—	20,287	57.3	—	—	—	18,244	45.4	—	—

：退職年金併給制度併用企業（中労委）〔令和３年６月〕

	勤続（年）	高校卒、事務・技術労働者、総合職担当						高校卒、生産労働者					
		年齢（歳）	退職金総額（千円）	月収換算（月）	退職一時金額（千円）	月収換算（月）	退職年金現価額（千円）	年齢（歳）	退職金総額（千円）	月収換算（月）	退職一時金額（千円）	月収換算（月）	退職年金現価額（千円）
調査産業計				（集計社数　20社）						（集計社数　26社）			
	15	33	3,916	12.2	2,069	6.4	1,847	33	4,571	15.9	2,407	8.4	2,163
	20	38	6,392	17.9	3,485	9.8	2,907	38	7,421	23.5	3,854	12.2	3,567
	25	43	9,924	23.0	5,230	12.1	4,693	43	10,645	30.6	5,434	15.6	5,211
	30	48	13,965	30.9	7,413	16.4	6,552	48	14,120	37.0	6,922	18.1	7,198
	35	53	16,846	36.0	9,226	19.7	7,620	53	17,159	44.4	8,830	22.8	8,329
	38	—	—	—	—	—	—	—	—	—	—	—	—
	42	60	20,373	41.4	10,062	20.4	10,311	60	16,905	45.3	6,777	18.1	10,128
	定年	—	20,103	42.9	11,213	23.9	8,890	—	18,584	47.5	9,165	23.4	9,418
うち製造業				（集計社数　13社）						（集計社数　19社）			
	15	33	4,291	14.2	2,220	7.3	2,071	33	4,857	16.8	2,422	8.4	2,435
	20	38	7,070	20.8	3,672	10.8	3,398	38	7,555	24.1	3,738	11.9	3,818
	25	43	10,613	26.7	5,299	13.3	5,314	43	10,784	30.9	5,206	14.9	5,578
	30	48	14,455	33.9	7,074	16.6	7,381	48	14,537	37.5	6,947	17.9	7,590
	35	53	17,060	38.8	8,681	19.7	8,379	53	17,735	46.0	8,422	21.8	9,314
	38	—	—	—	—	—	—	—	—	—	—	—	—
	42	60	19,882	41.7	9,381	19.7	10,501	60	16,150	44.1	6,491	17.7	9,659
	定年	—	19,180	39.4	9,204	18.9	9,976	—	18,473	47.5	8,273	21.3	10,200

D－1 鉱工業・建設業の労働生産性・

項目		年	製造業計	食料品・飲料・たばこ・飼料	繊維工業	木材・木製品	家具・装飾品	パルプ・紙・紙加工品	印刷・同関連業	化学工業	プラスチック製品	ゴム製品
労働生産性指数		平成24年	101.0	102.1	101.4	108.0	90.1	100.3	106.9	98.0	107.7	112.9
		25	103.1	103.9	104.9	111.8	96.6	103.7	105.3	103.9	111.3	115.4
		26	105.7	106.0	108.8	109.5	97.6	104.3	104.1	102.8	109.8	116.6
		27	105.3	103.4	110.4	104.6	96.3	107.4	109.5	106.4	105.6	115.5
		28	106.4	103.0	112.8	109.6	105.5	109.0	108.2	109.6	106.8	114.5
		29	108.7	101.3	112.9	108.1	103.0	109.2	105.4	112.8	106.9	114.0
		30	108.9	99.9	111.7	103.9	105.6	109.3	102.5	112.4	106.2	115.4
		令和元年	107.4	101.6	108.5	108.3	106.2	106.1	103.1	109.9	105.4	115.5
		2	100.0	100.0	100.0	100.0	100.0	100.0	100.0	100.0	100.0	100.0
		3	104.8	98.8	105.0	107.3	104.8	105.3	100.3	101.8	101.9	110.2
		4	105.2	96.4	105.2	104.4	105.7	105.7	97.8	103.8	102.3	107.6
	増減率	25年	2.1	1.8	3.5	3.5	7.2	3.4	△1.5	6.0	3.3	2.2
		26	2.5	2.0	3.7	△2.1	1.0	0.6	△1.1	△1.1	△1.3	1.0
		27	△0.4	△2.5	1.5	△4.5	△1.3	3.0	5.2	3.5	△3.8	△0.9
		28	1.0	△0.4	2.2	4.8	9.6	1.5	△1.2	3.0	1.1	△0.9
		29	2.2	△1.7	0.1	△1.4	△2.4	0.2	△2.6	2.9	0.1	△0.4
		30	0.2	△1.4	△1.1	△3.9	2.5	0.1	△2.8	△0.4	△0.7	1.2
		元年	△1.4	1.7	△2.9	4.2	0.6	△2.9	0.6	△2.2	△0.8	0.1
		2	△6.9	△1.6	△7.8	△7.7	△5.8	△5.7	△3.0	△9.0	△5.1	△13.4
		3	4.8	△1.2	5.0	7.3	4.8	5.3	0.3	1.8	1.9	10.2
		4	0.4	△2.4	0.2	△2.7	0.9	0.4	△2.5	2.0	0.4	△2.4
労働投入量指数		平成24年	109.1	100.9	128.3	101.6	120.4	106.9	125.4	107.0	95.5	114.6
		25	106.6	98.9	122.1	103.3	116.9	106.2	123.7	104.3	93.7	112.4
		26	106.0	97.3	116.9	101.9	116.7	107.0	121.8	103.5	95.2	111.6
		27	105.1	99.3	113.8	101.6	116.1	104.4	116.2	101.4	97.5	106.3
		28	104.0	100.7	108.3	102.2	108.0	103.5	112.6	100.3	97.7	103.9
		29	105.0	101.7	107.4	104.1	109.3	105.1	111.7	100.6	100.4	106.3
		30	105.4	102.7	107.1	107.6	103.5	102.8	111.6	100.4	102.5	106.6
		令和元年	104.1	101.5	106.6	104.0	103.6	103.8	107.8	101.7	101.8	105.3
		2	100.0	100.0	100.0	100.0	100.0	100.0	100.0	100.0	100.0	100.0
		3	100.7	100.4	95.8	101.0	98.1	98.0	99.6	102.0	101.1	103.1
		4	100.2	102.3	96.0	100.6	95.9	96.6	100.1	100.1	98.6	103.9
	増減率	25年	△2.3	△2.0	△4.8	1.7	△2.9	△0.7	△1.4	△2.5	△1.9	△1.9
		26	△0.6	△1.6	△4.3	△1.4	△0.2	0.8	△1.5	△0.8	1.6	△0.7
		27	△0.8	2.1	△2.7	△0.3	△0.5	△2.4	△4.6	△2.0	2.4	△4.7
		28	△1.0	1.4	△4.8	0.6	△7.0	△0.9	△3.1	△1.1	0.2	△2.3
		29	1.0	1.0	△0.8	1.9	1.2	1.5	△0.8	0.3	2.8	2.3
		30	0.4	1.0	△0.3	3.4	△5.3	△2.2	△0.1	△0.2	2.1	0.3
		元年	△1.2	△1.2	△0.5	△3.3	0.1	1.0	△3.4	1.3	△0.7	△1.2
		2	△3.9	△1.5	△6.2	△3.8	△3.5	△3.7	△7.2	△1.7	△1.8	△5.0
		3	0.7	0.4	△4.2	1.0	△1.9	△2.0	△0.4	2.0	1.1	3.1
		4	△0.5	1.9	0.2	△0.4	△2.2	△1.4	0.5	△1.9	△2.5	0.8
産出量指数		平成24年	110.0	103.0	130.1	109.7	108.2	107.1	133.9	104.9	102.6	128.7
		25	109.7	102.8	128.0	115.3	112.8	109.9	130.0	108.4	104.1	129.0
		26	111.8	103.2	127.3	111.5	113.7	111.5	126.7	106.4	104.4	129.4
		27	110.6	102.8	125.6	106.2	111.5	112.1	127.3	108.0	102.7	122.2
		28	110.6	103.8	122.1	111.9	113.6	112.7	121.8	109.9	104.2	118.4
		29	114.0	103.0	121.2	112.4	112.1	114.6	117.6	113.4	107.1	120.5
		30	114.7	102.6	119.6	111.7	108.8	112.4	114.4	112.8	108.6	122.3
		令和元年	111.6	103.2	115.4	112.6	109.6	110.0	111.0	111.7	107.0	120.9
		2	100.0	100.0	100.0	100.0	100.0	100.0	100.0	100.0	100.0	100.0
		3	105.4	99.4	100.6	108.4	102.5	103.0	99.9	104.0	102.9	113.0
		4	105.3	98.7	100.9	104.9	101.1	101.9	97.8	104.0	100.8	111.2
	増減率	25年	△0.3	△0.2	△1.6	5.1	4.3	2.6	△2.9	3.3	1.5	0.2
		26	1.9	0.4	△0.5	△3.3	0.8	1.5	△2.5	△1.8	0.3	0.3
		27	△1.1	△0.4	△1.3	△4.8	△1.9	0.5	0.5	1.5	△1.6	△5.6
		28	0.0	1.0	△2.8	5.4	1.9	0.5	△4.3	1.8	1.5	△3.1
		29	3.1	△0.8	△0.7	0.4	△1.3	1.7	△3.4	3.2	2.8	1.8
		30	0.6	△0.4	△1.3	△0.6	△2.9	△1.9	△2.7	△0.5	1.4	1.5
		元年	△2.7	0.6	△3.5	0.8	0.7	△2.1	△3.0	△1.0	△1.5	△1.1
		2	△10.4	△3.1	△13.3	△11.2	△8.8	△9.1	△9.9	△10.5	△6.5	△17.3
		3	5.4	△0.6	0.6	8.4	2.5	3.0	△0.1	4.0	2.9	13.0
		4	△0.1	△0.7	0.3	△3.2	△1.4	△1.1	△2.1	0.0	△2.0	△1.6

資料出所　日本生産性本部「生産性統計」。

注　1．個別品目の労働生産性指数は当該品目ごとに産出量指数を労働投入量指数で除して求めるが、総合指数を作成する場合は労働投入量指数のウエイトが、産出量指数のウエイトと異なるため、上

労働投入量・産出量指数の推移〔令和2年＝100.0〕

窯業・土石製品	鉄鋼業	非鉄金属製品	金属製品	はん用機械器具	生産用機械器具	業務用機械器具	電子部品デバイス	電気機械	情報通信機械	輸送用機械器具	鉱業	建設業	年
106.6	123.7	105.0	112.3	98.6	96.7	105.4	60.7	89.2	101.4	117.1	101.2	97.6	2012
112.3	122.1	105.7	112.9	100.8	94.9	96.8	68.4	95.4	100.0	117.9	108.6	105.6	13
112.6	119.7	108.7	112.3	108.7	104.0	103.8	75.3	100.0	100.2	118.5	110.6	104.7	14
108.7	115.4	110.6	110.8	105.5	103.8	106.7	83.5	98.9	103.3	113.6	108.7	104.1	15
109.8	117.7	111.9	110.4	107.2	101.2	110.6	85.2	102.4	109.1	112.0	111.1	107.2	16
112.8	117.8	110.9	110.4	110.6	111.0	108.3	90.3	107.0	106.5	115.2	122.9	104.8	17
113.3	117.2	111.3	106.2	114.9	113.9	113.8	99.9	108.9	105.6	114.7	116.0	101.8	18
110.6	111.9	104.8	106.5	107.6	106.2	111.5	97.2	105.0	118.2	115.3	104.0	98.7	19
100.0	100.0	100.0	100.0	100.0	100.0	100.0	100.0	100.0	100.0	100.0	100.0	100.0	20
103.5	114.0	105.4	102.6	112.2	117.8	108.7	107.7	106.3	95.0	99.6	102.2	98.3	21
99.1	107.3	104.8	101.6	115.8	128.3	119.1	103.0	107.8	87.2	102.4	113.7	90.0	22
5.3	△1.3	0.7	0.5	2.2	△1.9	△8.2	12.7	7.0	△1.4	0.7	7.3	8.2	2013
0.3	△2.0	2.8	△0.5	7.8	9.6	7.2	10.1	4.8	0.2	0.5	1.8	△0.9	14
△3.5	△3.6	1.7	△1.3	△2.9	△0.2	2.8	10.9	△1.1	3.1	△4.1	△1.7	△0.6	15
1.0	2.0	1.2	△0.4	1.6	△2.5	3.7	2.0	3.5	5.6	△1.4	2.2	3.0	16
2.7	0.1	△0.9	0.0	3.2	9.7	△2.1	6.0	4.5	△2.4	2.9	10.6	△2.2	17
0.4	△0.5	0.4	△3.8	3.9	2.6	5.1	10.6	1.8	△0.8	△0.4	△5.6	△2.9	18
△2.4	△4.5	△5.8	0.3	△6.4	△6.8	△2.0	△2.7	△3.6	11.9	0.5	△10.3	△3.0	19
△9.6	△10.6	△4.6	△6.1	△7.1	△5.8	△10.3	2.9	△4.8	△15.4	△13.3	△3.8	1.3	20
3.5	14.0	5.4	2.6	12.2	17.8	8.7	7.7	6.3	△5.0	△0.4	2.2	△1.7	21
△4.3	△5.9	△0.6	△1.0	3.2	8.9	9.6	△4.4	1.4	△8.2	2.8	11.3	△8.4	22
106.4	105.4	105.7	108.2	113.9	97.2	110.9	138.2	112.0	173.9	99.4	126.0	94.0	2012
104.1	108.7	103.9	106.4	111.8	97.2	108.1	125.8	109.0	156.4	98.9	113.0	93.7	13
104.7	112.0	104.0	106.3	110.1	101.4	106.4	121.6	108.8	144.2	100.1	108.9	93.8	14
104.4	109.0	100.9	104.1	107.8	102.8	104.9	116.8	108.8	125.4	102.5	106.5	93.6	15
103.1	106.6	100.8	102.0	105.4	103.5	102.6	112.0	106.3	111.7	104.7	103.4	93.6	16
102.5	108.8	103.9	103.7	105.2	106.4	102.5	112.6	106.8	109.3	106.4	97.7	97.9	17
102.0	109.5	104.7	107.9	107.2	108.6	102.0	103.5	106.5	107.8	106.8	96.3	98.2	18
100.3	108.4	105.3	106.0	106.3	105.8	102.7	101.6	103.8	102.0	105.8	101.9	99.8	19
100.0	100.0	100.0	100.0	100.0	100.0	100.0	100.0	100.0	100.0	100.0	100.0	100.0	20
100.4	102.6	102.0	101.0	100.5	103.2	97.4	103.4	102.0	100.4	99.3	97.0	101.9	21
100.1	101.5	101.6	101.5	100.3	104.4	94.7	101.8	101.6	99.6	96.0	83.6	102.9	22
△2.2	3.1	△1.7	△1.7	△1.8	0.0	△2.5	△9.0	△2.7	△10.1	△0.5	△10.3	△0.3	2013
0.6	3.0	0.1	△0.1	△1.5	4.3	△1.6	△3.3	△0.2	△7.8	1.2	△3.6	0.1	14
△0.3	△2.7	△3.0	△2.1	△2.1	1.4	△1.4	△3.9	0.0	△13.0	2.4	△2.2	△0.2	15
△1.2	△2.2	△0.1	△2.0	△2.2	0.7	△2.2	△4.1	△2.3	△10.9	2.1	△2.9	0.0	16
△0.6	2.1	3.1	1.7	△0.2	2.8	△0.1	0.5	0.5	△2.1	1.6	△5.5	4.6	17
△0.5	0.6	0.8	4.1	1.9	2.1	△0.5	△8.1	△0.3	△1.4	0.4	△1.4	0.3	18
△1.7	△1.0	0.6	△1.8	△0.8	△2.6	0.7	△1.8	△2.5	△5.4	△0.9	5.8	1.6	19
△0.3	△7.7	△5.0	△5.7	△5.9	△5.5	△2.6	△1.6	△3.7	△2.0	△5.5	△1.9	0.2	20
0.4	2.6	2.0	1.0	0.5	3.2	△2.6	3.4	2.0	0.4	△0.7	△3.0	1.9	21
△0.3	△1.1	△0.4	0.5	△0.2	1.2	△2.8	△1.5	△0.4	△0.8	△3.3	△13.8	1.0	22
113.4	130.0	110.7	121.3	111.8	93.8	117.0	83.9	99.7	176.5	115.4	127.6	91.9	2012
116.9	132.4	109.5	119.9	112.3	92.1	104.6	86.1	103.8	156.1	115.6	122.8	99.0	13
117.9	133.9	112.8	119.2	119.4	105.2	110.4	91.6	108.7	144.2	117.6	120.5	98.2	14
113.5	125.6	111.4	115.2	113.3	106.6	112.1	97.5	107.4	129.4	115.5	115.7	97.4	15
113.2	125.3	112.7	112.4	112.9	104.6	113.6	95.4	108.8	121.9	116.3	114.8	100.3	16
115.7	127.8	114.9	114.3	115.9	118.0	111.0	101.6	114.1	116.3	121.5	120.2	102.6	17
115.6	128.1	116.3	114.5	122.7	123.3	116.0	103.3	115.8	113.6	121.4	111.8	99.8	18
110.8	121.1	110.2	112.7	114.0	112.1	114.5	98.6	108.8	120.5	120.9	106.0	98.3	19
100.0	100.0	100.0	100.0	100.0	100.0	100.0	100.0	100.0	100.0	100.0	100.0	100.0	20
103.9	116.7	107.3	103.5	112.5	121.6	106.0	111.4	108.4	95.2	98.4	99.1	100.1	21
99.2	108.6	106.2	103.0	115.8	134.0	112.9	104.8	109.5	86.8	97.6	94.9	92.5	22
3.1	1.8	△1.1	△1.2	0.4	△1.8	△10.6	2.6	4.1	△11.6	0.2	△3.8	7.7	2013
0.9	1.1	3.0	△0.6	6.3	14.2	5.5	6.4	4.7	△7.6	1.7	△1.9	△0.8	14
△3.7	△6.2	△1.2	△3.4	△5.1	1.3	1.5	6.4	△1.2	△10.3	△1.8	△4.0	△0.8	15
△0.3	△0.2	1.2	△2.4	△0.4	△1.9	1.3	△2.2	1.3	△5.8	0.7	△0.8	3.0	16
2.2	2.0	2.0	1.7	2.7	12.8	△2.3	6.5	4.9	△4.6	4.5	4.7	2.3	17
△0.1	0.2	1.2	0.2	5.9	4.5	4.5	1.7	1.5	△2.3	△0.1	△7.0	△2.7	18
△4.2	△5.5	△5.2	△1.6	△7.1	△9.1	△1.3	△4.5	△6.0	6.1	△0.4	△5.2	△1.5	19
△9.7	△17.4	△9.3	△11.3	△12.3	△10.8	△12.7	1.4	△8.1	△17.0	△17.3	△5.7	1.7	20
3.9	16.7	7.3	3.5	12.5	21.6	6.0	11.4	8.4	△4.8	△1.6	△0.9	0.1	21
△4.5	△6.9	△1.0	△0.5	2.9	10.2	6.5	△5.9	1.0	△8.8	△0.8	△4.2	△7.6	22

表の産出量指数を労働投入量指数で除した値は労働生産性指数に一致しない。この労働投入量は業種別延労働時間数による。

D－２ 鉱工業業種別、建設業の労働生産性・賃金・

項目	区分	年	製造業計	食料品・飲料・たばこ・飼料	繊維工業	木材・木製品	家具・装飾品	パルプ・紙・紙加工品	印刷・同関連業	化学工業	プラスチック製品	ゴム製品	窯業・土石製品
労働生産性指数		平成24年	101.0	102.1	101.4	108.0	90.1	100.3	106.9	98.0	107.7	112.9	106.6
		25	103.1	103.9	104.9	111.8	96.6	103.7	105.3	103.9	111.3	115.4	112.3
		26	105.7	106.0	108.8	109.5	97.6	104.3	104.1	102.8	109.8	116.6	112.6
		27	105.3	103.4	110.4	104.6	96.3	107.4	109.5	106.4	105.6	115.5	108.7
		28	106.4	103.0	112.8	109.6	105.5	109.0	108.2	109.6	106.8	114.5	109.8
		29	108.7	101.3	112.9	108.1	103.0	109.2	105.4	112.8	106.9	114.0	112.8
		30	108.9	99.9	111.7	103.9	105.6	109.3	102.5	112.4	106.2	115.4	113.3
		令和元年	107.4	101.6	108.5	108.3	106.2	106.1	103.1	109.9	105.4	115.5	110.6
		2	100.0	100.0	100.0	100.0	100.0	100.0	100.0	100.0	100.0	100.0	100.0
		3	104.8	98.8	105.0	107.3	104.8	105.3	100.3	101.8	101.9	110.2	103.5
		4	105.2	96.4	105.2	104.4	105.7	105.7	97.8	103.8	102.3	107.6	99.1
	増減率	25年	2.1	1.8	3.5	3.5	7.2	3.4	△1.5	6.0	3.3	2.2	5.3
		26	2.5	2.0	3.7	△2.1	1.0	0.6	△1.1	△1.1	△1.3	1.0	0.3
		27	△0.4	△2.5	1.5	△4.5	△1.3	3.0	5.2	3.5	△3.8	△0.9	△3.5
		28	1.0	△0.4	2.2	4.8	9.6	1.5	△1.2	3.0	1.1	△0.9	1.0
		29	2.2	△1.7	0.1	△1.4	△2.4	0.2	△2.6	2.9	0.1	△0.4	2.7
		30	0.2	△1.4	△1.1	△3.9	2.5	0.1	△2.8	△0.4	△0.7	1.2	0.4
		元年	△1.4	1.7	△2.9	4.2	0.6	△2.9	0.6	△2.2	△0.8	0.1	△2.4
		2	△6.9	△1.6	△7.8	△7.7	△5.8	△5.7	△3.0	△9.0	△5.1	△13.4	△9.6
		3	4.8	△1.2	5.0	7.3	4.8	5.3	0.3	1.8	1.9	10.2	3.5
		4	0.4	△2.4	0.2	△2.7	0.9	0.4	△2.5	2.0	0.4	△2.4	△4.3
賃金指数（現金給与総額）		平成24年	98.3	99.3	96.9	96.0	90.1	93.0	102.6	105.5	94.2	97.2	100.6
		25	97.6	95.3	95.0	97.9	93.8	95.8	103.0	103.9	92.6	98.6	102.0
		26	99.4	96.6	97.2	96.6	95.0	98.1	104.1	103.7	92.4	100.0	105.3
		27	99.8	96.0	97.7	93.5	97.1	96.0	103.2	103.8	94.5	100.8	105.2
		28	100.5	97.3	97.2	101.8	94.4	97.9	104.6	103.9	96.1	102.6	106.2
		29	102.0	99.9	97.4	104.5	97.4	98.4	108.2	102.0	96.8	106.9	107.0
		30	103.8	100.1	98.9	97.2	105.3	97.9	103.7	105.4	105.9	107.3	106.1
		令和元年	103.5	103.1	97.7	96.9	100.5	98.7	99.2	106.1	103.7	103.8	103.1
		2	100.0	100.0	100.0	100.0	100.0	100.0	100.0	100.0	100.0	100.0	100.0
		3	101.9	102.0	101.7	102.9	102.3	96.7	100.4	102.5	103.3	106.7	104.2
		4	103.6	98.8	107.2	108.0	98.8	95.4	106.2	103.6	105.0	109.5	109.4
	増減率	25年	△0.7	△3.9	△1.9	2.0	4.2	3.0	0.4	△1.6	△1.6	1.4	1.4
		26	1.8	1.3	2.2	△1.3	1.3	2.5	1.1	△0.2	△0.3	1.5	3.1
		27	0.4	△0.7	0.5	△3.2	2.2	△2.1	△0.9	0.1	2.3	0.7	△0.1
		28	0.7	1.5	△0.5	8.8	△2.7	1.9	1.4	0.1	1.6	1.8	1.0
		29	1.5	2.6	0.2	2.8	3.3	0.6	3.5	△1.8	0.8	4.2	0.8
		30	1.8	0.2	1.6	△7.0	8.1	△0.6	△4.2	3.4	9.5	0.4	△0.9
		元年	△0.3	3.1	△1.3	△0.4	△4.6	0.8	△4.4	0.6	△2.1	△3.3	△2.8
		2	△3.4	△3.1	2.4	3.3	△0.5	1.4	0.8	△5.7	△3.6	△3.6	△3.1
		3	2.0	2.0	1.8	2.9	2.3	△3.3	0.4	2.5	3.3	6.6	4.2
		4	1.7	△3.1	5.4	5.0	△3.4	△1.3	5.8	1.1	1.6	2.6	5.0
賃金コスト指数		平成24年	97.3	97.3	95.6	88.9	100.0	92.7	96.0	107.7	87.5	86.1	94.4
		25	94.7	91.7	90.6	87.6	97.1	92.4	97.8	100.0	83.2	85.4	90.8
		26	94.0	91.1	89.3	88.2	97.3	94.1	100.0	100.9	84.2	85.8	93.5
		27	94.8	92.8	88.5	89.4	100.8	89.4	94.2	97.6	89.5	87.3	96.8
		28	94.5	94.5	86.2	92.9	89.5	89.8	96.7	94.8	90.0	89.6	96.7
		29	93.8	98.6	86.3	96.7	94.6	90.1	102.7	90.4	90.6	93.8	94.9
		30	95.3	100.2	88.5	93.6	99.7	89.6	101.2	93.8	99.7	93.0	93.6
		令和元年	96.4	101.5	90.0	89.5	94.6	93.0	96.2	96.5	98.4	89.9	93.2
		2	100.0	100.0	100.0	100.0	100.0	100.0	100.0	100.0	100.0	100.0	100.0
		3	97.2	103.2	96.9	95.9	97.6	91.8	100.1	100.7	101.4	96.8	100.7
		4	98.5	102.5	101.9	103.4	93.5	90.3	108.6	99.8	102.6	101.8	110.4
	増減率	25年	△2.7	△5.8	△5.2	△1.5	△2.9	△0.3	1.9	△7.1	△4.9	△0.8	△3.8
		26	△0.7	△0.7	△1.4	0.7	0.2	1.8	2.2	0.9	1.2	0.5	3.0
		27	0.9	1.9	△0.9	1.4	3.6	△5.0	△5.8	△3.3	6.3	1.7	3.5
		28	△0.3	1.8	△2.6	3.9	△11.2	0.4	2.7	△2.9	0.6	2.6	△0.1
		29	△0.7	4.3	0.1	4.1	5.7	0.3	6.2	△4.6	0.7	4.7	△1.9
		30	1.6	1.6	2.5	△3.2	5.4	△0.6	△1.5	3.8	10.0	△0.9	△1.4
		元年	1.2	1.3	1.7	△4.4	△5.1	3.8	△4.9	2.9	△1.3	△3.3	△0.4
		2	3.7	△1.5	11.1	11.7	5.7	7.5	4.0	3.6	1.6	11.2	7.3
		3	△2.8	3.2	△3.1	△4.1	△2.4	△8.2	0.1	0.7	1.4	△3.2	0.7
		4	1.3	△0.7	5.2	7.8	△4.2	△1.6	8.5	△0.9	1.2	5.2	9.6

資料出所　労働生産性は日本生産性本部「生産性統計」。賃金指数は厚生労働省「毎月勤労統計調査」。賃金コスト指数は賃金指数を労働生産性指数で除したもの。

注　1．賃金指数は事業所規模５人以上の現金給与総額（就業形態計）を用いている。
　　2．賃金コスト指数＝〔(賃金指数)÷労働生産性)×100〕。この指数は製品１単位当たりの賃金を示している。

賃金コスト指数〔令和2年＝100.0〕（事業所規模5人以上）

鉄鋼業	非鉄金属製品	金属製品	はん用機械器具	生産用機械器具	業務用機械器具	電子部品デバイス	電気機械	情報通信機械	輸送用機械器具	鉱業	建設業	年
123.7	105.0	112.3	98.6	96.7	105.4	60.7	89.2	101.4	117.1	101.2	97.6	2012
122.1	105.7	112.9	100.8	94.9	96.8	68.4	95.4	100.0	117.9	108.6	105.6	13
119.7	108.7	112.3	108.7	104.0	103.8	75.3	100.0	100.2	118.5	110.6	104.7	14
115.4	110.6	110.8	105.5	103.8	106.7	83.5	98.9	103.3	113.6	108.7	104.1	15
117.7	111.9	110.4	107.2	101.2	110.6	85.2	102.4	109.1	112.0	111.1	107.2	16
117.8	110.9	110.4	110.6	111.0	108.3	90.3	107.0	106.5	115.2	122.9	104.8	17
117.2	111.3	106.2	114.9	113.9	113.8	99.9	108.9	105.6	114.7	116.0	101.8	18
111.9	104.8	106.5	107.6	106.2	111.5	97.2	105.0	118.2	115.3	104.0	98.7	19
100.0	100.0	100.0	100.0	100.0	100.0	100.0	100.0	100.0	100.0	100.0	100.0	20
114.0	105.4	102.6	112.2	117.8	108.7	107.7	106.3	95.0	99.6	102.2	98.3	21
107.3	104.8	101.6	115.8	128.3	119.1	103.0	107.8	87.2	102.4	113.7	90.0	22
△1.3	0.7	0.5	2.2	△1.9	△8.2	12.7	7.0	△1.4	0.7	7.3	8.2	2013
△2.0	2.8	△0.5	7.8	9.6	7.2	10.1	4.8	0.2	0.5	1.8	△0.9	14
△3.6	1.7	△1.3	△2.9	△0.2	2.8	10.9	△1.1	3.1	△4.1	△1.7	△0.6	15
2.0	1.2	△0.4	1.6	△2.5	3.7	2.0	3.5	5.6	△1.4	2.2	3.0	16
0.1	△0.9	0.0	3.2	9.7	△2.1	6.0	4.5	△2.4	2.9	10.6	△2.2	17
△0.5	0.4	△3.8	3.9	2.6	5.1	10.6	1.8	△0.8	△0.4	△5.6	△2.9	18
△4.5	△5.8	0.3	△6.4	△6.8	△2.0	△2.7	△3.6	11.9	0.5	△10.3	△3.0	19
△10.6	△4.6	△6.1	△7.1	△5.8	△10.3	2.9	△4.8	△15.4	△13.3	△3.8	1.3	20
14.0	5.4	2.6	12.2	17.8	8.7	7.7	6.3	△5.0	△0.4	2.2	△1.7	21
△5.9	△0.6	△1.0	3.2	8.9	9.6	△4.4	1.4	△8.2	2.8	11.3	△8.4	22
93.3	104.8	99.5	89.7	99.1	98.5	96.7	101.9	94.8	95.2	95.1	87.5	2012
92.1	106.2	99.1	89.5	98.7	97.7	93.8	101.9	96.6	96.6	87.9	88.7	13
94.9	109.9	97.2	94.8	100.7	98.2	98.7	104.6	101.9	97.8	87.1	89.7	14
98.0	103.6	99.3	93.6	101.1	98.9	99.0	104.3	104.1	99.3	82.1	91.5	15
97.9	105.0	99.9	94.6	101.4	100.2	98.3	103.4	101.1	101.4	83.6	92.9	16
99.2	105.3	102.5	95.5	103.0	101.4	101.8	105.4	103.3	102.3	86.6	93.8	17
101.6	109.7	107.7	101.0	105.3	100.8	106.3	104.0	104.1	103.3	97.0	97.0	18
100.1	108.3	104.6	100.9	107.8	101.5	101.0	103.2	103.1	104.5	103.1	99.7	19
100.0	100.0	100.0	100.0	100.0	100.0	100.0	100.0	100.0	100.0	100.0	100.0	20
97.3	105.6	101.1	97.8	101.6	106.5	104.3	103.3	100.3	102.2	111.9	99.7	21
106.3	108.2	106.9	97.5	104.8	102.7	106.1	103.6	102.2	104.7	117.4	103.4	22
△1.3	1.3	△0.4	△0.3	△0.3	△0.9	△3.1	△0.1	1.9	1.6	△7.5	1.3	2013
3.1	3.5	△2.0	6.0	1.9	0.6	5.3	2.6	5.5	1.2	△0.9	1.2	14
3.3	△5.6	2.2	△1.3	0.5	0.7	0.3	△0.3	2.1	1.5	△5.7	2.0	15
△0.2	1.3	0.6	1.1	0.3	1.4	△0.8	△0.9	△2.8	2.1	1.7	1.5	16
1.3	0.3	2.6	0.9	1.5	1.2	3.5	2.0	2.1	0.9	3.6	1.0	17
2.5	4.1	5.0	5.8	2.3	△0.6	4.4	△1.3	1.0	1.1	11.9	3.4	18
△1.5	△1.3	△2.9	△0.1	2.4	0.6	△4.9	△0.8	△1.0	1.2	6.3	2.7	19
△0.1	△7.7	△4.4	△0.9	△7.2	△1.4	△1.0	△3.1	△2.9	△4.4	△2.9	0.4	20
△2.6	5.6	1.1	△2.2	1.6	6.4	4.3	3.2	0.2	2.3	11.9	△0.3	21
9.2	2.5	5.7	△0.3	3.1	△3.6	1.7	0.3	1.9	2.4	4.9	3.7	22
75.4	99.8	88.6	91.0	102.5	93.5	159.3	114.2	93.5	81.3	94.0	89.7	2012
75.4	100.5	87.8	88.8	104.0	100.9	137.1	106.8	96.6	81.9	80.9	84.0	13
79.3	101.1	86.6	87.2	96.8	94.6	131.1	104.6	101.7	82.5	78.8	85.7	14
84.9	93.7	89.6	88.7	97.4	92.7	118.6	105.5	100.8	87.4	75.5	87.9	15
83.2	93.8	90.5	88.2	100.2	90.6	115.4	101.0	92.7	90.5	75.2	86.7	16
84.2	95.0	92.8	86.3	92.8	93.6	112.7	98.5	97.0	88.8	70.5	89.5	17
86.7	98.6	101.4	87.9	92.4	88.6	106.4	95.5	98.6	90.1	83.6	95.3	18
89.5	103.3	98.2	93.8	101.5	91.0	103.9	98.3	87.2	90.6	99.1	101.0	19
100.0	100.0	100.0	100.0	100.0	100.0	100.0	100.0	100.0	100.0	100.0	100.0	20
85.4	100.2	98.5	87.2	86.2	98.0	96.8	97.2	105.6	102.6	109.5	101.4	21
99.1	103.2	105.2	84.2	81.7	86.2	103.0	96.1	117.2	102.2	103.3	114.9	22
0.0	0.7	△0.9	△2.4	1.5	7.9	△13.9	△6.5	3.3	0.7	△13.9	△6.4	2013
5.2	0.6	△1.4	△1.8	△6.9	△6.2	△4.4	△2.1	5.3	0.7	△2.6	2.0	14
7.1	△7.3	3.5	1.7	0.6	△2.0	△9.5	0.9	△0.9	5.9	△4.2	2.6	15
△2.0	0.1	1.0	△0.6	2.9	△2.3	△2.7	△4.3	△8.0	3.5	△0.4	△1.4	16
1.2	1.3	2.5	△2.2	△7.4	3.3	△2.3	△2.5	4.6	△1.9	△6.3	3.2	17
3.0	3.8	9.3	1.9	△0.4	△5.3	△5.6	△3.0	1.6	1.5	18.6	6.5	18
3.2	4.8	△3.2	6.7	9.8	2.7	△2.3	2.9	△11.6	0.6	18.5	6.0	19
11.7	△3.2	1.8	6.6	△1.5	9.9	△3.8	1.7	14.7	10.4	0.9	△1.0	20
△14.6	0.2	△1.5	△12.8	△13.8	△2.0	△3.2	△2.8	5.6	2.6	9.5	1.4	21
16.0	3.0	6.8	△3.4	△5.2	△12.0	6.4	△1.1	11.0	△0.4	△5.7	13.3	22

D－3 第3次産業 業種別の労働生産性・

項目・年		電気・ガス・熱供給・水道業	情報通信業	運輸・郵便業	卸売業	小売業	金融・保険業	不動産業	宿泊業	飲食店	生活関連サービス業, 娯楽業	教育学習支援業	医療福祉
		指数											
労働生産性指数	平成27年	95.4	100.3	107.9	110.4	102.7	97.2	114.4	146.0	132.7	134.6	126.6	99.4
	28	96.1	101.5	109.1	109.6	101.5	94.1	107.8	137.8	128.1	125.7	121.1	99.3
	29	96.5	100.5	109.1	108.3	102.3	93.5	102.8	136.7	125.3	118.2	112.2	99.1
	30	98.8	105.3	112.5	108.8	103.2	97.4	101.4	139.8	126.9	117.3	113.4	101.8
	令和元年	101.5	106.5	112.5	110.1	103.0	98.0	102.8	145.5	125.7	125.0	123.4	103.7
	2	100.0	100.0	100.0	100.0	100.0	100.0	100.0	100.0	100.0	100.0	100.0	100.0
	3	100.6	98.9	100.2	100.1	98.0	103.8	96.6	110.1	88.8	103.0	95.7	101.8
	4	103.2	101.1	105.9	96.0	97.7	112.5	94.8	137.7	86.2	110.1	87.5	102.6
労働投入量指数	平成27年	107.4	96.9	102.5	99.3	99.9	101.9	86.2	119.7	103.3	106.7	80.6	96.2
	28	107.2	97.0	101.8	100.2	100.9	103.5	92.3	124.4	105.8	109.4	85.6	98.1
	29	106.8	99.3	104.1	101.6	101.4	103.4	97.3	125.1	109.3	115.3	93.6	100.4
	30	105.0	96.7	102.1	102.7	101.0	102.8	98.9	124.4	107.6	115.0	93.5	99.3
	令和元年	100.3	96.5	101.9	100.8	101.0	101.5	97.8	126.3	108.7	109.8	85.5	99.3
	2	100.0	100.0	100.0	100.0	100.0	100.0	100.0	100.0	100.0	100.0	100.0	100.0
	3	100.6	102.6	101.1	100.6	102.6	100.5	103.3	95.1	103.8	103.7	105.2	102.5
	4	99.4	101.1	100.4	99.2	102.0	97.6	102.9	109.8	122.3	111.0	113.5	104.4
産出量指数	平成27年	102.6	97.3	110.4	109.5	102.6	99.1	98.6	168.0	135.8	142.5	103.0	95.6
	28	103.1	98.7	111.0	109.8	102.5	97.5	99.6	164.8	134.2	136.2	104.6	97.5
	29	103.2	99.8	113.5	109.9	103.8	96.8	100.0	164.3	135.6	135.2	105.9	99.5
	30	103.8	101.7	114.7	111.7	104.3	100.0	100.4	167.3	135.3	133.9	106.8	101.2
	令和元年	102.1	102.7	114.6	110.9	104.0	99.4	100.7	176.8	135.2	136.2	106.5	103.0
	2	100.0	100.0	100.0	100.0	100.0	100.0	100.0	100.0	100.0	100.0	100.0	100.0
	3	101.3	101.5	101.2	100.7	100.6	104.3	99.9	101.8	91.5	105.9	101.4	104.5
	4	102.6	102.4	106.3	95.1	99.6	109.8	97.7	146.3	104.6	121.2	99.6	107.2
賃金指数（現金給与総額）	平成27年	96.2	99.5	99.8	96.1	95.4	98.8	102.3	113.1	112.9	100.1	107.1	99.0
	28	97.4	100.1	99.9	98.4	96.9	97.3	107.8	115.8	111.8	99.3	111.5	99.8
	29	97.3	99.9	101.1	98.7	97.5	99.9	106.0	114.4	110.5	101.0	111.5	101.3
	30	98.5	101.5	103.8	103.0	98.5	99.0	100.7	107.3	105.9	100.7	112.8	99.5
	令和元年	99.6	100.2	105.2	100.7	98.8	98.9	98.4	105.5	105.8	102.5	96.0	99.8
	2	100.0	100.0	100.0	100.0	100.0	100.0	100.0	100.0	100.0	100.0	100.0	100.0
	3	101.1	99.2	100.4	102.3	102.8	97.9	104.8	101.3	100.5	101.4	97.8	99.0
	4	98.2	101.5	105.7	104.7	104.4	98.8	105.8	113.9	112.2	105.2	102.9	100.9
賃金コスト指数	平成27年	100.8	99.2	92.5	87.0	92.9	101.6	89.4	77.5	85.1	74.4	84.6	99.6
	28	101.4	98.6	91.6	89.8	95.5	103.4	100.0	84.0	87.3	79.0	92.1	100.5
	29	100.8	99.4	92.7	91.1	95.3	106.8	103.1	83.7	88.2	85.4	99.4	102.2
	30	99.7	96.4	92.3	94.7	95.4	101.6	99.3	76.8	83.5	85.8	99.5	97.7
	令和元年	98.1	94.1	93.5	91.5	95.9	100.9	95.7	72.5	84.2	82.0	77.8	96.2
	2	100.0	100.0	100.0	100.0	100.0	100.0	100.0	100.0	100.0	100.0	100.0	100.0
	3	100.5	100.3	100.2	102.2	104.9	94.3	108.5	92.0	113.2	98.4	102.2	97.2
	4	95.2	100.4	99.8	109.1	106.9	87.8	111.6	82.7	130.2	95.5	117.6	98.3

資料出所　労働生産性指数、労働投入量指数、産出量指数は日本生産性本部「生産性統計」。賃金指数は厚生労働

〔参考〕毎月勤労統計調査の

毎月勤労統計調査全国調査においては、平成22年１月分結果速報（平成22年３月３日公表）から、平成19年11月改定の日本標準産業分類（以下、「新産業分類」）に基づいて結果の公表を行っている。

また、平成21年以前の結果との接続については、平成18年事業所・企業統計調査から把握される常用労働者数の新・旧間の

新産業分類（H22.1～）			接続	新産業分類（H22.1～）			接続
大分類	TL	調査産業計	○	（中分類等）	E－2	素材関連製造業(E12, 14, 16, 17, 18, 19, 21, 22, 23, 24)	△
	C	鉱業，採石業，砂利採取業	○		E－3	機械関連製造業(E25, 26, 2728, 29, 30, 31)	△
	D	建設業	○		E09, 10	食料品製造業、飲料・たばこ・飼料製造業	○
	E	製造業	○		E11	繊維工業	×
	F	電気・ガス・熱供給・水道業	○		E12	木材・木製品製造業(家具を除く)	△
	G	情報通信業	▲		E13	家具・装備品製造業	○
	H	運輸業，郵便業	▲		E14	パルプ・紙・紙加工品製造業	△
	I	卸売業，小売業	▲		E15	印刷・同関連業	○
	J	金融業，保険業	○		E16, 17	化学工業、石油製品・石炭製品製造業	×
	K	不動産業，物品賃貸業	×		E18	プラスチック製品製造業(別掲を除く)	○
	L	学術研究，専門・技術サービス業	×		E19	ゴム製品製造業	○
	M	宿泊業，飲食サービス業	×		E21	窯業・土石製品製造業	○
	N	生活関連サービス業，娯楽業	×		E22	鉄鋼業	○
	O	教育，学習支援業	▲		E23	非鉄金属製造業	○
	P	医療，福祉	○		E24	金属製品製造業	○
	Q	複合サービス事業	▲		E25	はん用機械器具製造業	×
	R	サービス業(他に分類されないもの)	×		E26	生産用機械器具製造業	×
中分類等	D06	総合工事業	○		E27	業務用機械器具製造業	×
	D07	職別工事業(設備工事業を除く)	○		E28	電子部品・デバイス・電子回路製造業	▲
	D08	設備工事業	○		E29	電気機械器具製造業	×
	E－1	消費関連製造業(E09, 10, 11, 13, 15, 20, 32)	▲		E30	情報通信機械器具製造業	×

【記号の見方】「接続」とは、旧産業分類との接続を表す。以下がその状況。

賃金コスト指数等〔令和２年＝100.0〕（事業所規模５人以上）

電気・ガス・熱供給・水道業	情報通信業	運輸・郵便業	卸売業	小売業	金融・保険業	不動産業	宿泊業	飲食店	生活関連サービス業,娯楽業	教育学習支援業	医療福祉	年(西暦)	
増減率(%)													
△0.6	△0.2	0.2	△3.4	△1.2	1.7	△4.8	7.4	△3.8	△1.0	△1.2	0.1	2015	労働生産性指数
0.7	1.2	1.1	△0.7	△1.2	△3.2	△5.8	△5.6	△3.5	△6.6	△4.3	△0.1	16	
0.4	△1.0	0.0	△1.2	0.8	△0.6	△4.6	△0.8	△2.2	△6.0	△7.3	△0.2	17	
2.4	4.8	3.1	0.5	0.9	4.2	△1.4	2.3	1.3	△0.8	1.1	2.7	18	
2.7	1.1	0.0	1.2	△0.2	0.6	1.4	4.1	△0.9	6.6	8.8	1.9	19	
△1.5	△6.1	△11.1	△9.2	△2.9	2.0	△2.7	△31.3	△20.4	△20.0	△19.0	△3.6	20	
0.6	△1.1	0.2	0.1	△2.0	3.8	△3.4	10.1	△11.2	3.0	△4.3	1.8	21	
2.6	2.2	5.7	△4.1	△0.3	8.4	△1.9	25.1	△2.9	6.9	△8.6	0.8	22	
△2.0	0.1	△0.1	1.4	0.4	1.5	6.4	△1.0	3.8	△0.1	3.1	2.2	2015	労働投入量指数
△0.2	0.1	△0.7	0.9	1.0	1.6	7.1	3.9	2.4	2.5	6.2	2.0	16	
△0.4	2.4	2.3	1.4	0.5	△0.1	5.4	0.6	3.3	5.4	9.3	2.3	17	
△1.7	△2.6	△1.9	1.1	△0.4	△0.6	1.6	△0.6	△1.6	△0.3	△0.1	△1.1	18	
△4.5	△0.2	△0.2	△1.9	0.0	△1.3	△1.1	1.5	1.0	△4.5	△8.6	0.0	19	
△0.3	3.6	△1.9	△0.8	△1.0	△1.5	2.2	△20.8	△8.0	△8.9	17.0	0.7	20	
0.6	2.6	1.1	0.6	2.6	0.5	3.3	△4.9	3.8	3.7	5.2	2.5	21	
△1.2	△1.5	△0.7	△1.4	△0.6	△2.9	△0.4	15.5	17.8	7.0	7.9	1.9	22	
△2.6	0.2	0.1	△2.0	△0.7	3.2	1.3	6.3	△0.1	△0.9	1.9	2.4	2015	産出量指数
0.5	1.4	0.5	0.3	△0.1	△1.6	1.0	△1.9	△1.2	△4.4	1.6	2.0	16	
0.1	1.1	2.3	0.1	1.3	△0.7	0.4	△0.3	1.0	△0.7	1.2	2.1	17	
0.6	1.9	1.1	1.6	0.5	3.3	0.4	1.8	△0.2	△1.0	0.8	1.7	18	
△1.6	1.0	△0.1	△0.7	△0.3	△0.6	0.3	5.7	△0.1	1.7	△0.3	1.8	19	
△2.1	△2.6	△12.7	△9.8	△3.8	0.6	△0.7	△43.4	△26.0	△26.6	△6.1	△2.9	20	
1.3	1.5	1.2	0.7	0.6	4.3	△0.1	1.8	△8.5	5.9	1.4	4.5	21	
1.3	0.9	5.0	△5.6	△1.0	5.3	△2.2	43.7	14.3	14.4	△1.8	2.6	22	
△0.8	0.4	0.1	△1.1	0.3	0.7	△1.2	2.0	0.8	△2.6	1.2	0.2	2015	賃金指数
1.1	0.6	0.0	2.3	1.4	△1.6	5.4	2.3	△1.0	△0.8	4.0	0.8	16	
△0.1	△0.3	1.4	0.3	0.7	2.7	△1.5	△1.2	△1.1	1.6	0.0	1.5	17	
1.2	1.7	2.6	4.4	1.0	△0.9	△5.0	△6.2	△4.2	△0.2	1.2	△1.8	18	
1.1	△1.3	1.3	△2.1	0.3	△0.1	△2.3	△1.7	△0.1	1.8	△14.9	0.3	19	
0.5	△0.3	△4.8	△0.8	1.2	1.1	1.7	△5.1	△5.4	△2.4	4.1	0.2	20	
1.1	△0.8	0.4	2.4	2.9	△2.1	4.8	1.2	0.5	1.3	△2.1	△1.0	21	
△2.9	2.3	5.3	2.3	1.6	0.9	1.0	12.4	11.6	3.7	5.2	1.9	22	
△0.3	0.5	△0.1	2.5	1.5	△0.9	3.9	△5.2	4.8	△1.7	2.4	0.0	2015	賃金コスト指数
0.5	△0.6	△1.0	3.1	2.8	1.7	11.8	8.5	2.6	6.2	8.8	0.9	16	
△0.5	0.8	1.2	1.5	△0.2	3.3	3.1	△0.4	1.0	8.2	7.9	1.7	17	
△1.1	△3.0	△0.4	3.9	0.1	△4.9	△3.7	△8.3	△5.4	0.5	0.1	△4.4	18	
△1.6	△2.4	1.3	△3.4	0.5	△0.7	△3.6	△5.5	0.9	△4.5	△21.8	△1.5	19	
1.9	6.3	6.9	9.3	4.3	△0.9	4.5	37.9	18.8	22.0	28.5	3.9	20	
0.5	0.3	0.2	2.2	4.9	△5.7	8.5	△8.0	13.2	△1.6	2.2	△2.8	21	
△5.3	0.1	△0.4	6.7	1.9	△6.9	2.9	△10.1	15.0	△2.9	15.1	1.1	22	

省「毎月勤労統計調査」。

表章産業の変更について

変動を基準として、その変動が３％以内に収まる対応（下表を参照の【記号の見方】を参照）を単純に接続させている。
なお、表中の小分類については割愛した。

	新産業分類（H22. 1～）		接続		新産業分類（H22. 1～）		接続
（中分類等）	E31	輸送用機械器具製造業	○	（中分類等）	J65	金融商品取引業，商品先物取引業	▲
	E32, 20	その他の製造業なめし革・同製品・毛皮製造業	×		J67	保険業(保険媒介代理業保険サービス業を含む)	○
	F33	電気業	○		K68, 69	不動産取引業、不動産賃貸業・管理業	○
	G37	通信業	×		K70	物品賃貸業	○
	G39	情報サービス業	○		L71	学術・開発研究機関	○
	G41	映像・音声・文字情報制作業	×		L72	専門サービス業(他に分類されないもの)	×
	H42	鉄道業	○		L73	広告業	○
	H43	道路旅客運送業	○		L74	技術サービス業(他に分類されないもの)	×
	H44	道路貨物運送業	○		M75	宿泊業	○
	I－1	卸売業(150～155)	△		M76	飲食店	○
	I51	繊維・衣服等卸売業	○		M77	持ち帰り・配達飲食サービス業	×
	I52	飲食料品卸売業	△		N80	娯楽業	
	I54	機械器具卸売業	○		O81	学校教育	○
	I－2	小売業(156～161)	×		O82	その他の教育学習支援業	×
	I56	各種商品小売業	○		P83	医療業	○
	I57	織物・衣服・身の回り品小売業	○		P85	社会保険・社会福祉・介護事業	○
	I58	飲食料品小売業	×		Q87	協同組合(他に分類されないもの)	
	I59	機械器具小売業	×		R88	廃棄物処理業	○
	J62	銀行業	▲		R89, 90	自動車整備業、機械等修理業(別掲を除く)	○
	J63	協同組織金融業	○		R91	職業紹介・労働者派遣業	×
	J64	貸金業，クレジットカード業等非預金信用機関	×		R92	その他の事業サービス業	×

◎：完全に接続する対応　○：常用労働者数の変動が0.1％以内の対応　△：常用労働者数の変動が1.0％以内の対応　▲：常用労働者数の変動が3.0％以内　×：その他の対応

D－4(1)　製造業中分類別の価値

年	製造業計	食料品	飲料飼料煙草	繊維	衣服その他	木材木製品	家具装備品	紙パルプ加工品	印刷同関連	化学工業	石油・石炭製品	プラスチック製品	ゴム製品	なめし革・製品、毛皮
従業者１人当たり製造品出荷額等（年当り　万円）														
昭和55	2,584	2,498	－	1,308	617	2,069	1,493	3,104	1,945	4,539	37,898	－	1,892	1,358
60	3,026	2,505	6,261	1,573	732	2,089	1,776	3,499	2,375	5,385	38,576	2,683	2,181	1,537
平成2	3,549	2,486	7,444	1,751	830	2,579	2,471	3,965	3,055	6,069	25,707	3,005	2,497	1,931
7	3,564	2,471	8,351	1,898	943	2,808	2,449	3,982	3,122	6,066	22,135	2,835	2,459	1,848
12	3,959	2,416	9,653	1,988	996	2,888	2,231	4,109	3,271	6,656	35,311	2,985	2,743	1,804
17	4,413	2,314	9,264	2,035	982	3,012	2,369	4,259	2,614	7,674	66,426	3,061	2,910	1,817
22	4,560	2,390	13,924	1,645	－	3,293	2,210	4,770	2,549	8,029	85,034	3,101	2,985	1,779
27	4,939	2,770	14,543	1,913	－	4,115	2,604	4,795	2,465	8,613	86,790	3,316	3,487	1,985
令和元年	4,800	2,834	13,098	1,890	－	4,451	2,935	4,880	2,208	7,981	71,814	3,255	3,142	1,898
2	4,557	2,854	12,243	1,815	－	4,119	2,932	4,619	2,228	7,814	54,060	3,160	2,893	1,660
3	4,885	2,863	12,444	1,914	－	4,819	2,842	4,713	2,253	8,361	72,861	3,230	3,232	1,767
増減率（年率）60/55	3.2	0.1	－	3.8	3.5	0.2	3.5	2.4	4.1	3.5	0.4	－	2.9	2.5
2/60	3.2	△0.2	3.5	2.2	2.5	4.3	6.8	2.5	5.2	2.4	△7.8	2.3	2.7	4.7
7/2	0.1	△0.1	2.3	1.6	2.6	1.7	△0.2	0.1	0.4	△0.0	△2.9	△1.2	△0.3	△0.9
12/7	2.1	△0.4	2.9	0.9	1.1	0.6	△1.8	0.6	0.9	1.9	9.8	1.0	2.2	△0.5
17/12	2.2	△0.9	△0.8	0.5	△0.3	0.8	1.2	0.7	△4.4	2.9	13.5	0.5	1.2	0.1
22/17	0.7	0.6	8.5	△4.2	－	1.8	△1.4	2.3	△0.5	0.9	5.1	0.3	0.5	△0.4
27/22	1.6	3.0	0.9	3.1	－	4.6	3.3	0.1	△0.7	1.4	0.4	1.3	3.2	2.2
令和元年	△2.4	0.7	2.1	1.1	－	2.8	9.1	1.1	0.4	△3.6	△11.4	△0.9	1.9	2.0
2	△5.1	0.7	△6.5	△4.0	－	△7.5	△0.1	△5.3	0.9	△2.1	△24.7	△2.9	△7.9	△12.6
3	7.2	0.3	1.6	5.4	－	17.0	△3.1	2.0	1.1	7.0	34.8	2.2	11.7	6.5
従業者１人当たり付加価値額（年当り　万円）														
昭和55	815	757	－	424	267	519	559	802	1,022	1,529	3,920	－	711	443
60	998	989	1,935	534	328	619	694	1,017	1,175	2,107	3,288	910	845	540
平成2	1,277	876	2,891	648	390	858	1,002	1,337	1,512	2,968	2,440	1,073	1,116	719
7	1,344	957	3,578	760	432	942	985	1,481	1,586	3,191	4,832	1,092	1,157	717
12	1,432	929	4,563	816	456	1,009	920	1,509	1,690	3,323	2,923	1,175	1,290	651
17	1,529	872	4,270	831	435	1,004	949	1,526	1,169	3,506	4,263	1,207	1,264	676
22	1,365	849	4,238	613	－	876	756	1,469	1,004	3,120	5,940	1,099	1,112	613
27	1,476	923	4,328	702	－	1,215	913	1,387	1,026	3,175	1,130	1,153	1,432	709
令和元年	1,438	979	3,670	705	－	1,279	974	1,476	935	3,164	4,110	1,132	1,320	640
2	1,402	983	3,567	656	－	1,176	979	1,408	990	3,159	6,850	1,140	1,246	632
3	1,524	967	3,542	726	－	1,439	1,001	1,387	1,012	3,163	8,561	1,188	1,417	688
増減率（年率）60/55	4.1	5.5	－	4.7	4.2	3.6	4.4	4.9	2.8	6.6	△3.5	－	3.5	4.0
2/60	5.1	△2.4	8.4	3.9	3.5	6.7	7.6	5.6	5.2	7.1	△5.8	3.4	5.7	5.9
7/2	1.0	1.8	4.4	3.2	2.1	1.9	△0.3	2.1	1.0	1.5	14.6	0.4	0.7	△0.1
12/7	1.3	△0.6	5.0	1.4	1.1	1.4	△1.4	0.4	1.3	0.8	△9.6	1.5	2.2	△1.9
17/12	1.3	△1.3	△1.3	0.4	△0.9	△0.1	0.6	0.2	△7.1	1.1	7.8	0.5	△0.4	0.8
22/17	△2.2	△0.5	△0.1	△5.9	－	△2.7	△4.4	△0.8	△3.0	△2.3	6.9	△1.9	△2.5	△1.9
27/22	1.6	1.7	0.4	2.7	－	6.8	3.8	△1.1	0.4	0.4	△28.2	1.0	5.2	2.9
令和元年	△3.9	2.1	△4.5	3.4	－	6.2	9.8	5.7	1.4	△1.5	△32.8	△0.6	1.9	9.6
2	△2.5	0.4	△2.8	△7.0	－	△8.0	0.5	△4.6	5.8	△0.2	66.7	0.7	△5.6	△1.3
3	8.7	△1.6	△0.7	10.6	－	22.3	2.2	△1.5	2.3	0.1	25.0	4.2	13.7	8.9
従業者１人当たり現金給与額（年当り　万円）														
昭和55	282	224	－	200	142	226	226	290	371	349	402	－	288	210
60	347	255	386	249	170	274	281	363	462	443	522	324	357	256
平成2	414	279	465	302	204	345	356	421	537	529	645	373	427	312
7	460	309	525	385	233	392	391	471	583	573	752	433	467	341
12	480	302	526	388	235	403	417	475	603	597	752	426	472	345
17	480	282	495	386	230	383	418	462	459	594	802	421	475	329
22	468	284	482	305	－	380	426	470	433	572	758	414	462	329
27	489	309	501	320	－	391	450	447	452	571	722	437	484	304
令和元年	491	313	474	332	－	407	418	456	442	561	726	438	490	319
2	496	324	482	338	－	412	409	464	454	572	669	442	482	311
3	499	329	481	344	－	422	395	472	464	576	671	449	497	324
増減率（年率）60/55	4.2	2.6	－	4.5	3.7	3.9	4.5	4.6	4.5	4.9	5.4	－	4.4	4.0
2/60	3.6	1.8	3.8	3.9	3.7	4.7	4.8	3.0	3.1	3.6	4.3	2.9	3.6	4.0
7/2	2.1	2.1	2.5	5.0	2.7	2.6	1.9	2.3	1.7	1.6	3.1	3.0	1.8	1.8
12/7	0.9	△0.5	0.0	0.2	0.2	0.6	1.3	0.2	0.7	0.8	0.0	△0.3	0.2	0.2
17/12	0.0	△1.4	△1.2	△0.1	△0.4	△1.0	0.0	△0.6	△5.3	△0.1	1.3	△0.2	0.1	△0.9
22/17	△0.5	0.1	△0.5	△4.6	－	△0.2	0.4	0.3	△1.1	△0.8	△1.1	△0.3	△0.6	△0.0
27/22	0.9	1.7	0.8	1.0	－	0.6	1.1	△1.0	0.8	△0.0	△1.0	1.1	0.9	△1.5
令和元年	0.6	1.4	0.1	1.4	－	0.9	△7.8	1.2	△0.5	△0.2	△4.0	0.8	2.1	1.8
2	1.4	5.0	△3.9	5.7	－	5.4	△9.0	3.9	0.5	0.3	△7.4	1.3	△0.5	2.3
3	0.6	1.4	△0.1	1.6	－	2.3	△3.5	1.7	2.2	0.7	0.3	1.5	3.1	4.1

資料出所　令和元年までは経済産業省「工業統計表（産業編）」。令和２年は「経済センサス 活動調査」。令和３年は「経済構造実態調査」。

1．平成19年調査において、調査項目を変更したことにより、「原材料使用額等（合計）」、「製造品出荷額等（合計）」、「その他収入額（計）」、「生産額」、「付加価値額」及び「粗付加価値額」は前年の数値とは接続しない。

2．日本標準産業分類が平成19年11月に改定されたことに伴い、平成20年工業統計調査では新たな日本標準産業分類が適用されている。「繊維工業」はそれまでの衣服・その他の繊維製品製造業、「生産用機械器具」「業務用機械器具」「はん用機械器具」は一般機械や精密機器等が再編されたものである。

生産性と賃金（規模30人以上事業所）

窯業土石	鉄鋼	非鉄金属	金属製品	一般機械	はん用機械器具	生産用機械器具	業務用機械器具	電子部品デバイス	電気機械器具	情報通信機械器具	輸送用機械器具	精密機器	その他製造業	年(西暦)
1,848	4,431	4,793	1,846	1,994	—	—	—	—	1,870	—	3,099	1,479	2,013	1980
2,172	4,856	4,452	2,234	2,603	—	—	—	—	2,492	—	4,139	1,923	2,225	85
2,635	5,727	5,210	2,834	3,367	—	—	—	—	3,161	—	5,538	2,343	2,919	90
2,649	4,983	4,436	2,802	3,301	—	—	—	—	3,469	—	5,249	2,325	3,240	95
2,743	5,452	4,885	2,741	3,504	—	—	—	—	4,193	—	5,742	2,728	3,691	2000
3,025	8,915	5,686	2,697	3,879	—	—	—	4,086	3,858	6,137	6,402	2,899	3,728	05
3,427	9,217	6,912	2,706	—	3,545	3,095	3,666	3,921	3,522	6,302	6,184	—	3,226	10
3,481	9,540	8,001	3,078	—	3,971	3,841	3,755	4,099	4,004	6,798	6,635	—	3,562	15
3,604	8,626	7,580	3,114	—	4,105	3,941	3,444	3,580	3,992	5,811	6,753	—	3,971	19
3,444	7,435	7,313	3,000	—	3,935	3,747	3,195	3,658	4,044	5,972	6,244	—	3,532	20
3,514	9,733	9,009	3,099	—	4,095	4,060	3,258	4,117	4,223	5,761	6,450	—	3,662	21
3.3	1.8	△1.5	3.9	5.5	—	—	—	—	5.9	—	6.0	5.4	2.0	85/80
3.9	3.4	3.2	4.9	5.3	—	—	—	—	4.9	—	6.0	4.0	5.6	90/85
0.1	△2.7	△3.2	△0.2	△0.4	—	—	—	—	1.9	—	△1.1	△0.2	2.1	95/90
0.7	1.8	1.9	△0.4	1.2	—	—	—	—	3.9	—	1.8	3.2	2.6	00/95
2.0	10.3	3.1	△0.3	2.1	—	—	—	—	△1.7	—	2.2	1.2	0.2	05/00
2.5	0.7	4.0	0.1	—	—	—	—	△0.8	△1.8	0.5	△0.7	—	△2.9	10/05
0.3	0.7	3.0	2.6	—	2.3	4.4	0.5	0.9	2.6	1.5	1.4	—	2.0	15/10
△2.7	△4.8	△5.6	0.4	—	△1.1	△6.2	△3.4	△12.0	△3.1	0.2	△0.4	—	11.1	19
△4.4	△13.8	△3.5	△3.6	—	△4.1	△4.9	△7.2	2.2	1.3	2.8	△7.5	—	△11.1	20
2.0	30.9	23.2	3.3	—	4.1	8.4	2.0	12.5	4.4	△3.5	3.3	—	3.7	21
793	1,303	1,129	703	796	—	—	—	—	727	—	813	566	675	1980
993	1,426	1,045	863	1,009	—	—	—	—	893	—	1,106	767	884	85
1,316	1,984	1,357	1,148	1,291	—	—	—	—	1,145	—	1,447	873	1,178	90
1,359	1,772	1,301	1,202	1,256	—	—	—	—	1,223	—	1,446	903	1,262	95
1,377	1,955	1,435	1,158	1,265	—	—	—	—	1,402	—	1,486	1,153	1,393	2000
1,533	3,329	1,566	1,082	1,415	—	—	—	1,501	1,288	1,717	1,752	1,237	1,417	05
1,499	1,772	1,630	982	—	1,295	1,072	1,319	1,333	1,181	1,668	1,524	—	1,220	10
1,401	1,644	1,601	1,150	—	1,415	1,336	1,450	1,430	1,313	1,854	1,817	—	1,281	15
1,478	1,375	1,620	1,140	—	1,473	1,346	1,328	1,276	1,334	1,627	1,639	—	1,417	19
1,444	1,212	1,702	1,112	—	1,359	1,279	1,209	1,332	1,402	1,586	1,453	—	1,370	20
1,449	1,944	2,177	1,128	—	1,419	1,435	1,210	1,688	1,455	1,739	1,634	—	1,478	21
4.6	1.8	△1.5	4.2	4.9	—	—	—	—	4.2	—	6.3	6.3	5.5	85/80
5.8	6.8	5.4	5.9	5.1	—	—	—	—	5.1	—	5.5	2.6	5.9	90/85
0.6	△2.2	△0.8	0.9	△0.5	—	—	—	—	1.3	—	△0.0	0.7	1.4	95/90
0.3	2.0	2.0	△0.7	0.1	—	—	—	—	2.8	—	0.5	5.0	2.0	00/95
2.2	11.2	1.8	△1.3	2.3	—	—	—	—	△1.7	—	3.3	1.4	0.3	05/00
△0.4	△11.8	0.8	△1.9	—	—	—	—	△2.3	△1.7	△0.6	△2.8	—	△2.9	10/05
△1.3	△1.5	△0.4	3.2	—	1.8	4.5	1.9	1.4	2.1	2.1	3.6	—	1.0	15/10
△4.4	△12.2	△2.3	△2.4	—	△0.3	△6.1	△0.6	△16.0	△6.1	△2.6	△6.4	—	4.4	19
△2.3	△11.9	5.0	△2.5	—	△7.7	△5.0	△9.0	4.5	5.1	△2.5	△11.3	—	△3.3	20
0.4	60.4	27.9	1.5	—	4.4	12.2	0.1	26.7	3.8	9.7	12.4	—	7.9	21
273	378	326	276	323	—	—	—	—	260	—	327	255	257	1980
340	467	405	341	398	—	—	—	—	310	—	422	326	302	85
413	563	490	409	481	—	—	—	—	384	—	499	408	367	90
458	571	524	451	518	—	—	—	—	454	—	536	446	414	95
473	577	535	458	534	—	—	—	—	493	—	578	458	439	2000
486	621	534	450	542	—	—	—	509	505	549	597	482	459	05
474	586	529	428	—	539	500	483	504	490	545	569	419	419	10
500	590	550	455	—	565	541	517	523	528	599	586	—	445	15
518	584	556	465	—	563	551	510	529	518	580	590	—	448	19
514	572	554	461	—	578	547	527	537	549	610	584	—	450	20
519	590	558	466	—	579	548	523	543	541	579	586	—	446	21
4.5	4.3	4.4	4.3	4.3	—	—	—	—	3.6	—	5.2	5.0	3.3	85/80
4.0	3.8	3.9	3.7	3.9	—	—	—	—	4.4	—	3.4	4.6	4.0	90/85
2.1	0.3	1.4	2.0	1.5	—	—	—	—	3.4	—	1.4	1.8	2.4	95/90
0.6	0.2	0.4	0.3	0.6	—	—	—	—	1.7	—	1.5	0.5	1.2	00/95
0.5	1.5	△0.0	△0.4	0.3	—	—	—	—	0.5	—	0.6	1.0	0.9	05/00
△0.5	△1.2	△0.2	△1.0	—	—	—	—	△0.2	△0.6	△0.1	△0.9	—	△1.8	10/05
1.1	0.1	0.8	1.2	—	0.9	1.6	1.4	0.8	1.5	1.9	0.6	—	1.2	15/10
1.0	0.5	△1.0	1.2	—	1.5	0.4	0.4	△0.7	△0.7	2.0	1.4	—	3.7	19
2.8	△3.0	0.7	1.4	—	2.3	1.1	1.9	2.7	4.0	1.9	△0.4	—	1.1	20
1.0	3.1	0.7	1.0	—	0.2	0.2	△0.8	1.1	△1.4	△5.2	0.4	—	△0.9	21

3．令和２年以降の現金給与総額は「事業に従事する者の人件費及び派遣受入者に係る人材派遣会社への支払額」。
4．工業統計調査は「公的統計の整備に関する基本的な計画」に基づき、経済構造実態調査に包摂され、製造業事業所調査として実施される。経済構造実態調査は、全ての産業の付加価値等の構造を明らかにし、国民経済計算の精度向上等に資するとともに、５年ごとに実施する「経済センサス−活動調査」の中間年の実態を把握することを目的とした毎年実施の調査である。

D－4(2)　製造業中分類別の労働分配率・

年	製造業計	食料品	飲料飼料たばこ	繊　維	衣　服その他	木　材木製品	家　具装備品	パルプ・紙加工品	印　刷同関連	化　学工　業	石油・石炭製品	プラスチック製品	ゴ　ム製　品	なめし革・製品､毛皮
労働分配率（%）														
昭和55年	35.8	31.2	－	48.3	54.7	43.9	41.2	37.9	38.0	23.9	10.6	－	41.5	48.8
60	36.0	34.0	21.1	48.5	53.2	47.2	41.7	37.2	41.9	22.0	6.7	36.8	43.8	46.1
平成2年	33.5	33.5	17.6	47.9	53.2	41.1	36.4	32.7	37.1	18.5	27.2	35.6	39.6	44.1
7	35.6	33.9	15.5	53.0	55.1	42.8	40.6	33.0	38.4	18.8	16.1	40.8	42.7	48.8
12	35.2	34.2	12.2	50.1	53.1	40.9	47.0	33.2	37.5	19.2	28.6	37.6	38.6	54.0
17	32.3	33.5	12.7	47.5	52.9	39.4	43.3	31.5	40.2	17.4	19.6	35.4	37.5	49.3
22	34.2	33.4	11.4	49.8	－	43.4	56.4	32.0	43.1	18.3	12.8	37.6	41.6	53.6
27	33.1	33.5	11.6	45.6	－	32.2	49.2	32.2	44.0	18.0	63.9	37.9	33.8	42.9
令和2年	35.4	33.0	13.5	51.6	－	35.1	41.8	33.0	45.9	18.1	9.8	38.8	38.7	49.3
3	32.8	34.0	13.6	47.3	－	29.3	39.5	34.0	45.8	18.2	7.8	37.8	35.0	47.1
純付加価値率（%）														
昭和55年	31.1	26.9	－	30.3	40.7	26.3	37.5	28.6	53.8	35.6	7.8	－	37.5	32.6
60	31.0	31.5	21.5	32.5	43.1	25.5	37.4	25.8	52.1	33.6	9.8	33.9	38.6	36.5
平成2年	32.3	35.0	25.3	33.9	44.7	29.3	39.0	29.0	49.5	39.0	7.6	35.4	44.3	37.0
7	35.1	38.3	27.9	36.7	46.6	33.0	40.3	33.3	49.1	48.4	7.5	38.1	46.5	38.4
12	36.7	37.8	30.6	39.6	45.4	33.2	39.8	36.8	50.2	52.0	16.2	38.7	46.1	35.5
17	33.5	37.0	29.6	40.0	43.3	32.8	39.3	35.2	43.8	44.9	5.1	38.8	43.5	36.5
22	29.9	35.5	30.4	37.3	－	26.6	34.2	30.8	39.4	38.9	7.0	35.4	37.2	34.5
27	29.9	33.3	29.8	36.7	－	29.5	35.1	28.9	41.6	36.9	1.3	34.8	41.1	35.7
令和2年	30.8	34.4	29.1	36.2	－	28.6	33.4	30.5	44.4	40.4	12.7	36.1	43.1	38.1
3	31.2	33.8	28.5	37.9	－	29.9	35.2	29.4	44.9	37.8	11.7	36.8	43.9	38.9
労務費率（%）														
昭和55年	13.5	8.7	－	17.0	22.4	15.4	17.8	12.0	22.4	10.5	1.4	－	15.6	15.9
60	11.1	10.7	4.5	15.9	23.6	11.2	15.4	9.8	19.8	8.0	1.0	12.5	16.9	16.8
平成2年	11.6	11.7	4.5	16.4	23.8	13.8	16.3	10.8	20.3	8.8	1.3	12.6	17.5	16.3
7	11.8	13.0	4.3	17.6	24.8	13.6	14.6	10.9	18.2	9.0	2.0	15.6	19.8	18.7
12	13.1	12.9	3.8	21.0	25.0	14.2	16.2	12.1	19.3	9.8	2.6	14.6	17.8	19.2
17	10.8	12.4	3.8	19.0	22.9	12.9	17.0	11.1	17.6	7.8	1.0	13.7	16.3	18.0
22	10.3	11.9	3.5	18.6	－	11.5	19.3	9.8	17.0	7.1	0.9	13.3	15.5	18.5
27	9.9	11.2	3.4	16.7	－	9.5	17.3	9.3	18.3	6.6	0.8	13.2	13.9	15.3
令和2年	10.9	11.4	3.9	18.6	－	10.0	14.0	10.0	20.4	7.3	1.2	14.0	16.7	18.8
3	10.2	11.5	3.9	18.0	－	8.8	13.9	10.0	20.6	6.9	0.9	13.9	15.4	18.4

資料出所　令和元年までは経済産業省「工業統計表（産業編）」。令和２年は「経済センサス 活動調査」。令和３年は「経済構造実態調査」。

注　1．労働分配率＝現金給与総額÷純付加価値額。純付加価値率＝純付加価値額÷製造品出荷額等。労務費率＝現金給与総額÷製造品出荷額等。
　　2．産業分類の変更については、D－4(1)表の注１を参照のこと。
　　3．昭和55年の「飲料・飼料・たばこ」は「食料品」に含まれる。「武器」は、平成14年より「その他

D－4(3)　商業中分類別の

年	合　計	卸 売 業	繊 維 ・衣 服 等	飲食料品	建築材料、鉱物・金属材料等	化学製品	機械器具
平成9年	5,450	11,521	6,522	10,519	12,177	12,625	10,954
11	5,104	11,019	6,382	9,776	12,068	14,294	11,153
14	4,580	10,329	6,368	9,178	11,878	12,628	9,650
16	4,658	10,661	6,159	9,738	12,267	13,913	9,703
19	4,937	11,727	6,193	9,225	15,302	14,865	10,815
24	4,279	9,564	4,551	9,413	14,167	12,344	7,706
26	4,121	9,070	3,844	8,981	14,621	12,382	6,781
28	5,016	11,075	5,073	11,514	15,259	14,572	9,533
令和3年	4,736	10,414	4,716	11,762	14,181	13,577	8,481
対前回増減率（%）							
平成11年	△6.3	△4.4	△2.2	△7.1	△0.9	13.2	1.8
14	△10.3	△6.3	△0.2	△6.1	△1.6	△11.7	△13.5
16	1.7	3.2	△3.3	6.1	3.3	10.2	0.5
19	6.0	10.0	0.6	△5.3	24.7	6.8	11.5
24	△13.3	△18.4	△26.5	2.0	△7.4	△17.0	△28.7
26	△3.7	△5.2	△15.5	△4.6	3.2	0.3	△12.0
28	21.7	22.1	32.0	28.2	4.4	17.7	40.6
令和3年	△5.6	△6.0	△7.0	2.2	△7.1	△6.8	△11.0

資料出所　経済産業省「経済センサス－活動調査」（平成19年迄は「商業統計」）。

注1．「増減率」は、平成19年調査において有料施設内事業所を調査対象としたことから、平成16年以前の数値と整合性を保ち、時系列を考慮したもので算出している。このため、公表数値により算出した値とは一致し

付加価値率・労務費率（規模30人以上事業所）

窯業土石	鉄鋼	非鉄金属	金属製品	一般機械	はん用機械器具	生産用機械器具	業務用機械器具	電子部品デバイス	電気機械器具	情報通信機械器具	輸送用機械器具	精密機器	その他製造業	年（西暦）
35.6	30.5	30.0	40.5	42.5	—	—	—	—	36.9	—	41.2	46.0	39.1	1980
35.6	34.2	40.1	40.9	41.1	—	—	—	—	35.5	—	39.5	43.6	35.3	85
32.4	29.8	36.9	36.7	38.3	—	—	—	—	34.4	—	35.8	47.6	32.1	90
35.0	36.1	42.1	38.6	42.6	—	—	—	—	38.2	—	38.3	50.6	34.0	95
36.1	32.7	39.3	41.1	44.0	—	—	—	—	36.6	—	40.8	41.0	32.6	2000
32.2	20.0	35.1	42.2	38.9	—	—	—	34.5	40.7	31.9	34.5	38.8	32.8	05
31.6	33.1	32.4	43.6	—	41.6	46.6	36.6	37.8	41.5	32.7	37.4	—	34.3	10
35.7	35.9	34.4	39.6	—	39.9	40.5	35.7	36.6	40.2	32.3	32.3	—	34.8	15
35.6	47.2	32.6	41.5	—	42.5	42.8	43.6	40.3	39.2	38.5	40.2	—	32.8	20
35.8	30.3	25.6	41.3	—	40.8	38.2	43.2	32.2	37.2	33.3	35.9	—	30.2	21
42.9	29.4	23.5	38.0	39.7	—	—	—	—	38.4	—	25.8	38.1	33.4	1980
45.7	29.4	23.5	38.6	38.7	—	—	—	—	35.6	—	26.1	39.8	39.2	85
49.5	34.3	26.0	40.0	38.1	—	—	—	—	36.0	—	26.0	37.1	40.1	90
50.7	35.3	29.1	42.4	37.8	—	—	—	—	35.0	—	27.4	38.6	38.6	95
49.3	35.3	29.0	41.5	35.7	—	—	—	—	33.1	—	25.8	41.7	37.4	2000
49.7	36.9	27.3	39.4	36.2	—	—	—	36.4	32.0	27.7	27.4	42.1	37.5	05
43.7	19.2	23.6	36.3	—	36.5	34.6	36.0	34.0	33.5	26.5	24.6	—	37.8	10
40.2	17.2	20.0	37.4	—	35.6	34.8	38.6	34.9	32.8	27.3	27.4	—	36.0	15
41.9	16.3	23.3	37.0	—	34.6	34.1	37.8	36.4	34.7	26.6	23.3	—	38.8	20
41.2	20.0	24.2	36.4	—	34.6	35.3	37.1	41.0	34.5	30.2	25.3	—	40.4	21
15.3	9.0	7.0	15.4	16.9	—	—	—	—	14.2	—	10.6	17.5	13.0	1980
16.3	10.1	9.4	15.8	15.9	—	—	—	—	12.6	—	10.3	17.3	13.8	85
16.0	10.2	9.6	14.7	14.5	—	—	—	—	12.4	—	9.3	17.6	12.9	90
17.7	12.7	12.3	16.4	16.1	—	—	—	—	13.4	—	10.5	19.5	13.1	95
17.8	11.5	11.4	17.1	15.7	—	—	—	—	12.1	—	10.6	17.1	12.2	2000
16.0	7.4	9.6	16.6	14.1	—	—	—	12.6	13.4	8.8	9.4	16..3	12.3	05
13.8	6.4	7.6	15.8	—	15.2	16.1	13.2	12.8	13.9	8.7	9.2	—	13.0	10
14.4	6.2	6.9	14.8	—	14.2	14.1	13.8	12.8	13.2	8.8	8.8	—	12.5	15
14.9	7.7	7.6	15.4	—	14.7	14.6	16.5	14.7	13.6	10.2	9.4	—	12.7	20
14.8	6.1	6.2	15.0	—	14.1	13.5	16.0	13.2	12.8	10.1	9.1	—	12.2	21

製造業」に含まれる。
4．有形固定資産額当り製品出荷額等＝製品出荷額÷有形固定資産額。
5．労働分配率、付加価値率については用語解説24および25参照。
6.「プラスチック製品」は昭和59年までは「その他」に含まれる。
7．令和２年以降の現金給与総額は「事業に従事する者の人件費及び派遣受入者に係る人材派遣会社への支払額」。

従業者１人当り年間商品販売額（規模計）

（年当り　万円）

家具·建具·じゅう器等	医薬品·化粧品	小売業	百貨店·総合スーパー	織物·衣服·身の回り品	飲食料品	コンビニエンスストア	機械器具	自動車	医薬品·化粧品	年（西暦）
5,197	7,858	2,010	4,218	1,839	1,532	—	3,248	3,661	1,658	1997
5,057	7,461	1,792	3,796	1,739	1,403	—	2,897	3,131	1,535	99
4,902	8,665	1,695	3,239	1,525	1,304	1,124	2,859	3,024	1,643	2002
5,254	8,979	1,717	3,172	1,578	1,312	1,144	2,907	3,099	1,693	04
4,903	10,300	1,777	3,057	1,581	1,324	1,102	3,042	3,067	1,799	07
4,041	8,511	1,551	3,245	1,106	1,145	1,248	2,442	2,332	1,657	12
3,637	7,718	1,590	3,065	1,157	1,089	1,211	2,514	2,556	1,781	14
5,465	10,497	1,896	3,817	1,431	1,380	1,164	3,066	3,072	2,089	16
5,170	11,602	1,833	3,060	1.302	1,278	1,262	3,097	3,133	2,039	21
△2.7	△5.0	△10.9	△10.0	△5.4	△8.4	—	△10.8	△14.5	△7.4	99
△3.1	16.1	△5.4	△14.7	△12.3	△7.0	—	△1.3	△3.4	7.0	2002
7.2	3.6	1.3	△2.1	3.4	0.6	1.8	1.7	2.5	3.0	04
△6.7	14.7	3.5	△3.6	0.2	0.9	△3.7	4.6	△1.0	6.2	07
△17.6	△17.4	△12.7	6.1	△30.0	△13.5	13.3	△19.7	△24.0	△7.9	12
△9.3	2.5	△5.5	4.6	△4.9	△3.0	3.0	9.6	7.5	7.5	14
50.3	36.0	19.3	24.5	23.7	26.7	△3.9	22.0	20.2	17.3	16
△5.4	10.5	△3.3	△19.8	△9.0	△7.4	8.4	1.0	2.0	△2.4	21

ない。
2.「従業者１人当たり年間商品販売額」について、平成19年以降は、パート・アルバイトなども８時間換算値で算出。

D－5　製造業規模別の価値生産性・賃金・労働分配率等
（規模30人以上事業所）

年	30人以上計	30～49人	50～99人	100～199人	200～299人	300～499人	500～999人	1,000人以上
従業者１人当たり製造品出荷額等（年当り　万円）								
昭和60年	3,026	1,746	2,018	2,334	2,817	3,679	3,844	4,530
平成２年	3,549	2,028	2,318	2,793	3,276	4,033	4,425	5,694
7	3,564	2,034	2,374	2,848	3,334	4,176	4,397	5,631
12	4,118	2,173	2,617	3,199	4,168	5,113	5,225	6,710
17	4,504	2,324	2,837	3,497	4,312	5,707	5,659	7,468
22	4,560	2,365	2,809	3,476	4,263	5,713	5,579	7,433
27	4,939	2,683	3,187	3,848	4,634	6,146	5,954	8,058
令和２年	4,557	2,635	3,060	3,590	4,267	5,189	5,184	7,605
3	4,885	2,862	3,149	3,866	4,556	5,835	5,239	8,109
従業者１人当たり純付加価値額（年当り　万円）								
昭和60年	998	625	683	808	935	1,107	1,219	1,492
平成２年	1,277	780	873	1,053	1,198	1,430	1,592	1,943
7	1,344	813	946	1,143	1,315	1,640	1,646	1,922
12	1,439	864	1,037	1,210	1,483	1,694	1,790	2,103
17	1,510	874	1,047	1,308	1,523	1,627	1,884	2,338
22	1,365	824	959	1,193	1,321	1,630	1,704	1,886
27	1,476	931	1,066	1,300	1,451	1,695	1,582	2,240
令和２年	1,402	933	1,062	1,237	1,488	1,562	1,611	1,919
3	1,524	1,009	1,104	1,342	1,563	1,703	1,666	2,190
従業者１人当たり現金給与総額（年当り　万円）								
昭和60年	347	267	275	300	329	368	393	465
平成２年	414	323	332	359	394	432	475	559
7	460	361	374	406	444	485	530	606
12	507	384	402	438	486	531	600	717
17	487	368	388	425	462	506	566	694
22	468	356	370	407	444	480	530	655
24	478	363	382	421	457	493	553	667
27	489	385	408	441	473	507	555	678
令和２年	496	397	413	440	479	503	553	665
3	499	401	418	446	481	508	543	667
労働分配率（％）								
昭和60年	36.0	44.2	41.6	38.3	36.2	34.9	33.7	32.3
平成２年	33.5	42.3	39.0	35.0	34.2	31.2	31.0	30.0
7	35.6	45.6	40.7	36.7	35.1	30.9	33.5	33.2
12	35.2	44.4	38.7	36.2	32.7	31.3	33.5	34.1
17	32.3	42.1	37.0	32.5	30.3	31.1	30.0	29.7
22	34.2	43.2	38.6	34.1	33.6	29.4	31.1	34.7
27	33.1	41.0	37.9	33.6	32.2	29.8	34.6	29.7
令和２年	35.4	42.5	38.9	35.6	32.2	32.2	34.4	34.7
3	32.8	39.8	37.9	33.2	30.8	29.8	32.6	30.5
純付加価値率（％）								
昭和60年	32.3	35.7	33.6	34.3	32.6	28.5	30.6	32.4
平成２年	35.1	38.1	37.1	36.9	34.4	33.3	34.7	33.9
7	36.7	40.1	39.2	39.0	37.8	36.5	35.9	33.9
12	36.7	39.8	39.6	37.8	35.6	33.1	34.3	31.3
17	33.5	37.6	36.9	37.4	35.3	28.5	33.3	31.3
22	29.9	34.8	34.1	34.3	31.0	28.5	30.5	25.4
27	29.9	34.7	33.4	33.8	31.3	27.6	26.6	27.8
令和２年	30.8	35.4	34.7	34.5	34.9	30.1	31.1	25.2
3	31.2	35.2	35.0	34.7	34.3	29.2	31.8	27.0
労務費率（％）								
昭和60年	11.6	15.8	14.0	13.1	11.8	9.9	10.3	10.5
平成２年	11.8	16.1	14.5	12.9	11.8	10.4	10.8	10.1
7	13.1	18.3	16.0	14.3	13.3	11.3	12.1	11.3
12	13.1	17.7	15.3	13.7	11.7	10.4	11.5	10.7
17	10.8	15.8	13.7	12.2	10.7	8.9	10.0	9.3
22	10.3	15.1	13.2	11.7	10.4	8.4	9.5	8.8
27	9.9	14.2	12.7	11.3	10.1	8.2	9.2	8.3
令和２年	10.9	15.1	13.5	12.3	11.2	9.7	10.7	8.7
3	10.2	14.0	13.3	11.5	10.6	8.7	10.4	8.2

資料出所　令和元年までは経済産業省「工業統計表（産業編）」。令和2年は「経済センサス 活動調査」。令和３年は「経済構造実態調査」。D－4(1)表注１、用語解説19・20参照。

注　１．労働分配率＝現金給与総額÷純付加価値額。純付加価値率＝純付加価値額÷製造品出荷額等。
２．労務費率＝現金給与総額÷製造品出荷額等。
３．令和２年以降の現金給与総額は「事業に従事する者の人件費及び派遣受入者に係る人材派遣会社への支払額」。

〔参考1〕 労働分配率の推移

（単位 %）

年	① 雇用者報酬／国民所得	②雇用者1人当り雇用者報酬／就業者1人当り国民所得	③ 雇用者報酬／雇用者報酬＋法人企業所得	④ 雇用者報酬／国民所得－個人企業所得	⑤雇用者1人当り雇用者報酬／就業者1人当り国民総生産	⑥年度 人件費／付加価値額
昭和60年	67.1	90.3	84.4	75.8	71.1	64.1
平成2年	67.0	86.6	86.4	73.1	66.4	59.5
7	70.4	86.4	88.0	77.6	62.6	64.0
8	69.4	84.5	85.1	76.3	61.6	63.6
9	70.6	85.9	86.2	77.8	62.4	64.4
10	71.5	86.8	87.4	79.3	62.1	65.4
11	71.3	86.4	86.7	79.3	61.8	65.8
12	70.0	84.2	84.3	77.7	60.7	63.9
13	70.2	83.8	84.2	77.7	59.9	65.0
14	68.5	81.3	82.7	76.3	58.3	64.3
15	67.3	79.6	81.1	75.1	57.7	61.7
16	66.3	78.4	79.6	73.7	57.1	60.7
17	66.7	78.6	80.5	73.9	57.7	61.2
18	67.6	78.9	82.2	74.7	57.8	60.2
19	67.3	78.1	82.0	74.1	57.4	58.5
20	70.3	81.3	85.0	77.4	58.4	62.1
21	72.7	83.7	88.7	81.2	59.0	62.6
22	69.3	79.3	83.5	77.0	56.9	61.0
23	70.7	80.7	84.9	78.3	57.7	62.2
24	70.1	79.8	84.3	77.8	57.3	62.5
25	68.5	77.8	82.2	75.9	56.6	59.9
26	68.9	78.2	82.3	76.0	56.3	59.7
27	66.9	75.7	79.9	73.7	54.8	58.6
28	68.0	76.5	80.5	74.7	55.2	59.1
29	67.8	76.1	80.3	74.3	55.2	58.1
30	69.9	78.5	82.1	75.7	56.7	58.2
令和元年	71.5	80.0	83.6	77.4	57.6	59.7
2	74.7	83.5	87.7	81.0	58.6	61.5
3	73.4	81.9	85.6	79.1	58.3	59.4
4	73.3	81.5	85.3	78.7	58.7	58.5

資料出所　総務省統計局「労働力調査」、内閣府「国民経済計算」、財務省「法人企業統計」より作成。
注1．国民所得は要素費用表示。
2．④は民間法人企業、⑥の付加価値は金融保険業を除く粗付加価値ベース。

〔参考2〕主要企業の経営動向の推移（製造業・資本金1,000万円以上企業）

年・月期	従業者数（千人）	従業者1人当たり（千円）				人件費率（%）	労働分配率（%）	粗付加価値率（%）
		売上高	粗付加価値	経常利益	人件費			
平成12年1～3月	11,680	8,828	2,040	349	1,344	15.2	65.8	23.1
18年1～3月	9,916	11,415	2,332	601	1,401	12.3	60.1	20.4
19年1～3月	9,927	11,675	2,368	644	1,388	11.9	58.6	20.2
20年1～3月	10,301	11,908	2,322	523	1,386	11.6	59.7	19.5
21年1～3月	9,769	8,613	1,407	－230	1,287	14.9	91.4	16.3
22年1～3月	9,823	10,018	2,040	440	1,316	12.9	63.4	20.4
23年1～3月	9,775	10,522	2,089	394	1,377	13.1	65.4	20.0
24年1～3月	9,323	11,229	2,129	428	1,404	12.5	66.0	19.0
25年1～3月	9,133	10,703	2,171	590	1,394	13.0	64.2	20.2
26年1～3月	9,256	11,170	2,254	583	1,409	12.6	62.5	20.1
27年1～3月	8,968	11,080	2,273	593	1,422	12.8	62.5	20.5
28年1～3月	8,993	10,807	2,190	471	1,422	13.2	64.9	20.3
29年1～3月	8,910	11,372	2,419	810	1,450	12.8	59.9	21.3
30年1～3月	8,975	11,445	2,453	735	1,465	12.8	59.7	21.4
令和元年1～3月	9,031	11,500	2,332	685	1,469	12.8	63.0	20.3
2年1～3月	9,025	10,876	2,191	512	1,459	13.4	66.6	20.1
3年1～3月	8,602	11,247	2,448	877	1,466	13.0	59.9	21.8
4年1～3月	8,684	12,149	2,572	1,029	1,511	12.4	58.8	21.2
5年1～3月	8,337	12,945	2,495	903	1,555	12.0	62.3	19.3

資料出所　財務省「法人企業統計季報」。
注　1．上表のうち、日本生産性本部で加工した系列の算出の方法は次のとおりである。
(イ)粗付加価値額＝営業利益＋人件費総額＋減価償却費
(ロ)労働分配率＝人件費総額÷粗付加価値額
2．上表で原資料からえられる比率の算出方法は「人件費比率＝人件費総額÷売上高」のみである。
3．従業者数には「役員数」（経費としての給与をうける役員）を含む。
4．付加価値額には賃貸料、租税公課などが含まれていないので水準としては過小に推計されている。したがって、従業者1人当たり付加価値額、労働分配率、付加価値率の各系列は、水準それ自体よりは、対前年同期のように、変化の方向を把握するための利用が望ましい。

D－6　法人企業の価値生産性

区分	年度	製造業 従業員一人当り 売上高	付加価値額	経常利益	人件費	売上高人件費率	付加価値率	労働分配率	設備投資効率
実額または実数（年当たり万円・%）	昭和50年度	1,353	298	17	226	16.7	22.0	76.0	99.3
	55	2,343	490	85	336	14.3	20.9	68.5	122.3
	60	2,704	570	87	415	15.3	21.1	72.7	110.4
	平成2年度	3,356	737	144	508	15.1	22.0	68.9	102.6
	7	3,286	745	96	559	17.0	22.7	75.0	79.1
	12	3,597	787	140	582	16.2	21.9	73.9	76.9
	17	4,312	834	216	578	13.4	19.3	69.3	78.4
	18	4,292	849	227	567	13.2	19.8	66.8	81.8
	19	4,613	868	234	585	12.7	18.8	67.4	78.4
	20	4,360	723	100	581	13.3	16.6	80.4	65.5
	21	3,753	685	90	555	14.8	18.2	81.1	62.8
	22	4,008	760	157	568	14.2	19.0	74.8	71.8
	23	4,104	751	152	578	14.1	18.3	76.9	71.8
	24	4,074	752	165	576	14.1	18.5	76.6	72.3
	25	4,197	809	231	580	13.8	19.3	71.7	79.8
	26	4,328	818	253	581	13.4	18.9	71.0	79.2
	27	4,280	829	251	587	13.7	19.4	70.8	79.2
	28	4,156	832	253	586	14.1	20.0	70.4	81.8
	29	4,242	865	296	593	14.0	20.4	68.5	82.6
	30	4,378	859	289	597	13.6	19.6	69.5	80.6
	令和元年度	4,333	812	247	598	13.8	18.7	73.7	73.1
	2	4,177	797	250	604	14.5	19.1	75.8	67.5
	3	4,510	912	373	614	13.6	20.2	67.3	77.8
	4	4,789	902	380	623	13.0	18.8	69.0	78.2
対前年度増減（△）率（%）または増減差（ポイント）	昭55/50(年率)	11.6	10.5	38.6	8.2	−0.5	−0.2	−1.5	4.6
	60/55(年率)	2.9	3.1	0.7	4.3	0.2	0.0	0.8	−2.4
	平2/60(年率)	4.4	5.3	10.4	4.1	0.0	0.2	−0.8	−1.6
	7/2(年率)	△0.4	0.2	△7.7	1.9	0.4	0.1	1.2	−4.7
	12/7(年率)	1.8	1.1	7.8	0.8	−0.2	−0.2	−0.2	−0.4
	17/12(年率)	3.7	1.2	9.0	△0.1	−0.6	−0.5	−0.9	0.3
	18	△0.5	1.8	5.1	△1.9	−0.2	0.5	−2.5	3.4
	19	7.5	2.3	3.0	3.3	−0.5	−1.0	0.6	−3.4
	20	△5.5	△16.8	△57.3	△0.7	0.6	−2.2	13.0	−12.9
	21	△13.9	△5.2	△10.1	△4.4	1.5	1.6	0.7	−2.7
	22	6.8	11.0	75.1	2.3	−0.6	0.8	−6.3	9.0
	23	2.4	△1.2	△3.5	1.6	−0.1	−0.7	2.1	0.0
	24	△0.7	0.1	9.2	△0.3	0.1	0.2	−0.3	0.5
	25	3.0	7.5	39.5	0.7	−0.3	0.8	−4.9	7.5
	26	3.1	1.2	9.7	0.2	−0.4	−0.4	−0.7	−0.6
	27	△1.1	1.3	△0.8	1.0	0.3	0.5	−0.2	0.0
	28	△2.9	0.4	0.8	△0.2	0.4	0.6	−0.4	2.6
	29	2.1	3.9	16.9	1.1	−0.1	0.4	−1.9	0.8
	30	3.2	△0.7	△2.3	0.7	−0.4	−0.8	1.0	−2.0
	令和元年度	△1.0	△5.5	△14.5	0.2	0.2	−0.9	4.2	−7.5
	2	△3.6	△1.8	1.2	1.0	0.7	0.4	2.1	−5.6
	3	8.0	14.4	49.0	1.7	−0.9	1.1	−8.5	10.3
	4	6.2	△1.1	2.0	1.5	−0.6	−1.4	1.7	0.4

資料出所　財務省「法人企業統計年報」。

〔備考〕上記調査の方法等について以下によった（D－7・8・9表も同じ）。

1．調査の対象と方法：我が国の営利法人等を調査対象とし、その中から無作為抽出により標本法人を選定する。

2．標本法人の選定方法と集計数
各年３月末日現在の法人名簿その他財務省の資料による全国の営利法人を調査対象とし（資本金１億円未満の法人については、各年10月末現在)、これを資本金によって６階層に分け、規模比例抽出により標本法人を選定。令和４年度は資本金毎に、1,000万円未満3,906社、1,000万円以上１億円未満11,170社、１億円以上10億円未満10,635社、10億円以上4,738社。

3．調査の期間：４月１日から翌年３月31日までの１年間を上期（４月から９月まで）と下期（10月から翌年３月まで）に区分し各期中に決算期到来標本法人の当該確定決算計数を調査。

4．集計及び推計の方法：回収された調査票を業種別・資本金階層別に集計し、これを抽出時の調査対象法人数に拡大して推計値を算定。

$$推計値=\frac{集計値}{集計法人数}\times 調査対象法人数$$

ただし、規模比例により抽出を行った階層については

$$推計値=\frac{集計項目の対資本金比率の合計}{集計法人数}\times 調査対象法人の資本金累計額。$$

なお、推計法人社数と推計従業員数についてはD－9表を参照のこと。

5．上表及びD－7・8・9(1)表に関係ある項目や算式は以下の通り。

(1)　従業員１人当りの売上高、付加価値、経常利益、人件費は、それぞれを従業員数（役員は含まない）で除したもの

(2)　人件費率＝人件費÷売上高×100

・賃金・収益率等〔製造業・小売業・サービス業〕

労働装備率	売上高経常利益率	小売業 従業員一人当り 付加価値額	小売業 従業員一人当り 経常利益	小売業 従業員一人当り 人件費	サービス業 従業員一人当り 付加価値額	サービス業 従業員一人当り 経常利益	サービス業 従業員一人当り 人件費	年度（西暦）
300	1.2	256	27	185	255	14	200	1975年度
401	3.6	364	34	268	378	36	288	80
516	3.2	427	29	322	451	42	347	85
718	4.3	506	48	369	589	68	416	90
942	2.9	569	34	412	612	37	463	95
1,023	3.9	492	32	375	574	57	427	2000
1,063	5.0	519	59	369	523	76	398	05
1,038	5.3	492	49	362	533	69	404	06
1,107	5.1	528	59	375	485	60	377	07
1,104	2.3	511	47	371	495	69	375	08
1,090	2.4	516	50	365	483	42	373	09
1,060	3.9	513	48	363	494	50	378	10
1,046	3.7	543	77	364	507	62	390	11
1,040	4.1	526	74	358	499	66	381	12
1,014	5.5	518	80	348	508	81	377	13
1,033	5.9	526	69	364	518	87	377	14
1,046	5.9	530	80	360	521	97	379	15
1,017	6.1	522	66	364	527	118	383	16
1,047	7.0	530	77	362	527	107	375	17
1,065	6.6	537	80	367	530	122	366	18
1,111	5.7	557	86	381	498	93	358	19
1,180	6.0	549	87	376	474	73	363	20
1,173	8.3	524	83	362	489	94	378	21
1,153	7.9	533	88	369	521	106	371	22
6.0	0.5	7.3	4.5	7.7	8.2	20.8	7.5	80/75
5.2	−0.1	3.2	△3.5	3.7	3.6	3.5	3.8	85/80
6.8	0.2	3.5	10.7	2.7	5.5	9.9	3.7	90/85
5.6	−0.3	2.4	△6.3	2.3	0.8	△11.3	2.2	95/90
1.7	0.2	△2.9	△1.4	△1.9	△1.3	8.8	△1.6	2000/95
0.8	0.2	1.1	12.9	△0.3	△1.8	5.9	△1.4	05/00
△2.4	0.3	△5.1	△17.0	△2.1	1.8	△9.2	1.6	06
6.6	−0.2	7.4	20.0	3.7	△8.9	△12.2	△6.6	07
△0.3	−2.8	△3.4	△19.5	△0.9	2.1	13.7	△0.6	08
△1.3	0.1	1.0	5.1	△1.7	△2.5	△38.8	△0.4	09
△2.8	1.5	△0.6	△2.8	△0.6	2.3	19.0	1.3	10
△1.3	−0.2	5.9	59.0	0.4	2.6	24.5	3.1	11
△0.6	0.4	△3.1	△3.8	△1.6	△1.5	6.2	△2.2	12
△2.5	1.4	△1.5	8.7	△2.7	1.8	22.5	△1.1	13
1.9	0.4	1.5	△14.3	4.5	2.1	8.1	0.1	14
1.3	0.0	0.9	16.1	△1.1	0.6	11.1	0.4	15
△2.8	0.2	△1.6	△17.0	1.0	1.1	21.5	1.1	16
2.9	0.9	1.5	16.9	△0.6	0.0	△9.3	△2.1	17
1.7	−0.4	1.4	3.7	1.4	0.5	13.9	△2.4	18
4.3	−0.9	3.7	7.5	3.8	△6.0	△23.8	△2.2	19
6.2	0.3	△1.4	1.2	△1.3	△4.8	△21.5	1.4	20
△0.6	2.3	△4.6	△4.5	△3.7	3.2	29.1	4.1	21
△1.7	−0.4	1.7	5.9	1.9	6.5	12.4	△1.8	22

(3)　付加価値率＝付加価値額÷売上高×100
(4)　労働分配率＝人件費÷付加価値額×100
(5)　設備投資効率＝付加価値額÷〔当期末（有形固定資産－建設仮勘定）÷２〕×100
(6)　労働装備率＝〔当期末（有形固定資産－建設仮勘定）÷２〕÷従業員数
(7)　売上高経常利益率＝経常利益÷売上高×100
(8)　付加価値額＝営業純益（営業利益－支払利息・割引料）＋役員給与＋従業員給与＋福利厚生費＋支払利息・割引料＋動産・不動産賃借料＋租税公課。（減価償却費は含まない）。
(9)　人　件　費：役員賞与・給与　従業員賞与・給与、福利厚生費の総額
2006年度までは役員賞与は人件費に含まない（費用項目ではなく利益処分項目に入っていた）
(10)　福利厚生費：法定福利費、厚生費、福利施設負担額、退職給与引当額等、給与以外で人件費とみなされるものの総額である。
(11)　金融費用：支払利息・割引料（社債利息を含む）、社債発行差額償却および社債発行費償却の合計額。
(12)　賃　貸　料：製造原価、販売費および一般管理費に計上されたもの。
(13)　租税公課：営業上負担すべき事業税、固定資産税、印紙税等の総額であり、法人税、住民税には含まれない。
(14)　減価償却費：特別勘定に計上されたものは含まない。
(15)　役員数・従業員数：「役員数」は常勤・非常勤を問わず、経費としての給与を受ける期中平均人員であり、「従業員数」は常用者の期中平均人員と、当期中の臨時従業員（延従事時間数を１カ月平均労働時間数で除したもの）との合計である。
(16)　小売業の数値は、平成15年度までは飲食店を含むが、平成16年度から飲食店が除かれている。

D－7 規模別にみた付加価値構成比

〔製造業〕

（単位 %）

規模	年次	付加価値計	人件費	うち役員給与賞与	うち従業員給与賞与	支払利息・割引料	動産・不動産賃借料	租税公課	営業純益
大企業（資本金10億円以上）	昭和50年度	100.0	69.6	0.6	59.2	26.8	3.2	4.4	－ 3.9
	55	100.0	59.2	0.6	49.7	19.7	2.8	5.4	12.8
	60	100.0	65.0	0.7	53.9	12.8	3.9	6.1	12.2
	平成2年度	100.0	62.6	0.8	51.3	9.5	4.9	5.4	17.6
	7	100.0	67.5	0.9	54.7	5.2	6.4	5.0	15.9
	12	100.0	65.8	0.9	52.5	3.1	5.7	3.1	22.3
	13	100.0	72.6	1.0	57.3	3.2	6.5	3.4	14.3
	14	100.0	67.8	0.9	52.5	3.0	5.9	3.1	20.3
	15	100.0	66.0	0.8	50.8	3.2	5.6	2.4	22.9
	16	100.0	62.0	1.3	48.7	1.9	5.1	2.5	28.5
	17	100.0	60.7	1.2	47.9	3.9	4.7	2.4	28.3
	18	100.0	58.3	1.0	47.1	1.8	4.7	2.3	32.9
	19	100.0	58.0	1.2	47.1	2.2	4.8	3.7	31.4
	20	100.0	79.0	1.3	63.3	2.9	6.2	4.0	8.0
	21	100.0	78.7	1.2	61.9	3.2	6.1	4.3	7.7
	22	100.0	69.7	1.1	55.0	2.5	4.7	2.8	20.2
	23	100.0	72.8	1.1	57.5	2.7	4.7	2.7	17.0
	24	100.0	69.7	1.1	56.9	2.5	4.2	2.9	17.9
	25	100.0	64.2	1.0	51.1	2.1	3.5	2.3	27.9
	26	100.0	63.4	1.0	51.0	1.8	3.8	2.4	28.7
	27	100.0	64.0	1.0	52.0	1.7	3.6	2.5	28.1
	28	100.0	64.5	1.0	51.9	1.3	3.4	4.8	25.9
	29	100.0	60.7	1.0	48.8	1.2	3.2	2.7	32.1
	30	100.0	62.9	1.0	50.9	1.9	3.7	2.8	28.8
	令和元年度	100.0	69.5	1.0	55.9	1.5	4.1	2.8	21.9
	2	100.0	71.2	1.0	57.0	1.5	3.9	3.3	20.1
	3	100.0	59.5	0.9	48.4	1.3	3.8	2.8	32.6
	4	100.0	60.3	0.9	48.8	1.6	3.6	2.8	31.7
中小企業（資本金1000万円未満）	昭和50年度	100.0	84.4	20.1	57.6	9.2	4.0	3.0	－ 0.6
	55	100.0	80.7	19.7	54.2	7.6	4.2	2.4	5.2
	60	100.0	83.3	22.1	54.3	7.3	6.5	2.4	0.5
	平成2年度	100.0	80.9	23.9	49.4	7.1	5.7	3.4	2.9
	7	100.0	87.9	31.3	49.2	5.3	6.6	2.8	－ 2.6
	12	100.0	87.8	32.0	49.1	2.9	6.7	3.6	－ 1.0
	13	100.0	86.1	33.8	46.0	2.5	7.0	5.0	－ 0.5
	14	100.0	92.2	33.8	51.4	2.9	5.8	3.4	－ 4.3
	15	100.0	86.2	33.0	47.5	2.5	6.8	4.0	0.5
	16	100.0	85.9	32.6	47.3	1.7	6.6	3.4	2.5
	17	100.0	88.7	34.1	48.1	1.9	6.5	4.1	－ 1.2
	18	100.0	86.1	30.1	50.5	2.6	5.3	3.6	2.4
	19	100.0	88.4	34.8	48.4	2.1	6.5	3.6	－ 0.6
	20	100.0	88.8	34.9	48.0	2.3	6.2	3.3	－ 0.6
	21	100.0	103.0	38.6	58.2	2.5	7.0	3.3	－15.9
	22	100.0	90.9	33.3	52.4	2.2	7.1	3.0	－ 3.1
	23	100.0	88.2	30.8	52.0	2.1	5.9	3.0	0.8
	24	100.0	90.3	29.2	55.1	1.8	5.4	3.5	－ 1.0
	25	100.0	89.3	27.8	55.0	1.7	6.3	2.5	0.3
	26	100.0	87.5	28.6	52.7	2.0	6.2	4.0	0.4
	27	100.0	83.6	28.4	48.6	2.0	4.9	4.0	5.6
	28	100.0	84.5	29.2	48.4	2.1	5.5	3.1	4.8
	29	100.0	87.3	29.6	51.2	1.5	7.4	3.7	0.1
	30	100.0	84.9	28.3	49.9	2.4	6.0	3.8	2.9
	令和元年度	100.0	87.8	30.1	51.7	1.3	5.8	3.6	1.5
	2	100.0	95.6	33.2	55.6	1.6	5.4	4.7	－ 7.3
	3	100.0	95.0	32.6	55.7	1.8	6.0	4.7	－ 7.4
	4	100.0	87.7	29.9	52.0	3.6	7.3	4.5	－ 3.2

資料出所 財務省「法人企業統計年報」。D－6表〔備考〕を参照のこと。

D－8　資本金階層別の賃金・価値生産性等

〔全産業（除く金融保険業）、製造業、サービス業〕（令和４年度）

	全規模	10億円以上	１億円以上～10億円未満	５千万円以上～１億円未満	１千万円以上～５千万円未満	１千万円未満
〔全産業〕						
規模別構成比（%）						
推計社数	100.0	0.2	0.9	2.2	27.7	69.1
従業員数	100.0	16.8	16.3	13.9	33.7	19.4
売上高	100.0	38.0	19.0	11.5	22.2	9.2
付加価値額	100.0	33.1	17.7	11.2	25.5	12.6
１社あたり従業員数（人）	15	1,527	271	93	18	4
付加価値額構成比（%）						
付加価値額	100.0	100.0	100.0	100.0	100.0	100.0
人件費	67.5	51.2	65.1	72.8	79.3	84.6
支払利息等	2.3	3.5	1.1	1.3	1.7	2.6
賃借料	9.2	8.9	9.6	11.3	8.0	10.4
租税公課	3.4	4.0	2.2	2.1	3.1	5.3
営業純益	17.6	32.3	22.0	12.5	8.0	－2.8
従業員一人当り（万円）						
売上高	3,662	8,291	4,284	3,039	2,418	1,741
付加価値額	738	1,453	801	595	558	479
従業員給与・賞与	380	609	435	359	329	241
福利厚生費	54	123	68	42	34	24
労働分配率（%）	67.5	51.2	65.1	72.8	79.3	84.6
付加価値率（%）	19.9	17.6	17.6	18.7	22.5	30.1
人件費率（%）	13.6	9.0	12.2	14.2	18.3	23.3
〔製造業〕						
規模別構成比（%）						
推計社数	100.0	0.6	1.9	3.8	40.0	53.7
従業員数	100.0	32.1	16.6	13.3	28.6	9.5
売上高	100.0	58.2	17.1	8.3	13.6	2.8
付加価値額	100.0	52.4	16.5	8.9	17.5	4.7
１社あたり従業員数（人）	28	1,613	251	99	20	5
従業員一人当り（万円）						
売上高	4,789	8,693	4,955	2,984	2,279	1,394
付加価値額	902	1,476	898	602	554	443
従業員給与・賞与	488	721	502	391	348	230
福利厚生費	86	156	91	55	41	26
労働分配率（%）	69.0	60.3	68.5	80.0	85.2	87.7
付加価値率（%）	18.8	17.0	18.1	20.2	24.3	31.8
人件費率（%）	13.0	10.2	12.4	16.1	20.7	27.9
〔サービス業〕						
規模別構成比（%）						
推計社数	100.0	0.1	0.6	1.6	19.9	77.8
従業員数	100.0	8.4	16.6	13.5	36.8	24.7
売上高	100.0	18.2	20.6	13.5	29.7	17.9
付加価値額	100.0	22.5	18.4	11.7	28.6	18.8
１社あたり従業員数（人）	15	1,371	396	131	28	5
従業員一人当り（万円）						
売上高	1,313	2,838	1,629	1,317	1,063	952
付加価値額	521	1,392	577	454	406	395
従業員給与・賞与	289	459	343	303	273	211
福利厚生費	33	83	47	29	24	20
労働分配率（%）	71.2	40.3	69.6	77.2	84.7	85.4
付加価値率（%）	39.7	49.0	35.4	34.5	38.2	41.5
人件費率（%）	28.3	19.8	24.7	26.6	32.3	35.4

資料出所　財務省「法人企業統計年報」。

注　１．本表の数値はすべて日本生産性本部算出による。算出方法はD－６表の〔備考〕参照。
２．人件費＝役員給与＋役員賞与＋従業員給与＋従業員賞与＋福利厚生費。
３．上表の従業員数と従業員一人当りの計算には役員は含まれないが、労働分配率、人件費率の算定には役員の給与・賞与が含まれる。

D－9　産業別にみた法人企業付加価値額の構成

産業	役員数（千人）	従業員数（千人）	付加価値額（10億円）	付加価値額構成比〔総額＝100〕（％）						
				役員給与賞与	従業員給与賞与	福利厚生費	支払利息・割引料	動産・不動産賃借料	租税公課	営業純益
全産業（除く金融保険業）	5,328	43,098	317,914	8.6	51.5	7.3	2.3	9.2	3.4	17.6
製造業	708	9,112	82,206	5.4	54.1	9.6	1.6	4.3	2.8	22.2
食料品	98	1,308	6,978	6.5	62.5	10.1	2.3	5.1	3.0	10.6
繊維工業	51	325	1,527	12.8	64.6	9.0	1.7	7.1	4.2	0.6
木材・木製品	16	85	621	11.4	46.6	7.1	1.9	5.3	3.1	24.7
パルプ・紙・紙加工品	15	189	1,247	8.8	65.2	11.4	2.4	6.0	4.6	1.6
印刷・同関連	44	352	2,077	10.5	67.0	9.6	1.6	6.2	3.1	2.1
化学工業	24	624	9,315	2.7	42.5	8.5	2.2	4.0	2.8	37.3
石油製品・石炭製品	1	30	433	3.1	44.3	8.4	4.7	15.1	5.4	19.1
窯業・土石製品	25	208	1,752	7.4	54.5	10.0	1.6	4.5	3.9	18.2
鉄鋼業	15	219	2,809	3.7	44.4	8.3	2.6	2.9	5.9	32.2
非鉄金属	6	158	1,844	3.2	47.0	8.9	2.3	3.4	4.4	30.8
金属製品	97	714	4,863	12.6	58.6	9.1	1.5	4.7	3.4	10.1
はん用機械器具	23	227	2,242	8.5	53.5	8.7	0.8	4.1	2.5	21.9
生産用機械器具	60	576	6,762	5.7	48.8	8.6	1.0	3.3	2.5	30.1
業務用機械器具	17	353	3,752	4.8	50.5	10.8	1.0	3.0	2.0	27.9
電気機械器具	31	629	6,790	3.6	53.7	10.4	1.2	3.5	2.3	25.5
情報通信機械器具	28	716	7,609	2.2	53.1	8.9	2.0	7.0	1.7	25.0
輸送用機械器具	38	1,294	13,204	2.3	59.8	11.9	1.3	2.6	2.1	20.0
自動車・同付属品	28	1,121	11,842	2.0	59.5	11.9	1.3	2.2	2.1	21.0
その他輸送機械器具	11	173	1,361	5.4	62.0	11.4	1.6	5.6	2.7	11.4
その他製造業	117	1,106	8,383	9.2	54.4	8.0	1.1	5.3	3.0	19.1
非製造業	4,620	33,986	235,708	9.8	50.7	6.5	2.5	10.9	3.6	16.1
農林水産業（集約）	81	282	968	28.8	73.1	10.5	2.2	7.3	5.5	－27.4
農業、林業	71	237	760	31.0	73.5	10.0	2.1	8.6	5.2	－30.4
漁業	10	45	208	20.7	71.6	12.3	2.4	2.7	6.6	－16.2
鉱業、採石、砂利採取業	9	40	1,395	3.5	13.2	2.1	2.0	22.2	2.3	54.6
建設業	1,000	3,776	32,931	16.9	49.4	7.0	1.2	5.2	3.2	17.2
電気業	16	135	1,815	2.5	56.4	13.7	16.4	18.1	48.8	－55.9
ガス・熱供給・水道業	2	41	832	2.0	29.1	7.4	3.8	8.8	11.1	37.8
情報通信業	223	2,406	25,686	4.6	48.3	6.8	0.9	6.8	2.9	29.7
運輸業、郵便業（集約）	186	3,241	21,928	4.6	56.4	8.6	2.3	17.5	4.0	6.6
陸運	152	2,656	14,923	5.1	65.8	9.8	2.4	7.2	4.8	4.9
水運	8	85	1,504	4.4	31.1	5.0	3.8	29.3	2.1	24.3
その他運輸	25	501	5,501	3.1	38.1	6.1	1.7	42.1	2.4	6.5
卸売・小売業	1,121	9,535	63,197	9.4	52.5	6.1	1.5	12.1	2.4	16.1
卸売業	523	3,399	30,496	10.7	49.6	6.3	2.1	8.5	2.3	20.5
小売業	597	6,136	32,701	8.1	55.2	6.0	0.9	15.4	2.4	12.0
不動産、物品賃貸	626	1,142	17,151	13.7	25.1	3.8	7.7	18.9	9.8	21.0
不動産業	603	883	15,212	14.6	21.5	3.4	5.1	19.7	10.2	25.5
物品賃貸業	23	259	1,939	6.6	53.4	7.2	27.4	12.8	6.7	－14.1
リース業	15	169	1,258	6.7	59.1	7.9	41.2	13.3	8.0	－36.2
その他の物品賃貸業	8	89	682	6.5	42.9	5.8	2.0	11.8	4.3	26.7
サービス業	1,354	13,389	69,803	9.5	55.4	6.3	3.0	9.8	2.4	13.7
宿泊、飲食	231	2,637	8,596	8.7	69.6	6.5	2.3	25.0	3.4	－15.5
宿泊業	37	493	2,285	4.8	59.8	7.9	3.9	25.1	4.6	－6.0
飲食業	193	2,144	6,311	10.2	73.2	6.0	1.7	25.0	2.9	－18.9
生活関連、娯楽	211	2,256	9,072	12.5	57.0	5.4	1.4	14.6	3.7	5.5
生活関連サービス業	172	1,607	5,930	14.9	61.4	5.5	1.1	13.4	3.0	0.7
娯楽業	38	649	3,142	7.9	48.6	5.2	1.9	17.0	5.0	14.4
学術研究、専門・技術サービス業	441	2,058	23,215	10.3	37.3	4.8	6.7	6.2	1.8	32.8
広告業	56	271	2,406	12.9	53.3	7.4	0.5	9.6	1.1	15.2
純粋持株会社	12	115	8,820	2.1	8.4	1.6	16.3	3.4	1.5	66.8
その他の学術研究、専門・技術サービス業	372	1,672	11,989	15.8	55.3	6.7	0.9	7.6	2.2	11.4
教育、学習支援業	38	377	1,425	10.0	57.2	6.9	0.7	18.2	2.7	4.3
医療、福祉業	110	1,322	5,045	10.8	65.8	5.3	1.1	9.2	2.2	5.7
職業紹介・労働者派遣業	39	1,223	4,890	4.7	73.1	7.8	0.1	3.7	1.5	9.1
その他のサービス業	285	3,516	17,561	8.2	63.7	8.2	0.8	5.7	2.2	11.2

資料出所　財務省「法人企業統計年報」。詳細についてはD－6表の〔備考〕を参照のこと。
　注　1．従業員数と従業員1人あたりの計算には役員は含まれない。
　　　2．人件費には従業員給与のほか役員給与と福利厚生費が含まれる。
　　　3．付加価値率＝付加価値額÷売上高。
　　　4．労働分配率＝人件費÷付加価値額。

と人件費・労働分配率等の動向〔令和４年度／金融・保険業を除く〕

売上高人件費率(%)	従業員１人あたり（年額・千円）							付加価値率(%)	労働分配率(%)	売上高営業利益率(%)	売上高経常利益率(%)	産業
	売上高	営業利益	経常利益	付加価値額	人件費	資産	負債					
13.6	36,625	1,468	2,211	7,377	4,976	48,691	28,812	20.1	67.5	4.0	6.0	全
13.0	47,886	2,148	3,803	9,022	6,229	60,485	30,368	18.8	69.0	4.5	7.9	製
12.1	34,731	688	1,284	5,336	4,217	31,623	18,095	15.4	79.0	2.0	3.7	食
20.3	20,020	109	1,175	4,700	4,059	31,747	17,558	23.5	86.4	0.5	5.9	繊
11.3	41,939	1,932	2,378	7,280	4,741	39,877	25,347	17.4	65.1	4.6	5.7	木
12.3	45,676	262	949	6,592	5,629	55,810	34,561	14.4	85.4	0.6	2.1	パ
23.2	22,116	218	859	5,902	5,136	28,781	14,972	26.7	87.0	1.0	3.9	印
10.8	74,126	5,905	8,565	14,923	8,010	130,594	59,688	20.1	53.7	8.0	11.6	化
1.6	500,328	3,444	4,716	14,469	8,071	266,004	187,269	2.9	55.8	0.7	0.9	石
14.1	42,812	1,658	2,881	8,407	6,043	67,404	30,931	19.6	71.9	3.9	6.7	窯
7.6	96,004	4,464	6,287	12,848	7,249	102,445	59,949	13.4	56.4	4.6	6.5	鉄
6.9	99,373	3,867	6,009	11,671	6,891	127,067	77,259	11.7	59.0	3.9	6.0	非
20.1	27,275	789	1,339	6,813	5,476	31,970	16,053	25.0	80.4	2.9	4.9	金
20.6	33,873	2,255	3,034	9,894	6,987	48,909	23,041	29.2	70.6	6.7	9.0	は
14.3	51,733	3,648	5,695	11,738	7,409	64,491	30,752	22.7	63.1	7.1	11.0	生
17.3	40,649	3,071	5,459	10,634	7,023	62,655	28,309	26.2	66.0	7.6	13.4	業
15.3	47,676	2,874	5,109	10,796	7,302	68,900	34,946	22.6	67.6	6.0	10.7	電
13.9	49,007	2,878	3,965	10,632	6,825	68,647	33,330	21.7	64.2	5.9	8.1	情
11.7	64,434	2,172	5,943	10,201	7,545	76,126	36,043	15.8	74.0	3.4	9.2	輸
11.4	68,321	2,351	6,623	10,564	7,756	79,823	36,089	15.5	73.4	3.4	9.7	自
15.7	39,297	1,016	1,548	7,854	6,186	52,223	35,748	20.0	78.8	2.6	3.9	他
15.9	34,215	1,527	2,622	7,579	5,423	40,915	19,803	22.2	71.6	4.5	7.7	他
13.8	33,605	1,286	1,784	6,935	4,640	45,529	28,395	20.6	66.9	3.8	5.3	非
19.3	20,017	−866	673	3,436	3,863	23,035	18,276	17.2	112.4	−4.3	3.4	農
19.9	18,463	−907	518	3,204	3,671	21,379	16,542	17.4	114.6	−4.9	2.8	農
17.3	28,291	−647	1,498	4,673	4,884	31,849	27,507	16.5	104.5	−2.3	5.3	漁
8.0	82,512	19,968	25,663	35,253	6,641	242,884	83,964	42.7	18.8	24.2	31.1	鉱
16.1	39,683	1,603	2,067	8,722	6,389	37,187	21,262	22.0	73.3	4.0	5.2	建
3.2	303,770	−5,298	−4,259	13,399	9,730	577,765	476,316	4.4	72.6	−1.7	−1.4	電
3.6	218,127	8,506	9,136	20,442	7,884	237,554	138,834	9.4	38.6	3.9	4.2	ガ
18.6	34,336	3,267	3,870	10,677	6,374	58,804	29,677	31.1	59.7	9.5	11.3	情
21.4	21,942	605	1,204	6,766	4,706	35,316	23,644	30.8	69.6	2.8	5.5	運
26.9	16,845	410	551	5,620	4,534	28,440	19,004	33.4	80.7	2.4	3.3	陸
7.8	92,500	5,004	21,561	17,796	7,206	115,021	67,079	19.2	40.5	5.4	23.3	水
14.0	37,054	896	1,229	10,979	5,195	58,312	40,911	29.6	47.3	2.4	3.3	他
8.0	56,607	1,162	1,920	6,628	4,509	37,963	22,877	11.7	68.0	2.1	3.4	卸
5.9	100,696	2,025	3,790	8,973	5,979	68,522	41,911	8.9	66.6	2.0	3.8	卸
11.5	32,188	685	884	5,329	3,694	21,037	12,335	16.6	69.3	2.1	2.7	小
11.4	56,052	4,306	5,378	15,019	6,398	234,405	169,256	26.8	42.6	7.7	9.6	不
13.0	52,384	5,275	6,724	17,222	6,797	229,150	155,822	32.9	39.5	10.1	12.8	不
7.3	68,577	1,000	783	7,496	5,037	252,349	215,128	10.9	67.2	1.5	1.1	物
6.4	85,534	372	−26	7,431	5,475	353,605	304,603	8.7	73.7	0.4	0.0	リ
11.5	36,486	2,187	2,315	7,620	4,208	60,733	45,804	20.9	55.2	6.0	6.3	他
28.3	13,133	870	1,058	5,214	3,711	31,168	18,420	39.7	71.2	6.6	8.1	サ
28.2	9,824	−432	293	3,260	2,767	11,655	9,796	33.2	84.9	−4.4	3.0	宿
28.6	11,759	−102	208	4,636	3,363	22,693	20,234	39.4	72.5	−0.9	1.8	宿
28.0	9,380	−508	313	2,944	2,630	9,118	7,396	31.4	89.3	−5.4	3.3	飲
23.7	12,679	276	491	4,021	3,009	18,907	14,231	31.7	74.8	2.2	3.9	生
28.2	10,691	69	272	3,691	3,018	13,233	9,669	34.5	81.8	0.6	2.5	生
17.0	17,600	790	1,035	4,840	2,987	32,953	25,523	27.5	61.7	4.5	5.9	娯
21.5	27,553	4,462	4,143	11,280	5,912	130,481	71,444	40.9	52.4	16.2	15.0	学
13.6	48,044	1,396	1,794	8,880	6,528	31,735	18,551	18.5	73.5	2.9	3.7	広
8.4	110,122	63,775	54,377	76,821	9,298	1,947,521	1,051,986	69.8	12.1	57.9	49.4	純
30.1	18,564	887	1,075	7,169	5,580	21,731	12,694	38.6	77.8	4.8	5.8	他
38.5	7,278	188	425	3,778	2,801	9,275	5,530	51.9	74.2	2.6	5.8	教
39.8	7,849	258	358	3,816	3,122	8,600	6,146	48.6	81.8	3.3	4.6	医
43.5	7,871	368	424	3,999	3,425	5,182	2,486	50.8	85.7	4.7	5.4	職
33.6	11,910	602	740	4,995	3,999	15,409	8,080	41.9	80.1	5.1	6.2	他

5．付加価値＝営業純益（営業利益－支払利息・割引料）＋役員給与＋従業員給与＋福利厚生費＋支払利息・割引料＋動産・不動産賃借料＋租税公課、（減価償却費は含まない）。
6．資産は、流動資産、固定資産、繰延資産の合計。
7．負債は、流動負債と固定負債に、特別法上の準備金が存在すれば、それも含まれる。
8．売上高営業利益率＝営業利益÷売上高×100。

D−10　1人1ヵ月平均労働費用額

(1)常用労働者1人1カ月平均労働費用額

（単位　円・%）

企業規模・産業	労働費用総額	現金給与額	現金給与以外の労働費用	企業規模・産業・年	労働費用総額	現金給与額	現金給与以外の労働費用
令和３年計	408,140	334,845（82.0）	73,296（18.0）	金融業、保険業	610,565	472,669（77.4）	137,896（22.6）
1,000人以上	450,720	365,787（81.2）	84,933（18.8）	不動産業、物品賃貸業	490,511	392,854（80.1）	97,656（19.9）
300〜999人	415,532	340,495（81.9）	75,037（18.1）	学術研究、専門・技術サービス業	608,696	498,544（81.9）	110,153（18.1）
100〜299人	391,151	323,761（82.8）	67,390（17.2）	宿泊業、飲食サービス業	216,886	185,465（85.5）	31,422（14.5）
30〜99人	352,005	292,370（83.1）	59,635（16.9）	生活関連サービス業、娯楽業	312,298	265,034（84.9）	47,264（15.1）
鉱業、採石業、砂利採取業	581,989	475,356（81.7）	106,633（18.3）	教育、学習支援業	465,097	386,667（83.1）	78,430（16.9）
建設業	531,612	434,862（81.8）	96,750（18.2）	医療、福祉	361,190	304,970（84.4）	56,220（15.6）
製造業	476,149	384,593（80.8）	91,556（19.2）	サービス業(他に分類されないもの)	290,078	243,443（83.9）	46,635（16.1）
電気・ガス・熱供給・水道業	618,799	429,788（69.5）	189,011（30.5）	平成28※年	416,824	337,192（80.9）	79,632（19.1）
情報通信業	577,690	466,023（80.7）	111,667（19.3）	23	434,083	352,018（81.1）	82,065（18.9）
運輸業、郵便業	378,498	312,044（82.4）	66,454（17.6）	18	462,329	374,591（81.0）	87,738（19.0）
卸売業、小売業	354,143	291,000（82.2）	63,143（17.8）	14	449,699	367,453（81.7）	82,245（18.3）

資料出所　厚生労働省「就労条件総合調査」。以下〈参考表〉まで同じ。
注　1．（　）の数値は、「労働費用総額」を100とした割合である。
　　2．平成10年調査は12月末日現在、14年調査以降は1月1日現在である。
　　3．平成19年以前は、調査対象を「本社の常用労働者が30人以上の民営企業」としており、平成20年から「常用労働者が30人以上の民営企業」に範囲を拡大した。23※は、「本社の常用労働者が30人以上の民営企業」で集計したものであり、19年以前の結果と時系列で比較する場合にはこちらを参照されたい。

(2)常用労働者1人1カ月平均現金給与以外の労働費用の内訳(単位 円・%)

企業規模・年	計	法定福利費	法定外福利費	現物給与の費用	退職給付等の費用	教育訓練費	その他の労働費用[1]
令和３年計	73,296	50,283	4,882	481	15,955	670	1,024
	(100.0)	(68.6)	(6.7)	(0.7)	(21.8)	(0.9)	(1.4)
1,000人以上	84,933	54,348	5,639	444	22,985	802	714
300〜999人	75,037	50,804	4,567	276	17,295	710	1,384
100〜299人	67,390	48,024	4,546	893	12,071	664	1,192
30〜99人	59,635	45,819	4,414	318	7,732	424	928
平成28年	79,632	47,693	6,528	465	18,834	1,008	5,103
23	82,065	46,872	8,933	657	23,379	1,120	1,105
18	87,738	46,456	9,555	989	27,517	1,541	1,679
14	82,245	41,937	10,312	1,266	25,862	1,256	1,613

注 1．「その他の労働費用」とは、募集費、従業員の転勤に際し企業が負担した費用（旅費、宿泊料等）、社内報・作業服の費用（安全服や守衛の制服のように業務遂行上特に必要と認められている制服等を除く）、表彰の費用等をいう。
　2．(1) 表 注2. 3. を参照。
　3．計の（　）の数値は構成比（%）である。

(3)常用労働者1人1カ月平均法定福利費

（単位　円・%）

企業規模・年	計	健康保険料・介護保険料[1]	厚生年金保険料	労働保険料	雇用保険にかかる額	労災保険にかかる額	児童手当拠出金	障害者雇用納付金	法定補償費	その他の法定福利費[2]
令和３年計	50,283	17,496	27,905	3,695	2,120	1,575	987	96	4	98
	(100.0)	(34.8)	(55.5)	(7.3)	(4.2)	(3.1)	(2.0)	(0.2)	(0.0)	(0.2)
1,000人以上	54,348	18,858	30,197	3,942	2,224	1,718	1,105	87	4	155
300〜999人	50,804	17,540	28,499	3,552	2,162	1,390	1,032	112	2	67
100〜299人	48,024	16,864	26,443	3,534	2,065	1,469	906	181	11	85
30〜99人	45,819	16,012	25,265	3,645	1,974	1,671	841	−	0	56
平成28年	47,693	16,881	25,914	4,244	2,902	1,343	452	74	10	118
23	46,872	15,544	25,216	5,473	3,277	2,195	430	36	8	165
18	46,456	15,746	23,831	6,363	2,953	2,275	317	62	9	129
14	41,937	13,303	22,814	5,365	3,104	2,412	302	88	12	52

注　1．「子ども・子育て拠出金」、平成28年調査までは「児童手当拠出金」。
　　2．「その他の法定福利費」とは、石炭鉱業年金掛金及び船員保険料等をいう。
　　3．(2) 表 注2. 3. を参照。

(4)常用労働者1人1カ月平均法定外福利費

（単位　円・%）

企業規模・年	計	住居に関する費用	医療保健に関する費用	食事に関する費用	文化・体育・娯楽に関する費用	私的保険制度への拠出金	労災付加給付の費用	慶弔見舞等の費用	財形貯蓄奨励金、給付金及び基金への拠出金	その他の法定外福利費[1]
令和３年計	4,882	2,509	729	493	163	373	88	184	48	296
	(100.0)	(51.4)	(14.9)	(10.1)	(3.3)	(7.6)	(1.8)	(3.8)	(1.0)	(6.1)
1,000人以上	5,639	3,974	768	174	141	111	35	168	64	204
300〜999人	4,567	2,506	710	427	161	157	67	198	34	309
100〜299人	4,546	1,832	756	690	176	367	123	204	45	353
30〜99人	4,414	960	660	849	183	1,027	159	172	41	362
平成28年	6,528	3,090	877	616	383	552	128	222	161	500
23	8,933	4,439	1,052	819	412	510	167	282	163	1,089
18	9,555	4,766	641	871	574	999	216	306	238	944
14	10,312	5,104	699	1,117	736	716	156	335	356	1,092

注　1．「その他の法定外福利費」とは、通勤バス・売店等の費用、共済会への拠出、持株援助に関する費用等をいう。
　　2．(2) 表 注2. 3. を参照。

とその内訳〔令和５年／令和３年／平成28年〕

〈参考１〉時間外労働割増賃金率の定めの有無、定め方、割増賃金率階級別企業割合（令和５年）（単位　%）

企業規模	全企業	時間外労働の割増賃金率の定め					
		定めている	時間外労働の割増賃金率の定め方				定めていない
			一律に定めている	時間外労働の割増賃金率		時間外労働時間数等に応じて異なる率を定めている	
				25%	26%以上		
令和５年計	100.0	95.1	86.4（100.0）	（94.3）	（ 4.6）	8.7	4.4
1,000人以上	100.0	99.4	87.1（100.0）	（80.3）	（19.2）	12.3	0.5
300～999人	100.0	98.3	83.4（100.0）	（86.7）	（12.5）	14.8	1.6
100～299人	100.0	96.3	86.2（100.0）	（92.2）	（ 6.5）	10.1	2.9
30～99人	100.0	94.3	86.7（100.0）	（96.0）	（ 2.9）	7.6	5.2

注　（　）の数値は、時間外労働の割増賃金率を「一律に定めている」企業を100とした割合である。

〈参考２〉月間60時間超時間外労働割増賃金率定めの有無等別企業割合　（単位　%）

企業規模	時間外労働の割増賃金率を定めている企業[1]	定めている[2)3)]	１カ月60時間を超える時間外労働に係る割増賃金率		定めていない
			25～49%	50%以上	
令和５年計	[95.1] 100.0	33.4（100.0）	（33.3）	（64.5）	66.6
1,000人以上	[99.4] 100.0	87.3（100.0）	（ 3.8）	（95.5）	12.7
300～999人	[98.3] 100.0	65.4（100.0）	（10.0）	（88.7）	34.6
100～299人	[96.3] 100.0	34.9（100.0）	（27.7）	（70.2）	65.1
30～99人	[94.3] 100.0	28.0（100.0）	（43.9）	（53.5）	72.0

注　1．1）［　］内の数値は、全企業に対する「時間外労働の割増賃金率を定めている」企業割合である。
　　2）「定めている」には、「１か月60時間を超える時間外労働に係る割増賃金率」が「不明」の企業を含む。
　　3）（　）内の数値は、１か月60時間を超える時間外労働に係る割増賃金率を「定めている」企業を100とした割合である。

〈参考３〉派遣労働者受入れの有無別企業割合、常用労働者への派遣労働者割合及び月平均受入れ関係費用　（単位　%）

企業規模・産業・年	全企業	派遣労働者受入れ あり	派遣労働者受入れ なし	受入れ企業の派遣労働者[1]	１企業月平均派遣労働者受入れ関係費用（千円）	１人月平均派遣労働者受入れ関係費用（円）
平成28年計	100.0	28.4	71.6	10.9	72,243	261,706
1,000人以上	100.0	61.5	38.5	9.5	805,365	307,359
300～999人	100.0	51.9	48.1	11.5	145,632	243,831
100～299人	100.0	40.2	59.8	11.7	56,071	257,302
30～99人	100.0	22.2	77.8	13.4	17,477	199,877
鉱業、採石業、砂利採取業	100.0	22.2	77.8	4.2	24,239	358,839
建設業	100.0	13.4	86.6	7.6	87,319	387,431
製造業	100.0	41.3	58.7	9.4	66,810	282,483
電気・ガス・熱供給・水道業	100.0	36.0	64.0	3.0	86,668	268,950
情報通信業	100.0	38.2	61.8	18.8	249,741	370,720
運輸業、郵便業	100.0	13.9	86.1	15.6	99,762	191,003
卸売業、小売業	100.0	30.3	69.7	5.6	31,822	267,947
金融業、保険業	100.0	61.1	38.9	17.1	446,342	250,729
不動産業、物品賃貸業	100.0	33.1	66.9	16.9	31,117	95,566
学術研究、専門・技術サービス業	100.0	34.8	65.2	12.4	114,273	433,331
宿泊業、飲食サービス業	100.0	23.2	76.8	20.3	14,454	58,455
生活関連サービス業、娯楽業	100.0	18.5	81.5	20.4	26,863	94,483
教育、学習支援業	100.0	14.6	85.4	5.2	22,672	260,358
医療、福祉	100.0	11.0	89.0	8.0	41,101	217,916
サービス業（他に分類されないもの）	100.0	14.8	85.2	18.4	82,026	191,289
平成23※年	100.0	30.2	69.8	10.8	86,830	267,208
18	100.0	36.7	63.3	12.4	78,826	231,697
10	100.0	20.3	79.7	5.8	62,168	296,551

注　1．「受入れ企業の派遣労働者」とは、受入れ企業の期間を定めずに雇われている常用労働者（パートタイム労働者を除く）に対する１カ月平均の派遣労働者割合である。
　　2．平成10年調査は12月末日現在、18年調査以降は１月１日現在である。
　　3．（1）表注2. 3. 参照。
　　4．建設業務への労働者派遣は「労働者派遣事業の適正な運営の確保及び派遣労働者の就業条件の整備等に関する法律」（昭和60年法律第88号）で禁止されているが、施工管理業務や建設現場の事務職員が行う業務等は、労働者派遣の対象となる。また、医業等医療関連業務への労働者派遣は原則禁止だが、医療事務等の業務は労働者派遣の対象となる。
　　5．本表は平成28年「就労条件総合調査」を最後にデータが更新されていないため、平成28年発表分を掲載している。

E－1　労　　働

	年	総人口(A)	15歳以上人口(B)	労働力人口 総数(C)	就業者数 総数	雇用者(D)	うち女性	うち短時間雇用者	農林業	非農林業
		万人								
実数	昭和45年	10,372	7,890	5,153	5,094	3,306	1,096	—	—	—
	50	11,194	8,471	5,323	5,223	3,646	1,167	—	—	—
	55	11,706	8,954	5,650	5,536	3,971	1,354	—	—	—
	60	12,105	9,501	5,963	5,807	4,313	1,548	—	—	—
	平成2年	12,361	10,107	6,384	6,249	4,835	1,834	—	—	—
	7	12,557	10,554	6,666	6,457	5,263	2,048	—	—	—
	12	12,693	10,842	6,766	6,446	5,356	2,140	—	—	—
	17	12,777	11,008	6,651	6,356	5,393	2,229	896	—	—
	22	12,806	11,111	6,632	6,298	5,500	2,342	985	237	6,062
	23	12,783	11,117	6,596	6,293	5,512	2,349	—	231	6,062
	24	12,763	11,110	6,565	6,280	5,513	2,360	1,017	225	6,055
	25	12,741	11,107	6,593	6,326	5,567	2,411	1,063	218	6,109
	26	12,723	11,109	6,609	6,371	5,613	2,443	1,121	210	6,162
	27	12,705	11,110	6,625	6,402	5,663	2,483	1,121	209	6,194
	28	12,694	11,115	6,678	6,470	5,755	2,542	1,153	203	6,267
	29	12,673	11,118	6,732	6,542	5,830	2,596	1,130	201	6,341
	30	12,648	11,116	6,849	6,682	5,954	2,681	1,252	210	6,472
	令和元年	12,619	11,112	6,912	6,750	6,028	2,734	1,283	207	6,542
	2	12,586	11,108	6,902	6,710	6,005	2,721	1,263	200	6,510
	3	12,529	11,087	6,907	6,713	6,016	2,739	1,276	195	6,517
	4	12,495	11,038	6,902	6,723	6,041	2,765	1,288	192	6,531
対前年増減差(＋・－)	昭和45～50年(平均)	164	112	34	26	68	14	—	—	—
	昭和50～55年(平均)	102	98	65	63	65	37	—	—	—
	昭和55～60年(平均)	80	107	63	54	68	39	—	—	—
	昭和60～2年(平均)	51	125	84	88	104	57	—	—	—
	平成2～7年(平均)	39	84	56	42	86	43	—	—	—
	平成7～12年(平均)	27	65	20	−2	19	18	—	—	—
	平成12～17年(平均)	17	34	−23	−18	7	18	—	—	—
	平成17～22年(平均)	6	21	−4	−12	21	23	18	—	—
	23	−23	6	−36	−5	12	7	—	−6	0
	24	−20	−7	−31	−13	1	11	—	−6	−7
	25	−22	−3	28	46	54	51	46	−7	54
	26	−18	2	16	45	46	32	58	−8	53
	27	−18	1	16	31	50	40	0	−1	32
	28	−11	5	53	68	92	59	32	−6	73
	29	−21	3	54	72	75	54	−23	−2	74
	30	−25	−2	117	140	124	85	—	9	131
	令和元年	−29	−4	63	68	74	53	31	−3	70
	2	−33	−4	−10	−40	−23	−13	−20	−7	−32
	3	−57	−21	5	3	11	18	13	−5	7
	4	−34	−49	−5	10	25	26	12	−3	14

資料出所　総務省統計局「労働力調査」及び厚生労働省「雇用動向調査」（入・離職率のみ）。
注　1．労働力調査はその時点の最新の国勢調査人口を基準とした推計人口を用いる。現在は2020年国勢調査基準人口が最新となる。主な統計指標は同基準人口によって遡って補正されているが、女性・短時間雇用者の指標は2018年までしか遡れないため、2017年以前とは接続しない。

〔参考1〕雇用者の内訳（男女計）

（単位　万人）

年	雇用者	役員を除く雇用者	正規の職員・従業員	非正規の職員・従業員	パート、アルバイト	パート	アルバイト	派遣社員	契約社員・嘱託	その他	正規雇用者割合〔%〕	非正規雇用者割合〔%〕
平成2年	4,690	4,369	3,488	881	710	—	—	171	—	—	79.8	20.2
7	5,169	4,780	3,779	1,001	825	—	—	176	—	—	79.1	20.9
12	5,267	4,903	3,630	1,273	1,078	—	—	195	—	—	74.0	26.0
17	5,408	5,008	3,375	1,634	1,120	780	340	106	279	129	67.4	32.6
22	5,508	5,138	3,374	1,763	1,196	852	344	96	333	138	65.7	34.3
27	5,653	5,303	3,317	1,986	1,370	964	405	127	406	84	62.5	37.5
28	5,748	5,397	3,372	2,025	1,404	989	415	133	406	81	62.5	37.5
29	5,824	5,474	3,434	2,040	1,416	999	417	134	412	78	62.7	37.3
30	5,948	5,617	3,492	2,126	1,494	1,039	455	137	415	80	62.1	37.9
令和元年	6,024	5,688	3,515	2,173	1,523	1,051	472	142	420	87	61.7	38.3
2	6,000	5,655	3,556	2,100	1,479	1,030	449	139	395	86	62.8	37.2
3	6,007	5,662	3,587	2,075	1,463	1,024	439	141	390	82	63.3	36.7
4	6,032	5,689	3,588	2,101	1,474	1,021	453	149	395	83	63.1	36.9
男性	3,268	3,008	2,339	669	349	124	224	59	221	40	77.8	22.2
女性	2,764	2,681	1,249	1,432	1,126	897	229	90	174	43	46.6	53.4

資料出所　総務省統計局「労働力調査（詳細集計）」。
注　詳細集計は調査範囲の違いにより基本集計による他表とは数値に差が生じている（E－28注を参照）。

力　状　態

完全失業者(E)	うち世帯主	非労働力人口	生産年齢人口比率(B/A)	労働力率(C/B)	うち女性	完全失業率(E/C)	雇用失業率(E/D+E)	入職率(製造業)	離職率(製造業)	年(西暦)
			%							
59	—	2,723	76.0	65.4	49.9	1.1	1.8	—	—	1970
100	40	3,095	75.4	63.0	45.7	1.9	2.7	—	—	75
114	42	3,249	76.3	63.3	47.6	2.0	2.8	—	—	80
156	56	3,450	78.2	63.0	48.7	2.6	3.5	—	—	85
134	40	3,657	81.6	63.3	50.1	2.1	2.7	—	—	90
210	59	3,836	83.7	63.4	50.0	3.2	3.8	—	—	95
320	90	4,057	85.4	62.4	49.3	4.7	5.6	10.0	12.2	2000
294	72	4,346	86.2	60.4	48.4	4.4	5.2	11.9	11.7	05
334	81	4,473	86.8	59.6	48.5	5.0	5.7	9.1	9.7	10
302	73	4,518	87.0	59.3	48.2	4.6	5.2	8.6	9.7	11
285	66	4,543	87.0	59.1	48.2	4.3	4.9	10.6	11.3	12
265	58	4,510	87.2	59.3	48.9	4.0	4.5	9.4	10.6	13
236	51	4,494	87.3	59.4	49.2	3.6	4.0	9.6	10.6	14
222	47	4,479	87.4	59.6	49.6	3.4	3.8	9.7	10.4	15
208	43	4,430	87.6	60.0	50.3	3.1	3.5	9.2	11.4	16
190	38	4,379	87.7	60.5	51.1	2.8	3.2	10.6	9.4	17
167	35	4,258	87.9	61.5	52.5	2.4	2.7	9.3	9.4	18
162	33	4,191	88.1	62.1	53.3	2.3	2.6	10.1	9.6	19
192	39	4,197	88.3	62.0	53.2	2.8	3.1	7.8	9.4	20
195	40	4,171	88.5	62.1	53.5	2.8	3.1	8.2	9.7	21
179	36	4,128	88.3	62.5	54.2	2.6	2.9	9.6	10.2	22
8	—	74	−0.1	−0.5	−0.8	0.2	0.2	—	—	75/70
3	0	31	0.2	0.1	0.4	0.0	0.0	—	—	80/75
8	3	40	0.4	−0.1	0.2	0.1	0.1	—	—	85/80
−4	−3	41	0.7	0.1	0.3	−0.1	−0.2	—	—	90/85
15	4	36	0.4	0.0	−0.0	0.2	0.2	—	—	95/90
22	6	44	0.3	−0.2	−0.1	0.3	0.4	—	—	00/95
−5	−4	58	0.2	−0.4	−0.2	−0.1	−0.1	0.4	−0.1	05/00
8	2	25	0.1	−0.2	0.0	0.1	0.1	−0.6	−0.4	10/05
−32	−8	45	0.2	−0.3	−0.3	−0.4	−0.5	−0.5	0.0	11
−17	−8	25	0.0	−0.2	0.0	−0.3	−0.3	2.0	1.6	12
−20	−7	−33	0.2	0.2	0.7	−0.3	−0.4	−1.2	−0.7	13
−29	−8	−16	0.1	0.1	0.3	−0.4	−0.5	0.2	0.0	14
−14	−3	−15	0.1	0.2	0.4	−0.2	−0.2	0.1	−0.2	15
−14	−4	−49	0.2	0.4	0.7	−0.3	−0.3	−0.5	1.0	16
−18	−5	−51	0.1	0.5	0.8	−0.3	−0.3	1.4	−2.0	17
−23	−3	−121	0.2	1.0	1.4	−0.4	−0.5	−1.3	0.0	18
−5	−2	−67	0.2	0.6	0.8	−0.1	−0.1	0.8	0.2	19
30	6	6	0.2	−0.1	−0.1	0.5	0.5	−2.3	−0.2	20
3	1	−26	0.2	0.1	0.3	0.0	0.0	0.4	0.3	21
−16	−4	−43	−0.2	0.4	0.7	−0.2	−0.2	1.4	0.5	22

2．就業者とは、従業者と休業者の合計で、従業者とは各月における調査期間時（1週間）中に収入を伴う仕事を少しでもした者（家業の手伝いは収入を伴う仕事とみなす）。短時間雇用者は、週就業時間が35時間未満の非農林業雇用者の合計（官公含み不明と休業者除く）。
3．完全失業者とは、就業者以外の者のうち調査期間中に仕事を少しもしなかった者のうち、仕事がなくて仕事を探していた者。
4．昭和47年までは沖縄県を含まない。
5．入(離)職率＝$\frac{\text{1～12月の入(離)職者数}}{\text{1月1日現在の常用労働者数}}$×100。その他の用語については用語解説20参照。

〔参考2〕雇用形態別仕事からの年収分布（令和4年）

（単位　%）

			100万円未満	100～199万円	200～299万円	300～399万円	400～499万円	500～699万円	700～999万円	1,000～1,499万円	1,500万円以上
男	分布割合(全体＝100)	正規従業員	1.0	3.5	11.4	18.9	18.6	24.3	15.7	5.5	1.2
		非正規	30.1	25.5	20.7	11.8	5.4	4.0	1.7	0.6	0.2
	対前年増減差	正規従業員	−0.1	−0.2	−0.7	−0.3	0.0	0.8	0.1	0.4	0.0
		非正規	0.9	−1.5	−0.8	0.6	0.1	0.4	0.4	0.1	−0.1
女	分布割合(全体＝100)	正規従業員	3.1	10.6	25.6	25.3	16.2	13.3	4.8	0.8	0.2
		非正規	41.2	38.2	14.9	3.9	1.1	0.5	0.1	0.1	—
	対前年増減差	正規従業員	−0.4	−1.4	−1.1	0.7	0.7	1.0	0.3	0.1	−0.1
		非正規	−1.0	−0.5	1.1	0.3	0.2	0.1	0.0	0.0	—

資料出所　総務省統計局「労働力調査（詳細集計）」。

E－2　従業上の地位と産業別就業者数

	年	計	従業上の地位別（農林業含む）					産業別		
			自営業主	家族従業者	雇用者	常用雇用	臨時・日雇	第1次産業	第2次産業	第3次産業
実数（万人）〔男女別〕	昭和45年	5,094	977	805	3,306	3,023	283	886	1,791	2,408
	50	5,223	939	628	3,646	3,346	300	661	1,841	2,712
	55	5,536	951	603	3,971	3,586	386	577	1,926	3,019
	60	5,807	916	559	4,313	3,866	447	509	1,992	3,283
	平成2年	6,249	878	517	4,835	4,316	519	451	2,099	3,669
	7	6,457	784	397	5,263	4,709	553	367	2,125	3,940
	12	6,446	731	340	5,356	4,684	671	326	1,979	4,103
	17	6,356	650	282	5,393	4,631	762	282	1,713	4,284
	22	6,298	582	190	5,500	4,740	760	255	1,567	4,414
	24	6,280	560	180	5,513	4,752	761	241	1,539	4,436
	25	6,326	555	174	5,567	5,093	473	234	1,544	4,458
	26	6,371	559	168	5,613	5,180	432	231	1,553	4,488
	27	6,402	546	162	5,663	5,235	427	229	1,545	4,530
	28	6,470	530	154	5,755	5,330	420	223	1,544	4,601
	29	6,542	529	151	5,830	5,406	413	221	1,556	4,660
	30	6,682	535	151	5,954	—	—	228	1,572	4,746
	令和元年	6,750	532	144	6,028	—	—	222	1,570	4,808
	2	6,710	527	140	6,005	—	—	213	1,547	4,826
	3	6,713	523	139	6,016	—	—	208	1,533	4,866
	4	6,723	514	133	6,041	—	—	205	1,525	4,881
対前年増減差（＋・－万人）	昭和45～50年(平均)	26	－8	－35	68	65	3	－45	10	61
	昭和50～55年(平均)	63	2	－5	65	48	17	－17	17	61
	昭和55～60年(平均)	54	－7	－9	68	56	12	－14	13	53
	昭和60～2年(平均)	80	－5	－7	92	78	14	－12	14	65
	平成2～7年(平均)	81	－21	－28	131	120	11	－20	27	74
	平成7～12年(平均)	－2	－11	－11	19	－5	24	－8	－29	33
	平成12～17年(平均)	－18	－16	－12	7	－11	18	－9	－53	36
	平成17～22年(平均)	－12	－14	－18	21	22	0	－6	－2	72
	24	－13	－8	－8	1	3	2	－8	－15	2
	25	46	－5	－6	54	341	－288	－7	5	22
	26	45	4	－6	46	87	－41	－3	9	30
	27	31	－13	－6	50	55	－5	－2	－8	42
	28	68	－16	－8	92	95	－7	－6	－1	71
	29	72	－1	－3	75	76	－7	－2	12	59
	30	140	6	0	124	—	—	7	16	86
	令和元年	68	－3	－7	74	—	—	－6	－2	62
	2	－40	－5	－4	－23	—	—	－9	－23	18
	3	3	－4	－1	11	—	—	－5	－14	40
	4	10	－9	－6	25	—	—	－3	－8	15
構成比（％）	昭和45年	100.0	19.2	15.8	64.9	59.3	5.6	17.4	35.2	47.3
	50	100.0	18.0	12.0	69.8	64.1	5.7	12.7	35.2	51.9
	55	100.0	17.2	10.9	71.7	64.8	7.0	10.4	34.8	54.5
	60	100.0	15.8	9.6	74.3	66.6	7.7	8.8	34.3	56.5
	平成2年	100.0	14.1	8.3	77.4	69.1	8.3	7.2	33.6	58.7
	7	100.0	12.1	6.1	81.5	72.9	8.6	5.7	32.9	61.0
	12	100.0	11.3	5.3	83.1	72.7	10.4	5.1	30.7	63.7
	17	100.0	10.2	4.4	84.8	72.9	12.0	4.4	27.0	67.4
	22	100.0	9.2	3.0	87.3	75.3	12.1	4.0	24.9	70.1
	24	100.0	8.9	2.9	87.8	75.7	12.1	3.8	24.5	70.6
	25	100.0	8.8	2.8	88.0	80.5	7.5	3.7	24.4	70.5
	26	100.0	8.8	2.6	88.1	81.3	6.8	3.6	24.4	70.4
	27	100.0	8.5	2.5	88.5	81.8	6.7	3.6	24.1	70.8
	28	100.0	8.2	2.4	88.9	82.4	6.5	3.4	23.9	71.1
	29	100.0	8.1	2.3	89.1	82.6	6.3	3.4	23.8	71.2
	30	100.0	8.0	2.3	89.1	—	—	3.4	23.5	71.0
	令和元年	100.0	7.9	2.1	89.3	—	—	3.3	23.3	71.2
	2	100.0	7.9	2.1	89.5	—	—	3.2	23.1	71.9
	3	100.0	7.8	2.1	89.6	—	—	3.1	22.8	72.5
	4	100.0	7.6	2.0	89.9	—	—	3.0	22.7	72.6

資料出所　総務省統計局「労働力調査」。

注　1．E－1表の注1に同じ。

2．第1次産業は「農業,林業」「漁業」、第2次産業は「鉱業,採石業,砂利採取業」「建設業」「製造業」、第3次産業は分類不能を除く前記の第1次・第2次産業以外の産業の和。

3．日本標準産業分類の改定に伴い、産業区分・範囲がその都度変更されるので、産業別の時系列比較には注意を要する。

4．「従業上の地位」については巻末の用語解説15参照。

5．計には不詳分が含まれるため、計と内訳の合計とは一致しない。

6．常用雇用と臨時・日雇の区分は平成29年まで。

E－3　産業大分類別の従業者数・事業所数等〔民営〕

(1)事業所数及び従業者数の推移（平成24年～令和3年）

調査年（調査時点）	事業所数						従業者数			1事業所当たり従業者数（人）
	実数(千)	増減(△)率		存続事業所	新設事業所	廃業事業所	実数（千）	増減(△)率		
		(%)	年率					(%)	年率	
平成24年　(2012.2.1)	5,454	△7.3	△2.3	5,162	279	951	55,870	△4.4	1.5	10.2
26　(2014.7.1)	5,542	1.6	0.8	4,682	860	872	57,428	2.8	1.4	10.4
28　(2016.6.1)	5,341	△3.6	△1.8	4,805	536	806	56,873	△1.0	△0.5	10.6
令和3年　(2021.6.1)	5,156	△3.5	△0.7	－	－	－	57,950	1.9	0.4	11.2

資料出所　経済産業省「経済センサス」。事業内容不詳事業所を含まない。

(2)経営組織別事業所数及び従業上の地位別従業者数（令和3年）

産業	事業所数（千）	個人	法人			従業者数（千人）	個人業主	無給の家族従業者	有給役員	常用雇用			臨時雇用者	1事業所当り（人）
				会社	会社以外						無期雇用者	有期雇用者		
全産業	5,156	1,641	3,487	3,011	476	57,950	1,634	422	3,799	50,725	36,312	14,414	1,370	11.2
農林漁業	42	－	42	28	14	454	－	－	95	302	215	86	57	10.7
非農林漁業	5,114	1,641	3,445	2,982	462	57,496	1,634	422	3,703	50,424	36,096	14,328	1,313	11.2
鉱業,採石業,砂利採取業	2	0	2	2	0	20	0	0	3	17	15	2	0	10.6
建設業	485	111	374	373	1	3,737	111	27	619	2,887	2,549	338	93	7.7
製造業	413	97	315	312	4	8,804	97	32	515	8,072	6,700	1,372	87	21.3
電気・ガス・熱供給・水道業	9	0	9	9	0	202	0	0	9	193	175	18	1	22.1
情報通信業	77	2	74	73	2	1,987	2	0	96	1,870	1,664	207	18	26.0
運輸業,郵便業	128	9	118	116	3	3,265	9	2	119	3,086	2,452	634	49	25.5
卸売業,小売業	1,229	330	897	875	22	11,612	328	120	775	10,175	6,790	3,385	215	9.4
金融業,保険業	84	4	80	65	15	1,494	4	1	56	1,429	1,266	163	5	17.8
不動産業,物品賃貸業	374	104	270	264	6	1,618	104	30	400	1,059	804	254	26	4.3
学術研究,専門・技術サービス業	252	97	155	136	19	2,119	97	12	206	1,771	1,501	270	32	8.4
宿泊業,飲食サービス業	599	336	262	258	4	4,679	335	105	147	3,878	1,730	2,148	214	7.8
生活関連サービス業,娯楽業	434	271	162	153	9	2,176	270	49	109	1,669	1,034	636	79	5.0
教育,学習支援業	163	79	83	55	28	1,951	78	9	47	1,728	910	818	88	11.9
医療,福祉	463	156	304	111	193	8,162	156	22	280	7,495	5,474	2,021	210	17.6
複合サービス事業	32	3	29	20	9	436	3	1	10	417	347	71	6	13.6
サービス業(他に分類されないもの)	369	40	310	161	149	5,234	40	12	313	4,679	2,687	1,991	191	14.2

注1．経営組織別事業所数には、上記以外に「法人でない団体」「国・地方公共団体」が存在するため、個人と法人の合計は事業所数に一致しない。

2．雇用者の内訳のなかの「無期雇用者」「有期雇用者（1カ月以上）」の区分は、平成28年まで「正社員、正職員」「正社員、正職員以外」。このため、雇用者の内訳については時系列比較を行うことはできない。

(3)事業所従業者規模別従業者数（令和3年）

（単位　千人）

産業	分布割合	1～4人	5～9人	10～19人	20～29人	30～49人	50～99人	100～199人	200～299人	300人以上
全産業	100.0	6,080	6,588	8,738	5,642	6,290	7,204	5,612	2,712	9,084
農林漁業	0.8	37	81	123	69	67	47	20	8	3
非農林漁業	99.2	6,043	6,507	8,615	5,574	6,223	7,158	5,592	2,704	9,081
鉱業,採石業,砂利採取業	0.0	2	4	5	3	3	1	2	－	1
建設業	6.4	613	776	820	400	403	319	171	76	160
製造業	15.2	424	554	819	671	862	1,214	1,181	635	2,444
電気・ガス・熱供給・水道業	0.3	9	7	14	11	16	32	28	14	71
情報通信業	3.4	75	84	128	101	166	258	277	156	742
運輸業,郵便業	5.6	70	159	375	343	523	670	498	212	416
卸売業,小売業	20.0	1,488	1,741	2,344	1,333	1,234	1,323	976	369	804
金融業,保険業	2.6	66	109	243	183	219	196	110	61	306
不動産業,物品賃貸業	2.8	586	262	201	101	104	102	85	45	131
学術研究,専門・技術サービス業	3.7	349	277	260	141	167	198	180	91	456
宿泊業,飲食サービス業	8.1	750	781	982	729	561	516	159	58	142
生活関連サービス業,娯楽業	3.8	617	308	329	197	232	234	121	36	101
教育,学習支援業	3.4	170	158	244	199	269	236	157	64	454
医療,福祉	14.1	331	859	1,340	827	982	1,156	817	399	1,453
複合サービス事業	0.8	41	72	57	21	15	35	73	49	72
サービス業（他に分類されないもの）	9.0	453	354	455	315	468	667	756	439	1,328
全産業事業所数(千)		2,899	1,000	647	237	167	105	41	11	13

注1．本表には出向・派遣労働者のみの事業所を含まない。

E－４　産業大分類別の常用雇用指数（５人以上事業所）

	年	調査産業計	鉱業,採石業等	建設業	製造業	電気・ガス業	情報通信業	運輸業,郵便業	卸売業,小売業	金融業,保険業	不動産・物品賃貸業	学術研究等	飲食サービス業等	生活関連サービス等	教育,学習支援業	医療,福祉	複合サービス事業	その他のサービス業
指数(令和2年＝100.0)	25年	90.5	113.7	90.5	100.8	110.8	91.4	96.4	92.8	98.4	84.4	84.9	79.4	90.5	81.8	87.0	101.8	86.0
	26	91.5	107.9	90.5	99.8	108.3	92.5	95.9	93.4	98.3	86.7	86.5	80.8	89.9	82.3	90.6	105.8	88.3
	27	92.6	106.9	90.3	98.7	106.2	93.1	96.6	94.5	99.7	88.8	89.7	83.6	89.8	83.4	92.5	102.2	90.2
	28	93.7	106.7	90.4	97.9	105.2	94.2	96.3	95.7	101.0	92.3	92.7	86.7	91.2	85.7	94.5	99.1	91.6
	29	96.0	101.2	94.3	98.4	105.3	96.8	97.6	97.2	101.1	95.2	95.7	91.5	94.5	90.6	96.7	98.8	94.1
	30	97.1	100.9	95.5	98.8	103.6	96.7	97.8	98.3	100.8	96.6	96.2	93.8	97.1	96.2	96.0	100.8	96.5
	令和元年	99.0	101.7	98.1	99.8	100.9	97.8	98.8	99.5	101.5	98.0	97.9	98.8	99.5	97.6	98.3	99.7	99.6
	2	100.0	100.0	100.0	100.0	100.0	100.0	100.0	100.0	100.0	100.0	100.0	100.0	100.0	100.0	100.0	100.0	100.0
	3	101.1	99.9	102.0	98.9	99.7	101.2	99.7	101.1	99.7	101.5	100.9	104.1	97.7	103.3	102.5	99.0	101.0
	4	102.0	88.2	104.1	98.1	99.3	101.2	98.3	100.4	97.9	104.2	101.4	111.9	97.6	102.4	105.1	93.3	102.8
対前年増減(△)率(%)	26年	1.1	△5.1	0.0	△1.0	△2.3	1.2	△0.5	0.6	△0.1	2.7	1.9	1.8	△0.7	0.6	4.1	3.9	2.7
	27	1.2	△0.9	△0.2	△1.1	△1.9	0.6	0.7	1.2	1.4	2.4	3.7	3.5	△0.1	1.3	2.1	△3.4	2.2
	28	1.2	△0.2	0.1	△0.8	△0.9	1.2	△0.3	1.3	1.3	3.9	3.3	3.7	1.6	2.8	2.2	△3.0	1.6
	29	2.5	△5.2	4.3	0.5	0.1	2.8	1.3	1.6	0.1	3.1	3.2	5.5	3.6	5.7	2.3	△0.3	2.7
	30	1.1	△0.3	1.3	0.4	△1.6	0.0	0.2	1.3	△0.1	1.5	0.6	2.5	2.7	6.1	△0.8	2.0	2.5
	令和元年	2.0	0.8	2.8	1.0	△2.6	1.2	1.0	1.2	0.6	1.5	1.8	5.3	2.5	1.5	2.4	△1.1	3.2
	2	1.0	△1.6	1.9	0.3	△0.8	2.3	1.3	0.5	△1.4	2.0	2.0	1.3	0.5	2.4	1.8	0.3	0.5
	3	1.2	△0.1	2.0	△1.2	△0.3	1.1	△0.3	1.1	△0.3	1.5	0.9	4.1	△2.4	3.3	2.5	△1.1	1.0
	4	0.9	△11.7	2.1	△0.8	△0.4	0.0	△1.4	△0.7	△1.8	2.7	0.5	7.5	△0.1	△0.9	2.5	△5.8	1.8
パート比率(%)		31.6	2.6	6.1	13.6	5.0	6.8	16.1	42.3	11.1	22.3	10.4	76.8	47.3	34.1	33.7	17.8	30.0

資料出所　厚生労働省「毎月勤労統計調査」。指数はパートタイム労働者含む就業形態計の数値。
注　パート比率は各産業の常用雇用者でのパートタイム労働者の割合で、E－５表も同じ。

E－５　製造業中分類別の常用雇用指数（５人以上事業所）

	年（平成）	食料品たばこ	繊維工業	木材木製品	家具装備品	パルプ紙	印刷・同関連	化学石油･石炭	プラスチック	ゴム製品	窯業土石製品	鉄鋼業	非鉄金属
指数(令和2年＝100.0)	25年	94.8	113.1	96.8	109.6	98.9	109.2	101.5	89.8	103.5	101.3	99.9	98.8
	26	94.4	108.2	97.3	108.7	98.9	107.2	100.1	91.3	100.8	100.1	100.9	97.4
	27	95.3	104.2	95.1	109.4	98.0	104.4	97.6	91.1	97.6	99.2	98.6	96.3
	28	96.6	100.3	94.0	105.2	97.5	102.0	96.0	91.6	95.2	98.3	96.3	95.5
	29	97.5	99.4	95.8	103.0	98.7	100.8	95.9	93.9	96.5	97.8	97.3	97.4
	30	97.6	99.2	99.0	99.3	98.0	101.5	96.7	96.7	98.4	98.0	98.6	99.3
	令和元年	98.2	100.0	99.0	99.7	101.2	100.4	98.7	99.1	100.1	99.2	100.2	100.3
	2	100.0	100.0	100.0	100.0	100.0	100.0	100.0	100.0	100.0	100.0	100.0	100.0
	3	100.1	96.5	99.2	97.7	98.9	98.3	100.0	99.1	99.4	99.3	98.2	98.7
	4	99.9	94.4	99.0	95.3	96.6	97.9	99.6	97.8	99.6	99.3	96.1	99.1
対前年増減(△)率(%)	26年	△0.4	△4.3	0.5	△0.8	0.0	△1.8	△1.4	1.7	△2.6	△1.2	1.0	△1.4
	27	1.0	△3.7	△2.3	0.6	△0.9	△2.6	△2.5	△0.2	△3.2	△0.9	△2.3	△1.1
	28	1.4	△3.7	△1.2	△3.8	△0.5	△2.3	△1.6	0.5	△2.5	△0.9	△2.3	△0.8
	29	0.9	△0.9	1.9	△2.1	1.2	△1.2	△0.1	2.5	1.4	△0.5	1.0	2.0
	30	0.0	△0.1	3.2	△3.6	△0.6	0.7	0.8	3.1	2.0	0.3	1.3	2.0
	令和元年	0.6	0.8	0.1	0.4	3.3	△1.1	2.1	2.4	1.9	1.2	1.6	1.0
	2	1.8	△0.1	0.9	0.3	△1.2	△0.5	1.3	1.0	△0.2	0.8	△0.2	△0.3
	3	0.1	△3.4	△0.7	△2.3	△1.1	△1.7	0.0	△0.9	△0.6	△0.7	△1.8	△1.4
	4	△0.2	△2.2	△0.2	△2.5	△2.3	△0.4	△0.4	△1.3	0.2	0.0	△2.1	0.4
パート比率(%)		36.5	17.1	10.2	10.8	15.9	13.5	8.6	15.0	9.5	7.9	3.4	6.4

	年（平成）	金属製品製造業	はん用機械器具	生産用機械器具	業務用機械器具	電子・デバイス	電気機械器具	情報通信機械器具	輸送用機械器具	その他の製造業	消費関連製造業	素材関連製造業	機械関連製造業
指数(令和2年＝100.0)	25年	97.7	105.8	89.7	104.2	123.8	104.0	151.3	93.1	110.0	101.0	98.0	102.8
	26	98.4	103.7	91.4	103.2	118.3	102.5	138.4	93.5	107.9	99.7	97.9	101.4
	27	97.0	101.4	93.0	100.7	112.7	101.9	122.2	95.3	103.7	99.0	96.4	100.3
	28	95.7	99.0	94.8	98.5	107.9	100.4	109.6	97.0	100.8	98.5	95.4	99.4
	29	96.2	99.0	96.5	98.1	107.8	101.0	106.3	98.0	101.0	98.7	96.3	99.9
	30	98.6	100.0	98.6	98.6	98.9	101.3	104.6	98.9	100.8	98.7	97.9	99.7
	令和元年	99.9	101.0	99.8	100.2	100.8	100.9	101.3	100.4	100.5	99.1	99.6	100.5
	2	100.0	100.0	100.0	100.0	100.0	100.0	100.0	100.0	100.0	100.0	100.0	100.0
	3	99.0	98.2	99.6	97.0	100.1	99.8	99.7	96.9	100.0	99.3	99.2	98.5
	4	98.7	97.1	99.7	94.6	99.8	99.3	99.1	93.8	100.8	98.9	98.5	97.2
対前年増減(△)率(%)	26年	0.7	△2.0	1.9	△1.0	△4.4	△1.4	△8.5	0.4	△1.9	△1.3	△0.1	△1.4
	27	△1.4	△2.2	1.8	△2.4	△4.7	△0.6	△11.7	1.9	△3.9	△0.7	△1.5	△1.1
	28	△1.3	△2.4	1.9	△2.2	△4.3	△1.5	△10.3	1.8	△2.8	△0.5	△1.0	△0.9
	29	0.5	0.0	1.8	△0.4	△0.1	0.6	△3.0	1.0	0.2	0.2	0.9	0.5
	30	2.6	1.0	2.2	0.5	△8.2	0.3	△1.6	0.8	△0.2	△0.1	1.8	△0.2
	令和元年	1.1	1.0	1.2	1.7	1.9	△0.3	△3.2	1.6	△0.3	0.4	1.7	0.9
	2	0.2	△1.0	0.2	△0.3	△0.8	△1.0	△1.3	△0.5	△0.4	1.0	0.5	△0.6
	3	△0.9	△1.8	△0.4	△2.9	0.2	△0.2	△0.3	△3.1	△0.1	△0.8	△0.9	△1.5
	4	△0.3	△1.1	0.1	△2.5	△0.3	△0.5	△0.6	△3.2	0.8	△0.4	△0.7	△1.3
パート比率(%)		10.0	5.3	5.5	10.5	6.9	11.2	5.5	3.7	18.1	28.5	10.1	6.3

資料出所　厚生労働省「毎月勤労統計調査」。注　C－１表及びE－４表の注参照。

E－6　一般職業紹介状況（月平均・男女計）

区分	年	求職者数 新規	求職者数 有効（A）	求人 新規	求人 有効（B）	就職件数（C）	就職率（C/A）	求人倍率（B/A）	充足率（C/B）
		（千人）				（千件）	（%）	（倍）	（%）
新規学卒除きパートタイム労働者含む	昭和60年	412	1,707	401	1,161	130	7.6	0.68	11.2
	平成２年	312	1,294	645	1,815	113	8.8	1.40	6.2
	7	447	1,954	474	1,233	127	6.5	0.63	10.3
	12	559	2,507	586	1,473	155	6.2	0.59	10.5
	17	564	2,272	826	2,163	177	7.8	0.95	8.2
	22	645	2,706	571	1,404	179	6.6	0.52	12.8
	27	478	1,979	863	2,374	159	8.0	1.20	6.7
	28	447	1,866	911	2,530	151	8.1	1.36	6.0
	29	430	1,792	963	2,696	146	8.1	1.50	5.4
	30	408	1,725	977	2,780	136	7.9	1.61	4.9
	令和元年	396	1,710	958	2,734	127	7.4	1.60	4.6
	2	385	1,828	751	2,161	103	5.6	1.18	4.8
	3	387	1,949	782	2,196	105	5.4	1.13	4.8
	4	383	1,936	866	2,474	101	5.2	1.28	4.1
新規学卒・パートタイム労働者除く	昭和60年	385	1,633	358	1,051	120	7.3	0.64	11.4
	平成２年	284	1,205	541	1,525	101	8.4	1.26	6.6
	7	385	1,727	372	975	103	5.9	0.56	10.5
	12	472	2,180	400	1,012	115	5.3	0.46	11.4
	17	432	1,774	565	1,487	126	7.1	0.84	8.5
	22	474	2,031	351	872	112	5.5	0.43	12.9
	27	334	1,363	519	1,434	98	7.2	1.05	6.8
	28	309	1,266	542	1,511	92	7.3	1.19	6.1
	29	292	1,188	575	1,617	87	7.3	1.36	5.4
	30	272	1,118	586	1,678	81	7.2	1.50	4.8
	令和元年	260	1,092	573	1,649	73	6.7	1.51	4.4
	2	254	1,173	453	1,319	57	4.9	1.12	4.3
	3	248	1,222	481	1,371	57	4.7	1.12	4.2
	4	243	1,194	528	1,526	54	4.5	1.28	3.5
パートタイム労働者	昭和60年	27	74	43	110	11	14.9	1.49	10.0
	平成２年	28	89	104	290	12	13.5	3.27	4.1
	7	62	228	103	258	24	10.5	1.14	9.3
	12	87	327	186	460	41	12.5	1.41	8.9
	17	133	498	260	676	50	10.0	1.36	7.4
	22	171	675	221	531	67	9.9	0.79	12.6
	27	144	617	344	940	61	9.9	1.52	6.5
	28	138	600	368	1,019	58	9.7	1.70	5.7
	29	138	605	369	1,079	58	9.6	1.78	5.4
	30	136	607	390	1,102	56	9.2	1.82	5.1
	令和元年	136	617	386	1,088	53	8.6	1.76	4.9
	2	131	655	298	842	47	7.2	1.29	5.6
	3	139	727	300	825	48	6.6	1.13	5.8
	4	140	741	337	948	47	6.3	1.28	5.0

資料出所　厚生労働省職業安定局「職業安定業務統計」。
注　1．有効求職者とは、求職申込みの有効期間が存続しかつ求職申込みの取消しをせず、未だ就職していない求職者をいう。
2．新規求人倍率とは、新規求人数を新規求職申込み件数で除したもの。
3．有効求人数とは求人申込みの有効期間が存続しかつ申込みの取消しをせず未だ充足されない求人をいう。

E－7　新規学卒者（高校卒）の職業紹介状況と就職者の規模別構成

年	職業紹介状況 求職者数（A）	求人数（B）	就職者数（C）	求人倍率（B/A）	充足率（C/B）	就職者の事業所規模別構成比率（計＝100） 29人以下	30～99人	100～499人	500人以上
	千人	千人	千人	倍	%	%			
昭和60年	477	841	473	1.8	56.2	12.9	18.2	30.3	38.7
平成2年	523	1,343	521	2.6	38.8	11.2	18.7	32.2	37.9
7	332	643	327	1.9	50.9	18.0	25.0	32.1	25.0
12	201	272	192	1.35	70.6	21.8	27.5	31.3	19.5
17	176	258	171	1.46	66.3	17.9	25.9	32.0	34.2
22	150	199	146	1.32	73.5	17.9	25.3	31.2	25.6
25	165	228	163	1.38	71.5	18.0	25.1	31.0	26.0
26	163	256	162	1.57	63.4	17.6	25.4	31.9	25.1
27	171	316	170	1.85	53.8	15.7	23.5	31.8	28.9
28	172	353	172	2.05	48.7	14.5	22.1	31.7	31.7
29	174	387	173	2.23	44.7	14.2	21.4	31.9	32.5
30	171	433	171	2.53	39.4	13.2	20.7	31.9	34.2
令和元年	171	477	171	2.79	35.8	12.9	19.7	31.7	35.6
2	167	484	167	2.90	34.4	12.9	19.6	31.8	35.7
3	146	386	146	2.64	37.7	14.0	21.0	31.3	33.8
4	135	389	134	2.89	34.5	13.9	20.7	31.4	34.0
5	127	444	127	3.49	28.5	13.3	19.9	30.8	36.1

資料出所　厚生労働省職業安定局「職業安定業務統計－新規学卒者（高校・中学）の職業紹介状況」。
注　各年３月卒業者の同年６月末現在。ただし、昭和63年以前は４月末現在。

E－8　新規学卒者の卒業後の状況と就職者の産業

学歴	年	卒業後の状況 卒業者 (千人)	進学者 (千人)	就職者 (千人)	進学率 (%)	就職率 (%)	就職先の構成比率（就職者計＝100.0） 第1次産業 (%)	第2次産業 (%)	第3次産業 (%)	うち運輸郵便情報通信電気ガス熱水道業 (%)
中学卒	昭和55年	1,723	1,624	67	94.2	3.9	2.5	61.4	33.6	－
	60	1,882	1,766	71	93.8	3.7	1.9	56.1	39.7	－
	平成2年	1,982	1,870	55	94.4	2.8	1.7	58.1	37.7	－
	7	1,622	1,554	25	95.8	1.5	2.4	57.3	37.6	－
	12	1,465	1,404	15	95.9	1.0	3.4	55.1	37.0	－
	17	1,236	1,192	8	96.5	0.7	2.9	48.6	43.9	－
	22	1,228	1,182	5	96.3	0.4	3.6	40.3	49.9	－
	27	1,174	1,157	4	98.5	0.4	4.5	48.8	40.3	－
	令和2年	1,087	1,075	2	95.5	0.2	3.8	45.8	40.0	－
	3	1,052	1,041	2	95.0	0.2	5.7	46.7	36.9	－
	4	1,078	1,066	0	94.3	0.2	7.8	41.3	39.5	－
高校卒（全日・定時制）	昭和55年	1,399	446	600	37.4	42.9	1.8	34.7	62.0	5.5
	60	1,374	418	564	37.6	41.1	1.0	43.6	54.5	5.3
	平成2年	1,767	539	622	36.3	35.2	0.5	42.5	55.9	5.0
	7	1,591	597	396	45.2	25.6	0.7	43.3	54.8	5.8
	12	1,329	599	242	49.1	18.6	1.1	44.2	53.2	4.9
	17	1,203	568	207	51.5	17.4	1.1	45.9	51.9	5.9
	22	1,068	580	167	54.3	15.8	1.2	44.1	53.7	7.7
	27	1,064	579	189	54.5	17.8	1.0	45.5	52.7	7.5
	令和2年	1,037	578	181	55.8	17.4	0.9	48.6	49.7	8.6
	3	1,012	581	159	57.4	15.7	1.2	47.9	50.9	8.3
	4	990	589	146	59.5	14.7	1.2	49.9	48.9	7.9
短大卒（本科）	昭和55年	170	5	129	3.2	76.0	0.7	20.7	77.0	3.4
	60	175	5	141	3.0	80.7	0.5	23.8	75.0	4.5
	平成2年	208	7	181	3.4	87.0	0.2	22.4	76.6	3.4
	7	246	14	161	5.8	65.4	0.2	18.7	79.3	3.3
	12	178	17	100	9.4	56.0	0.3	13.3	84.9	2.6
	17	105	12	68	11.5	65.0	0.2	9.3	89.8	3.0
	22	71	8	46	11.8	65.2	0.3	6.2	92.8	2.6
	27	59	6	46	9.5	78.1	0.2	6.3	92.3	2.4
	令和2年	50	5	40	9.2	80.6	0.2	6.3	93.3	3.9
	3	47	5	36	10.1	77.4	0.2	5.5	94.3	2.3
	4	46	5	35	11.7	76.2	0.3	5.8	93.9	2.3
大学卒（学部）	昭和55年	379	17	285	5.9	75.3	0.6	30.8	67.8	3.1
	60	373	22	288	6.8	77.2	0.4	33.0	65.9	3.6
	平成2年	400	27	324	9.4	81.0	0.2	33.4	65.7	4.0
	7	493	46	331	10.7	67.1	0.3	30.4	67.0	3.9
	12	539	58	301	11.4	55.8	0.3	23.2	74.2	3.7
	17	551	66	329	12.1	59.7	0.3	20.7	77.0	11.0
	22	541	73	329	13.4	60.8	0.3	16.8	81.2	11.2
	27	564	62	410	11.0	72.6	0.2	16.5	82.0	11.5
	令和2年	574	60	446	10.4	77.7	0.2	16.3	82.4	15.3
	3	584	63	433	10.9	74.2	0.3	15.4	84.3	14.1
	4	590	67	440	11.3	74.5	0.3	15.4	84.2	14.0
大学院卒（修士課程）	昭和55年	15	3	10	16.6	63.8	－	62.3	37.7	－
	60	19	3	13	15.7	69.5	－	61.9	38.1	－
	平成2年	26	4	19	16.8	73.0	－	62.6	37.4	－
	7	42	7	28	16.7	67.3	－	58.2	41.8	－
	12	56	9	35	14.3	62.9	－	52.6	47.4	－
	17	71	9	48	13.1	67.5	0.3	51.0	46.6	12.4
	22	73	9	52	11.6	71.2	0.3	45.1	52.7	14.4
	27	71	7	54	9.9	75.9	0.3	46.9	50.8	15.3
	令和2年	74	7	57	9.4	77.9	0.3	47.2	50.2	17.0
	3	72	7	54	9.7	75.8	0.4	46.4	53.2	18.0
	4	72	7	55	9.9	76.1	0.4	45.3	54.3	18.4

資料出所　文部科学省「学校基本調査（確報）」。

注　1．就職者には「就職しつつ進学した者」を含み、一時的な仕事についた者は除く。進学者(率)には通信教育受講者や専修学校等入学者、無業者、不明者等を除くので、進学者数と就職者数を足しても卒業者数には満たない。また、進学先は高校、短大、大学の昼間部、夜間部の合計。

2．第1次産業―農業、林業、漁業。第2次産業―鉱業、建設業、製造業。第3次産業―電気・ガス・熱供給・水道業、情報通信業、運輸業、卸売小売業、金融保険業、不動産業、飲食店・宿泊業、医療・福祉、教育・学習支援業、複合サービス事業、サービス業（他に分類されないもの）、公務。前記以外の分類不詳の産業も分母に含まれるので、第1・2・3次産業を合計しても100にならないこともある。産業分類は数度改訂されているので、厳密には接続できない。短大卒，大学卒，大学院卒の就職先構成比率は日本生産性本部試算による。

3．進学率には通信教育を含まず、高卒は過年度卒業者を含む。専修学校・外国の学校入学は含まない。進学率と就職率の短大卒以上は日本生産性本部の試算による。

4．大学院卒は上記の修士課程以外に博士課程と専門職学位課程（平成16年から）が公表されている。また、就職先の構成比率については、平成12年までの第3次産業には不詳分も含まれる。

5．令和元年までは速報値、令和2年より確報値。

E－9　産業別新規学卒就職者数（令和4年3月卒）

（単位 人）

産　　業	中学	高校	高専	短大	大学	大学院
総数	1,578	145,887	5,567	35,095	439,683	54,642
1次産業	123	1,769	9	108	1,474	196
農業，林業	－	1,364	8	105	1,363	174
漁業	－	405	1	3	111	22
2次産業	651	72,827	3,183	2,029	67,786	24,752
鉱業，採石業，砂利採取業	－	223	9	6	135	85
建設業	－	14,745	609	461	23,166	2,526
製造業	－	57,859	2,565	1,562	44,485	22,141
3次産業	624	71,291	2,375	32,958	370,423	29,694
電気・ガス・熱供給・水道業	－	2,191	383	40	2,193	1,132
情報通信業	－	1,482	810	435	49,594	8,265
運輸業，郵便業	－	7,809	329	323	9,575	638
卸売業，小売業	－	14,905	67	3,681	66,931	1,454
金融業，保険業	－	1,480	6	492	23,579	951
不動産業，物品賃貸業	－	900	57	306	13,255	372
学術研究，専門・技術サービス業	－	2,379	303	417	20,370	4,675
宿泊業，飲食サービス業	－	5,466	2	2,142	9,916	96
生活関連サービス業，娯楽業	－	5,381	14	1,067	8,967	274
教育，学習支援業	－	503	7	6,484	33,717	2,977
医療，福祉	－	7,848	9	15,418	63,848	3,129
複合サービス事業	－	2,114	13	269	3,755	184
サービス業（他に分類されないもの）	－	5,358	164	1,269	30,730	1,845
公務（他に分類されるものを除く）	－	12,148	195	499	28,483	2,215
上記以外のもの	180	1,327	16	116	5,510	1,487

資料出所　文部科学省「学校基本調査（確報）」。

E－10　都道府県別高等学校生徒数〔本科全日制〕（令和4年度）

（単位　百人）

区分	1学年	2学年	3学年	区分	1学年	2学年	3学年	区分	1学年	2学年	3学年
全　国	9,766	9,504	9,123	富　山	79	78	79	島　根	56	55	52
北海道	359	355	342	石　川	99	94	90	岡　山	160	155	149
青　森	92	91	89	福　井	66	65	64	広　島	225	218	208
岩　手	94	95	90	山　梨	71	70	70	山　口	100	96	93
宮　城	181	174	167	長　野	167	164	159	徳　島	51	52	50
秋　田	66	67	65	岐　阜	160	160	154	香　川	79	77	76
山　形	87	86	83	静　岡	297	289	278	愛　媛	105	101	94
福　島	140	140	139	愛　知	607	591	566	高　知	52	52	51
茨　城	228	227	218	三　重	138	138	133	福　岡	418	397	377
栃　木	157	154	154	滋　賀	120	118	112	佐　賀	75	73	69
群　馬	151	150	146	京　都	221	214	205	長　崎	112	108	105
埼　玉	541	522	502	大　阪	680	654	628	熊　本	149	141	135
千　葉	460	452	430	兵　庫	408	399	384	大　分	95	93	88
東　京	1,010	964	917	奈　良	104	101	97	宮　崎	99	93	88
神奈川	644	627	598	和歌山	74	72	71	鹿児島	140	136	131
新　潟	162	160	154	鳥　取	45	45	44	沖　縄	145	140	132

資料出所　文部科学省「学校基本調査（速報）」。

E－11　雇用形態別有効求人倍率

（単位　倍）

年	全数（パートタイム含む）	常用（パートタイム含む）	常用（パートタイム除く）	正社員	常用的パートタイム	パートタイム	臨時・季節（パートタイム含む）	臨時・季節（パートタイム除く）	臨時的パートタイム
平成8年	0.70	0.69	0.61	***	1.24	1.31	0.91	0.74	11.45
9	0.72	0.71	0.61	***	1.37	1.44	0.90	0.73	9.95
10	0.53	0.52	0.43	***	1.11	1.16	0.81	0.66	8.09
11	0.48	0.46	0.37	***	1.05	1.11	0.88	0.68	7.48
12	0.59	0.57	0.45	***	1.32	1.41	1.06	0.75	10.42
13	0.59	0.57	0.45	***	1.34	1.42	1.10	0.78	9.85
14	0.54	0.51	0.40	***	1.24	1.32	1.25	0.88	9.97
15	0.64	0.62	0.49	***	1.39	1.46	1.35	0.96	7.34
16	0.83	0.80	0.67	***	1.38	1.47	1.66	1.15	11.88
17	0.95	0.92	0.82	0.58	1.26	1.36	2.19	1.46	42.52
18	1.06	1.02	0.91	0.63	1.35	1.46	2.65	1.74	52.62
19	1.04	1.00	0.89	0.61	1.32	1.43	2.74	1.82	50.68
20	0.88	0.84	0.74	0.54	1.14	1.24	2.90	1.60	41.18
21	0.47	0.44	0.36	0.28	0.69	0.77	3.31	1.78	25.84
22	0.52	0.48	0.40	0.30	0.70	0.79	4.26	2.43	25.48
23	0.65	0.59	0.52	0.39	0.78	0.89	5.68	3.37	26.40
24	0.80	0.72	0.64	0.48	0.93	1.08	7.06	3.94	36.61
25	0.93	0.83	0.74	0.55	1.06	1.24	8.69	4.87	42.46
26	1.09	0.97	0.89	0.66	1.17	1.38	9.53	5.32	36.96
27	1.20	1.08	0.98	0.75	1.29	1.52	9.64	5.13	33.27
28	1.36	1.22	1.11	0.86	1.43	1.70	11.09	5.67	38.26
29	1.50	1.35	1.27	0.99	1.50	1.78	13.23	6.77	45.33
30	1.61	1.45	1.41	1.11	1.54	1.82	14.25	7.33	47.69
令和元年	1.60	1.45	1.42	1.14	1.50	1.76	14.35	7.11	49.98
2	1.18	1.08	1.07	0.88	1.11	1.29	10.08	5.17	25.40
3	1.13	1.03	1.06	0.88	0.97	1.14	10.30	5.91	22.73
4	1.28	1.16	1.20	0.99	1.09	1.28	12.87	7.50	26.76

資料出所　厚生労働省職業安定局雇用政策課「職業安定業務統計」。
注　有効求人倍率＝有効求人数／有効求職者数。有効の意味はE－6表脚注参照。

〔参考〕都道府県別有効求人倍率（男女計：新規学卒者除きパート含む）

（単位　倍）

区分	令和2年	令和3年	令和4年	区分	令和2年	令和3年	令和4年	区分	令和2年	令和3年	令和4年
全国	1.18	1.13	1.28	富山	1.31	1.37	1.56	島根	1.46	1.49	1.70
北海道	1.03	1.00	1.13	石川	1.31	1.34	1.59	岡山	1.59	1.39	1.52
青森	0.99	1.05	1.17	福井	1.64	1.74	1.89	広島	1.42	1.32	1.54
岩手	1.09	1.19	1.34	山梨	1.05	1.19	1.40	山口	1.27	1.33	1.52
宮城	1.26	1.30	1.37	長野	1.16	1.33	1.54	徳島	1.16	1.19	1.27
秋田	1.29	1.44	1.51	岐阜	1.39	1.43	1.64	香川	1.42	1.36	1.51
山形	1.15	1.27	1.56	静岡	1.04	1.10	1.28	愛媛	1.33	1.28	1.42
福島	1.25	1.28	1.42	愛知	1.21	1.17	1.37	高知	1.03	1.08	1.19
茨城	1.33	1.35	1.47	三重	1.16	1.20	1.39	福岡	1.15	1.06	1.17
栃木	1.06	1.06	1.17	滋賀	0.95	0.94	1.09	佐賀	1.09	1.20	1.34
群馬	1.26	1.26	1.47	京都	1.17	1.06	1.19	長崎	0.98	1.06	1.18
埼玉	1.00	0.93	1.03	大阪	1.29	1.13	1.23	熊本	1.23	1.30	1.41
千葉	0.98	0.85	0.96	兵庫	1.04	0.93	1.01	大分	1.19	1.16	1.35
東京	1.45	1.19	1.49	奈良	1.21	1.17	1.23	宮崎	1.18	1.32	1.43
神奈川	0.87	0.79	0.87	和歌山	1.05	1.09	1.15	鹿児島	1.14	1.25	1.35
新潟	1.28	1.34	1.57	鳥取	1.32	1.35	1.51	沖縄	0.81	0.73	0.89

資料出所　厚生労働省職業安定局雇用政策課「職業安定業務統計」。
注　求人倍率とは、求職者数に対する求人数の割合をいい、有効求人倍率とは月間平均有効求人数を月間平均有効求職者数で除したものである。

E－12　女性労働者の年齢別雇用者比率〔非農林業〕

（各年齢階級別人口＝100.0）

（単位　%）

年	計	15～19歳	20～24歳	25～29歳	30～34歳	35～44歳	45～54歳	55～64歳	65歳以上
昭和45年	26.7	30.3	59.6	26.9	21.1	25.8	26.1	13.1	2.9
50	26.7	20.2	58.1	29.4	23.6	28.2	30.6	16.2	3.6
55	29.3	17.0	63.3	36.2	28.9	34.0	35.9	19.0	4.1
60	31.6	15.0	64.9	43.0	33.6	38.6	41.5	19.9	4.0
平成2年	35.2	16.0	69.4	52.9	38.8	44.9	48.0	23.3	4.5
7	37.7	14.3	67.8	59.0	43.6	47.8	52.4	29.6	5.0
12	38.1	14.4	65.4	61.8	47.9	50.4	55.2	32.1	5.0
17	39.5	15.5	62.5	65.8	56.8	58.0	59.9	36.8	5.3
22	41.1	16.2	61.3	67.3	63.8	60.9	65.0	43.4	7.2
27	43.2	16.9	62.6	71.1	68.3	66.6	69.0	50.1	9.5
28	44.2	17.6	65.4	72.4	70.0	67.6	70.6	52.5	10.3
29	45.1	18.4	65.4	73.9	71.8	69.0	71.7	54.9	10.9
30	46.7	21.0	69.2	76.2	73.1	71.4	72.4	57.3	11.8
令和元年	47.6	24.1	69.2	74.8	77.2	72.2	73.7	59.2	12.4
2	47.4	20.6	69.3	77.3	75.4	71.6	73.6	59.9	12.6
3	47.7	20.8	69.8	76.8	78.3	72.2	73.7	60.5	12.9
4	48.4	21.9	69.6	77.1	80.3	73.5	74.7	62.2	13.2

資料出所　総務省統計局「労働力調査」（年平均）。

注　雇用者比率＝雇用者数÷各年齢階級別人口×100。雇用者数は平成12年までは非農林業。平成17年以降は農林業・非農林業計。

E－13　全産業雇用労働者年齢別構成と女性比率〔国勢調査〕

性別	調査年	全産業雇用労働者数（万人）	年齢別労働者構成（%）										
			15～19歳	20～24歳	25～29歳	30～34歳	35～39歳	40～44歳	45～49歳	50～54歳	55～59歳	60～64歳	65歳以上
男性労働者	昭和40年	1,980(100)	8.8	16.8	16.3	14.9	12.8	8.8	6.6	6.0	4.3	└4.7┘	
	45	2,276(100)	6.2	15.6	16.3	14.1	12.8	10.9	7.6	5.6	4.5	6.4	
	50	2,494(100)	3.2	12.4	18.0	14.8	12.6	11.6	10.0	6.7	4.6	6.1	
	55	2,626(100)	2.7	9.8	14.4	16.6	13.6	11.6	10.7	9.1	5.6	5.9	
	60	2,806(100)	2.6	9.8	12.1	13.5	15.3	12.6	10.8	9.8	7.4	6.0	
	平成2年	3,019(100)	2.8	10.0	11.9	11.2	12.4	14.1	11.6	9.9	8.4	7.7	
	7	3,173(100)	2.1	10.7	12.0	11.2	10.5	11.5	13.1	10.7	8.7	5.2	4.3
	12	3,109(100)	1.7	8.3	12.9	11.6	11.0	10.3	11.3	12.9	10.0	5.3	4.6
	17	2,991(100)	1.6	7.2	10.8	13.1	11.7	10.8	10.1	10.9	11.9	6.7	5.3
	22	2,815(100)	1.3	6.6	9.5	11.1	13.0	11.5	10.7	9.9	10.5	9.1	6.8
	27	2,796(100)	1.3	6.3	9.3	11.1	13.2	11.6	10.7	10.0	10.6	9.2	6.7
	令和2年	2,695(100)	1.4	6.2	7.8	8.7	9.8	11.1	12.9	11.3	10.3	8.5	11.9
女性労働者	昭和40年	917(100)	19.5	27.8	11.1	8.6	9.1	8.1	6.2	4.7	2.7	└2.2┘	
	45	1,092(100)	13.3	28.8	11.1	8.1	9.3	9.4	7.9	5.5	3.7	2.9	
	50	1,178(100)	7.0	22.3	13.8	9.3	10.0	11.2	10.0	7.3	4.7	4.4	
	55	1,351(100)	5.2	18.4	12.5	11.5	11.5	11.5	11.0	8.4	5.2	4.8	
	60	1,593(100)	4.3	16.9	10.9	10.0	13.5	13.2	11.4	9.2	5.7	4.8	
	平成2年	1,842(100)	4.1	16.4	11.6	8.4	11.0	14.5	12.3	9.6	6.6	5.4	
	7	2,035(100)	2.8	16.1	12.5	8.7	9.1	11.9	14.0	10.6	7.5	3.9	2.8
	12	2,119(100)	2.3	12.2	13.9	9.9	9.6	10.6	12.3	13.1	8.8	4.2	3.1
	17	2,177(100)	2.1	10.0	12.0	11.9	10.7	11.0	11.0	11.3	10.9	5.3	3.8
	22	2,147(100)	1.7	8.7	10.4	10.4	12.0	11.6	11.5	10.7	10.1	7.8	5.1
	27	2,151(100)	1.7	8.3	10.4	10.5	12.2	11.7	11.5	10.6	10.1	7.8	5.1
	令和2年	2,313(100)	1.6	7.3	8.4	8.4	9.4	11.2	13.5	11.9	10.3	7.9	10.1
女性比率〔%〕（女／男＋女）	昭和40年	31.7	50.6	43.4	24.0	21.1	24.7	29.9	30.4	26.7	22.5	└17.8┘	
	45	32.4	50.9	45.5	24.7	21.6	25.8	29.2	33.3	32.0	27.9	21.0	
	50	32.1	50.8	45.9	26.7	22.9	27.3	31.3	32.1	33.9	32.4	25.0	
	55	33.9	48.7	49.3	30.8	26.4	30.7	33.7	34.5	31.8	32.7	28.0	
	60	36.2	48.2	49.4	33.7	29.6	33.4	37.3	37.6	35.0	30.3	31.3	
	平成2年	37.9	47.1	50.1	37.5	31.3	35.2	38.5	39.3	37.2	32.4	30.1	
	7	39.1	45.6	49.1	40.0	33.4	35.8	40.0	40.6	39.0	35.3	32.5	29.9
	12	40.5	47.3	50.0	42.4	36.7	37.4	41.3	42.5	40.9	37.5	35.1	31.8
	17	42.1	48.8	50.2	44.8	39.9	40.0	42.7	44.2	43.1	40.0	36.6	34.1
	22	43.3	49.1	50.2	45.7	41.7	48.4	43.4	45.1	45.0	42.3	39.5	36.6
	27	43.5	49.8	50.6	46.2	42.2	41.5	43.7	45.2	44.9	42.4	39.5	36.8
	令和2年	46.2	49.7	50.3	48.0	45.2	45.3	46.5	47.2	47.4	46.3	44.1	42.1

資料出所　総務省統計局「国勢調査」。

注　就業者のうち役員を含む雇用者。

E－14　定年制の実施状況及び推移

（単位　%）

企業規模	年次・産業	定年制実施企業の全企業に占める割合	一律定年制採用企業の定年制実施企業に占める割合（定年制実施企業＝100）	59歳以下	60歳	61歳	62歳	63歳	64歳	65歳	66歳以上	65歳以上計
				一律定年制を採用している企業数＝100.0（一律定年制採用企業全体＝100）								
企業規模計	平成6年	〔90.5〕	（96.9）	15.9	77.1	2.0				5.0	0.0	－
	16	〔91.5〕	（96.8）	0.7	90.5	0.6	0.9	0.9	0.0	6.1	0.4	6.5
	21[2]	〔91.8〕	（98.5）	－	82.4	0.3	1.3	2.3	0.2	12.7	0.7	13.5
	26	〔93.8〕	（98.9）	－	81.8	0.8	1.0	0.7	0.1	14.5	1.1	15.5
	27	〔92.6〕	（98.1）	－	80.5	0.3	1.3	0.7	0.3	16.1	0.8	16.9
	28	〔95.4〕	（98.2）	－	80.7	0.5	1.0	1.3	0.4	15.2	1.0	16.1
	29	〔95.5〕	（97.8）	－	79.3	0.3	1.1	1.2	0.3	16.4	1.4	17.8
	令和4年	〔94.4〕	（96.9）	－	72.3	0.3	0.7	1.5	0.1	21.1	3.5	24.5
1,000人以上[3]	平成6年	〔99.3〕	（96.5）	3.5	93.5	1.9				1.0	－	－
	16	〔99.3〕	（98.1）	0.2	95.8	1.1	1.0	0.5	－	1.4	－	1.4
	21[2]	〔99.3〕	（97.7）	－	94.3	0.5	1.1	1.6	0.1	2.3	－	2.3
	26	〔99.6〕	（97.9）	－	92.2	0.4	0.4	1.7	－	5.3	0.1	5.4
	27	〔99.7〕	（93.3）	－	91.2	0.5	0.6	1.7	0.1	5.7	0.3	6.0
	28	〔99.7〕	（91.3）	－	90.4	0.9	0.9	1.0	0.1	6.7	－	6.7
	29	〔99.3〕	（91.8）	－	90.6	0.4	1.3	0.9	0.1	6.7	－	6.7
	令和4年	〔99.3〕	（90.9）	－	79.3	0.7	1.1	0.9	0.2	17.1	0.7	17.8
300～999人	平成6年	〔99.7〕	（96.3）	6.6	89.7	1.9				1.8	－	－
	16	〔99.6〕	（98.0）	0.3	95.4	0.4	0.7	0.7	－	2.6	－	2.6
	21[2]	〔98.7〕	（98.8）	－	91.9	0.6	0.9	2.0	－	4.6	0.1	4.7
	26	〔99.5〕	（98.4）	－	90.5	0.8	0.6	1.3	0.1	6.6	0.2	6.8
	27	〔99.3〕	（95.3）	－	89.9	0.7	0.6	1.3	－	7.4	0.2	7.5
	28	〔99.4〕	（94.8）	－	88.4	0.1	1.0	1.4	－	8.8	0.3	9.1
	29	〔99.7〕	（94.2）	－	87.2	0.4	1.4	1.5	0.1	9.2	0.2	9.4
	令和4年	〔98.6〕	（91.9）	－	81.7	0.5	1.1	1.9	0.4	13.8	0.2	14.1
100～299人	平成6年	〔97.6〕	（96.7）	10.9	83.6	2.5				3.0	0.1	－
	16	〔97.1〕	（97.4）	0.3	92.9	0.4	1.3	1.6	－	3.4	0.1	3.5
	21[2]	〔97.7〕	（99.4）	－	88.0	0.6	1.3	1.9	－	7.5	0.6	8.2
	26	〔97.7〕	（98.8）	－	87.2	0.6	1.0	1.1	0.3	9.5	0.3	9.8
	27	〔97.7〕	（97.4）	－	86.1	0.6	1.1	1.4	0.1	10.1	0.5	10.6
	28	〔97.7〕	（97.5）	－	85.0	0.7	1.0	1.7	－	11.1	0.5	11.6
	29	〔98.0〕	（97.2）	－	84.1	0.3	1.7	1.1	0.2	11.8	0.7	12.5
	令和4年	〔97.3〕	（97.8）	－	76.6	0.6	0.6	1.3	0.1	19.2	1.6	20.8
30～99人	平成6年	〔87.1〕	（97.0）	19.2	72.9	1.8				6.2	－	－
	16	〔88.8〕	（96.4）	0.8	89.0	0.7	0.7	0.7	0.1	7.5	0.5	8.1
	21[2]	〔89.4〕	（98.2）	－	79.3	0.2	1.4	2.5	0.3	15.5	0.8	16.3
	26	〔92.1〕	（99.0）	－	79.1	1.0	1.1	0.6	0.1	16.9	1.4	18.3
	27	〔90.2〕	（98.7）	－	77.5	0.2	1.4	0.3	0.4	19.2	0.9	20.2
	28	〔94.2〕	（99.0）	－	78.3	0.5	1.0	1.2	0.5	17.3	1.2	18.5
	29	〔94.2〕	（98.5）	－	76.7	0.3	0.9	1.2	0.4	18.8	1.7	20.5
	令和4年	〔93.0〕	（97.3）	－	69.8	0.2	0.6	1.6	－	22.5	4.5	27.0
産業別（令和4年）	鉱業，採石業，砂利採取業	95.8	100.0	－	75.7	－	－	2.6	－	21.7	－	21.7
	建設業	96.3	97.1	－	67.7	0.1	1.6	0.4	－	26.2	3.9	30.1
	製造業	97.1	98.0	－	79.0	0.0	0.4	2.0	－	13.2	4.4	17.6
	電気・ガス・熱供給・水道業	100.0	93.0	－	76.6	－	2.8	0.9	－	17.9	1.8	19.7
	情報通信業	97.1	97.9	－	83.2	0.4	0.2	0.5	－	15.7	－	15.7
	運輸業，郵便業	95.7	97.0	－	58.3	0.8	0.1	2.3	0.8	34.0	3.7	37.7
	卸売業，小売業	89.0	97.0	－	82.6	－	0.8	0.1	－	15.8	0.6	16.5
	金融業，保険業	100.0	99.0	－	88.4	0.2	－	0.9	－	10.5	－	10.5
	不動産業，物品賃貸業	94.2	99.4	－	77.5	1.8	0.2	2.7	－	16.1	1.4	17.4
	学術研究，専門・技術サービス業	93.8	98.0	－	76.0	0.1	1.3	1.1	－	21.5	－	21.5
	宿泊業，飲食サービス業	88.3	98.0	－	63.3	－	0.4	2.5	－	27.2	6.7	33.8
	生活関連サービス業，娯楽業	90.9	94.8	－	70.6	－	0.1	0.1	－	21.6	6.3	27.8
	教育，学習支援業	95.4	84.1	－	64.9	－	1.3	1.7	－	30.4	0.5	30.9
	医療，福祉	99.3	96.5	－	66.1	0.1	0.4	2.0	－	25.6	4.7	30.2
	複合サービス業	100.0	97.9	－	90.4	0.7	2.4	1.6	－	5.0	－	5.0
	サービス業（他に分類されないもの）	91.0	98.1	－	63.0	1.6	1.8	2.8	0.1	24.0	5.6	29.6

資料出所　厚生労働省　平成16年までは「雇用管理調査」。平成18年からは「就労条件総合調査」。常用労働者30人以上の民営企業が対象。

注　1．〔　〕は全企業を100とした割合、（　）は定年制実施企業を100とした割合を示す。
　　2．平成20年調査より、調査対象が従来の「本社常用労働者30人以上」が「常用労働者30人以上」と範囲拡大されたために、時系列比較には注意を要する。

E－15　勤務延長制度・再雇用制度の状況（令和4年1月）

(1)制度の有無とその状況

（単位　%）

区　　分	一律定年制を定めている企業	制度がある 計	勤務延長制度のみ	再雇用制度のみ	両制度併用	制度がない	(再掲) 制度がある 勤務延長制度(併用含む)	再雇用制度(併用含む)
		一律定年制を定めている企業＝100						
企業規模計	〔96.9〕100.0	94.2	10.5	63.9	19.8	5.8	30.3	83.7
1,000人以上	〔90.9〕100.0	95.6	5.5	79.8	10.3	4.4	15.8	90.1
300～999人	〔91.9〕100.0	94.9	5.1	76.8	13.0	5.1	18.1	89.8
100～299人	〔97.8〕100.0	95.1	7.7	67.9	19.4	4.9	27.2	87.4
30～ 99人	〔97.3〕100.0	93.8	12.0	60.9	20.9	6.2	32.9	81.8
平成29年	〔97.8〕100.0	92.9	9.0	72.2	11.8	7.1	20.8	83.9
28	〔98.2〕100.0	94.1	10.7	70.5	12.9	5.9	23.6	83.4
27	〔98.1〕100.0	92.9	11.0	71.9	10.0	7.1	20.9	81.9
26	〔98.9〕100.0	94.0	10.2	72.1	11.8	6.0	22.0	83.8
鉱業，採石業，砂利採取業	〔100.0〕100.0	100.0	13.0	68.8	18.2	－	31.2	87.0
建設業	〔97.1〕100.0	95.9	14.4	62.7	18.7	4.1	33.1	81.4
製造業	〔98.0〕100.0	95.0	8.7	71.4	14.9	5.0	23.5	86.3
電気・ガス・熱供給・水道業	〔93.0〕100.0	97.5	0.9	88.5	8.1	2.5	9.0	96.6
情報通信業	〔97.9〕100.0	88.5	6.5	73.0	9.0	11.5	15.5	82.0
運輸業，郵便業	〔97.0〕100.0	96.2	11.1	57.9	27.2	3.8	38.3	85.1
卸売業，小売業	〔97.0〕100.0	94.8	8.5	69.2	17.2	5.2	25.7	86.3
金融業，保険業	〔99.0〕100.0	95.2	3.2	84.4	7.6	4.8	10.8	92.0
不動産業，物品賃貸業	〔98.4〕100.0	92.3	6.0	70.1	16.1	7.7	22.1	86.3
学術研究，専門・技術サービス業	〔98.0〕100.0	94.9	9.2	72.2	13.4	5.1	22.7	85.7
宿泊業，飲食サービス業	〔98.0〕100.0	91.7	11.3	56.4	24.0	8.3	35.3	80.4
生活関連サービス業，娯楽業	〔94.8〕100.0	93.7	10.2	63.4	20.0	6.3	30.2	83.4
教育，学習支援業	〔84.1〕100.0	93.9	11.0	60.0	22.9	6.1	33.9	82.9
医療，福祉	〔96.5〕100.0	93.6	14.5	54.3	24.8	6.4	39.3	79.1
複合サービス業	〔97.9〕100.0	96.7	－	93.1	3.6	3.3	3.6	96.7
サービス業（他に分類されないもの）	〔98.1〕100.0	93.4	11.4	53.6	28.4	6.6	39.7	82.0

資料出所　厚生労働省「就労条件総合調査」。(2)・(3)表も同じ。常用労働者30人以上の民営企業を対象。
注1.「勤務延長制度」とは、定年年齢が設定されたまま、その定年年齢に到達した者を退職させることなく引き続き雇用する制度をいう。
2.「再雇用制度」とは、定年年齢に到達した者をいったん退職させた後、再び雇用する制度をいう。
3.〔　〕内の数字は、一律定年制を定めている企業のうち該当する制度がある企業の割合である。

(2)最高雇用年齢の有無別・年齢別企業数割合

（単位　%）

区　　分		一律定年制で定年後の制度がある企業	最高雇用年齢を定めている企業	65歳	66歳以上	(再掲) 65歳以上	最高雇用年齢を定めていない企業
				最高雇用年齢を定めている企業＝100			
勤務延長制度	企業規模計	〔30.3〕100.0	55.1	*64.7*	*31.7*	*100.0*	44.9
	1,000人以上	〔15.8〕100.0	76.4	*53.4*	*41.0*	*100.0*	23.6
	300～999人	〔18.1〕100.0	61.2	*67.8*	*23.8*	*100.0*	38.8
	100～299人	〔27.2〕100.0	55.1	*64.6*	*34.2*	*100.0*	44.9
	30～ 99人	〔32.9〕100.0	54.5	*64.8*	*31.3*	*100.0*	45.5
	平成29年	〔20.8〕100.0	56.9	*80.1*	*16.9*	*100.0*	43.1
	28	〔23.6〕100.0	56.9	*80.6*	*19.4*	*100.0*	43.1
	27	〔20.9〕100.0	51.5	*78.3*	*21.7*	*100.0*	48.5
	26	〔22.0〕100.0	58.4	*82.6*	*17.4*	*100.0*	41.6
再雇用制度	企業規模計	〔83.7〕100.0	76.5	*77.1*	*22.0*	*100.0*	23.5
	1,000人以上	〔90.1〕100.0	91.5	*78.7*	*20.0*	*100.0*	8.5
	300～999人	〔89.8〕100.0	87.0	*81.1*	*17.5*	*100.0*	13.0
	100～299人	〔87.4〕100.0	81.0	*78.6*	*20.5*	*100.0*	19.0
	30～ 99人	〔81.8〕100.0	73.4	*75.9*	*23.3*	*100.0*	26.6
	平成29年	〔83.9〕100.0	80.8	*90.0*	*9.8*	*100.0*	19.2
	28	〔83.4〕100.0	81.9	*90.1*	*9.9*	*100.0*	18.1
	27	〔81.9〕100.0	83.8	*90.8*	*9.2*	*100.0*	16.2
	26	〔83.8〕100.0	82.5	*93.2*	*6.8*	*100.0*	17.5

注1.〔　〕内の数値は、一律定年制を定めている企業のうち、勤務延長制度又は再雇用制度がある（両制度併用を含む。）企業割合である。
2.（　）内の数値は、「最高雇用年齢を定めている企業」を100とした割合である。
3.「最高雇用年齢を定めている企業」には最高雇用年齢階級が「不明」の企業を含む。
4.「勤務延長制度がある企業」及び「再雇用制度がある企業」には、「両制度併用」の企業を含む。
5.「一律定年制を定めている企業」は、平成29年までは「一律定年制で定年後の制度がある企業」。

E−16　大企業における定年年齢〔総企業数＝100.0〕

(単位　%)

年	計	55歳	56	57	58	59	60	61歳以上	61―64	65	定年制度なし
昭和48年6月	100.0	52.1	17.5	14.5	6.2	0.3	9.5	−	−	−	−
60　6	100.0	8.8	1.5	7.9	15.5	7.1	59.2	−	−	−	−
平成3年6月	100.0	1.3	0.5	0.8	2.1	2.1	92.6	0.3	−	−	−
9　6	100.0	−	−	0.3	0.6	−	98.9	0.3	−	−	−
15　6	100.0	−	−	−	−	−	98.6	1.4	−	−	−
21　6	100.0	−	−	−	−	−	98.1	1.9	−	−	−
23　6	100.0	−	−	−	−	−	99.0	1.0	−	−	−
25　6	100.0	−	−	−	−	−	95.3	−	1.4	3.3	−
27　6	100.0	−	−	−	−	−	95.4	−	0.9	3.2	−
29　6	100.0	−	−	−	−	−	95.6	−	1.0	3.3	0.5
令和元年6月	100.0	−	−	−	−	−	91.6	−	0.6	7.8	−
3　6	100.0	−	−	−	−	−	83.8	−	2.4	13.2	0.6

資料出所　中央労働委員会事務局「賃金事情等総合調査―退職金・定年制および年金事情調査―」。
注　定年延長を段階的に実施している。

E−17　平　均　余　命

(単位　年)

年齢(歳)	男性 22年	男性 27年	男性 令和2年	女性 22年	女性 27年	女性 令和2年	年齢(歳)	男性 22年	男性 27年	男性 令和2年	女性 22年	女性 27年	女性 令和2年
0	79.55	80.75	81.56	86.30	86.99	87.71	58	24.42	25.23	25.85	30.10	30.61	31.27
10	69.85	71.02	71.78	76.58	77.23	77.93	59	23.58	24.36	24.98	29.19	29.68	30.35
20	59.99	61.13	61.90	66.67	67.31	68.01	60	22.75	23.51	24.12	28.28	28.77	29.42
25	55.16	56.28	57.05	61.75	62.37	63.09	61	21.93	22.67	23.27	27.37	27.85	28.51
30	50.33	51.43	52.18	56.83	57.45	58.17	62	21.12	21.83	22.43	26.47	26.94	27.59
35	45.51	46.58	47.33	51.94	52.55	53.25	63	20.32	21.01	21.60	25.58	26.04	26.68
40	40.73	41.77	42.50	47.08	47.67	48.37	64	19.53	20.20	20.78	24.68	25.14	25.78
45	36.02	37.01	37.72	42.27	42.83	43.52	65	18.74	19.41	19.97	23.80	24.24	24.88
50	31.42	32.36	33.04	37.52	38.07	38.75	70	14.96	15.59	16.09	19.43	19.85	20.45
55	26.98	27.85	28.50	32.86	33.38	34.06	80	8.42	8.83	9.34	11.46	11.71	12.25
56	26.12	26.97	27.61	31.94	32.45	33.12	90	4.19	4.27	4.49	5.53	5.56	5.85
57	25.26	26.09	26.73	31.02	31.53	32.19	100	1.98	2.18	2.21	2.44	2.50	2.53

資料出所　厚生労働省「完全生命表」。

E−18　平均寿命の年次別推移

(単位　年)

年次	男性	女性	年次	男性	女性
明治24〜31年	42.8	44.3	昭和50年	*71.73	*76.89
32〜36	43.97	44.85	55	*73.35	*78.76
42〜大正2年	44.25	44.73	60	*74.78	*80.48
大正10〜14	42.06	43.20	平成2年	*75.92	*81.90
15〜昭和5年	44.82	46.54	7	*76.38	*82.85
昭和10〜11年	46.92	49.63	12	*77.72	*84.60
22	*50.06	*53.96	17	*78.56	*85.52
25〜27	*59.57	*62.97	22	*79.55	*86.30
昭和30年	*63.60	*67.75	27	*80.75	*86.99
35	*65.32	*70.19	令和2年	*81.56	*87.71
40	*67.74	*72.92	3	81.47	87.57
45	*69.31	*74.66	4	81.05	87.09

資料出所　厚生労働省「完全生命表」「簡易生命表」。
注　1.平均寿命とは0歳の者の平均余命をいう。昭和23年以降同46年以前は沖縄県を含めていない。
2.*の数値は、国勢調査（全数調査）から作成された完全生命表、それ以外は簡易生命表による。

E−19　常用労働者の移動状況（令和4年年間）

(単位　万人)

区分		1月1日現在の常用労働者数	延べ労働移動者数	入職者数	転職入職者	未就業入職者	新規学卒者	新規学卒者以外	離職者数	入職者数−離職者数
常用労働者	計	5,120	1,545	780	497	283	146	136	766	14
	男	2,748	729	364	240	124	76	48	365	−2
	女	2,372	817	416	257	159	70	89	401	16
一般労働者	計	3,716	881	440	301	138	94	45	441	−2
	男	2,370	498	242	171	71	49	21	256	−15
	女	1,346	383	198	130	68	45	23	185	13
パートタイム労働者	計	1,404	664	340	196	144	53	92	324	16
	男	378	230	122	68	53	27	26	109	13
	女	1,026	434	218	127	91	26	65	216	3

資料出所　厚生労働省「雇用動向調査」。
注　1.延べ労働移動者数＝入職者数＋離職者数。
2.転職入職者数とは、入職者数のうち入職前1年間に就業経験のある者のことをいう。
3.未就業入職者とは、入職者のうち入職前1年間に就業経験のない者のことをいう。

E−20　企業における育児・休業などの動向

(1)規模別の各制度等、該当事業所割合（令和４年）　（単位　%）

項目			規模計	500人以上	100～499人	30～99人	5～29人	〔再掲〕30人以上
育児休業・短時間勤務制度	1.休業取得率	女性	80.2	96.1	93.3	84.6	67.0	90.6
	(当人または配偶者が出産した労働者=100)	男性	17.1	25.4	21.9	17.4	11.2	21.0
	2.休業者男女比	女性	82.3	76.2	80.8	81.4	87.0	79.8
		男性	17.7	23.8	19.2	18.6	13.0	20.2
	3.育児時短制度の措置等	規定あり	77.5	100.0	97.9	89.0	74.7	90.8
	4.3.の最長利用可能期間	制度有り計（=100）	100.0	100.0	100.0	100.0	100.0	100.0
		３歳に達するまで	29.5	7.4	19.6	37.0	39.4	33.1
		３歳～小学校就学前の一定の年齢まで	4.7	3.0	4.0	5.7	6.3	5.4
		小学校就学の始期に達するまで	15.3	12.4	21.2	17.8	20.1	18.4
		小学校入学～小学校３年生（又は９歳）まで	5.1	10.8	11.8	7.7	6.1	8.6
		小学校４年生～小学校卒業（又は12歳）まで	5.0	16.1	8.2	5.9	6.5	6.6
		小学校卒業以降も利用可能	17.8	50.4	35.2	25.8	21.7	28.1
		【再掲】「小学校就学の始期に達するまで」以上	43.3	89.6	76.3	57.3	54.4	61.6
	有期契約者　1.休業取得率	女性	86.7	99.4	97.9	94.5	81.2	95.8
	(当人または配偶者が出産した労働者=100)	男性	24.2	77.8	44.8	29.5	16.1	36.4
	2.休業者男女比	女性	93.4	97.3	92.5	97.0	91.4	95.2
		男性	6.6	2.7	7.5	3.0	8.6	4.8
多様な正社員制度	制度あり		24.1	45.2	34.2	26.2	23.3	27.9
	1.短時間正社員制度		16.8	24.1	16.6	18.2	16.5	18.0
	制度がある事業所計（=100）		100.0	100.0	100.0	100.0	100.0	100.0
	利用者あり		32.6	77.0	58.7	42.6	29.5	46.0
	男女とも利用者あり		5.6	20.9	11.8	9.9	4.5	10.5
	女性のみ利用者あり		23.7	48.9	38.9	31.3	21.6	33.0
	男性のみ利用者あり		3.2	7.2	7.9	1.4	3.4	2.6
	2.勤務地限定正社員制度		15.4	30.4	23.7	15.3	15.0	17.1
	制度がある事業所計（=100）		100.0	100.0	100.0	100.0	100.0	100.0
	利用者あり		44.8	81.2	76.9	41.8	43.1	51.8
	男女とも利用者あり		17.9	68.1	61.9	20.3	14.4	32.2
	女性のみ利用者あり		21.3	13.1	8.4	17.7	22.8	15.3
	男性のみ利用者あり		5.6	−	6.6	3.8	5.9	4.4
	3.職種・職務限定正社員制度		12.4	21.6	19.2	12.9	12.0	14.2
	制度がある事業所計（=100）		100.0	100.0	100.0	100.0	100.0	100.0
	利用者あり		38.6	73.6	65.9	35.3	37.3	43.8
	男女とも利用者あり		15.3	50.9	41.9	16.4	13.2	23.6
	女性のみ利用者あり		17.8	19.3	17.4	7.7	19.7	10.4
	男性のみ利用者あり		5.5	3.4	6.5	11.2	4.4	9.8

資料出所　厚生労働省「雇用均等基本調査」。以下同じ。

注　1．事業所規模不明及び回答不明については掲載を省いている。

2．育児休業取得率＝調査時点までに育児休業を開始した者（開始予定申出を含む）／調査前年度１年間の出産者（男性は配偶者出産の者）の数。

⑵育児休業取得率の推移状況 （単位　%）

性別	平成8年度	11	14	17	20	23	26	29	令和元年度	2	3	4
女性	49.1	56.4	64.0	72.3	90.6	87.8	86.6	83.2	83.0	81.6	85.1	82.3
男性	0.12	0.42	0.33	0.50	1.23	2.63	2.3	5.14	7.48	12.65	13.97	17.69

注　⑴表注２参照。

（参考：有期契約労働者）

性別	平成17年度	20	23	26	27	28	29	令和元年度	2	3	4
女性	51.5	86.6	80.7	75.5	73.4	70.0	70.7	77.5	62.5	68.6	93.4
男性	0.12	0.30	0.06	2.13	4.05	3.42	5.69	3.07	11.81	14.21	6.59

⑶育児のための所定労働時間の短縮措置等の各制度の有無及び最長利用可能期間別事業所割合 （単位　%）

		制度あり	３歳未満	３歳～小学校就学前の一定の年齢まで	小学校就学の始期に達するまで	小学校入学～小学校３年生（又は９歳）まで	小学校４年生～小学校卒業（又は12歳）まで	小学校卒業以降も利用可能	【再掲】「小学校就学の始期に達するまで」以上
短時間勤務制度	令和２年度	68.0	37.9	2.6	10.2	7.9	4.4	5.0	27.5
	令和３年度	68.9	36.9	3.1	11.1	7.7	5.7	4.4	28.9
	令和４年度	71.6	39.9	3.1	9.9	7.2	6.4	5.0	28.6
所定外労働の制限	令和２年度	64.3	31.9	3.5	17.1	4.0	3.3	4.3	28.8
	令和３年度	62.7	29.7	5.1	17.1	3.6	2.9	4.2	27.9
	令和４年度	67.1	34.5	4.7	16.7	3.5	3.3	4.4	27.9
フレックスタイム制度	令和２年度	15.0	4.7	0.7	1.5	0.9	0.9	6.3	9.6
	令和３年度	17.8	6.3	1.0	2.4	0.8	1.0	6.3	10.4
	令和４年度	15.2	4.7	0.4	1.8	0.6	0.4	7.4	10.1
始業終業時刻の繰り上げ下げ	令和２年度	39.3	17.3	2.0	5.8	3.1	2.9	8.2	20.1
	令和３年度	39.5	17.7	2.2	6.2	2.8	3.0	7.6	19.6
	令和４年度	41.5	17.7	2.1	5.7	3.4	2.6	9.9	21.7
事業所内保育施設	令和２年度	3.8	1.4	0.5	1.1	0.2	0.2	0.4	1.8
	令和３年度	5.0	2.2	0.7	1.3	0.1	0.1	0.6	2.1
	令和４年度	4.0	2.0	0.4	1.0	0.1	0.2	0.3	1.7
育児に要する経費の援助措置	令和２年度	6.8	1.6	0.7	1.4	0.8	0.7	1.6	4.5
	令和３年度	6.8	2.1	1.1	1.4	0.5	0.8	1.0	3.6
	令和４年度	7.0	2.0	0.6	0.7	1.3	0.6	1.8	4.3
育児休業に準ずる措置	令和２年度	24.2	17.9	1.3	1.8	0.6	0.8	1.8	5.0
	令和３年度	18.0	11.9	1.1	2.1	0.6	0.7	1.6	5.0
	令和４年度	28.4	20.8	1.4	2.2	0.9	0.7	2.4	6.2
テレワーク（在宅勤務等）	令和２年度	10.0	1.4	0.2	0.2	0.3	0.6	7.2	8.3
	令和３年度	11.8	1.9	0.3	0.9	0.3	0.5	7.9	9.5
	令和４年度	11.5	1.4	0.0	0.5	0.4	0.4	8.7	10.0

E−21　男女雇用均等の動向（令和４年度）

⑴役職別女性管理職を有する企業割合の推移 （単位　%）

	平成15年度	18	21	23	25	27	29	令和元年度	3	4
係長相当職の女性管理職を有する企業	32.0	32.0	31.6	34.6	35.2	33.9	32.4	34.9	36.0	38.3
課長相当職の女性管理職を有する企業	20.2	21.2	22.0	24.4	28.6	26.2	30.4	30.5	31.2	36.1
部長相当職の女性管理職を有する企業	6.7	8.8	10.5	14.4	12.9	12.7	16.1	15.5	15.9	16.2
係長相当職以上（役員を含む）の女性管理職を有する企業	62.5	66.6	66.9	69.9	68.8	70.5	69.7	65.5	70.4	70.5
課長相当職以上（役員を含む）の女性管理職を有する企業	**	**	54.5	55.3	56.0	59.0	60.5	53.3	57.6	58.5
女性役員を有する企業	33.6	36.6	39.5	36.4	33.9	40.0	36.3	28.2	29.6	28.2

資料出所　厚生労働省「雇用均等基本調査」以下同じ。各年とも従業員30人以上規模、10月１日の状況。以下同じ。

(2)役職別女性管理職の割合

（単位　%）

	平成15年度	18	21	23	25	27	29	令和元年度	3	4
係長相当職	8.2	10.5	11.1	11.9	12.7	13.9	14.5	16.6	18.3	17.8
課長相当職	3	3.6	5	5.5	6	7.0	8.6	10.3	9.5	10.5
部長相当職	1.8	2	3.1	4.5	3.6	4.3	5.4	5.5	6.1	6.1
係長相当職以上（役員を含む）	5.8	6.9	8	8.7	9	10.2	11.1	12.2	12.8	12.9
課長相当職以上（役員を含む）	**	**	6.3	6.8	6.8	7.8	8.9	9.5	9.5	10.0

(3)セクシュアルハラスメント防止対策の取組の有無、取組内容別企業割合

（単位　%）

	企業計	取り組んでいる	セクシュアルハラスメント防止対策のための取組内容(M.A.)						取り組んでいない
			就業規則・労働協約等の書面で内容及び、あってはならない旨の方針を明確化し、周知している	ハラスメントに係る言動を行った者については、厳正に対処する旨の方針・対処の内容を就業規則等の文書に規定し、周知している	相談・苦情対応窓口を設置している	相談・苦情対応窓口担当者が適切に対応できるように、研修等を実施している	当事者等のプライバシー保護に必要な措置を講じ、周知している	相談したことや、調査への協力をしたこと等を理由に不利益な取扱いをしないことを定め、周知している	
総数	100.0	94.8	79.5	71.2	72.4	37.3	61.4	64.8	5.2
5,000人以上	100.0	100.0	100.0	94.0	100.0	83.3	98.0	98.2	—
1,000～4,999人	100.0	100.0	95.8	94.5	98.4	74.2	93.4	95.4	—
300～999人	100.0	99.4	94.4	89.8	92.7	59.0	81.3	84.9	0.6
100～299人	100.0	97.5	89.4	79.9	85.5	46.3	70.3	74.4	2.5
30～99人	100.0	93.5	74.9	66.4	66.1	31.6	56.1	59.4	6.5
10～29人	100.0	80.8	54.0	40.9	43.4	17.3	43.7	43.0	19.2

(4)妊娠・出産・育児休業等に関するハラスメント防止対策の取組の有無、取組内容別企業割合(M.A.)

（単位　%）

	企業計	取り組んでいる	妊娠・出産・育児休業等に関するハラスメント防止対策のための取組内容(M.A.)							取り組んでいない
			就業規則・労働協約等の書面で方針を明確化し、周知している	ハラスメントに係る言動を行った者については、厳正に対処する旨の方針・対処の内容を就業規則等の文書に規定し、周知している	相談・苦情対応窓口を設置している	相談・苦情対応窓口担当者が内容や状況に適切に対応できるように、必要な体制の整備をしている	業務体制の整備など、事業主や妊娠した労働者その他の労働者の実情に応じ、必要な措置を行っている	当事者等のプライバシー保護に必要な措置を講じ、周知している	相談したことや、調査への協力をしたこと等を理由に不利益な取扱いをしないことを定め、周知している	
総数	100.0	90.6	72.5	60.9	68.3	51.3	58.5	59.2	61.7	9.4
5,000人以上	100.0	100.0	98.0	94.0	100.0	94.0	98.0	96.2	98.2	—
1,000～4,999人	100.0	100.0	91.9	90.5	97.6	83.2	87.3	91.8	94.0	—
300～999人	100.0	98.7	88.1	81.8	92.2	70.9	82.6	80.4	81.2	1.3
100～299人	100.0	94.2	82.2	74.0	81.7	63.2	68.0	69.4	71.2	5.8
30～99人	100.0	88.6	67.8	54.4	61.5	45.1	52.7	53.4	56.2	11.4
10～29人	100.0	76.3	47.1	33.4	40.2	27.7	36.2	39.4	39.1	23.7

E−22　パートタイム労働者の雇用管理の実態（令和３年）

(1)産業・企業規模、雇用しているパートタイム・有期雇用労働者の就業形態別企業割合 （単位　%）

産業・企業規模		全企業		パートタイム・有期雇用労働者を雇用している	就業形態（M. A.） 無期雇用パートタイムを雇用している	有期雇用パートタイムを雇用している	有期雇用フルタイムを雇用している	パートタイム・有期雇用労働者を雇用していない
総数		(100.0)	100.0	75.4	51.4	27.1	23.2	24.6
産業別	鉱業，採石業，砂利採取業	(0.1)	100.0	47.8	22.3	11.8	25.7	52.2
	建設業	(13.1)	100.0	38.0	23.2	7.6	12.2	62.0
	製造業	(14.7)	100.0	76.8	52.4	28.7	31.3	23.2
	電気·ガス·熱供給·水道業	(0.1)	100.0	67.1	16.9	40.2	49.2	32.9
	情報通信業	(2.3)	100.0	67.2	24.2	30.5	43.3	32.8
	運輸業，郵便業	(4.3)	100.0	56.6	34.7	27.3	23.9	43.4
	卸売業，小売業	(19.6)	100.0	83.2	57.6	29.8	21.4	16.8
	金融業，保険業	(0.7)	100.0	66.8	30.4	37.8	37.3	33.2
	不動産業，物品賃貸業	(2.2)	100.0	67.9	32.7	38.1	36.9	32.1
	学術研究，専門·技術サービス業	(4.3)	100.0	64.8	38.2	26.6	30.1	35.2
	宿泊業，飲食サービス業	(9.6)	100.0	97.4	81.2	22.2	12.6	2.6
	生活関連サービス業，娯楽業	(3.8)	100.0	84.4	65.1	27.5	20.6	15.6
	教育，学習支援業	(2.6)	100.0	91.5	50.6	55.2	23.6	8.5
	医療，福祉	(15.7)	100.0	87.8	66.0	30.1	21.1	12.2
	複合サービス事業	(0.1)	100.0	87.7	33.1	66.7	68.1	12.3
	サービス業(他に分類されないもの)	(6.7)	100.0	75.8	40.1	35.9	35.1	24.0
企業規模別	1,000人以上	(0.4)	100.0	99.1	65.7	90.4	88.7	0.9
	500〜999人	(0.5)	100.0	99.0	54.7	87.1	84.2	1.0
	300〜499人	(0.8)	100.0	99.0	50.6	80.7	81.8	1.0
	100〜299人	(4.0)	100.0	96.7	43.8	74.6	73.9	3.3
	50〜 99人	(5.8)	100.0	92.1	48.3	55.6	54.0	7.9
	30〜 49人	(7.7)	100.0	85.4	49.0	41.4	34.9	14.6
	5〜 29人	(80.7)	100.0	71.7	52.2	20.1	16.1	28.3

資料出所　厚生労働省「雇用の構造に関する実態調査（パートタイム・有期雇用労働者総合実態調査）」。以下同じ。
注１．（　）は、「総数」を100とした企業産業、企業規模ごとの割合である。
　２．全企業には不明が含まれるため、全企業と内訳は必ずしも一致しない。以下同じ。

〔調査の概要〕
調査範囲は、日本標準産業分類に基づく16大産業に属し、５人以上の常用労働者を雇用する事業所。調査対象数29,416事業所。有効回答数15,263事業所。有効回答率51.9%。本稿の掲載表はすべて事業所調査によるもの。
〔用語の定義〕
１．常用労働者：次のいずれかに該当する者をいう。ア）期間を定めずに雇われている者。イ）１か月以上の期間を定めて雇われている者。
２．無期雇用パートタイム：常用労働者のうち、企業（事業所）に直接雇用されている労働者で、期間を定めずに雇用されており、かつ、１週間の所定労働時間が同一の事業主に雇用された通常の労働者（正社員）に比べて短い労働者をいう。
３．有期雇用パートタイム：常用労働者のうち、企業（事業所）に直接雇用されている労働者で、１年契約、６カ月契約など期間を定めた労働契約により雇用されており、かつ、１週間の所定労働時間が同一の事業主に雇用された通常の労働者（正社員）に比べて短い労働者をいう。
４．有期雇用フルタイム：常用労働者のうち、企業（事業所）に直接雇用されている労働者で、１年契約、６カ月契約など期間を定めた労働契約により雇用されており、かつ、１週間の所定労働時間が同一の事業主に雇用された通常の労働者（正社員）と同じ労働者をいう。

(2)就業形態、手当等、各種制度の実施及び福利厚生施設の利用状況別企業割合 （単位　%）

就業形態	正社員と当該労働者を雇用している企業計	各種制度の実施、福利厚生施設の利用（M.A.） 定期的な昇給 正社員に実施	うち、当該労働者にも実施	人事評価・考課 正社員に実施	うち、当該労働者にも実施	手当の種類（M.A.） 通勤手当 正社員に実施	うち、当該労働者にも実施	精勤手当 正社員に実施	うち、当該労働者にも実施	役職手当 正社員に実施	うち、当該労働者にも実施	家族手当 正社員に実施	うち、当該労働者にも実施	住宅手当 正社員に実施	うち、当該労働者にも実施	賞与 正社員に実施	うち、当該労働者にも実施
無期雇用パートタイム	100.0	64.0	37.4	49.4	29.2	76.9	60.7	24.6	7.3	61.4	7.1	35.8	3.4	22.5	2.0	72.6	36.6
有期雇用パートタイム	100.0	76.0	32.3	67.4	31.0	86.5	73.3	19.8	4.7	76.5	9.0	53.2	6.9	36.6	3.1	83.4	36.8
有期雇用フルタイム	100.0	77.9	32.3	71.5	38.7	88.6	78.1	19.5	11.5	79.6	24.7	58.5	20.6	41.0	13.7	86.0	53.8

就業形態	各種制度の実施、福利厚生施設の利用（M.A.） 退職金 正社員に実施	うち、当該労働者にも実施	企業年金 正社員に実施	うち、当該労働者にも実施	人間ドックの補助 正社員に実施	うち、当該労働者にも実施	法定外の休暇（夏季冬季休暇や病気休暇など） 正社員に実施	うち、当該労働者にも実施	慶弔休暇 正社員に実施	うち、当該労働者にも実施	給食施設（食堂）の利用 正社員に実施	うち、当該労働者にも実施	休憩室の利用 正社員に実施	うち、当該労働者にも実施	更衣室の利用 正社員に実施	うち、当該労働者にも実施
無期雇用パートタイム	54.9	10.9	9.1	1.0	36.4	18.7	56.3	38.1	71.7	44.8	21.3	19.5	59.4	53.4	53.2	48.8
有期雇用パートタイム	73.4	7.5	17.7	2.5	40.6	22.0	68.3	45.6	84.2	52.0	29.8	27.5	66.8	60.8	64.6	58.7
有期雇用フルタイム	77.7	15.5	20.2	5.9	43.7	35.7	69.6	60.2	86.8	71.7	30.8	29.8	67.6	63.6	66.3	60.3

(3)正社員への転換の基準別企業割合 （単位　%）

	いずれかの就業形態に正社員転換制度が有る企業計		正社員への転換の基準（M. A.） 人事評価の結果	パートタイム・有期雇用労働者の所属する部署の上司の推薦	筆記試験の結果	人事部門などによる面接の結果	（一定の）職務経験年数	職場内の格付け等級制度における（一定の）位置付け	パートタイム・有期雇用労働者の保有する資格	その他
総数	〔45.1〕	100.0	67.7	48.8	6.0	31.9	41.1	5.9	17.2	20.7

注１．〔　〕は、正社員とパートタイム・有期雇用労働者の両方を雇用している企業を100としたいずれかの就業形態に正社員転換制度が有る企業の割合である。

E－23　若年者雇用の状況（平成30年）

(1)雇用形態別若年労働者割合

（単位　%）

区分		全労働者	うち若年	正社員 計	正社員 うち若年	正社員以外の労働者 計	正社員以外の労働者 うち若年
総数		100.0	27.3	62.0	17.2	38.0	10.2
産業別	鉱業、採石業、砂利採取業	100.0	17.7	87.3	17.3	12.7	0.4
	建設業	100.0	21.6	88.0	20.4	12.0	1.2
	製造業	100.0	26.0	77.3	21.8	22.7	4.2
	電気・ガス・熱供給・水道業	100.0	24.6	88.6	23.6	11.4	1.0
	情報通信業	100.0	32.1	87.2	28.7	12.8	3.4
	運輸業、郵便業	100.0	18.7	74.4	14.6	25.6	4.1
	卸売業、小売業	100.0	27.7	52.5	14.3	47.5	13.5
	金融業、保険業	100.0	29.0	80.1	27.8	19.9	1.2
	不動産業、物品賃貸業	100.0	25.4	70.0	19.9	30.0	5.4
	学術研究、専門・技術サービス業	100.0	26.0	81.1	23.0	18.9	3.0
	宿泊業、飲食サービス業	100.0	40.2	26.9	7.9	73.1	32.4
	生活関連サービス業、娯楽業	100.0	36.0	45.9	16.6	54.1	19.3
	教育、学習支援業	100.0	25.2	62.8	15.2	37.2	10.0
	医療、福祉	100.0	25.9	63.2	20.8	36.8	5.0
	複合サービス事業	100.0	23.3	62.0	16.7	38.0	6.6
	サービス業（他に分類されないもの）	100.0	25.1	46.4	9.8	53.6	15.3
事業所規模別	1,000人以上	100.0	33.8	75.2	26.2	24.8	7.5
	300～999人	100.0	29.5	68.1	22.6	31.9	7.0
	100～299人	100.0	25.9	63.4	18.7	36.6	7.2
	30～99人	100.0	28.0	59.8	16.5	40.2	11.5
	5～29人	100.0	25.9	59.1	14.2	40.9	11.7

資料出所　厚生労働省「平成30年若年者雇用実態調査」。以下同じ。平成30年10月1日現在の状況について調査。若年労働者とは15～34歳の労働者をいう。本調査では事業所調査と個人調査と各々実施された。調査対象労働者には、事業所が派遣元事業所の場合、派遣労働者として雇用契約を結んだ労働者を含む。派遣先事業所の場合は、労働者派遣事業を営む人材派遣会社からの派遣労働者は含まない。登録型の派遣労働者として登録しただけの者は含まない。また、正社員以外の労働者とは、パート・アルバイト、契約社員等をいう。

(2)就業形態、若年労働者の育成方針別事業所割合

（単位　%）

区分	若年労働者がいる事業所計	若年労働者の育成方針 長期的な教育訓練等で人材を育成	短期的に研修等で人材を育成	特別な研修等は行わず、社員自身に任せる	その他	不明
若年正社員	[63.9]100.0	53.6	27.4	12.2	3.6	13.9
新規学卒者	[53.2]100.0	54.4	16.8	6.3	2.1	20.4
中途採用者	[57.9]100.0	40.8	26.3	12.6	3.7	16.6
正社員以外の若年労働者	[38.1]100.0	23.6	33.8	19.2	8.7	14.7

注　[　]内は全事業所を100.0とした若年労働者がいる事業所割合である。
〔解説〕　調査時過去1年間に若年労働者を採用した事業所は、全事業所に対して47.0%であり、そのうち正社員のみ採用21.6%、正社員以外のみ採用15.7%、正社員・正社員以外双方採用9.7%となっており、数値は新卒と中途採用者の合計である。

(3)正社員へ転換させる制度の有無と若年労働者での実績

（単位　%）

区分		全事業所	正社員転換制度の有無 制度がある	制度がない	不明	過去3年間に正社員以外の若年労働者がいた事業所計	正社員へ転換させたことがある	正社員へ転換させたことはない
総数		100.0	53.4	39.6	7.1	59.4	27.8	72.2
産業別	鉱業、採石業、砂利採取業	100.0	28.0	61.1	10.9	27.3	23.6	76.4
	建設業	100.0	39.3	51.9	8.8	42.9	27.2	72.8
	製造業	100.0	44.8	46.0	9.1	49.1	33.6	66.4
	電気・ガス・熱供給・水道業	100.0	21.5	66.5	12.0	51.5	6.3	93.7
	情報通信業	100.0	50.4	41.5	8.0	55.5	36.5	63.5
	運輸業、郵便業	100.0	52.9	38.0	9.1	46.2	42.1	57.9
	卸売業、小売業	100.0	60.3	33.7	6.0	61.4	26.7	73.3
	金融業、保険業	100.0	64.0	25.5	10.5	46.7	15.8	84.2
	不動産、物品賃貸業	100.0	60.0	33.1	6.9	50.3	28.4	71.6
	学術研究、専門・技術サービス業	100.0	39.3	53.6	7.0	49.7	24.2	75.8
	宿泊業、飲食サービス業	100.0	63.4	34.1	2.5	83.6	20.8	79.2
	生活関連サービス業、娯楽業	100.0	64.7	29.7	5.7	75.1	36.9	63.1
	教育、学習支援業	100.0	29.4	62.0	8.6	63.2	20.0	80.0
	医療、福祉	100.0	53.7	39.0	7.3	62.2	32.1	67.9
	複合サービス事業	100.0	83.7	12.8	3.5	63.7	25.5	74.5
	サービス業（他に分類されないもの）	100.0	47.7	41.7	10.6	49.0	28.9	71.1

(4)就業形態別若年労働者割合（調査時点で在学してない者のみ）

（単位　%）

性、年齢階級、学歴		若年労働者割合	在学していない若年労働者	正社員	正社員以外の労働者	雇用期間の定めあり		雇用期間の定めなし		不明
						フルタイム	短時間	フルタイム	短時間	
総数		100.0	90.7	69.0	30.8	13.1	6.6	6.6	4.5	0.2
男性	男性計	49.0	91.0	79.8	20.0	10.3	2.6	5.0	2.1	0.2
	15～19歳	5.7	51.1	66.5	33.5	11.1	2.5	3.9	16.0	0.2
	20～24	25.1	76.6	73.5	26.4	14.1	3.3	7.3	1.9	0.1
	25～29	33.1	99.6	82.4	17.6	9.8	2.2	4.9	0.7	0.0
	30～34	36.0	99.7	81.9	17.7	8.7	2.5	4.0	2.5	0.4
女性	女性計	51.0	90.4	58.6	41.2	15.9	10.4	8.2	6.7	0.1
	15～19歳	7.8	33.1	58.6	39.3	2.9	25.2	2.3	8.9	2.1
	20～24	25.1	84.7	70.4	29.4	13.0	6.8	4.2	5.4	0.2
	25～29	33.0	98.9	64.3	35.7	15.7	7.9	7.8	4.2	0.0
	30～34	33.9	99.7	45.8	54.1	18.8	13.8	11.7	9.8	0.1
学歴別	在学していない	90.7	100.0	69.0	30.8	13.1	6.6	6.6	4.5	0.2
	中学卒	2.7	100.0	35.4	64.0	32.2	11.4	13.5	7.0	0.6
	高校卒	28.0	100.0	56.3	43.2	16.7	8.2	11.2	7.1	0.4
	専修学校(専門課程)卒	12.4	100.0	66.6	33.3	12.2	9.5	8.3	3.3	0.1
	高専・短大卒	7.1	100.0	66.2	33.8	12.1	9.4	6.1	6.2	0.2
	大学卒	36.9	100.0	80.9	19.1	10.2	3.8	2.7	2.5	0.0
	大学院卒	3.7	100.0	84.3	15.7	6.9	3.2	2.7	2.9	0.1
	在学している	9.2	－	－	－	－	－	－	－	－

(5)就業形態・賃金総額階級別若年労働者割合

（単位　%）

雇用形態		若年労働者計	支給がない	支給あり	5万円未満	5万円～10万円未満	10万円～15万円未満	15万円～20万円未満	20万円～25万円未満	25万円～30万円未満	30万円～35万円未満	35万円以上	不明
正社員計		100.0	0.6	98.6	0.2	0.2	5.9	23.2	32.0	18.6	10.1	8.3	0.8
正社員以外計		100.0	4.2	95.3	12.0	26.5	21.1	18.2	9.2	4.2	1.1	3.0	0.5
正社員以外の就業形態	フルタイム	100.0	2.3	97.1	2.2	12.6	28.6	28.2	14.8	6.4	1.4	3.0	0.6
	短時間	100.0	6.3	93.3	23.4	42.4	12.5	6.8	2.7	1.7	0.8	3.0	0.4

注　1．表頭の賃金総額階級は、平成30年９月の給与支給日に現在の会社から支払われた賃金の総額（税込）による。
　　2．総数には生計状況の組み合わせの不明を含む。

(6)雇用形態別、実労働時間数（９月最後の一週間の実労働時間数階級別若年労働者割合）

（単位　%）

雇用形態		若年労働者計	9月最後の一週間の実労働時間数階級										
			20時間未満	20～25時間未満	25～30時間未満	30～35時間未満	35～40時間未満	40～45時間未満	45～50時間未満	50～60時間未満	60時間以上	働いていなかった	不明
正社員計		100.0	1.8	1.9	2.7	10.1	18.4	28.6	17.5	12.0	5.5	0.7	0.8
正社員以外計		100.0	25.0	10.4	9.5	12.8	12.8	13.1	6.9	4.2	1.6	3.0	0.8
正社員以外の就業形態	フルタイム	100.0	6.5	6.3	7.5	14.9	20.8	21.0	11.4	6.6	2.4	1.8	0.7
	短時間	100.0	46.2	15.0	11.9	10.4	3.6	4.0	1.7	1.4	0.7	4.3	0.9

(7)正社員以外の在学していない若年労働者の今後の働き方の希望

（単位　%）

性、年齢階級		今後の働き方の希望								不明
		正社員として働きたい	現在の会社で働きたい	別の会社で勤めたい	正社員以外の労働者として働きたい	現在の会社で勤めたい	別の会社で勤めたい	独立して事業を始めたい	その他	
総数		41.8	21.2	20.6	30.9	25.4	5.4	4.7	9.0	13.7
年齢階級	男	49.3	30.4	19.0	14.9	13.0	1.9	6.5	9.9	19.3
	15～19歳	69.2	32.3	36.9	15.9	15.7	0.2	－	0.1	14.8
	20～24	45.4	32.3	13.1	8.6	7.7	0.9	6.1	12.7	27.2
	25～29	53.4	26.9	26.5	20.4	15.7	4.7	6.4	6.0	13.8
	30～34	45.7	31.5	14.1	14.9	14.4	0.5	8.0	12.6	18.8
	女	38.2	16.9	21.3	38.3	31.3	7.1	3.8	8.6	11.0
	15～19歳	11.4	5.7	5.7	21.2	11.0	10.3	22.7	24.0	20.6
	20～24	36.5	13.3	23.3	34.2	29.8	4.4	7.4	6.5	15.4
	25～29	40.3	19.3	21.0	37.9	32.1	5.8	4.4	8.3	9.0
	30～34	39.1	17.3	21.8	41.1	32.4	8.7	1.1	8.7	10.0

注　1．〔　〕内は全若年労働者を100.0とした現在の会社で正社員以外の在学していない若年労働者の割合。
　　2．賃金水準の総数には「支給がない」及び賃金総額階級の不明を含む。

E−24　高年齢者雇用の状況

（平成25年４月に制度改定（継続雇用制度の対象者を限定できる仕組みの廃止）があった影響に留意されたい）

(1)高年齢者雇用確保措置等の実施状況別企業数割合

（単位　%）

年	雇用確保措置実施企業割合（実施・未実施計＝100）				雇用確保措置上限年齢（31人以上計）		雇用確保措置内訳（31人以上計）			継続雇用制度内訳（31人以上計）	
	31人以上	51人以上	51~300人	301人以上	65歳以上	64歳	定年廃止	定年引上げ	継続雇用制度	希望者全員	基準設定
平成24年	97.3	98.0	97.8	99.4	92.1	7.9	2.7	14.7	82.5	42.8	57.2
25	92.3	92.8	92.3	95.6	−	−	2.8	16.0	81.2	65.5	34.5
26	98.1	98.5	98.3	99.5	−	−	2.5	15.6	81.7	66.2	33.8
27	99.2	99.4	99.3	99.9	−	−	2.6	15.7	81.7	67.1	32.9
28	99.5	99.7	99.7	99.9	−	−	2.7	16.1	81.3	68.6	31.4
29	99.7	99.8	99.8	99.9	−	−	2.6	17.1	80.3	70.0	30.0
30	99.8	99.9	99.9	99.9	−	−	2.6	18.1	79.3	71.0	29.0
令和元年	99.8	99.9	99.9	99.9	−	−	2.7	19.4	77.9	73.0	27.0
2	99.9	99.9	99.9	99.9	−	−	2.7	20.9	76.4	74.5	25.5
3	99.9(99.7)	−	−	99.9	−	−	3.1(4.0)	22.8(20.9)	74.1(76.4)	77.8(80.9)	22.2(19.1)
4	99.9(99.9)	−	−	99.9	−	−	3.1(3.9)	24.1(25.5)	72.8(70.6)	79.9(83.0)	20.1(17.0)

資料出所　厚生労働省職業安定局「令和４年高年齢者雇用状況等報告」以下(3)まで同じ。各年６月１日の状況。
注　１．集計対象は、全国の常時雇用する労働者が21人以上の企業235,875社。なお、平成21年調査から令和２年調査までは集計対象が従来の、常時雇用する労働者51人以上の企業から31人以上の企業に拡大され、令和３年調査ではさらに常時雇用する労働者21人以上の企業に拡大されているため、時系列での利用には注意を要する。
２．平成25年４月に制度改正（継続雇用制度の対象者を限定できる仕組みの廃止）があったため、平成24年と25年の数値は単純比較できない。
３．平成25年以降の継続雇用基準設定は、経過措置適用企業。
４．令和３年以降の行のカッコ内の数値は、常時雇用する労働者21人以上の企業。

(2)65歳以上まで希望者全員働ける企業数割合

（単位　%）

年・企業規模	報告した全企業数（社数）	65歳以上まで働ける計	70歳以上計	定年制廃止	65歳以上定年	70歳以上定年	65歳以上希望者全員継続雇用	70歳以上継続雇用		
								希望者全員	基準該当者	その他
令和２年計	100.0(164,151)	80.4	31.5	2.7	20.9	1.5	56.9	7.1	10.5	9.6
31～300人	100.0(147,081)	82.6	32.1	3.0	21.8	1.6	57.8	7.6	10.6	9.3
301人以上	100.0(17,070)	61.9	26.1	0.6	12.5	0.4	48.8	3.2	9.9	12.0
令和３年計	100.0(232,059)	−	36.6	4.0	24.1	1.9	−	8.9	10.8	11.1
21～300人	100.0(215,092)	−	37.0	4.2	24.9	2.0	−	9.3	10.7	10.8
301人以上	100.0(16,967)	−	32.1	0.6	14.4	0.5	−	4.1	12.5	14.4
令和４年計	100.0(235,875)	−	39.0	3.9	25.4	2.1	−	10.3	11.5	11.2
21～300人	100.0(218,785)	−	39.3	4.2	26.2	2.2	−	10.7	11.3	10.9
301人以上	100.0(17,090)	−	35.2	0.6	16.1	0.6	−	4.7	14.4	14.9

注１．「70歳以上」は、「70歳以上まで働ける制度のある」企業。
２．「令和２年計」は31人以上計。「令和３年計」と「令和４年計」は21人以上計を表しているため、比較できない。

(3)年齢別常用労働者数と60歳定年企業における定年到達者等の状況

年		年齢別常用労働者数（千人）			定年到達予定者定年後予定（%）			
		年齢計	60～64歳	65歳以上	予定者数計（千人）	継続雇用	離職	基準未達離職
31人以上	平成24年	27,874	1,959	684	100.0(430)	73.6	24.8	1.6
	25	28,182	1,933	786	100.0(367)	76.5	22.3	1.2
	26	28,774	1,953	919	100.0(345)	81.4	18.3	0.3
	27	29,537	1,979	1,067	100.0(351)	82.1	17.7	0.2
	28	30,492	2,022	1,224	100.0(353)	82.9	16.9	0.2
	29	30,804	2,043	1,431	100.0(346)	84.1	15.8	0.2
	30	30,983	2,063	1,562	100.0(339)	84.4	15.4	0.2
	令和元年	31,655	2,148	1,717	100.0(362)	84.7	15.1	0.0
	2	32,339	2,243	1,850	100.0(363)	85.5	14.4	0.2
	3	32,334	2,271	1,938	−	−	−	−
	4	33,272	2,408	2,009	−	−	−	−
21人以上	令和３年	33,800	2,391	2,082	100.0(369)	86.8	−	0.2
	4	34,800	2,535	2,165	100.0(379)	87.1	−	0.2

E−25　就業形態多様化

(1)就業形態別就労状況（事業所割合）

（単位　%）

事業所規模	全事業所	正社員がいる事業所	正社員のみの事業所（正社員以外の労働者がいない）	多様な正社員がいる	正社員以外の労働者がいる事業所	出向社員がいる	契約社員（専門職）がいる	嘱託社員（再雇用者）がいる	パートタイム労働者がいる	臨時労働者がいる	派遣労働者（受け入れ）がいる	その他の労働者がいる
総数	(100.0) 100.0	94.5	15.9	9.1	84.1	4.5	11.3	19.7	65.9	5.2	12.3	17.5
事業所規模												
1,000人以上	(0.1) 100.0	99.8	−	34.0	100.0	58.7	57.0	88.1	74.8	8.3	80.0	51.8
300〜999人	(0.5) 100.0	99.5	0.7	30.6	99.0	37.1	41.8	78.5	77.0	7.0	65.7	46.4
100〜299人	(2.5) 100.0	99.9	2.9	19.1	97.1	23.4	29.2	67.6	77.9	5.9	48.0	39.4
30〜99人	(13.1) 100.0	99.3	5.9	13.0	94.1	10.1	22.3	41.6	77.3	5.1	23.3	28.1
5〜29人	(83.5) 100.0	93.6	18.0	8.0	81.9	2.8	8.7	14.3	63.6	5.2	9.0	15.0

資料出所　厚生労働省「令和元年就業形態の多様化に関する総合実態調査」以下同じ。令和元年10月1日現在の状況。
本調査は3—5年間隔で実施。事業所調査で17,278カ所を対象で有効回答数7,499、有効回答率43.4％。個人調査で36,527人を対象で有効回答数23,521人、有効回答率64.4％。
注：（　）は、総数を100とした産業、事業所規模ごとの割合である。

(2)産業、3年前と比べて労働者比率が上昇した正社員以外の就業形態別事業所割合

複数回答（単位　%）

産業	比率が上昇した正社員以外の就業形態 出向社員	契約社員（専門職）	嘱託社員（再雇用者）	パートタイム労働者	臨時労働者	派遣労働者（受け入れ）	その他	不明
総数	1.9	7.5	22.8	63.0	2.7	12.5	8.3	4.2
鉱業，採石業，砂利採取業	11.3	15.1	51.7	33.9	−	12.2	1.1	−
建設業	1.6	24.3	52.7	18.0	6.9	33.1	7.1	7.7
製造業	4.2	3.8	31.1	47.4	0.1	31.0	4.5	4.8
電気・ガス・熱供給・水道業	5.4	3.4	55.9	37.6	−	8.0	14.4	2.2
情報通信業	11.0	27.3	28.5	19.1	−	42.0	−	2.6
運輸業，郵便業	0.8	6.9	31.0	49.4	0.8	14.3	12.5	5.9
卸売業，小売業	0.2	2.0	10.5	80.6	−	9.2	10.0	6.4
金融業，保険業	4.2	11.3	31.1	43.3	−	13.6	10.2	10.2
不動産業，物品賃貸業	8.0	3.5	19.5	40.9	−	41.7	6.8	6.9
学術研究，専門・技術サービス業	6.1	23.9	39.4	35.9	−	16.7	7.2	0.3
宿泊業，飲食サービス業	−	1.8	2.0	82.5	1.7	1.8	14.0	1.9
生活関連サービス業，娯楽業	0.3	7.2	7.5	84.5	13.9	7.0	1.5	1
教育，学習支援業	0.0	14.7	23.3	57.9	4.6	1.5	18.0	0.6
医療，福祉	0.2	2.1	28.4	80.4	4.1	4.5	2.0	0.9
複合サービス事業	−	7.8	14.1	30.3	0.2	17.0	26.0	16.6
サービス業（他に分類されないもの）	7.2	17.8	28.7	46.9	6.9	7.7	6.7	5.3

(3)産業、今後労働者比率が上昇すると思われる正社員以外の就業形態別事業所割合

複数回答（単位　%）

産業	比率が上昇すると思われる正社員以外の就業形態 出向社員	契約社員（専門職）	嘱託社員（再雇用者）	パートタイム労働者	臨時労働者	派遣労働者（受け入れ）	その他	不明
総数	0.4	13.6	24.2	62.4	7.7	12.1	12.1	0.7
鉱業，採石業，砂利採取業	5.6	16.8	44.1	28.0	16.8	5.6	5.6	−
建設業	0.5	7.0	45.8	23.8	12.2	19.4	29.7	−
製造業	0.8	9.0	28.1	53.0	5.3	20.0	7.5	2.0
電気・ガス・熱供給・水道業	4.1	7.8	63.2	19.2	−	22.9	39.1	−
情報通信業	15.9	20.9	46.5	29.0	11.7	15.1	13.2	−
運輸業，郵便業	0.5	13.1	41.1	51.3	16.3	14.9	9.0	0.3
卸売業，小売業	0.1	11.7	18.5	66.9	0.5	12.7	12.1	1.7
金融業，保険業	−	9.5	47.2	67.2	2.3	14.6	20.6	−
不動産業，物品賃貸業	−	1.7	50.3	48.0	8.9	36.3	10.1	−
学術研究，専門・技術サービス業	1.5	25.8	47.3	60.9	1.1	16.0	10.4	−
宿泊業，飲食サービス業	−	20.8	0.5	78.1	10.3	0.4	11.5	−
生活関連サービス業，娯楽業	0.0	14.7	17.7	72.6	14.6	7.8	6.7	−
教育，学習支援業	0.9	14.5	27.1	66.7	20.2	1.3	11.8	0.0
医療，福祉	−	11.1	20.9	74.8	7.9	12.8	11.2	0.0
複合サービス事業	−	24.4	38.9	47.6	9.8	9.7	19.9	4.1
サービス業（他に分類されないもの）	0.5	29.4	33.7	45.1	9.8	9.6	6.0	0.5

の動向（令和元年平均）

(4)性、就業形態、現在の職種別労働者割合

（単位　%）

性、就業形態	全労働者	職種											
		管理的	専門的・技術的	事務的	販　売	サービス	保 安	生産工程	輸送・機械運転	建設・採掘	運搬・清掃・包装等	その他	不明
総　　数	(100.0)	(100.0)	(100.0)	(100.0)	(100.0)	(100.0)	(100.0)	(100.0)	(100.0)	(100.0)	(100.0)	(100.0)	(100.0)
正　社　員	(59.0)	(87.1)	(60.9)	(65.0)	(47.7)	(29.4)	(18.7)	(51.7)	(66.0)	(72.2)	(25.1)	(15.3)	(49.1)
正社員以外の労働者	(41.0)	(12.9)	(39.1)	(35.0)	(52.3)	(70.6)	(81.3)	(48.3)	(34.0)	(27.8)	(74.9)	(84.7)	(50.9)
総　　数	100.0	14.2	19.1	32.6	8.6	10.1	1.1	5.7	2.1	1.1	4.3	0.8	0.3
正　社　員	100.0	21.0	19.7	36.0	7.0	5.0	0.3	5.0	2.4	1.3	1.8	0.2	0.3
正社員以外の労働者	100.0	4.5	18.2	27.8	11.0	17.4	2.1	6.7	1.8	0.7	7.8	1.7	0.4
出向社員	100.0	24.2	23.7	28.8	6.7	3.5	1.3	6.5	1.0	0.4	1.8	0.3	1.8
契約社員(専門職)	100.0	6.2	40.5	22.0	3.1	10.6	1.7	6.5	2.2	2.0	3.2	1.4	0.6
嘱託社員(再雇用者)	100.0	11.3	24.5	26.3	5.6	6.2	1.6	9.2	6.1	1.2	6.0	1.6	0.4
パートタイム労働者	100.0	3.2	14.7	26.9	14.8	21.9	2.0	4.0	1.2	0.1	9.0	1.9	0.3
臨時労働者	100.0	1.9	30.5	15.8	3.3	23.3	0.9	3.2	2.9	7.7	9.6	0.5	0.3
派遣労働者	100.0	2.3	19.3	38.7	2.9	3.4	0.7	21.9	1.0	1.2	7.5	0.5	0.5
登　録　型	100.0	2.1	11.8	49.3	2.9	4.1	1.1	19.7	0.8	0.3	7.5	0.4	0.2
常時雇用型	100.0	2.5	26.6	28.4	3.0	2.8	0.2	24.1	1.3	2.1	7.4	0.6	0.9
そ　の　他	100.0	3.7	13.2	32.2	7.7	16.8	4.9	9.0	2.1	0.9	7.0	1.9	0.5
男	100.0	21.8	17.5	24.0	8.8	6.9	2.0	7.5	3.9	2.0	4.9	0.6	0.3
正　社　員	100.0	27.1	17.4	27.4	8.2	4.3	0.5	6.8	3.6	2.0	2.4	0.1	0.2
正社員以外の労働者	100.0	8.1	18.0	15.0	10.5	13.6	5.7	9.2	4.5	1.9	11.4	1.7	0.4
出向社員	100.0	30.2	19.4	25.8	8.2	3.0	1.7	6.3	1.0	0.5	2.1	0.4	1.3
契約社員(専門職)	100.0	7.4	41.2	10.1	3.6	9.0	3.6	8.8	4.5	4.1	5.4	1.6	0.6
嘱託社員(再雇用者)	100.0	13.5	21.1	24.6	5.7	4.6	2.1	9.9	8.4	1.6	6.7	1.3	0.4
パートタイム労働者	100.0	5.6	8.4	11.7	18.4	22.9	7.3	3.6	4.2	0.2	15.5	2.2	0.1
臨時労働者	100.0	3.8	36.8	7.7	0.3	8.1	1.5	5.0	6.7	17.9	11.0	1.2	0.1
派遣労働者	100.0	3.3	30.4	12.6	1.9	2.0	1.3	31.8	1.4	2.6	11.7	0.4	0.7
登　録　型	100.0	4.7	19.5	14.2	0.9	3.6	3.1	37.8	0.5	0.9	14.0	0.4	0.4
常時雇用型	100.0	2.4	36.6	11.6	2.5	1.1	0.3	28.3	1.9	3.6	10.3	0.4	0.9
そ　の　他	100.0	7.9	13.8	18.6	4.8	11.2	11.8	10.8	4.7	2.3	11.3	2.4	0.3
女	100.0	5.5	20.8	42.6	8.4	13.9	0.1	3.6	0.1	0.1	3.5	1.1	0.4
正　社　員	100.0	9.4	24.0	52.3	4.7	6.6	—	1.5	0.0	0.1	0.7	0.4	0.4
正社員以外の労働者	100.0	2.4	18.3	35.1	11.3	19.5	0.1	5.2	0.2	0.1	5.7	1.6	0.4
出向社員	100.0	5.3	36.8	38.1	2.0	5.2	—	7.3	1.0	—	1.0	—	3.4
契約社員(専門職)	100.0	5.1	39.8	32.7	2.6	12.1	—	4.4	0.0	0.1	1.2	1.3	0.5
嘱託社員(再雇用者)	100.0	5.4	33.7	30.9	5.4	10.7	0.0	7.2	—	—	4.1	2.2	0.4
パートタイム労働者	100.0	2.4	16.9	32.3	13.6	21.5	0.2	4.1	0.2	0.1	6.7	1.8	0.4
臨時労働者	100.0	0.6	25.7	21.9	5.5	34.8	0.5	1.8	0.0	0.1	8.6	0.1	0.5
派遣労働者	100.0	1.5	9.5	61.8	3.8	4.6	0.1	13.2	0.7	—	3.8	0.6	0.4
登　録　型	100.0	0.7	7.7	67.9	3.9	4.3	0.1	10.0	0.9	—	4.1	0.4	0.1
常時雇用型	100.0	2.7	12.4	52.3	3.7	5.2	0.1	18.1	0.3	—	3.4	0.9	0.9
そ　の　他	100.0	0.9	12.8	41.5	9.7	20.6	0.2	7.8	0.3	—	4.0	1.6	0.6

注：（　）は、職種ごとの総数を100とした正社員、正社員以外の労働者の割合である。

(5)就業形態、性、現在実労働時間数に関する意識別労働者割合

（単位　%）

就業形態、性	全労働者	増やしたい	今のままでよい	減らしたい	わからない	不明
正　社　員	100.0	2.7	66.6	23.1	5.1	2.5
前回［平成26年］	100.0	2.1	70.8	21.9	4.0	1.2
男	100.0	3.4	65.4	24.1	4.8	2.3
女	100.0	1.5	68.9	21.2	5.5	2.9
正社員以外の労働者	100.0	9.3	70.1	12.6	5.2	2.7
前回［平成26年］	100.0	12.2	73.0	8.1	4.7	2.0
男	100.0	7.8	69.8	13.4	6.4	2.6
女	100.0	10.1	70.3	12.2	4.6	2.8
出向社員	100.0	5.0	71.1	18.6	2.6	2.7
契約社員（専門職）	100.0	4.8	67.2	18.8	6.0	3.2
嘱託社員（再雇用者）	100.0	1.5	74.3	16.9	3.3	4.0
パートタイム労働者	100.0	11.1	70.3	11.1	5.4	2.0
臨時労働者	100.0	13.0	66.5	6.0	5.2	9.3
派遣労働者	100.0	11.3	67.8	10.5	6.8	3.6
登　録　型	100.0	12.4	65.8	10.2	8.0	3.6
常時雇用型	100.0	10.3	69.7	10.9	5.7	3.5
そ　の　他	100.0	6.2	70.5	15.3	4.9	3.0

E−26 国勢調査

(1) 全国の主要指標

項目	令和2年確定値			平成27〜令和2年の増減差・率					
				増減差（＋・−）			増減率（%）		
	総数	男	女	総数	男	女	総数	男	女
総人口(千人)	126,146	61,350	64,797	−949	−492	−456	△0.7	△0.8	△0.7
年齢別人口(千人)									
15歳未満	14,956	7,660	7,296	−931	−474	−458	△5.9	△5.8	△5.9
15〜64歳	72,923	36,754	36,169	−3,366	−1,641	−1,725	△4.4	△4.3	△4.6
65歳以上	35,336	15,345	19,991	1,870	859	1,011	5.6	5.9	5.3
うち75歳以上	18,249	7,186	11,063	2,123	942	1,181	13.2	15.1	11.9
平均年齢(歳)	47.7	46.0	49.2	1.3	1.2	1.3	−	−	−
年齢別割合(%)	〔総人口＝100〕			〔ポイント〕					
15歳未満	12.1	12.8	11.5	−	−	−	−	−	−
15〜64歳	59.2	61.5	57.0	−1.5	−1.4	−1.6	−	−	−
65歳以上	28.7	25.7	31.5	2.1	2.0	2.1	−	−	−
うち75歳以上	14.8	12.0	17.4	2.0	1.8	2.1	−	−	−
未婚率(%)15歳以上計	27.5	31.9	23.4	0.1	0.1	0.2	−	−	−
うち25〜29歳	67.7	72.9	62.4	0.6	0.2	1.1	−	−	−
うち30〜34歳	41.3	47.4	35.2	0.4	0.3	0.6	−	−	−
うち35〜39歳	29.1	34.5	23.6	−0.4	−0.5	−0.3	−	−	−

資料出所　総務省統計局「令和２年国勢調査」。以下の表も同じ。
注１.「不詳」を総計に含めているため、それぞれの内訳が一致しない。
２. 未婚率の年齢別の数値の増減差は平成12年との比較による。

(2) 都道府県別総人口等

都道府県	総人口（千人）	平成27〜令和2年の増減率（%）	人口密度（人／km²）	都道府県	総人口（千人）	平成27〜令和2年の増減率（%）	人口密度（人／km²）
全国	126,146	△0.7	338	24 三重県	1,770	△2.5	307
1 北海道	5,225	△2.9	67	25 滋賀県	1,414	0.0	352
2 青森県	1,238	△5.4	128	26 京都府	2,578	△1.2	559
3 岩手県	1,211	△5.4	79	27 大阪府	8,838	△0.0	4,638
4 宮城県	2,302	△1.4	316	28 兵庫県	5,465	△1.3	651
5 秋田県	960	△6.2	82	29 奈良県	1,324	△2.9	359
6 山形県	1,068	△5.0	115	30 和歌山県	923	△4.3	195
7 福島県	1,833	△4.2	133	31 鳥取県	553	△3.5	158
8 茨城県	2,867	△1.7	470	32 島根県	671	△3.3	100
9 栃木県	1,933	△2.1	302	33 岡山県	1,888	△1.7	265
10 群馬県	1,939	△1.7	305	34 広島県	2,800	△1.6	330
11 埼玉県	7,345	1.1	1,934	35 山口県	1,342	△4.5	220
12 千葉県	6,284	1.0	1,219	36 徳島県	720	△4.8	174
13 東京都	14,048	3.9	6,403	37 香川県	950	△2.7	506
14 神奈川県	9,237	1.2	3,823	38 愛媛県	1,335	△3.6	235
15 新潟県	2,201	△4.5	175	39 高知県	692	△5.0	97
16 富山県	1,035	△3.0	244	40 福岡県	5,135	0.7	1,030
17 石川県	1,133	△1.9	271	41 佐賀県	811	△2.6	333
18 福井県	767	△2.5	183	42 長崎県	1,312	△4.7	318
19 山梨県	810	△3.0	181	43 熊本県	1,738	△2.7	235
20 長野県	2,048	△2.4	151	44 大分県	1,124	△3.6	177
21 岐阜県	1,979	△2.6	186	45 宮崎県	1,070	△3.1	138
22 静岡県	3,633	△1.8	467	46 鹿児島県	1,588	△3.6	173
23 愛知県	7,542	0.8	1,458	47 沖縄県	1,467	2.4	643

に よ る 確 定 人 口 数

(3) 性・年齢別総人口

(i) 5歳階級別総人口（全国）

（単位　千人）

年齢	総数	男	女	年齢	総数	男	女
0～4歳	4,516	2,311	2,205	55～59	7,767	3,865	3,902
5～9	5,089	2,607	2,482	60～64	7,297	3,593	3,704
10～14	5,351	2,742	2,608	65～69	8,075	3,910	4,165
15～19	5,617	2,880	2,737	70～74	9,012	4,249	4,763
20～24	5,931	3,018	2,913	75～79	6,931	3,093	3,838
25～29	6,032	3,074	2,958	80～84	5,297	2,196	3,101
30～34	6,485	3,297	3,188	85～89	3,670	1,303	2,366
35～39	7,312	3,697	3,615	90～94	1,779	491	1,288
40～44	8,291	4,189	4,102	95～99	493	92	401
45～49	9,650	4,863	4,787	100～	80	10	70
50～54	8,540	4,277	4,263	年齢不詳	2,932	1,591	1,341

(ii) 各歳別総人口（全国）

（単位　千人）

年齢	総数	男	女	年齢	総数	男	女	年齢	総数	男	女
0歳	832	425	407	34歳	1,356	689	667	68歳	1,680	810	870
1	867	443	423	35	1,408	713	695	69	1,768	849	919
2	910	466	444	36	1,457	737	720	70	1,886	899	988
3	934	478	456	37	1,477	746	730	71	2,053	974	1,078
4	974	499	474	38	1,479	747	732	72	2,014	949	1,065
5	999	511	487	39	1,492	754	737	73	1,893	889	1,005
6	997	511	485	40	1,558	787	771	74	1,166	539	627
7	1,021	522	499	41	1,596	807	789	75	1,235	562	673
8	1,024	524	500	42	1,657	837	820	76	1,488	670	818
9	1,049	538	511	43	1,700	859	841	77	1,417	633	784
10	1,058	542	515	44	1,780	899	880	78	1,430	633	798
11	1,063	545	518	45	1,852	935	917	79	1,361	596	765
12	1,083	555	528	46	1,957	988	969	80	1,206	519	687
13	1,077	552	525	47	1,991	1,002	989	81	1,018	431	586
14	1,069	547	522	48	1,954	985	970	82	1,049	434	614
15	1,070	549	521	49	1,896	954	942	83	1,035	420	615
16	1,113	572	542	50	1,837	923	914	84	989	391	598
17	1,123	578	546	51	1,808	906	902	85	894	341	553
18	1,151	590	561	52	1,764	884	880	86	794	292	502
19	1,159	591	568	53	1,759	880	879	87	739	260	479
20	1,177	599	578	54	1,371	683	688	88	662	224	438
21	1,174	596	579	55	1,689	843	847	89	581	186	395
22	1,194	607	586	56	1,583	789	794	90	494	150	344
23	1,194	608	586	57	1,542	767	775	91	425	121	304
24	1,192	608	584	58	1,492	742	750	92	358	96	262
25	1,210	616	594	59	1,461	725	736	93	278	71	207
26	1,212	618	595	60	1,470	727	743	94	224	53	171
27	1,193	608	584	61	1,494	738	756	95	170	37	133
28	1,210	617	593	62	1,450	713	737	96	123	24	99
29	1,207	615	592	63	1,408	691	716	97	90	15	75
30	1,234	628	606	64	1,475	723	752	98	65	10	55
31	1,259	640	619	65	1,516	742	775	99	45	6	38
32	1,300	661	638	66	1,512	736	776	100～	80	10	70
33	1,336	678	657	67	1,599	774	825				

E−27　産業、従業上の地位・雇用形態・

性別・産業	総数(分類不能・不詳含む)	自営業主・家族従業者	うち家族従業者	雇用者	うち役員を除く雇用者	正規の職員・従業員	非正規の職員・従業員
男女計(分類不能・不詳含む)	6,723	648	133	6,041	5,699	3,597	2,101
農業，林業	192	134	50	58	52	26	26
漁業	13	7	2	5	5	3	2
鉱業，採石業，砂利採取業	2	0	−	2	2	2	0
建設業	479	83	11	396	326	274	52
製造業	1,044	37	6	1,006	958	716	242
電気・ガス・熱供給・水道業	32	0	−	32	32	27	4
情報通信業	272	14	1	258	243	207	36
運輸業，郵便業	351	14	1	337	325	227	99
卸売業，小売業	1,044	70	18	973	909	458	451
金融業，保険業	160	3	0	157	152	122	29
不動産業，物品賃貸業	141	16	3	124	99	65	35
学術研究，専門・技術サービス業	254	54	5	199	176	136	40
宿泊業，飲食サービス業	381	51	14	330	318	80	239
生活関連サービス業，娯楽業	225	56	9	169	160	72	88
教育，学習支援業	349	26	1	323	318	187	131
医療，福祉	908	31	7	876	855	527	328
複合サービス業	50	0	0	50	49	33	16
サービス業(他に分類されないもの)	463	46	3	417	391	200	192
公務(他に分類されるものを除く)	251	−	−	251	251	203	48
男性計(分類不能・不詳含む)	3,699	403	26	3,276	3,017	2,348	669
農業，林業	118	85	11	33	28	17	11
漁業	10	6	1	4	4	3	1
鉱業，採石業，砂利採取業	2	0	−	2	2	2	0
建設業	394	74	3	319	263	231	32
製造業	732	22	1	709	671	568	103
電気・ガス・熱供給・水道業	26	0	−	26	26	24	2
情報通信業	195	10	0	185	173	155	18
運輸業，郵便業	274	13	0	261	251	197	55
卸売業，小売業	497	39	3	457	410	293	117
金融業，保険業	73	2	0	71	66	60	6
不動産業，物品賃貸業	83	9	1	74	58	41	17
学術研究，専門・技術サービス業	158	35	1	123	105	89	16
宿泊業，飲食サービス業	145	25	2	120	112	48	64
生活関連サービス業，娯楽業	89	22	1	67	61	35	26
教育，学習支援業	145	6	0	139	135	93	42
医療，福祉	227	20	0	208	194	151	43
複合サービス業	29	0	−	29	29	23	6
サービス業(他に分類されないもの)	273	31	1	242	222	141	80
公務(他に分類されるものを除く)	171	−	−	171	171	155	16
女性計(分類不能・不詳含む)	3,024	245	107	2,765	2,682	1,250	1,432
農業，林業	74	48	39	26	24	9	15
漁業	2	1	1	1	1	0	1
鉱業，採石業，砂利採取業	0	−	−	0	0	0	0
建設業	85	8	7	77	63	44	20
製造業	312	15	5	297	287	147	139
電気・ガス・熱供給・水道業	6	0	−	6	6	4	2
情報通信業	77	4	1	73	71	52	19
運輸業，郵便業	77	1	1	76	74	30	44
卸売業，小売業	547	31	15	516	499	165	334
金融業，保険業	87	1	0	87	86	62	24
不動産業，物品賃貸業	58	7	3	50	42	24	18
学術研究，専門・技術サービス業	96	20	4	76	71	46	24
宿泊業，飲食サービス業	236	26	12	210	206	31	175
生活関連サービス業，娯楽業	136	34	7	102	99	37	62
教育，学習支援業	204	19	1	184	183	94	89
医療，福祉	680	11	7	669	660	376	285
複合サービス業	21	0	0	20	20	10	10
サービス業(他に分類されないもの)	190	15	3	175	170	58	112
公務(他に分類されるものを除く)	81	−	−	81	81	48	32

資料出所　総務省統計局「労働力調査」

注1．「0」は四捨五入しても1万人に満たないことを示す。

2．詳細集計は調査範囲の違いにより基本集計による他表とは数値に差が生じている(E−28注を参照)。

雇用契約期間別就業者数（令和４年平均）

（単位　万人）

パート・アルバイト	パート	アルバイト	期間の有無 無期の契約	有期の契約	1～4人	5～29人	30～99人	100～499人	500～999人	1000人以上	（再掲）30人以上	性・産業
1,474	1,021	453	3,771	1,429	363	1,171	893	1,128	440	1,451	3,912	計
20	13	6	32	14	15	26	9	4	1	2	15	農
1	1	1	3	1	1	3	1	0	0	0	1	漁
0	0	0	2	0	0	1	1	0	0	0	1	鉱
27	16	11	253	48	70	162	59	40	14	47	161	建
125	104	21	711	188	30	148	175	247	88	314	824	製
1	1	0	26	5	0	1	2	3	1	17	23	電
10	5	5	197	36	10	28	39	65	24	91	219	情
56	38	18	220	79	4	49	63	74	29	112	277	運
389	253	136	550	255	66	199	122	171	86	322	702	卸
13	12	1	121	26	3	9	7	20	14	103	144	金
22	16	6	67	26	29	23	15	21	10	25	71	不
20	14	5	135	33	28	49	27	31	14	38	109	学
224	110	115	142	106	24	87	47	52	25	90	213	宿
71	45	26	91	45	19	43	31	33	11	28	103	生
79	46	33	182	116	6	38	41	37	13	26	117	教
255	232	23	560	222	17	213	176	221	66	94	557	医
8	6	2	36	11	1	1	2	9	5	32	47	複
114	83	32	221	134	35	80	69	87	35	97	288	サ
18	15	3	190	56	—	—	—	—	—	—	—	公
349	124	224	2,203	603	202	587	474	616	242	839	2,171	計
7	3	4	18	7	8	15	5	2	1	1	9	農
1	0	1	2	1	1	3	1	0	0	0	1	漁
0	0	0	1	0	0	1	1	0	0	0	1	鉱
12	3	9	202	40	54	129	50	34	11	39	133	建
30	17	13	531	107	19	91	114	169	64	249	597	製
0	0	0	22	4	0	1	1	2	1	14	19	電
3	1	2	144	22	7	19	27	46	17	67	158	情
23	9	14	181	52	3	40	51	57	22	82	212	運
86	25	61	288	85	34	93	60	88	40	139	327	卸
1	0	0	56	8	2	5	4	11	7	42	64	金
8	5	4	39	15	15	13	10	13	6	16	45	不
4	2	3	82	19	15	25	16	20	10	27	73	学
57	9	48	57	32	9	32	17	19	9	31	77	宿
18	5	13	36	17	7	16	13	13	5	12	42	生
23	5	17	85	42	2	13	15	19	6	13	54	教
27	18	8	136	45	4	35	42	61	18	28	149	医
2	1	1	23	5	0	1	1	5	3	19	28	複
37	18	19	137	67	21	50	41	50	19	52	163	サ
3	2	1	143	24	—	—	—	—	—	—	—	公
1,126	897	229	1,567	827	161	584	419	512	198	612	1,741	計
13	10	3	14	6	7	11	4	2	0	1	6	農
1	0	0	1	0	0	1	0	0	—	—	0	漁
0	0	0	0	0	—	0	0	0	0	0	0	鉱
15	13	2	50	8	16	33	10	7	2	9	27	建
95	87	8	180	81	11	57	60	79	23	65	227	製
1	1	0	4	2	0	0	0	1	0	3	4	電
7	4	2	53	14	3	9	12	19	7	24	61	情
33	30	4	39	27	1	9	12	17	7	30	65	運
303	228	75	262	170	32	105	62	83	46	183	374	卸
12	12	0	65	17	1	5	4	9	7	61	80	金
13	11	2	27	11	14	10	5	8	4	9	26	不
16	13	3	53	15	13	23	10	11	5	10	36	学
167	101	67	85	74	15	54	29	33	15	59	136	宿
53	40	13	55	29	12	27	18	20	6	17	61	生
56	40	16	97	73	4	25	26	18	6	13	64	教
229	214	15	424	178	14	177	134	161	48	66	408	医
6	5	1	13	6	0	1	1	3	2	13	19	複
77	65	12	84	67	14	30	27	37	16	45	125	サ
14	12	2	47	32	—	—	—	—	—	—	—	公

E－28 就業形態別・年収別・週当たり

性　別、 仕事からの年収別、週 あたり労働時間数別		就業者 総　数	雇用者	うち役 員除く 雇用者	正規職 員・従 業員	非正規の 職員・ 従業員	パート ・アル バイト	パート	アルバイト
仕事からの年間収入	男女計	6,713	6,032	5,689	3,588	2,101	1,474	1,021	453
	収入なし	23	－	－	－	－	－	－	－
	100万円未満	1,031	857	835	61	774	695	403	292
	100～　199万円	1,068	943	911	209	702	549	450	99
	200～　299万円	1,029	949	917	573	344	151	115	36
	300～　399万円	984	914	875	742	133	34	22	11
	400～　499万円	755	712	674	624	50	8	6	2
	500～　699万円	850	804	753	719	33	3	2	1
	700～　999万円	510	480	432	419	13	2	1	0
	1,000～1,499万円	195	177	141	137	4	1	0	0
	1,500万円以上	77	62	31	29	2	0	0	0
	男性計	3,690	3,268	3,008	2,339	669	349	124	224
	収入なし	3	－	－	－	－	－	－	－
	100万円未満	303	228	220	23	196	165	33	132
	100～　199万円	331	263	247	80	166	105	53	52
	200～　299万円	476	419	398	262	135	48	25	23
	300～　399万円	596	541	512	435	77	15	7	8
	400～　499万円	529	493	463	428	35	4	2	1
	500～　699万円	665	627	584	558	26	2	1	1
	700～　999万円	439	414	372	361	11	1	1	0
	1,000～1,499万円	179	162	130	127	4	0	0	0
	1,500万円以上	70	57	28	27	1	0	0	0
	女性計	3,023	2,764	2,681	1,249	1,432	1,126	897	229
	収入なし	20	－	－	－	－	－	－	－
	100万円未満	728	629	616	38	578	530	371	160
	100～　199万円	736	680	665	129	536	444	397	47
	200～　299万円	553	530	519	311	209	103	90	13
	300～　399万円	388	373	363	308	55	19	16	3
	400～　499万円	227	219	211	197	15	4	4	1
	500～　699万円	185	177	169	162	7	2	2	0
	700～　999万円	71	66	60	58	2	1	1	0
	1,000～1,499万円	17	15	11	10	1	0	0	0
	1,500万円以上	7	5	3	3	0	0	0	0
週あたり労働時間数	男女計 週 1～14時間	557	445	418	33	385	337	171	167
	週15～29時間	1,056	929	894	158	737	637	475	162
	週30～34時間	608	555	526	297	229	147	119	28
	週35～39時間	558	513	489	308	182	103	84	19
	週40～48時間	2,699	2,526	2,373	1,960	414	165	119	46
	週49～59時間	648	581	546	495	51	16	10	6
	週60時間以上	345	284	252	229	23	10	5	5
	男性 週 1～14時間	182	134	122	15	107	87	15	72
	週15～29時間	332	270	252	80	172	125	46	79
	週30～34時間	285	254	234	164	71	31	17	14
	週35～39時間	268	243	225	170	55	23	13	11
	週40～48時間	1,739	1,611	1,485	1,291	194	54	26	29
	週49～59時間	502	451	420	389	31	8	3	5
	週60時間以上	283	235	207	192	15	5	1	4
	女性 週 1～14時間	375	311	296	18	278	250	156	94
	週15～29時間	723	659	643	78	565	512	430	82
	週30～34時間	323	301	291	134	158	116	102	14
	週35～39時間	290	271	264	138	126	80	71	9
	週40～48時間	960	915	889	669	220	111	94	17
	週49～59時間	146	130	126	106	20	9	7	2
	週60時間以上	62	49	45	37	8	5	4	1

資料出所　総務省統計局「労働力調査（詳細集計）」。

注　1．合計には不明分を含んでいるために内訳を足しあげても合計数と合致しないところがある。

2．「役員を除く雇用者の数値」は、「正規職員・従業員」、「パート・アルバイト」、「労働派遣事業所派遣社員」、「契約社員・嘱託」、「その他」の合計である。

3．基本集計のＥ－１と、詳細集計編であるＥ－２やＥ－27表とで就業者総数等が合致しないのは、詳細集計編はサンプリングの仕方や自衛隊員の扱い（Ｅ－27表では就業者総数には含まれるが雇用者には含まれない）などが調査範囲・集計方法が異なるからである。

4．「０」は四捨五入しても１万人に満たないことを示す。

労働時間数別の就業者数（令和４年平均）

（単位　万人・時間）

労働者派遣事業所派遣社員	契約社員	嘱託	その他	無期の契約	有期の契約	定め不明	自営業主	雇い人あり	雇い人なし	内職者	家族従業者
149	283	112	83	3,830	1,385	464	514	110	404	9	133
—	—	—	—	—	—	—	—	—	—	—	23
24	20	7	27	300	350	182	127	8	119	8	44
39	74	20	20	386	411	111	92	15	77	1	31
52	93	33	15	576	271	69	67	14	52	0	12
20	49	22	8	695	139	40	60	15	45	0	8
6	22	12	3	580	73	21	39	10	28	—	3
2	13	10	4	674	62	16	42	12	30	—	3
1	4	4	2	394	31	6	27	10	17	—	2
0	1	1	1	127	12	2	18	9	9	—	1
—	1	0	0	25	5	1	14	10	4	—	0
59	150	71	40	2,235	571	198	376	90	287	1	26
—	—	—	—	—	—	—	—	—	—	—	3
10	8	3	11	68	93	58	69	4	65	1	5
11	32	10	8	99	113	33	61	10	51	0	6
19	42	19	7	243	119	35	52	12	41	—	4
11	33	15	4	396	88	28	50	13	37	0	3
4	16	9	2	394	52	16	34	9	24	—	1
2	11	9	3	520	50	14	36	10	26	—	1
1	3	4	2	339	27	6	24	9	15	—	0
0	1	1	1	118	10	2	16	9	8	—	0
—	1	0	0	23	4	1	13	9	3	—	0
90	133	41	43	1,595	814	265	138	21	117	8	107
—	—	—	—	—	—	—	—	—	—	—	20
15	12	5	16	232	257	125	58	4	54	7	38
28	42	10	12	287	298	78	31	5	26	1	25
33	50	14	8	333	152	34	14	3	12	0	7
10	17	7	3	299	51	13	9	2	7	—	5
2	5	2	1	187	20	5	5	1	4	—	2
0	3	1	1	154	12	3	6	2	4	—	2
—	1	0	0	55	5	1	3	1	2	—	2
—	0	0	—	9	1	0	2	1	1	—	1
—	0	—	0	2	0	0	1	0	1	—	0
11	13	8	16	149	177	90	78	9	69	3	31
24	37	20	18	377	389	127	90	11	79	3	32
18	38	18	9	328	159	38	41	7	34	1	10
21	36	14	7	323	136	29	33	7	26	0	10
62	125	42	20	1,862	386	124	139	38	101	1	27
7	18	5	4	465	60	21	54	16	38	0	12
2	6	2	2	209	28	15	50	18	32	0	10
4	5	4	6	39	52	30	43	5	38	1	4
7	19	12	9	106	110	35	56	7	49	0	5
7	18	10	5	157	64	13	29	5	23	0	1
5	16	8	3	162	51	11	22	6	17	—	2
29	71	29	10	1,197	213	74	115	33	83	0	8
4	13	4	2	363	43	14	47	14	33	—	3
1	5	2	2	174	21	12	44	17	27	—	3
6	8	4	10	110	125	60	35	3	31	2	27
17	19	8	10	270	279	92	34	4	30	3	27
11	20	7	4	171	95	24	13	2	10	1	9
16	20	6	4	161	85	17	11	2	9	0	8
33	53	13	10	665	173	50	24	5	19	1	19
3	6	1	2	102	17	6	7	1	6	0	8
1	1	1	1	35	7	3	7	2	5	0	7

〔備　考〕
「労働力調査（詳細集計）」では、各就業形態について以下のように定義している。なお、後掲の「用語の解説」の「15. 労働人口、就業者など」も参照のこと。
「正規の職員・従業員」: 勤め先で一般職員あるいは正社員などと呼ばれている人。
「パート」、「アルバイト」: 就業の時間や日数に関係なく、勤め先で「パートタイマー」、「アルバイト」又はそれらに近い名称で呼ばれている人。
「労働者派遣事業所の派遣社員」: 労働者派遣法に基づく労働者派遣事業所に雇用され、そこから派遣される人。
「契約社員」: 専門的職種に従事させることを目的に契約に基づき雇用され、雇用期間の定めのある人。
「嘱託」: 労働条件や契約期間に関係なく、勤め先で「嘱託職員」又はそれに近い名称で呼ばれている人。

E－29　失業者・転職者

(1)年齢階級別・失業期間別失業者数

（単位　万人）

	総数	3か月未満	3～6か月未満	6か月～1年未満	1～2年未満	2年以上
男女計	198	74	28	26	28	39
男性計	113	36	14	16	18	28
15～24歳	17	8	2	3	3	1
25～34歳	24	7	3	3	4	7
35～44歳	19	5	2	2	3	6
45～54歳	20	5	2	3	3	7
55～64歳	19	6	3	3	3	5
65歳以上	13	5	2	2	2	2
女性計	85	40	14	11	10	10
15～24歳	13	7	2	2	1	1
25～34歳	19	9	3	2	2	3
35～44歳	17	8	3	2	2	2
45～54歳	18	8	2	2	2	2
55～64歳	14	6	3	2	2	1
65歳以上	5	2	1	1	1	1

資料出所　総務省統計局「労働力調査（詳細集計）」。E－28同様。以下、全表同じ。

(2)失業者・前職の離職理由

（単位　万人）

性	総数	離職	非自発な離職	定年又は雇用契約満了	勤め先や事業の都合	自発的な離職	学卒未就職	収入を得る必要が生じた	その他
男女計	198	128	50	22	29	77	8	32	20
男性	113	74	32	14	18	42	5	17	11
女性	85	54	19	8	11	35	3	15	10

(3)失業者・性別世帯主との続き柄別離職理由

（単位　万人）

区分	総数	会社倒産・事業所閉鎖のため	人員整理・勧奨退職のため	事業不振や先行き不安のため	定年又は雇用契約の満了	より良い条件の仕事を探すため	結婚・出産・育児のため	介護・看護のため	家事・通学・健康上の理由のため	その他
男女計	128	9	10	8	20	21	2	3	22	28
男性	74	4	6	6	13	12	0	1	11	16
女性	54	5	4	3	7	8	2	1	11	11
2人以上の世帯	96	7	7	6	16	16	2	2	18	22
うち世帯主	27	2	2	2	9	2	0	1	4	5
うち世帯主の配偶者	20	2	1	1	3	2	2	1	4	4
うち子又は子の配偶者	44	3	3	4	3	11	0	0	9	11
うちその他の親族世帯員	3	0	0	0	1	0	0	0	1	1
単身世帯	26	2	2	2	4	4	0	1	5	6

(4)主な求職方法別失業者数

（単位　万人）

性	総数	公共職業安定所に申込み	民間職業紹介所などに申込み	労働者派遣事業所に登録	求人広告・求人情報誌	学校・知人などに紹介依頼	事業所求人に直接応募	事業開始の準備	その他
男女計	198	53	7	6	69	10	7	2	42
男性	113	29	4	3	37	7	4	1	27
女性	85	24	3	3	32	4	3	0	16

(5)探している仕事の形態別失業者数

（単位　万人）

性	総数	雇われてする仕事						自営業主※内職者を含む	うち内職者	その他
		総数	正規の職員・従業員	非正規の職員・従業員	パート・アルバイト	労働者派遣事業所の派遣社員	その他			
男女計	198	178	93	85	72	8	5	6	1	11
男性	113	98	63	35	28	4	4	5	0	8
女性	85	80	30	50	44	5	2	2	1	3

(6)仕事につけない理由別失業者数

（単位　万人）

性	総数	賃金・給料が希望と合わない	勤務時間・休日などが希望とあわない	求人の年齢と自分の年齢とがあわない	自分の技術や技能が求人要件に満たない	希望する種類・内容の仕事がない	条件にこだわらないが仕事がない	その他
男女計	198	14	23	20	13	59	11	55
男性	113	9	7	13	8	35	8	32
女性	85	5	16	7	5	23	3	24

等の状態（令和４年平均）

(7)仕事につけない理由・年齢階級別失業者数（男女計）

（単位　万人）

年齢階級	総　数	賃金・給料	勤務時間・休日	求人の年齢	技術や技能の求人要件	希望の種類内容の仕事がない	条件にこだわらないが仕事がない	その他
総数	198	14	23	20	13	59	11	55
15～24歳	30	1	4	0	2	9	2	12
25～34	44	4	5	0	4	14	2	14
35～44	35	3	5	2	2	10	2	10
45～54	38	4	5	4	2	10	2	9
55～64	33	2	4	8	1	10	1	7
65歳以上	18	0	1	5	1	5	2	3

(8)非労働力人口での就業希望状況と就業希望者の非求職理由

（単位　万人・％）

項　　目	男女計	男性	女性	男女計	男性	女性
非労働力人口	4,105	1,508	2,597			
就業希望者	238	77	161	100.0	100.0	100.0
適当な仕事がありそうにない(以下５項目合計)	85	31	54	35.7	40.3	33.5
近くに仕事がありそうにない	16	5	11	6.7	6.5	6.8
自分の知識・能力にあう仕事がありそうにない	15	7	9	6.3	9.1	5.6
勤務時間・賃金などが希望にあう仕事がありそうにない	26	6	20	10.9	7.8	12.4
今の景気や季節では仕事がありそうにない	8	4	4	3.4	5.2	2.5
その他	20	10	11	8.4	13.0	6.8
出産・育児のため	38	0	38	16.0	0.0	23.6
介護・看護のため	15	4	11	6.3	5.2	6.8
健康上の理由のため	52	21	31	21.8	27.3	19.3
その他	43	18	25	18.1	23.4	15.5
就業内定者	87	43	44			
就業非希望者	3,770	1,384	2,386			

(9)年齢階級別転職者数（過去１年間に離職）

（単位　万人）

性	総数	15～24歳	25～34	35～44	45～54	55～64	65歳以上
男女計	283	47	72	53	51	42	19
男性	131	19	34	21	20	24	12
女性	152	27	38	32	31	18	6

(10)現職・前職従業上地位別転職者数（過去３年間に離職・男女計・令和４年）

（単位　万人）

現職の従業上の地位＼前職の従業上の地位	役員を除く雇用者	正規の職員・従業員	非正規の職員・従業員	パート・アルバイト	労働者派遣事業所の派遣社員	契約社員・嘱託	その他
役員を除く雇用者	718	368	351	241	49	51	9
正規の職員・従業員	304	233	71	44	9	14	4
非正規の職員・従業員	414	135	279	197	39	37	6
パート・アルバイト	250	53	197	173	8	14	2
労働者派遣事業所の派遣社員	55	15	40	10	26	4	0
契約社員	67	39	29	9	4	14	1
嘱託	30	24	7	2	1	4	0
その他	11	4	7	3	1	1	2

注：E-29は完全失業者ではなく2018年から公表されるようになった「失業者」の値。両者とも、１．仕事がなくて調査週間中に少しも仕事をしなかった（就業者ではない）、２．仕事があればすぐ就くことができ、３．調査期間中に仕事を探す活動や事業を始める準備をしていたと（過去の求職活動の結果を待っている場合を含む）いう定義は一緒だが、前者は調査「週間」内に後者は調査「月間」内と調査期間に差がある。従って完全失業者は179万人、失業者は198万人と後者の方が多い（令和４年平均）。

F－1　1人月平均実労働時間数・出勤日数〔就業形態計〕

（単位　時間・日）

項目・産業		事業所規模30人以上					事業所規模5人以上				
		平成25年	令和元年	2	3	4	平成25年	令和元年	2	3	4
総実労働時間数（時間）	調査産業計	148.7	144.4	140.4	142.4	143.2	144.5	139.1	135.1	136.1	136.1
	鉱業，採石業等	163.8	163.9	159.7	160.2	155.4	168.3	169.0	168.9	164.0	160.0
	建設業	173.3	170.7	168.6	169.3	165.5	171.5	168.2	165.4	165.3	163.5
	製造業	164.6	162.0	155.8	159.0	159.3	163.1	159.8	153.2	155.9	156.6
	電気・ガス・熱供給・水道業	156.4	154.4	156.4	156.3	155.1	155.6	153.0	153.8	155.1	154.0
	情報通信業	161.6	154.9	156.2	159.0	156.8	162.6	154.2	156.1	158.3	156.1
	運輸業，郵便業	170.4	164.0	157.7	160.0	162.2	171.4	166.7	161.5	163.6	165.0
	卸売業，小売業	136.5	134.3	133.0	134.7	135.2	136.7	131.8	130.0	130.8	130.6
	金融業，保険業	148.9	145.9	146.3	147.4	145.5	148.1	144.8	144.9	146.1	144.5
	不動産・物品賃貸業	147.4	144.2	140.7	144.3	146.8	153.1	146.1	144.9	146.9	146.0
	学術研究等	155.6	155.4	153.8	156.0	156.8	155.0	153.1	150.8	153.6	153.2
	飲食サービス業等	112.4	103.7	88.8	88.2	99.5	103.7	95.9	85.8	83.7	89.5
	生活関連サービス等	132.4	121.9	105.8	113.2	122.4	136.6	125.4	112.1	119.2	123.7
	教育，学習支援業	127.4	126.1	123.6	126.9	128.8	125.4	122.5	121.8	121.0	121.1
	医療，福祉	143.4	140.6	139.0	139.1	137.5	135.4	131.7	130.4	130.5	129.4
	複合サービス事業	155.4	149.4	149.4	149.8	149.0	150.6	147.6	146.5	147.8	146.1
	その他のサービス業	141.5	136.8	132.5	133.9	135.9	144.7	139.2	134.8	137.1	138.1
所定内労働時間数（時間）	調査産業計	135.8	132.0	129.6	130.8	131.0	133.5	128.5	125.9	126.4	126.0
	鉱業，採石業等	150.7	147.0	144.8	144.6	140.5	156.1	153.6	153.4	152.6	148.9
	建設業	153.9	149.9	149.3	149.6	146.8	157.5	153.4	151.9	151.5	149.7
	製造業	147.0	145.3	142.4	143.7	143.3	147.1	144.7	141.3	142.3	142.2
	電気・ガス・熱供給・水道業	140.2	137.7	139.0	140.1	138.9	140.7	138.3	138.6	140.6	139.5
	情報通信業	143.0	139.3	140.7	142.5	140.3	144.8	139.4	141.3	142.8	140.4
	運輸業，郵便業	146.3	140.7	136.9	138.4	140.1	147.7	143.6	140.4	141.5	142.4
	卸売業，小売業	128.6	126.1	125.5	126.8	126.9	129.4	124.2	123.2	123.8	123.2
	金融業，保険業	134.9	132.4	132.3	133.1	131.1	136.0	133.3	133.2	134.4	132.5
	不動産・物品賃貸業	134.9	132.4	130.1	131.8	133.5	140.9	135.1	133.2	135.4	134.8
	学術研究等	140.2	139.1	139.2	140.6	141.1	141.5	139.2	137.9	139.9	139.6
	飲食サービス業等	104.7	96.5	84.0	84.1	93.2	97.9	90.1	81.6	80.4	84.8
	生活関連サービス等	124.4	114.0	100.7	107.4	115.4	129.2	118.6	107.5	113.9	117.5
	教育，学習支援業	119.5	116.3	114.9	116.4	117.3	117.7	113.0	113.3	111.8	111.4
	医療，福祉	137.3	134.4	133.5	133.6	131.4	130.2	126.5	125.8	125.9	124.4
	複合サービス事業	146.9	137.5	138.8	138.3	136.5	142.8	138.3	138.5	139.5	137.2
	その他のサービス業	129.3	125.8	123.0	123.9	124.8	133.2	128.7	125.6	127.0	127.4
所定外労働時間数（時間）	調査産業計	12.9	12.4	10.8	11.6	12.2	11.0	10.6	9.2	9.7	10.1
	鉱業，採石業等	13.1	16.9	14.9	15.6	14.9	12.2	15.4	15.5	11.4	11.1
	建設業	19.4	20.8	19.3	19.7	18.7	14.0	14.8	13.5	13.8	13.8
	製造業	17.6	16.7	13.4	15.3	16.0	16.0	15.1	11.9	13.6	14.4
	電気・ガス・熱供給・水道業	16.2	16.7	17.4	16.2	16.2	14.9	14.7	15.2	14.5	14.5
	情報通信業	18.6	15.6	15.5	16.5	16.5	17.8	14.8	14.8	15.5	15.7
	運輸業，郵便業	24.1	23.3	20.8	21.6	22.1	23.7	23.1	21.1	22.1	22.6
	卸売業，小売業	7.9	8.2	7.5	7.9	8.3	7.3	7.6	6.8	7.0	7.4
	金融業，保険業	14.0	13.5	14.0	14.3	14.4	12.1	11.5	11.7	11.7	12.0
	不動産・物品賃貸業	12.5	11.8	10.6	12.5	13.3	12.2	11.0	11.7	11.5	11.2
	学術研究等	15.4	16.3	14.6	15.4	15.7	13.5	13.9	12.9	13.7	13.6
	飲食サービス業等	7.7	7.2	4.8	4.1	6.3	5.8	5.8	4.2	3.3	4.7
	生活関連サービス等	8.0	7.9	5.1	5.8	7.0	7.4	6.8	4.6	5.3	6.2
	教育，学習支援業	7.9	9.8	8.7	10.5	11.5	7.7	9.5	8.5	9.2	9.7
	医療，福祉	6.1	6.2	5.5	5.5	6.1	5.2	5.2	4.6	4.6	5.0
	複合サービス事業	8.5	11.9	10.6	11.5	12.5	7.8	9.3	8.0	8.3	8.9
	その他のサービス業	12.2	11.0	9.5	10.0	11.1	11.5	10.5	9.2	10.1	10.7
出勤日数（日）	調査産業計	18.8	18.2	17.9	18.0	17.9	18.7	18.0	17.7	17.7	17.6
	建設業	20.4	19.9	19.7	19.9	19.3	20.9	20.5	20.6	20.3	20.0
	製造業	19.3	19.0	19.8	18.8	18.7	19.5	19.2	20.3	18.8	18.8
	情報通信業	19.0	18.4	18.6	18.7	18.4	19.1	18.4	18.7	18.7	18.5
	運輸業，郵便業	19.9	19.3	18.6	18.8	18.9	20.1	19.6	18.6	19.2	19.2
	卸売業，小売業	19.1	18.3	18.8	18.2	18.1	18.9	18.0	19.2	17.9	17.8
	金融業，保険業	18.5	18.2	18.2	18.3	18.0	18.6	18.3	17.9	18.4	18.1
	教育学習支援業	16.7	16.5	18.2	16.4	16.4	16.7	16.2	18.3	16.1	16.0
	医療，福祉	18.7	18.3	18.2	18.2	17.9	18.3	17.8	17.7	17.7	17.4

資料出所　厚生労働省「毎月勤労統計調査」。

注　1．数値は一般労働者とパートタイム労働者を合計（いずれも常用雇用）した就業形態計のもの。
2．所定内労働時間は事業所の就業規則等で定められた正規の始業時間と終業時間との間の休憩時間が除かれた実労働時間で、有給休暇等の消化があった場合は、その分は計算対象から除かれる。
3．所定外労働時間は早出、残業、休日出勤等の従業員平均の実労働時間である。
4.サービス業は家事サービス業及び外国公務を除く。
5.出勤日数欄は、スペースの都合で、労働者数と時系列数値を勘案して、８産業のみの掲載としている。

F－2　製造業中分類別１人月平均実労働時間数〔就業形態計〕（５人以上事業所）

（単位　時間）

項目・年		食料品たばこ	繊維工業	木材木製品	家具装備品	パルプ紙	印刷同関連	化学石油石炭	プラスチック	ゴム製品	窯業土石	鉄鋼	非鉄金属
総実労働時間数	平成25年	154.3	157.4	171.6	169.4	162.8	170.3	154.3	162.1	162.5	162.8	168.4	163.4
	26	154.0	158.4	169.5	170.7	162.5	168.7	155.1	163.4	164.2	165.4	170.3	164.9
	27	152.4	158.0	170.3	168.2	164.1	170.5	156.6	164.1	165.1	167.0	173.2	164.4
	28	152.5	156.2	173.0	162.7	163.4	169.1	157.3	163.5	165.4	166.4	173.6	165.7
	29	152.5	156.4	173.0	168.2	163.9	169.7	158.0	164.2	166.9	166.3	175.2	167.2
	30	154.0	156.2	173.1	165.2	161.5	168.4	156.4	162.5	164.1	165.2	174.2	165.5
	令和元年	151.2	154.2	167.3	164.6	157.9	164.5	155.2	157.6	159.4	160.3	169.6	164.8
	2	146.3	144.6	159.3	158.5	153.9	153.2	150.6	153.4	151.5	158.6	156.8	156.8
	3	146.7	143.5	162.1	159.1	152.4	155.2	153.7	156.4	157.1	160.5	163.7	162.1
	4	149.8	147.1	161.8	159.5	153.9	156.8	151.4	154.7	158.0	160.0	165.7	160.8
所定内労働時間数	平成25年	141.0	149.7	157.9	154.8	150.0	151.9	143.5	148.4	149.0	149.2	150.7	149.1
	26	140.2	149.7	156.4	155.4	149.8	150.5	143.8	148.7	148.9	151.2	151.0	149.1
	27	139.2	149.4	156.6	153.2	149.7	151.3	144.8	149.6	149.3	152.6	152.7	147.5
	28	139.5	148.2	158.7	149.9	148.8	151.1	144.8	148.7	148.6	152.1	152.5	148.1
	29	139.6	147.8	158.3	153.3	149.5	151.7	145.4	148.2	148.1	151.4	152.2	148.0
	30	141.1	147.7	155.9	151.1	147.0	151.4	144.1	147.0	146.1	150.6	150.5	147.7
	令和元年	138.8	145.3	152.5	150.2	144.8	147.8	142.3	144.1	144.7	147.7	148.8	147.7
	2	135.0	138.1	148.5	147.3	142.2	139.5	140.2	141.7	140.9	147.2	142.9	143.8
	3	134.7	136.6	150.2	146.2	141.5	141.2	140.9	142.5	144.0	146.7	146.4	146.1
	4	135.1	139.4	149.8	146.8	141.1	143.2	138.9	140.1	143.8	146.5	147.3	145.5
所定外労働時間数	平成25年	13.3	7.7	13.7	14.6	12.8	18.4	10.8	13.7	13.5	13.6	17.7	14.3
	26	13.8	8.7	13.1	15.3	12.7	18.2	11.3	14.7	15.3	14.2	19.3	15.8
	27	13.2	8.6	13.7	15.0	14.4	19.2	11.8	14.5	15.8	14.4	20.5	16.9
	28	13.0	8.0	14.3	12.8	14.6	18.0	12.5	14.8	16.8	14.3	21.1	17.6
	29	12.9	8.6	14.7	14.9	14.4	18.0	12.6	16.0	18.8	14.9	23.0	19.2
	30	12.9	8.5	17.2	14.1	14.5	17.0	12.3	15.5	18.0	14.6	23.7	17.8
	令和元年	12.4	8.9	14.8	14.4	13.1	16.7	12.9	13.5	14.7	12.6	20.8	17.1
	2	11.3	6.5	10.8	11.2	11.7	13.7	10.4	11.7	10.6	11.4	13.9	13.0
	3	12.0	6.9	11.9	12.9	10.9	14.0	12.8	13.9	13.1	13.8	17.3	16.0
	4	14.7	7.7	12.0	12.7	12.8	13.6	12.5	14.6	14.2	13.5	18.4	15.3

項目・年		金属製品	はん用機器	生産用機器	業務用機器	電子部品デバイス	電気機器	情報通信機器	輸送用機器	その他製造業	消費関連製造業	素材関連製造業	機械関連製造業
総実労働時間数	平成25年	170.5	166.6	169.2	159.8	158.1	159.4	157.0	168.8	159.1	158.3	163.7	164.0
	26	170.0	167.7	172.6	159.7	160.5	161.6	156.9	170.3	157.6	157.9	164.4	165.9
	27	166.8	167.2	173.9	159.1	160.3	162.1	157.8	170.7	157.5	157.0	164.7	166.2
	28	165.7	167.3	171.6	159.0	160.6	160.6	156.7	171.4	157.3	156.3	164.6	165.8
	29	167.4	167.0	173.4	159.4	161.6	160.5	157.9	172.3	157.3	156.7	165.6	166.5
	30	170.0	168.4	173.2	158.0	161.9	159.6	158.3	171.3	154.5	156.7	165.1	166.7
	令和元年	164.9	165.5	166.6	156.4	156.0	156.1	154.7	167.2	152.2	154.1	161.2	162.3
	2	155.3	157.2	157.2	152.7	154.7	151.8	153.6	158.7	144.8	147.4	154.5	156.0
	3	158.6	160.8	163.1	153.3	159.8	155.1	154.8	162.6	145.8	147.9	157.7	159.9
	4	159.7	162.3	164.8	152.8	157.8	155.2	154.4	162.4	146.5	150.5	157.4	160.2
所定内労働時間数	平成25年	152.8	150.9	151.0	147.1	144.3	144.4	143.4	148.2	148.1	145.2	149.3	147.3
	26	153.0	149.7	152.1	146.4	144.6	145.0	143.2	148.3	146.4	144.4	149.6	147.5
	27	151.3	149.2	152.3	145.8	144.4	145.3	142.6	148.7	145.8	143.7	149.8	147.5
	28	150.4	149.7	152.0	145.8	144.6	145.0	142.1	149.4	146.4	143.5	149.4	147.7
	29	150.9	149.8	152.6	146.5	145.0	144.6	143.6	149.7	146.9	143.8	149.5	148.0
	30	151.7	149.9	152.5	144.7	145.6	143.7	144.2	148.7	144.6	144.1	148.6	147.8
	令和元年	148.5	148.7	149.4	143.1	141.6	141.3	140.5	147.0	143.0	141.8	146.2	145.4
	2	144.2	145.4	145.4	141.8	140.4	140.3	140.6	143.3	137.8	136.8	143.0	142.8
	3	146.3	146.5	147.9	142.1	142.8	141.7	141.3	145.1	137.8	136.6	144.3	144.5
	4	146.3	145.8	148.9	141.6	141.5	141.4	140.6	145.2	137.9	137.4	143.5	144.5
所定外労働時間数	平成25年	17.7	15.7	18.2	12.7	13.8	15.0	13.6	20.6	11.0	13.1	14.4	16.7
	26	17.0	18.0	20.5	13.3	15.9	16.6	13.7	22.0	11.2	13.5	14.8	18.4
	27	15.5	18.0	21.6	13.3	15.9	16.8	15.2	22.0	11.7	13.3	14.9	18.7
	28	15.3	17.6	19.6	13.2	16.0	15.6	14.6	22.0	10.9	12.8	15.2	18.1
	29	16.5	17.2	20.8	12.9	16.6	15.9	14.3	22.6	10.4	12.9	16.1	18.5
	30	18.3	18.5	20.7	13.3	16.3	15.9	14.1	22.6	9.9	12.6	16.5	18.9
	令和元年	16.4	16.8	17.2	13.3	14.4	14.8	14.2	20.2	9.2	12.3	15.0	16.9
	2	11.1	11.8	11.8	10.9	14.3	11.5	13.0	15.4	7.0	10.6	11.5	13.2
	3	12.3	14.3	15.2	11.2	17.0	13.4	13.5	17.5	8.0	11.3	13.4	15.4
	4	13.4	16.5	15.9	11.2	16.3	13.8	13.8	17.2	8.6	13.1	13.9	15.7

資料出所　厚生労働省「毎月勤労統計調査」。
　　注　所定内・所定外労働時間についてはF－１表の注２、３を参照。

F－3 週及び1日所定労働時間数（令和4年）

（単位 %）

企業規模・産業	週当たり労働時間数企業数割合（令和4年）									令和4年			
										1日単位		週単位	
	40時間以下計	34：59以下	35：00～35：59	36：00～36：59	37：00～37：59	38：00～38：59	39：00～39：59	40：00	40時間超計	1企業平均（時間:分）	労働者1人平均（時間:分）	1企業平均（時間:分）	労働者1人平均（時間:分）
計	96.4	2.0	2.1	2.2	9.2	8.7	6.9	65.2	3.5	7：48	7：47	39：28	39：08
1,000人以上	98.5	0.6	3.1	3.0	15.0	20.6	6.5	49.8	1.5	7：47	7：46	39：03	38：53
300～999人	97.5	0.9	3.2	2.1	14.7	14.6	5.9	56.1	2.5	7：48	7：48	39：13	39：09
100～299人	98.2	1.6	2.6	3.2	11.0	10.6	7.8	61.4	1.8	7：48	7：47	39：18	39：11
30～ 99人	95.7	2.3	1.9	1.9	7.9	7.2	6.8	67.8	4.1	7：48	7：48	39：33	39：31
鉱業，採石業，砂利採取業	97.5	－	2.5	4.2	6.8	10.0	10.0	64.0	2.5	7：44	7：45	39：38	39：27
建設業	98.3	0.3	1.5	2.5	9.0	6.1	11.6	67.3	1.7	7：44	7：48	39：32	39：28
製造業	97.5	2.2	1.1	2.6	8.4	11.7	11.0	60.5	2.2	7：50	7：51	39：26	39：12
電気・ガス・熱供給・水道業	98.3	0.9	5.8	6.0	15.2	42.2	5.0	23.3	1.7	7：41	7：41	38：34	38：25
情報通信業	98.3	0.2	9.3	2.2	15.0	13.2	2.6	55.9	1.7	7：45	7：43	38：56	38：43
運輸業，郵便業	92.7	0.0	0.1	0.2	6.9	6.0	12.5	67.0	7.3	7：46	7：47	39：50	39：29
卸売業，小売業	94.0	3.1	2.6	3.6	13.2	7.7	2.8	61.0	6.0	7：45	7：46	39：23	39：01
金融業，保険業	97.9	1.4	7.7	6.2	29.1	16.7	3.3	33.5	2.1	7：39	7：31	38：19	37：36
不動産業，物品賃貸業	94.5	1.3	2.0	2.5	17.4	11.3	2.5	57.3	5.5	7：48	7：45	39：20	38：59
学術研究，専門・技術サービス業	98.8	2.1	9.3	3.6	16.8	12.3	4.3	50.4	1.2	7：45	7：43	38：47	38：39
宿泊業，飲食サービス業	93.1	3.5	－	1.1	3.2	5.1	5.2	75.0	6.9	7：48	7：50	39：52	39：43
生活関連サービス業，娯楽業	92.8	6.2	1.4	0.4	3.7	6.9	6.4	67.8	6.0	7：45	7：45	39：36	39：27
教育，学習支援業	97.1	2.3	3.9	3.6	6.5	7.0	6.4	67.4	2.9	7：45	7：41	39：16	38：55
医療，福祉	99.8	0.4	2.3	0.5	9.1	8.6	4.6	74.3	0.2	7：52	7：47	39：28	39：13
複合サービス事業	94.8	1.0	1.6	4.9	35.9	9.4	8.8	33.2	5.2	7：37	7：51	38：44	39：15
サービス業(他に分類されないもの)	97.1	4.0	0.6	3.0	1.9	6.8	7.8	73.0	2.9	7：51	7：46	39：44	39：17

資料出所　厚生労働省「就労条件総合調査」。
注　1．休憩時間を差し引いた制度としての労働時間で、実際に就業した労働時間とは異なる。
　　2．「1企業平均」と「労働者1人平均」は、企業において最も多くの労働者に適用される週所定労働時間を平均したものである。

F－4 週休制の実施方法（令和4年1月）

（単位 %）

企業規模・産業	全企業=100.0					全従業員=100.0				
	週休1日制または週休1日半制	何らかの週休2日制	その他の週休2日制	完全週休2日制	その他	週休1日制または週休1日半制	何らかの週休2日制	その他の週休2日制	完全週休2日制	その他
計	7.8	83.5	34.8	48.7	8.6	3.2	86.7	26.9	59.8	10.1
1,000人以上	2.6	86.2	20.4	65.8	11.2	0.9	89.3	15.2	74.1	9.8
300～999人	2.6	88.5	27.3	61.2	8.9	1.7	87.5	24.8	62.6	10.8
100～299人	4.5	85.5	37.3	48.2	10.0	3.6	85.8	39.1	46.7	10.6
30～ 99人	9.5	82.3	35.2	47.1	8.0	7.8	82.6	35.2	47.4	9.6
鉱業，採石業，砂利採取業	7.5	90.8	66.5	24.3	1.7	5.8	90.1	56.8	33.3	4.1
建設業	8.8	86.6	51.6	35.1	4.6	2.9	92.1	35.9	56.2	5.0
製造業	3.7	89.3	40.1	49.3	6.7	1.0	91.7	23.4	68.3	7.3
電気・ガス・熱供給・水道業	－	88.9	14.9	74.0	11.1	0.1	87.8	8.9	78.9	12.1
情報通信業	0.9	91.2	6.6	84.6	7.9	0.3	85.3	4.6	80.7	14.4
運輸業，郵便業	28.2	68.6	48.1	20.5	3.2	12.8	77.1	48.1	29.0	10.1
卸売業，小売業	10.2	78.0	37.7	40.2	11.8	3.8	81.0	32.0	49.0	15.2
金融業，保険業	0.2	97.3	2.6	94.7	2.5	0.4	95.6	0.5	95.1	4.0
不動産業，物品賃貸業	4.0	91.9	33.9	57.9	4.1	1.8	94.5	31.7	62.8	3.7
学術研究，専門・技術サービス業	1.0	90.4	13.4	77.0	8.6	0.3	91.5	7.6	83.9	8.2
宿泊業，飲食サービス業	15.9	77.8	50.1	27.7	6.3	7.9	78.2	45.2	33.0	13.9
生活関連サービス業，娯楽業	7.7	81.7	42.0	39.8	9.4	6.1	81.2	38.3	42.9	12.7
教育，学習支援業	8.8	81.0	33.2	47.8	10.2	7.2	84.4	33.8	50.5	8.4
医療，福祉	0.5	85.5	19.4	66.1	14.0	1.7	84.0	24.8	59.2	14.3
複合サービス事業	6.7	89.1	30.9	58.3	4.2	1.1	96.9	11.5	85.4	2.0
サービス業(他に分類されないもの)	9.0	84.8	31.3	53.4	6.2	4.3	89.5	29.3	60.2	6.2
平成20年計	9.0	87.9	48.4	39.6	3.1	3.5	90.6	22.5	56.1	5.9

資料出所　厚生労働省「就労条件総合調査」。
注　1．「主な週休制」とは、企業において最も多くの労働者に適用される週休制をいう。
　　2．「その他の週休2日制」とは、月3回、隔週、月2回、月1回の週休2日制など、実質的に完全週休2日制より休日日数が少ないものをいう。
　　3．「その他」とは、何らかの週休3日制など、実質的に完全週休2日制より休日日数が多いものをいう。

F－5　年間休日総数別企業数の割合（令和４年１月）

（単位　%）

企業規模	合計	69日以下	70～79日	80～89日	90～99日	100～109日	110～119日	120～129日	130日以上	１企業平均（日）	労働者１人平均（日）
規模計	100.0	4.3	3.1	4.7	6.6	29.6	20.6	30.2	1.0	107.0	115.3
1,000人以上	100.0	0.5	0.9	0.6	2.9	21.2	22.1	51.0	0.9	115.5	119.1
300～999人	100.0	0.8	0.7	0.9	3.6	26.9	20.3	45.0	1.9	114.1	116.8
100～299人	100.0	2.3	2.4	3.3	6.4	28.9	21.9	34.1	0.6	109.2	113.0
30～ 99人	100.0	5.4	3.6	5.6	7.1	30.3	20.2	26.9	1.0	105.3	110.0
平成20年計	100.0	3.0	4.0	9.2	13.7	28.3	17.4	23.1	1.2	105.5	112.3

資料出所　厚生労働省「就労条件総合調査」。
注　「１企業平均年間休日総数」「労働者１人平均年間休日総数」は、企業において最も多くの労働者が適用される年間休日総数を平均したもの。

F－6　年次有給休暇の取得率・計画的付与制度（令和４年１月）

企業規模	全体			計画的付与制度あり				計画的付与制度なし			
	付与日数 A（日）	取得日数 B（日）	取得率 B/A（%）	割合（%）	付与日数 A（日）	取得日数 B（日）	取得率 B/A（%）	割合（%）	付与日数 A（日）	取得日数 B（日）	取得率 B/A（%）
規模計	17.6	10.3	58.3	43.1	17.8	10.5	58.9	56.9	17.5	10.1	57.7
1,000人以上	18.5	11.7	63.2	47.3	18.8	12.0	63.5	52.7	18.1	11.4	62.9
300～999人	17.8	10.2	57.5	49.8	17.9	10.2	57.0	50.2	17.7	10.3	58.1
100～299人	17.1	9.5	55.3	45.3	17.3	9.7	56.0	54.7	17.0	9.3	54.7
30～ 99人	16.7	8.9	53.5	41.7	16.4	9.0	54.7	58.3	16.9	8.9	52.4
平成20年計	17.6	8.2	46.7	15.7	18.8	9.7	51.4	84.3	17.1	7.7	44.7

資料出所　厚生労働省「就労条件総合調査」。
注　１．年次有給休暇とは労働基準法第39条でいう休暇をいう。
２．労働者１人平均の年次有給休暇付与日数、取得日数及び取得率は、当該年間のもので、前年からの繰越日数分は除いてある。「取得率」は、表示年の年間についてみたものである。
３．「１企業平均１日の所定労働時間」「労働者１人平均１日の所定労働時間」は、企業において最も多くの労働者が適用される１日の所定労働時間を平均したもの。

〔参考〕失効した年次有給休暇について、平成26年6月の中労委調査（F－７表・資料出所と注参照）では、集計社数220社のうち、積立・保存し特別休暇として利用のできる休暇制度のある企業は188社（85.4%）となっている。またその利用目的に制限のある企業は188社中183社（97.3%）で、病気療養（174社）、看護・介護(163社)、災害(24社)、ボランティア活動(84社)、自己啓発(35社)、リフレッシュ(42社)、再就職準備(16社)、その他(59社)、がその内容(M.A.)となっている。

F－７　産業別年間及び通常日所定労働時間数と休日日数

（本社事務）〔令和４年６月〕

産業	集計社数（社）	年間所定労働時間（時間：分）	通常日の所定労働時間（時間：分）	年間休日日数（日）	産業	集計社数（社）	年間所定労働時間（時間：分）	通常日の所定労働時間（時間：分）	年間休日日数（日）
鉱業	2	1912：00	7：55	124.5	建設	13	1881：17	7：54	125.9
製造業	98	1875：30	7：46	123.2	銀行・保険	5	1794：30	7：24	122.2
食品・たばこ	11	1863：56	7：44	123.5	私鉄・バス	15	1914：02	7：49	119.7
繊維	5	1852：12	7：36	121.6	貨物運送	1	*	*	*
印刷	1	*	*	*	海運・倉庫	4	1788：30	7：15	118.0
パルプ・製紙	3	1820：00	7：30	122.3	電力	7	1843：20	7：40	124.4
化学	22	1846：02	7：38	123.3	ガス	3	1869：47	7：42	122.3
薬品	1	*	*	*	百貨店・スーパー	3	1936：00	7：47	116.0
石油	2	1812：59	7：30	123.5	商事	7	1776：30	7：19	122.3
ゴム	1	*	*	*	新聞・放送	5	1797：36	7：12	115.4
窯業・土石製品	5	1885：47	7：48	123.2	ホテル・旅行	2	2017：10	7：50	107.5
製鉄・製鋼	6	1902：02	7：47	120.5	情報サービス	2	1819：00	7：38	126.5
非鉄金属	2	1916：00	7：55	123.0	飲食・娯楽	2	2032：00	8：00	111.0
機械	12	1891：28	7：55	125.8	その他のサービス	1	*	*	*
電気機器	12	1861：56	7：45	124.7	医療施設	36	1857：35	7：35	118.7
車輛・自動車	11	1939：29	7：57	121.2	※医療施設は調査産業計に含まない。				
造船	4	1918：56	7：56	123.3	調査産業計	170	1872：17	7：43	122.3

資料出所　中央労働委員会事務局「賃金事情等総合調査─労働時間、休日・休暇調査─」。
注　１．資本金５億円以上、労働者数1,000人以上の民間企業。
２．＊は１社のみの回答のため公表されていないが、調査産業計には含まれる。
３．年間については令和２年１～12月の１年間についてみたもので、この期間で回答を得られない場合は直近の１年間についてみたもの。
４．１～６月末迄に時間短縮した場合は、短縮後の所定労働時間とした。

F－8 変形労働時間制・みなし労働時間制の採用状況

(1)変形及びみなし労働時間制採用企業数割合（令和4年1月）

（単位 %）

年 企業規模 産業	全企業	変形労働時間制					みなし労働時間制				
		変形労働時間制を採用している	1年単位の変形労働時間制	1カ月単位の変形労働時間制	フレックスタイム制	変形労働時間制を採用していない	みなし労働時間制を採用している	事業場外労働のみなし労働時間制	専門業務型裁量労働制	企画業務型裁量労働制	みなし労働時間制を採用していない
規模計	100.0	64.0	34.3	26.6	8.2	35.5	14.1	12.3	2.2	0.6	85.3
1,000人以上	100.0	77.9	22.1	47.0	31.2	21.5	22.8	14.6	8.1	5.0	77.0
300～999人	100.0	69.7	27.6	37.6	17.0	29.8	16.5	13.0	4.2	1.5	83.2
100～299人	100.0	66.1	34.1	31.4	8.4	33.4	13.5	11.6	2.6	0.4	86.2
30～99人	100.0	62.4	35.4	23.5	6.6	37.2	13.8	12.4	1.7	0.5	85.5
鉱業，採石業，砂利採取業	100.0	71.7	57.4	16.7	6.0	28.3	5.0	5.0	－	－	95.0
建設業	100.0	74.0	62.5	9.1	5.1	26.0	13.8	13.4	0.3	0.1	86.2
製造業	100.0	66.3	48.5	13.2	9.4	33.6	15.4	14.5	1.8	0.5	83.7
電気・ガス・熱供給・水道業	100.0	60.4	12.2	52.7	15.5	39.6	7.7	7.0	0.4	0.7	92.3
情報通信業	100.0	46.5	6.6	8.2	35.9	53.5	37.6	19.4	21.0	2.8	62.4
運輸業，郵便業	100.0	77.6	50.8	32.8	3.2	21.1	10.1	10.0	0.0	0.0	88.7
卸売業，小売業	100.0	59.5	33.7	22.8	9.8	39.6	18.0	17.7	1.4	0.8	82.0
金融業，保険業	100.0	30.9	4.2	17.5	12.5	69.1	15.8	12.2	1.1	3.9	84.2
不動産業，物品賃貸業	100.0	63.1	29.2	25.5	14.4	35.7	19.3	16.7	2.6	－	79.4
学術研究，専門・技術サービス業	100.0	43.6	12.8	10.7	22.1	56.0	27.7	12.8	12.1	4.6	72.3
宿泊業，飲食サービス業	100.0	68.5	21.6	48.3	2.7	30.8	10.9	9.9	0.1	0.9	89.1
生活関連サービス業，娯楽業	100.0	60.8	29.4	32.5	3.2	38.1	17.2	14.7	2.3	0.2	81.6
教育，学習支援業	100.0	64.2	40.4	26.0	2.5	34.8	13.1	8.7	4.6	0.1	86.9
医療，福祉	100.0	67.7	18.2	51.0	2.2	32.3	4.1	4.1	0.4	－	94.8
複合サービス事業	100.0	64.3	40.4	25.4	19.7	35.7	10.8	10.6	0.2	－	89.2
サービス業(他に分類されないもの)	100.0	57.6	30.0	23.9	9.0	41.9	11.1	10.8	0.2	0.4	88.5
平成20年計	100.0	52.9	35.8	14.4	4.9	47.1	10.5	8.8	2.2	0.9	89.5

資料出所 厚生労働省「就労条件総合調査」。(2)表も同じ。

注 1.「変形労働時間制」とは業務の繁閑や特殊性に応じて所定労働時間の配分等を工夫できる制度で、「1年単位の変形労働時間制」、「1カ月単位の変形労働時間制」、「フレックスタイム制」、「1週間単位の非定型的変形労働時間制」があり、「採用している」欄は1週間単位も含む。

2.「事業場外労働のみなし労働時間制」とは事業場外で業務に従事し、労働時間を算定することが困難な業務に従事した場合において、所定労働時間労働したものとみなす等の制度。「専門業務型裁量労働制」とは研究開発等19種の業務に限って労使協定により定めた時間労働したものとみなす制度。「企画業務型裁量労働制」とは企業の本社等の中枢部門で「企画・立案、調査及び分析」を行う労働者を対象に、労使委員会で決議し、本人の同意を得て導入できる制度。

(2)変形及びみなし労働時間制適用労働者数割合（令和4年1月）

（単位 %）

年 企業規模 産業	労働者計	変形労働時間制					みなし労働時間制				
		変形労働時間制の適用を受ける労働者	1年単位の変形労働時間制	1ヶ月単位の変形労働時間制	フレックスタイム制	変形労働時間制の適用を受けない労働者	みなし労働時間制労働時間制の適用を受ける労働者	事業場外のみなし労働時間制	専門業務型裁量労働制	企画業務型裁量労働制	みなし労働時間制の適用を受けない労働者
規模計	100.0	52.1	19.0	22.7	10.3	47.9	7.9	6.5	1.2	0.2	92.1
1,000人以上	100.0	50.2	7.5	24.5	18.0	49.8	8.8	6.8	1.7	0.4	91.2
300～999人	100.0	50.8	16.2	25.2	9.3	49.2	9.5	8.7	0.6	0.1	90.5
100～299人	100.0	55.5	27.9	23.6	3.9	44.5	6.0	4.7	1.2	0.0	94.0
30～ 99人	100.0	53.2	32.3	16.4	4.0	46.8	6.7	5.9	0.7	0.2	93.3
鉱業，採石業，砂利採取業	100.0	62.5	41.1	15.4	6.0	37.5	4.7	4.7	－	－	95.3
建設業	100.0	50.8	32.9	6.9	11.0	49.2	7.7	7.7	0.0	0.0	92.3
製造業	100.0	50.6	24.1	11.0	15.5	49.4	6.3	5.4	0.7	0.2	93.7
電気・ガス・熱供給・水道業	100.0	60.6	1.6	15.3	43.6	39.4	2.6	2.5	0.0	0.0	97.4
情報通信業	100.0	40.6	2.4	3.5	34.7	59.4	14.3	4.2	9.6	0.5	85.7
運輸業，郵便業	100.0	70.1	35.7	30.7	3.6	29.9	7.6	7.6	0.0	0.0	92.4
卸売業，小売業	100.0	58.9	26.2	24.5	7.7	41.1	9.8	9.4	0.1	0.3	90.2
金融業，保険業	100.0	15.5	0.7	7.9	6.9	84.5	10.5	9.8	0.0	0.7	89.5
不動産業，物品賃貸業	100.0	53.1	22.7	17.3	13.2	46.9	8.4	7.9	0.6	－	91.6
学術研究，専門・技術サービス業	100.0	42.8	5.9	9.1	27.8	57.2	16.1	9.1	5.8	1.2	83.9
宿泊業，飲食サービス業	100.0	65.7	15.1	47.5	2.7	34.3	6.8	6.6	0.0	0.2	93.2
生活関連サービス業，娯楽業	100.0	59.4	19.6	34.6	4.9	40.6	6.7	6.3	0.2	0.2	93.3
教育，学習支援業	100.0	46.5	20.5	25.0	0.7	53.5	13.6	5.9	7.7	0.0	86.4
医療，福祉	100.0	56.0	6.9	48.8	0.1	44.0	5.2	5.1	0.1	－	94.8
複合サービス事業	100.0	35.4	5.0	29.2	1.3	64.6	3.1	3.1	－	－	96.9
サービス業(他に分類されないもの)	100.0	43.0	13.4	22.2	6.5	57.0	5.8	5.8	0.0	0.0	94.2
平成20年計	100.0	49.3	24.4	17.9	7.0	50.7	7.9	6.2	1.3	0.5	92.1

注 (1)表を参照のこと。

〔参考〕 専門業務型裁量労働制の業務とは、(1)新商品又は新技術の研究開発等、(2)情報処理システムの分析又は設計、(3)記事又は放送番組の取材又は編集、(4)デザイナー、(5)プロデューサー又はディレクター、(6)コピーライター、(7)システムコンサルタント、(8)インテリアコーディネーター、(9)ゲーム用ソフトウェア創作、(10)証券アナリスト、(11)金融工学等の知識を用いて行う金融商品の開発、(12)学校教育法に規定する大学における教授研究、(13)公認会計士、(14)弁護士、(15)建築士（一級建築士、二級建築士、木造建築士）、(16)不動産鑑定士、(17)弁理士、(18)税理士、(19)中小企業診断士の19業務である。

F−9 特別休暇制度の有無・種類別企業数割合(令和4年1月)(単位 %)

企業規模	全企業	右記の特別休暇制度がある企業	夏季休暇	病気休暇	リフレッシュ休暇	ボランティア休暇	教育訓練休暇	その他1週間以上の休暇	特別休暇制度がない企業
規模計	100.0	58.9	41.5	22.7	11.8	4.2	4.0	15.1	39.8
1,000人以上	100.0	72.3	35.7	36.5	41.4	21.6	3.6	28.9	27.2
300～999人	100.0	66.8	40.1	30.2	28.9	10.2	2.7	20.8	33.0
100～299人	100.0	61.1	37.5	22.8	16.2	3.9	2.8	16.4	37.7
30～ 99人	100.0	57.0	43.0	21.5	8.0	3.2	4.5	13.8	41.5
令和3年計	100.0	59.9	42.0	23.8	13.9	4.5	3.2	16.0	40.1
平成30年計	100.0	60.3	44.5	22.5	12.4	4.3	4.2	14.8	39.7
平成25年計	100.0	57.9	44.7	22.4	11.1	2.8	3.2	11.3	42.1
平成19年計	100.0	63.5	48.7	22.8	11.2	2.8	5.2	14.9	42.4

資料出所 厚生労働省「就労条件総合調査」。
注 1.「その他1週間以上の休暇」には産前・産後休暇、育児休業、介護休業、子の看護のための休暇は含まない。
2.平成19年までは「本社の常用雇用者が30人以上の民営企業」で集計したものであり、時系列比較する際は留意されたい。

F−10 特別休暇取得時の賃金の支給状況と最高付与日数(令和4年1月)(単位 %・日)

	該当する特別休暇制度がある企業の割合	賃金の支給状況(制度がある企業=100)				1企業平均1回当たり最高付与日数	有給日数		無給日数
			全部	一部	無給		全部	一部	
夏季休暇									
規模計	41.5	100.0	78.5	3.8	16.6	4.2	−	−	−
1,000人以上	35.7	100.0	85.1	2.0	12.4	5.2	−	−	−
300～999人	40.1	100.0	83.7	2.1	13.3	4.8	−	−	−
100～299人	37.5	100.0	81.6	2.4	15.1	4.0	−	−	−
30～99人	43.0	100.0	77.0	4.4	17.4	4.1	−	−	−
病気休暇									
規模計	22.7	100.0	39.4	18.8	39.0	156.6	60.9	146.7	189.5
1,000人以上	36.5	100.0	48.2	23.3	27.6	322.4	77.7	247.8	288.3
300～999人	30.2	100.0	49.3	14.4	34.3	210.4	70.9	213.9	229.7
100～299人	22.8	100.0	33.3	19.6	45.4	212.5	66.9	129.2	264.3
30～99人	21.5	100.0	39.6	18.9	38.2	119.3	54.8	137.5	151.4
リフレッシュ休暇									
規模計	11.8	100.0	92.8	2.7	3.0	5.6	−	−	−
1,000人以上	41.4	100.0	90.9	2.6	4.7	6.6	−	−	−
300～999人	28.9	100.0	96.3	1.6	1.9	6.7	−	−	−
100～299人	16.2	100.0	96.5	1.2	2.3	5.5	−	−	−
30～99人	8.0	100.0	89.5	4.1	3.6	5.0	−	−	−
ボランティア休暇									
規模計	4.2	100.0	77.9	7.5	12.1	29.3	6.7	119.2	42.7
1,000人以上	21.6	100.0	75.1	4.5	20.0	76.8	9.3	281.9	169.4
300～999人	10.2	100.0	89.4	−	8.5	10.0	8.1	−	52.3
100～299人	3.9	100.0	73.8	6.3	18.6	83.4	6.0	X	X
30～99人	3.2	100.0	76.4	10.9	9.3	4.5	5.6	X	3.9
教育訓練休暇									
規模計	4.0	100.0	80.8	4.0	12.8	19.7	6.5	X	41.6
1,000人以上	3.6	100.0	62.6	5.5	31.9	164.8	34.3	X	338.3
300～999人	2.7	100.0	82.9	−	17.1	209.2	5.5	−	X
100～299人	2.8	100.0	71.3	13.4	15.3	8.3	4.1	X	X
30～99人	4.5	100.0	82.9	2.4	11.6	3.7	6.1	X	X

資料出所 厚生労働省「就労条件総合調査」。

G－1 勤労者世帯の主要家計指標

	年	世帯人員数（人）	実収入（A）	世帯主 定期収入	世帯主 臨時・賞与収入	世帯主の配偶者の収入のうち女性の収入	他の世帯員収入	実支出（B）	消費支出	構 食料	住居	光熱・水道
			（千円）									
農林漁家世帯含む	平成15年	3.49	524.8	361.9	68.6	52.8	9.2	410.7	326.6	21.9	6.8	6.3
	16	3.48	531.7	368.9	67.4	55.9	9.4	417.0	331.6	21.7	6.3	6.3
	17	3.46	524.6	360.0	65.7	57.0	10.8	412.9	329.5	21.5	6.6	6.5
	18	3.43	525.7	359.2	72.1	52.6	10.4	404.5	320.2	21.7	6.3	6.9
	19	3.46	528.8	358.3	75.0	53.4	10.0	409.7	323.5	21.7	6.2	6.7
	20	3.45	534.2	360.8	73.2	55.3	10.9	416.4	324.9	21.9	5.9	7.0
	21	3.43	518.2	353.4	65.9	56.1	9.2	409.4	319.1	22.0	6.1	6.7
	22	3.41	520.7	350.8	66.5	56.9	10.2	409.0	318.3	21.9	6.5	6.8
	23	3.42	510.1	346.9	62.8	53.5	9.4	398.4	308.8	22.2	7.0	7.0
	24	3.42	518.5	347.9	62.7	59.0	9.2	407.4	313.9	22.1	6.5	7.2
	25	3.42	523.6	349.1	66.5	60.7	9.6	416.6	319.2	22.1	6.2	7.2
	26	3.40	519.8	348.6	66.1	59.6	8.1	415.0	318.8	22.3	6.4	7.3
	27	3.39	525.7	346.7	66.2	64.0	7.9	413.8	315.4	23.6	6.2	7.3
	28	3.39	527.0	345.7	67.9	64.4	8.8	407.9	309.6	24.2	6.1	6.7
	29	3.35	533.8	349.3	70.2	64.3	9.1	412.5	313.1	23.8	5.9	6.8
	30	3.32	558.7	348.4	77.6	72.1	13.6	418.9	315.3	24.1	5.8	6.9
	令和元年	3.31	586.1	355.1	83.2	82.3	14.6	433.4	323.9	23.9	6.0	6.7
	2	3.31	609.5	352.1	79.8	87.7	15.2	416.2	305.8	26.0	6.2	7.1
	3	3.28	605.3	360.3	84.2	88.2	15.6	422.1	309.5	25.4	6.4	6.9
	4	3.24	617.7	365.1	85.8	94.6	15.7	437.4	320.6	25.1	6.3	7.6
対前年増減率（%）差（＋・－）	平成16年	－	1.3	1.9	△1.7	5.9	1.9	1.5	1.6	－0.2	－0.5	0.0
	17	－	△1.3	△2.4	△2.5	2.0	14.8	△1.0	△0.6	－0.2	0.3	0.2
	18	－	0.2	△0.2	9.7	△7.7	△3.8	△2.0	△2.8	－0.3	－0.3	0.7
	19	－	0.6	△0.3	4.1	1.5	△4.0	1.3	1.0	0.0	－0.1	－0.2
	20	－	1.0	0.7	△2.4	3.5	9.7	1.6	0.5	0.2	－0.3	0.3
	21	－	△3.0	△2.1	△10.0	1.4	△15.6	△1.7	△1.8	0.1	0.2	0.3
	22	－	0.5	△0.7	0.9	1.4	10.9	△0.1	△0.3	－0.1	0.4	0.1
	23	－	△2.0	△1.1	△5.5	△6.1	△7.7	△2.6	△3.0	0.3	0.5	0.2
	24	－	1.6	0.3	△0.1	10.3	△1.4	2.2	1.7	0.0	0.5	－0.1
	25	－	1.0	0.3	6.0	3.0	4.3	2.3	1.7	－0.1	0.3	－0.1
	26	－	△0.7	△0.1	△5.7	△1.8	△15.9	△0.4	△0.1	1.0	－0.2	－0.1
	27	－	1.1	△0.5	5.6	7.3	△2.1	△0.3	△1.1	1.2	－0.2	－0.1
	28	－	0.2	△0.3	△3.0	0.6	10.4	△1.4	△1.8	0.6	－0.1	－0.6
	29	－	1.3	1.0	3.4	△0.1	3.4	1.1	1.1	－0.3	－0.2	0.1
	30	－	4.7	△0.2	10.6	12.1	50.2	1.6	0.7	0.3	－0.1	0.1
	令和元年	－	4.9	1.9	7.2	14.1	7.0	3.4	2.7	－0.2	0.2	－0.2
	2	－	4.0	△0.8	△4.1	6.6	4.1	△3.9	△5.6	4.1	0.2	0.4
	3	－	△0.7	2.3	5.5	0.6	2.6	1.3	1.2	－0.6	0.2	－0.2
	4	－	2.0	1.3	1.9	7.3	0.6	3.6	3.6	－0.3	－0.1	0.7
年収五分位階級別世帯の動向	Ⅰ	2.90	344.8	216.9	27.5	30.7	8.5	276.1	228.6	27.8	10.0	9.7
	Ⅱ	3.20	454.9	286.2	49.1	55.8	8.3	333.5	261.6	27.2	6.8	8.9
	Ⅲ	3.31	557.3	336.8	75.3	78.2	14.2	390.2	293.8	26.7	5.7	8.4
	Ⅳ	3.40	701.9	422.9	108.5	111.1	14.3	491.2	356.4	24.5	6.2	7.1
	Ⅴ	3.41	1029.3	562.8	168.5	197.1	33.4	695.9	462.7	22.1	4.6	5.8
住宅ローン返済世帯の動向	Ⅰ	3.37	416.6	271.2	42.0	50.0	8.7	290.8	229.2	28.2	2.2	10.2
	Ⅱ	3.65	512.3	332.8	58.3	74.7	3.1	343.2	259.8	28.0	1.8	9.5
	Ⅲ	3.59	605.4	374.6	89.9	92.6	9.1	403.3	296.8	26.6	2.4	8.7
	Ⅳ	3.60	754.9	449.7	123.4	132.2	7.3	503.2	358.9	24.8	2.8	7.4
	Ⅴ	3.60	1074.9	586.2	176.3	227.0	25.2	708.7	466.3	22.4	1.7	6.2

資料出所　総務省統計局「家計調査：家計収支編（２人以上の世帯）」

注　1．令和４年平均の集計世帯3,986、有業人員1.79人、世帯年齢平均50.4歳。
2．実収入には、貯金引出、財産売買、借入金など資産の減少や負債の増加となるものは含まないが、事業・内職収入や財産収入、社会保障給付、仕送り金等が含まれる。
3．世帯主の収入（定期収入、臨時・賞与収入）には、女性が世帯主の場合も含まれる。
4．平均消費性向は、消費支出の可処分所得（実収入－非消費支出）に対する割合である。
5．住宅ローン返済世帯五分位階級の金額は返済世帯以外も含んでいる。

〔全国・２人以上の世帯１カ月平均〕

成比（消費支出＝100）（%）							非消費支出	実収支過不足率 $\left(\frac{A-B}{A}\right)$	平均消費性向	可処分所得	消費水準（4人・30.4日換算）実質	年（西暦）
家具・家事用品	被服及び履き物	保健医療	交通通信	教育	教養娯楽	その他の消費支出	（千円）	%		（千円）	27年=100	
3.2	4.7	3.6	13.7	5.5	9.9	24.5	84.1	21.7	74.1	440.7	106.0	2003
3.1	4.5	3.5	14.3	5.9	10.1	24.3	85.4	21.6	74.3	446.3	106.4	04
3.1	4.5	3.7	14.3	5.6	10.0	24.2	83.4	21.3	74.7	441.2	106.4	05
3.1	4.5	3.6	14.3	5.8	9.8	24.0	84.3	23.1	72.5	441.4	104.5	06
3.1	4.6	3.6	14.3	5.9	10.3	23.6	86.3	22.5	73.1	442.5	105.6	07
3.2	4.4	3.6	14.9	5.8	10.3	23.2	91.5	22.1	73.4	442.7	103.5	08
3.2	4.3	3.8	14.8	6.1	10.4	22.6	90.3	21.0	74.6	427.9	103.8	09
3.3	4.3	3.6	15.1	5.7	10.7	22.1	90.7	21.5	74.0	430.0	104.3	10
3.4	4.2	3.5	14.7	6.0	10.1	21.8	89.6	21.9	73.4	420.5	102.4	11
3.3	4.3	3.7	16.0	5.7	9.7	21.3	93.5	21.4	73.9	425.0	103.3	12
3.3	4.3	3.6	16.5	6.0	9.7	21.2	97.5	20.4	74.9	426.1	104.8	13
3.4	4.3	3.5	16.8	5.7	9.5	20.7	96.2	20.2	75.3	423.5	102.1	14
3.5	4.3	3.5	15.9	5.8	9.6	20.4	98.4	21.3	73.8	427.3	100.0	15
3.5	4.2	3.6	15.8	6.3	9.7	19.8	98.3	22.6	72.2	428.7	98.4	16
3.5	4.2	3.7	15.8	6.1	9.8	20.4	99.4	22.7	72.1	434.4	98.5	17
3.6	4.1	3.8	16.3	6.1	9.5	19.8	103.6	25.0	69.3	455.1	98.7	18
3.7	4.0	3.9	17.0	5.7	9.9	19.2	109.5	26.1	67.9	476.6	—	19
4.4	3.5	4.3	16.2	5.4	8.8	18.3	110.9	31.6	61.3	498.6	—	20
4.1	3.4	4.2	16.0	6.2	8.9	18.5	112.6	30.3	62.8	492.7	—	21
4.1	3.5	4.3	15.8	5.7	9.3	18.4	116.7	29.2	64.0	500.9	—	22
−0.1	−0.2	−0.1	0.6	0.4	0.2	−0.2	1.5	−0.1	0.2	1.3	1.4	2004
0.0	0.0	0.2	0.0	−0.3	−0.1	−0.1	△2.3	−0.3	0.4	△1.1	0.1	05
0.0	0.0	−0.1	0.0	0.2	−0.2	−0.2	1.0	1.8	−2.2	0.1	△2.9	06
0.0	0.1	0.0	0.0	0.1	0.5	−0.4	2.4	−0.6	0.6	0.2	0.7	07
0.1	−0.2	0.0	0.6	−0.1	0.0	−0.4	6.1	−0.4	0.3	0.1	△1.4	08
0.0	−0.1	0.2	−0.1	0.3	0.1	−0.6	△1.3	−1.1	1.2	△3.3	△0.1	09
0.1	0.0	−0.2	0.3	−0.4	0.3	−0.5	0.4	0.5	−0.6	0.5	0.6	10
0.0	0.0	−0.1	−0.4	0.3	−0.6	−0.3	△1.2	0.4	−0.6	△2.2	△2.7	11
0.0	−0.1	−0.2	−1.3	0.3	0.4	0.5	4.3	−0.5	0.7	1.1	1.3	12
0.1	0.0	0.1	−0.5	−0.2	0.1	0.2	4.2	−1.0	1.4	0.3	1.4	13
−0.2	0.0	0.1	−0.3	0.3	0.1	0.5	△1.3	−0.2	−0.4	△0.6	△3.1	14
0.1	0.0	0.0	−0.9	0.1	0.1	−0.3	2.3	1.1	−1.5	0.9	△2.1	15
0.0	−0.1	0.2	−0.1	0.6	0.1	−0.6	△0.1	1.3	1.6	0.3	△1.6	16
0.0	0.0	0.0	0.1	−0.2	0.0	0.6	1.1	0.1	−1.7	1.3	0.1	17
0.1	−0.1	0.1	0.5	0.0	−0.3	−0.6	4.2	2.3	−2.8	4.8	0.2	18
0.1	−0.2	0.1	0.6	−0.3	0.4	−0.6	5.7	1.0	−1.4	4.7	—	19
0.7	−0.5	0.4	−0.8	−0.3	−1.1	−0.9	1.3	5.5	−6.6	4.6	—	20
−0.3	−0.1	−0.1	−0.2	0.8	0.1	0.2	1.5	−1.4	1.5	△1.2	—	21
0.0	0.1	0.1	−0.2	−0.5	0.4	−0.1	3.6	−1.1	1.2	1.7	—	22
4.0	2.9	4.4	15.0	2.6	7.6	16.0	47.6	19.9	76.9	297.2	Ⅰ.488万円未満	
4.2	3.2	4.2	15.4	4.4	8.6	17.1	71.9	26.7	68.3	383.0	Ⅱ.625万円未満	
4.3	3.3	4.4	15.8	5.1	9.1	17.3	96.3	30.0	63.7	461.0	Ⅲ.775万円未満	
4.0	3.7	4.3	16.3	6.0	9.6	18.3	134.7	30.0	62.8	567.2	Ⅳ.984万円未満	
3.9	4.0	4.1	16.0	8.0	10.4	21.2	233.1	32.4	58.1	796.2	Ⅴ.984万円以上	
4.3	3.4	3.9	19.0	4.3	8.9	15.5	61.6	30.2	64.6	355.0	Ⅰ.488万円未満	
4.2	3.7	3.9	17.1	5.9	9.4	16.4	83.3	33.0	60.6	428.9	Ⅱ.625万円未満	
4.2	3.5	4.2	18.2	5.7	9.6	16.8	106.5	33.4	59.5	498.9	Ⅲ.775万円未満	
4.3	3.7	4.5	16.9	7.4	10.5	17.7	144.4	33.3	58.8	610.6	Ⅳ.984万円未満	
3.8	4.2	4.1	16.8	9.6	11.0	20.2	242.4	34.1	56.0	832.5	Ⅴ.984万円以上	

6．住居は家賃、地代、設備修繕・維持がその内容である。
7．その他の消費支出は、諸雑費、こづかい（使途不明）、交際費、仕送り金からなる。
8．非消費支出は、勤労所得税、他の税、社会保障費、他の非消費支出からなる。
9．五分位階級は農林漁家世帯を含んだ勤労者世帯（２人以上）のものである。五分位階級とは、数値を大きさの順に並べてちょうど５等分する位置（４つある）で５つの階級に分けたものをいい、上表では総世帯数を年間収入で５等分に分け、低い方から１／５番目、２／５番目、３／５番目、４／５番目それに５／５番目をそれぞれ、Ⅰ、Ⅱ、Ⅲ、Ⅳ、Ⅴとしている。

G－2　世帯主の年齢階級別
〔全国勤労者世帯：農林漁家世帯を

項目	世帯主の年齢階級 平均	34歳以下	35～39歳	40～44歳	45～49歳	50～54歳
集計世帯数	3,986	336	425	533	643	609
世帯人員数（人）	3.24	3.35	3.76	3.79	3.54	3.27
18歳未満人員（人）	0.87	1.36	1.73	1.74	1.24	0.68
65歳以上人員（人）	0.28	0.01	0.06	0.06	0.08	0.13
有業人員数（人）	1.79	1.57	1.62	1.68	1.79	1.87
世帯主の配偶者のうち女の有業率（%）	55.9	49.5	55.9	63.6	65.2	60.2
世帯主の年齢（歳）	50.4	30.9	37.1	42.0	47.1	51.9
持家率（%）	80.1	50.6	73.3	78.7	79.9	81.9
実収入	617,654	560,098	606,794	645,765	674,468	695,695
勤め先収入	564,011	506,652	566,387	607,906	641,357	666,852
世帯主収入	450,906	402,197	465,118	489,343	512,777	533,617
うち男	425,991	376,130	444,659	467,824	487,940	502,704
定期収入	365,128	323,435	367,240	397,233	408,813	423,029
臨時収入	3,966	3,605	4,371	4,075	5,233	4,240
賞与	81,812	75,157	93,507	88,035	98,730	106,348
世帯主の配偶者収入	97,378	99,259	99,280	116,238	120,569	114,659
うち女	94,573	93,355	92,859	114,831	117,672	112,417
他の世帯員収入	15,728	5,196	1,989	2,325	8,012	18,576
実支出	437,368	343,288	382,460	430,402	471,988	511,689
消費支出	320,627	257,611	281,248	308,828	340,720	366,559
食料	80,502	63,133	77,045	83,293	83,959	84,239
住居	20,115	30,569	21,855	18,687	15,933	18,063
光熱・水道	24,421	19,290	22,203	23,241	24,848	25,837
家具・家事用品	13,000	11,852	12,438	12,654	12,880	13,574
被服及び履物	11,293	10,121	11,179	12,410	13,369	12,960
保健医療	13,708	11,252	12,012	12,051	13,510	13,782
交通・通信	50,688	41,843	43,356	49,163	54,397	56,292
教育	18,126	5,003	9,488	18,705	31,778	36,090
教養娯楽	29,737	24,310	30,734	33,419	33,276	31,586
その他の消費支出	59,036	40,238	40,937	45,207	56,771	74,137
非消費支出	116,740	85,677	101,212	121,574	131,268	145,130
直接税	49,445	31,094	40,670	49,567	54,025	63,132
勤労所得税	21,227	13,172	17,560	21,661	24,042	28,919
個人住民税	20,397	13,579	16,752	20,602	22,608	26,441
他の税	7,820	4,344	6,358	7,303	7,375	7,771
社会保険料	67,175	54,505	60,474	71,958	76,742	81,963
他の非消費支出	121	77	68	49	501	36
可処分所得	500,914	474,421	505,582	524,191	543,200	550,565
平均消費性向（%）	64.0	54.3	55.6	58.9	62.7	66.6
支出構成比（%）（消費支出=100）						
食料（エンゲル係数）	25.1	24.5	27.4	27.0	24.6	23.0
住居	6.3	11.9	7.8	6.1	4.7	4.9
光熱・水道	7.6	7.5	7.9	7.5	7.3	7.0
家具・家事用品	4.1	4.6	4.4	4.1	3.8	3.7
被服及び履き物	3.5	3.9	4.0	4.0	3.9	3.5
保健医療	4.3	4.4	4.3	3.9	4.0	3.8
交通・通信	15.8	16.2	15.4	15.9	16.0	15.4
教育	5.7	1.9	3.4	6.1	9.3	9.8
教養娯楽	9.3	9.4	10.9	10.8	9.8	8.6
その他の消費支出	18.4	15.6	14.6	14.6	16.7	20.2

資料出所　総務省統計局「家計調査年報 家計収支編」
注　1．項目の説明はG－1表の注を参照。
　　2．「他の税」とは勤労所得税以外の所得税、贈与税、相続税、固定資産税、自動車税等。
　　3．平均消費性向＝（消費支出÷可処分所得）×100。

1世帯当り収入と支出

含む男女計〕（令和4年1カ月平均）　　　　（単位　円）

（2 人 以 上 の 世 帯）					単 身 世 帯（男女計）			項目
55～59歳	60～64歳	65～69歳	65歳～	70歳～	平均	うち～34歳	うち35～59歳	
520	459	278	463	185	229	67	95	**数**
2.95	2.74	2.51	2.47	2.39	1.00	1.00	1.00	**人**
0.23	0.10	0.05	0.05	0.06	—	—	—	18
0.14	0.20	1.50	1.64	1.85	—	—	—	65
2.04	1.93	1.76	1.70	1.62	1.00	1.00	1.00	**業**
58.7	50.0	38.1	34.4	29.2	—	—	—	**女**
57.0	61.9	66.8	69.3	73.1	—	—	—	**年**
87.2	91.3	89.7	87.2	83.5	32.7	4.4	43.9	**家**
696,978	510,503	476,917	455,469	424,959	369,295	347,593	426,959	**収**
668,007	454,630	304,346	277,709	238,679	347,514	344,359	413,596	勤
533,980	355,406	236,066	217,228	189,045	—	—	—	主
501,253	332,131	222,480	201,704	170,705	—	—	—	男
421,314	307,928	214,556	200,754	180,349	282,109	279,593	329,916	定
4,607	3,353	1,795	1,362	721	3,212	1,737	5,010	臨
108,059	44,126	19,715	15,112	7,975	62,193	63,029	78,670	賞
102,220	69,389	41,760	35,764	27,175	—	—	—	配
98,492	68,246	41,760	35,711	27,038	—	—	—	女
31,807	29,834	26,520	24,716	22,460	—	—	—	他
504,800	411,001	379,992	352,900	313,217	245,371	218,409	280,858	**支**
357,769	312,171	302,728	285,316	259,987	178,434	160,919	194,456	消
83,953	81,721	78,923	77,068	74,303	40,301	35,014	43,773	食
19,699	20,954	20,835	20,791	20,362	32,314	36,380	32,044	住
26,104	25,900	25,729	25,392	24,811	11,138	9,158	11,687	光
14,318	13,014	13,514	12,455	11,007	5,267	3,664	5,768	家
11,675	9,130	7,748	7,332	6,769	6,714	7,977	6,000	服
15,079	14,601	17,081	16,457	15,420	6,847	5,531	7,136	健
62,070	50,162	44,587	39,435	32,393	22,766	20,756	25,517	通
20,080	5,129	939	737	427	0	0	0	教
28,792	26,852	25,633	24,824	23,604	21,046	22,488	20,524	娯
76,000	64,707	67,739	60,824	50,892	32,039	19,951	42,007	他
147,031	98,830	77,264	67,584	53,229	66,937	57,491	86,403	非
66,299	43,561	32,375	30,204	27,038	26,354	20,140	35,627	税
31,028	15,635	8,856	8,669	8,412	11,450	9,258	16,237	所
26,509	18,372	12,068	11,319	10,290	11,922	10,008	15,845	住
8,762	9,554	11,451	10,215	8,337	2,982	874	3,544	他
80,705	55,246	44,840	37,350	26,189	40,571	37,351	50,760	社
28	23	48	30	2	12	0	17	他
549,947	411,673	399,653	387,885	371,730	302,358	290,102	340,556	**可**
65.1	75.8	75.7	73.6	69.9	59.0	55.5	57.1	**消**
								支
23.5	26.2	26.1	27.0	28.6	22.6	21.8	22.5	食
5.5	6.7	6.9	7.3	7.8	18.1	22.6	16.5	住
7.3	8.3	8.5	8.9	9.5	6.2	5.7	6.0	光
4.0	4.2	4.5	4.4	4.2	3.0	2.3	3.0	家
3.3	2.9	2.6	2.6	2.6	3.8	5.0	3.1	服
4.2	4.7	5.6	5.8	5.9	3.8	3.4	3.7	健
17.3	16.1	14.7	13.8	12.5	12.8	12.9	13.1	通
5.6	1.6	0.3	0.3	0.2	0.0	0.0	0.0	教
8.0	8.6	8.5	8.7	9.1	11.8	14.0	10.6	娯
21.2	20.7	22.4	21.3	19.6	18.0	12.4	21.6	他

4．単身世帯の平均には60歳以上の数値が含まれる。

5．一部項目については割愛しているため、各々の合計金額とあわない所がある。実収入には事業収入・内職収入、他の経常収入（財産収入、社会保障給付、仕送金）、特別収入（受贈金他）が含まれる。

G－3 勤労者世帯の貯蓄動向〔２人以上世帯：農林漁家世帯含む〕

(1)平均貯蓄・負債現在高の年平均の推移

	年次	年間収入(万円)	貯蓄 貯蓄現在高(万円)	貯蓄 貯蓄年収比(%)	負債 負債現在高(万円)	負債 うち住宅・土地のための負債(万円)	負債 負債年収比(%)	負債 負債現在高に占める住宅・土地のための負債割合(%)	負債 負債保有世帯割合(%)	負債 負債保有世帯の負債現在高(万円)
実額	平成27年	709	1,309	184.6	755	698	106.5	92.5	53.8	1,403
	28	715	1,299	181.7	781	716	109.2	91.7	53.9	1,449
	29	722	1,327	183.8	794	739	110.0	93.1	54.1	1,467
	30	729	1,320	181.1	821	761	112.6	92.7	54.6	1,505
	令和元年	736	1,376	187.0	855	798	116.2	93.3	55.3	1,548
	2	740	1,378	186.2	851	791	115.0	92.9	53.3	1,569
	3	749	1,454	194.1	856	791	114.3	92.4	53.7	1,603
	4	768	1,508	196.4	879	813	114.5	92.5	53.0	1,650
	常用労務者	601	961	159.9	727	662	121.0	91.1	51.9	1,347
	民間職員	850	1,784	209.9	960	892	112.9	92.9	53.8	1,799
	官公職員	884	1,728	195.5	1,035	967	117.1	93.4	55.1	1,856
	勤労者以外	479	2,400	501.0	192	162	40.1	84.4	18.0	1,071
増減率・差	平成29年	1.0	2.2	2.1	1.7	3.2	0.8	1.5	−0.4	1.2
	30	1.0	△0.5	−2.7	3.4	3.0	2.6	0.4	−0.2	2.6
	令和元年	1.0	4.2	5.9	4.1	4.9	3.2	0.7	1.3	2.9
	2	0.5	0.1	−0.8	△0.5	△0.9	−1.2	−0.4	−2.0	1.4
	3	1.2	5.5	7.9	0.6	0.0	−0.7	−0.5	0.4	2.2
	4	2.5	3.7	2.3	2.7	2.8	0.2	0.1	−0.7	2.9

資料出所 総務省統計局「家計調査（貯蓄・負債編）：各年１～12月平均」。以下同じ。上記掲載数値には単身世帯は含まれていない。単身世帯は５年に１回実施される総務省統計局「消費実態調査」を参照。

注 1．「勤労者以外」とは個人営業世帯・法人経営者・自由業者・無職の合計で、勤労者世帯以外をいう。
2．貯蓄・負債は金融機関内外のすべてのものをいい、％表示の下段は対前年増減率・差を示す。

(2)年間収入五分位階級別貯蓄及び負債の１世帯当たり現在高

（単位 万円）

年次	第Ⅰ階級	第Ⅱ階級	第Ⅲ階級	第Ⅳ階級	第Ⅴ階級	平均	中央値	Ⅴ/Ⅰ(倍)
令和２年平均年収	354	532	681	862	1,269	740	−	3.58
貯蓄現在高	848	931	1,245	1,552	2,315	1,378	826	2.73
負債現在高	383	749	978	1,045	1,101	851	1,466	2.87
純貯蓄額	465	182	267	507	1,214	527	−	2.61
令和３年平均年収	354	538	680	860	1,311	749	−	3.70
貯蓄現在高	789	995	1,191	1,632	2,664	1,454	833	3.38
負債現在高	400	773	882	1,049	1,173	856	1,468	2.93
純貯蓄額	389	222	309	583	1,491	598	−	3.83
令和４年平均年収	369	556	704	892	1,321	768	−	3.58
貯蓄現在高	874	1,020	1,234	1,696	2,714	1,508	928	3.11
負債現在高	429	713	1,011	1,046	1,197	879	1,490	2.79
純貯蓄額	445	307	223	650	1,517	629	−	3.41

注 1．令和４年の平均年収五分位階級は、Ⅰ485万円未満、Ⅱ485～627万円、Ⅲ627～789万円、Ⅳ789～1012万円、Ⅴ1012万円以上。
2．中央値はそれぞれ貯蓄保有・負債保有世帯の中央値。

(3)負債保有世帯：世帯主の年齢階級・職業別貯蓄・負債現在高（令和４年）

項目	勤労者平均	年齢階級 ～29歳	30～39	40～49	50～59	60～69	70歳～	職業 常用労務者	民間職員	官公職員	勤労者以外
世帯人員(人)	3.47	3.17	3.80	3.72	3.27	2.77	2.58	3.45	3.45	3.63	2.85
有業人員(人)	1.85	1.59	1.60	1.78	2.05	1.99	1.83	1.95	1.78	1.85	1.38
世帯主の配偶者のうち女の有業率(%)	63.9	53.3	54.7	69.1	68.1	56.9	35.3	68.4	60.4	68.7	48.7
世帯主年齢(歳)	48.0	27.0	35.5	44.7	54.1	63.4	72.7	48.3	48.0	46.4	64.0
持家率(%)	91.0	67.8	88.2	92.3	92.2	91.3	91.1	89.0	91.6	94.8	92.0
年間収入(万円)	809	581	720	817	906	739	648	649	885	912	662
貯蓄(万円)	1,157	429	844	1,075	1,343	1,561	1,362	750	1,397	1,214	1,669
負債(万円)	1,650	1,956	2,566	1,849	1,180	742	641	1,347	1,799	1,856	1,071

(4)貯蓄・負債現在高分布状況（令和４年）

（単位 %）

貯蓄残高（全世帯＝100） 100万円未満	100～500	500～1000	1000～2000	2000～3000	3000万円以上	負債残高（全世帯＝100） 無し	300万円未満	300～900	900～1500	1500万円以上
10.5	22.7	20.2	21.6	11.2	13.8	47.0	30.1	4.7	3.9	14.3

G－4　住居の所有関係別にみた収入と支出

（全国勤労者２人以上世帯：農林漁家世帯含む）〔令和４年１カ月平均〕

項目	収入・支出（千円） 平均	持家	うち住宅ローン世帯	民営借家	公営借家	給与住宅	格差（平均＝100） 持家	うち住宅ローン世帯	民営借家	公営借家	給与住宅
世帯分布（抽出率調整）	100.0	80.1	39.8	14.2	2.9	2.8	－	－	－	－	－
世帯人員（人）	3.24	3.31	3.58	2.98	2.81	3.20	－	－	－	－	－
有業人員（人）	1.79	1.83	1.86	1.67	1.61	1.48	－	－	－	－	－
世帯主の配偶者のうち女の有業率（%）	55.9	58.3	67.3	48.6	37.3	43.3	－	－	－	－	－
世帯主の年齢（歳）	50.4	51.6	46.9	44.6	53.2	42.7	－	－	－	－	－
家賃・地代支払世帯割合（%）	18.1	1.2	1.4	88.0	85.4	77.9	－	－	－	－	－
実収入（A）	617.7	637.2	710.7	523.1	426.3	731.1	103	115	85	69	118
世帯主収入	450.9	461.6	528.5	388.2	289.3	628.0	102	117	86	64	139
配偶者収入	97.4	102.5	126.6	81.4	61.2	67.4	105	130	84	63	69
社会保障給付	34.1	36.5	21.0	21.7	43.9	15.8	107	62	64	129	46
消費支出（B）	320.6	324.5	336.0	300.4	277.9	358.0	101	105	94	87	112
食料	80.5	83.0	84.6	68.3	70.5	80.5	103	105	85	88	100
住居	20.1	10.4	7.1	65.7	56.3	32.5	52	35	327	280	162
家賃地代	11.7	0.3	0.3	63.7	55.7	30.6	3	3	544	476	262
設備修繕・維持	8.4	10.1	6.8	2.0	0.6	1.9	120	81	24	7	22
光熱・水道	24.4	25.1	26.2	22.1	20.1	21.9	103	107	90	82	90
家具・家事用品	13.0	13.7	13.8	9.6	9.4	12.9	106	106	74	73	99
被服及び履物	11.3	11.8	12.8	8.6	8.4	13.7	104	113	76	74	121
保健医療	13.7	14.1	14.1	11.5	11.4	15.9	103	103	84	83	116
交通・通信	50.7	52.7	58.0	42.1	36.3	52.9	104	115	83	72	104
教育	18.1	19.8	24.6	9.1	9.0	25.1	109	136	50	50	139
教養娯楽	29.7	31.6	34.4	20.5	19.1	32.3	106	116	69	64	109
その他の消費支出	59.0	62.3	60.5	42.9	37.4	70.3	106	102	73	63	119
非消費支出（C）	116.7	122.5	137.5	87.4	64.8	152.2	105	118	75	56	130
土地家屋借金返済	36.7	45.7	92.0	0.7	0.3	0.9	124	250	2	1	3
可処分所得（D）＝（A）－（C）	500.9	514.6	573.2	435.7	361.5	578.9	103	114	87	72	116
平均消費性向（%）（B）／（D）	64.0	63.1	58.6	68.9	76.9	61.8	－	－	－	－	－
黒字率（%）｛（A）－（B）－（C）／（D）｝	36.0	36.9	41.4	31.1	23.1	38.2	－	－	－	－	－

資料出所　総務省統計局「家計調査年報（家計収支編）」。集計世帯数は合計3,986で、各世帯分布は平均に対するもの。
注　１．G－１表の注を参照のこと。
２．平均には民営借家（設備共用）と借間を含む。
３．土地家屋借金純減は消費支出にも非消費支出にも含まれない。実支出以外の支出とされている。

〔参考〕　首都圏の住宅価格と所得

暦年	年収（万円）	マンション 価格（万円）	年収倍率	床面積（㎡）	注文住宅 年度	平均世帯年収（万円）	価格（万円）	年収倍率	分譲住宅 平均世帯年収（万円）	価格（万円）	年収倍率
昭和55年	493	2,477	5.0	63.1	1980年度	－	－	－	－	－	－
60	634	2,683	4.2	62.8	1985年度	－	－	－	－	－	－
平成２年	767	6,123	8.0	65.6	1990年度	－	－	－	－	－	－
7	856	4,148	4.8	66.7	1995年度	－	－	－	－	－	－
12	815	4,034	4.9	74.7	2000年度	－	－	－	－	－	－
17	633	4,108	6.5	75.4	2005年度	972	5,187	5.3	757	4,069	5.4
18	645	4,200	6.5	75.7	2006年度	738	4,871	6.6	842	3,981	4.7
19	639	4,644	7.3	75.6	2007年度	857	6,378	7.4	764	4,338	5.7
20	653	4,775	7.3	73.5	2008年度	988	5,687	5.8	758	4,145	5.5
21	645	4,535	7.0	70.6	2009年度	746	4,911	6.6	831	4,595	5.5
22	635	4,716	7.4	71.0	2010年度	713	6,234	8.7	716	3,617	5.0
23	609	4,578	7.5	70.4	2011年度	715	5,208	7.3	664	3,879	5.8
24	625	4,540	7.3	70.4	2012年度	658	5,194	7.9	663	3,920	5.9
25	628	4,929	7.8	70.7	2013年度	705	4,693	6.7	720	3,766	5.2
26	628	5,060	8.1	71.2	2014年度	695	5,234	7.5	712	3,828	5.4
27	619	5,518	8.9	70.8	2015年度	667	5,108	7.7	764	4,106	5.4
28	652	5,490	8.4	69.2	2016年度	726	4,566	6.3	753	4,374	5.8
29	663	5,908	8.9	68.8	2017年度	822	4,577	5.6	754	4,319	5.7
30	668	5,871	8.8	67.6	2018年度	834	4,842	5.8	828	4,511	5.4
令和元年	697	5,980	8.6	68.0	2019年度	708	5,239	7.4	812	4,627	5.7
2	703	6,083	8.6	65.8	2020年度	903	5,994	6.6	818	4,458	5.5
3	725	6,260	8.8	66.7	2021年度	995	7,050	7.1	873	4,958	5.7
4	743	6,288	8.5	66.1	2022年度	975	7,960	8.2	912	5,113	5.6

資料出所　不動産経済研究所「首都圏マンション市場動向」、国土交通省「住宅市場動向調査」、総務省統計局「貯蓄動向調査」、「家計調査」
注　１．マンション価格は不動産経済研究所の調査による首都圏の新規売り出しマンションの平均価格。首都圏は東京、神奈川、千葉、埼玉を指す。マンションの床面積は１m²単価で割って算出。
２．年収は、平成12年までは総務省の「貯蓄動向調査」、平成13年以降は同省「家計調査（２人以上世帯）」農林漁家世帯を含む関東圏の勤労者世帯月平均勤め先収入を12倍したもの。
３．注文住宅と分譲住宅の購入価格は土地購入資金と住宅建築資金の合計。

G－5 消費者物価

	年	総合	食料	穀類	魚介類	肉類	野菜・海藻	調理食品	外食	住居	家賃	光熱・水道
	ウエイト	10,000	2,626	214	199	249	285	352	460	2,149	1,833	693
	品目数	582	236	13	29	9	44	29	25	21	4	6
指数	昭和45年	30.9	28.7	33.5	20.6	34.3	23.8	23.5	22.6	26.4	28.7	30.4
	50	53.1	51.6	58.0	41.8	60.9	41.2	51.4	44.8	44.2	44.8	48.0
	55	73.2	67.3	79.2	63.4	68.1	59.8	62.7	60.3	64.3	65.0	80.2
	60	83.8	76.9	94.0	71.7	72.8	66.6	71.4	70.8	75.2	77.0	88.8
	平成2年	89.6	81.8	96.9	74.7	72.8	79.4	76.7	77.8	85.9	88.0	77.8
	7	95.9	86.8	102.0	76.2	74.0	85.6	84.2	84.3	97.8	99.1	80.1
	12	97.3	87.3	97.6	78.5	77.0	81.4	86.6	86.2	101.4	103.0	82.4
	17	95.2	85.9	93.3	74.8	81.7	82.2	85.1	86.7	101.1	103.3	82.2
	22	94.8	88.7	94.7	76.8	84.7	90.1	88.4	89.9	100.5	102.4	87.1
	25	94.9	88.4	95.5	78.6	84.1	87.6	89.1	90.3	99.5	101.3	97.8
	26	97.5	91.7	95.1	86.2	90.5	90.0	93.2	92.7	99.6	101.0	103.9
	27	98.2	94.6	94.4	89.5	94.9	95.6	96.2	94.6	99.6	100.7	101.2
	28	98.1	96.2	96.0	91.1	96.5	99.1	97.5	95.4	99.5	100.4	93.9
	29	98.6	96.8	97.4	95.9	97.8	97.2	97.8	95.6	99.3	100.1	96.4
	30	99.5	98.2	99.0	98.9	98.2	101.6	98.4	96.5	99.2	100.0	100.2
	令和元年	100.0	98.7	99.9	100.4	99.0	96.7	99.3	97.9	99.4	99.9	102.5
	2	100.0	100.0	100.0	100.0	100.0	100.0	100.0	100.0	100.0	100.0	100.0
	3	99.8	100.0	98.8	101.1	100.9	98.3	100.3	100.3	100.6	100.1	101.3
	4	102.3	104.5	103.7	112.1	104.8	102.3	104.8	103.4	101.3	100.1	116.3
対前年騰落(△)率(%)	50/45(年率)	11.4	12.4	11.6	15.2	12.2	11.6	17.0	10.9	9.3	9.5	10.7
	55/50(年率)	6.6	5.5	6.4	8.7	2.3	7.8	4.0	7.8	7.7	10.8	3.2
	60/55(年率)	2.8	2.7	3.5	2.5	1.4	2.2	2.6	3.2	3.4	2.0	1.5
	2/60(年率)	1.3	1.2	0.6	0.8	△0.0	3.6	1.4	2.7	2.7	△2.6	△0.1
	7/2 (年率)	1.4	1.2	1.0	0.4	0.3	1.5	1.9	2.6	2.4	0.6	△0.4
	12/7 (年率)	0.3	0.1	△0.9	0.6	0.8	△1.0	0.6	0.7	0.8	0.6	△1.7
	17/12(年率)	△0.4	△0.3	△0.9	△1.0	1.2	0.7	△0.3	0.1	△0.1	0.1	△0.0
	22/17(年率)	△0.1	0.7	0.3	0.5	0.7	2.8	0.8	0.7	△0.1	△0.2	1.1
	22	△0.7	△0.3	△3.2	△1.7	△1.8	6.2	△1.7	△0.1	△0.4	△0.4	△0.2
	25	0.4	△0.1	△0.5	1.0	0.3	△0.1	△0.3	0.3	△0.4	△0.4	4.6
	26	2.7	3.8	△0.4	9.7	7.6	2.8	4.6	2.6	0.0	△0.3	6.2
	27	0.7	3.1	△0.8	3.8	4.9	6.2	3.2	2.1	0.0	△0.3	△2.6
	28	△0.1	1.7	1.7	1.8	1.6	3.7	1.4	0.8	△0.1	△0.3	△7.3
	29	0.5	0.7	1.5	5.2	1.4	△1.9	0.4	0.3	△0.2	△0.3	2.7
	30	0.9	1.4	1.7	3.2	0.4	4.6	0.6	0.9	△0.1	△0.2	4.0
	令和元年	0.5	0.4	0.9	1.4	0.9	△4.9	0.9	1.5	0.3	0.0	2.3
	2	0.0	1.4	0.1	△0.4	1.0	3.5	0.7	2.1	0.6	0.1	△2.4
	3	△0.2	0.0	△1.2	1.1	0.9	△1.7	0.3	0.3	0.6	0.1	1.3
	4	2.5	4.5	5.0	10.9	3.9	4.1	4.5	3.1	0.7	0.0	14.8

資料出所　総務省統計局「消費者物価指数」。スペースの都合により、中分類項目についてはウエイトの高いもののみ掲載し、ほかは割愛している。

〔参考〕 財・サービス分類指数（全国）〔令和2年＝100.0〕

年	総合	財	農水畜産物	生鮮商品	工業製品	食料工業製品	繊維製品	石油製品	他の工業製品	電気ガス水道	出版物	サービス
平成10年	98.3	98.4	85.7	83.1	103.3	92.6	103.9	68.7	128.0	89.1	86.5	98.1
15	95.5	92.7	79.4	76.2	97.1	89.8	95.3	72.8	114.0	86.2	87.5	98.4
20	96.8	95.3	82.3	80.6	99.5	92.4	96.0	107.8	105.7	88.8	89.0	98.4
21	95.5	93.0	80.8	78.9	96.5	93.3	95.1	85.8	103.3	88.5	89.7	98.2
22	94.8	92.4	83.0	81.8	95.6	91.5	93.7	93.4	100.8	86.5	89.9	97.3
23	94.5	91.8	82.3	81.4	94.5	91.2	93.3	102.2	96.4	88.4	90.2	97.4
24	94.5	91.8	83.1	81.4	93.7	90.9	93.5	103.7	94.0	92.6	90.7	97.3
25	94.9	92.3	83.5	81.6	93.6	90.4	93.7	109.3	92.8	97.3	91.0	97.4
26	97.5	96.1	87.8	87.1	96.8	93.6	95.5	115.2	95.8	103.7	93.2	98.9
27	98.2	96.8	92.1	92.5	97.1	96.0	97.6	99.2	97.6	102.7	94.3	99.6
28	98.1	96.3	95.4	95.8	96.8	97.0	98.8	87.7	98.0	94.8	94.6	99.9
29	98.6	97.2	96.2	96.3	97.6	97.7	99.0	96.4	97.3	96.7	95.1	100.0
30	99.5	98.9	99.0	99.0	98.8	98.4	98.7	106.7	97.4	100.3	95.9	100.2
令和元年	100.0	99.5	97.7	97.5	99.5	99.4	99.2	105.5	98.2	103.0	98.4	100.5
2	100.0	100.0	100.0	100.0	100.0	100.0	100.0	100.0	100.0	100.0	100.0	100.0
3	99.8	100.8	99.6	99.9	101.0	100.2	99.7	110.8	100.3	100.3	102.2	98.7
4	102.3	106.3	105.2	106.4	104.9	104.5	100.8	123.4	103.0	117.3	103.9	98.2
騰落率(%)	2.5	5.5	5.6	6.5	3.9	4.3	1.1	11.4	2.7	16.9	1.7	△0.5

資料出所　総務省統計局「消費者物価指数」。

注　1．他のサービス：家事、医療・福祉、教育、通信・教育の関連サービス。

　　2．耐久消費財：電気器具（電球を除く）、時計、ミシン、カメラ、パソコン等。

指 数〔全国〕〔令和2年＝100.0〕

家具・家事用品	被服及び履き物	保健医療	交通・通信	交通	自動車等関係費	通信	教育	教養娯楽	教養娯楽サービス	諸雑費	年(西暦)
387	353	477	1,493	167	885	441	304	911	518	607	
48	64	29	42	14	22	6	14	74	30	48	
72.4	27.6	37.5	39.6	19.5	46.3	87.1	15.0	38.6	24.0	28.0	1970
120.5	51.2	50.4	60.5	31.6	75.7	98.2	28.8	66.0	41.9	43.1	75
141.0	67.2	65.3	89.9	55.3	93.1	170.3	51.8	86.4	60.1	65.6	80
151.7	78.1	76.8	99.9	72.7	96.6	161.0	67.7	98.7	72.8	75.1	85
151.0	89.3	81.9	101.9	79.6	95.4	157.6	81.8	108.1	84.1	79.9	90
147.6	94.7	85.3	102.9	85.1	95.3	149.0	99.0	117.1	93.7	84.7	95
135.4	98.0	94.8	100.6	89.9	90.8	139.1	108.2	115.7	95.4	87.5	2000
115.2	92.4	97.1	99.3	90.3	93.8	118.4	112.7	105.8	93.0	89.1	05
103.2	92.3	96.0	97.7	89.7	94.4	110.5	104.9	98.1	93.7	91.8	10
92.6	92.3	94.0	100.6	90.6	99.9	108.0	103.6	91.8	93.2	96.2	13
96.1	94.3	95.0	103.2	95.3	102.6	109.4	105.5	95.1	96.1	99.7	14
97.6	96.4	95.8	101.2	97.5	98.4	109.8	107.3	97.0	97.6	100.7	15
97.2	98.1	96.7	99.3	97.4	95.5	108.8	108.9	97.9	98.7	101.4	16
96.7	98.3	97.5	99.5	97.3	97.8	104.7	109.6	98.3	99.6	101.7	17
95.7	98.5	99.0	100.9	97.5	100.9	102.9	110.1	99.0	100.9	102.1	18
97.7	98.9	99.7	100.2	98.1	101.0	99.8	108.4	100.6	102.5	102.1	19
100.0	100.0	100.0	100.0	100.0	100.0	100.0	100.0	100.0	100.0	100.0	20
101.7	100.4	99.6	95.0	100.4	102.2	78.4	100.0	101.6	103.0	101.1	21
105.5	102.0	99.3	93.5	100.9	104.7	68.3	100.9	102.7	103.4	102.2	22
13.2	6.1	5.7	8.9	10.1	10.3	2.4	13.9	11.3	11.8	9.0	75/70(年率)
5.6	5.3	4.5	8.2	11.8	4.2	11.6	12.5	5.5	7.4	8.7	80/75(年率)
3.0	3.3	4.4	2.1	5.6	0.7	△1.1	5.5	2.7	3.9	2.8	85/80(年率)
2.7	1.3	1.4	0.4	1.8	△0.2	△0.4	3.8	1.8	2.9	1.2	90/85(年率)
1.2	0.8	0.7	0.2	1.4	△0.0	△1.1	3.9	1.6	2.2	1.2	95/90(年率)
0.7	2.1	0.3	△0.4	1.1	△1.0	△1.4	1.8	△0.2	0.4	0.7	00/95(年率)
△3.2	△1.2	0.5	△0.3	0.1	0.7	△3.2	0.8	△1.8	△0.5	0.4	05/00(年率)
△2.2	△0.0	△0.2	△0.3	△0.1	0.1	△1.4	△1.4	△1.5	0.2	0.6	10/05(年率)
△4.6	△1.2	△0.5	1.0	△0.7	2.4	△0.7	△9.6	△1.7	△0.2	1.3	10
△2.2	0.3	△0.6	1.4	0.0	2.7	△0.6	0.5	△1.0	△0.6	1.2	13
3.8	2.2	1.0	2.6	5.2	2.7	1.3	1.9	3.7	3.1	3.7	14
1.5	2.2	0.9	△1.9	2.4	△4.1	0.4	1.6	1.9	1.6	1.0	15
△0.4	1.8	0.9	△2.0	△0.1	△3.0	△0.9	1.6	1.0	1.1	0.7	16
△0.5	0.2	0.9	0.3	△0.1	2.5	△3.8	0.6	0.4	0.8	0.3	17
△1.1	0.1	1.5	1.4	0.2	3.1	△1.7	0.4	0.8	1.4	0.5	18
△1.1	0.1	1.5	1.4	0.2	3.1	△1.7	0.4	0.8	1.4	0.5	19
2.3	1.1	0.3	△0.2	1.9	△1.0	0.2	△7.8	△0.6	△2.4	△2.0	20
1.7	0.4	△0.4	△5.0	0.4	2.2	△21.6	0.0	1.6	3.0	1.1	21
3.7	1.6	△0.3	△1.6	0.5	2.4	△12.9	0.9	1.1	0.4	1.1	22

注1．「総合」と「住居」、「家賃」は、持家の帰属家賃を含む指数。持家の帰属家賃とは、所有住宅から得られるサービスを消費していると考え、このサービス額を一般市場価格（家賃）で評価したもの。
2．消費者物価指数では基準年次は改定されても、騰落率については旧来のままで公表されている。

公共サービス	家事関連サービス	医療・福祉関連	運輸・通信関連	一般サービス	外食	民営家賃	持家の帰属家賃	他のサービス	耐久消費財	半耐久消費財	非耐久消費財	公共料金	年(西暦)
98.3	84.2	97.7	98.9	97.6	86.5	106.9	101.8	96.8	193.3	99.5	88.9	93.9	98
98.8	88.1	104.1	94.5	98.0	85.5	105.9	103.2	96.5	156.2	93.1	85.8	92.9	03
97.3	86.0	104.9	91.6	98.6	88.8	104.4	103.0	97.1	126.9	94.2	91.3	93.2	08
96.9	85.6	104.8	91.1	98.4	89.6	103.9	102.6	96.8	121.0	93.6	88.9	92.9	09
94.7	86.1	105.0	90.6	98.1	89.5	103.2	102.3	96.1	114.9	92.1	89.2	91.1	10
95.0	87.7	105.0	91.1	98.1	89.7	102.8	102.1	96.3	103.1	91.3	90.2	92.6	11
95.6	89.0	105.2	91.2	97.8	89.7	102.3	101.8	96.1	98.7	91.2	90.9	94.3	12
96.5	91.5	105.3	91.1	97.7	90.0	101.7	101.3	96.2	95.6	91.4	92.0	96.3	13
99.3	94.7	105.9	94.8	98.7	92.3	101.2	101.0	98.2	98.6	93.9	96.1	100.2	14
100.7	96.2	106.1	96.7	99.3	94.2	100.9	100.7	99.3	100.4	96.0	96.4	100.9	15
101.3	96.6	106.9	97.0	99.5	95.0	100.5	100.4	99.8	99.9	97.6	95.5	99.0	16
101.8	96.9	108.3	97.1	99.3	95.3	100.2	100.1	99.8	98.2	98.0	96.9	100.0	17
102.5	96.9	110.9	97.7	99.4	96.2	100.0	100.0	99.9	97.8	98.1	99.2	101.5	18
102.5	98.5	108.9	98.3	99.8	97.7	100.0	99.9	100.5	98.7	98.5	99.9	102.4	19
100.0	100.0	100.0	100.0	100.0	100.0	100.0	100.0	100.0	100.0	100.0	100.0	100.0	20
100.5	101.5	99.6	100.3	98.2	100.3	99.9	100.1	95.2	99.7	100.2	101.1	100.6	21
100.0	100.8	98.6	100.6	97.6	103.6	99.9	100.2	92.8	103.4	102.0	107.6	105.5	22
△0.5	△0.7	△1.0	0.3	△0.6	3.3	0.0	0.1	△2.5	3.7	1.8	6.4	4.9	

3．半耐久消費財：繊維製品の全品目、浄水器、運動靴、テニスラケット、ゴルフクラブ等。
4．非耐久消費財：農水畜産物及び食料工業製品の全品目、灯油、ドリンク剤、新聞代、化粧石けん等。
5．公共料金：公営家賃、水道料、電気・ガス代、普通運賃、郵送料、国公立学校授業料等。

G－6　消費者物価地域差指数

（全国および東京都区部＝100.0）

都市名	平成17年	平成22年	平成27年	令和2年	令和4年		令和4年（東京都区部＝100.0）	
	総合	総合	総合	総合	総合	食料	総合	食料
全国	100.0	100.0	100.0	100.0	100.0	100.0	94.8	96.9
札幌市	103.3	99.3	98.7	100.1	100.9	102.8	95.6	99.6
青森市	100.8	99.8	99.0	97.9	98.1	98.8	93.0	95.7
盛岡市	101.7	98.7	99.3	99.0	99.1	98.8	93.9	95.7
仙台市	99.3	98.0	98.5	99.4	99.7	98.6	94.5	95.5
秋田市	98.4	97.5	98.2	98.1	99.1	99.4	93.9	96.3
山形市	103.1	100.8	100.4	100.3	100.3	101.9	95.1	98.7
福島市	100.3	101.5	101.5	100.4	100.7	102.2	95.5	99.0
水戸市	100.4	98.4	99.2	98.3	98.9	96.9	93.7	93.9
宇都宮市	101.9	100.6	100.4	99.7	99.4	100.5	94.2	97.4
前橋市	98.8	97.4	96.6	96.6	96.1	97.0	91.1	94.0
さいたま市	104.8	102.5	103.2	101.6	101.4	99.2	96.1	96.1
千葉市	102.0	98.4	100.2	101.1	100.7	101.4	95.5	98.3
東京都区部	110.9	106.5	104.3	106.0	105.5	103.2	100.0	100.0
横浜市	110.1	106.8	103.9	103.7	103.7	102.0	98.3	98.8
新潟市	103.4	98.7	99.5	98.7	99.0	101.5	93.8	98.4
富山市	101.8	98.4	98.7	99.0	98.6	102.2	93.5	99.0
金沢市	104.4	103.7	100.8	99.9	99.4	102.8	94.2	99.6
福井市	101.7	99.0	99.4	99.0	98.8	103.1	93.6	99.9
甲府市	101.7	99.8	99.0	98.2	98.9	100.7	93.7	97.6
長野市	100.6	98.4	97.4	98.3	98.2	96.2	93.1	93.2
岐阜市	99.1	97.9	98.3	98.3	97.9	97.8	92.8	94.8
静岡市	104.5	99.1	99.3	99.9	100.0	99.1	94.8	96.0
名古屋市	104.3	99.2	99.7	98.5	99.2	99.3	94.0	96.2
津市	100.7	99.6	97.9	98.0	98.5	98.4	93.4	95.3
大津市	99.9	100.4	100.7	100.0	100.0	99.9	94.8	96.8
京都市	105.6	101.6	100.8	101.6	100.8	100.9	95.5	97.8
大阪市	107.0	101.3	101.0	100.7	100.3	100.5	95.1	97.4
神戸市	103.8	101.7	101.6	100.3	99.4	99.9	94.2	96.8
奈良市	100.8	97.1	96.9	96.7	96.7	96.8	91.7	93.8
和歌山市	102.2	101.8	99.7	99.2	98.9	100.5	93.7	97.4
鳥取市	99.8	99.1	97.9	97.6	97.9	101.5	92.8	98.4
松江市	101.9	101.8	100.7	99.5	99.8	102.9	94.6	99.7
岡山市	103.6	99.8	98.9	97.6	97.9	100.5	92.8	97.4
広島市	101.5	101.3	99.3	98.7	98.9	101.7	93.7	98.5
山口市	101.1	100.7	99.1	99.9	100.5	103.3	95.3	100.1
徳島市	98.8	101.4	99.3	99.9	99.3	103.0	94.1	99.8
高松市	98.8	99.2	99.1	98.7	99.1	101.4	93.9	98.3
松山市	98.4	98.6	98.4	98.4	98.7	100.7	93.6	97.6
高知市	99.7	99.3	99.2	99.3	99.5	101.0	94.3	97.9
福岡市	100.4	97.4	98.3	97.8	97.8	97.7	92.7	94.7
佐賀市	98.9	98.0	96.9	98.0	97.9	97.5	92.8	94.5
長崎市	102.8	103.3	102.0	100.3	99.9	100.6	94.7	97.5
熊本市	99.4	100.1	98.3	98.7	99.0	100.1	93.8	97.0
大分市	100.0	98.9	98.4	98.5	97.7	99.9	92.6	96.8
宮崎市	96.6	96.9	97.3	96.7	96.9	98.3	91.8	95.3
鹿児島市	101.1	100.7	97.5	97.4	96.8	98.4	91.8	95.3
那覇市	96.2	99.5	98.9	99.1	100.0	106.1	94.8	102.8
（川崎市）	108.2	105.5	104.4	104.7	104.0	101.7	98.6	98.5
（相模原市）	－	－	103.6	102.1	101.9	101.6	96.6	98.4
（浜松市）	－	97.5	97.6	98.6	98.4	98.5	93.3	95.4
（堺市）	－	100.8	100.5	99.7	99.4	99.6	94.2	96.5
（北九州市）	99.2	97.1	97.8	98.3	98.2	99.8	93.1	96.7

資料出所　総務省統計局「小売物価統計調査（構造編）」。

注　1．上表の数値は、品目・ウェイトを全国都市とも共通のものとして計算したものである。

2．「総合」は「持家の帰属家賃を除く総合」（G－5表の注を参照）である。

3．さいたま市と静岡市の平成12年の数値は、旧浦和市地域と旧静岡市地域の数値を用いたものである。また、市区域は平成17年は、平成16年10月15日現在の区域、そのウェイトについては平成14年7月1日現在の区域によるもので、平成22年は、平成21年8月3日現在の市区域による。

G－7 世帯人員別の標準生計費（全国）〔各年４月〕

（単位 円）

世帯人員	合計	食料費	住居関係費	被服費履物費	雑費Ⅰ	雑費Ⅱ	エンゲル係数(%)
1人令和3年	114,720	30,060	44,700	5,160	23,600	11,200	26.2
4	114,480	31,020	44,710	5,780	22,620	10,350	27.1
5	120,910	33,220	46,640	5,760	24,830	10,460	27.5
2人令和3年	192,350	48,180	54,430	5,800	50,950	32,990	25.0
4	178,930	39,320	79,300	3,990	37,190	19,130	22.0
5	125,080	33,500	49,610	3,920	25,830	12,220	26.8
3人令和3年	205,820	56,270	46,870	7,270	63,150	32,260	27.3
4	196,090	50,360	63,280	6,240	53,470	22,740	25.7
5	170,620	52,750	45,080	6,340	49,460	16,990	30.9
4人令和3年	219,300	64,360	39,310	8,740	75,350	31,540	29.3
4	213,240	61,390	47,260	8,490	69,760	26,340	28.8
5	216,170	72,000	40,550	8,760	73,090	21,770	33.3
5人令和3年	232,790	72,460	31,750	10,200	87,570	30,810	31.1
4	230,390	72,430	31,240	10,740	86,030	29,950	31.4
5	261,700	91,240	36,020	11,180	96,720	26,540	34.9

資料出所 人事院「給与勧告参考資料」。原データは「家計調査」（総務省）等による。

注 1．上記費目は次の通り「家計調査」等の大分類項目に対応している。
食料費：食料。住居関係費：住居、光熱・水道、家具・家事用品。被服・履物費：被服及び履物。雑費Ⅰ：保健医療、交通・通信、教育、教養娯楽。雑費Ⅱ：その他の消費支出（諸雑費、こづかい、交際費、仕送り金）。

2．費目別・世帯人員別標準生計費の算定：２人～５人世帯については、家計調査における各年４月の費目別平均支出金額（日数を365日÷12ヵ月に、世帯人員を４人に調整したもの）に、費目別、世帯人員別生計費換算乗数を乗じて算定した。なお、１人世帯については、「全国消費実態調査」（総務省）の１人世帯について、並数階層の費目別支出金額を求め、これに消費者物価、消費水準の変動分を加えて、各年４月の各費目別標準生計費を算定した。

〔参考〕 最近の所得税・個人住民税と社会保険料の改定動向

実施時期	内容
平成27年１月	所得税 課税所得4000万について45％の税率を新設
４月	国民年金保険 保険料の引上げ［月額15,250円→15,590円へ］
４月	介護保険 第１号保険料の引上げ［全国平均月額4,972円→5,514円へ］
４月	介護保険 第２号保険料の引下げ［本人負担分：1000分の8.6→7.9へ］
９月	厚生年金保険 料率の引上げ［本人負担分：8.737％→8.914％へ］
10月	厚生年金保険 公務員等の共済年金が厚生年金に統一
28年１月	所得税 給与収入金額が1,200万円を超える場合の給与所得控除額の上限を230万円に引下げ
４月	国民年金保険 医療保険 後期高齢者医療における保険料の引上げ［均等割額（全国平均）：年額44,980円→45,289円へ］［所得割率（全国平均）：8.88％→9.09％へ］
４月	国民年金保険 保険料の引上げ［月額15,590円→16,260円へ］
４月	雇用保険 料率の引下げ［一般被保険者負担分：1000分の５→４へ］
９月	厚生年金保険 料率の引上げ［本人負担分：8.914％→9.091％へ］
29年１月	所得税 給与収入金額が1000万円を超える場合の給与所得控除額の上限を220万円に引下げ
３月	介護保険 第２号保険料の引上げ[本人負担分1000分の7.9→8.25へ]
４月	国民年金保険 保険料の引上げ［月額16,260円→16,490円へ］
４月	雇用保険 料率の引下げ［一般被保険者負担分：1000分の５→３へ］
９月	厚生年金保険 料率の引上げ（以降固定）［本人負担分：9.091％→9.150％へ］
30年１月	所得税 配偶者控除額38万円の対象となる配偶者の給与収入の上限引き上げ［103万円→150万円］
３月	介護保険 第２号保険料率の引下げ［1.65％→1.53％］
４月	介護保険 第１号保険料の引上げ
31年３月	介護保険 第２号保険料率の引上げ
４月	国民年金保険料の引上げ
令和２年３月	介護保険 第２号保険料率の引上げ
４月	国民年金保険料の引上げ
９月	厚生年金保険料率の引上げ（標準報酬月額63万5000円以上の高所得者のみ）
３年４月	国民年金保険料の引上げ
４年４月	介護保険第２号保険料率の引下げ 国民年金保険料の引下げ

資料出所 総務省統計局「家計調査年報―家計収支編―」。

注 料率は労使折半後の労働者負担分の数値である。

G－8　都市別勤労者１世帯当り消費支出〔総世帯：

	都市	世帯人員(人)	有業人員(人)	世帯主年齢(歳)	１世帯当り消費支出						
					勤め先収入	消費支出計	食料	住居	光熱・水道	家具・家事用品	被服及び履き物
	全国平均	2.50	1.53	48.0	492.1	273.4	67.2	24.1	20.0	10.4	9.8
都道府県庁所在地	札幌市	2.18	1.36	45.1	472.9	241.2	58.9	26.9	23.3	7.4	8.2
	青森市	2.37	1.49	47.0	380.5	233.0	65.5	17.4	25.1	8.3	7.7
	盛岡市	2.68	1.54	46.6	493.2	274.3	67.8	22.4	26.9	10.9	9.0
	仙台市	1.96	1.32	42.8	394.2	205.2	56.3	17.9	16.1	7.3	7.9
	秋田市	2.74	1.51	51.2	488.9	293.1	69.5	20.3	28.4	12.4	10.6
	山形市	2.50	1.62	44.8	468.6	250.2	57.3	23.6	25.1	9.9	8.3
	福島市	2.76	1.58	49.5	522.7	284.5	73.9	27.6	24.9	9.3	9.0
	水戸市	2.33	1.40	46.0	457.9	280.4	60.6	30.3	21.9	8.7	9.9
	宇都宮市	2.79	1.61	49.0	552.9	301.2	77.3	18.5	23.2	12.6	11.0
	前橋市	2.69	1.62	50.3	540.5	316.1	72.8	18.2	21.6	14.1	11.7
	さいたま市	2.02	1.32	44.1	671.7	284.9	63.7	32.9	18.6	13.2	15.7
	千葉市	1.85	1.31	44.6	502.8	254.0	62.9	24.9	14.0	7.2	9.1
	東京都区部	2.18	1.41	45.1	546.7	299.6	69.8	38.5	16.1	8.8	12.3
	横浜市	2.27	1.41	45.0	487.4	259.7	67.8	29.2	16.8	9.2	9.2
	新潟市	2.44	1.46	48.9	499.9	272.1	70.0	21.8	22.2	16.7	8.0
	富山市	2.82	1.69	50.8	512.1	295.2	75.8	16.8	28.1	10.0	9.4
	金沢市	3.26	1.77	50.3	576.0	297.5	82.4	10.1	26.0	10.9	10.9
	福井市	2.92	1.62	50.5	539.9	275.7	70.1	6.6	22.8	9.2	9.5
	甲府市	2.17	1.44	49.5	455.7	272.5	59.1	35.2	20.8	10.5	9.6
	長野市	2.27	1.48	48.9	402.9	252.6	58.9	19.2	21.1	8.1	7.1
	岐阜市	2.90	1.78	51.2	592.6	325.1	72.9	23.9	25.0	13.3	11.4
	静岡市	2.45	1.49	50.2	500.6	272.0	73.3	16.3	21.2	9.1	9.0
	名古屋市	2.18	1.39	40.2	504.2	251.9	62.2	20.2	14.9	9.7	11.4
	津市	2.72	1.76	51.6	472.1	269.0	67.9	18.6	19.7	10.5	9.4
	大津市	2.50	1.44	48.7	543.9	302.8	74.2	27.0	19.3	9.4	11.0
	京都市	2.57	1.42	49.8	440.9	259.5	73.6	18.9	17.9	11.6	14.9
	大阪市	2.13	1.46	45.4	432.0	225.3	63.3	26.7	15.8	7.8	7.3
	神戸市	2.56	1.46	43.3	479.7	249.1	68.5	16.6	15.4	8.0	9.9
	奈良市	2.51	1.45	49.7	467.7	271.3	67.2	24.1	23.0	10.3	9.8
	和歌山市	2.71	1.57	51.8	472.7	278.5	62.1	10.8	19.4	14.0	9.4
	鳥取市	2.11	1.44	46.9	478.4	248.9	58.6	24.8	19.9	10.1	9.2
	松江市	2.42	1.50	48.9	485.1	254.7	59.6	21.0	24.9	10.9	6.9
	岡山市	2.26	1.41	45.8	380.4	253.8	60.0	18.8	19.8	8.5	7.6
	広島市	2.25	1.43	44.7	456.4	239.6	61.5	27.9	17.6	8.6	10.3
	山口市	2.18	1.41	51.5	529.8	273.8	62.5	20.8	22.2	10.8	8.3
	徳島市	2.79	1.65	49.9	518.7	286.5	66.5	17.3	21.6	10.2	9.4
	高松市	2.38	1.54	48.9	489.3	265.5	62.4	17.9	19.5	9.9	8.7
	松山市	2.99	1.56	49.3	413.0	259.4	68.8	15.1	22.4	14.9	9.8
	高知市	2.20	1.41	47.4	501.7	258.5	61.9	26.8	18.6	8.0	8.5
	福岡市	2.40	1.40	46.9	459.6	243.9	60.1	25.5	14.5	9.7	9.4
	佐賀市	1.96	1.34	46.8	413.9	213.6	48.8	29.4	18.0	8.3	8.1
	長崎市	2.39	1.47	46.3	389.1	246.6	59.4	25.4	19.6	8.9	9.1
	熊本市	2.30	1.42	49.1	401.0	235.6	59.5	30.1	16.8	8.8	8.0
	大分市	2.31	1.43	51.1	443.7	254.8	59.4	17.8	18.3	9.6	7.2
	宮崎市	2.64	1.54	51.7	433.1	264.0	61.7	21.3	20.6	9.8	9.4
	鹿児島市	2.71	1.55	49.1	446.9	269.3	65.4	19.9	19.8	9.4	9.4
	那覇市	2.44	1.47	49.1	369.3	250.7	60.9	30.7	18.7	12.0	6.9
政令都市	川崎市	1.89	1.31	44.4	445.4	219.7	59.1	33.4	15.4	9.1	7.2
	相模原市	1.87	1.27	51.6	469.3	257.8	59.8	10.8	18.3	9.4	11.3
	浜松市	2.36	1.52	46.9	477.8	267.1	64.0	29.0	16.9	9.6	8.2
	堺市	2.18	1.38	52.2	445.2	284.1	64.0	57.8	18.0	9.7	7.4
	北九州市	2.47	1.39	52.9	374.9	241.6	62.6	18.9	15.3	10.7	8.6

資料出所　資料出所　都市別１世帯当り消費支出は総務省統計局「家計調査年報：家計収支編」。世帯人員数別標準生計費は人事院および各都道府県人事委員会「標準生計費」（給与勧告資料）。

注　１．住居は家賃地代と設備修繕・維持費を指す。
　　２．非消費支出の内訳は、直接税及び社会保険料、他の非消費支出（借金利子、慰謝料等）である。
　　３．全国平均は上記都市以外の市町村も含めた平均である。

農林漁家世帯含む〕と世帯人員数別標準生計費

（単位　千円）

（令和4年1カ月平均）						標準生計費（令和5年4月）					都市
保健医療	交通・通信	教　育	教養娯楽	その他の消費支出	非消費支出	1人世帯	2人世帯	3人世帯	4人世帯	5人世帯	
11.4	41.4	12.1	26.9	50.1	100.2	120.9	125.1	170.6	216.2	261.7	全
7.6	34.5	8.5	26.0	39.8	94.1	139.5	144.4	206.1	267.9	329.6	札
7.4	34.2	6.4	21.5	39.5	66.3	121.0	125.1	175.5	225.9	276.4	青
11.2	42.4	8.4	24.4	51.0	96.7	132.3	136.5	172.9	209.3	245.6	盛
9.0	34.5	3.7	20.8	31.7	68.0	120.4	121.4	166.1	210.9	255.6	仙
11.6	49.1	11.2	27.1	52.9	99.6	110.7	114.1	152.2	190.3	228.3	秋
9.2	37.2	7.5	21.9	50.2	92.8	120.0	124.0	163.3	202.6	241.8	山
9.9	43.7	11.5	26.4	48.4	110.1	128.0	132.8	171.8	210.8	249.8	福
11.7	50.6	10.7	24.0	52.0	88.9	115.1	119.4	158.0	196.6	235.1	水
14.8	50.6	17.2	24.9	51.1	121.3	139.0	143.9	202.1	260.3	318.5	宇
10.8	55.3	14.8	32.0	64.8	120.3	123.8	128.8	174.9	221.1	267.3	前
11.5	31.4	12.0	31.9	53.9	145.0	129.7	132.6	183.2	233.7	284.2	さ
8.5	42.7	8.1	27.3	49.2	109.5	148.7	153.5	202.8	252.0	301.2	千
14.7	30.9	15.3	35.5	57.7	114.2	139.9	144.2	198.7	253.2	307.7	東
9.8	30.9	19.3	29.3	38.3	97.2	148.2	153.2	205.0	256.8	308.6	横
12.0	39.0	9.7	23.8	48.9	94.8	107.4	110.6	151.9	193.1	234.4	新
14.0	49.1	10.3	27.2	54.6	101.8	160.3	167.1	211.2	255.3	299.4	富
12.1	51.7	14.0	34.4	45.0	114.5	160.5	166.9	222.5	278.1	333.7	金
9.6	51.3	10.9	23.2	62.7	100.8	100.7	104.5	142.5	180.5	218.5	福
13.5	40.5	6.0	25.7	51.7	92.7	128.6	133.8	173.4	212.9	252.5	甲
12.0	44.4	6.9	23.9	50.9	83.1	112.2	115.3	158.3	201.4	244.4	長
13.7	57.7	20.9	24.4	61.8	120.9	116.8	121.0	166.5	212.0	257.6	岐
9.7	41.7	12.7	27.8	51.2	102.6	119.2	123.2	171.3	219.3	267.3	静
11.9	41.2	10.1	27.1	43.3	110.0	108.1	111.3	155.0	198.8	242.6	名
12.4	39.4	9.5	25.1	56.6	98.2	170.1	178.5	224.6	270.7	316.8	津
14.9	41.0	17.0	33.8	55.1	117.1	123.8	128.2	175.6	223.0	270.5	大
13.7	25.3	13.8	26.1	43.7	82.6	153.1	158.6	217.9	277.2	336.5	京
9.6	23.6	6.5	25.0	39.7	79.4	131.7	136.7	188.7	240.8	292.9	大
10.9	35.8	13.4	30.5	40.1	95.6	125.4	129.4	179.4	229.4	279.4	神
11.9	35.6	12.1	33.5	43.9	98.8	124.4	128.2	178.1	228.0	277.9	奈
9.5	61.3	16.3	23.9	51.9	88.6	106.2	109.9	154.0	198.1	242.1	和
7.3	42.2	5.0	28.4	43.4	90.5	97.3	101.2	135.8	170.6	205.3	鳥
10.3	44.1	6.5	23.4	47.3	94.3	115.5	119.7	164.8	210.0	255.2	松
10.4	37.5	10.5	23.0	57.6	75.1	116.7	120.9	162.7	204.5	246.4	岡
9.2	31.3	9.5	22.9	40.8	86.2	132.9	138.2	181.3	224.4	267.5	広
10.0	52.9	8.3	19.0	59.0	120.2	106.3	110.0	151.8	193.6	235.4	山
13.2	44.5	14.5	26.7	62.8	110.1	108.4	112.2	155.9	199.7	243.5	徳
9.9	39.7	7.8	23.1	66.5	102.2	106.7	110.5	152.8	195.1	237.4	高
10.7	32.4	10.7	26.6	48.2	80.1	77.1	79.2	109.0	138.8	168.6	松
9.3	45.5	7.7	21.3	51.0	96.9	121.2	125.6	169.7	213.8	257.9	高
11.8	33.2	10.6	23.3	45.6	82.8	134.7	139.0	189.7	240.4	291.2	福
8.8	35.3	5.7	13.8	37.3	84.4	116.1	121.4	164.4	207.4	250.5	佐
12.1	40.0	12.1	15.3	44.6	76.3	110.3	114.2	155.2	196.2	237.2	長
10.8	32.7	8.8	20.6	39.6	74.7	127.3	131.7	185.0	238.4	291.7	熊
9.2	43.8	10.8	22.4	56.6	93.1	110.2	114.0	168.9	223.8	278.7	大
9.9	42.9	9.1	21.9	57.4	83.8	97.2	101.3	137.6	174.0	210.3	宮
14.6	42.1	12.0	25.9	50.7	85.8	104.7	108.4	145.7	183.0	220.3	鹿
8.5	35.6	9.6	21.2	46.7	58.2	106.4	110.3	146.7	183.1	219.5	那
6.3	27.6	8.7	23.7	29.3	86.8	−	−	−	−	−	川
29.6	35.7	13.5	24.0	45.3	101.3	−	−	−	−	−	相
11.4	51.2	6.7	24.3	45.9	92.9	−	−	−	−	−	浜
14.4	43.7	8.6	24.4	36.2	96.9	−	−	−	−	−	堺
12.7	34.0	6.0	20.4	52.4	76.9	−	−	−	−	−	北

4．標準生計費は各都道府県人事委員会が総務省「家計調査」の都道府県庁所在都市別費目別平均支出額に人事院作成の費目別・世帯人員別の生計費換算乗数を乗じて求めたもの（G－7表の注を参照)。活用にあたっては、数値にばらつきがあるので注意を要する。
5．横浜市の標準生計費は川崎市の家計調査結果を含んだ数値である。
6．上記の家計調査の数値には単身世帯も含んだものである。

G−9 国内企業物価

	年	総平均	工業製品	食料品・飲料・たばこ・飼料	繊維製品	木材・木製品	パルプ・紙・同製品	化学製品	石油・石炭製品	プラスチック製品	窯業・土石製品	鉄鋼	非鉄金属
	品目数	746	703	109	31	15	30	111	12	19	37	37	23
	ウエイト	1000.0	888.3	141.6	9.6	9.2	27.7	89.2	59.5	38.2	23.3	51.7	27.1
指数	昭和60年	110.2	111.0	77.5	95.8	70.7	80.8	115.0	71.3	100.9	83.7	72.5	76.4
	平成2年	104.6	106.2	79.0	91.0	82.6	80.2	106.3	52.9	97.8	86.0	72.0	74.4
	7	100.5	102.1	82.0	85.3	83.5	81.7	100.9	46.3	95.4	85.8	64.3	61.6
	12	96.6	98.3	84.8	83.4	79.2	79.9	101.5	58.8	93.8	83.6	60.2	58.1
	17	94.3	96.1	84.3	81.8	77.7	79.6	109.0	90.4	95.0	82.6	78.2	74.0
	22	97.1	98.7	90.6	87.5	82.2	88.2	111.3	106.6	100.8	91.4	92.2	92.7
	25	98.9	99.0	93.7	91.9	90.3	87.9	116.1	134.3	98.8	89.7	89.9	97.9
	26	102.1	101.9	96.2	95.4	97.5	90.0	118.7	142.2	102.4	92.0	94.3	102.2
	27	99.7	99.6	97.7	96.7	96.0	91.4	110.7	108.4	101.8	93.5	91.0	102.5
	28	96.2	96.6	97.8	96.3	96.7	90.9	102.8	90.7	98.8	93.1	85.6	89.3
	29	98.4	98.5	97.6	96.3	98.7	91.0	104.9	107.2	97.8	93.2	93.7	100.6
	30	101.0	100.7	98.2	97.6	101.2	93.2	107.9	125.4	98.9	95.0	98.5	104.2
	令和元年	101.2	100.8	99.3	99.4	100.8	98.4	104.6	119.4	100.4	98.0	100.7	98.9
	2	100.0	100.0	100.0	100.0	100.0	100.0	100.0	100.0	100.0	100.0	100.0	100.0
	3	104.6	104.7	101.9	100.5	131.8	99.8	105.9	128.6	100.0	100.7	114.8	128.6
	4	114.7	113.6	107.7	104.5	170.7	106.2	116.6	151.7	107.6	107.0	145.4	148.1
対前年騰落（△）率〔%〕	昭60/55(年率)	0.1	0.0	2.0	0.4	△4.0	△1.0	△1.9	1.4	△0.7	0.2	△0.2	△4.2
	平2/60(年率)	△1.0	△0.9	0.4	△1.0	3.2	△0.1	△1.5	△5.8	△0.6	0.6	△0.1	△0.5
	7/2(年率)	△0.8	△0.8	0.8	△1.3	0.2	0.4	△1.1	△2.6	△0.5	0.0	△2.2	△3.7
	12/7(年率)	△0.8	△0.8	0.7	△0.5	△1.0	△0.4	0.1	4.9	△0.3	△0.5	△1.3	△1.1
	17/12(年率)	△0.5	△0.4	△0.1	△0.4	△0.4	△0.1	1.4	9.0	0.2	△0.3	5.4	5.0
	22/17(年率)	0.6	0.5	1.4	1.3	1.1	2.1	0.4	3.4	1.2	2.1	3.3	4.6
	25	1.2	0.6	0.8	2.0	8.8	△1.6	3.1	8.9	△0.5	0.3	△2.2	6.9
	26	3.2	2.9	2.6	3.8	7.9	2.4	2.3	5.8	3.7	2.6	4.8	4.4
	27	△2.3	△2.3	1.6	1.4	△1.5	1.5	△6.8	△23.7	△0.6	1.7	△3.5	0.4
	28	△3.5	△3.0	0.1	△0.4	0.7	△0.5	△7.1	△16.4	△2.9	△0.4	△5.9	△12.9
	29	2.3	2.0	△0.2	0.0	2.0	0.1	2.1	18.2	△1.1	0.1	9.4	12.6
	30	2.6	2.3	0.6	1.4	2.5	2.4	2.8	17.0	1.2	1.9	5.2	3.7
	令和元年	0.2	0.0	1.1	1.8	△0.4	5.6	△3.1	△4.8	1.5	3.2	2.2	△5.2
	2	△1.2	△0.8	0.8	0.6	△0.8	1.6	△4.4	△16.3	△0.3	2.0	△0.7	1.2
	3	4.6	4.8	1.9	0.5	31.8	△0.2	5.9	28.6	0.0	0.7	14.7	28.6
	4	9.7	8.4	5.6	4.0	29.5	6.4	10.1	18.0	7.6	6.3	26.7	15.2

資料出所　日本銀行「企業物価指数」。
注　上記は消費税を含んだ数値で、円ベースのもの。

〔参考〕企業向けサービス

	年	総平均	金融・保険	金融	保険	不動産	運輸・郵便	旅客輸送	陸上貨物輸送	海上貨物輸送	航空貨物輸送	倉庫・運輸付帯サービス	郵便・信書	情報通信
	品目数	146	12	6	6	9	34	8	7	7	2	8	2	26
	ウエイト	1000	94.5	34.7	13.6	94.5	158.0	37.0	55.9	20.0	1.4	34.2	9.5	228.3
指数	昭和60年	98.7	110.4	100.9	123.2	83.2	84.9	75.3	82.7	102.3	123.0	92.0	78.7	135.6
	平成2年	109.6	104.3	101.8	109.0	105.2	90.8	80.4	93.2	94.4	115.2	103.2	81.0	139.4
	7	113.0	106.1	105.0	110.0	117.6	95.6	86.6	98.7	87.3	98.5	107.3	101.1	128.8
	12	109.2	99.9	99.9	101.3	111.6	96.3	90.6	97.6	85.5	99.7	110.2	98.2	118.6
	17	100.5	97.4	98.8	95.0	101.2	96.0	92.0	94.1	93.8	101.0	107.9	97.6	105.6
	22	97.3	95.1	96.0	93.6	103.8	95.5	95.8	94.6	97.6	90.7	95.8	97.6	100.4
	25	96.4	95.8	95.7	96.1	97.1	96.4	96.2	95.3	101.5	100.9	95.8	97.6	98.0
	26	98.9	98.9	98.9	99.0	99.2	99.2	98.7	98.2	104.2	103.9	98.9	99.4	99.7
	27	100.0	100.0	100.0	100.0	100.0	100.0	100.0	100.0	100.0	100.0	100.0	100.0	100.0
	28	100.3	100.7	100.4	101.5	101.0	98.8	100.2	100.3	90.6	84.2	99.9	100.8	100.1
	29	101.0	101.1	100.4	102.9	102.4	100.2	100.6	101.0	95.2	87.2	100.6	104.7	100.2
	30	102.2	101.2	100.3	103.3	103.6	102.7	100.9	105.1	101.1	94.9	100.8	107.2	100.9
	令和元年	103.3	101.8	101.3	103.1	104.9	104.4	101.8	108.5	102.2	87.3	101.5	108.0	101.3
	2	104.2	102.8	102.8	102.7	105.6	105.6	103.0	110.5	98.9	119.0	102.6	109.3	102.5
	3	105.1	103.2	102.3	105.6	107.0	106.9	103.8	110.8	107.2	143.4	101.7	109.7	102.7
	4	106.9	105.7	103.3	111.8	108.9	110.8	105.7	111.2	128.1	191.5	102.5	110.7	102.5
対前年騰落率	平2/60(年率)	2.1	△1.1	0.2	△2.4	4.8	1.4	1.3	2.4	△1.6	△1.3	2.3	0.6	0.6
	7/2(年率)	0.6	0.3	0.6	0.2	2.2	1.0	1.5	1.2	△1.6	△3.1	0.8	4.5	△1.6
	12/7(年率)	△0.7	△1.2	△1.0	△1.6	△1.0	0.2	0.9	△0.2	△0.4	0.2	0.5	△0.6	△1.6
	17/12(年率)	△1.6	△0.5	△0.2	△1.3	△1.9	△0.1	0.3	△0.7	1.9	0.3	△0.4	△0.1	△2.3
	22/17(年率)	△0.6	△0.5	△0.6	△0.3	0.5	△0.1	0.8	0.1	0.8	△2.1	△2.4	0.0	△1.0
	25	0.0	0.9	0.1	2.2	△1.4	0.7	△0.2	0.2	5.0	13.1	△0.1	0.0	△0.9
	26	2.7	3.2	3.4	2.9	2.1	2.9	2.6	3.1	2.7	3.0	3.3	1.8	1.8
	27	1.1	1.1	1.1	1.0	0.8	0.8	1.3	1.8	△4.0	△3.8	1.1	0.6	0.3
	28	0.2	0.7	0.4	1.5	1.0	△1.2	0.2	0.3	△9.4	△15.8	△0.1	0.8	0.1
	29	0.8	0.4	0.0	1.4	1.4	1.4	0.4	0.8	5.2	3.7	0.7	3.9	0.1
	30	1.1	0.1	△0.1	0.4	1.2	2.5	0.3	4.0	6.1	8.8	0.2	2.3	0.7
	令和元年	1.1	0.6	1.0	△0.3	1.2	1.7	0.9	3.3	1.1	△7.9	0.7	0.7	0.4
	2	0.9	0.9	1.4	△0.3	0.7	1.1	1.2	1.8	△3.2	36.2	1.1	1.3	1.2
	3	0.8	0.4	△0.5	2.8	1.3	1.3	0.8	0.2	8.4	20.5	△0.8	0.4	0.2
	4	1.7	2.4	1.0	5.9	1.4	3.6	1.9	0.4	19.3	33.6	0.8	0.9	△0.2

資料出所　日本銀行「企業向けサービス価格指数」。
注　上記は消費税を含んだ数値で、円ベースのもの。

指 数〔令和2年＝100.0〕

金属製品	はん用機器	生産用機器	業務用機器	電子部品・デバイス	電気機器	情報通信機器	輸送用機器	その他工業製品	農林水産物	鉱産物	電力・都市ガス・水道	スクラップ類	年（西暦）
36	30	31	18	23	50	17	24	50	24	6	9	4	
40.0	27.2	41.1	16.2	24.5	50.0	20.8	140.7	48.0	33.9	3.9	67.1	4.9	
75.2	80.3	95.2	146.9	507.0	150.1	885.9	118.6	91.1	109.8	75.5	107.3	112.8	1985
78.9	84.7	99.3	131.5	352.5	143.8	637.6	113.0	94.8	106.8	79.5	86.2	94.2	90
77.7	86.9	98.2	120.7	282.0	138.5	529.2	111.0	98.1	95.4	92.8	85.1	66.7	95
76.2	87.5	96.5	110.4	209.1	128.0	370.9	107.1	97.6	90.4	80.6	82.8	47.7	2000
79.4	85.5	91.7	102.1	146.8	115.0	211.5	99.1	94.2	90.2	76.6	75.9	84.9	05
84.4	90.3	91.9	95.4	116.0	110.7	140.0	101.0	94.1	86.6	87.3	79.7	118.3	10
86.3	90.5	93.5	94.4	104.6	103.1	105.2	97.3	93.0	92.7	92.2	98.7	121.2	13
90.6	94.1	95.9	96.6	102.9	104.6	104.8	99.1	95.3	92.7	99.4	108.5	122.2	14
91.9	95.9	96.6	97.3	101.4	104.5	104.5	100.2	96.1	92.7	100.3	105.5	95.0	15
91.7	96.2	97.0	98.8	98.2	101.9	103.9	99.4	96.1	95.0	94.5	92.0	86.9	16
93.2	95.9	96.8	99.2	99.3	99.9	102.3	98.9	96.3	99.7	94.6	95.6	114.2	17
95.7	96.3	97.4	99.0	99.3	99.7	101.2	98.7	96.6	101.8	98.4	101.7	130.2	18
98.2	97.9	99.0	99.4	99.2	99.0	99.6	98.7	97.8	101.0	102.2	106.0	108.8	19
100.0	100.0	100.0	100.0	100.0	100.0	100.0	100.0	100.0	100.0	100.0	100.0	100.0	20
101.5	100.4	100.1	100.9	101.1	100.0	98.9	100.0	100.3	100.1	101.6	100.2	166.3	21
112.3	102.6	103.8	101.7	103.5	103.1	102.7	103.8	104.4	99.0	129.7	136.4	185.4	22
0.8	0.5	0.9	△1.8	△4.3	0.8	△2.0	0.3	1.0	0.2	0.4	2.6	△5.9	85/80
1.0	1.1	0.8	△2.2	△7.0	△0.8	△6.4	△1.0	0.8	△0.6	1.1	△4.3	△3.5	90/85
△0.3	0.5	△0.2	△1.7	△4.4	△0.7	△3.7	△0.4	0.7	△2.2	3.1	△0.3	△6.7	95/90
△0.4	0.1	△0.4	△1.8	△5.8	△1.6	△6.9	△0.7	△0.1	△1.1	△2.8	△0.5	△6.5	00/95
0.8	△0.5	△1.0	△1.5	△6.8	△2.1	△10.6	△1.5	△0.7	0.0	△1.0	△1.7	12.2	05/00
1.2	1.1	0.0	△1.3	△4.6	△0.8	△7.9	0.4	0.0	△0.8	2.6	1.0	6.8	10/05
0.7	0.3	△0.4	△0.9	△1.9	△1.9	△5.8	△1.5	△0.8	3.5	2.9	8.4	13.3	13
4.9	3.9	2.5	2.3	△1.6	1.4	△0.4	1.9	2.6	0.0	7.8	9.9	0.8	14
1.4	1.9	0.8	0.7	△1.4	△0.1	△0.3	1.1	0.8	△0.1	0.9	△2.8	△22.2	15
△0.2	0.3	0.3	1.6	△3.2	△2.5	△0.6	△0.8	0.0	2.5	△5.8	△12.8	△8.6	16
1.6	△0.4	△0.2	0.4	1.1	△2.0	△1.6	△0.5	0.1	5.0	0.1	4.0	31.5	17
2.7	0.5	0.7	△0.2	0.0	△0.2	△1.1	△0.3	0.4	2.1	4.0	6.4	14.0	18
2.6	1.7	1.6	0.4	△0.2	△0.7	△1.5	0.1	1.3	△0.8	3.9	4.2	△16.4	19
1.9	2.1	1.0	0.7	0.8	1.0	0.4	1.3	2.2	△0.9	△2.2	△5.6	△8.1	20
1.5	0.4	0.1	0.9	1.1	0.0	△1.1	0.0	0.3	0.1	1.5	0.2	66.3	21
10.6	2.2	3.6	0.8	2.3	3.1	3.8	3.9	4.1	△1.1	27.7	36.1	11.4	22

価格指数〔平成27年＝100.0〕

通信	放送	情報サービス	インターネット附随サービス	映像・文字情報制作	リース・レンタル	広告	諸サービス	下水道・廃棄物処理	自動車整備・機械修理	専門サービス	技術サービス	職業紹介・労働者派遣サービス	その他諸サービス	年（西暦）
6	3	9	3	5	14	11	41	3	4	9	9	4	12	
56.8	2.5	129.1	19.6	20.3	79.2	49.2	342.5	26.9	66.2	41.4	56.2	46.7	105.1	
224.4	−	102.5	−	67.0	303.4	74.2	72.9	51.9	−	70.0	77.8	−	83.0	85
209.9	−	112.6	−	78.1	279.6	92.8	89.0	63.4	93.9	85.6	98.9	83.3	97.1	90
187.3	108.6	106.0	−	89.0	227.2	100.9	100.4	74.3	109.0	95.4	111.5	91.6	110.9	95
150.4	109.7	107.2	−	92.4	178.3	108.0	99.9	78.3	99.2	98.1	110.1	95.2	109.7	00
125.6	109.4	99.8	106.3	92.9	121.6	105.6	94.8	84.3	94.8	96.7	92.3	93.0	100.5	05
106.1	100.0	98.9	100.8	95.5	102.5	94.7	94.9	90.9	96.3	98.3	91.6	94.2	96.3	10
100.4	96.8	97.2	101.2	95.9	95.5	96.8	95.2	95.7	96.6	97.9	92.4	95.2	94.6	13
100.7	99.3	99.4	99.5	99.0	98.6	99.4	98.1	98.6	99.1	99.6	96.6	98.3	97.5	14
100.0	100.0	100.0	100.0	100.0	100.0	100.0	100.0	100.0	100.0	100.0	100.0	100.0	100.0	15
98.7	100.0	100.6	100.4	100.5	99.5	101.0	100.8	101.0	100.5	99.2	101.5	101.1	100.9	16
98.0	100.0	101.3	99.7	100.7	99.1	101.9	101.9	101.4	100.8	99.6	104.0	103.1	101.9	17
98.4	99.9	102.1	100.5	101.0	99.2	102.9	103.0	101.7	101.0	98.8	106.4	105.9	103.3	18
96.5	99.9	103.2	102.4	101.9	99.5	103.6	104.7	103.0	101.8	98.9	108.9	109.0	105.1	19
96.5	100.4	105.3	100.3	103.5	100.4	97.3	106.4	105.3	103.4	99.8	112.0	114.7	104.5	20
96.3	100.2	105.4	101.7	104.4	100.4	104.1	106.8	106.3	103.2	99.7	113.8	115.4	104.5	21
95.4	100.5	105.1	103.1	105.6	103.8	107.4	108.4	106.7	104.0	100.3	117.0	117.3	106.2	22
△1.3	−	1.9	−	3.1	△1.6	4.6	4.1	4.1	−	4.1	4.9	−	3.2	90/85
△2.3	−	△1.2	−	2.6	△4.1	1.7	2.4	3.2	3.0	2.2	2.4	1.9	2.7	95/90
△4.3	0.2	0.2	−	0.7	△4.7	1.4	△0.1	1.0	△1.9	0.6	△0.3	0.8	△0.2	00/95
△3.5	△0.1	△1.4	−	0.1	△7.4	△0.4	△1.0	1.5	△0.9	△0.3	△3.5	△0.5	△1.7	05/00
△3.3	△1.8	△0.2	△1.1	0.6	△3.3	△2.2	0.0	1.5	0.3	0.3	△0.2	0.3	△0.9	10/05
△1.8	△0.8	△0.6	△0.6	△0.3	△0.3	0.8	0.4	2.6	0.1	0.1	0.8	0.4	△0.1	13
0.4	2.6	2.3	△1.7	3.2	3.2	2.7	3.1	3.0	2.6	1.8	4.5	3.2	3.1	14
△0.7	0.7	0.6	0.5	1.0	1.5	0.6	1.9	1.4	0.9	0.4	3.6	1.8	2.5	15
△1.3	0.0	0.6	0.4	0.5	△0.5	1.0	0.8	1.0	0.5	△0.8	1.5	1.1	0.9	16
△0.8	0.0	0.6	△0.7	0.2	△0.4	0.9	1.1	0.4	0.3	0.5	2.4	2.0	0.9	17
0.5	△0.1	0.9	0.8	0.3	0.1	0.9	1.2	0.4	0.2	△0.9	2.3	2.7	1.4	18
△1.9	0.0	1.0	1.9	0.9	0.3	0.6	1.6	1.2	0.8	0.1	2.4	3.0	1.7	19
△0.0	0.4	2.1	△2.0	1.6	0.9	△6.0	1.6	2.3	1.6	1.0	2.8	5.2	△0.6	20
△0.2	△0.1	0.1	1.5	0.9	0.0	7.0	0.4	0.9	△0.2	△0.1	1.7	0.6	0.0	21
△0.9	0.3	△0.4	0.9	1.1	3.6	3.3	1.4	0.3	0.8	0.8	2.4	1.6	1.7	22

〔備考〕企業向けサービス価格指数（CSPI：Corporate Service Price Index）は、企業間取引のうち、第3次産業で提供されるサービスの価格動向を表わすもので、1991年1月より公表を開始。

G−10 市街地（住宅地）価格指数〔平成22年３月末＝100.0〕

	年	全国	6大都市	6大都市以外	東京都区部	東京都下	大阪圏	名古屋圏	政令指定都市	県庁所在都市
指数	昭和60年３月	126.1	108.1	128.0	99.6	100.2	118.7	100.4	110.6	119.5
	平成２年３月	173.4	284.7	170.8	266.5	239.4	327.6	144.2	169.1	151.6
	7　3	168.4	163.3	168.6	127.8	164.0	187.7	146.8	169.1	172.1
	12　3	150.9	130.1	151.6	99.3	133.3	152.1	130.9	138.7	156.5
	17　3	114.6	100.0	115.0	93.1	100.7	102.9	104.8	106.8	117.8
	22　3	100.0	100.0	100.0	100.0	100.0	100.0	100.0	100.0	100.0
	27　3	90.2	100.5	89.9	103.4	98.8	97.1	100.0	96.6	86.0
	31　3	90.3	104.1	89.9	110.0	100.9	98.3	102.5	106.0	86.9
	令和元年９月	90.6	104.5	90.2	111.3	101.5	98.5	102.9	108.1	87.3
	2　3	90.7	104.8	90.4	112.4	101.8	98.6	103.3	109.8	87.6
	2　9	90.6	104.5	90.2	112.4	101.7	98.5	102.7	110.4	87.5
	3　3	90.5	104.2	90.1	112.4	101.7	98.3	102.6	111.0	87.4
	3　9	90.5	104.2	90.1	113.1	102.3	98.3	102.6	112.4	87.5
	4　3	90.7	104.6	90.3	114.2	103.1	98.4	103.0	114.1	87.7
	4　9	91.0	104.9	90.6	115.6	104.3	98.6	103.5	116.2	87.9
	5　3	91.6	105.9	91.2	117.6	105.3	99.0	104.5	119.1	88.2
	5　9	92.2	106.8	91.8	120.2	106.4	99.5	105.4	121.7	88.7
対前年同期比騰落（△）率〔%〕	昭和60年３月	2.7	5.5	2.6	−	−	−	−	−	−
	平成２年３月	12.8	33.1	11.9	1.7	3.0	60.3	18.6	19.2	13.5
	7　3	△1.5	△7.9	△1.3	△10.8	△2.3	△4.0	△3.1	△3.3	△0.4
	12　3	3.5	△5.8	△3.6	△4.6	△7.5	△6.6	△3.1	△4.8	△3.1
	17　3	△5.4	△2.8	△5.5	2.7	△3.6	△5.2	△3.3	△4.5	△5.9
	22　3	△3.9	△4.6	△3.9	△0.5	△0.8	△3.9	△2.4	△1.9	△4.5
	27　3	△0.6	1.1	△0.7	2.1	0.7	0.4	0.1	1.2	△0.8
	31　3	0.5	0.8	0.5	1.6	1.3	0.3	1.0	3.3	0.8
	令和元年９月	0.7	0.8	0.7	2.1	1.3	0.4	1.0	3.7	1.0
	2　3	0.5	0.6	0.5	2.2	0.9	0.3	0.7	3.6	0.8
	2　9	0.0	0.0	0.0	1.0	0.2	0.0	△0.3	2.1	0.2
	3　3	△0.3	△0.5	△0.3	0.0	0.0	△0.3	△0.6	1.1	△0.1
	3　9	△0.1	△0.3	△0.1	0.7	0.6	△0.2	△0.1	1.9	0.0
	4　3	0.2	0.4	0.2	0.9	0.8	0.1	0.4	1.5	0.2
	4　9	0.6	0.7	0.6	2.1	1.9	0.3	0.9	3.4	0.5
	5　3	0.6	0.9	0.6	1.8	1.0	0.5	0.9	2.4	0.4
	5　9	1.3	1.8	1.2	2.1	1.1	0.9	1.8	4.7	0.9

資料出所　(財)日本不動産研究所　研究部「全国市街地価格指数」。
注　1．6大都市とは、東京都区部、横浜市、名古屋市、京都市、大阪市、神戸市をいう。6大都市以外とは、前記以外の全国217都市をいう。
2．政令指定都市は、東京・大阪・名古屋を除いた札幌、仙台、新潟、静岡、浜松、岡山、広島、福岡、北九州を指す。
3．県庁所在都市は３大都市圏と政令指定都市を除いた範囲のものである。

G−11 家計における教育費〔全国平均〕

(1)幼児・児童・生徒一人当り年間教育費（令和３年度）

（単位　円）

区分	幼稚園		小学校		中学校		高等学校（全日制）	
	公立	私立	公立	私立	公立	私立	公立	私立
学習費総額	165,126	308,909	352,566	1,666,949	538,799	1,436,353	512,971	1,054,444
学校教育費	61,156	134,835	65,974	961,013	132,349	1,061,350	309,261	750,362
授業料	5,533	27,972	−	536,232	−	476,159	52,120	288,443
学校給食費	13,415	29,917	39,010	45,139	37,670	7,227	−	−
学校外活動費	90,555	144,157	247,582	660,797	368,780	367,776	203,710	304,082
補助学習費	29,885	42,118	120,499	377,663	303,136	262,322	171,377	246,639
その他活動費	60,670	102,039	127,083	283,134	65,644	105,454	32,333	57,443

資料出所　文部科学省生涯学習政策局調査企画課「子供の学習費調査」。
注　1．小・中・高校は全学年の平均、幼稚園は４・５歳児の平均。
2．学校教育費は、授業料以外では、教科書等図書費、学用品、修学旅行費、生徒会・PTA費、寄付金、通学費、制服代等を指す。

(2)大学生一人当り年間学生生活費（令和２年度）

（単位　千円）

区分	設置者別（昼間部）				居住形態別（大学昼間部）			
	大学		大学院（修士）		国立		私立	
	国立	私立	国立	私立	自宅	下宿等	自宅	下宿等
計	1,432	1,929	1,649	1,970	987	1,722	1,705	2,415
学費	592	1,311	583	1,074	633	579	1,313	1,323
生活費	840	618	1,066	896	354	1,143	392	1,092

資料出所　独立行政法人・日本学生支援機構「学生生活調査」。
注　1．学費には入学料や入学時にのみ支払う施設設備費などの一時的納付金は除かれている。
2．上表は全国平均の数値だが、東京圏の大学生（昼間部）の下宿等を見ると、国立計1,892千円、私立計2,527千円となっている。

G−12(1) 納税者の給与総額と所得税額（年間）
（1年間を通じて勤務した民間企業給与所得者）

年分	給与所得者数（千人） 納税者(A)	非納税者(B)	計(A)+(B)	納税者給与総額 (億円)(C)	前年比(%)	税額（億円） (D)	前年比(%)	税額の割合 (%)(D)/(C)
昭和55年分	30,201	3,161	33,361	945,145	9.5	52,500	16.9	5.55
60	32,895	4,043	36,938	1,245,564	8.3	76,613	12.0	6.15
平成2年分	34,880	4,426	39,306	1,604,814	8.9	97,350	15.3	6.07
7	38,814	6,082	44,896	1,937,093	0.5	101,337	△9.3	5.23
12	38,872	6,067	44,939	1,953,491	0.4	91,754	1.4	4.70
17	38,525	6,411	44,936	1,847,845	0.5	89,630	1.9	4.85
18	38,288	6,557	44,845	1,833,281	△0.8	98,925	10.4	5.40
19	38,806	6,619	45,425	1,868,224	1.9	87,575	△11.5	4.69
20	38,365	7,508	45,873	1,814,087	△2.9	85,551	△2.3	4.72
21	36,829	8,227	45,056	1,654,595	△8.8	71,240	△16.7	4.31
22	37,547	7,973	45,520	1,699,764	2.7	72,473	1.7	4.26
23	38,533	7,124	45,657	1,729,218	1.7	75,529	4.2	4.37
24	38,375	7,181	45,556	1,721,294	△0.5	72,977	△3.4	4.24
25	38,969	7,485	46,454	1,787,114	3.8	82,907	13.6	4.64
26	37,938	6,847	44,785	1,764,726	△0.1	81,841	△1.2	4.34
27	38,388	7,121	45,509	1,797,719	1.9	85,151	4.0	4.42
28	38,697	7,153	45,850	1,816,283	1.0	86,098	1.1	4.42
29	40,301	7,125	47,426	1,920,245	5.7	92,598	7.5	4.50
30	40,492	7,157	47,649	1,951,870	1.6	96,158	3.8	4.60
令和元年分	42,396	7,598	49,994	2,042,448	4.6	102,827	6.9	4.69
2	42,703	7,698	50,401	2,041,167	△0.1	102,056	△0.7	4.65
3	43,945	7,430	51,375	2,141,839	4.9	111,718	9.5	4.88
4	43,596	7,180	50,776	2,174,772	1.5	117,742	5.4	5.07

資料出所　国税庁「民間給与実態統計調査結果報告」。次表も同じ。
注　1．税額とは源泉徴収された勤労所得税額のみをいう。個人住民税は含まれない。次表も同じ。
2．令和4年の非納税者を含めた給与総額は231兆2,640億円（1年未満勤続者含む民間企業・前年比+2.2%）。
3．定率減税が18年・19年と2年にわたり段階的に廃止となった。なお19年には所得税（国税）から個人住民税（地方税）へ税源移譲が行われ，ほとんどの人は所得税額が減り，個人住民税額が増えている。

G−12(2) 給与階級別1人当り給与額・所得税額（年間）
〔令和2、3、4年分〕（1年間を通じて勤務した民間企業給与所得納税者）

区分		計	100万円以下	200万円以下	300万円以下	400万円以下	500万円以下	600万円以下	700万円以下
給与所得納税者数(千人)	2年	44,516	679	5,402	7,649	8,699	7,082	4,849	3,113
	3年	45,134	586	5,368	7,379	8,765	7,316	5,023	3,252
	4年	43,596	682	4,742	6,789	8,017	7,272	5,020	3,217
1人当り給与(千円) A	2年	4,747	765	1,520	2,525	3,502	4,472	5,478	6,473
	3年	4,839	770	1,508	2,532	3,508	4,474	5,488	6,479
	4年	4,988	770	1,512	2,533	3,515	4,471	5,480	6,471
1人当り税額(千円) B	2年	241	19	21	44	67	101	152	210
	3年	258	19	24	47	73	106	163	227
	4年	270	18	20	44	70	103	158	214
所得税額割合(%) B／A	2年	5.1	2.5	1.4	1.7	1.9	2.3	2.8	3.2
	3年	5.3	2.4	1.6	1.9	2.1	2.4	3.0	3.5
	4年	5.4	2.4	1.3	1.7	2.0	2.3	2.9	3.3

区分		800万円以下	900万円以下	1,000万円以下	1,500万円以下	2,000万円以下	2,500万円以下	2,500万円超
給与所得納税者数(千人)	2年	2,244	1,442	951	1,753	384	124	145
	3年	2,354	1,503	1,002	1,850	432	136	166
	4年	2,331	1,660	1,114	2,019	431	131	170
1人当り給与(千円) A	2年	7,467	8,474	9,478	11,835	17,329	22,613	43,057
	3年	7,473	8,481	9,477	11,825	17,376	22,538	40,897
	4年	7,472	8,472	9,463	11,760	17,252	22,173	43,860
1人当り税額(千円) B	2年	305	443	606	1,152	2,879	4,802	13,427
	3年	327	459	617	1,160	2,920	4,736	12,280
	4年	321	447	601	1,120	2,834	4,635	13,669
所得税額割合(%) B／A	2年	4.1	5.2	6.4	9.7	16.6	21.2	31.2
	3年	4.4	5.4	6.5	9.8	16.8	21.0	30.0
	4年	4.3	5.3	6.4	9.5	16.4	20.9	31.2

注　1．給与所得納税者数は，年末調整を行なわなかった者も含まれる。

G−13 家計資産・所得格差の状況

(1) 資産の種類別ジニ係数の推移（２人以上全世帯）

資産の種類	ジニ係数						
	平成11年	16年	16年遡及	21年	26年遡及	資産の種類	令和元年
住宅・宅地資産	0.577	0.573	0.58	0.579	0.565	等価流動性金融資産残高[3]	0.697
貯蓄現在高	0.542	0.556	−	0.571	0.597	等価金融資産残高(貯蓄現在高)	0.664
耐久消費財資産	0.36	0.368	0.417	0.428	0.471	等価住宅・宅地	0.643
（参考）年間収入	0.301	0.308	−	0.311	0.314	(参考)等価可処分所得[4]	0.288

資料出所　平成26年以前は総務省統計局「平成26年全国消費実態調査」。令和元年は「全国家計構造調査」。以下(2)表同じ。

〈利用上の注意〉

1．実物資産の住宅及び耐久消費財等は、減価償却を加味した「純資産額」を使用している。
2．平成21年と16年までとでは、実物資産の価額評価方法が異なるために、16年では21年の方法に合わせて遡及した数値が別途算出されている。

注　1．上表は二人以上の世帯の家計資産のジニ係数を算出したものである。
2．総務省統計局「全国消費実態調査」は全面的な見直しが実施され、令和元年分より「全国家計構造調査」。等価可処分所得はOECD新基準に準拠しているため、ジニ係数の遡及改定はない。
3．流動性金融資産残高とは金融資産残高（貯蓄現在高）から「生命保険など」（生命保険、損害保険、簡易保険）を除いたものをいう。
4．等価可処分所得とは、世帯の年間可処分所得を当該世帯の世帯人員数の平方根で割って調整したものをいう。年間可処分所得とは、「年間収入」から税、社会保険料などを差し引いた額で、いわゆる手取り収入のことをいう。
5．等価とは、世帯単位で得られる数値を、当該世帯の世帯人員数の関数（世帯人員数Sに０～１の間の数値を取る変数E（等価弾性値という。）を累乗したものであり、これを等価世帯人員という。）で割って調整したものをいう。OECDの基準ではE=0.5(つまり世帯人員数の平方根)を用いている。

(2) １世帯当たり家計資産・年間収入の推移（２人以上全世帯）

資産の種類	純資産額（万円）							26年遡及対令和元年増減率
	平成11年	16年	16年遡及	21年	26年	26年遡及	令和元年	
資産合計	4,387	3,900	3,824	3,588	3,491	3281.9	3219.4	△1.9
金融資産(貯蓄−負債)	895	950	950	947	1,039	1007.7	838.6	△16.8
貯蓄現在高	1,452	1,520	1,520	1,473	1,565	1531.3	1449.7	△5.3
負債現在高	557	569	569	525.8	526.4	523.6	611	16.7
住宅・宅地資産	3,297	2,786	2,727	2,514	2,324	2274.1	2380.8	4.7
宅地資産	2,677	2,180	2,180	1,992	1,527	1788.6	1880.5	5.1
住宅資産	620	606	523	523	412	485.6	500.4	3.0
耐久消費財資産	168	150	132	117.1	116.5	−	−	−
年間収入	761	696	696	651	638	636.8	677.3	6.4

注　1　26年遡及は、2019年調査の集計方法による遡及集計。
2　資産合計には「ゴルフ会員権等」の資産を含むことから、合計と内訳は一致しない。

(3) 等価可処分所得のジニ係数の国際比較（総世帯）

	アメリカ(2017年)	イギリス(2019年)	イタリア(2018年)	フランス(2018年)	カナダ(2019年)	ドイツ(2018年)	日本(2019年)
ジニ係数	0.390	0.366	0.330	0.301	0.301	0.289	0.288

資料出所　日本：「全国家計構造調査」、日本以外："OECD Income (IDD) and Wealth (WDD) Distribution Databases"

注　1．上表は単身世帯を含めたすべての世帯（以下「総世帯」という）における年間可処分所得（等価可処分所得）のジニ係数である。
2．国際比較可能なOECD新基準に準拠した数値。

(4) 世帯主の年齢階級別所得再分配前後[注2]のジニ係数（総世帯）

年齢	平成21年			平成26年			再分配効果の差(26年−21年)
	再分配前 a	再分配後 b	再分配効果 c（a−b）	再分配前 d	再分配後 e	再分配効果 f（d−e）	f−c
総数	0.406	0.283	0.123	0.421	0.281	0.140	0.017
30歳未満	0.254	0.239	0.015	0.244	0.234	0.010	−0.005
30～49歳	0.268	0.248	0.020	0.255	0.236	0.019	−0.001
50～64歳	0.355	0.291	0.064	0.348	0.290	0.058	−0.006
65歳以上	0.640	0.300	0.340	0.645	0.300	0.345	0.005

資料出所　総務省統計局「平成26年全国消費実態調査―各種係数、所得分布に関する結果」（平成28年10月公表）

注　1．上表は「総世帯」の等価可処分所得を用いたジニ係数である。(3)表注１参照。
2．再分配前の所得とは、公的年金・恩給の給付を含まない年間収入。
3．再分配後の所得とは、租税や社会保険料の支払、年金給付等の移転所得の受取後の年間収入（年間可処分所得）。

(5)　家計資産額別世帯分布（２人以上全世帯・計＝100）〔令和元年〕

（単位　％）

区　分	～450万円	450～900	900～1500	1500～2000	2000～3000	3000～4000	4000～5000	5000～10000	１億円以上	平均値（万円）
資産合計	24.6	9.2	11.1	8.2	12.3	8.9	6.4	13.2	5.9	3,219

資料出所　総務省統計局「2019年全国家計構造調査 ―家計資産・負債に関する結果〔所得資産集計〕」（令和２年５月公表）(6)表も同じ。

(6)　世帯主年齢・年収・職業別世帯当り資産額（２人以上全世帯）〔令和元年〕

（単位　万円）

		資産合計	純金融資産	預貯金	生命保険など	有価証券	その他	住宅宅地資産			年間収入	年間可処分所得	
								計	宅地	住宅		従来型	OECD新基準
平均		3,219	839	924	292	214	20	2,381	1,881	500	677	541	520
対前回増減率		△1.9	△16.8	△3.3	△14.3	3.5	△31.3	4.7	5.1	3.0	6.4	4.5	—
年齢別	30歳未満	426	△276	211	46	14	6	703	368	335	541	436	425
	30～39	887	△607	404	109	47	15	1,494	858	636	664	525	511
	40～49	1,988	△167	599	219	88	33	2,155	1,507	648	748	579	558
	50～59	3,132	739	806	368	215	41	2,393	1,883	510	873	666	635
	60～69	4,355	1,675	1,270	412	311	16	2,680	2,213	467	685	554	532
	70歳以上	4,579	1,714	1,269	312	319	6	2,865	2,484	380	523	445	428
	65歳以上	4,539	1,717	1,263	329	319	7	2,822	2,427	396	551	467	448
対前回増減率	30歳未満	△22.6	182.3	△12.2	△13.3	△8.1	△44.5	8.2	△6.0	29.9	19.2	17.1	—
	30～39	△19.6	68.4	△2.8	△15.9	0.6	△47.9	2.1	△0.4	5.8	12.1	10.0	—
	40～49	9.5	—	8.9	△16.6	14.2	△25.2	18.9	21.2	13.9	5.2	3.0	—
	50～59	△5.1	△26.1	△10.8	△21.2	17.9	△29.8	4.0	5.7	△1.8	4.3	2.2	—
	60～69	△7.8	△10.4	△6.6	△11.3	3.4	△20.5	△6.0	△5.5	△8.6	9.5	7.1	—
	70歳以上	△1.9	△10.8	△4.9	△10.6	△9.5	△31.1	4.2	2.9	13.6	6.5	4.8	—
	65歳以上	△4.6	△11.2	△6.2	△12.9	△9.3	△26.0	0.0	△0.1	0.7	5.0	3.7	—
年間収入十分位別	Ⅰ(～275万円)	1,965	591	505	121	45	1	1,374	1,182	191	186	156	148
	Ⅱ(275～350)	2,672	984	803	194	107	2	1,689	1,441	248	299	264	253
	Ⅲ(350～420)	2,919	1,021	839	238	166	4	1,898	1,579	319	375	327	314
	Ⅳ(420～494)	2,831	859	811	258	163	5	1,972	1,580	392	452	388	372
	Ⅴ(494～572)	2,602	577	750	246	154	6	2,025	1,541	484	534	448	430
	Ⅵ(572～661)	2,572	451	726	243	161	17	2,122	1,610	512	622	514	495
	Ⅶ(661～770)	2,816	553	802	289	213	18	2,263	1,710	553	727	592	569
	Ⅷ(770～910)	3,136	627	934	328	206	35	2,509	1,902	607	852	682	657
	Ⅸ(910～1155)	3,906	850	1,134	402	254	49	3,056	2,368	688	1,040	817	786
	Ⅹ(1155万円～)	6,774	1,872	1,937	598	668	67	4,901	3,892	1,009	1,686	1,224	1,172
	Ⅹ／Ⅰ倍	3.4	3.2	3.8	4.9	14.9	133.2	3.6	3.3	5.3	9.1	7.9	7.9
	平成26年遡及Ⅹ／Ⅰ倍	3.1	2.8	3.0	4.2	12.0	33.2	3.3	3.0	5.1	8.8	8.0	—
職業別	勤労者	2,316	319	695	255	130	29	1,998	1,457	541	738	584	562
	労務作業者	1,684	158	522	213	74	11	1,527	1,080	446	620	504	487
	職員	2,774	465	836	292	174	43	2,309	1,698	611	830	647	621
	民間職員	2,827	429	821	283	188	33	2,398	1,788	610	814	633	609
	官公職員	2,602	580	884	321	131	76	2,022	1,407	615	883	691	659
	勤労者以外	4,538	1,039	1,162	387	320	15	3,499	2,843	656	885	673	644
	個人営業	4,042	677	971	326	204	13	3,365	2,733	632	769	596	568
	商人・職人	3,903	563	858	301	217	15	3,341	2,745	596	715	561	536
	個人経営者	4,352	393	1,232	378	240	6	3,960	2,901	1,058	1,169	832	792
	農林漁家	4,462	1,363	1,307	401	124	7	3,100	2,576	523	760	604	574
	法人経営者	5,792	2,035	1,722	513	641	22	3,757	3,013	744	1,285	940	903
	自由業者	5,189	1,654	1,442	514	403	23	3,536	2,979	556	860	652	625
	その他職業	4,604	1,015	1,127	346	174	20	3,589	3,067	523	1,033	775	752
	無職	4,239	1,738	1,237	311	317	6	2,501	2,167	335	444	384	368

H－1 社会保障

	年度	総人口(10月1日)(10万人)(1)	国民所得〔NI〕(兆円)(2)	社会保障給付費(兆円) 医療(3)	年金(4)	福祉その他(5)	介護	計(6)	国民医療費総額(兆円)(7)	後期高齢者医療給付費(兆円)	人口1人当たり社会保障給付費(千円)(6)/(1)	人口1人当たり医療費(千円)(7)/(1)
実数	昭和60年度	1,210	260.6	14.3	16.9	4.5	－	35.7	16.0	4.0	295	132
	平成2年度	1,236	346.9	18.6	24.0	4.8	－	47.4	20.6	5.7	384	167
	7	1,256	380.2	24.3	33.5	7.2	－	65.0	27.0	8.5	518	215
	12	1,269	390.2	26.6	40.5	11.3	3.3	78.4	30.1	10.3	618	237
	17	1,278	388.1	28.7	46.1	14.0	5.9	88.9	33.1	10.7	695	259
	18	1,279	395.0	29.3	47.2	14.2	6.0	90.7	33.1	10.3	709	259
	19	1,280	394.8	30.2	48.1	14.7	6.4	93.1	34.1	10.3	727	267
	20	1,277	364.4	30.9	49.4	15.6	6.7	95.8	34.8	10.4	751	273
	21	1,275	352.7	32.1	51.6	18.0	7.1	101.7	36.0	11.0	797	282
	22	1,281	364.7	33.6	52.2	19.5	7.5	105.4	37.4	11.7	823	292
	23	1,281	357.5	34.8	52.3	21.2	7.9	108.3	38.6	12.2	845	301
	24	1,278	358.2	35.3	53.2	20.5	8.4	109.1	39.2	12.6	853	307
	25	1,275	372.6	36.1	53.9	20.8	8.8	110.8	40.1	13.1	869	314
	26	1,278	376.7	36.8	53.5	21.9	9.2	112.2	40.8	13.4	878	319
	27	1,271	392.6	38.6	54.1	24.2	9.5	116.8	42.4	14.0	919	333
	28	1,271	392.3	38.8	54.4	25.2	9.7	118.4	42.1	14.2	933	332
	29	1,269	400.5	39.4	54.8	26.0	10.1	120.2	43.1	14.8	947	339
	30	1,264	402.3	39.7	55.3	26.4	10.4	121.4	43.4	15.1	960	343
	令和元年度	1,262	400.6	40.7	55.5	27.7	10.7	123.9	44.4	15.7	982	352
	2	1,261	375.7	42.7	55.6	33.9	11.4	132.2	43.0	15.3	1,048	341
	3	1,255	395.9	47.4	55.8	35.5	11.2	138.7	45.0	15.7	1,106	359
対前年度増減(△)率(%)	2/60(年率)	0.4	5.9	5.4	7.3	1.4	－	5.9	5.2	7.4	5.4	4.7
	7/2(年率)	0.3	1.8	5.5	6.9	8.4	－	6.5	5.5	8.1	6.2	5.2
	12/7(年率)	0.2	0.5	1.8	3.9	9.4	－	3.8	2.3	4.1	3.6	2.0
	17/12(年率)	0.1	△0.1	1.6	2.6	4.4	12.3	2.5	1.9	0.6	2.4	1.8
	平成17年度	0.4	△0.1	4.8	1.3	8.2	5.5	3.6	3.9	6.3	3.2	3.5
	18	0.1	1.8	3.4	0.2	8.6	5.1	2.8	3.1	4.8	3.0	3.3
	19	0.1	△0.0	1.6	1.7	△3.1	6.4	0.7	1.6	3.2	1.0	1.9
	20	△0.3	△7.7	2.1	1.2	1.6	4.7	1.6	2.2	3.7	1.4	2.0
	21	△0.1	△3.2	2.0	△0.7	5.1	4.6	1.3	1.9	2.4	1.8	2.4
	22	0.4	3.4	4.9	1.1	10.5	3.4	4.2	3.8	4.7	4.1	3.8
	23	△0.2	△2.0	0.7	0.5	4.3	2.1	1.3	△0.5	1.1	1.5	△0.4
	24	△0.2	0.2	1.6	0.8	3.1	4.1	1.6	2.2	4.3	1.7	2.4
	25	△0.1	4.0	2.1	1.2	1.6	4.7	1.6	2.2	3.6	1.7	2.3
	26	0.2	1.1	2.0	△0.7	5.1	4.6	1.3	1.9	2.2	1.4	2.0
	27	△0.1	4.2	3.8	1.1	5.8	2.3	2.9	3.8	4.6	3.0	3.9
	28	△0.1	△0.1	0.6	0.5	4.2	2.1	1.3	△0.5	1.5	1.4	△0.4
	29	△0.2	2.1	1.6	0.8	3.1	4.1	1.6	2.2	4.3	1.7	2
	30	△0.2	0.4	0.8	0.8	1.5	2.8	1.0	0.8	1.9	1.2	1.0
	令和元年度	△0.2	△0.4	2.5	0.4	5.1	3.4	2.1	2.3	4.0	2.3	2.5
	2	0.0	△6.2	4.9	0.3	22.1	6.3	6.7	△3.2	△2.4	6.7	△3.2
	3	△0.5	5.4	11.0	0.3	4.8	△1.8	4.9	4.8	2.9	5.5	5.4

〈参考1〉機能別社会保障給付費の推移

(単位　億円)

項目	2005(平成17)	2010(平成22)	2015(平成27)	2019(令和元)	2020(令和2)	2021(令和3)
合計	888,529	1,053,647	1,168,133	1,239,241	1,322,211	1,387,433
高齢	441,023	513,347	553,394	578,347	589,213	587,204
遺族	64,588	67,947	66,701	64,499	64,097	63,239
障害	23,971	33,984	42,833	49,001	52,252	52,828
労働災害	9,842	9,428	9,190	9,305	9,046	8,902
保健医療	274,896	322,125	368,900	390,815	411,436	458,954
家族	32,323	50,085	71,416	91,908	102,675	130,513
失業	14,525	22,501	14,424	14,635	50,239	42,599
住宅	4,290	5,129	6,172	6,028	6,048	6,569
生活保護その他	23,070	29,100	35,103	34,703	37,205	36,626

資料出所　国立社会保障・人口問題研究所「社会保障費用統計」。

注　1．本表は、ILO事務局『第19次社会保障費用調査』の分類に従って算出したものである。
2．2011年度集計時に新たに追加した費用について、2005年度まで遡及したことから、2004年度との間で段差が生じている。
3．2011年度から、衆議院、参議院、国立国会図書館、裁判所、外務省及び防衛省における特別職の国家公務員に対する災害補償が追加されている。
4．2015年度から、保育に要する費用に加え、小学校就学前の子どもの教育に要する費用も計上している。また、2004年度から2014年度の公立保育所運営費は推計値を用いていたが、2015年度以降決算値を用いて集計している。
5．2015年度から、集計の対象とする地方単独事業の範囲を変更したため、2014年度と2015年度の間で段差が生じている。

給付費等の推移

社会保障給付費の対国民所得比（%）				国民医療費の対国民所得比（%）(7)/(2)	国民負担率（%）〔対NI比〕			参考			年度（西暦）
医療 (3)/(2)	年金 (4)/(2)	福祉その他 (5)/(2)	計 (6)/(2)		租税負担率(8)	社会保障負担率(9)	国民負担率 (8)+(9)	65歳以上人口比率（%）	合計特殊出生率（人）	家計貯蓄率（%）	
5.5	6.5	1.7	13.7	6.1	24.0	10.0	33.9	10.3	1.8	15.9	1985
5.3	6.9	1.4	13.7	5.9	27.7	10.6	38.4	12.1	1.5	12.6	1990
6.4	8.8	1.9	17.1	7.1	23.4	12.4	35.8	14.6	1.4	11.2	1995
6.8	10.4	2.9	20.1	7.7	22.9	13.1	36.0	17.4	1.4	8.4	2000
7.4	11.9	3.6	22.9	8.5	22.5	13.8	36.3	20.2	1.3	3.1	2005
7.4	11.9	3.6	23.0	8.4	23.1	14.1	37.2	20.8	1.3	3.1	2006
7.7	12.2	3.7	23.6	8.6	23.7	14.5	38.2	21.5	1.3	2.3	2007
8.5	13.6	4.3	26.3	9.6	23.5	15.8	39.3	22.4	1.4	3.7	2008
9.1	14.6	5.1	28.8	10.2	21.3	15.8	37.2	22.7	1.4	4.6	2009
9.2	14.3	5.3	28.9	10.3	21.6	15.7	37.2	23.0	1.4	4.1	2010
9.7	14.6	5.9	30.3	10.8	22.1	16.6	38.8	23.3	1.4	3.8	2011
9.9	14.9	5.7	30.5	10.9	22.7	17.0	39.7	24.1	1.4	2.5	2012
9.7	14.5	5.6	29.7	10.8	23.2	16.8	40.0	25.0	1.4	△1.0	2013
9.8	14.2	5.8	29.8	10.8	25.0	17.2	42.2	25.9	1.4	△0.8	2014
9.8	13.8	6.2	29.8	10.8	25.5	17.3	42.8	26.7	1.5	0.1	2015
9.9	13.9	6.4	30.2	10.7	25.0	17.5	42.5	27.3	1.4	1.3	2016
9.8	13.7	6.5	30.0	10.8	25.1	17.4	42.5	27.7	1.4	0.8	2017
9.9	13.7	6.6	30.2	10.8	24.9	17.6	42.5	28.1	1.4	1.4	2018
10.2	13.8	6.9	30.9	11.1	25.4	18.9	44.3	28.4	1.4	3.6	2019
11.4	14.8	9.0	35.2	11.4	28.2	19.7	47.9	28.6	1.3	12.1	2020
12.0	14.1	9.0	35.0	11.4	28.9	19.3	48.1	28.9	1.3	7.1	2021

資料出所　国立社会保障・人口問題研究所「社会保障費用統計」、厚生労働省統計情報部「国民医療費の概況」「人口動態調査」、総務省統計局「人口推計」、内閣府「国民経済計算年報」。人口１人当り、対国民所得比は日本生産性本部にて試算。

注　1．各統計の発表される時期が異なり、総人口・国民所得には遡及改訂前後の数値があるため、最新の数値とは異なる場合がある（ここでは社会保障費用統計掲載数値にあわせている）。
　　2．税負担率は、「(間接税＋直接税）／国民所得」である。社会保障負担率は「社会保障負担／国民所得」である。国民負担率は、「(間接税＋直接税＋社会保障負担）／国民所得」である。
　　3．国民所得は要素費用表示によるものである。
　　4．合計特殊出生率とは、１人の女性が一生のうちに何人の子供を産むかという推計値で、15～49歳の女性について、各々の年齢別出生率（年齢別出生数÷年齢別女性人口）を算出し、その数値すべて合計した値である。

〈参考２〉社会保障財源の項目別推移

（単位　億円・%）

財源	平成17年度	平成22年度	平成27年度	令和２年度	令和３年度	令和３年度構成比
合計	1,159,019	1,096,787	1,253,577	1,848,160	1,634,389	100.0
社会保険料	553,297	584,822	669,322	735,410	755,227	46.2
被保険者拠出	283,663	303,291	353,727	387,032	397,852	24.3
事業主拠出	269,633	281,530	315,596	348,378	357,375	21.9
公費負担	300,370	407,983	482,552	589,527	661,080	40.4
他の収入	305,352	103,982	101,702	523,223	218,081	13.3
資産収入	188,454	8,388	20,571	439,400	144,605	8.8
その他	116,898	95,594	81,132	83,823	73,477	4.5

資料出所　国立社会保障・人口問題研究所「社会保障費用統計」。
　注　1．本表はILO「第19次社会保障費用制度調査」分類に基いて算出。
　　　2．公費負担とは「国庫負担」と「他の公費負担」の合計である。また、「他の公費」とは地方自治体の負担を示す。但し、地方自治体の負担とは国の制度に基づいて地方自治体が負担しているものであり、地方自治体が独自に行っている事業に対する負担は含まない。
　　　3．「資産収入」は利子・配当金・財産処分益等、「その他」は手数料・繰入金・雑収入等。

H－2　公的年金制度一覧

(1) 国民年金制度（基礎年金制度）

区分	被保険者数①(万人)	老齢基礎年金等受給権者数②(万人)	扶養比率①/②	老齢基礎年金等平均年金月額(万円)	実質的支出総費用額(兆円)	積立金〔時価〕(兆円)	積立比率〔時価〕	保険料(令和5年4月)(円)	支給開始年齢(歳)
第1号被保険者	1,431	3,466	1.94	5.6	3.4	10.6	8.1	16,590	65
第2号被保険者	4,535								
第3号被保険者	763					－	－	－	
合計	6,729	（参考：公的年金加入者合計6,729万人）							

資料出所　厚生労働省「公的年金制度一覧」。(2)表まで同じ。
注　1．老齢基礎年金等受給権者は、老齢基礎年金受給者数に、旧国民年金法による老齢年金受給者数、被用者年金制度の65歳以上の旧法老齢（退職）年金受給者数を加えたものである。
2．老齢基礎年金平均年金月額は、新法基礎年金と旧法国民年金の平均である。
3．実質的な支出は、給付費から基礎年金交付金を控除し基礎年金拠出金を加えた額である。
4．積立比率とは、前年度末に保有する積立金（国庫負担繰延額を含めた推計値）が、実質的な支出のうち自前で財源を用意しなければならない部分（国庫・公経済負担を除いた部分）の何年分に相当しているかを表す指標である。

(2) 被用者年金制度

区分	被保険者数(万人)	老齢(退職)年金受給権者数(万人)	年金扶養比率(%)	老齢基礎年金等平均月額(万円)	実質的支出総費用額(兆円)	積立金〔時価〕(兆円)	積立比率〔時価〕	保険料率(令和4年9月末)	支給開始年齢(令和4年度)
第1号厚生年金(旧厚生年金保険)	4,065	1,905	2.38	14.9	49.9	230.6	6.0	18.300	〈報酬比例部分〉一般男女64歳 旧厚年女62歳 坑内員・船員62歳 〈定額部分〉一般男・共済女65歳 旧厚年女65歳 坑内員・船員62歳
第2号厚生年金(国家公務員共済組合)	109							18.300	
第3号厚生年金(地方公務員共済組合)	304							18.300	
第4号厚生年金(私立学校教職員共済組合)	59							16,832	
合計	4,535								

注　1．老齢（退職）年金受給権者数（老齢・退年担当）には、旧三公社共済組合及び旧農林漁業団体職員共済組合において旧厚生年金に統合される前に発生した退年担当の退職年金（減額退職年金を含む）の受給権者及び平成27年9月までに旧共済法により発生した退年担当の退職年金（減額退職年金を含む）の受給権者を含む。
2．老齢（退職）年金平均月額は、老齢基礎年金分を含む。また、国共済、地共済及び私学共済（以下、「共済組合等」という。）については、職域加算部分を除く推計値である。
3．実質的な支出は、給付費から基礎年金交付金、追加費用、職域等費用納付金を控除し、基礎年金拠出金を加えた額である。ここで、厚生年金基金から給付されている代行給付額（年度末の最低責任準備金を算出する際に用いられている額）を加えることで、厚生年金基金が代行している部分を含めた厚生年金制度全体の額を推計している。
4．積立金は、厚生年金勘定の年度末積立金と共済組合等の厚生年金保険経理（私学共済は厚生年金勘定・厚生年金経理）の年度末積立金の合計である。
5．積立比率を算出する際の厚生年金の積立金は、厚生年金基金が代行している部分及び国庫負担繰延額を含んだ推計値である。
6．私学共済の保険料率は、令和4年（2022）9月時点で一元化法附則の規定を踏まえ、16.035%に軽減されている。

(3) 厚生年金標準的平均月額の推移〔夫婦基礎年金＋夫報酬比例部分〕

改正年次		標準的な年金額 年金額（A）	加入期間	直近男性の平均標準報酬月額（B）	(A)/(B)	老齢年金平均受給月額（退職・男性）
昭和40年改正		10,000円	20年	27,725円	36%	0.8（ －）万円
昭和44年改正		19,997	24年4ヵ月	44,851	45	1.4（ 1.4）
昭和48年改正		52,242	27	84,801	62	3.8（ 4.0）
昭和51年改正		90,392	28	141,376	64	6.9（ 7.4）
昭和55年改正		136,050	30	201,333	68	10.1（11.1）
制度成熟時	昭和60年改正	176,200	40	254,000	69	12.2（14.9）
	平成元年	197,400	40	288,000	69	14.1（16.6）
	平成6年	230,983	40	336,600	69	16.8（ －）
	平成12年	238,125	40	365,917	65	17.7（ －）
	平成17年	233,300	40	360,000	65	－
	平成18～22年	232,592	40	360,000	65	－
	平成23年	231,648	40	360,000	64	－
	平成24，25年	230,940	40	360,000	64	－
	平成25年10月～	228,591	40	360,000	64	－
	平成26年	226,925	40	360,000	63	－
	平成27年	221,507	40	428,000	52	－
	平成29年～	221,277	40	428,000	52	－
	平成31年	221,504	40	428,000	52	－
	令和元年	220,266	40	439,000	50	－
	令和2年	220,724	40	439,000	50	－
	令和3年	220,496	40	439,000	50	－
	令和4年	219,593	40	439,000	50	－
	令和5年	224,482	40	439,000	51	－

資料出所　厚生労働省「厚生年金保険・国民年金事業の概況」。
注　令和3年度の改定率は▲0.1%。令和4年度は▲0.4%。令和5年度は2.2%。

(4) 老齢年金支給開始年齢の引上げスケジュール（平成６・12年法改正）

生年月日（昭和）		支給開始年齢（歳）		生年月日（昭和）		支給開始年齢（歳）	
男　性	女　性	国民年金（基礎年金）	厚生年金（報酬比例部分）	男　性	女　性	国民年金（基礎年金）	厚生年金（報酬比例部分）
16. 4. 1以前	21. 4. 1以前	60	60	28. 4. 2～30. 4. 1	33. 4. 2～35.4. 1	65	61
16. 4. 2～18. 4. 1	21. 4. 2～23. 4. 1	61	60	30. 4. 2～32. 4. 1	35. 4. 2～37.4. 1	65	62
18. 4. 2～20. 4. 1	23. 4. 2～25. 4. 1	62	60	32. 4. 2～34. 4. 1	37. 4. 2～39.4. 1	65	63
20. 4. 2～22. 4. 1	25. 4. 2～27. 4. 1	63	60	34. 4. 2～36. 4. 1	39. 4. 2～41.4. 1	65	64
22. 4. 2～24. 4. 1	27. 4. 2～29. 4. 1	64	60	36. 4. 2以降	41. 4. 2以降	65	65
24. 4. 2～28. 4. 1	29. 4. 2～33. 4. 1	65	60				

注　1．国民（基礎）年金は平成６年、厚生年金は平成12年に改定された。
　　2．船員・坑内員は、上表の女性の年齢と同じペースで、国民（基礎）年金・厚生年金（報酬比例部分）の55歳支給が、60歳支給へと引き上げられている。

(5) 在職老齢年金早見表（年金月額）

（単位　万円）

年金月額 ＼ 総報酬月額相当額	10万円	14万円	18万円	20万円	24万円	26万円	30万円	34万円	38万円	40万円	44万円	46万円	48万円	50万円	52万円
5万円	5.0	5.0	5.0	5.0	5.0	5.0	5.0	5.0	5.0	5.0	4.5	3.5	2.5	1.5	0.5
8万円	8.0	8.0	8.0	8.0	8.0	8.0	8.0	8.0	8.0	8.0	6.0	5.0	4.0	3.0	2.0
10万円	10.0	10.0	10.0	10.0	10.0	10.0	10.0	10.0	10.0	9.0	7.0	6.0	5.0	4.0	3.0
13万円	13.0	13.0	13.0	13.0	13.0	13.0	13.0	13.0	11.5	10.5	8.5	7.5	6.5	5.5	4.5
15万円	15.0	15.0	15.0	15.0	15.0	15.0	15.0	14.5	12.5	11.5	9.5	8.5	7.5	6.5	5.5
18万円	18.0	18.0	18.0	18.0	18.0	18.0	18.0	16.0	14.0	13.0	11.0	10.0	9.0	8.0	7.0
20万円	20.0	20.0	20.0	20.0	20.0	20.0	19.0	17.0	15.0	14.0	12.0	11.0	10.0	9.0	8.0
22万円	22.0	22.0	22.0	22.0	22.0	22.0	20.0	18.0	16.0	15.0	13.0	12.0	11.0	10.0	9.0
24万円	24.0	24.0	24.0	24.0	24.0	23.0	21.0	19.0	17.0	16.0	14.0	13.0	12.0	11.0	10.0
26万円	26.0	26.0	26.0	26.0	25.0	24.0	22.0	20.0	18.0	17.0	15.0	14.0	13.0	12.0	11.0
28万円	28.0	28.0	28.0	28.0	26.0	25.0	23.0	21.0	19.0	18.0	16.0	15.0	14.0	13.0	12.0
30万円	30.0	30.0	30.0	29.0	27.0	26.0	24.0	22.0	20.0	19.0	17.0	16.0	15.0	14.0	13.0

注　1．基本月額と総報酬月額相当額の合計額が、支給停止調整変更額である48万円以下のときは、満額支給される。
　　2．上記合計額が48万円を超えるときは、基本月額－（基本月額＋総報酬月額相当額－48万円）÷２。
　　3．支給停止調整変更額は、名目賃金の変動に応じて改定される。
　　4．上表には加給年金部分は含まれていない。

(6) 老齢年金額階級別受給権者数の分布（令和２・３年度末）

厚生年金					国民（基礎）年金				
年金額	令和２年度末現在		令和３年度末現在		年金額	令和２年度末現在		令和３年度末現在	
（万円）合計	15,987	100.0	16,180	100.0	（万円）合計	33,282	100.0	33,429	100.0
～5	431	3.0	389	2.0	～1	75	0.2	70	0.2
5～10	3,326	21.0	3,361	21.0	1～2	294	0.9	284	0.9
10～15	4,874	30.0	4,977	31.0	2～3	929	2.8	903	2.7
15～20	4,875	30.0	4,953	31.0	3～4	2,842	8.5	2,750	8.2
20～25	2,298	14.0	2,235	14.0	4～5	4,664	14.0	4,636	13.9
25～30	279	2.0	252	2.0	5～6	7,761	23.3	7,911	23.7
30～	17	0.0	15	0.0	6～7	14,836	44.6	15,003	44.9
－					7～	1,882	5.7	1,872	5.6
平均年金額	144,366		143,965		平均年金額	56,252		56,368	

資料出所　厚生労働省年金局「厚生年金保険・国民年金事業の概況」。
注　1．上表の厚生年金には通算老齢年金分を含まない。通算老齢年金とは受給資格加入年数に満たなくとも、便宜的に減額支給される年金をいう。
　　2．新法旧三共済組合（日本鉄道、日本電信電話、日本たばこ）の受給権者数とその年金額を含む。
　　3．厚生年金額は本人の基礎部分と報酬比例部分を含む。但し旧農林共済に係る基礎年金は含まない。
　　4．国民（基礎）年金の欄は、受給権者数・年金額ともに左欄の厚生年金に係るものを含む。
　　5．上記の数値には、各種共済組合と受給資格があっても支給開始年齢等に達していないような支給停止者の分は除かれるために、⑴表の受給権者数とは異なる。また、船員保険も除かれている。

H－3 世帯の状況

(1) 世帯構造・世帯類型別にみた世帯数及び平均世帯人員の推移

	年次	総数	世帯構造						世帯類型				平均世帯人員(人)
			単独世帯	夫婦のみ	夫婦と未婚の子のみ	ひとり親と未婚の子のみ	三世代	その他	高齢者	母子	父子	その他	
推計数(千世帯)	平成7年	40,770	9,213	7,488	14,398	2,112	5,082	2,478	4,390	483	84	35,812	2.91
	12	45,545	10,988	9,422	14,924	2,592	4,823	2,796	6,261	597	83	38,604	2.76
	17	47,043	11,580	10,295	14,609	2,968	4,575	3,016	8,349	691	79	37,924	2.68
	22	48,638	12,386	10,994	14,922	3,180	3,835	3,320	10,207	708	77	37,646	2.59
	27	50,361	13,517	11,872	14,820	3,624	3,264	3,265	12,714	793	78	36,777	2.49
	令和3年	51,914	15,292	12,714	14,272	3,693	2,563	3,379	15,062	623	63	36,165	2.37
	4	54,310	17,852	13,330	14,022	3,666	2,086	3,353	16,931	565	75	36,738	2.25
構成割合(%)	平成7年	100.0	22.6	18.4	35.3	5.2	12.5	6.1	10.8	1.2	0.2	87.8	－
	12	100.0	24.1	20.7	32.8	5.7	10.6	6.1	13.7	1.3	0.2	84.8	－
	17	100.0	24.6	21.9	31.1	6.3	9.7	6.4	17.7	1.5	0.2	80.6	－
	22	100.0	25.5	22.6	30.7	6.5	7.9	6.8	21.0	1.5	0.2	77.4	－
	27	100.0	26.8	23.6	29.4	7.2	6.5	6.5	25.2	1.6	0.2	73.0	－
	令和3年	100.0	29.5	24.5	27.5	7.1	4.9	6.5	29.0	1.2	0.1	69.7	－
	4	100.0	32.9	24.5	25.8	6.8	3.8	6.2	31.2	1.0	0.1	67.6	－

資料出所　厚生労働省「国民生活基礎調査」。全国の当該年５月の世帯の状況と、その前年１年間の所得について調査している。平成７年の数値は兵庫県の数値を含まない。

〔参考〕　高齢者世帯：65歳以上の者のみで構成するか、又はこれに18歳未満の未婚の者が加わった世帯をいう。
母子世帯：死別・離別・その他の理由（未婚の場合を含む）で、現に配偶者のいない65歳未満の女（配偶者が長期間生死不明の場合を含む）と20歳未満のその子（養子を含む）のみの世帯をいう。
父子世帯：死別・離別・その他の理由（未婚の場合を含む）で、現に配偶者のいない65歳未満の男（配偶者が長期間生死不明の場合を含む）と20歳未満のその子（養子を含む）のみの世帯をいう。
その他の世帯：上記以外の世帯をいう。
注　令和2年は調査を実施していない。

(2) 貧困率の年次推移（３年おき調査）

区分	平成6年	9	12	15	18	21	24	27	30	令和3年	新基準
	(単位：%)										
相対的貧困率	13.8	14.6	15.3	14.9	15.7	16.0	16.1	15.6	15.4	15.7	15.4
子どもの貧困率	12.2	13.4	14.4	13.7	14.2	15.7	16.3	13.9	13.5	14.0	11.5
子どもがいる現役世帯	11.3	12.2	13.0	12.5	12.2	14.6	15.1	12.9	12.6	13.1	10.6
大人が一人	53.5	63.1	58.2	58.7	54.3	50.8	54.6	50.8	48.1	48.3	44.5
大人が二人以上	10.2	10.8	11.5	10.5	10.2	12.7	12.4	10.7	10.7	11.2	8.6
	(単位：万円)										
中央値（a）	289	297	274	260	254	250	244	245	253	248	254
貧困線（a/2）	144	149	137	130	127	125	122	122	127	124	127

注：1）平成６年の数値は、兵庫県を除いたものである。
2）平成27年の数値は、熊本県を除いたものである。以下同じ。
3）平成30年の「新基準」は、2015年に改訂されたＯＥＣＤ所得定義の新たな基準で、従来の可処分所得から更に「自動車税・軽自動車税・自動車重量税」、「企業年金・個人年金等の掛金」及び「仕送り額」を差し引いたものである。
4）貧困率は、ＯＥＣＤの作成基準に基づいて算出している。
5）大人とは18歳以上の者、子どもとは17歳以下の者をいい、現役世帯とは世帯主が18歳以上65歳未満の世帯をいう。
6）等価可処分所得金額不詳の世帯員は除く。

(3) 世帯別平均年間所得、中央値・平均所得以下分布の推移

（単位　万円）

	区分	平成７年	12	17	22	27	30	令和２年	3
平均所得	全世帯	659.6	616.9	563.8	538.0	545.4	552.3	564.3	545.7
	高齢者世帯	316.9	319.5	301.9	307.2	308.1	312.6	332.9	318.3
	児童のいる世帯	737.2	725.8	718.0	658.1	707.6	745.9	813.5	785.0
全世帯中央値		550	500	458	438	427	437	440	423
平均所得以下分布(%)	平均額以下	60.0	61.1	60.7	61.4	61.4	61.1	61.5	61.6
	500万円未満	43.9	49.9	54.3	56.3	56.9	55.9	56.0	57.2
	400万円未満	33.7	39.4	43.4	45.2	46.5	45.4	45.5	46.9
	300万円未満	22.4	27.5	30.7	32.0	33.3	32.6	32.0	34.3
	200万円未満	12.9	16.3	18.9	18.5	19.6	19.0	18.6	19.7
	100万円未満	3.9	5.5	6.0	5.9	6.2	6.4	5.4	6.7

注　平均所得以下分布は全体を100とした場合の各々の所得ごとの累積割合を示している。
令和２年は、調査（令和元年の所得）を実施していない。

〔付〕 世帯主の年齢階級別にみた１世帯当たり－世帯人員１人当たり平均所得金額

（単位　万円）

	総数	29歳以下	30～39	40～49	50～59	60～69	70～79	（再掲）65歳以上
１世帯当たり平均所得金額	545.7	377.5	627.2	728.5	742.1	589.4	415.7	424.8
世帯人員一人当たり平均所得金額	235.0	245.1	221.9	239.5	291.9	259.7	201.4	206.5

(4) 所得の種類別にみた1世帯当たり平均所得金額（令和4年）

（単位　万円）

	特定世帯	総所得	稼働所得	財産所得	公的年金・恩給	年金以外の社会保障給付金	仕送り・企業年金・個人年金・その他
平均所得		1世帯当たり平均所得金額（単位：万円）					
	全世帯	545.7	399.6	15.3	109.7	6.0	15.1
	高齢者世帯	318.3	80.3	17.2	199.9	1.8	19.0
	母子世帯	328.2	270.6	0.1	10.2	40.9	6.3
	児童のいる世帯	785.0	721.7	11.6	24.5	19.1	8.1
	その他の世帯	669.5	571.0	14.6	63.2	7.7	13.0

(5) 世帯の種類別にみた生活意識（令和4年）

（単位　%）

世帯の種類	総数	苦しい	大変苦しい	やや苦しい	普通	ゆとりがある	ややゆとりがある	大変ゆとりがある
全世帯	100.0	48.3	18.1	30.2	45.1	6.6	5.8	0.8
高齢者世帯	100.0	52.8	21.4	31.5	40.5	6.6	5.4	1.2
母子世帯	100.0	75.6	39.5	36.0	23.3	1.2	1.2	—
児童のいる世帯	100.0	54.7	23.0	31.8	39.0	6.3	5.4	0.9
その他の世帯	100.0	51.8	20.5	31.3	41.4	6.9	5.5	—

H－4　国民医療費の動向

(1) 制度区分別国民医療費の推移

（単位　億円）

年度	国民医療費	公費負担医療給付分	医療保険等給付分	医療保険	その他	後期高齢者医療給付分	患者負担分	軽減特別措置
平成7年度	269,577	12,953	140,042	136,641	3,400	84,877	31,705	—
12	301,418	16,051	140,214	137,073	3,141	102,399	42,754	—
17	331,289	21,987	155,377	152,566	2,811	106,353	47,572	—
22	374,202	26,353	178,590	176,132	2,818	116,876	50,151	1,872
27	423,644	31,498	198,284	195,244	3,040	140,255	52,042	1,565
令和2年度	429,665	31,222	193,653	190,562	3,091	152,868	51,922	—
3	450,359	33,136	205,706	202,569	3,137	157,246	54,270	—
（割合）	100.0	7.4	45.7	45.0	0.7	34.9	12.1	—

資料出所　厚生労働省「国民医療費の概況」。以下同じ。

(2) 財源別国民医療費の推移

	年度	国民医療費	公費			保険料			その他	
			総額	国庫	地方	総額	事業主	被保険者	総額	患者負担(再掲)
推計額（億円）	平成7年	269,577	85,398	65,132	20,265	152,137	66,169	85,968	32,043	31,705
	12	303,583	97,486	74,302	23,183	160,910	68,446	92,465	45,189	44,919
	17	331,289	120,610	82,992	37,618	162,893	67,082	95,811	47,786	47,572
	22	374,202	142,562	97,037	45,525	181,319	75,380	105,939	50,322	47,573
	27	423,644	164,715	108,699	56,016	206,746	87,299	119,447	52,183	49,161
	令和2年	429,665	164,991	110,245	54,746	212,641	91,483	121,159	52,033	49,516
	3	450,359	171,025	114,027	56,998	224,957	97,376	127,581	54,378	52,094
構成割合（%）	平成7年	100.0	31.7	24.2	7.5	56.4	24.5	31.9	11.9	11.8
	12	100.0	32.1	24.5	7.6	53.0	22.5	30.5	14.9	14.8
	17	100.0	36.4	25.1	11.4	49.2	20.2	28.9	14.4	14.4
	22	100.0	38.1	25.9	12.2	48.5	20.1	28.3	13.4	12.7
	27	100.0	38.9	25.7	13.2	48.8	20.6	28.2	12.3	11.6
	令和2年	100.0	38.4	25.7	12.7	49.5	21.3	28.2	12.1	11.5
	3	100.0	38.0	25.3	12.7	50.0	21.6	28.3	12.1	11.6

(3) 年齢階級別国民医療費（令和3年度）

項目	総額	65歳未満	0～14歳	15歳～44歳	45歳～64歳	65歳以上	（再掲）70歳以上	（再掲）75歳以上
推計額（億円）	450,359	177,323	24,178	53,725	99,421	273,036	233,696	172,435
構成割合（%）	100.0	39.4	5.4	11.9	22.1	60.6	51.9	38.3
人口1人当たり医療費（千円）	358.8	198.6	163.5	133.3	290.7	754.0	824.5	923.4

〈参考〉年齢階級別人口1人当り医療費（千円）

年齢	医療費	年齢	医療費	年齢	医療費	年齢	医療費
0～4歳	257.7	20～24歳	98.9	40～44歳	172.0	60～64歳	403.5
5～9	132.2	25～29	119.3	45～49	206.8	65～69	499.9
10～14	115.9	30～34	138.6	50～54	258.7	70～74	633.4
15～19	99.4	35～39	152.6	55～59	326.5	75～79	784.6
						80～84	918.0
						85～89	1,034.5
						90～	1,134.0

注　年齢階級別推計額は、各種調査による割合を用いて按分推計したものである。
　　歯科・薬剤を含む。

H－5 税・社会保障による所得再分配

(1)－1 当初所得階級別所得再分配状況

当初所得階級	世帯数	当初所得（万円）(A)	総所得（万円）	可処分所得（万円）	再分配所得（万円）(B)	再分配係数（%）(B-A)/A	拠出 税金（万円）	拠出 社会保険料（万円）	受給総額（万円）
総数	3,316	423.4	549.7	440.6	504.2	19.1	52.4	56.7	189.8
50万円未満	874	11.8	207.6	185.7	257.8	2,081.6	9.3	12.6	267.9
50～100	218	72.7	239.7	212.0	273.2	275.8	12.0	15.7	228.2
100～150	188	121.6	282.5	248.7	330.1	171.6	14.8	19.0	242.3
150～200	156	173.5	309.6	266.0	343.2	97.9	17.7	25.9	213.3
200～250	171	222.5	357.5	301.1	392.3	76.4	22.3	34.1	226.3
250～300	135	273.3	401.4	343.2	380.9	39.4	20.6	37.6	165.8
300～350	118	322.1	431.9	357.3	397.7	23.5	29.2	45.4	150.2
350～400	143	372.1	498.7	419.7	471.3	26.6	29.3	49.7	178.2
400～450	107	419.9	519.0	420.3	501.7	19.5	40.6	58.1	180.5
450～500	131	475.6	551.3	448.3	502.2	5.6	38.1	64.9	129.6
500～550	99	522.4	625.5	507.8	591.9	13.3	44.9	72.9	187.2
550～600	88	572.3	654.4	532.5	574.7	0.4	46.6	75.3	124.2
600～650	102	621.6	696.0	557.9	621.3	0.0	55.8	82.3	137.9
650～700	86	675.5	756.9	598.3	636.7	-5.8	63.8	94.8	119.8
700～750	80	721.7	767.0	610.3	667.5	-7.5	60.8	95.9	102.5
750～800	47	776.1	841.0	666.0	755.2	-2.7	68.5	106.4	154.0
800～850	61	821.2	873.8	670.7	701.0	-14.6	86.6	116.5	82.8
850～900	66	874.4	929.0	721.8	740.7	-15.3	88.2	119.0	73.4
900～950	59	923.7	975.8	767.7	798.9	-13.5	87.4	120.6	83.2
950～1,000	46	973.2	1,047.3	823.5	898.6	-7.7	90.3	133.5	149.3
1,000万円以上	341	1,553.4	1,599.5	1,182.8	1,239.5	-20.2	251.0	165.7	102.9

資料出所　厚生労働省政策統括官（社会保障担当）「令和３年所得再分配調査」（３年ごとの調査）。以下、(2)、(3)表および〔参考〕まで同じ。

注１．当初所得：雇用者所得、事業所得、農耕所得、畜産所得、財産所得、家内労働所得及び雑収入並びに私的給付（仕送り、企業年金、退職金、生命保険金等の合計額）の合計額をいう。総所得は、当初所得に社会保障による現金給付を加えたもの。
２．税・社会保険料控除前所得＝当初所得＋社会保障による現金給付額。
３．可処分所得＝総所得（税・社会保険料控除前所得）－（税金＋社会保険料）。
４．再分配所得＝当初所得－（税金＋社会保険料）＋社会保障給付（現金・現物）。
５．再分配係数＝（再分配所得－当初所得）／当初所得×100。

(1)－2 所得再分配による所得格差是正効果（ジニ係数）

調査年	ジニ係数 当初所得 ①	ジニ係数 (①＋社会保障給付金－社会保険料) ②	ジニ係数 可処分所得 (②－税金) ③	ジニ係数 再分配所得 (③＋現物給付) ④	ジニ係数の改善度 再分配による改善度（%）（注１）	社会保障による改善度（%）（注２）	税による改善度（%）（注３）
平成８年	0.4412	0.3798	0.3660	0.3606	18.3	15.2	3.6
11	0.4720	0.4001	0.3884	0.3814	19.2	16.8	2.9
14	0.4983	0.3989	0.3854	0.3812	23.5	20.8	3.4
17	0.5263	0.4059	0.3930	0.3873	26.4	24.0	3.2
20	0.5318	0.4023	0.3873	0.3758	29.3	26.6	3.7
23	0.5536	0.4067	0.3885	0.3791	31.5	28.3	4.5
26	0.5704	0.4057	0.3873	0.3759	34.1	31.0	4.5
29	0.5594	0.4017	0.3822	0.3721	33.5	30.1	4.8
令和３年	0.5700	0.4083	0.3890	0.3813	33.1	29.8	4.7
（参考）世帯員単位のジニ係数 平成８年	0.3764	0.3273	0.3119	0.3096	17.7	13.7	4.7
11	0.4075	0.3501	0.3372	0.3326	18.4	15.3	3.7
14	0.4194	0.3371	0.3227	0.3217	23.3	19.9	4.3
17	0.4354	0.3355	0.3218	0.3225	25.9	22.8	4.1
20	0.4539	0.3429	0.3268	0.3192	29.7	26.2	4.7
23	0.4703	0.3418	0.3219	0.3162	32.8	28.6	5.8
26	0.4822	0.3354	0.3159	0.3083	36.1	32.1	5.8
29	0.4795	0.3398	0.3194	0.3119	35.0	30.8	6.0
令和３年	0.4911	0.3417	0.3207	0.3144	36.0	31.8	6.1

注１．再分配による改善度＝１－④／①
２．社会保障による改善度＝１－②／①×④／③
３．税による改善度＝１－③／②
４．平成11年以前の現物給付は医療のみであり、平成14年以降については医療、介護、保育である。
５．ジニ係数は分配の均等度を表わしたもの。係数値は０から１までの値をとり、０に近いほど分布が均等、１に近いほど不均等ということになる。
６．世帯員単位のジニ係数は、世帯の人員・構成によって異なる特性を均らして、より厳密に比較できるようにしたものである。

の状況〔1世帯当たり平均金額〕(令和3年)

(2) 世帯主の年齢階級別所得再分配状況

世帯主の年齢階級	当初所得	総所得	再分配所得	再分配係数	拠出		受給総額
					税 金	社会保険料	
総 数	423.4	549.7	504.2	19.1	52.4	56.7	189.8
29歳以下	410.0	415.1	346.5	−15.5	32.7	47.8	16.9
30〜34歳	533.0	552.5	474.8	−10.9	47.9	63.7	53.4
35〜39歳	675.3	703.0	603.2	−10.7	76.6	81.5	86.0
40〜44歳	731.0	759.4	619.4	−15.3	82.6	93.7	64.7
45〜49歳	765.8	782.8	623.0	−18.6	86.5	98.4	42.1
50〜54歳	745.9	766.6	611.7	−18.0	88.5	97.3	51.6
55〜59歳	762.3	789.3	639.4	−16.1	92.7	96.4	66.2
60〜64歳	610.4	663.6	568.4	−6.9	84.0	71.0	113.1
65〜69歳	308.3	473.9	439.1	42.4	33.6	42.6	206.9
70〜74歳	242.2	464.8	442.3	82.6	35.9	37.3	273.3
75歳以上	152.3	366.5	438.1	187.6	24.1	27.1	337.0

(3)−1 世帯類型別所得再分配状況

世帯類型	世帯数	世帯人員数	当初所得(万円)	総所得(万円)	可処分所得(万円)	再分配所得(万円)	再分配係数(%)	拠出		受給総額(万円)
								税金(万円)	社会保険料(万円)	
総 数	3,316	2.22	423.4	549.7	440.6	504.2	19.1	52.4	56.7	189.8
高齢者世帯	1,286	1.54	124.7	335.3	289.8	364.1	192.0	23.9	21.7	285.0
母子世帯	21	2.62	297.6	345.7	289.2	322.5	8.4	20.2	36.2	81.4
そのほかの世帯	2,009	2.65	615.9	689.0	538.8	595.7	−3.3	70.9	79.3	130.0

(3)−2 受給総額の内訳 (単位 万円)

世帯類型	年金・恩給	医 療	介 護	その他
総 数	120.5	43.8	16.7	8.3
高齢者世帯	208.4	55.3	19.0	2.3
母子世帯	13.8	15.1	0.0	52.5
そのほかの世帯	65.3	36.7	15.3	12.7

(3)−3 ジニ係数

世帯類型	当初所得	再分配所得	改善度(%)
総 数	0.5700	0.3813	33.1
高齢者世帯	0.7173	0.3781	47.3
母子世帯	0.3341	0.2758	17.4
そのほかの世帯	0.4239	0.3500	17.4

〔参考〕世帯単位でみたジニ係数の変化の要因分析

	当初所得		再分配所得	
2021(令和3)年調査	0.5700	0.0436	0.3813	0.0253
試算	0.5264		0.3560	
2017(平成29)年調査	0.5594	−0.0330	0.3721	−0.0161

試算 令和3年調査において、世帯主の年齢5歳階級別の世帯の構成割合が平成29年調査の割合と同一になるようなウエイト付けをしてジニ係数を算出したもの。

注. 上記のような分析においては、計算の順序によってその効果が変わり得ることに留意が必要である。

〔備考〕上記の〔参考〕表は、ジニ係数上昇の背景には、高齢者世帯の増加や世帯の小規模化といった社会構造の変化があるとの観点から、これらの要因を除いた場合のジニ係数が試算されたものである。

〔調査の概要〕

調査の時期は令和3年7月8日から同年8月7日までの1か月間。調査の事項は、所得、税、社会保険料、年金、社会保障給付について、令和2年1月1日から同年12月31日までの状況を調査。対象客体数(A)は8,042世帯。回収客体数は5,338世帯、集計客体数(B)は3,316世帯、(B/A)41.2%。

I－1　労働組合数と組合員数（各年6月末現在）

年	単位労働組合数	単一労組組合員数（千人）	雇用者数（万人）	推定組織率（%）	年	単位労働組合数	単一労組組合員数（千人）	雇用者数（万人）	推定組織率（%）
昭和20年	509	381	－	3.2	昭和60年	74,499	12,418	4,301	28.9
21	17,266	4,926	－	41.5	61	74,183	12,343	4,383	28.2
22	23,323	5,692	1,256	45.3	62	73,138	12,272	4,448	27.6
23	33,926	6,677	1,259	53.0	63	72,792	12,227	4,565	26.8
24	34,688	6,655	1,193	55.8	平成元年	72,605	12,227	4,721	25.9
25	29,144	5,774	1,251	46.2	2	72,202	12,265	4,875	25.2
26	27,644	5,687	1,336	42.6	3	71,685	12,397	5,062	24.5
27	27,851	5,720	1,421	40.3	4	71,881	12,541	5,139	24.4
28	30,129	5,927	1,631	36.3	5	71,501	12,663	5,233	24.2
29	31,456	6,076	1,712	35.5	6	71,674	12,699	5,279	24.1
30	32,012	6,286	1,764	35.6	7	70,839	12,614	5,309	23.8
31	34,073	6,463	1,931	33.5	8	70,699	12,451	5,367	23.2
32	36,084	6,763	2,014	33.6	9	70,821	12,285	5,435	22.6
33	37,823	6,984	2,134	32.7	10	70,084	12,093	5,391	22.4
34	39,303	7,211	2,248	32.1	11	69,387	11,825	5,321	22.2
35	41,561	7,662	2,382	32.2	12	68,737	11,539	5,379	21.5
36	45,096	8,360	2,422	34.5	13	67,706	11,212	5,413	20.7
37	47,812	8,971	2,582	34.7	14	65,642	10,801	5,348	20.2
38	49,796	9,357	2,693	34.7	15	63,955	10,531	5,373	19.6
39	51,457	9,800	2,803	35.0	16	62,805	10,309	5,371	19.2
40	52,879	10,147	2,914	34.8	17	61,178	10,138	5,416	18.7
41	53,985	10,404	3,042	34.2	18	59,019	10,041	5,517	18.2
42	55,321	10,566	3,100	34.1	19	58,265	10,080	5,565	18.1
43	56,535	10,863	3,159	34.4	20	57,197	10,065	5,565	18.1
44	58,812	11,249	3,196	35.2	21	56,347	10,078	5,455	18.5
45	60,954	11,605	3,277	35.4	22	55,910	10,054	5,447	18.5
46	62,428	11,798	3,383	34.8	23	55,148	9,961	5,488	18.1
47	63,718	11,889	3,469	34.3	24	54,773	9,892	5,528	17.9
48	65,448	12,098	3,659	33.1	25	54,182	9,875	5,571	17.7
49	67,829	12,462	3,676	33.9	26	53,528	9,849	5,617	17.5
50	69,333	12,590	3,662	34.4	27	52,768	9,882	5,665	17.4
51	70,039	12,509	3,710	33.7	28	51,967	9,940	5,740	17.3
52	70,625	12,437	3,746	33.2	29	51,325	9,981	5,848	17.1
53	70,868	12,383	3,796	32.6	30	50,740	10,070	5,940	17.0
54	71,780	12,309	3,899	31.6	令和元年	49,925	10,088	6,023	16.7
55	72,693	12,369	4,012	30.8	2	49,098	10,115	5,929	17.1
56	73,694	12,471	4,055	30.8	3	48,239	10,078	5,980	16.9
57	74,091	12,526	4,102	30.5	4	47,495	9,992	6,048	16.5
58	74,486	12,520	4,209	29.7	5	46,704	9,938	6,109	16.3
59	74,579	12,464	4,282	29.1	うち女性	－	3,473	2,811	12.4

資料出所　厚生労働省「労働組合基礎調査」。以下同じ。
〔備考〕　I－1～4表で使われている用語の定義と集計内容は以下の通り。
単位労働組合：規約上当該組織の構成員が労働者の個人加入の形式をとり、独自の活動を行い得る支部等の下部組織をもたない組合をいう。統計表上は、単位組織組合と単一組織組合の最下部組織である単位扱組合とをそれぞれ1組合として集計している。
単一労働組合：規約上当該組織の構成員が労働者の個人加入の形式をとり、かつその内部に独自の活動を行い得る下部組織（支部等）を有する組合をいう。また、単一組織組合の各組織段階のうち、最上部組織を本部、独自の活動を行ううる最下部組織（例えば支部）を単位扱組合といい、その中間組織（例えば地方本部）を連合扱組合という。統計表上は、単位組織組合と単一組織組合の本部をそれぞれ1組合として集計している。
連合団体：規約上、当該組織の構成員が労働組合の団体加盟の形式をとる組合をいう。なお、連合団体のうち、加盟組合の連絡、相互援助等を目的とするにとどまるものを協議体組織、その決定が加盟組合を拘束しうるようなものを連合体組織という。
※　単一労働組合の労働組合員数は、独自の活動組織をもたない労働組合員（非独立組合員――本部直属の専従者や海外への出向・派遣者など）を含んで集計するため、通常、単位労働組合より多くなる。

〔参考1〕　新設マイナス解散の労働組合数及び労働組合員数（単位労働組合）

年	合計		実質的新設マイナス実質的解散		うち、事業所の新設・拡張マイナス事業所の休廃止		形式的新設マイナス形式的解散	
	労働組合数	労働組合員数(人)	労働組合数	労働組合員数(人)	労働組合数	労働組合員数(人)	労働組合数	労働組合員数(人)
平成30年	－ 803	－48,846	－ 516	3,573	－ 88	5,183	－ 287	－52,419
令和元年	－ 995	－42,681	－ 683	－14,352	－ 72	－1,564	－ 312	－28,329
2	－ 996	－38,679	－ 633	－ 2,020	－129	2,680	－ 363	－36,659
3	－1,007	－75,400	－ 561	－12,408	－140	－1,194	－ 446	－62,992
4	－ 904	－14,272	－ 609	5,408	－135	－6,492	－ 295	－19,680

注　1.「新設マイナス解散」とは、新設組合数から解散組合数を差し引いたもの（労働組合員数も同じ)。
2. 新設は実質的新設と形式的新設に区分され、実質的新設には「事業所の新設・拡張による新設」及び「その他の理由による新設」が含まれる。なお、形式的新設とは組織の変更等に伴う新設をいう。
3. 解散は実質的解散と形式的解散に区分され、実質的解散には「事業所の休廃止による解散」及び「その他の理由による解散」が含まれる。なお、形式的解散とは組織の変更等に伴う新設をいう。

〔参考2〕主要団体への加盟状況（令和5年6月現在）

主要団体	組合員数(千人)	しめる割合(%)	対前年差	対前年増減率
全労働組合員数	9,938	100.0	−55	△0.5
連合	6,817	68.6	−19	△0.3
全労連	464	4.7	−13	△2.8
全労協	76	0.8	−7	△8.4
金属労協	2,007	20.2	8	0.4
インダストリオール・JAF	432	4.4	7	1.6
交運労協	576	5.8	−5	△0.9
公務労協	1,015	10.2	−26	△2.5

注1　全労働組合員数には、主要団体に加盟していない労働組合員数も含む
　2　複数の主要団体に加盟している労働組合員は、それぞれ主要団体に重複して集計している
　3　いわゆる直加盟をふくむ

I−2　規模別単位労働組合員数と推定組織率（民間企業）（単位　千人）

年	企業規模計	1,000人以上	300〜999人	100〜299人	30〜99人	29人以下	その他
昭和60年	9,218	5,534	1,417	1,029	451	67	876
平成2年	9,515(21.9)	5,635(61.0)	1,483	997(24.0)	403	59(2.0)	938
7	9,882(20.8)	5,872(59.9)	1,513	968(21.2)	363	54(1.6)	1,111
12	8,975(18.7)	5,274(54.2)	1,043	843(18.8)	314	47(1.4)	1,094
17	7,895(16.4)	4,534(47.7)	1,240	716(15.0)	260	38(1.2)	1,106
22	8,367(17.0)	5,164(46.6)	1,235	676(14.2)	226	35(1.1)	1,031
27	8,404(16.3)	5,453(45.7)	1,156	616(12.2)	201	29(0.9)	949
28	8,491(16.2)	5,517(44.3)	1,160	610(12.2)	196	28(0.9)	981
29	8,549(16.0)	5,549(44.3)	1,150	606(11.8)	191	27(0.9)	1,027
30	8,653(15.9)	5,657(41.5)	1,154	602(11.7)	188	26(0.9)	1,026
令和元年	8,704(15.8)	5,684(40.8)	1,159	595(11.4)	185	25(0.8)	1,056
2	8,763(16.2)	5,769(41.8)	1,151	586(11.3)	181	24(0.9)	1,052
3	8,762(16.1)	5,803(39.2)	1,129	573(11.1)	177	23(0.8)	1,057
4	8,710(15.8)	5,798(39.6)	1,118	558(10.5)	172	22(0.8)	1,042
5	8,692(15.6)	5,846(39.8)	1,087	545(10.2)	167	21(0.8)	1,026

注　1．その他は、2企業以上の従業員で組織されるもの（合同労組）及び規模不明のものである。
　　2．（　）内は民間企業のみの推定組織率（%）である。昭和60年は算出されていない。

I−3　産業別単位労働組合員数（令和5年）　（単位　千人）

産業	令和5年				令和4年			対前年差			
	労働組合員数	構成比	雇用者数	推定組織率	労働組合員数	雇用者数	推定組織率	労働組合員数	対前年増減率		推定組織率
	千人	%	万人	%	千人	万人	%	千人	%	万人	ポイント
総計	9,875	100.0	6,109	16.2	9,927	6,048	16.4	−53	−0.5	61	△0.2
農業，林業，漁業	10	0.1	65	1.6	10	65	1.6	−0	−0.8	0	0.0
鉱業，採石業，砂利採取業	5	0.1	2	25.4	5	1	53.2	−0	−4.5	1	△27.8
建設業	845	8.6	402	21.0	837	387	21.6	7	0.9	15	△0.6
製造業	2,624	26.6	1,028	25.5	2,645	1,009	26.2	−20	−0.8	19	△0.7
電気・ガス・熱供給・水道業	155	1.6	31	49.9	157	30	52.4	−3	−1.6	1	△2.5
情報通信業	337	3.4	260	13.0	335	267	12.5	2	0.7	−7	0.5
運輸業，郵便業	814	8.2	333	24.4	829	334	24.8	−16	−1.9	−1	△0.4
卸売業，小売業	1,540	15.6	970	15.9	1,534	968	15.8	6	0.4	2	0.1
金融業，保険業	709	7.2	161	44.0	724	162	44.7	−15	−2.1	−1	△0.7
不動産業，物品賃貸業	66	0.7	134	5.0	66	127	5.2	+0	0.6	7	△0.2
学術研究，専門・技術サービス業	140	1.4	211	6.6	140	207	6.7	1	0.4	4	△0.1
宿泊業，飲食サービス業	340	3.4	341	10.0	328	322	10.2	12	3.8	19	△0.2
生活関連サービス業，娯楽業	115	1.2	165	7.0	111	167	6.6	4	4.0	−2	0.4
教育，学習支援業	416	4.2	318	13.1	426	311	13.7	−11	−2.5	7	△0.6
医療，福祉	503	5.1	906	5.6	503	870	5.8	−0	−0.0	36	△0.2
複合サービス事業	244	2.5	46	53.1	251	49	51.3	−7	−2.9	−3	1.8
サービス業(他に分類されないもの)	204	2.1	411	5.0	196	435	4.5	8	3.8	−24	0.5
公務(他に分類されるものを除く)	748	7.6	248	30.2	770	255	30.2	−22	−2.9	−7	0.0
分類不能	59	0.6	79	−	59	82	−	1	1.0	−3	−

I－4 主要団体別労働組合員数(各年6月末)

(単位 千人)

主要団体名	労働組合員数		
	令和5年	令和4年	差
全労働組合員数	9,938	9,992	−55
連合(地方直加盟含まず)	6,817	6,837	−19
(地方直加盟含む)	6,929	6,952	−23
UAゼンセン	1,894	1,867	27
自動車総連	799	796	3
電機連合	565	565	−0
JAM	367	367	1
基幹労連	271	268	3
生保労連	230	238	−8
JP労組	227	234	−7
電力総連	201	203	−1
情報労連	194	193	+0
運輸労連	160	155	5
JEC連合	125	116	8
フード連合	114	114	−1
私鉄総連	113	116	−4
損保労連	85	87	−2
JR連合	84	85	−1
交通労連	45	44	1
航空連合	44	45	−1
ゴム連合	44	44	−0
サービス連合	39	41	−2
紙パ連合	26	26	−0
全電線	25	25	+0
印刷労連	22	22	−0
全国ガス	21	22	−1
セラミックス連合	20	19	+0
JR総連	19	20	−1
全自交労連	18	20	−2
全国農団労	11	12	−1
ヘルスケア労協	11	11	−1
自治労	717	734	−17
日教組	200	206	−6
国公連合	67	69	−2
全水道	16	16	−0

主要団体名	労働組合員数		
	令和5年	令和4年	差
全労連(地方直加盟含まず)	464	477	−13
(地方直加盟含む)	683	702	−19
日本医労連	144	146	−1
生協労連	62	63	−1
全労連・全国一般	21	21	−0
建交労	17	18	−0
全労連自治労連	119	123	−4
全教	51	55	−3
国公労連	50	53	−3
全労協(地方直加盟含まず)	76	82	−7
(地方直加盟含む)	85	93	−7
都労連	22	26	−4
上記以外の上部組合			
全建総連	578	585	−8
市銀連	89	89	−0
光学労協	53	54	−1
化学総連	49	50	−1
日建協	39	39	+0
航空労協	34	35	−1
薬粧連合	32	31	1
新聞労連	19	20	−1
全信連	18	18	+0
全農協労連	17	19	−1
日本私大教連	14	15	−1
印刷関連	12	13	−1
全大教	12	12	−0
オフィス労協	11	11	+0
全銀連合	10	10	−0
全日教連	15	16	−1
金属労協	2,007	1,999	8
インダストリオール・JAF	432	426	7
交運労協	576	581	−5
公務労協	1,015	1,041	−26

資料出所　厚生労働省「労働組合基礎調査」。各年6月の数値。

注　1．原則として、労働組合員数10千人以上のものを表章している。複数の主要団体に加盟している労働組合員は、それぞれ主要団体に重複して集計している。なお、組合員数は単位または単一のいずれか多い方の数値である。ただし、連合、全労連、全労協、金属労協、交運労協及び公務労協については単一による。単位・単一の説明はI－1表の〔備考〕を参照。

2．連合、全労連、全労協の労働組合員数については、上段は産業別組織を通じて加盟している労働組合員数を集計した数値であり、下段は産業別組織を通じて加盟している労働組合員数と、各主要団体の都道府県単位の地方組織のみに加盟している、いわゆる地方直加盟の労働組合員数を合わせて集計した数値である。

3．主要団体への加盟状況は各年6月30日現在による。

4．「上記以外の上部組合」とは、連合、全労連及び全労協に加盟していない主要単産を示す。

5．労働組合員数の千人未満は四捨五入している。

〔参考〕パートタイム労働者の労働組合員数と推定組織率（単位労働組合）

年	パートタイム労働者の労働組合員数			全労働組合員数に占める割合	短時間雇用者数	推定組織率
		対前年差	対前年比			
平成12年	260千人	16千人	6.6%	2.3%	1,017万人	2.6%
17	389	26	7.3	3.9	1,172	3.3
22	726	26	3.7	7.3	1,291	5.6
27	1,025	55	5.7	10.4	1,480	6.9
28	1,131	106	10.0	11.0	1,517	8.0
29	1,208	77	6.8	12.2	1,537	7.9
30	1,296	89	7.3	13.0	1,601	8.1
令和元年	1,333	37	2.8	13.3	1,648	8.1
2	1,375	42	3.1	13.7	1,578	8.7
3	1,363	−12	△0.8	13.6	1,628	8.4
4	1,404	41	3.0	14.1	1,653	8.5
5	1,410	6	0.4	14.3	1,671	8.4

注　1．「パートタイム労働者」とは、その事業所の一般労働者より1日の所定労働時間が短い者、1日の所定労働時間が同じであっても1週の所定労働日数が少ない者及び事業所においてパートタイマー、パート等と呼ばれている労働者をいう。

2．短時間雇用者数は、労働力調査の雇用者数のうち就業時間が週35時間未満の雇用者の数値である。

3．推定組織率はパートタイム労働者の労働組合員数を短時間雇用者数で除して得られた数値である。

I－5　労働争議件数・行為参加人員数及び労働損失日数

年	総争議	総争議のうち争議行為を伴った争議		半日以上同盟罷業及び作業所閉鎖				
	総件数	件数	行為参加人員(千人)	件数	行為参加人員(千人)	労働損失日数（千日）		
						計	同盟罷業	作業所閉鎖
昭和30年	1,345	809	1,767	659	1,033	3,467	3,307	160
35	2,222	1,707	2,335	1,063	918	4,912	4,810	2,746
40	3,051	2,359	2,479	1,542	1,682	5,669	5,475	247
45	4,551	3,783	2,357	2,260	1,720	3,915	3,770	163
50	8,435	7,574	4,614	3,391	2,732	8,016	7,974	62
55	4,376	3,737	1,768	1,133	563	1,001	998	3
60	4,826	4,230	1,355	627	123	264	257	7
平成２年	2,071	1,698	699	284	84	145	140	4
7	1,200	685	222	209	38	77	73	4
12	958	305	85	118	15	35	33	2
17	708	129	27	50	4	6	6	－
22	682	85	21	38	2	23	23	－
23	612	57	9	28	2	4	4	－
24	596	79	12	38	1	4	4	－
25	507	71	13	31	2	7	7	－
26	495	80	28	27	15	20	20	－
27	425	86	23	39	13	15	15	－
28	391	66	16	31	24	3	3	－
29	358	68	18	38	80	15	15	－
30	320	58	10	26	1	1	1	－
令和元年	268	49	18	27	5	11	11	－
2	303	57	6	35	1	2	2	－
3	297	55	8	32	1	1	1	－
4	270	65	6	33	1	2	2	－

資料出所　厚生労働省統計情報部「労働争議統計調査」。
注　1．前年からの繰り越しを含む当期中のすべての争議についてのもの。
2．総争議の総件数から争議行為を伴った争議件数を引いた差の件数には、第三者機関関与のみの争議及び当年中には争議行為も第三者機関関与もない前年からの繰り越し争議の件数を含む。

〔参考１〕個別労働紛争解決制度の活用状況（全国）

年度	件数（件）				対前年度増減率（%）			
	総合労働相談件数	民事上の個別紛争相談件数	労働局長助言・指導制度申出受付件数	紛争調整委員会斡旋制度申請受理件数	総合労働相談件数	民事上の個別紛争相談件数	労働局長助言・指導制度申出受付件数	紛争調整委員会斡旋制度申請受理件数
平成17年度	907,869	176,429	6,369	6,888	10.2	10.2	20.5	12.4
18	946,012	187,387	5,761	6,924	4.2	6.2	△ 9.5	0.5
19	997,237	197,904	6,652	7,146	9.8	5.6	15.5	3.2
20	1,075,021	236,993	7,592	8,457	7.8	19.8	14.1	18.3
21	1,141,006	247,302	7,778	7,821	6.1	4.3	2.4	△ 7.5
22	1,130,234	246,907	7,692	6,390	△ 0.9	△ 0.2	△ 1.1	△ 18.3
23	1,109,454	256,343	9,590	6,510	△ 1.8	3.8	24.7	1.9
24	1,067,210	254,719	10,363	6,047	△ 3.8	△ 0.6	8.1	△ 7.1
25	1,050,042	245,783	10,024	5,712	△ 1.6	△ 3.5	△ 3.3	△ 5.5
26	1,033,047	238,806	9,471	5,010	△ 1.6	△ 2.8	△ 5.5	△ 12.3
27	1,034,936	245,125	8,925	4,775	0.2	2.6	△ 5.8	△ 4.7
28	1,130,741	255,460	8,976	5,123	9.3	4.2	0.6	7.3
29	1,104,758	253,005	9,185	5,021	△ 2.3	△ 1.0	2.3	△ 2.0
30	1,117,983	266,535	9,835	5,021	1.2	5.3	7.1	3.6
令和元年度	1,188,340	279,210	9,874	5,187	6.3	4.8	0.4	△ 0.3
2	1,290,782	278,778	9,130	4,225	6.8	△ 0.2	△ 7.5	△ 18.0
3	1,242,579	284,139	8,484	3,760	△ 3.7	1.9	△ 7.1	△ 11.0
4	1,248,368	272,185	7,987	3,492	0.5	△ 4.2	△ 5.9	△ 7.1

資料出所　厚生労働省「個別労働紛争解決制度施行状況」。次表も同じ。
注1．紛争内容は複数であることが多いために、受付件数より受理件数が多くなる。

〔参考２〕令和４年度 民事上個別労働紛争の内訳等

（単位　%）

区分	計	項目
相談者種類	100.0	労働者84.5　事業主9.4　その他6.1
労働者状況	100.0	正社員38.3　短時間労働者14.1　有期雇用労働者11.1　派遣労働者5.1　その他・不明31.4
紛争内容	100.0	いじめ嫌がらせ22.1　その他労働条件15.5　自己都合退職13.5　解雇10.1　労働条件の引下げ8.9　退職勧奨7.6　雇止め4.4　出向・配転3.3　雇用管理等2.8　募集採用0.8　採用内定取消0.6　その他10.4

I－6　労使間の交渉に関する実態

(1)　使用者側との労使関係の維持についての認識別労働組合の割合

（単位　%）

区　分	計	安定的			どちらともいえない	不安定			不明
			安定的に維持されている	おおむね安定的に維持されている			やや不安定である	不安定である	
平成27年	100.0	87.8	49.7	38.1	8.1	4.1	3.2	0.9	0.0
平成29年	100.0	89.1	42.7	46.4	6.2	3.7	2.8	0.9	0.9
令和2年	100.0	89.9	51.1	38.8	6.3	3.5	2.4	1.2	0.3
令和4年									
計	100.0	89.5	51.9	37.6	7.1	2.6	1.5	1.0	0.8
〈産業〉									
鉱業，採石業，砂利採取業	100.0	90.3	60.5	29.8	6.3	3.3	3.3	－	－
建設業	100.0	96.1	72.1	24.0	2.9	0.7	0.6	0.1	0.3
製造業	100.0	92.2	52.0	40.2	5.6	1.8	1.5	0.3	0.5
電気・ガス・熱供給・水道業	100.0	97.4	84.8	12.6	2.1	0.6	0.6	－	－
情報通信業	100.0	93.7	67.2	26.5	5.4	0.8	0.8	－	0.1
運輸業，郵便業	100.0	80.0	37.8	42.2	13.0	5.6	2.8	2.8	1.5
卸売業，小売業	100.0	90.4	57.0	33.5	5.5	2.9	1.2	1.7	1.1
金融業，保険業	100.0	98.0	75.8	22.1	1.3	0.7	0.4	0.3	－
不動産業，物品賃貸業	100.0	94.7	54.5	40.2	1.9	3.4	1.7	1.7	－
学術研究，専門・技術サービス業	100.0	94.7	51.8	42.8	5.3	－	－	－	－
宿泊業，飲食サービス業	100.0	91.1	44.3	46.8	4.2	3.4	2.3	1.1	1.2
生活関連サービス業，娯楽業	100.0	85.4	50.0	35.4	9.8	3.9	3.1	0.8	0.8
教育，学習支援業	100.0	83.8	31.5	52.3	11.1	5.1	4.4	0.7	－
医療，福祉	100.0	80.5	33.2	47.3	15.4	2.7	0.9	1.8	1.4
複合サービス事業	100.0	85.9	33.6	52.3	10.2	2.7	2.0	0.6	1.2
サービス業(他に分類されないもの)	100.0	88.7	48.7	40.1	6.0	3.0	1.0	2.0	2.3
〈企業規模〉									
5,000人以上	100.0	93.0	69.9	23.1	3.3	2.6	1.3	1.3	1.1
1,000～4,999人	100.0	94.0	65.7	28.3	4.4	0.9	0.8	0.1	0.8
500～999人	100.0	89.4	44.1	45.3	5.7	4.4	3.4	1.0	0.5
300～499人	100.0	88.7	43.6	45.1	6.3	4.2	2.1	2.0	0.9
100～299人	100.0	84.8	37.1	47.7	12.4	2.0	0.5	1.5	0.8
30～99人	100.0	82.4	26.2	56.2	14.3	3.3	2.7	0.6	0.1
〈労働組合員数規模〉									
5,000人以上	100.0	97.4	85.9	11.6	1.6	1.0	1.0	－	－
1,000～4,999人	100.0	95.8	70.3	25.5	3.8	0.2	－	0.2	0.2
500～999人	100.0	95.3	66.2	29.2	2.5	1.5	1.5	－	0.7
300～499人	100.0	94.3	57.3	37.0	3.9	0.5	0.3	0.2	1.3
100～299人	100.0	90.4	52.7	37.7	6.9	2.2	1.2	1.0	0.5
30～99人	100.0	86.4	45.5	40.9	9.1	3.7	2.2	1.5	0.9
〈労働組合の種類〉									
単位労働組合	100.0	90.0	51.9	38.1	6.6	2.6	1.5	1.1	0.8
単位組織組合	100.0	88.1	40.4	47.7	8.4	3.0	2.0	1.1	0.5
単位扱組合	100.0	91.5	61.3	30.2	5.2	2.2	1.1	1.1	1.0
連合扱組合	100.0	94.6	64.3	30.4	3.6	1.8	1.8	－	－
本部組合	100.0	81.8	52.8	29.0	15.9	2.1	1.8	0.2	0.2
単一組織組合	100.0	90.8	60.7	30.1	6.1	2.2	1.2	1.0	0.9

資料出所　「労使間の交渉等に関する実態調査の概況」

注　1．労働組合を対象として、労働環境が変化する中での労働組合の組織及び活動の実態等を明らかにすることを目的とした調査。

2．令和2年労使関係総合調査（労働組合基礎調査）で把握した労働組合を母集団とし、日本標準産業分類16大産業の民営事業所における労働組合員30人以上の労働組合（単位組織組合、単一組織組合の支部等の単位扱組合及び本部組合）のうちから、産業、労働組合員数規模、都道府県、労働組合の種類別に層化して無作為に抽出した約5,100労働組合。

3．各年6月末日の状況について調査を行った。

(2) 過去1年間に使用者側と正社員以外の労働者に関する話し合いが持たれた割合

M.A.（単位：%）

区分	計	話合いが持たれた	パートタイム労働者の雇入れ2)	有期契約労働者の雇入れ2)	正社員への登用制度	正社員募集の際の通知	労働条件3)	派遣労働4)	同一労働同一賃金5)
平成27年	100.0	48.9	23.5	24.6	24.2	10.8	35.3	16.4	－
平成29年	100.0	46.3	15.0	17.9	26.3	10.3	32.8	8.9	－
令和2年	100.0	56.6	20.0	17.5	23.8	13.0	38.5	13.5	40.7
令和4年									
計	100.0	49.7	17.6	18.1	19.2	11.9	32.9	12.7	27.3
〈産業〉									
鉱業，採石業，砂利採取業	100.0	29.0	3.0	9.3	3.0	3.0	12.6	6.3	9.7
建設業	100.0	25.4	4.4	5.6	6.2	3.1	10.5	10.5	9.6
製造業	100.0	53.4	15.1	19.0	21.6	12.5	30.8	15.9	29.7
電気・ガス・熱供給・水道業	100.0	53.3	26.9	11.8	7.4	8.0	29.1	19.2	9.2
情報通信業	100.0	45.7	12.2	9.5	12.0	7.8	28.0	20.6	24.9
運輸業，郵便業	100.0	42.9	18.0	19.5	16.3	14.0	28.1	10.1	26.5
卸売業，小売業	100.0	55.2	24.4	15.6	22.1	13.4	44.4	13.3	34.9
金融業，保険業	100.0	40.1	7.0	23.8	24.3	3.4	34.2	3.2	10.7
不動産業，物品賃貸業	100.0	49.0	20.9	16.3	20.2	14.2	37.5	14.2	32.4
学術研究，専門・技術サービス業	100.0	48.2	15.0	14.8	14.4	10.0	30.1	14.0	29.2
宿泊業，飲食サービス業	100.0	58.9	23.2	17.0	18.1	13.0	41.4	7.3	37.5
生活関連サービス業，娯楽業	100.0	57.4	23.2	21.3	24.0	11.1	40.8	19.1	22.8
教育，学習支援業	100.0	49.5	21.5	25.1	14.9	8.1	35.0	10.0	29.4
医療，福祉	100.0	61.6	28.1	23.8	21.0	21.0	45.8	12.1	35.7
複合サービス事業	100.0	44.9	25.6	17.7	21.5	16.9	30.6	8.0	28.6
サービス業（他に分類されないもの）	100.0	59.5	15.4	17.1	17.5	8.5	38.7	5.3	38.3
〈企業規模〉									
5,000人以上	100.0	55.9	22.5	21.6	23.3	15.8	41.3	14.1	27.6
1,000～4,999人	100.0	48.5	20.1	19.3	19.6	13.6	30.4	11.0	30.4
500～999人	100.0	52.0	13.8	13.7	22.1	10.5	34.9	17.2	30.4
300～499人	100.0	56.0	14.1	13.9	19.1	12.4	42.3	13.7	31.0
100～299人	100.0	44.8	10.0	15.3	11.7	6.1	22.0	9.0	22.7
30～99人	100.0	38.9	21.7	21.6	19.1	10.9	27.7	13.9	21.1
〈労働組合員数規模〉									
5,000人以上	100.0	76.6	21.4	24.5	27.5	11.6	60.7	16.7	39.1
1,000～4,999人	100.0	59.2	18.7	18.6	22.3	13.8	43.7	17.7	37.8
500～999人	100.0	56.2	18.1	18.0	23.0	12.0	34.3	16.3	34.9
300～499人	100.0	55.1	16.4	19.5	23.7	12.1	38.2	15.0	28.7
100～299人	100.0	53.3	16.9	19.1	21.6	12.5	31.8	12.9	29.1
30～99人	100.0	43.3	18.0	17.0	15.4	11.2	30.4	10.8	23.0
〈労働組合の種類〉									
単位労働組合	100.0	49.1	17.9	18.2	19.1	12.0	32.6	12.4	26.8
単位組織組合	100.0	47.6	13.9	15.3	16.9	9.1	30.0	11.7	27.2
単位扱組合	100.0	50.3	21.1	20.5	21.0	14.3	34.7	13.1	26.5
連合扱組合	100.0	62.5	19.6	21.4	21.4	16.1	41.1	14.3	30.4
本部組合	100.0	56.0	11.2	15.5	19.1	8.6	35.5	17.0	35.7
単一組織組合	100.0	51.3	20.2	20.1	20.8	13.9	35.0	13.4	27.4

注：過去1年間とは、令和3年7月1日から令和4年6月30日までをいう。
1.「計」には、話合いが持たれた事項「不明」を含む。
2.「パートタイム労働者の雇入れ」「有期契約労働者の雇入れ」には、雇入れを行おうとする職務等に関する事項を含む。
3.「労働条件」には、正社員との均衡を配慮した待遇に関することを含む。
4.「派遣労働」には、受け入れ時における事前協議を含む。
5.「同一労働同一賃金」には、教育訓練、福利厚生等を含む。

(3)　労使間の諸問題を解決するために今後最も重視する手段別労働組合の割合

M.A.（単位：%）

区　分	計	争議行為	団体交渉	労使協議機関	苦情処理機関	その他	不明
平成29年	100.0	0.4	38.1	56.3	1.3	2.8	1.1
令和２年	100.0	0.9	50.7	44.9	0.9	2.0	0.7
令和４年							
計	100.0	0.7	49.8	43.3	1.7	2.7	1.8
〈産業〉							
鉱業，採石業，砂利採取業	100.0	3.0	44.8	48.9	3.3	－	－
建設業	100.0	0.2	55.5	41.0	－	2.1	1.1
製造業	100.0	1.0	44.4	51.2	2.0	0.9	0.6
電気・ガス・熱供給・水道業	100.0	－	24.3	73.8	0.8	0.8	0.4
情報通信業	100.0	0.7	47.6	46.3	0.7	3.0	1.8
運輸業，郵便業	100.0	0.5	56.2	33.0	3.3	4.4	2.6
卸売業，小売業	100.0	0.2	39.8	51.4	0.2	4.2	4.3
金融業，保険業	100.0	0.3	65.5	27.0	0.8	4.2	2.2
不動産業，物品賃貸業	100.0	－	54.0	41.7	－	4.4	－
学術研究，専門・技術サービス業	100.0	－	44.9	51.8	1.7	0.7	0.8
宿泊業，飲食サービス業	100.0	－	40.1	52.5	2.5	3.7	1.2
生活関連サービス業，娯楽業	100.0	2.2	42.3	52.1	0.8	1.8	0.8
教育，学習支援業	100.0	－	70.2	20.4	1.0	6.5	1.9
医療，福祉	100.0	2.4	71.3	20.1	1.9	3.7	0.6
複合サービス事業	100.0	1.7	56.1	32.9	2.6	3.2	3.5
サービス業(他に分類されないもの)	100.0	－	49.3	39.7	4.7	1.5	4.8
〈企業規模〉							
5,000人以上	100.0	0.7	39.4	52.3	1.7	3.9	2.1
1,000～4,999人	100.0	0.2	46.5	46.7	0.8	3.0	2.8
500～999人	100.0	0.2	45.8	51.0	0.8	1.7	0.6
300～499人	100.0	0.0	45.1	48.9	3.6	1.6	0.8
100～299人	100.0	1.4	63.5	30.7	0.3	2.4	1.7
30～99人	100.0	1.9	64.8	23.8	5.4	2.1	2.0
〈労働組合員数規模〉							
5,000人以上	100.0	－	29.0	65.9	0.6	2.5	1.9
1,000～4,999人	100.0	0.4	35.6	60.6	1.3	1.8	0.3
500～999人	100.0	0.7	44.7	51.3	1.0	1.5	0.9
300～499人	100.0	0.1	41.1	50.4	1.5	4.0	2.9
100～299人	100.0	0.8	47.2	46.6	1.6	2.9	0.9
30～99人	100.0	0.8	56.3	35.7	2.0	2.6	2.6
〈労働組合の種類〉							
単位労働組合	100.0	0.8	49.8	42.9	1.8	2.8	1.9
単位組織組合	100.0	1.2	53.5	39.4	2.3	2.3	1.3
単位扱組合	100.0	0.4	46.8	45.8	1.4	3.2	2.3
連合扱組合	100.0	－	48.2	50.0	－	1.8	－
本部組合	100.0	0.2	49.4	46.9	0.2	1.6	1.7
単一組織組合	100.0	0.4	47.1	46.1	1.2	3.0	2.2
〈労働組合の組織率〉							
10%以下	100.0	－	44.1	42.2	2.5	11.0	0.2
10%を超え30%以下	100.0	0.6	57.5	37.7	2.4	1.1	0.6
30%を超え50%以下	100.0	0.5	63.6	32.4	0.6	0.9	1.8
50%を超え70%以下	100.0	0.7	53.2	40.0	1.5	3.7	1.0
70%を超え90%以下	100.0	0.1	46.5	47.6	2.5	2.2	1.0
90%を超える	100.0	1.4	41.0	49.8	1.6	2.8	3.4

(4) 過去３年間の労使間の交渉状況別労働組合の割合

複数回答（単位：%）

事項	何らかの労使間の交渉があった	労使間の交渉形態（複数回答）					
		使用者側と話合いが持たれた	団体交渉が行われた	労使協議機関での話合いが行われた	労働争議が生じた	使用者側から一方的に説明・報告・通知等がなされた	労働協約の改定がなされた又は新たに労働協約の規定が設けられた
賃金・退職給付に関する事項	[72.6] 100.0	90.0	57.3	37.6	1.4	5.5	35.7
賃金制度	[57.6] 100.0	88.0	50.1	33.7	1.4	4.6	32.1
賃金額	[64.6] 100.0	89.8	58.8	32.2	1.4	3.2	32.6
配偶者手当	[21.0] 100.0	78.0	41.1	32.6	1.6	5.2	30.0
退職給付（一時金・年金）	[34.2] 100.0	81.8	42.6	31.6	1.8	4.2	32.6
労働時間・休日・休暇に関する事項	[70.0] 100.0	86.7	42.5	43.1	1.4	4.9	37.4
所定内労働時間	[39.4] 100.0	83.7	38.3	40.1	1.8	4.2	26.0
所定外・休日労働	[42.7] 100.0	84.6	34.8	41.8	1.8	4.2	22.4
休日・休暇	[49.5] 100.0	85.2	41.2	37.5	1.5	3.8	34.9
育児休業制度、介護休業制度、看護休暇制度	[47.5] 100.0	81.4	35.8	35.2	1.4	4.9	42.2
雇用・人事に関する事項	[60.4] 100.0	86.3	32.1	47.2	1.2	15.8	22.3
要員計画・採用計画	[34.3] 100.0	74.2	16.9	38.0	1.6	13.5	8.9
雇用の維持・解雇	[25.1] 100.0	73.3	20.2	37.2	1.8	9.2	15.0
配置転換・出向	[30.6] 100.0	71.8	14.2	39.8	1.6	15.2	12.3
昇進・昇格・懲戒処分	[35.8] 100.0	72.2	16.7	33.8	1.6	17.2	15.7
人事考課制度（慣行的制度を含む）	[34.5] 100.0	76.3	22.3	39.9	1.7	8.8	17.9
定年制・再雇用・勤務延長	[34.3] 100.0	80.9	28.9	35.2	1.3	6.6	21.9
職場環境に関する事項	[57.1] 100.0	86.1	24.0	43.1	1.1	2.4	10.3
健康管理に関する事項	[46.4] 100.0	83.7	17.7	44.1	1.3	4.7	10.0
経営に関する事項	[40.7] 100.0	79.1	15.9	46.6	1.1	12.6	8.7
企業組織の再編・事業部門の縮小等	[28.4] 100.0	73.5	16.5	42.9	0.7	15.5	12.0
教育訓練に関する事項	[26.2] 100.0	73.8	19.8	34.4	0.9	13.2	10.6
福利厚生に関する事項	[46.0] 100.0	81.9	27.4	36.9	1.6	5.2	17.9
男女の均等取扱いに関する事項	[21.8] 100.0	75.5	16.9	34.5	2.0	8.3	14.2
労働協約の解釈疑義に関する事項	[19.7] 100.0	74.9	17.1	36.2	2.9	6.5	20.3
同一労働同一賃金に関する事項	[31.4] 100.0	80.5	29.0	37.0	2.2	5.1	18.4

注：過去３年間とは、令和元年７月１日から令和４年６月30日までをいう。
[ ]内は、何らかの労使間の交渉があった労働組合の割合である。
1）話合いは持たれなかったが使用者側が労働組合に対して意見聴取を行った場合や、労働組合が要求書等を提出したが話合いは持たれなかった場合を含む。
2）団体交渉、労使協議機関での労使協議、その他非公式な場での話合いなどをいう。
3）使用者側から労働組合に対し当該事項の実施・改定等について一方的に説明・報告・通知等がなされただけで意見聴取は行わなかった場合をいう。
4）労働協約を締結していなかったが、新たに締結した場合を含む。
5）育児休業制度、介護休業制度、看護休暇制度を除く。
6）教育訓練、福利厚生等を含む。

J－1　物価・生産・名目賃金等増減率の推移　（単位　%）

	年	日　本	アメリカ	カナダ	ユーロ圏	イギリス	ドイツ	フランス	イタリア	韓　国	中　国	インド	ロシア
消費者物価	2012年	0.0	2.1	1.5	2.5	2.6	2.0	2.0	3.0	2.2	2.6	9.3	5.1
	13	0.4	1.5	0.9	1.4	2.3	1.5	0.9	1.2	1.3	2.6	10.9	6.8
	14	2.7	1.6	1.9	0.4	1.5	0.9	0.5	0.2	1.3	2.0	6.4	7.8
	15	0.7	0.1	1.1	0.2	0.4	0.5	0.0	0.0	0.7	1.4	5.9	15.5
	16	△0.1	1.3	1.4	0.2	1.0	0.5	0.2	△0.1	1.0	2.0	4.9	7.0
	17	0.5	2.1	1.6	1.5	2.6	1.5	1.0	1.2	1.9	1.6	2.5	3.7
	18	0.9	2.4	2.3	1.8	2.3	1.7	1.9	1.1	1.5	2.1	4.9	2.9
	19	0.5	1.8	1.9	1.3	1.7	1.4	1.1	0.6	0.4	2.9	7.7	4.5
	20	0.0	1.2	0.7	0.3	1.0	0.1	0.5	0.1	0.5	2.5	5.6	3.4
	21	△0.2	4.7	3.4	2.6	2.5	3.1	1.6	1.9	2.5	0.9	4.9	6.7
	22	2.5	8.0	6.8	8.4	7.9	6.9	5.2	8.2	5.1	—	5.9	—
国内企業物価〔生産者物価〕	2012年	△0.9	2.1	1.1	1.8	2.1	1.5	2.0	1.9	△0.4	△1.7	5.4	3.8
	13	1.2	0.4	0.4	△0.1	1.1	△0.0	△0.1	△0.0	△3.0	△1.9	3.0	2.3
	14	3.2	0.8	2.5	△0.9	△1.0	△0.4	△1.2	△0.7	△2.1	△1.9	3.5	6.0
	15	△2.3	△5.1	△0.8	△2.4	△3.0	△1.3	△3.0	△1.7	△6.7	△5.2	△1.3	16.1
	16	△3.5	△1.9	△0.2	△1.4	0.2	△0.5	△2.0	△1.5	△3.5	△1.4	0.1	5.0
	17	2.3	3.5	3.1	3.0	3.9	2.6	2.4	2.7	4.8	6.3	2.8	6.0
	18	2.6	4.5	3.9	2.4	3.4	2.1	2.5	1.9	2.2	3.5	3.8	9.4
	19	0.2	0.0	△0.1	0.6	1.4	0.9	0.1	0.2	△1.0	△0.3	0.8	1.6
	20	△1.2	△2.1	△0.4	△1.7	△1.0	△0.4	△2.4	△1.5	△2.6	△1.8	1.2	△0.4
	21	4.6	12.2	13.9	7.4	5.2	5.8	6.3	6.9	10.4	8.1	10.1	20.9
	22	9.7	15.4	—	16.9	16.2	15.1	17.1	14.8	11.7	—	—	—
鉱工業生産	2012年	0.7	3.1	△0.1	△2.4	0.6	△1.1	△2.5	△5.7	1.4	10.0	△0.2	3.4
	13	△0.5	2.0	1.7	△0.8	2.0	△0.0	△0.3	△3.1	0.7	9.7	1.6	1.7
	14	2.1	3.0	4.9	1.1	2.0	2.0	△1.1	△0.6	0.2	8.3	4.5	2.5
	15	△1.3	△1.4	△0.4	2.6	4.7	1.0	1.7	1.0	△0.3	6.1	2.5	5.3
	16	0.0	△2.2	0.1	1.6	0.0	1.1	0.5	2.1	2.2	6.0	5.2	1.9
	17	3.2	1.3	4.8	2.8	0.4	2.7	2.0	3.7	2.5	6.6	3.5	3.7
	18	0.5	3.2	3.9	0.8	3.1	1.2	0.8	0.8	1.5	6.2	5.2	3.5
	19	△2.6	△0.7	△0.2	△0.7	1.7	△3.1	0.4	△1.2	0.3	5.7	0.7	3.4
	20	△10.4	△7.2	△7.9	△7.7	2.3	△8.9	△10.4	△11.0	△0.3	2.8	△11.0	△2.1
	21	5.4	4.4	4.5	8.0	△3.9	4.8	6.0	11.7	8.2	9.6	12.7	5.3
	22	△0.1	3.4	3.7	0.9	△3.5	△0.4	△0.4	0.4	1.4	—	4.6	—
小売売上高	2012年	1.8	3.0	1.6	△1.6	0.7	0.1	1.8	△3.5	2.5	—	—	6.4
	13	0.6	2.7	3.3	△0.7	1.5	0.1	1.7	△2.4	0.7	—	—	3.9
	14	△1.0	2.2	4.2	1.2	3.8	1.2	1.6	0.5	2.0	—	—	3.3
	15	△1.7	0.5	2.2	2.7	3.6	3.9	3.7	1.8	4.1	—	—	△10.0
	16	△0.5	1.2	3.9	1.6	4.4	2.6	3.4	0.2	3.9	—	—	△4.8
	17	1.4	1.9	4.8	2.5	2.0	2.9	3.3	△0.3	2.0	—	—	1.3
	18	0.7	1.6	1.8	1.7	2.5	1.8	2.8	△0.3	4.3	—	—	2.8
	19	△0.4	0.9	0.7	2.4	2.9	3.2	2.7	0.7	2.3	—	—	1.9
	20	△3.2	2.0	△1.1	△0.8	0.6	4.8	△1.9	△7.4	△0.1	—	—	△3.2
	21	2.1	11.8	8.6	5.1	4.4	0.6	9.9	8.0	5.8	—	—	7.8
	22	0.1	0.7	0.7	0.7	△3.9	△0.7	3.4	△0.2	△0.3	—	—	—
名目賃金〔全産業〕	2012年	△0.9	2.7	2.5	—	0.9	2.7	2.1	△0.6	0.6	—	—	—
	13	△0.3	0.9	2.4	—	3.2	2.3	1.5	1.4	3.5	—	—	—
	14	0.5	3.0	3.3	—	1.5	2.6	0.8	0.6	1.2	—	—	—
	15	0.1	2.7	1.8	—	1.1	2.9	1.2	1.0	3.7	—	—	—
	16	0.6	1.2	△1.1	—	2.4	2.2	1.4	0.9	4.1	—	—	—
	17	0.5	2.9	2.5	—	2.3	2.6	2.2	0.4	4.1	—	—	—
	18	1.4	3.3	3.4	—	2.6	2.9	1.6	1.1	4.7	—	—	—
	19	△0.4	3.3	2.2	—	3.1	3.0	1.8	1.1	4.0	—	—	—
	20	△1.2	7.1	5.7	—	△1.0	△0.1	△4.0	△4.7	3.4	—	—	—
	21	0.3	5.8	3.6	—	4.7	3.1	5.5	5.5	4.2	—	—	—
	22	2.0	4.3	4.7	—	6.4	4.2	5.1	4.9	3.9	—	—	—

資料出所　OECD Stat（2023.11）、Bureau of Labor Statistics、総務省統計局、厚生労働省、日本銀行。
注　各国によって統計データの性格が異なるために厳密な比較は困難であることに留意されたい。

J－2　時間当り実収賃金の推移〔製造業〕

(2015年＝100)

国・地域名	2012	2013	2014	2015	2016	2017	2018	2019	2020	2021	2022
日本	98.5	98.1	99.8	100.0	100.7	101.9	103.4	103.8	100.0	102.1	103.3
オーストリア	92.8	95.4	98.0	100.0	101.5	103.3	106.5	109.1	108.6	112.6	―
ベルギー	97.0	98.7	99.8	100.0	100.5	102.5	104.8	107.7	109.4	110.9	118.5
カナダ	95.0	94.9	95.7	100.0	101.4	104.4	103.4	106.6	109.9	113.0	119.1
チェコ	92.5	93.3	96.7	100.0	103.8	111.3	119.8	126.1	129.2	135.1	146.9
デンマーク	95.4	96.9	98.2	100.0	102.2	104.4	106.8	109.3	111.6	114.5	117.4
フィンランド	95.0	97.5	99.0	100.0	100.7	100.9	102.7	104.4	106.0	108.4	110.8
フランス	95.3	97.2	98.7	100.0	101.3	102.6	104.3	106.3	―	109.7	113.7
ドイツ	92.9	94.7	97.2	100.0	102.2	104.6	107.6	110.0	111.8	112.8	115.8
ハンガリー	87.4	91.6	95.9	100.0	105.9	118.2	130.6	148.6	160.8	173.9	200.9
アイルランド	98.4	98.3	100.8	100.0	101.1	102.8	105.4	107.8	111.7	115.9	119.9
イタリア	93.3	95.2	97.6	100.0	100.5	101.2	102.1	103.1	103.9	105.0	106.5
韓国	88.9	93.3	97.1	100.0	104.2	106.4	113.6	116.2	115.5	123.5	130.7
オランダ	95.4	96.9	98.5	100.0	101.6	103.5	105.7	108.6	112.7	115.3	118.5
ニュージーランド	92.6	95.0	97.6	100.0	103.0	105.4	107.7	111.8	115.3	117.9	127.2
ノルウェー	91.7	95.0	97.5	100.0	100.3	102.0	104.8	108.3	110.9	114.2	118.3
ポーランド	89.5	92.4	96.5	100.0	104.6	111.2	119.4	127.4	133.3	145.6	161.4
ポルトガル	96.9	95.1	96.3	100.0	103.6	109.4	115.3	119.5	118.7	124.6	133.2
スペイン	97.6	99.1	99.7	100.0	100.3	101.0	101.4	103.1	106.5	106.0	109.2
スウェーデン	93.3	95.2	97.4	100.0	101.9	103.9	107.0	109.5	110.5	113.3	116.1
トルコ	69.6	77.2	85.7	100.0	121.3	133.6	161.2	199.8	236.4	283.4	490.6
イギリス	94.4	96.6	98.5	100.0	102.3	104.3	106.7	109.2	109.1	113.3	118.8
アメリカ	95.9	96.9	98.3	100.0	102.7	105.0	108.2	111.3	114.5	119.6	125.9

資料出所　ＯＥＣＤ「OECD.StatExtracts/Hourly Earnings」(2023.11)。
注　日本以下の国名は、アメリカまで英語標記順。各国で集計定義が異なるため利用には留意されたい。

J－3　実質経済成長率（GDP）の推移

(単位　%)

国名	2012	2013	2014	2015	2016	2017	2018	2019	2020	2021	2022
日本	1.4	2.0	0.3	1.6	0.8	1.7	0.6	△0.4	△4.3	2.1	1.0
オーストラリア	2.6	2.6	2.2	2.7	2.3	2.9	2.2	△0.1	2.2	3.6	3.4
オーストリア	0.7	0.0	0.7	1.0	2.0	2.3	2.4	1.5	△6.6	4.2	4.8
ベルギー	0.7	0.5	1.6	2.0	1.3	1.6	1.8	2.2	△5.3	6.9	3.0
カナダ	1.8	2.3	2.9	0.7	1.0	3.0	2.8	1.9	△5.1	5.0	3.4
チェコ	△0.8	△0.0	2.3	5.4	2.5	5.2	3.2	3.0	△5.5	3.6	2.4
デンマーク	0.2	0.9	1.6	2.3	3.2	2.8	2.0	1.5	△2.4	6.8	2.7
フィンランド	△1.4	△0.9	△0.4	0.5	2.8	3.2	1.1	1.2	△2.4	3.2	1.6
フランス	0.3	0.6	1.0	1.1	1.1	2.3	1.9	1.8	△7.5	6.4	2.5
ドイツ	0.4	0.4	2.2	1.5	2.2	2.7	1.0	1.1	△3.8	3.2	1.8
ギリシャ	△7.1	△2.5	0.5	△0.2	△0.5	1.1	1.7	1.9	△9.3	8.4	5.6
ハンガリー	△1.3	1.8	4.2	3.7	2.2	4.3	5.4	4.9	△4.5	7.1	4.6
アイルランド	△0.0	1.1	8.6	24.4	1.8	9.3	8.5	5.3	6.6	15.1	9.4
イタリア	△3.0	△1.8	△0.0	0.8	1.3	1.7	0.9	0.5	△9.0	8.3	3.7
韓国	2.4	3.2	3.2	2.8	2.9	3.2	2.9	2.2	△0.7	4.3	2.6
メキシコ	3.6	1.4	2.8	3.3	2.6	2.1	2.2	△0.2	△8.0	4.7	3.9
オランダ	△1.0	△0.1	1.4	2.0	2.2	2.9	2.4	2.0	△3.9	6.2	4.3
ニュージーランド	2.6	2.0	3.6	4.4	3.9	4.4	3.9	2.5	0.0	4.5	2.9
ノルウェー	2.7	1.0	2.0	2.0	1.2	2.5	0.8	1.1	△1.3	3.9	3.3
ポーランド	1.5	0.9	3.8	4.4	3.0	5.1	5.9	4.5	△2.0	6.9	5.3
ポルトガル	△4.1	△0.9	0.8	1.8	2.0	3.5	2.8	2.7	△8.3	5.7	6.8
スペイン	△3.0	△1.4	1.4	3.8	3.0	3.0	2.3	2.0	△11.2	6.4	5.8
スウェーデン	△0.6	1.2	2.7	4.5	2.1	2.6	2.0	2.0	△2.2	6.1	2.8
スイス	1.2	1.8	2.4	1.7	2.1	1.4	2.9	1.1	△2.1	5.4	2.6
トルコ	4.8	8.5	4.9	6.1	3.3	7.5	3.0	0.8	1.9	11.4	5.6
イギリス	1.4	1.8	3.2	2.4	1.9	2.7	1.4	1.6	△10.4	8.7	4.3
アメリカ	2.3	1.8	2.3	2.7	1.7	2.2	2.9	2.3	△2.8	5.9	1.9

資料出所　OECD「National Acounts」(2023.11)。

J－4 実質国内総支出（GDP）の構成比率

国・年	実質GDP	前年比	民間最終消費支出	政府最終消費支出	総固定資本形成	在庫品増加	輸出	輸入（控除）	名目GDP	為替相場（年平均）
実額										
日本（10億円・2015年連鎖価格）										
2015年	538,081	1.6	300,065	105,550	134,355	1,092	93,815	96,796	538,032	121.0
2020	529,621	△4.1	287,369	113,110	134,656	−1,136	91,877	96,609	539,808	106.8
2022	548,362	1.0	295,860	118,857	132,776	2,948	108,215	109,587	559,710	131.5
アメリカ（10億ドル・2012年価格）										
2015年	17,390	2.7	11,893	2,488	3,722	138	2,379	3,100	18,206	1.000
2020	18,509	△2.8	12,701	2,707	4,007	−55	2,232	3,154	21,061	1.000
2021	19,610	5.9	13,754	2,734	4,285	−19	2,367	3,600	23,315	1.000
カナダ（10億カナダドル・2012年価格）										
2015年	1,936	0.7	1,103	389	440	2	625	621	1,990	1.279
2020	2,003	△5.1	1,142	427	437	−23	625	611	2,210	1.341
2022	2,176	3.4	1,256	463	463	39	651	709	2,783	1.302
イギリス（1億ポンド・2019年価格）										
2015年	2,072	2.4	1,312	402	367	19	612	640	1,916	0.655
2020	2,003	△10.4	1,239	393	363	2	626	620	2,104	0.780
2022	2,271	4.3	1,328	444	381	102	651	635	2,506	0.811
ドイツ（10億ユーロ・2015年価格）										
2015年	3,026	1.5	1,603	596	606	−8	1,420	1,190	3,026	0.901
2020	3,118	△3.8	1,617	679	662	−8	1,448	1,281	3,404	0.876
2022	3,275	1.8	1,705	711	662	−48	1,641	1,396	3,877	0.950
フランス（10億ユーロ・2015年価格）										
2015年	2,174	1.0	1,185	524	474	24	667	701	2,198	0.901
2020	2,156	△7.5	1,174	526	511	13	626	698	2,318	0.876
2022	2,351	2.5	1,236	574	575	51	744	829	2,639	0.950
イタリア（10億ユーロ・2015年価格）										
2015年	1,655	0.6	1,006	316	280	2	492	442	1,655	0.901
2020	1,574	△9.0	937	317	289	−2	474	440	1,661	0.876
2022	1,768	3.7	1,036	324	383	0	594	569	1,947	0.950
構成比（単位 %）										
日本										
2015年	100.0		55.8	19.6	25.0	0.2	17.4	−18.0	−	−
2020	100.0		54.3	21.4	25.4	−0.2	17.4	−18.3	−	−
2022	100.0		53.9	21.6	24.2	0.5	19.7	−20.0	−	−
アメリカ										
2015年	100.0		67.9	14.2	21.2	0.8	13.6	−17.7	−	−
2020	100.0		68.9	14.7	21.7	−0.3	12.1	−17.1	−	−
2021	100.0		70.5	14.0	22.0	−0.1	12.1	−18.4	−	−
カナダ										
2015年	100.0		56.9	20.1	22.7	0.1	32.2	−32.0	−	−
2020	100.0		57.2	21.4	21.9	−1.2	31.3	−30.6	−	−
2022	100.0		58.1	21.4	21.4	1.8	30.1	−32.8	−	−
イギリス										
2015年	100.0		63.3	19.4	17.7	0.9	29.5	−30.9	−	−
2020	100.0		61.9	19.6	18.1	0.1	31.3	−31.0	−	−
2022	100.0		58.5	19.6	16.8	4.5	28.7	−28.0	−	−
ドイツ										
2015年	100.0		53.0	19.7	20.0	−0.3	46.9	−39.3	−	−
2020	100.0		51.9	21.8	21.2	−0.3	46.5	−41.1	−	−
2022	100.0		52.1	21.7	20.2	−1.5	50.1	−42.6	−	−
フランス										
2015年	100.0		54.5	24.1	21.8	1.1	30.7	−32.3	−	−
2020	100.0		54.6	24.4	23.7	0.6	29.1	−32.4	−	−
2022	100.0		52.6	24.4	24.5	2.2	31.6	−35.3	−	−
イタリア										
2015年	100.0		60.8	19.1	16.9	0.1	29.7	−26.7	−	−
2020	100.0		59.5	20.1	18.3	−0.1	30.1	−27.9	−	−
2022	100.0		58.6	18.3	21.7	0.0	33.6	−32.2	−	−

資料出所 OECD「Gross domestic product」(2023.11)、内閣府「国民経済計算」(2023.12.8)。

注 1．総固定資本形成＝民間住宅＋民間企業設備＋公的固定資本形成。
2．在庫品増加は民間部門と公的部門を合計したもの。
3．為替相場は米1ドルあたりの各国通貨。
4．構成分訳では、4捨5入や統計上の不突合等により、合計が必ずしも合わない。

J－5　各国の国内総生産（GDPデフレーター・人口一人当たり）

国	国内総生産（名目・10億ドル表示）					GDPデフレーター				
	2018	2019	2020	2021	2022	2018	2019	2020	2021	2022
日本	5,041	5,118	5,049	5,006	4,232	100.3	101.0	101.9	101.7	102.0
オーストラリア	1,457	1,380	1,438	1,753	1,777	109.3	111.3	114.6	123.5	131.2
オーストリア	455	445	435	479	471	104.8	106.4	109.3	111.6	117.5
ベルギー	543	536	526	601	583	105.4	107.3	109.0	112.4	119.1
カナダ	1,725	1,744	1,648	2,001	2,138	105.0	106.7	107.3	116.1	124.4
チェコ	249	253	246	282	291	105.1	109.2	113.9	117.7	127.7
デンマーク	357	346	355	406	400	102.2	103.3	106.3	109.3	118.2
フィンランド	276	269	272	297	283	102.9	104.5	106.2	108.5	114.3
フランス	2,791	2,729	2,647	2,959	2,779	102.0	103.4	106.3	107.8	111.0
ドイツ	3,974	3,889	3,888	4,279	4,082	104.9	107.2	109.2	112.5	118.4
ギリシャ	212	205	188	215	218	99.5	99.8	99.0	100.5	108.4
ハンガリー	161	164	157	182	177	110.5	115.8	123.2	131.2	150.2
アイルランド	387	399	429	513	533	103.0	106.4	105.1	105.6	112.6
イタリア	2,092	2,011	1,897	2,155	2,050	103.0	103.9	105.6	106.9	110.1
韓国	1,725	1,651	1,644	1,818	1,674	104.8	103.9	105.5	108.4	109.8
メキシコ	1,222	1,269	1,091	1,273	1,421	118.3	123.1	128.3	134.9	144.0
オランダ	914	910	910	1,030	1,009	104.2	107.4	109.4	112.6	118.9
ニュージーランド	212	213	213	256	255	106.5	109.6	111.1	116.2	122.4
ノルウェー	440	409	368	490	579	109.3	108.7	106.0	124.1	159.0
ポーランド	589	596	599	681	688	103.1	106.2	110.8	116.6	129.1
ポルトガル	242	240	229	256	255	105.1	107.0	109.1	111.2	116.7
スペイン	1,422	1,394	1,278	1,446	1,418	102.9	104.4	105.6	108.4	112.9
スウェーデン	555	534	547	640	591	106.2	108.9	111.1	113.9	120.7
スイス	726	721	742	813	818	99.8	99.7	99.0	100.2	102.7
トルコ	778	760	720	819	907	139.8	159.1	182.7	235.6	462.1
イギリス	2,872	2,851	2,698	3,142	3,089	105.9	108.1	113.6	113.5	119.3
アメリカ	20,533	21,381	21,060	23,315	25,440	105.4	107.3	108.7	113.6	121.6
EU27	15,983	15,695	15,387	17,315	16,750	103.5	105.3	107.2	110.0	115.5
中国	13,895	14,280	14,688	17,820	17,963	109.4	110.6	111.4	—	—

国	人口一人当たり国内総生産（名目・ドル表示）					国内総生産対前年比（%）				
	2018	2019	2020	2021	2022	2018	2019	2020	2021	2022
日本	39,867	40,565	40,163	39,884	33,872	2.2	1.5	−1.4	−0.9	−15.5
オーストラリア	58,357	54,444	56,034	68,230	68,340	3.1	−5.3	4.2	21.9	1.4
オーストリア	51,483	50,080	48,790	53,543	52,021	9.0	−2.3	−2.1	10.2	−1.7
ベルギー	47,545	46,642	45,586	51,825	49,950	8.1	−1.4	−1.8	14.2	−2.9
カナダ	46,548	46,374	43,350	52,359	54,918	4.6	1.1	−5.5	21.5	6.8
チェコ	23,432	23,670	22,988	26,342	27,183	13.9	1.4	−2.6	14.6	3.1
デンマーク	61,588	59,567	60,851	69,301	67,756	7.4	−2.9	2.4	14.4	−1.4
フィンランド	49,982	48,630	49,159	53,555	50,909	7.8	−2.6	1.3	9.2	−4.7
フランス	41,379	40,275	38,931	43,369	40,592	7.5	−2.2	−3.0	11.8	−6.1
ドイツ	47,939	46,805	46,749	51,427	48,718	7.7	−2.1	0.0	10.1	−4.6
ギリシャ	19,757	19,144	17,617	20,175	20,585	6.1	−3.2	−8.2	13.9	1.4
ハンガリー	16,425	16,786	16,126	18,753	18,313	12.2	2.2	−4.1	15.8	−2.6
アイルランド	79,556	80,966	86,060	102,297	104,237	14.7	3.2	7.4	19.8	3.8
イタリア	34,937	33,674	31,923	36,449	34,776	6.6	−3.9	−5.7	13.6	−4.9
韓国	33,447	31,902	31,721	35,142	32,423	6.3	−4.3	−0.4	10.6	−7.9
メキシコ	9,911	10,155	8,629	9,974	11,055	5.5	3.8	−14.1	16.7	11.7
オランダ	53,043	52,476	52,161	58,728	57,019	9.6	−0.4	0.0	13.2	−2.0
ニュージーランド	43,047	42,485	41,671	49,519	47,942	2.6	0.6	−0.2	20.2	−0.3
ノルウェー	82,792	76,429	68,346	90,661	106,180	9.5	−7.1	−10.1	33.4	18.2
ポーランド	15,328	15,528	15,629	17,854	18,191	12.2	1.2	0.6	13.7	1.0
ポルトガル	23,563	23,331	22,242	24,822	24,779	9.5	−1.0	−4.6	11.6	−0.1
スペイン	30,425	29,600	26,990	30,543	29,776	8.3	−1.9	−8.3	13.1	−1.9
スウェーデン	54,589	51,939	52,838	61,418	56,374	2.7	−3.9	2.5	16.9	−7.6
スイス	85,217	84,128	85,887	93,446	93,197	4.4	−0.6	2.8	9.6	0.6
トルコ	9,563	9,203	8,638	9,733	10,633	−9.4	−2.4	−5.2	13.7	10.7
イギリス	43,223	42,688	40,217	46,870	45,568	7.1	−0.7	−5.4	16.4	−1.7
アメリカ	62,450	64,690	63,481	70,181	76,291	5.4	4.1	−1.5	10.7	9.1
EU27	35,776	35,049	34,325	38,659	37,313	8.2	−1.8	−2.0	12.5	−3.3
中国	9,887	10,127	10,401	12,615	12,724	12.9	2.8	2.9	21.3	0.8

資料出所　OECD「Gross domestic product（GDP）」（2023.11）
注　対前年比は国内総生産（名目・ドル表示）

J－6 国民所得・国内総

国	年次	通貨単位	為替相場（当該年平均 1USドル）	購買力平価（当該年平均対GDP 1USドル）	国民所得 総額（市場価格表示）(1)	人口1人当たり (1)÷(11) (2)	国内要素所得 (3)	雇用者報酬 (4)	労働分配率 (4)÷(3) (5)	(10)÷(8) (6)
					億ドル	ドル	億ドル		%	
日本	21	円	109.8	102.1	39,982	31,858	35,706	26,299	73.7	58.6
オーストラリア	21	AUドル	1.331	1.448	13,858	53,945	12,321	8,033	65.2	50.7
オーストリア	21	ユーロ	0.845	0.756	3,922	43,817	3,480	2,385	68.5	56.5
ベルギー	21	ユーロ	0.845	0.737	4,914	42,393	4,358	2,891	66.3	56.0
カナダ	21	カナダドル	1.254	1.238	16,619	43,476	14,870	10,128	68.1	54.8
チリ	21	ペソ	759.0	435.2	2,982	15,156	2,603	934	35.9	40.8
チェコ共和国	21	コルナ	21.68	12.74	2,102	19,652	1,882	1,285	68.3	54.3
デンマーク	21	クローネ	6.287	6.590	3,543	60,521	3,020	2,039	67.5	55.1
フィンランド	21	ユーロ	0.845	0.827	2,448	44,167	2,088	1,393	66.7	55.0
フランス	21	ユーロ	0.845	0.719	24,460	35,846	20,540	15,206	74.0	58.9
ドイツ	21	ユーロ	0.845	0.736	36,112	43,406	32,720	22,635	69.2	58.1
ギリシア	21	ユーロ	0.845	0.546	1,813	17,043	1,574	806	51.2	55.0
ハンガリー	21	フォリント	303.1	154.7	1,444	14,875	1,160	725	62.5	45.5
アイスランド	21	クローナ	127.0	149.7	−	−	−	135	−	60.4
アイルランド	21	ユーロ	0.845	0.795	2,501	49,827	2,249	1,315	58.5	29.8
イスラエル	21	新シャケル	3.230	3.824	4,105	43,819	3,599	2,117	58.8	49.4
イタリア	21	ユーロ	0.845	0.648	17,908	30,283	15,300	8,707	56.9	51.7
韓国	21	ウォン	1,144	854.1	14,599	28,213	12,723	8,591	67.5	62.1
ルクセンブルク	21	ユーロ	0.845	0.859	483	75,410	392	413	105.4	54.2
メキシコ	21	新ペソ	20.27	10.402	9,930	7,782	9,075	3,559	39.2	41.1
オランダ	21	ユーロ	0.845	0.770	8,726	49,770	7,813	4,960	63.5	57.2
ニュージーランド	21	NZドル	1.414	1.459	2,128	41,617	1,873	1,121	59.8	55.4
ノルウェー	21	クローネ	8.590	9.510	4,146	76,662	3,692	2,148	58.2	46.0
ポーランド	21	ズロチ	3.862	1.823	5,731	15,017	4,808	2,673	55.6	48.9
ポルトガル	21	ユーロ	0.845	0.568	2,029	19,712	1,716	1,231	71.8	57.0
スロバキア共和国	21	ユーロ	0.845	0.533	949	17,438	829	513	61.9	50.9
スペイン	21	ユーロ	0.845	0.626	12,126	25,620	10,631	7,089	66.7	58.3
スウェーデン	21	クローナ	8.577	8.722	5,547	53,251	4,317	2,998	69.4	52.4
スイス	21	スイスフラン	0.914	1.106	6,088	69,936	5,953	4,745	79.7	68.9
トルコ	21	新リラ	8.850	2.808	−	−	−	2,201	−	−
イギリス	21	ポンド	0.727	0.677	26,763	39,930	23,862	15,902	66.6	58.5
アメリカ	21	USドル	1.000	1.000	197,855	59,557	186,041	125,491	67.5	57.6
ロシア	19	ルーブル	64.74	25.50	14,042	4,227	12,143	7,440	61.3	47.5

資料出所　OECD「Naional Accounts」（OECD StatExtracts）（2023.11）。一部は、IMF「International Financial Statistics」。

注　1．表示年数が原資料のデータ掲載の有無により国により異なるが、掲載数値は表示年次に概ね該当するものである。
2．（ ）内数値は日本＝100とする指数で、年次の異なる国の場合も便宜上算定している。
3．労働力人口、就業者数、雇用者数は軍属を除くcivilianの数値である。
4．OECD統計上では、就業者・雇用者・パートタイム労働者の定義が日本と異なっている。
5．失業率は労働力人口（civilian）に対する失業者数の割合を示す。
6．為替相場により数値が大きく変動するので、上表は見るにあたっては注意を要する。

生産・雇用者所得〔主として2021年〕

国内総生産(GDP) 総額 (7)	国内総生産(GDP) 就業者1人当たり (7)÷(13) (8)	国民所得 就業者1人当たり (1)÷(13) (9)	雇用者報酬 雇用者1人当たり (4)÷(14) (10)	人口（年央推計値） (11)	労働力人口 (12)	就業者数 (13)	雇用者数 (14)	労働力比率 (15)	パートタイム労働者比率 (16)	65歳以上労働力比率 (17)	失業率 (18)	国
億ドル	ドル			1,000人				%				
50,055	75,079(100)	59,970	44,029	125,502	69,073	66,670	59,730	62.1	25.6	25.6	2.8	日
17,527	134,333(179)	106,210	68,082	25,688	13,751	13,047	11,800	65.8	—	15.0	5.1	オ
4,793	111,311(148)	91,091	62,868	8,952	4,590	4,306	3,793	61.2	21.2	4.5	6.2	オ
6,007	123,771(165)	101,245	69,368	11,592	5,178	4,854	4,167	54.5	17.3	2.8	6.3	ベ
20,015	105,662(141)	87,737	57,886	38,226	20,484	18,942	17,496	65.4	18.4	14.3	7.5	カ
3,167	38,143(51)	35,919	15,547	19,678	9,109	8,303	6,008	57.2	16.6	18.2	8.9	チ
2,818	54,052(72)	40,325	29,332	10,697	5,364	5,213	4,383	59.8	5.1	6.8	2.8	チ
4,057	139,886(186)	122,163	77,136	5,854	3,054	2,900	2,644	62.4	16.6	9.2	5.0	デ
2,968	115,327(154)	95,111	63,376	5,542	2,785	2,573	2,198	67.5	17.1	12.4	7.6	フ
29,594	106,730(142)	88,215	62,835	68,236	30,093	27,728	24,199	55.8	13.8	3.5	7.9	フ
42,785	103,351(138)	87,231	60,039	83,196	42,961	41,398	37,700	60.5	22.1	7.6	3.6	ド
2,147	54,651(73)	46,167	30,082	10,640	4,606	3,928	2,678	50.8	9.1	4.8	14.8	ギ
1,821	39,228(52)	31,115	17,851	9,710	4,838	4,642	4,061	65.6	4.3	8.9	4.0	ハ
256	129,912(173)	—	78,457	373	210	197	172	78.8	17.0	33.4	6.1	ア
5,134	214,878(286)	104,662	64,051	5,019	2,547	2,389	2,053	63.0	19.7	12.8	6.2	ア
4,897	123,759(165)	103,733	61,097	9,367	4,163	3,957	3,464	61.8	14.7	20.8	5.0	イ
21,554	95,565(127)	79,399	49,387	59,133	24,921	22,554	17,630	48.6	17.0	5.2	9.5	イ
18,184	66,675(89)	53,529	41,398	51,745	28,310	27,273	20,753	62.8	16.1	36.3	3.7	韓
856	278,935(372)	157,551	151,149	641	324	307	273	61.9	12.8	4.8	5.2	ル
12,728	23,216(31)	18,113	9,542	127,615	57,531	54,825	37,294	58.8	17.9	23.9	4.1	メ
10,297	110,931(148)	94,010	63,439	17,533	9,690	9,282	7,818	67.0	36.0	9.7	4.2	オ
2,532	90,763(121)	76,278	50,274	5,114	2,900	2,790	2,230	70.8	20.0	25.1	3.8	ニ
4,903	175,250(233)	148,191	80,621	5,408	2,926	2,798	2,664	65.8	20.3	14.7	4.4	ノ
6,813	40,907(54)	34,407	19,989	38,162	17,236	16,656	13,370	57.2	5.0	6.0	3.4	ポ
2,555	53,100(71)	42,167	30,272	10,295	5,151	4,812	4,067	59.2	4.9	8.8	6.6	ポ
1,186	46,309(62)	37,053	23,567	5,441	2,748	2,561	2,177	60.6	3.1	4.4	6.8	ス
14,457	73,110(97)	61,325	42,638	47,332	23,203	19,774	16,626	58.5	13.0	3.3	14.8	ス
6,397	124,937(166)	108,325	65,485	10,416	5,610	5,120	4,578	73.8	11.9	20.0	8.7	ス
8,134	173,642(231)	129,954	119,589	8,705	4,936	4,684	3,968	67.4	25.3	11.0	5.1	ス
8,190	28,413(38)	—	10,922	84,147	32,743	28,827	20,152	51.4	9.0	11.3	12.0	ト
31,415	96,938(129)	82,584	56,745	67,026	33,932	32,407	28,023	62.7	21.7	10.4	4.5	イ
233,151	152,805(204)	129,672	88,053	332,213	161,204	152,581	142,517	61.7	11.7	18.9	5.4	ア
16,874	23,391(31)	19,465	11,110	332,213	76,636	72,142	66,968	69.5	—	12.0	5.5	ロ

7．OECD加盟国（経済協力開発機構）
以下の33か国。ただし上表では、エストニア・スロベニアを割愛している。
(1)　ＥＵ加盟国（18か国）：ドイツ、フランス、イタリア、オランダ、ベルギー、ルクセンブルク、フィンランド、スウェーデン、オーストリア、デンマーク、スペイン、ポルトガル、ギリシャ、アイルランド、チェコ、ハンガリー、ポーランド、スロヴァキア
(2)　その他（15か国）：日本、イギリス、アメリカ合衆国、カナダ、メキシコ、オーストラリア、ニュージーランド、スイス、ノルウェー、アイスランド、トルコ、韓国、チリ、イスラエル、ロシア

8．ＥＵ加盟国：以下の27か国で、下線はユーロ導入国。ただし2021年末時点。
ベルギー、ブルガリア、チェコ、クロアチア、デンマーク、ドイツ、エストニア、アイルランド、ギリシャ、スペイン、フランス、イタリア、キプロス、ラトビア、リトアニア、ルクセンブルク、ハンガリー、マルタ、オランダ、オーストリア、ポーランド、ポルトガル、ルーマニア、スロベニア、スロバキア、フィンランド、スウェーデン

J−7 人口の推移と予想

		日本	アメリカ	カナダ	イギリス	ドイツ	フランス	イタリア	韓国
人口・万人	1950	8,435	14,828	1,374	5,006	7,096	4,184	4,639	2,010
	2000	12,680	28,240	3,068	5,885	8,155	5,867	5,697	4,679
	2010	12,811	31,118	3,396	6,276	8,133	6,244	5,982	4,881
	2020	12,524	33,594	3,789	6,706	8,333	6,448	5,950	5,184
	2022	12,395	33,829	3,845	6,751	8,337	6,463	5,904	5,182
	2030	11,851	35,216	4,101	6,918	8,276	6,554	5,754	5,129
	2050	10,378	37,539	4,589	7,168	7,893	6,583	5,225	4,577
人口変化率・%	1950	1.65	1.60	2.18	0.50	−0.32	0.91	0.94	−0.56
	2000	0.22	1.12	1.00	0.39	−0.02	0.58	0.06	0.59
	2010	−0.04	0.84	1.06	0.83	0.10	0.55	0.42	0.52
	2020	−0.48	0.33	0.69	0.32	0.15	0.07	−0.47	−0.05
	2022	−0.53	0.47	0.85	0.34	−0.14	0.21	−0.28	−0.05
	2030	−0.60	0.47	0.76	0.26	−0.14	0.15	−0.36	−0.21
	2050	−0.68	0.16	0.39	0.07	−0.34	−0.11	−0.68	−0.96
合計特殊出生率	1990	1.5	2.1	1.8	1.8	1.4	1.8	1.3	1.6
	2000	1.4	2.0	1.5	1.6	1.4	1.9	1.3	1.4
	2010	1.4	1.9	1.6	1.9	1.4	2.0	1.5	1.2
	2020	1.3	1.6	1.5	1.6	1.5	1.8	1.3	0.9
	2030	1.4	1.7	1.5	1.6	1.6	1.8	1.4	1.0
若年層の割合（15歳未満・%）	1990	17.9	21.6	20.7	19.0	16.1	20.1	16.5	25.9
	2000	14.4	21.4	19.2	19.1	15.6	18.7	14.3	21.0
	2010	13.2	19.9	16.6	17.6	13.6	18.3	14.1	16.4
	2020	11.9	18.5	15.9	17.8	13.8	17.6	12.9	12.2
	2030	10.7	16.4	14.6	15.4	14.0	15.9	11.0	9.3
若年人口・万人	1990	2,211	5,348	573	1,089	1,281	1,132	939	1,144
	2000	1,822	6,051	589	1,122	1,273	1,098	813	982
	2010	1,691	6,182	562	1,106	1,106	1,143	843	801
	2020	1,492	6,219	601	1,193	1,146	1,132	765	631
	2030	1,266	5,791	597	1,065	1,155	1,042	630	475
生産年齢人口の割合（15−64歳・%）	1990	69.7	66.2	68.1	65.3	69.0	65.8	68.5	69.2
	2000	67.8	66.3	68.3	65.2	68.0	65.1	67.4	71.9
	2010	63.2	67.1	69.4	66.0	65.9	64.7	65.5	72.6
	2020	58.5	65.3	66.1	63.5	64.3	61.4	63.8	72.0
	2030	57.9	63.0	62.6	62.6	59.7	59.7	60.7	65.8
生産年齢人口・万人	1990	8,624	16,413	1,882	3,733	5,473	3,715	3,888	3,052
	2000	8,600	18,711	2,097	3,838	5,542	3,821	3,840	3,363
	2010	8,096	20,882	2,356	4,144	5,363	4,041	3,919	3,542
	2020	7,327	21,925	2,505	4,258	5,357	3,962	3,794	3,733
	2030	6,867	22,196	2,568	4,329	4,937	3,912	3,493	3,373
老年人口の割合（65歳以上・%）	1990	12.4	12.3	11.2	15.7	14.9	14.1	15.0	4.9
	2000	17.8	12.3	12.5	15.7	16.4	16.2	18.3	7.1
	2010	23.6	13.0	14.1	16.3	20.5	17.0	20.4	11.0
	2020	29.6	16.2	18.0	18.7	22.0	21.0	23.4	15.8
	2030	31.4	20.5	22.8	22.0	26.4	24.4	28.3	25.0
老年人口・万人	1990	1,534	3,048	310	899	1,183	795	849	216
	2000	2,258	3,478	383	925	1,340	948	1,043	334
	2010	3,023	4,054	478	1,026	1,663	1,060	1,221	539
	2020	3,705	5,450	683	1,256	1,830	1,355	1,391	821
	2030	3,719	7,230	937	1,524	2,184	1,601	1,631	1,281

資料出所　UN「World Population Prospects 2022」

注　日本の最新の国勢調査による確定人口等はE-27を参照されたい

J－8　各国の最低賃金額

国名	最低賃金額（円換算は2022年の年平均レート）	備　考
アメリカ	7.25ドル（953円）／時間（2009年7月～）	連邦最低賃金。別途、多くの州で独自の最低賃金の定めがある。※ワシントン13.69ドル（1,462円）
ドイツ	12.00ユーロ（1,656円）／時間（2022年10月～）	最低賃金制度を2015年より設定
イギリス	9.50ポンド（1,538円）／時間（2022年4月～）	自営などを除き、若年者減額設定あり。23歳以上一般。
フランス	11.27ユーロ（1,556円）／時間（2023年1月～）	全国一律の最低賃金額。
スペイン	1,260ユーロ（173,930円）／月（2023年1月～）	訓練生などを除く。
インド	646ルピー（1,085円）／日（2022年10月～）	デリー　未熟練生労働者
タイ	354バーツ（1,328円）／日（2022年1月～）	全国一律の最低賃金額。
インドネシア	4,901,798ルピア（43,626円）／月（2023年1月～）	ジャカルタ特別州。
フィリピン	570ペソ（1,385円）／日（2023年1月～）	主要都市以外、非農業。
オーストラリア	21.38豪ドル（1,946円）／時間（2022年7月～）	
韓国	9,620ウオン（979円）／時間（2023年1月～）	全国一律の最低賃金額。
中国	2,320元（45,194円）／月（2021年8月～）	北京市の例。省などの人民政府による。
日本	1,004円／時間（2023年度）	都道府県別の決まっている額の加重平均。

資料出所　アメリカ一連邦労働省、英国一Directgov、フランス一労働社会関係家族連帯省、スペイン,ポルトガル一EUROSTAT、タイ一労働省、フィリピン一労働・雇用省（Department of Labor and Employment)、オーストラリア一 Fair Work Commission、国家賃金生産性委員会（National Wages and Productivjty Commission)、インドネシア一労働：移住省、韓国一労働省（Ministry of Labor)、中国一人力資源社会保障部（Ministry of　Manpower and Social Security)。

注　オーストリア、デンマーク、スウェーデンなどは最低賃金を国で定めず労使が団体交渉により労働協約で定めている。

J－9　所得のジニ係数

項目	1980年代半ば	1990年代半ば	2000年	2010年	2015年	最新年（年）
日本	0.304	0.323	0.337	－	0.339	0.334(2018)
アメリカ	－	0.361	0.357	0.380	0.390	0.377(2020)
カナダ	0.293	0.289	0.315	0.319	0.318	0.280(2020)
イギリス	0.309	－	0.352	0.341	0.360	0.355(2020)
ドイツ	0.251	0.266	0.264	0.286	0.293	0.296(2019)
フランス	－	－	0.287	0.303	0.295	0.292(2019)
イタリア	－	0.327	0.323	0.321	0.333	0.331(2020)
韓国	－	－	－	0.310	0.352	0.331(2020)

資料出所　OECD「Social Protection and Well-being」(2023.11)。

注　ジニ係数とは,所得分配の不平等度を表し、0に近づけば平等に近づき、1に近づけば不平等の度合が増す。

J－10　単位当たり労働コストの変化率

（単位　%）

	1990	2000	2005	2010	2015	2016	2017	2018	2019	2020	2021	2022
日本	2.1	−3.3	−0.3	−5.4	−0.8	1.3	−0.1	2.5	2.1	3.1	−0.3	−
アメリカ	4.4	3.9	1.5	−0.6	2.1	1.0	2.2	2.1	2.0	4.3	2.4	−
カナダ	5.3	2.5	2.3	0.1	2.1	−1.1	1.0	2.5	2.2	3.4	4.2	5.4
イギリス	9.5	2.6	3.2	0.7	0.8	2.6	1.1	2.5	3.2	11.0	−4.1	2.8
ドイツ	−	0.9	−0.5	−1.2	2.2	1.3	1.3	3.3	3.3	3.5	0.1	3.4
フランス	3.2	1.2	2.1	1.0	0.2	0.7	0.8	0.8	−0.7	4.4	1.3	5.1
イタリア	9.4	0.4	2.4	0.0	0.9	0.4	−0.1	2.0	1.3	3.1	−0.9	2.7
韓国	9.2	−0.5	1.8	−1.6	2.6	1.3	1.5	1.9	2.2	2.9	0.0	1.5

資料出所：OECD「Productivity」(2023.11)。

J−11　週当りの実労働時間（雇用者）

（単位　時間）

年	日本	アメリカ	イギリス	ドイツ	フランス
2000	35.3	36.1	29.1	26.4	27.7
2005	34.3	35.4	28.8	25.9	27.4
2010	33.5	34.9	28.2	25.9	27.6
2011	33.4	35.2	28.4	26.0	27.7
2012	33.7	35.3	28.8	25.6	27.6
2013	33.4	35.2	28.9	25.4	27.4
2014	33.3	35.3	29.0	25.6	27.3
2015	33.2	35.3	28.7	25.6	27.3
2016	33.0	35.1	29.0	25.6	27.4
2017	33.0	35.1	28.9	25.5	27.2
2018	32.6	35.2	29.0	25.4	27.3
2019	31.9	35.2	29.0	25.3	27.4
2020	31.0	34.9	26.2	24.5	25.4
2021	31.2	35.2	28.5	24.8	26.9
2022	31.2	35.0	29.1	24.8	27.4

資料出所：OECD「LabourForceStatistics」（参考表1も同じ）（2023.11）。
注　1　調査対象となる労働者にはパートタイム労働者を含み、自営業者は除く。
　　2　日本は事業所規模5人以上の労働時間。日本以外の国については事業所規模の区別はない。
　　3　各国によって母集団等データの取り方に差異があることに留意。そのため各国の変遷は見れるが各国同士の比較には適さない。値は参考1を7日間に換算したもの。

〔参考1〕年間実労働時間（雇用者）

（単位　時間）

年	日本	アメリカ	イギリス	ドイツ	フランス
2000	1,839	1,884	1,517	1,377	1,444
2005	1,790	1,847	1,500	1,349	1,427
2010	1,747	1,822	1,471	1,350	1,439
2011	1,741	1,834	1,482	1,354	1,445
2012	1,759	1,840	1,501	1,336	1,440
2013	1,743	1,837	1,505	1,327	1,427
2014	1,738	1,842	1,512	1,334	1,422
2015	1,730	1,841	1,496	1,337	1,422
2016	1,723	1,832	1,513	1,334	1,428
2017	1,719	1,830	1,509	1,331	1,416
2018	1,698	1,836	1,510	1,326	1,424
2019	1,662	1,833	1,513	1,320	1,428
2020	1,617	1,819	1,365	1,276	1,323
2021	1,627	1,835	1,487	1,295	1,401
2022	1,626	1,822	1,516	1,295	1,427

〔参考2〕年間休日日数（2020年）

国	年間休日等の日数	（日）			取得率（%）
		週休日	法定休日	年次有給休暇	
日本	138	104	16	18	60
アメリカ	112	104	10	8	35
イギリス	137	104	8	25	85
ドイツ	143	104	9	30	90
フランス	138	104	9	25	71
イタリア	138	104	9	25	75

資料出所　労働政策研究・研修機構「データブック国際労働比較」、エクスペディア有給休暇国際比較。
注　1．アメリカは連邦法上年次有給休暇の定めがない（上記はアメリカ労働統計局による民間部門の平均付与日数）
　　2．日本の年次有給休暇日数は平均付与日数（常用労働者30人以上の民間法人）

J−12 性別・年齢階層別の労働力率 （単位 万人、％）

年齢階級	日本（2022年）		アメリカ（2022年）		カナダ（2022年）		イギリス（2022年）	
	男性	女性	男性	女性	男性	女性	男性	女性
(労働力人口)	3,807	3,096	8,742	7,687	1,091	989	1,772	1,616
15～64歳	86.7	74.3	79.1	69.0	82.9	76.7	81.9	74.8
15～19	18.7	20.8	36.3	37.2	50.0	53.3	40.7	43.7
20～24	73.6	75.2	73.2	68.7	77.0	77.3	73.3	72.4
25～29	94.2	87.7	87.2	78.2	89.6	85.7	90.8	83.1
30～34	95.8	81.0	90.2	77.1	93.0	84.7	93.1	83.0
35～39	96.5	78.9	89.8	76.0	93.6	84.6	93.4	82.5
40～44	96.0	81.5	89.7	76.5	93.3	86.1	93.1	83.8
45～49	95.6	81.9	89.1	76.2	92.5	85.9	90.8	83.3
50～54	94.7	80.9	85.3	74.3	89.9	83.8	87.6	80.9
55～59	93.5	75.8	78.7	67.6	82.1	71.9	80.0	71.9
60～64	86.6	64.0	63.4	51.7	62.8	51.2	61.6	50.1
65歳以上	34.9	18.5	23.7	15.5	18.7	11.0	13.9	8.7

年齢階級	ドイツ（2022年）		フランス（2022年）		イタリア（2022年）		オーストラリア(2022年)	
	男性	女性	男性	女性	男性	女性	男性	女性
(労働力人口)	2,341	2,049	1,564	1,493	1,437	1,076	741	652
15～64歳	83.4	75.4	76.6	70.7	74.6	56.4	84.0	76.6
15～19	33.2	28.0	22.1	16.6	7.9	5.5	55.5	62.1
20～24	76.2	70.8	69.0	64.5	51.8	37.3	84.9	82.5
25～29	88.3	80.5	91.0	83.2	77.0	63.9	90.3	82.4
30～34	92.8	81.6	92.8	82.7	88.7	67.8	91.6	80.0
35～39	93.8	82.2	93.6	83.4	91.1	69.4	92.8	81.6
40～44	93.5	84.5	93.4	85.4	91.0	71.4	91.2	82.1
45～49	93.1	86.0	92.5	85.8	91.4	70.7	90.0	83.5
50～54	91.6	85.1	90.7	85.0	89.5	66.9	87.4	80.7
55～59	88.0	80.3	83.1	78.1	82.8	58.3	83.2	72.1
60～64	69.7	60.9	39.0	38.7	52.0	35.2	66.6	54.3
65歳以上	11.3	6.2	5.2	3.0	7.8	2.9	19.4	11.1

年齢階級	オランダ（2022年）		スペイン（2022年）		スウェーデン（2022年）		韓国（2022年）	
	男性	女性	男性	女性	男性	女性	男性	女性
(労働力人口)	525	469	1,236	1,106	296	266	1,638	1,255
15～64歳	88.3	81.1	79.6	71.1	85.5	81.3	79.0	61.8
15～19	78.2	77.2	15.8	13.3	37.5	45.1	6.9	10.1
20～24	84.8	85.9	57.4	51.7	76.9	68.9	44.3	53.8
25～29	91.8	88.5	86.8	81.4	88.3	83.2	73.9	78.2
30～34	94.3	87.0	91.2	85.2	94.3	87.7	89.6	71.0
35～39	94.9	84.0	93.1	85.2	96.2	89.4	93.1	62.1
40～44	92.5	85.3	94.1	85.5	95.1	90.8	92.6	65.0
45～49	91.9	85.5	93.0	83.7	96.1	91.6	92.6	67.6
50～54	90.6	82.9	90.0	78.7	95.0	90.8	90.5	70.0
55～59	87.7	77.9	82.9	68.6	92.2	86.0	87.2	65.6
60～64	75.9	58.5	59.5	48.5	75.3	70.8	75.3	53.7
65歳以上	15.4	7.1	4.5	2.8	24.4	15.9	48.0	29.0

資料出所 総務省統計局「労働力調査」／OECDDatabase（2023.11）。

注 1．労働力率は各年齢階層人口中に占める労働力人口の割合。計は15歳以上（アメリカとイギリスははは16歳以上）人口に占める労働力人口の割合。

2．アメリカとイギリスの年齢区分の15～19歳は16～19歳。

J－13 産業別の労働力構成

（単位 千人）

産業	日本	アメリカ	イギリス	ドイツ	フランス	イタリア	韓国
	2020	2022	2019	2022	2022	2022	2022
・就業者数							
全産業	66,760	158,291	32,693	42,529	28,341	23,099	28,229
a. 農林漁業	2,130	2,565	340	527	722	875	1,526
b. 鉱業・採石業	20	415	126	71	39	31	9
c. 製造業	10,710	15,700	2,990	8,089	3,096	4,258	4,503
d. 電気ガス熱供給	660	1,356	199	369	184	118	80
e. 上下水道・廃棄物管理		766	230	268	217	249	154
f. 建設業	4,920	12,277	2,356	2,627	1,839	1,551	2,123
g. 卸売・小売業	10,850	19,363	4,040	5,368	3,705	3,137	3,313
h. 運輸・保管業	3,750	10,765	1,572	2,058	1,444	1,167	1,655
i. 宿泊・飲食サービス	3,910	9,810	1,745	1,374	1,144	1,405	2,182
j. 情報通信業	2,400	6,890	1,389	1,671	977	689	981
k. 金融・保険業	1,880	8,109	1,287	1,311	955	605	774
l. 不動産業	1,090	3,291	391	395	349	156	552
m. 専門・科学・技術生活サービス業	2,440	9,390	2,519	2,345	1,853	1,513	1,288
n. 管理・支援サービス	3,390	7,141	1,530	1,993	1,205	1,007	1,423
o. 公務・国防	2,510	5,792	2,111	3,202	2,342	1,142	1,213
p. 教育	3,390	13,853	3,413	2,862	2,147	1,604	1,901
q. 保健衛生	8,620	22,066	4,401	5,793	3,962	1,883	2,714
r. 芸術娯楽・レクリエーション	810	3,073	878	552	620	308	482
s. その他サービス業	2,010	4,491	938	1,479	844	746	1,119
t. 自家利用	－	655	50	151	249	637	80
u. 治外法権機関及び団体	30	523	58	－	15	19	16
x. 分類不能	1,220	－	130	14	434	－	140
1次産業（a）	2,130	2,565	340	527	722	875	1,526
2次産業（b～f）	16,310	30,513	5,902	11,423	5,374	6,207	6,870
3次産業（g～u）	47,080	125,213	26,321	30,554	21,811	16,017	19,694
・構成割合（%）							
全産業	100.0	100.0	100.0	100.0	100.0	100.0	100.0
a. 農林漁業	3.2	1.6	1.0	1.2	2.5	3.8	5.4
b. 鉱業・採石業	0.0	0.3	0.4	0.2	0.1	0.1	0.0
c. 製造業	16.0	9.9	9.1	19.0	10.9	18.4	16.0
d. 電気ガス水道	1.0	0.9	0.6	0.9	0.6	0.5	0.3
e. 上下水道・廃棄物管理		0.5	0.7	0.6	0.8	1.1	0.5
f. 建設業	7.4	7.8	7.2	6.2	6.5	6.7	7.5
g. 卸売・小売業	16.3	12.2	12.4	12.6	13.1	13.6	11.7
h. 運輸・保管業	5.6	6.8	4.8	4.8	5.1	5.1	5.9
i. 宿泊・飲食サービス	5.9	6.2	5.3	3.2	4.0	6.1	7.7
j. 情報通信業	3.6	4.4	4.2	3.9	3.4	3.0	3.5
k. 金融・保険業	2.8	5.1	3.9	3.1	3.4	2.6	2.7
l. 不動産業	1.6	2.1	1.2	0.9	1.2	0.7	2.0
m. 専門・科学・技術生活サービス業	3.7	5.9	7.7	5.5	6.5	6.6	4.6
n. 管理・支援サービス	5.1	4.5	4.7	4.7	4.3	4.4	5.0
o. 公務・国防	3.8	3.7	6.5	7.5	8.3	4.9	4.3
p. 教育	5.1	8.8	10.4	6.7	7.6	6.9	6.7
q. 保健衛生	12.9	13.9	13.5	13.6	14.0	8.2	9.6
r. 芸術娯楽・レクリエーション	1.2	1.9	2.7	1.3	2.2	1.3	1.7
s. その他サービス業	3.0	2.8	2.9	3.5	3.0	3.2	4.0
t. 自家利用		0.4	0.2	0.4	0.9	2.8	0.3
u. 治外法権機関及び団体	0.0	0.3	0.2	－	0.1	0.1	0.1
x. 分類不能	－	－	0.4	0.0	1.5	－	0.5
1次産業（a）	3.2	1.6	1.0	1.2	2.5	3.8	5.4
2次産業（b～f）	24.4	19.3	18.1	26.9	19.0	26.9	24.3
3次産業（g～u）	70.5	79.1	80.5	71.8	77.0	69.3	69.8

資料出所 ILOSTAT（2023.11）。
注 業種分類は、国際標準産業分類（ISIC）のRev-4による。

J－14 職業別の労働力構成

(単位 千人・%)

職業	日本	アメリカ	イギリス	ドイツ	フランス	イタリア	韓国
	2022	2022	2019	2022	2022	2022	2022
男女（計）	67,230	158,291	32,693	42,529	28,341	23,099	28,229
管理的職業従事者	1.8	11.7	11.8	4.1	7.1	3.8	1.5
専門的職業従事者	18.4	22.7	26.4	22.2	22.9	15.0	20.8
ﾃｸﾆｼｬﾝ・準専門的職業従事者		17.1	12.3	19.8	17.7	16.9	17.2
事務補助員	20.2	8.6	9.4	13.1	8.7	12.8	11.6
サービス・販売従事者	30.2	14.6	17.4	13.5	14.2	17.2	9.5
農林業業熟練従事者	2.9	0.4	1.2	1.3	2.8	2.4	5.2
技能工及び関連職業従事者	－	8.5	7.9	11.0	9.9	13.2	8.5
設備・機械運転従事者、組立工	19.6	5.9	4.9	6.2	6.4	7.0	10.8
単純作業従事者	7.0	10.6	8.2	7.6	8.4	10.8	14.3
軍人	－	－	0.3	0.4	0.7	0.9	－
分類不能	－	－	0.2	0.8	1.2	－	0.5
男性（計）	36,990	84,203	17,241	22,630	14,474	13,350	15,960
管理的職業従事者	2.8	13.0	14.2	5.5	8.4	4.7	2.3
専門的職業従事者	17.0	19.7	25.6	21.1	22.4	11.9	18.7
ﾃｸﾆｼｬﾝ・準専門的職業従事者		14.1	11.3	17.2	14.8	17.7	14.7
事務補助員	14.2	4.4	5.4	8.5	4.7	7.9	7.2
サービス・販売従事者	28.0	11.5	10.5	9.6	9.1	12.0	8.0
農林業業熟練従事者	3.3	0.6	1.9	1.9	4.2	3.3	5.7
技能工及び関連職業従事者	－	13.6	14.0	18.5	17.4	20.6	13.2
設備・機械運転従事者、組立工	27.8	8.9	8.1	9.8	10.0	9.9	16.9
単純作業従事者	6.9	14.2	8.3	6.5	6.7	10.4	13.1
軍人	－	－	0.4	0.7	1.2	1.6	－
分類不能	－	－	0.2	0.8	1.1	－	0.2
女性（計）	30,240	74,089	15,452	19,899	13,867	9,749	12,269
管理的職業従事者	0.5	10.3	9.2	2.6	5.8	2.5	0.5
専門的職業従事者	20.1	26.1	27.3	23.5	23.5	19.4	23.6
ﾃｸﾆｼｬﾝ・準専門的職業従事者		20.4	13.5	22.7	20.8	15.7	20.5
事務補助員	27.9	13.4	13.9	18.3	12.7	19.4	17.3
サービス・販売従事者	32.9	18.1	25.1	18.0	19.5	24.3	11.5
農林業業熟練従事者	2.3	0.2	0.4	0.7	1.3	1.1	4.5
技能工及び関連職業従事者	－	2.6	1.1	2.5	2.0	3.1	2.4
設備・機械運転従事者、組立工	9.0	2.5	1.2	2.1	2.6	3.0	2.9
単純作業従事者	7.2	6.4	8.0	8.9	10.3	11.4	15.9
軍人	－	－	0.1	0.1	0.3	0.1	－
分類不能	－	－	0.1	0.7	1.2	－	0.9

資料出所 ILOSTAT（2023.11）。
注 本表は国際標準職業分類に基づくため、日本標準職業分類と異なり比較には注意を要する。

〈参考〉就業者数に占めるパートタイム労働者割合の推移

(単位 %)

国名	男女計			女性			パート労働者に占める女性の割合		
	2010年	2020年	2022年	2010年	2020年	2022年	2010年	2020年	2022年
日本	20.2	25.8	25.1	33.9	39.5	38.5	70.3	67.4	68.4
アメリカ	19.7	18.9	－	26.6	25.6	－	64.0	63.0	－
イギリス	24.6	22.4	21.9	39.3	34.5	32.9	75.0	73.6	71.9
ドイツ	21.8	22.5	22.2	38.2	36.7	35.7	80.9	76.4	75.1
フランス	13.7	13.1	13.9	22.5	19.7	19.2	78.1	73.2	71.5
イタリア	16.4	17.9	16.5	31.0	31.5	29.1	77.1	74.0	74.6
韓国	10.6	15.4	16.4	15.5	22.1	23.3	60.3	60.8	61.3

資料出所 OECD「Employment by activites and status」（2023.11）。
注 パートタイム労働者とは、週当たり30時間未満の者、日本は週労働時間が35時間未満の者。アメリカは2018年の数値。

J−15　失業者および失業率の推移（男女計・各国公表値）

年	日本		アメリカ		イギリス		ドイツ		フランス		イタリア		韓国	
	万人	%	万人	%	万人	%	万人	%	万人	%	万人	%	万人	%
1990年	134	2.1	705	5.6	197	6.8	188	4.8	194	7.8	275	11.4	45	2.5
95	210	3.2	740	5.6	241	8.6	320	8.1	255	10.1	264	11.5	43	2.1
2000年	320	4.7	569	4.0	159	5.5	307	7.8	224	8.4	249	10.6	98	4.4
05	294	4.4	759	5.1	146	4.8	457	11.2	232	8.5	188	7.7	89	3.8
10	334	5.1	1482	9.6	250	7.9	284	7.0	250	8.9	206	8.4	92	3.7
15	222	3.4	830	5.3	178	5.4	195	4.6	305	10.4	303	11.9	98	3.6
16	208	3.1	775	4.9	163	4.9	177	4.1	297	10.0	301	11.7	101	3.7
17	190	2.8	698	4.4	148	4.4	162	3.7	278	9.4	291	11.2	102	3.7
18	167	2.4	631	3.9	138	4.1	147	3.4	268	9.0	276	10.6	107	3.8
19	162	2.4	600	3.7	131	3.8	137	3.1	249	8.4	258	10.0	106	3.8
20	191	2.8	1295	8.1	155	4.6	166	3.8	235	8.0	231	9.2	111	4.0
21	194	2.8	862	5.4	152	4.5	156	3.6	237	7.9	237	9.5	104	3.7
22	179	2.6	600	3.7	126	3.7	138	3.1	223	7.3	203	8.1	83	2.9

資料出所　総務省統計局「労働力調査」、OECD「Labour Force Statistics」(2023.11)。以下同じ。
注　イギリスは上記の労働力調査以外にも、職業安定機関のデータが別に存在し公表されている。

＜失業者と失業率の定義＞
失業者とは、ILOのガイドラインによれば「生産年齢の者で、就業可能であるが就業していない、求職活動を積極的に行った者のこと」であり、失業率とは同じく「軍人を除いた労働力人口に占める割合」である。しかし各国によって、この失業者・失業率の定義が異なるため、各国の数値を直接比較するには留意が必要である。詳しくは、〔補〕各国の失業統計の定義を参照。

なお、上表では各国で公表（定義）されている失業者数と失業率の値を掲載しているが、これとは別に、OECDからILOのガイドラインに基づき時系列や相互の比較ができるようにした調整失業者・失業率が発表されている。

〔参考１〕長期失業者の割合

国名	期間	1995	2000	2005	2010	2015	2020	2022
日本	６か月～12か月未満	19.6	21.4	15.8	18.0	15.0	15.3	14.4
	１年以上	18.1	25.5	33.3	37.6	35.5	28.0	35.6
アメリカ	６か月～12か月未満	7.6	5.4	7.9	14.3	9.4	9.8	6.8
	１年以上	9.7	6.0	11.8	29.0	18.7	5.6	15.1
イギリス	６か月～12か月未満	17.2	14.8	15.9	20.0	15.8	15.2	12.0
	１年以上	43.6	26.7	21.1	32.6	30.7	20.1	24.4
ドイツ	６か月～12か月未満	17.2	16.1	16.3	16.1	15.4	18.8	14.6
	１年以上	48.7	51.5	53.0	47.3	44.0	28.7	33.0
フランス	６か月～12か月未満	21.6	19.4	19.1	20.0	19.7	20.1	15.0
	１年以上	42.5	42.6	40.8	40.1	42.8	36.7	27.5
イタリア	６か月～12か月未満	16.7	14.6	14.3	16.1	13.3	15.0	11.3
	１年以上	63.6	61.8	49.8	48.5	58.9	52.4	58.4
韓国	６か月～12か月未満	13.3	11.8	10.8	6.6	9.6	10.0	10.2
	１年以上	4.4	2.3	0.8	0.3	0.4	0.6	1.0

注　全失業者に対する失業期間の割合（失業者全体=100.0）

〔参考２〕若年層・高齢者層の失業率（15-24歳・55-64歳）

	2010			2015			2020			2022		
	15～24歳	55～64歳	年齢計	15～24歳	55～64歳	年齢計	15～24歳	55～64歳	年齢計	15～24歳	55～64歳	年齢計
日本	9.2	5.0	5.0	5.5	3.1	3.3	4.6	2.6	2.8	4.3	2.5	2.6
アメリカ	18.4	7.1	9.6	11.6	3.8	5.3	14.9	3.7	8.1	8.1	2.5	3.7
イギリス	19.5	4.5	7.6	14.4	3.6	5.3	13.6	3.7	4.6	10.5	3.0	3.7
ドイツ	9.7	7.7	7.1	7.2	4.7	4.6	7.3	3.2	3.9	6.0	2.7	3.1
フランス	23.3	5.9	9.3	24.7	7.4	10.4	20.2	5.8	8.0	17.3	5.7	7.3
イタリア	27.9	3.6	8.4	40.3	5.5	11.9	29.4	5.0	9.2	23.8	4.9	8.1
韓国	9.7	2.9	3.7	10.5	2.8	3.6	10.5	3.3	4.0	7.0	2.2	2.9

資料出所　OECD「LFS by sex and age indicators」(2023.11)。
注　アメリカの15-24歳は16-24歳の数値

〔補〕各国の失業統計の定義

国　名	失業者の定義	失業率の定義
日　本	労働力調査。調査週において仕事がなく、すぐに就業が可能で、求職活動を行った15歳以上の者。過去の求職活動の結果を待っている者を含む。	失業者数／全労働力人口
アメリカ	人口動態調査（ＣＰＳ）。調査週において仕事がなく、すぐに就業が可能（一時的な病気の場合は除く）で、過去４週間以内に求職活動を行った16歳以上の者。レイオフされた労働者で前職に復帰するために待機中の者を含む。	失業者数／全労働力人口（軍人を除く）
カナダ	労働力調査。調査週において仕事がなく、すぐに就業が可能で、過去４週間以内に求職活動を行った15歳以上の者。調査週から４週間以内に新しい仕事を始めるために待機中の者及びレイオフされた労働者で前職に復帰するために待機中の者を含む。	失業者数／全労働力人口（軍人を除く）
イギリス	労働力調査。調査週において仕事がなく、２週間以内に就業が可能で、過去４週間以内に求職活動を行った16歳以上の者。既に就職先が決まっており待機中の者を含む。	失業者数／全労働力人口（軍人を除く）
ドイツ	小規模国勢調査（Mikrozensus）。仕事への従事が週１時間未満であって、２週間以内に就業が可能で、過去４週間以内に求職活動を行った15歳以上24歳以下の者。	失業者数／全労働力人口（軍人を除く）
	（登録失業者）職業安定機関の業務統計。公共職業安定所に求職登録している者の数である。具体的には、仕事への従事が週15時間未満であって、公共職業安定所が紹介する仕事に応じることが可能で、求職活動を行った65歳未満の者。	登録失業者数／全労働力人口（軍人を除く）
フランス	雇用統計（Enquete Emploi）。調査週において仕事がなく、２週間以内に就業が可能で、調査週を含む過去４週間以内に求職活動を行った又は３カ月以内に新しい仕事を始めるために待機中の、15歳以上の者。	失業者数／全労働力人口（軍人を除く）
イタリア	労働力調査。調査週において仕事がなく、２週間以内に就業が可能で、過去４週間以内に求職活動を行った15歳以上の者。	失業者数／全労働力人口(軍人を除く)
韓　国	労働力調査。調査週において仕事がなく、すぐに就業が可能で、求職活動を行った15歳以上の者。過去１カ月以内に就職先が決まっており待機中の者を含む。	失業者数／全労働力人口（軍人を除く）
シンガポール	労働力調査。調査週において仕事がなく、就業が可能で、求職活動を行った15歳以上の者。既に就職先が決まっており待機中の者を含む。	失業者数／全労働力人口
タ　イ	労働力調査。調査週において仕事への従事が週１時間未満であって、就業が可能であり、過去30日間以内に求職活動を行った15歳以上（2001年から。2000年までは13歳）の者。病気で求職活動ができない者や新しい仕事、又は農繁期に向け待機中の者、レイオフ中の者を含む。	失業者数／全労働力人口
マレーシア	労働力調査。調査週において仕事がなく、就業が可能で、調査週に求職活動を行った15歳以上64歳以下の者。一時的な病気又は悪天候で求職活動ができない者、過去の求職活動の結果を待っている者を含む。	失業者数／全労働力人口
フィリピン	労働力調査。調査週において仕事がなく、２週間以内に就業が可能で、求職活動を行った15歳以上の者。一時的な病気又はレイオフ中の者。	失業者数／全労働力人口(軍人を除く)
中　国	都市部労働力標本調査。16歳以上の都市部在住者であって、調査週において収入を伴う就業をせず（調査週の次週から就業予定の者を除く）、調査週以前の３ヶ月間に求職活動を行った者で、今後の２週間以内に就業が可能な者。(自営開始の準備中の者、過去に求職活動を行ったが引退し、年金を受給している者を含む)	失業者数／全労働力人口（軍人除く、都市部のみ）
オーストラリア	労働力調査。調査週において仕事がなく、すぐに就業が可能で、過去４週間以内に求職活動を行った15歳以上の者。過去４週間以内に仕事が決まり、新しい仕事を始めるために待機中の者を含む。	失業者数／全労働力人口（軍人を除く）
Ｅ　Ｕ	EU労働力調査。15歳以上74歳未満の者であって、調査週において仕事がなく、２週間以内に就業が可能で、過去４週間以内に求職活動を行った者。	失業者数／全労働力人口

資料出所　ILO「Statistical Sources and Methods」及び各国資料。厚生労働省「海外労働情勢」より引用。
注　１．全労働力人口とは、明記のない限り軍人（日本の場合は自衛隊員）を含む。
　　２．外国人労働者は、一般には正規入国者で労働許可を有していれば労働力人口に含まれる。

J−16 労働争議の推移（同盟罷業・事業所閉鎖等）

年	日本			アメリカ			イギリス		
	労働争議件数	労働損失日数（千日）	労働争議参加人数（千人）	労働争議件数	労働損失日数（千日）	労働争議参加人数（千人）	労働争議件数	労働損失日数（千日）	労働争議参加人数（千人）
1975年	3,391	8,016	2,732	235	17,563	965	2,282	6,012	232
80	1,133	1,001	563	187	20,844	795	1,348	11,946	834
85	627	264	123	54	7,079	324	1,903	6,402	791
90	284	145	84	44	5,926	185	630	1,903	298
95	209	77	38	31	5,771	192	235	415	174
2000年	118	35	15	39	20,419	394	212	499	183
05	50	6	4	22	1,348	270	116	157	93
10	38	23	3	1	302	45	92	365	133
15	39	15	13	12	740	47	106	170	81
20	35	1	1	−	−	−	−	−	−
21	32	1	1	16	1,104	80	−	−	−
22	33	2	1	24	2,423	123	749	2,518	328

年	ドイツ			韓国			スウェーデン		
	労働争議件数	労働損失日数（千日）	労働争議参加人数（千人）	労働争議件数	労働損失日数（千日）	労働争議参加人数（千人）	労働争議件数	労働損失日数（千日）	労働争議参加人数（千人）
1975年	202	69	35	52	14	10	86	366	24
80	132	128	45	206	61	49	212	4479	747
85	53	35	78	265	64	29	160	504	125
90	777	364	257	322	4,487	134	126	770	73
95	361	247	183	88	393	50	36	627	126
2000年	67	11	7	250	1,894	178	2	0	0
05	−	19	134	287	848	118	14	29	1
10	132	25	12	86	511	40	5	3	3
15	1,618	1,092	230	105	447	77	6	5	5
20	1,265	195	140	105	554	68	0	0	0
21	1,251	373	381	141	472	51	2	0	7
22	1,532	267	285	132	344	67	4	5	1

資料出所　厚生労働省「労働争議統計調査年報」、ILO「Yearbook of Labour Statistics」。

注　1．日本は、争議行為を伴う争議のうち半日以上の同盟罷業。1990年以前は作業所閉鎖を含む。
2．アメリカは、参加人員1,000人以上、全日以上の争議。年内に開始された争議。
3．ドイツは、件数では92年までは旧西ドイツ地域、93年以降は統一ドイツの数値で参加人員10人以上、全日以上の争議。
4．イギリスは政治ストを除き、100労働日以上の争議では1日未満や10人未満の争議を含む。
5．韓国の参加人数には間接参加者を含まない。

J−17 労働組合組織率の推移

（単位　%）

	1990	2000	2010	2015	2016	2017	2018	2019	2020
日本	25.4	21.5	18.4	17.5	17.4	17.2	17.0	16.8	−
アメリカ	15.5	12.9	11.4	10.6	10.3	10.3	10.1	9.9	10.3
カナダ	33.6	28.2	27.2	26.5	26.3	26.3	25.9	26.1	27.2
イギリス	39.6	29.8	26.6	24.7	23.6	23.3	23.4	23.5	−
ドイツ	31.2	24.6	18.9	17.6	17.0	16.7	16.6	16.3	−
イタリア	39.0	34.8	35.3	34.2	33.6	33.2	32.6	32.5	−
オーストラリア	41.3	24.9	18.4	−	14.6	−	13.7	−	−
韓国	17.4	11.4	9.6	10.0	10.0	10.5	11.6	−	−
スウェーデン	81.5	81.0	68.2	67.0	66.7	66.1	65.5	65.2	−

資料出所　OECD「Labour Force Statistics」（2023.11）。

J−18 為替レートとGDP購買力平価の推移（米1ドル各年＝1.00）

国名	通貨	2000	2005	2010	2015	2020	2022
為替レート							
日本	円	107.8	110.2	87.8	121.0	106.8	131.5
オーストラリア	AUドル	1.725	1.309	1.090	1.331	1.453	1.442
オーストリア	ユーロ	1.083	0.804	0.754	0.901	0.876	0.950
ベルギー	ユーロ	1.083	0.804	0.754	0.901	0.876	0.950
カナダ	カナダドル	1.485	1.211	1.030	1.279	1.341	1.302
チェコ	コルナ	38.60	23.96	19.10	24.60	23.21	23.36
デンマーク	クローネ	8.083	5.997	5.624	6.728	6.542	7.076
フィンランド	ユーロ	1.083	0.804	0.754	0.901	0.876	0.950
フランス	ユーロ	1.083	0.804	0.754	0.901	0.876	0.950
ドイツ	ユーロ	1.083	0.804	0.754	0.901	0.876	0.950
ギリシャ	ユーロ	1.072	0.804	0.754	0.901	0.876	0.950
ハンガリー	フォリント	282.2	199.6	207.9	279.3	308.0	372.6
アイルランド	ユーロ	1.083	0.804	0.754	0.901	0.876	0.950
イタリア	ユーロ	1.083	0.804	0.754	0.901	0.876	0.950
韓国	ウォン	1130	1024	1156	1131	1180	1291
メキシコ	新ペソ	9.46	10.90	12.64	15.85	21.49	20.13
オランダ	ユーロ	1.083	0.804	0.754	0.901	0.876	0.950
ニュージーランド	NZドル	2.201	1.420	1.388	1.434	1.542	1.577
ノルウェー	クローネ	8.802	6.443	6.044	8.064	9.416	9.614
ポーランド	ズロチ	4.346	3.235	3.015	3.770	3.900	4.458
ポルトガル	ユーロ	1.083	0.804	0.754	0.901	0.876	0.950
スペイン	ユーロ	1.083	0.804	0.754	0.901	0.876	0.950
スウェーデン	クローナ	9.162	7.473	7.208	8.435	9.210	10.114
スイス	スイスフラン	1.689	1.245	1.043	0.962	0.939	0.955
トルコ	新リラ	0.625	1.344	1.503	2.720	7.009	16.549
イギリス	ポンド	0.661	0.550	0.647	0.655	0.780	0.811
アメリカ	USドル	1.000	1.000	1.000	1.000	1.000	1.000
EU27	ユーロ	1.083	0.804	0.754	0.901	0.876	0.950
中国	元	8.279	8.194	6.770	6.227	6.901	6.737
ロシア	ルーブル	28.13	28.28	30.37	60.94	72.10	68.48
ブラジル	レアル	1.829	2.434	1.759	3.327	5.155	5.164
インド	ルピー	44.94	44.10	45.73	64.15	74.10	78.60
GDP購買力平価							
日本	円	154.7	129.6	111.7	103.5	102.4	97.6
オーストラリア	AUドル	1.312	1.388	1.504	1.474	1.454	1.419
オーストリア	ユーロ	0.907	0.882	0.842	0.799	0.746	0.729
ベルギー	ユーロ	0.900	0.892	0.837	0.800	0.730	0.724
カナダ	カナダドル	1.228	1.214	1.222	1.248	1.231	1.225
チェコ	コルナ	14.33	14.56	13.67	12.94	12.46	12.93
デンマーク	クローネ	8.670	8.569	7.591	7.305	6.551	6.405
フィンランド	ユーロ	0.984	0.979	0.901	0.908	0.823	0.813
フランス	ユーロ	0.930	0.916	0.855	0.809	0.710	0.701
ドイツ	ユーロ	0.943	0.873	0.805	0.778	0.725	0.728
ギリシャ	ユーロ	0.670	0.709	0.722	0.609	0.544	0.534
ハンガリー	フォリント	110.1	130.9	126.4	132.6	145.4	164.2
アイルランド	ユーロ	0.944	1.012	0.850	0.810	0.796	0.779
イタリア	ユーロ	0.805	0.855	0.773	0.739	0.648	0.625
韓国	ウォン	747.7	788.9	841.0	857.5	837.7	831.9
メキシコ	新ペソ	6.103	7.127	7.680	8.328	10.040	10.377
オランダ	ユーロ	0.890	0.897	0.854	0.810	0.763	0.764
ニュージーランド	NZドル	1.445	1.535	1.497	1.478	1.414	1.464
ノルウェー	クローネ	9.085	9.005	9.152	9.933	9.880	8.882
ポーランド	ズロチ	1.833	1.868	1.805	1.765	1.747	1.888
ポルトガル	ユーロ	0.661	0.664	0.623	0.585	0.557	0.556
スペイン	ユーロ	0.740	0.770	0.727	0.665	0.621	0.608
スウェーデン	クローナ	9.162	9.479	9.025	8.854	8.668	8.751
スイス	スイスフラン	1.789	1.687	1.466	1.236	1.136	1.052
トルコ	新リラ	0.282	0.835	0.920	1.162	2.164	4.718
イギリス	ポンド	0.704	0.708	0.702	0.693	0.686	0.681
アメリカ	USドル	1.000	1.000	1.000	1.000	1.000	1.000
EU27	ユーロ	0.831	0.819	0.757	0.719	0.655	0.650
中国	元	2.722	2.842	3.329	3.871	4.179	4.022
ロシア	ルーブル	7.30	12.74	15.82	23.56	24.49	28.80
ブラジル	レアル	0.758	1.061	1.388	1.989	2.368	2.530
インド	ルピー	9.68	10.71	14.60	19.24	21.99	24.06

資料出所　OECD「Prices and Purchasing Power Parity」(2023.11)。
注1．単位は各年で「各国通貨／米1ドル」。
　2．EU（ユーロ導入国）についてはJ－6の注を参照。

J－19 消費者物価指数の推移（2015＝100）

国名	2000	2005	2010	2015	2020	2022
日本	99.0	96.9	96.5	100.0	101.8	104.1
オーストラリア	66.4	77.1	89.3	100.0	107.8	118.2
オーストリア	74.6	82.5	90.3	100.0	108.1	120.6
ベルギー	75.0	83.2	92.1	100.0	108.6	121.9
カナダ	75.4	84.5	92.0	100.0	108.2	119.5
チェコ	72.4	80.9	93.0	100.0	111.8	133.6
デンマーク	76.2	84.0	93.3	100.0	103.4	113.5
フィンランド	79.1	83.8	91.9	100.0	103.6	113.4
フランス	79.9	87.9	94.7	100.0	104.7	112.0
ドイツ	79.9	86.2	93.3	100.0	105.4	116.1
ギリシャ	71.6	84.7	99.2	100.0	99.9	110.9
ハンガリー	52.0	69.1	89.8	100.0	112.8	135.9
アイルランド	74.8	88.9	95.5	100.0	101.4	111.9
イタリア	75.1	84.6	93.0	100.0	102.7	113.2
韓国	66.6	78.4	91.1	100.0	105.4	113.5
メキシコ	53.0	67.4	83.7	100.0	122.6	139.8
オランダ	75.1	84.9	91.6	100.0	107.5	121.4
ニュージーランド	71.3	80.6	92.6	100.0	107.6	119.9
ノルウェー	75.5	82.3	92.1	100.0	112.2	122.8
ポーランド	70.3	80.4	92.5	100.0	109.1	131.1
ポルトガル	73.4	85.7	93.4	100.0	103.3	112.8
スペイン	71.3	83.5	93.9	100.0	103.8	116.0
スウェーデン	83.2	89.5	96.5	100.0	107.2	118.7
スイス	93.5	97.5	101.9	100.0	100.7	104.1
トルコ	14.1	45.1	68.5	100.0	180.2	371.4
イギリス	73.4	79.4	90.1	100.0	108.9	120.5
アメリカ	72.7	82.4	92.0	100.0	109.2	123.5
EU	73.1	83.5	93.0	100.0	105.8	118.8
参考						
中国	70.5	75.3	87.0	100.0	111.5	114.8
ロシア	20.3	40.6	66.0	100.0	123.3	－
ブラジル	38.0	57.5	72.3	100.0	124.8	147.8
インド	36.6	44.4	67.3	100.0	128.2	142.4

資料出所　OECD「Prices and Purchasing Power Parity」（2023.11）。

J－20 実質経済成長率（GDP）の見通し

国名	実績	OECD見通し（2023.11発表）			IMF見通し（2023.10発表）	
	2022	2023	2024	2025	2023	2024
世界	3.3	2.9	2.7	3.0	3.0	2.9
OECD	2.9	1.7	1.4	1.8	－	－
ユーロ圏	3.4	0.6	0.9	1.5	0.7	1.2
日本	0.9	1.7	1.0	1.7	2.0	1.0
アメリカ	1.9	2.4	1.5	1.7	2.1	1.5
カナダ	3.4	1.2	0.8	1.9	1.3	1.6
イギリス	4.3	0.5	0.7	1.2	0.5	0.6
ドイツ	1.9	△0.1	0.6	1.2	△0.5	0.9
フランス	2.5	0.9	0.8	1.2	1.0	1.3
イタリア	3.9	0.7	0.7	1.2	0.7	0.7
中国	3.0	5.2	4.7	4.2	5.0	4.2
ロシア	－	－	－	－	2.2	1.1
インド	7.2	6.3	6.1	6.5	6.3	6.3
ブラジル	3.0	3.0	1.8	2.0	3.1	1.5

資料出所　OECD「Economic Outlook No, 114」、IMF「世界経済見通し（2023年10月）」

J−21 各国の財政状況

(1) 一般政府財政収支 対GDP比

国名	2010	2015	2020	2021	2022	2023 見通し	2024 見通し
日本	−9.1	−3.7	−9.0	−6.2	−5.9	−5.3	−3.5
アメリカ	−12.5	−4.7	−14.9	−12.1	−4.2	−5.1	−5.1
カナダ	−4.7	−0.1	−10.9	−4.4	−0.8	−0.4	−0.3
ドイツ	−4.4	1.0	−4.3	−3.7	−2.6	−1.8	−0.8
イギリス	−9.2	−4.5	−13.1	−8.0	−5.2	−4.8	−3.5
フランス	−6.9	−3.6	−9.0	−6.5	−4.7	−4.8	−4.4
イタリア	−4.2	−2.6	−9.7	−9.0	−8.0	−4.1	−3.2
ノルウェー	10.9	6.0	−2.6	10.6	26.0	17.1	17.1
スウェーデン	−0.1	0.0	−2.8	0.0	0.7	−0.4	−0.6
韓国	0.9	1.2	−2.7	−0.8	−0.6	−0.1	0.5

資料出所 OECD「Economic Outlook 113」。

(2) 一般政府債務残高 対GDP比

国名	2010	2015	2020	2021	2022	2023 見通し	2024 見通し
日本	181.4	217.5	240.4	240.2	245.8	246.9	246.9
アメリカ	94.9	104.9	133.3	126.2	121.2	121.3	123.3
カナダ	89.6	99.7	129.2	120.9	100.9	101.0	101.1
ドイツ	87.8	80.2	81.7	79.8	65.4	65.0	64.7
イギリス	75.7	87.7	105.6	105.9	101.0	102.5	103.8
フランス	100.1	119.5	146.0	138.7	117.7	118.1	119.7
イタリア	125.7	158.9	185.3	176.2	151.3	147.6	146.4
ノルウェー	49.0	40.3	53.3	49.1	−	−	−
スウェーデン	47.2	55.0	53.0	49.5	44.6	44.5	44.4
韓国	32.0	43.4	50.0	50.6	53.4	55.0	57.1

資料出所 OECD「Economic Outlook 113」。

(3) 一般政府基礎収支（プライマリーバランス）

国名	2010	2015	2020	2021	2022	2023 見通し	2024 見通し
日本	−8.4	−2.9	−8.6	−5.7	−5.5	−4.8	−3.0
アメリカ	−9.6	−2.2	−12.0	−9.4	−1.2	−1.2	−0.9
カナダ	−3.9	0.6	−10.5	−5.0	−1.3	−0.2	−0.1
ドイツ	−2.3	2.0	−3.9	−3.3	−2.1	−1.2	0.0
イギリス	−6.7	−2.5	−11.4	−5.6	−1.3	−1.0	−0.1
フランス	−4.6	−1.7	−7.8	−5.2	−2.9	−3.1	−2.7
イタリア	−0.1	1.4	−6.4	−5.7	−3.8	−0.5	0.6
ノルウェー	8.6	3.3	−4.8	9.1	24.5	15.7	15.6
スウェーデン	0.2	0.0	−2.9	−0.1	0.8	−0.2	−0.3
韓国	0.5	1.3	−2.8	−0.8	−0.5	0.5	1.1

資料出所 OECD「Economic Outlook 113」。

〔参考〕国民負担率（2020年）

	日本	アメリカ	イギリス	ドイツ	スウェーデン	フランス
社会保障負担率①	19.8	8.5	11.7	23.7	5.1	24.9
租税負担率②	28.2	23.8	34.3	30.3	49.5	45.0
国民負担率①＋②	47.9	32.3	46.0	54.0	54.5	69.9
対GDP比	33.5	26.1	34.7	40.7	36.7	47.7

資料出所 財務省「国民負担率の国際比較」

K－1　日本の将来

⑴　総人口、年齢３区分別人口及び構成割合（出生中位・死亡中位推計）

年次	人口(千人)				割合(%)			年次
	総　数	0～14歳	15～64歳	65歳以上	0～14歳	15～64歳	65歳以上	(暦年)
令和2	126,146	15,032	75,088	36,027	11.9	59.5	28.6	(2020)
3	125,527	14,792	74,508	36,226	11.8	59.4	28.9	(2021)
4	124,978	14,515	74,196	36,266	11.6	59.4	29.0	(2022)
5	124,408	14,202	73,858	36,348	11.4	59.4	29.2	(2023)
6	123,844	13,915	73,466	36,463	11.2	59.3	29.4	(2024)
7	123,262	13,633	73,101	36,529	11.1	59.3	29.6	(2025)
8	122,661	13,355	72,742	36,564	10.9	59.3	29.8	(2026)
9	122,044	13,100	72,335	36,609	10.7	59.3	30.0	(2027)
10	121,414	12,850	71,880	36,683	10.6	59.2	30.2	(2028)
11	120,771	12,625	71,367	36,779	10.5	59.1	30.5	(2029)
12	120,116	12,397	70,757	36,962	10.3	58.9	30.8	(2030)
13	119,448	12,193	70,438	36,817	10.2	59.0	30.8	(2031)
14	118,766	12,026	69,705	37,035	10.1	58.7	31.2	(2032)
15	118,071	11,879	68,949	37,243	10.1	58.4	31.5	(2033)
16	117,362	11,771	68,111	37,480	10.0	58.0	31.9	(2034)
17	116,639	11,691	67,216	37,732	10.0	57.6	32.3	(2035)
18	115,902	11,605	66,268	38,030	10.0	57.2	32.8	(2036)
19	115,152	11,551	65,230	38,371	10.0	56.6	33.3	(2037)
20	114,391	11,520	64,132	38,739	10.1	56.1	33.9	(2038)
21	113,619	11,474	63,080	39,066	10.1	55.5	34.4	(2039)
22	112,837	11,419	62,133	39,285	10.1	55.1	34.8	(2040)
23	112,045	11,360	61,254	39,431	10.1	54.7	35.2	(2041)
24	111,243	11,292	60,451	39,500	10.2	54.3	35.5	(2042)
25	110,434	11,214	59,691	39,529	10.2	54.1	35.8	(2043)
26	109,620	11,126	58,989	39,505	10.1	53.8	36.0	(2044)
27	108,801	11,027	58,323	39,451	10.1	53.6	36.3	(2045)
28	107,981	10,919	57,720	39,342	10.1	53.5	36.4	(2046)
29	107,159	10,801	57,125	39,232	10.1	53.3	36.6	(2047)
30	106,336	10,676	56,529	39,131	10.0	53.2	36.8	(2048)
31	105,512	10,544	55,945	39,022	10.0	53.0	37.0	(2049)
32	104,686	10,406	55,402	38,878	9.9	52.9	37.1	(2050)
33	103,859	10,263	54,900	38,696	9.9	52.9	37.3	(2051)
34	103,029	10,115	54,409	38,505	9.8	52.8	37.4	(2052)
35	102,195	9,965	53,941	38,288	9.8	52.8	37.5	(2053)
36	101,355	9,813	53,500	38,042	9.7	52.8	37.5	(2054)
37	100,508	9,659	53,070	37,779	9.6	52.8	37.6	(2055)
38	99,654	9,507	52,652	37,495	9.5	52.8	37.6	(2056)
39	98,792	9,357	52,213	37,222	9.5	52.9	37.7	(2057)
40	97,920	9,209	51,771	36,939	9.4	52.9	37.7	(2058)
41	97,038	9,067	51,286	36,685	9.3	52.9	37.8	(2059)
42	96,148	8,930	50,781	36,437	9.3	52.8	37.9	(2060)
43	95,249	8,800	50,273	36,176	9.2	52.8	38.0	(2061)
44	94,342	8,677	49,748	35,916	9.2	52.7	38.1	(2062)
45	93,428	8,563	49,205	35,660	9.2	52.7	38.2	(2063)
46	92,509	8,457	48,659	35,392	9.1	52.6	38.3	(2064)
47	91,587	8,360	48,093	35,134	9.1	52.5	38.4	(2065)
48	90,663	8,270	47,531	34,861	9.1	52.4	38.5	(2066)
49	89,739	8,188	46,976	34,575	9.1	52.3	38.5	(2067)
50	88,819	8,113	46,434	34,273	9.1	52.3	38.6	(2068)
51	87,904	8,042	45,879	33,983	9.1	52.2	38.7	(2069)
52	86,996	7,975	45,350	33,671	9.2	52.1	38.7	(2070)

資料出所　国立社会保障・人口問題研究所「日本の将来推計人口（令和５年推計）」。

注　1．各年10月１日現在の総人口（日本における外国人を含む）.令和２年（2020）年は総務省統計局『令和２年国勢調査　参考表：不詳補完結果』による。

2．推計根拠、方法等については「日本の将来推計人口（令和５年推計）報告書」を参照。

3．従属人口指数とは従属人口を生産年齢人口（15～64歳人口）で除した比であり、生産年齢人口に対する年少人口と老年人口の相対的な大きさを比較し、生産年齢人口の扶養負担の程度を表す。表には、年少人口指数（0～14歳人口）・老年人口指数（65歳以上）・その和を掲載。

4．合計特殊出生率は、その年齢の女子が生んだ子供の数を各歳の女子人口（15歳から49歳の合計）で除して算出され、１人の女子が生涯に産む子供の数の目安になる。

人口の推計

(2) 平均年齢、従属人口指数、出生率、平均余命（出生中位・死亡中位推計）

年次	平均年齢(歳)	従属人口指数			合計特殊出生率	平均余命(0歳＝平均寿命)			年次(暦年)
		総　数	年少人口	老年人口		男　性	女　性	男女差	
令和2	47.6	68.0	20.0	48.0	1.3298	81.58	87.72	6.14	(2020)
3	47.9	68.5	19.9	48.6	1.3048	81.48	87.58	6.10	(2021)
4	48.2	68.4	19.6	48.9	1.2480	81.27	87.34	6.07	(2022)
5	48.4	68.4	19.2	49.2	1.2251	81.75	87.82	6.07	(2023)
6	48.7	68.6	18.9	49.6	1.2681	81.88	87.94	6.07	(2024)
7	48.9	68.6	18.6	50.0	1.2713	81.99	88.06	6.06	(2025)
8	49.1	68.6	18.4	50.3	1.2759	82.11	88.17	6.06	(2026)
9	49.3	68.7	18.1	50.6	1.2859	82.23	88.29	6.06	(2027)
10	49.5	68.9	17.9	51.0	1.2973	82.34	88.40	6.06	(2028)
11	49.7	69.2	17.7	51.5	1.3069	82.45	88.51	6.06	(2029)
12	49.9	69.8	17.5	52.2	1.3152	82.56	88.62	6.06	(2030)
13	50.1	69.6	17.3	52.3	1.3223	82.67	88.73	6.06	(2031)
14	50.3	70.4	17.3	53.1	1.3277	82.78	88.83	6.06	(2032)
15	50.4	71.2	17.2	54.0	1.3307	82.88	88.94	6.06	(2033)
16	50.6	72.3	17.3	55.0	1.3326	82.98	89.04	6.06	(2034)
17	50.7	73.5	17.4	56.1	1.3336	83.09	89.14	6.06	(2035)
18	50.8	74.9	17.5	57.4	1.3339	83.19	89.24	6.06	(2036)
19	51.0	76.5	17.7	58.8	1.3338	83.29	89.34	6.05	(2037)
20	51.1	78.4	18.0	60.4	1.3338	83.38	89.44	6.05	(2038)
21	51.2	80.1	18.2	61.9	1.3338	83.48	89.53	6.05	(2039)
22	51.3	81.6	18.4	63.2	1.3341	83.57	89.63	6.05	(2040)
23	51.4	82.9	18.5	64.4	1.3347	83.67	89.72	6.05	(2041)
24	51.5	84.0	18.7	65.3	1.3354	83.76	89.81	6.05	(2042)
25	51.7	85.0	18.8	66.2	1.3364	83.85	89.90	6.05	(2043)
26	51.8	85.8	18.9	67.0	1.3375	83.94	89.99	6.05	(2044)
27	51.9	86.5	18.9	67.6	1.3388	84.03	90.08	6.05	(2045)
28	52.0	87.1	18.9	68.2	1.3401	84.12	90.17	6.05	(2046)
29	52.1	87.6	18.9	68.7	1.3415	84.20	90.25	6.05	(2047)
30	52.2	88.1	18.9	69.2	1.3429	84.29	90.34	6.05	(2048)
31	52.3	88.6	18.8	69.8	1.3442	84.37	90.42	6.05	(2049)
32	52.4	89.0	18.8	70.2	1.3453	84.45	90.50	6.05	(2050)
33	52.6	89.2	18.7	70.5	1.3464	84.53	90.58	6.05	(2051)
34	52.7	89.4	18.6	70.8	1.3473	84.61	90.66	6.05	(2052)
35	52.8	89.5	18.5	71.0	1.3479	84.69	90.74	6.05	(2053)
36	52.9	89.4	18.3	71.1	1.3485	84.77	90.82	6.05	(2054)
37	53.0	89.4	18.2	71.2	1.3490	84.85	90.89	6.05	(2055)
38	53.2	89.3	18.1	71.2	1.3493	84.92	90.97	6.05	(2056)
39	53.3	89.2	17.9	71.3	1.3497	85.00	91.05	6.05	(2057)
40	53.4	89.1	17.8	71.4	1.3500	85.07	91.12	6.05	(2058)
41	53.5	89.2	17.7	71.5	1.3503	85.15	91.19	6.05	(2059)
42	53.6	89.3	17.6	71.8	1.3506	85.22	91.26	6.05	(2060)
43	53.7	89.5	17.5	72.0	1.3510	85.29	91.34	6.04	(2061)
44	53.7	89.6	17.4	72.2	1.3515	85.36	91.41	6.04	(2062)
45	53.8	89.9	17.4	72.5	1.3520	85.43	91.47	6.04	(2063)
46	53.9	90.1	17.4	72.7	1.3526	85.50	91.54	6.04	(2064)
47	53.9	90.4	17.4	73.1	1.3533	85.57	91.61	6.04	(2065)
48	53.9	90.7	17.4	73.3	1.3541	85.63	91.68	6.04	(2066)
49	54.0	91.0	17.4	73.6	1.3549	85.70	91.74	6.04	(2067)
50	54.0	91.3	17.5	73.8	1.3557	85.77	91.81	6.04	(2068)
51	54.0	91.6	17.5	74.1	1.3565	85.83	91.87	6.04	(2069)
52	54.0	91.8	17.6	74.2	1.3573	85.89	91.94	6.04	(2070)

〔将来人口の推計方法〕

- 国際的に標準とされる人口学的手法（コーホート要因法）に基づき、人口変動要因である出生、死亡および国際人口移動に関連する統計指標の動向を数理モデル等により将来に投影する方法で推計（pp.7～12）。
- 今回の推計では、2020 年までの実績値をもとに、2020 年 10 月 1 日現在の男女別年齢各歳別人口（総人口）を基準人口として、2021 年から 2070 年までの人口について推計（出生３仮定、死亡３仮定による９本の「基本推計」）。このほか「長期参考推計」（2071～2120年）、「日本人人口参考推計」および出生、国際人口移動について機械的に条件を変えた「条件付推計」を参考推計として実施。

K－2　社会保障

(1)　社会保障関係費のこれまでの推移

（単位　兆円）

区分	平成2年(1990)	7(1995)	12(2000)	17(2005)	22(2010)	27(2015)	令和2年(2020)	令和4年(2022)	令和5年(2023)
基礎的財政収支対象経費	51.9	57.8	63.0	63.7	70.9	72.9	79.3	83.7	89.5
厚生労働省予算	11.6	14.0	15.5	20.8	27.6	29.9	32.6	32.6	33.2
社会保障関係費	11.6	13.9	16.8	20.4	27.3	31.5	35.7	36.3	36.9
年金医療介護保険給付費	－	－	－	－	20.3	23.1	－	－	－
年金給付費	－	－	－	－	－	－	12.5	12.8	13.1
医療給付費	－	－	－	－	－	－	12.3	12.1	12.2
介護給付費	－	－	－	－	－	－	3.4	3.6	3.7
生活保護費	1.1	1.1	1.2	1.9	2.2	2.9	－	－	－
社会福祉費	2.4	3.5	3.7	1.6	3.9	4.9	－	－	－
少子化対策費	－	－	－	－	－	－	3.4	3.1	3.1
生活扶助等社会福祉費	－	－	－	－	－	－	4.4	4.2	4.3
社会保険費	7.2	8.5	11.0	15.9	－	－	－	－	－
保健衛生対策費	0.6	0.6	0.5	0.5	0.4	0.5	0.5	0.5	0.5
失業対策費	0.3	0.3	0.4	0.5	－	－	－	－	－
雇用労災対策費	－	－	－	－	0.3	0.2	＊＊.＊	0.1	＊＊.＊
《構成比》(%)									
社会保障関係費	100.0	100.0	100.0	100.0	100.0	100.0	100.0	100.0	100.0
年金医療介護保険給付費	－	－	－	－	74.6	73.3	－	－	－
年金給付費	－	－	－	－	－	－	35.0	35.3	35.5
医療給付費	－	－	－	－	－	－	34.5	33.3	33.1
介護給付費	－	－	－	－	－	－	9.5	9.9	10.0
生活保護費	9.5	7.6	7.3	9.4	8.2	9.2	－	－	－
社会福祉費	20.7	24.9	21.8	8.1	14.4	15.4	－	－	－
少子化対策費	－	－	－	－	－	－	9.5	8.5	8.4
生活扶助等社会福祉費	－	－	－	－	－	－	12.3	11.6	11.7
社会保険費	61.9	60.8	65.3	77.8	－	－	－	－	－
保健衛生対策費	4.8	4.6	3.2	2.4	1.6	1.5	1.4	1.4	1.4
失業対策費	3.0	2.1	2.3	2.3	－	－	－	－	－
雇用労災対策費	－	－	－	－	1.2	0.5	＊＊.＊	＊＊.＊	＊＊.＊

資料出所　財務省財務総合政策研究所「財政金融統計月報」。
注　1　各年度の区分による当初予算額
　　2　基礎的財政収支対象経費＝一般会計歳出－（国債費＋決算不足補てん繰戻）
　　3　平成21年度に区分の組み替えがあり、「社会保険費」の費用が「年金医療介護保険給付費」と「社会福祉費」に分けられた。また、「失業対策費」が「雇用労災対策費」となり労災保険に要する費用が含まれている。
　　4　平成23年度より「一般歳出」は、「基礎的財政収支対象経費」となった。
　　5　基礎的財政収支対象経費＝一般会計歳出－（国債費＋決算不足補てん繰戻）
　　6　平成27年度より内閣府へ保育所運営費等1.7兆円が移管され、それを考慮した平成26年度からの伸びは3.0％。
　　7　＊．＊は0.1未満。

(2)　項目別の給付費と負担額の将来設計

		2018年度		2025年度		2040年度	
			（対GDP比）		（対GDP比）		（対GDP比）
		兆円	%	兆円	%	兆円	%
給付額	（現状投影） （計画ベース）	121.3	21.5	140.4～140.8 140.2～140.6	21.7～21.8 21.7～21.8	188.5～190.3 188.2～190.0	23.8～24.1 23.8～24.0
	年金	56.7	10.1	59.9	9.3	73.2	9.3
	医療　（現状投影） （計画ベース）	39.2	7.0	①:48.7 ②:48.3 ①:47.8 ②:47.4	①:7.5 ②:7.5 ①:7.4 ②:7.3	①:68.3 ②:70.1 ①:66.7 ②:68.5	①:8.6 ②:8.9 ①:8.4 ②:8.7
	介護　（現状投影） （計画ベース）	10.7	1.9	14.6 15.3	2.3 2.4	24.6 25.8	3.1 3.3
	子ども・子育て	7.9	1.4	10.0	1.5	13.1	1.7
	その他	6.7	1.2	7.7	1.2	9.4	1.2
負担額	（現状投影） （計画ベース）	117.2	20.8	139.2～139.6 139.0～139.4	21.6～21.6 21.5～21.6	185.9～187.7 185.5～187.3	23.5～23.7 23.5～23.7
	年金	52.6	9.3	58.7	9.1	70.6	8.9
	医療　（現状投影） （計画ベース）	39.2	7.0	①:48.7 ②:48.3 ①:47.8 ②:47.4	①:7.5 ②:7.5 ①:7.4 ②:7.3	①:68.3 ②:70.1 ①:66.7 ②:68.5	①:8.6 ②:8.9 ①:8.4 ②:8.7
	介護　（現状投影） （計画ベース）	10.7	1.9	14.6 15.3	2.3 2.4	24.6 25.8	3.1 3.3
	子ども・子育て	7.9	1.4	10.0	1.5	13.1	1.7
	その他	6.7	1.2	7.7	1.2	9.4	1.2
（参考）GDP	（兆円）	564.3		645.6		790.6	

（注）医療は、単価の伸び率の前提に応じて、①および②と表示している。

関係費

(3)　負担の内訳の将来設計

		2018年度		2025年度		2040年度	
			(対GDP比)		(対GDP比)		(対GDP比)
		兆円	%	兆円	%	兆円	%
給付額	(現状投影) (計画ベース)	121.3	21.5	140.4～140.8 140.2～140.6	21.7～21.8 21.7～21.8	188.5～190.3 188.2～190.0	23.8～24.1 23.8～24.0
負担額	(現状投影) (計画ベース)	117.2	20.8	139.2～139.6 139.0～139.4	21.6～21.6 21.5～21.6	185.9～187.7 185.5～187.3	23.5～23.7 23.5～23.7
保険料負担	(現状投影) (計画ベース)	70.2	12.4	81.3～81.6 81.2～81.4	12.6～12.6 12.6～12.6	106.3～107.3 106.1～107.0	13.4～13.6 13.4～13.5
年金		39.5	7.0	44.1	6.8	53.4	6.8
医療	(現状投影) (計画ベース)	22.1	3.9	①:26.6 ②:26.3 ①:26.0 ②:25.8	①:4.1 ②:4.1 ①:4.0 ②:4.0	①:36.2 ②:37.2 ①:35.4 ②:36.3	①:4.6 ②:4.7 ①:4.5 ②:4.6
介護	(現状投影) (計画ベース)	4.8	0.8	6.5 6.9	1.0 1.1	11.1 11.6	1.4 1.5
子ども・子育て		1.8	0.3	2.2	0.3	3.0	0.4
その他		2.0	0.3	2.2	0.3	2.6	0.3
公費負担	(現状投影) (計画ベース)	46.9	8.3	57.8～58.0 57.8～58.0	9.0～9.0 9.0～9.0	79.6～80.4 79.5～80.3	10.1～10.2 10.1～10.2
年金		13.2	2.3	14.6	2.3	17.2	2.2
医療	(現状投影) (計画ベース)	17.1	3.0	①:22.2 ②:22.0 ①:21.8 ②:21.6	①:3.4 ②:3.4 ①:3.4 ②:3.3	①:32.1 ②:32.9 ①:31.3 ②:32.2	①:4.1 ②:4.2 ①:4.0 ②:4.1
介護	(現状投影) (計画ベース)	5.9	1.0	8.0 8.5	1.2 1.3	13.5 14.2	1.7 1.8
子ども・子育て		6.1	1.1	7.7	1.2	10.1	1.3
その他		4.7	0.8	5.5	0.9	6.7	0.9
(参考)GDP	(兆円)	564.3		645.6		790.6	

(注)　医療は、単価の伸び率の前提に応じて、①および②と表示している。

＜人口・経済の前提＞
・足元値　平成30年度予算ベース、介護は第7期介護保険事業計画集計値を基礎
・人口前提　「日本の詳細推計人口（平成29年推計）」の出生中位（死亡中位）推計
・経済前提　2027年度までは、内閣府「中長期の経済財政に関する試算」（平成30年1月）
　2028年度以降は、公的年金の平成26年度財政検証に基づいた前提値
・就業者数　医療介護分野では、需要の変化に応じて就業者数が変化するとして計算
　その他の福祉分野を含めた医療福祉分は全体は、変化率を用いて機械的に計算

(参考)医療・介護の患者数・利用者数および就業者数

			現状投影			計画ベース		
			2018年度	2025年度	2040年度	2018年度	2025年度	2040年度
患者数・利用者数等（万人）	医療	入院	132	144	155	132	132	140
		外来	783	790	748	783	794	753
	介護	施設	104	129	171	104	121	162
		居住系	46	56	75	46	57	76
		在宅	353	417	497	353	427	509
就業者数（万人）	医療福祉分野における就業者数		823 [12.5%]	933 [14.7%]	1,068 [18.9%]	823 [12.5%]	931 [14.7%]	1,065 [18.8%]
		医療	309	327	334	309	322	328
		介護	334 (200)	402 (241)	501 (301)	334 (200)	406 (245)	505 (305)
人口（万人）	総人口		12,618	12,254	11,092	12,618	12,254	11,092
		15～64歳	7,516(59.6%)	7,170(58.5%)	5,978(53.9%)	7,516(59.6%)	7,170(58.5%)	5,978(53.9%)
		20～39歳	2,696(21.4%)	2,471(20.2%)	2,155(19.4%)	2,696(21.4%)	2,471(20.2%)	2,155(19.4%)
		40～64歳	4,232(33.5%)	4,163(34.0%)	3,387(30.5%)	4,232(33.5%)	4,163(34.0%)	3,387(30.5%)
		65歳～	3,561(28.2%)	3,677(30.0%)	3,921(35.3%)	3,561(28.2%)	3,677(30.0%)	3,921(35.3%)
		75歳～	1,800(14.3%)	2,180(17.8%)	2,239(20.2%)	1,800(14.3%)	2,180(17.8%)	2,239(20.2%)
	就業者数		6,580	6,353	5,654	6,580	6,353	5,654

※　患者数はある日に医療機関に入院中又は外来受診した患者数。利用者数は、ある月における介護サービスの利用者数であり、総合事業等における利用者数を含まない。
※　就業者数欄の「医療福祉分野における就業者数」は、医療・介護分に、その他の福祉分野の就業者数等を合わせた推計値。医療分、介護分ともに、直接に医療に従事する者や介護に従事する者以外に、間接業務に従事する者も含めた数値である。[　]内は、就業者数全体に対する割合。(　)内は、介護職員の数。なお、介護職員数は、総合事業（従前相当及び基準緩和型）における就業者数を含む。

〔参考〕世帯と

(1)　世帯構造および世帯類型の状況

（単位：千世帯、人）

年	総数	世帯構造						世帯類型			平均世帯人数(人)
		単独世帯	夫婦のみ	夫婦と未婚の子のみ	1人親と未婚の子のみ	三世代	その他	高齢者	母子	父子	
平成元年	39,417	7,866	6,322	15,478	1,985	5,599	2,166	3,057	554	100	3.10
4	41,210	8,974	7,071	15,247	1,998	5,390	2,529	3,668	480	86	2.99
7	40,770	9,213	7,488	14,398	2,112	5,082	2,478	4,390	483	84	2.91
10	44,496	10,627	8,781	14,951	2,364	5,125	2,648	5,614	502	78	2.81
13	45,664	11,017	9,403	14,872	2,618	4,844	2,090	6,654	587	80	2.75
16	46,323	10,817	10,161	15,125	2,774	4,515	2,934	7,874	627	90	2.72
19	48,023	11,983	10,636	15,015	3,006	4,045	3,337	9,009	717	100	2.63
22	48,638	12,386	10,994	14,922	3,180	3,835	3,320	10,207	708	77	2.59
25	50,112	13,285	11,644	14,899	3,621	3,329	3,334	11,614	821	91	2.51
28	49,945	13,434	11,850	14,744	3,640	2,947	3,330	13,271	712	91	2.47
令和元年	51,785	14,907	12,639	14,718	3,616	2,627	3,278	14,878	644	76	2.39
3	51,914	15,292	12,714	14,272	3,693	2,563	3,379	15,062	623	63	2.37
4	54,310	17,852	13,330	14,022	3,666	2,086	3,353	16,931	565	75	2.25
構成比(%)	100.0	32.9	24.5	25.8	6.8	3.8	6.2	31.2	1.0	0.1	

資料出所　厚生労働省「国民生活基礎調査」。以下同じ。
注　　平成28年の数値には、熊本県を含まない。

(2)　65歳以上の者のいる世帯の状況

（単位：千世帯）

年	総数	全世帯に占める割合(%)	単独世帯	夫婦のみの世帯	親と未婚の子のみの世帯	三世代	その他	65歳以上のみの世帯
平成元年	10,774	27.3	1,592	2,257	1,260	4,385	1,280	3,035
4	11,884	28.8	1,865	2,706	1,439	4,348	1,527	3,666
7	12,695	31.1	2,199	3,075	1,636	4,232	1,553	4,370
10	14,822	33.3	2,724	3,956	2,025	4,401	1,715	5,597
13	16,367	35.8	3,179	4,545	2,563	4,179	1,902	6,636
16	17,864	38.6	3,730	5,252	2,931	3,919	2,031	7,855
19	19,263	40.1	4,326	5,732	3,418	3,528	2,260	8,986
22	20,705	42.6	5,018	6,190	3,837	3,348	2,313	10,188
25	22,420	44.7	5,730	6,974	4,442	2,953	2,321	11,594
28	24,165	48.4	6,559	7,526	5,007	2,668	2,405	13,252
令和元年	25,584	49.4	7,369	8,270	5,118	2,404	2,423	14,856
3	25,809	49.7	7,427	8,251	5,284	2,401	2,446	15,044
4	27,474	50.6	8,730	8,821	5,514	1,947	2,463	16,915
構成比(%)	(65歳以上のいる世帯全体=100)		31.8	32.1	20.1	7.1	9.0	61.6

(3)　児童のいる世帯の状況

（単位：千世帯、人）

年	総数	全世帯に占める割合(%)	核家族世帯	夫婦と未婚の子のみの世帯	ひとり親と未婚の子のみの世帯	三世代	その他	平均児童数(人)
昭和61年	17,364	41.7	12,080	11,359	722	4,688	596	1.83
平成元年	16,426	41.7	11,419	10,742	677	4,415	592	1.81
4	15,009	36.4	10,371	9,800	571	4,087	551	1.80
7	13,586	33.3	9,419	8,840	580	3,658	509	1.78
10	13,453	30.2	9,420	8,820	600	6,548	485	1.77
13	13,156	28.8	9,368	8,701	667	3,255	534	1.75
16	12,916	27.9	9,589	8,851	738	2,902	425	1.73
19	12,499	26.0	9,489	8,645	844	2,498	511	1.71
22	12,324	25.3	9,483	8,669	813	2,320	521	1.70
25	12,085	24.1	9,618	8,707	912	1,965	503	1.70
28	11,666	23.4	9,386	8,576	810	1,717	564	1.69
令和元年	11,221	21.7	9,252	8,528	724	1,488	480	1.68
3	10,737	20.7	8,867	8,178	689	1,384	486	1.69
4	9,917	18.3	8,374	7,744	629	1,104	439	1.66
構成比(%)	(児童のいる世帯　全体=100)		84.4	78.1	6.3	11.1	4.4	

※本調査で言う児童とは、18歳未満の未婚の者

介護の状況

(4)　世帯構造別にみた要介護者のいる世帯の構成割合（%、総数＝100）

年	総数	単独世帯	核家族世帯	夫婦のみの世帯	三世代	その他	高齢者世帯
平成13年	100.0	15.7	29.3	18.3	32.5	22.4	35.3
16	100.0	20.2	30.4	19.5	29.4	20.0	40.4
19	100.0	24.0	32.7	20.2	23.2	20.1	45.7
22	100.0	26.1	31.4	19.3	22.5	20.1	47.0
25	100.0	27.4	35.4	21.5	18.4	18.7	50.9
28	100.0	29.0	37.9	21.9	14.9	18.3	54.5
令和元年	100.0	28.3	40.3	22.2	12.8	18.6	57.1
4	100.0	30.7	42.1	25.0	10.9	16.4	61.5

(5)　要介護者等との続柄別にみた主な介護者の構成割合（%、総数＝100）

年	総数	同居	配偶者	子	子の配偶者	父母	その他の親族	別居の家族等	事業者	その他	不詳
平成13年	100.0	71.1	25.9	19.9	22.5	0.4	2.3	7.5	9.3	2.5	9.6
16	100.0	66.1	24.7	18.8	20.3	0.6	1.7	8.7	13.6	6.0	5.6
19	100.0	60.0	25.0	17.9	14.3	0.3	2.5	10.7	12.0	0.6	16.8
22	100.0	64.1	25.7	20.9	15.2	0.3	2.0	9.8	13.3	0.7	12.1
25	100.0	61.6	26.2	21.8	11.2	0.5	1.8	9.6	14.8	1.0	13.0
28	100.0	58.7	25.2	21.8	9.7	0.6	1.3	12.2	13.0	1.0	15.2
令和元年	100.0	54.4	23.8	20.7	7.5	0.6	1.7	13.6	12.1	0.5	19.6
4	100.0	45.9	22.9	16.2	5.4	0.1	1.2	11.8	15.7	0.6	26.0

(6)　要介護者等の年齢階級別にみた同居の主な介護者の年齢階級構成割合〔令和４年〕（%、総数＝100）

同居の主な介護者の年齢階級	要介護者等 総数	40～64歳	65～69	70～79	80～89	90歳以上	(再掲) 60歳以上	(再掲) 65歳以上	(再掲) 75歳以上
総数	[100.0]	[3.0]	[4.3]	[23.4]	[45.1]	[24.3]	[98.1]	[97.0]	[84.4]
40歳未満	1.5	7.3	6.8	1.4	0.7	1.4	1.4	1.3	0.8
40～49歳	5.3	12.2	1.3	8.0	5.0	3.1	5.0	5.1	5.1
50～59	17.2	41.0	0.8	5.9	26.0	11.5	16.5	16.4	18.3
60～69	29.1	33.4	62.0	15.3	19.1	54.4	29.4	28.9	26.9
70～79	28.5	4.6	27.8	60.8	18.7	18.8	29.0	29.3	27.3
80歳以上	18.4	1.5	1.2	8.7	30.4	10.7	18.7	18.9	21.6
(再掲) 60歳以上	76.0	39.6	91.1	84.7	68.2	84.0	77.1	77.2	75.8
(再掲) 65歳以上	62.2	19.3	75.9	82.6	52.9	62.6	63.1	63.5	61.2
(再掲) 75歳以上	31.9	3.7	5.9	35.4	44.8	12.5	32.4	32.8	35.7

＜国民生活基礎調査の概要＞

〔調査の目的〕

保健、医療、福祉、年金、所得など国民生活の基礎的事項を調査し、厚生労働行政の企画、立案に必要な基礎資料を得ることを目的に、1986（昭和61）年を初年として３年ごとに大規模な調査を、その間の各年は調査事項と対象世帯の少ない簡易な調査を実施。2021（令和３）年は、簡易な調査の実施年に当たる。2020（令和２）年は新型コロナウイルス感染症の影響により、調査を実施していない。

〔調査の地域・対象〕

2022（令和４）年調査では、世帯票・健康票は約30万世帯、所得票・貯蓄票は約３万世帯、介護票は約７千世帯を対象として調査し、世帯票・健康票は約20万５千世帯、所得票・貯蓄票は約２万世帯、介護票は約５千世帯を集計した。ただし、以下については調査の対象から除外した。

① 世帯票・健康票・介護票…単身赴任者、出稼ぎ者、長期出張者（概ね３カ月以上）、遊学中の者、社会福祉施設の入所者、長期入院者（住民登録を病院に移している者）、預けた里子、収監中の者、その他の別居中の者。

② 所得票・貯蓄票…上記の他、世帯票調査日以降に転出入した世帯及び世帯員、住み込み又はまかない付きの寮・寄宿舎に居住する単独世帯。

〔調査事項〕

世帯、家計支出、医療保険、年金、就業状態、健康意識、こころの状態、要介護度、所得、生活意識、貯蓄現在高など。

K－3　経済予測（日本経済研究センター・内閣府）

(1)　日本経済センター短期経済予測

（単位　%）

項　　目	四半期 2023 7～9（実績）	四半期 2023 10～12（予測）	四半期 2023 1～3（予測）	年度 2022年度（実績）	年度 2023年度（予測）	年度 2024年度（予測）	年度 2025年度（予測）
実質国内総支出(前期比)	△0.7	0.4	0.2	1.5	1.6	0.6	0.8
(前年同期比)	1.5	1.8	0.8				
国内需要(寄与度)	△0.6	0.4	0.3	2.0	0.5	1.0	1.1
民間最終消費支出(前期比)	△0.2	0.6	0.5	2.7	0.3	1.2	0.8
民間住宅投資(同上)	△0.5	△2.1	△2.3	△3.4	0.4	△4.9	1.3
民間企業設備投資(同上)	△0.4	0.6	0.6	3.4	0.1	2.1	2.1
公的固定資本形成(同上)	△0.8	0.4	0.5	△6.1	2.9	1.8	1.7
外需(寄与度)	△0.1	△0.0	△0.1	△0.5	1.1	△0.4	△0.3
財貨・サービスの輸出(前期比)	0.4	1.5	0.8	4.7	3.6	1.9	△0.5
財貨・サービスの輸入(同上)	0.8	1.6	1.3	7.1	△1.9	3.9	1.2
名目国内総支出（前期比）	△0.0	0.6	0.8	2.3	5.6	2.9	2.5
鉱工業生産指数（同上）	△1.2	0.1	0.3	△0.3	△0.9	△0.1	△0.4
企業物価指数（前年同期比）	3.0	0.8	0.4	9.5	2.3	0.1	△0.7
生鮮食品除く消費者物価指数(　〃　)	3.0	2.7	2.8	3.0	3.0	2.6	2.1
名目雇用者報酬（　〃　）	△0.0	1.3	0.7	2.0	2.3	2.5	2.0
完全失業率	2.7	2.5	2.5	2.6	2.6	2.5	2.4
対ドル円レート（円／ドル）	144.5	149.9	146.2	135.4	144.5	137.9	128.5
米国実質経済成長率(前期比年率)	5.2	2.0	1.8	1.6	2.7	1.8	1.6
中国実質経済成長率(前年同期比)	4.9	5.3	4.1	3.0	5.1	4.7	4.8

資料出所　日本経済研究センター「短期経済予測の概要（第196回　四半期経済予測）」。

(2)　令和５年度の経済動向および令和６年度の経済見通し

項　　目	対前年度比増減率（%） 令和４年度（実績） 名目	実質	令和５年度（実績見込） 名目	実質	令和６年度（見通し） 名目	実質
国内総生産（GDP）	2.3	1.5	5.5	1.6	3.0	1.3
民間最終消費支出	5.9	2.7	2.9	0.1	3.5	1.2
民間住宅	1.5	△3.4	0.4	0.6	1.3	△0.3
民間企業設備	7.8	3.4	3.3	0.0	4.7	3.3
財貨・サービスの輸出	18.7	4.7	5.6	3.2	5.0	3.0
(控除)財貨・サービスの輸入	32.3	7.1	△6.3	△2.6	5.6	3.4
内需寄与度	5.3	2.0	2.6	0.2	3.2	1.4
民需寄与度	4.8	2.0	2.0	△0.0	2.7	1.2
公需寄与度	0.5	△0.0	0.6	0.2	0.4	0.2
外需寄与度	△2.9	△0.5	2.8	1.4	△0.2	△0.1

資料出所　内閣府「令和６年度の経済見通しと経済財政運営の基本的態度」（令和５年12月21日閣議了解）

項　　目	令和４年度（実績）	令和５年度（実績見込）	令和６年度（見通し）
労働力人口(万人)	6,906	6,928	6,933
就業者数(万人)	6,728	6,749	6,759
雇用者数(万人)	6,048	6,089	6,101
完全失業率(%)	2.6	2.6	2.5
鉱工業生産指数・増減率(%)	△0.3	△0.8	2.3
国内企業物価指数・変化率(%)	9.5	2.0	1.6
消費者物価指数・変化率(%)	3.2	3.0	2.5
GDPデフレーター変化率(%)	0.8	3.8	1.7
貿易・サービス収支(兆円)	△23.4	△8.9	△10.9
貿易収支(兆円)	△18.0	△3.9	△3.7
輸出(兆円)	99.7	101.8	107.4
輸入(兆円)	117.7	105.7	111.1
経常収支(兆円)	8.3	22.7	23.1
経常収支対名目GDP比(%)	1.5	3.8	3.7
前提条件 世界GDP(日本除く：%)	2.5	2.8	3.0
前提条件 円相場(円/ドル)	135.5	145.4	149.8
前提条件 原油価格(ドル/バレル)	102.5	87.5	89.1

付　　録

Ⅰ．用語の解説

Ⅱ．年率早見表（複利表）

Ⅲ．掲載統計要覧

Ⅳ．主要統計資料一覧

用語の解説　目次

A．統計知識

B．国民経済

C．労働経済

I．用語の解説

A．統　計　知　識

1．名目と実質

「名目賃金」と「実質賃金」、「名目成長率」と「実質成長率」というように、経済の数値を使い分ける例は多い。「名目」とはそれぞれの時点における貨幣価値で表わしたものである。従って物価水準が上昇した分がそのまま入っている。これに対し実質（英語では名目nominalに対しrealをつける）は平成27年貨幣価値、27年不変価格表示というように、ある年の貨幣価値に換算したものである。この表わし方には２種類ある。⑴名目の指数を物価指数で割る方式で、例えば平成22年を基準とする名目賃金指数が平成27年に99.9、同じく消費者物価指数が104.6のとき、実質賃金指数（賃金の購買力指数）は99.9÷104.6×100＝95.5というように表わすもの、⑵名目の金額を物価指数で割る方式で、例えば名目国内総生産（GDP）が平成27年度に530兆5,452億円のとき、これを平成12年暦年価格で示す「実質国内総生産」は530兆5,452億円÷102.7（27年度GDPデフレーター）×100＝516兆7,143億円（四捨五入の関係で誤差あり、実際のデフレーターは102.677）というように表わすもの。この場合、割る物価指数を一般にデフレーターと呼ぶ（用語解説22参照）。

2．指数の基準時とその変更

物価・生産・賃金等はいずれも、ある年次を100として、相対的な比率（%）で発表されている。指数の基準時をいつにするかは、経済統計で重要な問題である。物価指数で、物価が上がった年を100とすれば、そのあとの年の物価は上がらない形になる。そこで指数の基準時としては、①安定していて特異でない時期、②そのため特定日・月でなく、かなりの変化をカバーする相当期間であること、を要する。生産・物価指数などは景気循環の一周期（３～４年）が望ましい（統計学では指数の最適基準時を見出すためのシェスター法などがある）。

しかし個々の指数で基準が異なると不便なので、現行のわが国の官庁統計の多くは平成27年ないし令和２年を100とするようにされており、既に大部分の指数がそのように改められている。OECD等の国際機関でも、2015年か2020年に改められている。

指数の基準時を変えるとき、その基礎となるウエイトも変えるのが普通である。ウエイトを変えると、同じ数値でも全く別個の指数になる。すると従来の数値と接続できない。その不便を避けるために、各官庁では一定時点で新旧の数値を重ねて公表し、その二つが接続できるようにしている。

たとえば、

	旧指数	新指数
平成17年	100	
平成22年	120	100
平成23年	–	105
平成24年	–	110

とあるとき、平成23年・24年の新指数値を平成17年を100とする指数とするには

平成23年　105×120（22年）÷100＝126.0

平成24年　110×120（22年）÷100＝132.0

として、23年126、24年132とする。この場合、平成17年の旧指数120は連鎖点だから「リンク指数」と呼び、この計算式をリンク・リラティブ・メソッド（連鎖法）と呼ぶ。戦前基準指数についても，この方式が用いられている。

なお、消費者物価指数は改定されて、平成22年（平成28年7月より平成27年）が基準年時となった。その後、雇用・賃金・労働時間等他の指数も漸次、平成27年に変えられるところとなった。この場合、重ねた時点の旧指数値がリンク指数となるのである。ただし厚生労働省の賃金・雇用両指数は、事業所のサンプル換えの月がリンク時点である。

3．指数のウエイト

本書の消費者物価や卸売物価の表にはウエイトが付けてある。これは指数計算の場合の、その費目の重要度（影響度）を示すもので総合指数に不可欠のものである。

ある人が1ヵ月に買っていた米とバターが、次のように値上りしたとする。

	〈従来価格〉	〈値上り後価格〉	〈上昇率〉	〈購入量〉
米（キロ）	500円	550円	10%	10キロ
バター（キロ）	1,000円	1,500円	50%	0.4キロ

この場合、この価格の値上りは「平均して30%」（10%と50%を加えて2で割る）とすることも誤りではないだろう。しかし現実には大量に買う米（500円×10キロ＝5,000円）と、僅かしか買わぬバター（1,000円×0.4キロ＝400円）とを単に平均するのはおかしい。家計への影響度からみると米の方が大きいはずである。これを支出金額の割合からみて

米のウエイト　5,000円÷（5,000円＋400円）＝92.6%

バターのウエイト　400円÷（5,000＋400円）＝7.4%

として示す。この二つの価格値上りを総合した物価指数は、

$$\frac{(110\% \times 92.6) + (150\% \times 7.4)}{100.0} = 113.0\%$$

であって、値上りは前記の30%でなく、13.0%である。これは米のウエイトの92.6%が影響したものである。

このウエイトは指数計算にあたって、品目の重要度を示すから、ウエイトの小さいものは大きく変動しても結果には少ししか反映されない。逆にウエイトが大きいものは、僅かな変動でも大きく結果にひびく。前記の米とバターの例は、品目を増やしても考え方や計算方式は同じである。近年、政府統計では５年おきに品目とウエイトが変えられている。

注　前記に計算した方法は基準時のウエイトによるもので、ラスパイレス指数算式

$$\frac{\sum P_1Q_0}{\sum P_0Q_0}$$（ここで P は価格、Q は購入量、添数０は基準時、添数１は比較時）

を次のように変形した。

$$\frac{\sum\left(\frac{P_1}{P_0}\right)P_0Q_0}{\sum P_0Q_0}=\frac{\text{（価格比率×個別品目ウエイト）の合計}}{\text{ウエイト合計}}$$

なお、これまでの消費者物価（昭和40年までは人口５万人以上都市、40年以降は全国、40年は双方が得られる）と労働生産性・鉱工業生産の両指数についてのウエイトの推移を比較すると、次の通りである（品目別は省略）。

〔消費者物価指数：ウエイトの推移〕（１万分比）

年	総合	食料			住居			光熱	被服	雑費
		計	主食	その他	計	家賃地代	その他			
昭和30年	10,000	5,066	1,894	3,172	603	195	408	547	1,245	2,539
35	10,000	4,522	1,373	3,149	928	242	686	534	1,296	2,720
40	10,000	4,406	949	3,457	998	254	744	476	1,291	2,829
45	10,000	4,086	625	3,461	1,160	293	867	417	1,238	3,099
50	10,000	4,082	486	3,596	1,075	279	796	435	1,257	3,151

年	総合	食料	住居	光熱水道	家具・家事用品	被服及び履物	保健医療	交通通信	教育	教養娯楽	諸雑費
昭和50年	10,000	4,082	531	484	560	1,066	286	890	406	1,186	509
55	10,000	3,846	519	628	523	960	311	1,113	411	1,157	532
60	10,000	3,293	1,376	649	469	804	276	1,157	413	1,103	460
平成２年	10,000	3,140	1,478	553	444	860	312	1,185	466	1,115	446
7	10,000	2,850	1,981	590	411	679	329	1,216	455	1,090	398
12	10,000	2,730	2,003	651	369	568	380	1,313	398	1,130	456
17	10,000	2,586	2,039	676	344	464	448	1,392	364	1,100	586
22	10,000	2,525	2,122	704	345	405	428	1,421	334	1,145	569
27	10,000	2,623	2,087	745	348	412	430	1,476	316	989	574
令和２年	10,000	2,626	2,149	693	387	353	477	1,493	304	911	607

（注）昭和55年基準時改訂において５大費目から10大費目に改訂。

〔労働生産性指数・鉱工業生産指数：ウエイトの推移〕

業種	昭和50年	昭和60年	平成７年	業種	昭和50年	昭和60年	平成７年
総合	100.0	100.0	100.0	化学	9.16	8.44	10.35
公益事業	3.96	7.53	6.23	石油・石炭製品	2.82	1.26	1.19
鉱工業計	96.04	92.47	93.77	ゴム製品	1.50	1.36	1.39
鉱業	0.69	0.46	0.27	皮革製品	0.59	－	－
製造業計	95.35	92.01	93.55	パルプ・紙・紙加工品	3.35	2.75	2.91
鉄鋼	6.34	5.62	4.32	繊維	8.62	6.23	4.31
非鉄金属	1.87	1.73	1.73	木材・木製品	2.82	－	－
金属製品	4.85	5.52	5.76	食料品・たばこ	8.64	6.18	6.60
機械	35.76	40.63	40.59	その他	3.50	4.30	6.09
窯業・土石	5.52	4.66	4.52				

業種	平成12年	平成17年	業種	平成22年	業種	平成27年	令和２年
鉱工業計	10,000.0	10,000.0	鉱工業計	10,000.0	鉱工業計	10,000.0	10,000.0
鉄鋼	797.7	1,039.7	鉄鋼	1,039.7	鉄鋼・非鉄鋼金属	624.8	596.5
非鉄金属	239.4	259.2	非鉄金属	232.5	金属製品	438.1	452.5
金属製品	451.9	425.0	金属製品	418.1	生産用機械	708.0	746.1
一般機械	1,071.1	1,028.3	汎用・生産用・業務用機械	1,273.1	汎用・業務用機械	728.6	705.8
電気機械	479.0	851.5	電子部品・デバイス	818.6	電子部品・デバイス	580.8	585.0
情報通信機械	627.8	481.2	電気機械	667.7	電気・情報通信機械	839.3	860.8
電子部品・デバイス	1,156.1	680.2	情報通信機械	453.4	輸送用機械	1,796.5	1,502.4
輸送用機械	1,474.6	1,785.9	輸送用機械	1,912.4	窯業・土石製品	322.0	352.8
精密機械	78.0	82.6	窯業・土石製品	315.8	化学	1,093.0	1,233.0
窯業・土石製品	321.0	188.4	化学	1,277.4	石油・石炭製品	118.0	175.6
化学	850.1	940.9	石油・石炭製品	175.8	プラスチック製品	441.7	464.7
石油・石炭製品	323.5	488.4	プラスチック製品	507.5	パルプ・紙・加工品	226.5	236.5
プラスチック製品	361.4	333.0	パルプ・紙・加工品	203.6	食料品・たばこ	1,313.8	1,377.9
パルプ・紙・加工品	301.9	246.9	繊維	183.4	その他	751.9	693.9
繊維	258.5	140.8	食料品・たばこ	613.9	鉱業	17.0	16.5
食料品・たばこ	807.5	694	その他	534.6			
その他	385.6	324.8	鉱業	21.1			
鉱業	14.9	9.2					

4．年　率

年率とは「１年あたり平均上昇率」をいう。これには種々の計算方法がある。

第１は本書に用いられている方式で、例えば、平成22年に100であった指数の値が平成27年に140.3へ上昇したとする。また平成22〜27各年の前年に対する上昇比（対前年増減率に100を加えた値）が、平成23年105.2、24年107.7、25年106.1、26年104.5、27年111.7であったとする。この五つの数字を幾何平均すると、

$\sqrt[5]{105.2 \times 107.7 \times 106.1 \times 104.5 \times 111.7} = 107.0$である。すなわち「年率7.0％」となる。

ところで、この数字は、いずれも前年比であるから、平成23年の前年比とは「23年の指数÷22年の指数」で、以下同様である。そこで年率の計算は、分子分母が互いに消えるから、

$$\frac{23年の数字}{22年の数字}\times\frac{24年の数字}{23年の数字}\times\cdots\cdots\times\frac{27年の数字}{26年の数字}$$

と、いちいち計算する必要がない。結局は、

$$\sqrt[5]{\frac{27年の数字}{22年の数字}}=1.07\quad 故に年率7.0\%\ (1.07-1)$$

となるからである。したがって結果からみると、途中の傾向は、すべて計算に入ってこなくなる。

なお「平成22年から平成27年の年率」という場合は、このように「22年の21年に対する前年比」は計算に入ってこない。「27／22年率」と書くこともある。

第２は、対前年比の算術平均を示すもので、前者の計算で「中間の傾向が入ってこない」矛盾をなくすという利点がある。上の場合は、(105.2＋107.7＋106.1＋104.5＋111.7）÷５＝107.04。前年に対する下落（数字は100％未満）があると、差が大きくなる。なお統計学では「割り算の平均は幾何平均」を推奨する。技術的に「値段が２倍になった商品が、次の期にその半額になる」と、これは幾何平均だと１倍（$\sqrt[2]{2}\times0.5=1$）になるが、算術平均だと（２＋0.5）÷２＝1.25となり、技術的には幾何平均が最善とされている。

第３は中間項の上昇・下落を考慮して、期間の全数字については対数をとって、その最小自乗法で得た指数曲線のそれぞれの値の変化率（y＝abxの場合b－１がこれにあたる）を「年率」とするもの。年々の数字を含む傾向をとらえる場合には、この年率が妥当である。

５．平　均（代表値）

広義の平均は代表値といわれるもので、集団の多くの数値を唯一の数値で代表するものである。比較的多く用いられる代表値として算術平均、幾何平均、中位数、並数がある。

「算術平均」は、単に平均といえばこれを指しているほど広く用いられる代表値である。この平均は大小さまざまな数値を均らして同じ大きさにしたときの数値という意味をもっており、その算出は各数値を加えた合計を数値の個数で除することによって求める。これには単純算術平均と加重算術平均とがある。

「幾何平均」は、比率とか倍率を平均する場合に用いられる。その算出は各数値を掛け合わせた積を数値の個数だけの乗根に開いて求める（前項参照）。また、５年間に２倍になった場合、１年当り平均上昇倍率（年率ともいう）は幾何平均により、$\sqrt[5]{2}=1.15$、故に年率15％となる（「年率」は用語解説４を参照。年率早見表

は巻末に掲載してある)。

「中位数」は数値の大きさの順に並べた場合、丁度真中に位置する数値である。したがって、中位数よりも大きい数値が50%、中位数よりも小さい数値が50%ということになる。中位数は数値の個数が少ない場合の代表値として用いる場合がある。

「並数」は、モード、最頻値ともいわれているが、最も度数の多い数値のことであり、最もありふれた数値あるいは典型的な数値という意味をもっている。その算定は度数分布表を作成し最も度数の集中している階級を見出し、その階級内に並数が存在するとみなして計算する。人事院の標準生計費は、並数階級の生計費を基礎にして算定している。

以上に述べたように、各平均それぞれ異なった意味をもっており、同じ集団でも各平均は異なる数値となるのが通常であるから、用途に応じて使い分ける必要があり、また利用する際にも各平均がもつ意味の範囲内で解釈することが必要である。たとえば、算術平均に中位数や並数の性質をもたせて解釈するのは誤りである。

単純算術平均　$\overline{X}=\dfrac{X_1+X_2+\cdots\cdots+X_n}{n}=\dfrac{\Sigma X_i}{n}$

加重算術平均　$\overline{X}=\dfrac{f_1X_1+f_2X_2\cdots\cdots+f_nX_n}{f_1+f_2\cdots\cdots f_n}=\dfrac{\Sigma f_iX_i}{\Sigma f_i}$

幾何平均　$G=\sqrt[n]{X_1\times X_2\cdots\cdots\times X_n}=\sqrt[n]{IIX_i}$

6．標準偏差・変動係数

集団を代表する代表値として算術平均が広く使用されている。しかし、平均賃金が30万円であるといっても、29万円と31万円の平均も、25万円と35万円の平均もともに30万円である。しかしこの二つの組の散らばりの程度、分散の程度は異なっている。そこで各度量が平均値からどのくらい分散しているかを表わすものとして平均偏差、標準偏差、変動係数等がある。

平均偏差（$M.D.$）$=\dfrac{\Sigma|x-\overline{x}|}{n}$

標準偏差（σ）$=\sqrt{\dfrac{\Sigma(x-\overline{x})^2}{n}}=\sqrt{\dfrac{\Sigma x^2}{n}-\overline{x}^2}$

変動係数（V）$=\dfrac{\sigma}{\overline{x}}\times 100$

（x は変量、$\overline{x}$ は平均、n はデータ個数を表わす）

B. 国 民 経 済

7. 国民経済計算

国民経済計算（SNA）とは、一国経済の動向についてフロー面からストック面まで包括的・整合的に記録する唯一の統計であり、国内総生産（GDP）、デフレーター、可処分所得、貯蓄…といった重要なマクロ経済指標を包含する体系である。

わが国でも、内閣府経済社会総合研究所の国民経済部において国連の国際基準に則り、わが国の国民経済計算（JSNA）が作成されている。JSNAは「産業連関表」や「国勢統計」など、約５年に一度作成される詳細かつ大規模な基礎統計を取り込み、過去の係数全体を再推計改定する基準改定を約５年おきに行っている。これまでJSNAが準拠してきたのは、1999年に国連で採択された「1993SNA」であり平成12年以降採用してきたが、平成28年末に実施した「平成23年基準改定」に際して、最新の国際基準であり平成21年２月に国連で採択された「2008SNA」に対応することとなった。

準拠する国際基準の変更は約16年ぶりであり、GDPに計上される範囲の変更や、企業の生産活動における役割が高まっている研究開発の支出がGDPの構成要素である総固定資本形成（＝投資）に記録されるようになるなど、より経済の実態がとらえられることとなった。

8. 国内総生産、国民総所得

一国経済のなかで、一定期間（普通は一年間）に生産された財貨・サービスの生産額＝産出額から、その生産のために使われた原材料や経費といった中間投入を差し引いたものを国内総生産といい、これに海外との財産所得、雇用者報酬などの所得の受払いを調整したものが国民総所得で、一国の経済の大きさを計る尺度のひとつとされる。この国民総所得から固定資本減耗、つまり固定資産である設備や建物の減耗分などを差し引いたものが市場価格表示の国民所得という。国内総生産は企業経営における粗付加価値に相当するもので、総生産という用語が一見各企業の生産額の累計値であるように受け取られやすい点に注意を要する。

本書では国内総生産、国内総支出、国民総所得などが示されているが、これらの関連性を概括的に図解したのが次図である。図中で「市場価格表示」「要素費用表示」の用語が示されているが、「市場価格表示」は市場において実際に取引された財貨・サービスの価格によって評価したものであり、生産要素に対して支払われた費用（雇用者報酬、営業余剰・混合所得）で評価した「要素費用表示」に“生産・輸入品に課される税マイナス補助金”を加えたものに等しい。

9. 実質国内総生産

国内総生産は財貨・サービスが実際に取引された時点の価格で評価し、記録したものであり、これを経常価格値ないし名目値という。実質的な経済活動の時系列比較を行うにあたっては、物価の変動を取り除いた数量系列の把握が必要となる。

国民経済計算では全ての財貨サービスを集計対象としており、それぞれの財貨サービスには異なった固有の物量単位があるので、名目値から何らかの方法で価格変動の動きを取り除いた額＝実質値をもって数量系列としている。

その実質値の決め方には、いくつかの方法が考えられる。わが国では、従来、基準となる年を設定しその個々の財貨・サービスの価格（*Po*）が基準年以外でも不変という仮定のもとで計算された不変価格表示あるいは固定価格表示の金額（*PoQt*）

〈GDP関連指標の概念の関係〉

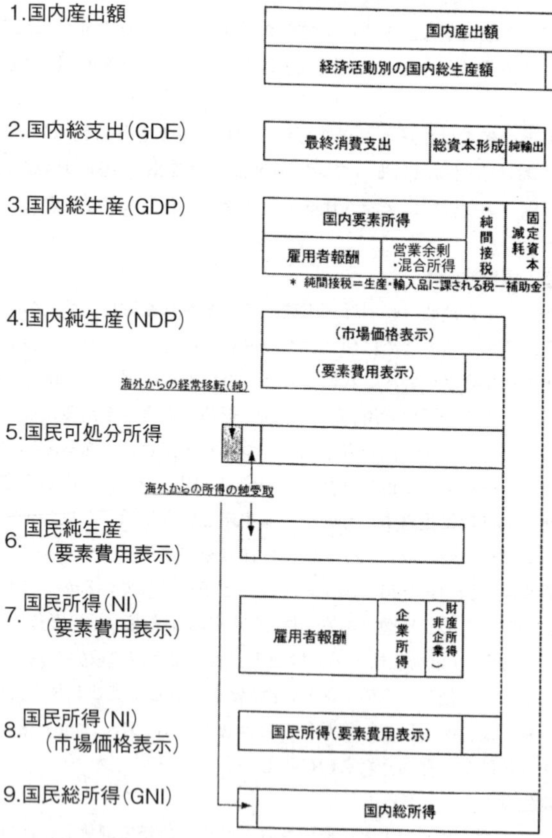

をもって実質値としていた。この実質値は、できるだけ細かく分類された財貨・サービスのレベルにおいて名目値を価格指数で除すことによって求められる（$PoQt = \frac{PtQt}{Pt/Po}$、ただし、$P$：価格、$Q$：数量、$o$：基準時、$t$：比較時）。こうした算定方式による実質値は基準時の近傍を除けば、理論上は基準年から離れるほど財貨・サービス価格の下方バイアスが大きくなり、実質値はそれに反比例する形で逆に上方バイアスを持つため、成長率を相対的に過大評価するバイアスを持つとされている。

わが国では５年ごとに基準改定が行われてきたが、近年は技術革新のスピードが速く、品質向上の著しいIT関連財が大幅な価格低下により急速に普及していたり、相対価格が基準年から大幅に変化し物価指数の下方バイアスが拡大して、実質値は逆に上方バイアスがかかってしまっているのではないかとの懸念が高まっていた。こうしたこともあって、国内総支出系列（実質値）の算定方式について前年を基準年とし、それらを毎年毎年積み重ねて接続する方法、別の言葉で言えば、毎年基準年が更新されていく、いわゆる連鎖方式が平成16年より導入された（平成６年１－３月期まで遡及改定)。これにあわせて、実質値系列の参照年（デフレーター＝100とする年）を平成12年（現在は27年）とし、実質値系列の表示をそれまでの「1995暦年基準」に代わって「2000暦年連鎖価格」へと変更された（現在は2015暦年連鎖価格)。また、連鎖方式は加法整合性が成立しないために（内訳項目の合計が集計項目に一致しない。すなわち、各需要項目の実質値の合計はGDP実質値にはならない。但し、参照年とその翌年に限っては成立)、実質GDPと各需要項目の合計との「開差」が表章されている。

10．経済成長率

一国経済が一定期間のうちに大きくなる割合を、経済成長率という。一般に実質国内総生産の対前年（度）増加率でこれを表しているが、名目国内総生産の対前年（度）増加率と混同しないようにするため、前者を実質経済成長率、後者を名目経済成長率と呼んで区別する場合もある。一般に経済成長率という場合は、物価変動を取り除いた実質経済成長率をさす。なお、隔年（度）間の経済成長率というときには、実質国民総所得の伸びを複利計算した年平均増加率をいう場合が多い。

11．所得支出勘定

生産活動によって生み出された付加価値が各制度部門にどのように分配、再分配され、各制度部門は再分配後の所得をどのように使用したかを記録する勘定で、次の四つの勘定から構成されている。

①第１次所得の配分勘定：生産によって作り出された付加価値を制度単位にどのように所得として分配されたかを記録する勘定である。具体的には、生産過程で発生した付加価値を構成する雇用者報酬、生産および輸入品に課される税（控除　補助金)、営業余剰／混合所得と純財産所得――これを第１次所得という――が生産

への貢献度に応じて分配される。たとえば労働力の供給は家計部門であるので、各制度部門の生産過程で発生した雇用者報酬はすべて家計部門に配分される。また生産および輸入品に課される税（控除　補助金）は、すべて一般政府に計上される。

②所得の第２次分配勘定：第１次所得バランスが、現金移転による再配分プロセスを通じてどのように可処分所得に変換されるかを記録する勘定である。この勘定に受払が記録される経常移転は、所得や富等に課される経常税（所得税、法人税など）、社会負担および給付（社会保険の保険料、国民年金給付など）、その他の経常移転（非生命保険保険料・保険金など）である。これら経常移転から、バランス項目として可処分所得が導き出される。

③現物所得の再分配勘定：所得の第２次分配勘定のバランス項目である可処分所得をもとに現物社会給付（家計が当初支払を行い、後に払戻しを受ける社会保障給付や受取家計が支払を負担しない給付を含む）や教育や医療のような、現物社会給付に含まれない、個別的非市場財やサービスの移転の受払を記録する勘定である。これら財・サービスを供給するコストのうち、授業料や受診料等の家計が実際に支払う部分を家計消費とする一方、それらの供給に要する経費のうち家計消費で賄われない部分を一般政府や対家計民間非営利団体の最終消費としているが、この部分を現物移転所得として記録している。それはまた調整可処分所得をバランス項目としている。

④所得の使用勘定：所得の使用勘定とは、第２次分配勘定から導き出される可処分所得の使用勘定と現物所得の再分配勘定から導き出される調整可処分所得の使用勘定の２つからなり、それぞれ可処分所得と調整可処分所得に基づく消費活動を示す。前者は実際の支出負担である最終消費支出等を記録し、残差として貯蓄を導き出し、後者は消費享受である現実最終消費等を記録し、同じく貯蓄を導き出す。

12. 雇用者報酬

雇用者報酬とは、勤労所得とも呼ばれ、生産活動から発生した所得のうち雇用者への配分額である。ここでいう雇用者には生産活動に従事している就業者のうち、個人業主と無給の家族従業者を除く全ての就業者が含まれ、いわゆる一般のサラリーマンのほか、法人企業の役員、特別職の公務員、議員、委員等も雇用者とされる。

雇用者報酬には、雇用者が労働の対価として受け取る通貨および現物給与である「賃金・俸給」のほか政府管掌の社会保険制度、健康保険組合、共済組合、児童手当制度等に対する雇用主の負担金からなる「雇主の現実社会負担」と社会保障基金以外の雇用者福祉のための退職一時金・年金、業務災害補償等への雇用主負担からなる「雇主の帰属社会負担」が含まれる（利益処分としての役員賞与は除外）。

なお、雇用者報酬は生産勘定ならびに所得支出勘定に計上されるが、前者は国内の生産活動を営む経済主体から支払われる概念であるのに対し、後者は海外との受け払いを調整した概念であるために、両者の間には若干の差がある。

13. 国民経済計算と企業経営統計の関連

国民経済計算では、㋑産業（いわゆる民間企業が中核をなすが、公団や事業団などのほか地方公営企業・地方公社の公的企業を含む）、㋺政府サービス生産者（中央・地方の正式な政府部門のほか社会保障基金を含む）、㋩対家計民間非営利サービス生産者（政府によって支配、資金供給されているものを除き、家計に対して非市場の財貨・サービスを提供するすべての居住者である非営利団体で、労働組合・宗教法人などが該当）の三つの経済主体にわけて、国際標準産業分類ベースでの産業別投入・産出構造、分配構造についてもその実態を明らかにしている。

産業の産出額は一定期間に生産された商品のグロスベースの価額であり、財貨の生産額は当該財貨が生産された時点で、またサービスは提供された時点で記録される。市場で販売されない自己消費のための生産物（これには農家が生産した農作物の自家消費などが該当する）や自己使用のための固定資産にふりむけられた生産物（建物などを自分で修理したような場合）も産出額に含める。産出額は企業会計の売上高に政府機関等から支給される補助金を合わせたものに等しい。しかし国民経済計算においては、実際には市場で取り引きされていないもの、例えば自己所有の住宅に住んでいても「住宅賃貸業」という産業から借りて住んでいると仮定して計算を行うので（これを帰属計算という）、その分だけ企業会計から算出される売上高プラス補助金より国民経済計算の産出額の方が大きい。この帰属計算を行う主なものに自己所有住宅の家賃、金融機関の帰属利子がある。

中間投入額は生産において消費される非耐久財およびサービスで、原則として生産に投入された時点の購入者価格で評価される。これは企業会計における原材料費や一般管理費・販売費を足しあわせたものである。ただし、企業会計における勘定項目のうち国民経済計算においては、㋑福利厚生費のうち雇用主によって支払われた旅行娯楽等の費用は中間消費に含めるが、明らかに雇用者に対して利益となる財貨・サービスの購入は現物給与とされ雇用者所得に含めているほか、㋺賃借料のうち地代は財産所得の一部を構成するので中間消費に含められないし、また、㋩通常の設備修繕は中間消費に含めるが、新しい機能の追加や、固定資産の耐用年数の延長により生産性を高める大がかりな修繕は資本形成として取り扱われている。

国内総生産は、産出額から中間投入額を差し引くことによって求められる。これは企業統計の粗付加価値に該当する。総生産を構成する固定資本減耗は、企業会計上の減価償却費と、特別損失の一部を構成する災害による資本偶発損とを合わせたものである。雇用者報酬は一般企業会計における人件費とは異なり、従業員の賃金・俸給のほか役員給与手当や議員歳費等を含み、さらに社会保障基金雇用主負担、退職一時金等の雇用者の福祉を増進するために支出される雇用主負担、給与住宅差額家賃（雇用者が給与住宅に対して実際に支払った家賃と同等の賃貸住宅の市中家賃との差額など）も含んでいる。営業余剰・混合所得は、総生産から固定資本減耗、生産・輸入品に課される税マイナス補助金、雇用者報酬を控除した残差である。この営業余剰は、企業会計における営業利益にほぼ該当する概念である。

政府サービス生産者と対家計民間非営利サービス生産者の産出額は、これらのサービスの生産にかかったコストに等しいとみなして推計されており、これら供給主体のサービスの多くは一般的に市場で販売されないので、その評価価額が得られないためである。ただし、生産コストは中間投入と付加価値のうちの固定資本減耗、生産・輸入品への税、雇用者報酬とからなり、営業余剰は発生しないとしている。

14. 景気指数

景気の観測や予測の一つに景気指標を活用する方法がある。わが国で幅広く使われている景気指標に、内閣府より毎月公表されている景気動向指数がある。景気動向指数は、生産・雇用など様々な経済活動での重要かつ景気に敏感な指標の動きを統合することによって、景気の現状把握及び将来予測に資するために作成される総合的な景気指標である。景気動向指数にはDiffusion Index（DI）とComposite Index（CI）があり、従来はDIが主に活用されていたが、2008年６月より景気判断での指標がCI中心へと変更されている。DIが採用系列の変化方向を合成することで景気局面を把握するのに対し、CIは採用系列の変化率を合成することにより、景気の量感を把握することを目的としている。選択されている経済指標は、先行指数で12系列（在庫率指数、新規求人数、機械受注額、建築床面積、耐久消費財出荷指数等）、一致指数で11系列（生産指数、生産財出荷指数、電力使用量、稼働率、所定外時間、百貨店販売額、求人倍率等）、遅行系列で６系列（第３次産業活動指数、雇用指数、設備投資、家計消費、法人税、失業率等）の計29系列となっている。

一般に、一致指数が上昇している時が景気の拡張局面、低下している時が後退局面であり、一致指数の変化の大きさが景気の拡張または後退のテンポを表わしている。先行指数は、一致指数に数ヵ月先行することから景気の動きを予知する目的で利用され、遅行指数は、一致指数に数ヵ月から半年程度遅行することから景気の転換点や局面の確認に利用される。ただし、景気の局面や転換点については、DIと合わせて判断される。なお、景気基準日付については昭和26年６月からの第１循環から始まり、平成21年３月から平成24年11月までの第15循環までが数えられている。

C. 労　働　経　済

15. 労働力人口・就業者など

人口の就業状態を総務省統計局「労働力調査」では次のように分類する。(　) 内は令和4年平均値（万人)。なお内訳には不詳を含まないため合計が一部一致しない。

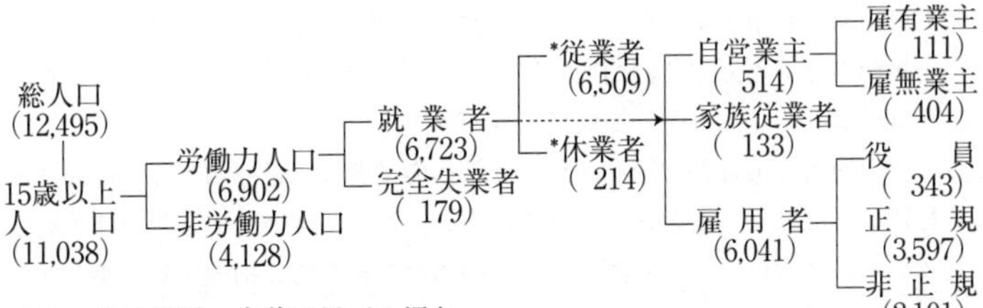

また、その用語の定義は以下の通り。

⑴　労働力人口：15歳以上人口のうち就業者と完全失業者を合わせた者。なお日本の労働力率は「(就業者＋完全失業者) ÷15歳以上人口×100」で算出。

⑵　就　業　者：従業者と休業者を合わせた者。

⑶　従　業　者：調査期間中に賃金・給料・諸手当・内職収入などの収入を伴う仕事を1時間以上した者（但し無給の家族従業者も含む)。

⑷　休　業　者:仕事を持ちながら調査週間中にその仕事を休んでいる者のうち、雇用者で給料・賃金の支払いを受けている者（予定者を含む)、および自営業主で自分の経営する事業を持ったままで、その仕事を休み始めてから30日にならない者。なお、家族従業者で調査週間中に少しも仕事をしなかった者は休業者に含めず、完全失業者又は非労働力人口のいずれかに含めている。

⑸　完全失業者：就業者以外で、仕事が無くて、調査週間中に少しも仕事をしなかった者のうち、就業が可能でこれを希望し、かつ、仕事を探していた者及び仕事があればすぐ就ける状況で過去に行った求職活動の結果を待っている者。

⑹　非労働力人口：15歳以上で上記以外の者。

また「従業上の地位」については、次のように分類し、定義している。

㋑　自 営 業 主：個人経営の事業を営んでいる者。

㋺　雇 有 業 主：ふだん1人以上の有給の雇用者（日雇を含む）を雇って個人経営の事業を営んでいる者。

㋩　雇 無 業 主：雇用者を雇わず自分だけか自分と家族だけで個人経営の事業を営んでいる者（自宅で内職（賃仕事）をしている者も含む)。

㋥　家族従業者:自営業主の家族で、その自営業主の営む事業に従事している者。

㋭　雇　用　者:会社、団体、官公庁又は自営業主や個人の家庭に雇われて給料・

賃金を得ている者及び会社、団体の役員。

㋬ 雇用者：会社，団体，官公庁あるいは自営業主や個人の家庭に雇われて賃金給料をもらっている者及び会社，団体の役員をいう。雇用者は「役員」と「役員を除く雇用者」に分類される。

・役員：会社，団体，公社などの役員（会社組織になっている商店などを含む。）

・役員を除く雇用者：「役員」以外の者で，雇用契約期間別に分類される。

—無期の契約：雇用契約期間の定めがないもの（定年までの場合を含む。）

—有期の契約：雇用契約期間に定めがあるもの

なお厚生労働省「毎月勤労統計調査」の常用労働者は、日雇名義でも過去２ヵ月間に各月18日以上働いた者を含む。また「失業」は、上記完全失業者のほか雇用保険受給者数や、低所得層・短時間就労者等の指標で総合的に把握する必要がある。

16. 就業形態の多様化

前項の「雇用者」は常雇、臨時、日雇の三つに分類されているが、近年、就業形態の多様化現象が注目を浴びている。具体的には、正規雇用以外にパートタイム労働者、アルバイト、派遣労働者、契約社員、嘱託等、種々の就業形態が拡大してきているからである。以下で、その実態を捉えた各種の調査において各就業形態がどのように定義されているかをみると次の通りである。

⑴ 総務省統計局「労働力調査（詳細結果）」。

正規の職員・従業員：勤め先で一般職員あるいは正社員などと呼ばれている人。

パート、アルバイト：就業の時間や日数に関係なく、勤め先で“パートタイマー”、“アルバイト”又はそれらに近い名称で呼ばれている人。

労働者派遣事業所の派遣社員：労働者派遣法に基づく労働者派遣事業所に雇用され、そこから派遣される人。

契約社員：専門的職種に従事させることを目的に契約に基づき雇用され、雇用期間の定めのある人。

嘱託：労働条件や契約期間に関係なく、勤め先で“嘱託職員”又はそれに近い名称で呼ばれている人。

⑵ 旧労働省「就業形態の多様化に関する総合実態調査」(1999年)。

いわゆる正社員：雇用している労働者のうち特に雇用期間を定めていない者。なお、パートタイマー及び他企業への出向者は除く。

いわゆる非正社員：以下の通り。

契約社員：専門的職種に従事させることを目的に契約に基づき雇用し、雇用期間の定めのある者。

臨時的雇用者：臨時的に又は日々雇用している者で、１ヵ月以内の雇用期間の定めのある者。

パートタイマー：次の2種類に分けられる。

短時間のパートタイマー：いわゆる正社員より1日の所定労働時間が短いか、1週の所定労働日数が少ない者。雇用期間は1ヵ月を超えるか、または定めのない者。

その他のパートタイマー：いわゆる正社員と1日の所定労働時間と1週の所定労働日数がほぼ同じ者。雇用期間は1ヵ月を超えるか、または定めのない者で、パートタイマーその他これに類する名称で呼ぶ者。

出向社員：他企業より出向契約に基づき出向している者。出向先に籍を置いているかどうかは問わない。

派遣労働者：「労働者派遣法」に基づく派遣元から派遣された者。

その他：上記以外の労働者。

上記の非正規雇用のうち、ウエイトの高いパートタイムについて、その定義を列記すると以下の通りである。

⑶　厚生労働省「パートタイム労働者総合実態調査」。

正社員（“正社員”、いわゆる正規型の労働者）：短時間労働者の雇用管理の改善等に関する法律（いわゆるパートタイム労働法）にいう通常の労働者。

非正社員（パート等労働者―“パート”、短時間労働者）：正社員以外の労働者でパートタイマー、アルバイト、準社員、嘱託、臨時社員などの名称にかかわらず、1週間の所定労働時間が正社員よりも短い労働者。

非正社員（パート等労働者―“その他”、正社員及びパート以外）：正社員以外で1週間の所定労働時間が正社員と同じか長い者。

⑷　厚生労働省「毎月勤労統計調査」。

パートタイム労働者：常用労働者のうち1日の所定労働時間が一般の労働者よりも短い又は1日の所定労働時間が一般の労働者と同じで1週の所定労働日数が一般の労働者よりも短い者。

一般労働者：常用労働者のうちパートタイム労働者を除いた労働者。

常用労働者：期間を定めず、又は1カ月を超える期間を定めて雇われている者等。

17. 定期給与と特別給与：名目賃金と実質賃金：賃金率と実収賃金

本書で「定期給与」とは毎月きまって支払われる賃金をさし、超過勤務手当を含んだもの。毎月勤労統計調査、賃金構造基本統計調査では「きまって支給する給与」といい、労働契約・団体協約あるいは事業所の給与規則等によってあらかじめ定められている支給条件・算定方法によって支給される給与と定義しており、従って時間外労働の割増賃金も含まれる。「所定内給与」とは定期給与から所定外労働時間に対する給与を引いた部分で家族手当を含む。「特別給与」は賞与一時金、3ヵ月を超えるごとに支給される給与、過去にさかのぼって支給されるベース・アップ遡及払いなどで、毎月勤労統計調査等では「特別に支払われた給与」をいい、次のように定義している。「『特別に支払われた給与』とは、調査期間中に一時的または突発的理由に基づいて、あらかじめ定められた契約や規則によらないで労働者に現実に支払われた給与、または新しい協約によって過去にさかのぼって算定された給与の追給額が、この期間中に現実に支払われた場合の金額のことである。また、年末手当や結婚手当等、支給条件・支給額が労働契約等によってあらかじめ確定していても、その算定が3ヵ月を超える期間ごとに行われる給与、および支給事由の発生が不確定なものは『特別に支払われた給与』に含める」。以上、いずれも所得税、地方税、社会保険料等を差し引く以前の金額である。そして定期給与と特別給与の合計を「現金給与総額」といっている。

毎月・毎年の貨幣価値のままで発表される額を「名目賃金」、名目賃金指数を消費者指数で割ったものを賃金の購買力指数すなわち「実質賃金指数」という。

国際比較に「賃金率」、「実収賃金」の用語がある。賃金率（wage - rate）は「一定時間又は一定作業量に対して支払われる賃金」で、割増賃金・手当を含まず、わが国の基準賃金に近い（外国では家族手当等がない）。これに対し「実収賃金」（earnings）は賃金・諸手当の合計で、わが国で「賃金」と呼ぶものに相当する。統計上は税や労働者負担保険料を含むのがふつうで、わが国での「きまって支給する給与」も「現金給与総額」も、ともに実収賃金である。実収賃金を「稼得賃金」と呼ぶこともある。なお外国の賃金統計には事務員などのサラリーは一般には含まれないので、国際比較は生産労働者で行うことが多い。

18. モデル賃金と実在者賃金

モデル賃金は、「学校卒業後ただちに入社して標準的な昇給、昇進した時に得られる賃金」である。そこで、問題が二つある。第1は「標準的昇給昇進」を想定するときに主観が入るということ。例えば、高校を出て20年たった38歳の人は係長なのか出張所の課長なのか、現場の指導役なのか、どれをとるかで結果が狂う。第2は、かりにモデル状態に近い人が多いとしても、現実にモデルに合う人（例えば38歳の係長で休職も出向もなく子供2人）は大企業でも例は多くはない。休職・出向・浪人など、さまざまな浮沈がある上に、企業でも合併・解散、主製品の変化、兼業化などで、モデルと実在者のギャップが大きい。

これを考えて現実の賃金（実在者賃金）と比べると、モデル賃金の位置は、現実に働いている人のうち高位1/4番目の賃金より高く出る（次頁グラフ参照）。なお、各地商工会議所のモデル賃金（条件別賃金）は、規則の上でのモデルではなく、実在者にやや近い定義をとって現実にいる人、いない場合は、それに近い条件の人から類推するとしている。

グラフでみるように一般にモデル賃金は現に実際に働いて得ている賃金より高い額であり、モデル賃金を実在者賃金の代用とするわけにはいかない。

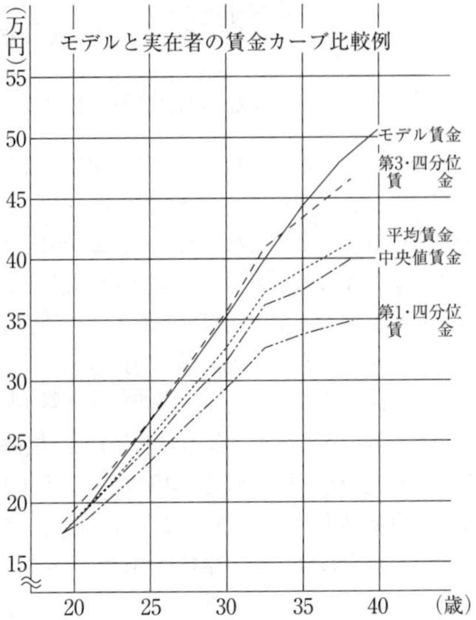

19. 労働分配率

所得の分配の中で労働側の受け取る分け前の割合をいう。指標には、①国民経済レベルで、分配国民所得に占める雇用者報酬の比率、②企業の付加価値額（売上高から原材料費・動力費・減価償却費を差し引いたもの、または人件費・利子・利潤の合計）に占める賃金支払総額の割合などがある。また付加価値額の算出には減価償却費を含めたもの（粗付加価値額）と、それを除いたもの（純付加価値額）とがあり、それぞれに対応した労働分配率がある。従って、どのような資料により、どのような算出方法をとったかによって労働分配率の数値が違うし、その変動の仕方も違ってくる。

このような測定上の点もさることながら、労働分配率の問題では、賃金や経済成長の問題と結びつけていろいろな考え方が提起されている。たとえば、その一つは低賃金だから低労働分配率となり、これが資本蓄積率を大きくし、成長率を高めるとするもので、これは低賃金・低労働分配率が高成長率の原因とする考え方になる。しかしそれとは逆に、高投資率がまず先行して、それに応じて高成長率が生じ、その結果、資本所得の高分配率、いいかえると低労働分配率になるというものもあり、この考え方によれば労働分配率は高成長率の原因ではなくて、むしろ結果であるということになる。また景気変動に対して賃金は比較的硬直的であるが、付加価値額は弾力的であり、このため景気変動につれて労働分配率は変化する性質をもっている。労働分配率の高さ、その変動の問題を解決するために賃金決定機構、資本蓄積機構、生産市場構造など多元的な実証的分析が必要とされている。

20. 付加価値率

生産額（または売上高）に占める付加価値額の割合をいう。付加価値率と労働分配率、労務費率の三つの間には、次のような恒等式が成り立つ。

$$\frac{\text{付加価値額}}{\text{生産額}}=\frac{\text{賃金支払総額}\div\text{生産額}}{\text{賃金支払総額}\div\text{付加価値額}}$$

$$\text{すなわち、付加価値率}=\frac{\text{労務費率}}{\text{労働分配率}}$$

労務費率を一定とすれば、付加価値率と労働分配率は逆比例の関係にあり、労働分配率の動きをみる場合、所得率の動きにも合わせて注目する必要があろう。また、所得率の高さ、その変動の要因は労働分配率の場合と同様に、これを一元的に説明できるようなものを導くことは困難であるが、そのうちで重要と思われるものに製品価格対原材料価格の相対比がある。付加価値率を変形すると、

$$\frac{\text{付加価値額}}{\text{生産額}}=\frac{\text{生産数量}\times（\text{製品価格}-\text{原材料価格}）}{\text{生産数量}\times\text{製品価格}}=1-\frac{\text{原材料価格}}{\text{製品価格}}$$

と表わされるからである。原材料価格と製品価格の両者の対応関係は景気変動に応じて原料高の製品安、原料安の製品高という現象が相互に現われ、その結果、付加価値率は変動する。わが国のように、綿花・鉄鋼石・原油などの原料面の輸入依存度が高い場合には、輸入原材料価格、交易条件の変化が付加価値率変動の背後に作用していることも見逃せない。

21．生産性・労働生産性

生産性は投入量と産出量の比率をいう。一定の投入量に対して産出量が増えたり、あるいは投入量を減らして産出量がそれほど減らない場合、「生産性が向上」したことになる。この投入量には原料・燃料・機械・労働・土地などの生産要素があげられる。したがって、それに応じて原料の生産性、燃料の生産性、機械の生産性、土地の生産性などを測定することができる。「歩留り」「反あたり収穫量」などは生産性の別の表現である。

このうち労働投入量で測った生産性は、労働者１人１時間あたりという単位で測ったもので、時処を問わず成立するものであり、また経済進歩と社会福祉の基準となるので、しばしば生産性と同義に使われる。

統計上の労働生産性は、国全体の経済でみた生産性（１人あたり国内総生産・１人あたり分配国民所得など）と、特定の産業・業種・企業における生産性（雇用者又は就業者１人あたりでみた生産量・出荷量・生産額・付加価値額など）がある。

労働生産性における「産出」が、「量」（実質額すなわち特定年次の価格表示の場合を含む）でとらえられた場合を「物的生産性」、「現在価格で示したもの」を「価値的生産性」（ときに「売上高または価値生産性」「付加価値生産性」と具体的な呼び方もする）というのが通例である（用語解説24を参照）。

日本生産性本部作成の生産性指数は経済産業省生産動態統計の調査対象の中から選んだ業種につき、品目別生産量（産出量）と、それに働く延べ労働者数(労働投入

量）で計算した物的生産性の指数である。そのほか本書ではD表に登載したように経済産業省工業統計や財務省法人企業統計から１人あたり価値生産性を算出した。物価その他の変動で、物的生産性と価値生産性とは異なった動きをする。企業レベルでは価値生産性が重視され、国民福祉においては物的生産性向上が目標となる。

22. 物価指数・デフレーター

物価指数は物価水準の動きをみるための指数である。個々の物品の価格が上がったり下がったりする割合を平均化したもの、といってよい。その把え方により、消費者物価指数（CPI）、企業物価指数（CGPI）、また特殊なものに料金指数、輸出入物価指数などがある。

消費者物価指数は世帯において購入する一定の財とサービスを決め、その価格が全体としてどのように動いているかを示す。個別の商品・サービス毎に平均家計購入額をウエイトとして加重算術平均したもので、現在は平成22年家計調査による品目・購入額により、総務省統計局が毎月、全国や地方ブロック、各都市ベースでの指数・増減率について調査して発表している。

また、名目価格から実質価格を算出するために用いられる価格指数をデフレーターといい、デフレーターで名目価格を除して実質価格を求めることをデフレーションと呼ぶ。価格指数にはラスパイレス型指数ΣPtQo／ΣPoQo（P:価格、Q:数量、添字o:基準時、添字t：比較時、以下同じ）と、パーシェ型指数ΣPtQt／ΣPoQtがある。パーシェ型指数をデフレーターとした実質値は各時点の数量を基準時点の価格で評価したものであり、不変価格表示（at Constant Prices）と呼ぶ。

本冊子のA表・B表で掲載されているGNIやGDPといった国民経済計算関係の指標では、現在、前暦年連鎖価格方式が採用され、実質値については前暦年基準ラスパイレス型、デフレーターについては前暦年基準パーシェ型であり、参照年（デフレーター＝100となる年）は平成17年とされている。なお、この指標は国民経済レベルでみた総合的な物価動向を示すものとしても利用される。

23. 労働生産性に関する指標の関係式

⑴ $\text{物的生産性}=\dfrac{\text{生産量}}{\text{従業者数}}$

⑵ $\text{価値生産性}=\dfrac{\text{生産額}}{\text{従業者数}}=\dfrac{\text{生産量}\times\text{製品価格}}{\text{従業者数}}=\underbrace{\dfrac{\text{生産量}}{\text{従業者数}}}_{\text{（物的生産性）}}\times\text{製品価格}$

⑶ $\text{付加価値生産性}=\underbrace{\dfrac{\text{生産額}}{\text{従業者数}}}_{\text{（価値生産性）}}\times\underbrace{\dfrac{\text{付加価値額}}{\text{生産額}}}_{\text{（付加価値率）}}=\text{物的生産性}\times\text{製品価格}\times\text{付加価値率}$

$$\left[\begin{aligned}&\text{付加価値率}\atop\text{（所得率）}=\frac{\text{付加価値額}}{\text{生産額}}=\frac{\text{生産額}-\text{原材料費}}{\text{生産額}}\\&\text{〈用語解説24参照〉}\quad=\frac{(\text{生産量}\times\text{製品価格})-(\text{原材料使用量}\times\text{原材料価格})}{\text{生産量}\times\text{製品価格}}\\&=\frac{\text{生産量}\times\text{製品価格}}{\text{生産量}\times\text{製品価格}}-\left(\frac{\text{原材料使用量}}{\text{生産量}}\times\frac{\text{原材料価格}}{\text{製品価格}}\right)\\&\qquad\qquad\text{（原材料生産性）}\\&=1-\left(\text{原材料生産性}\times\frac{\text{原材料価格}}{\text{製品価格}}\right)\end{aligned}\right]$$

24. 生産性・資本に関する指標の関係式

⑴ $\dfrac{\text{生産量}}{\text{従業者数}}=\dfrac{\text{有形固定資産}}{\text{従業者数}}\times\dfrac{\text{生産能力}}{\text{有形固定資産}}\times\dfrac{\text{生産量}}{\text{生産能力}}$

（物的生産性）（労働装備率）（固定資産単位当たり生産能力）（稼働率）

⑵ $\dfrac{\text{付加価値額}}{\text{従業者数}}=\dfrac{\text{有形固定資産}}{\text{従業者数}}\times\dfrac{\text{売上高}}{\text{有形固定資産}}\times\dfrac{\text{付加価値額}}{\text{売上高}}$

（付加価値生産性）（労働装備率）（固定資産回転率）（付加価値率）

（資産回転率）（付加価値率）→（資本生産性：設備投資効率）

⑶ $\dfrac{\text{付加価値額}}{\text{従業者数}}=\dfrac{\text{総資本}}{\text{従業者数}}\times\dfrac{\text{売上高}}{\text{総資本}}\times\dfrac{\text{付加価値額}}{\text{売上高}}$

（付加価値生産性）（資本集約度）（総資本回転率）（付加価値率）

（資本回転率）（付加価値率）→（資本生産性：総資本投資効率）

25. 生産性・賃金・物価の関係式

⑴ $\dfrac{\text{賃金支払総額}}{\text{従業者数}}=\dfrac{\text{生産額}}{\text{従業者数}}\times\dfrac{\text{賃金支払総額}}{\text{生産額}}$

$=\dfrac{\text{生産量}}{\text{従業者数}}\times\text{製品価格}\times\dfrac{\text{賃金支払総額}}{\text{生産額}}$

∴（賃金水準）=（労働生産性）×（製品価格）×（労務費率）

この式の右辺第一項の労働生産性に24⑴式を代入すると、つぎの関係式が導かれる。

賃金水準＝［（労働装備率）×（固定資産単位当り生産能力）×（稼働率）］×製品価格×労務費率

⑵ 製 品 価 格 $=\dfrac{\text{賃金水準}}{\text{労働生産性}\times\text{労務費率}}$

⑶ 労働生産性 $=\dfrac{\text{賃金水準}}{\text{製品価格}\times\text{労務費率}}$

$\left[\text{労働生産性（時間当り）}=\dfrac{\text{賃金水準}}{\text{労働時間}}\times\dfrac{1}{\text{製品価格}\times\text{労務費率}}\right]$

⑷ 労 務 費 率 $=\dfrac{\text{付加価値額}}{\text{生産額}}\times\dfrac{\text{賃金支払総額}}{\text{付加価値額}}$

（付加価値率）（労働分配率）

Ⅱ．年率早見表（複利表）

使い方：平成元年から５年まで、1.20倍になったとする。年率は本表の「５年後」欄をタテに見て1.20に近い数字をさがし、これを左にたどると年率「3.7」、すなわち平均で3.7%で増加したことがわかる。倍率がここに掲げた数字とピタリと合わないときは、二つの数字から比例計算で推定する。

（単位　倍）

年率＼年	３年後	4	5	6	7	8	9	10	15
増加率									
0.1%	1.003	1.004	1.005	1.006	1.007	1.008	1.009	1.010	1.015
0.2	1.006	1.008	1.010	1.012	1.014	1.016	1.018	1.020	1.030
0.3	1.009	1.012	1.015	1.018	1.021	1.024	1.027	1.030	1.046
0.4	1.012	1.016	1.020	1.024	1.028	1.032	1.037	1.041	1.062
0.5	1.015	1.020	1.025	1.030	1.036	1.041	1.046	1.051	1.078
0.6	1.018	1.024	1.030	1.037	1.043	1.049	1.055	1.062	1.094
0.7	1.021	1.028	1.035	1.043	1.050	1.057	1.065	1.072	1.110
0.8	1.024	1.032	1.041	1.049	1.057	1.066	1.074	1.083	1.127
0.9	1.027	1.036	1.046	1.055	1.065	1.074	1.084	1.094	1.144
1.0	1.030	1.041	1.051	1.062	1.072	1.083	1.094	1.105	1.161
1.1	1.033	1.045	1.056	1.068	1.080	1.091	1.103	1.116	1.178
1.2	1.036	1.049	1.061	1.074	1.087	1.100	1.113	1.127	1.196
1.3	1.040	1.053	1.067	1.081	1.095	1.109	1.123	1.138	1.214
1.4	1.043	1.057	1.072	1.087	1.102	1.118	1.133	1.149	1.232
1.5	1.046	1.061	1.077	1.093	1.110	1.126	1.143	1.161	1.250
1.6	1.049	1.066	1.083	1.100	1.118	1.135	1.154	1.172	1.269
1.7	1.052	1.070	1.088	1.106	1.125	1.144	1.164	1.184	1.288
1.8	1.055	1.074	1.093	1.113	1.133	1.153	1.174	1.195	1.307
1.9	1.058	1.078	1.099	1.120	1.141	1.163	1.185	1.207	1.326
2.0	1.061	1.082	1.104	1.126	1.149	1.172	1.195	1.219	1.346
2.1	1.064	1.087	1.110	1.133	1.157	1.181	1.206	1.231	1.366
2.2	1.067	1.091	1.115	1.139	1.165	1.190	1.216	1.243	1.386
2.3	1.071	1.095	1.120	1.146	1.173	1.200	1.227	1.255	1.406
2.4	1.074	1.100	1.126	1.153	1.181	1.209	1.238	1.268	1.427
2.5	1.077	1.104	1.131	1.160	1.189	1.218	1.249	1.280	1.448
2.6	1.080	1.108	1.137	1.166	1.197	1.228	1.260	1.293	1.470
2.7	1.083	1.112	1.142	1.173	1.205	1.238	1.271	1.305	1.491
2.8	1.086	1.117	1.148	1.180	1.213	1.247	1.282	1.318	1.513
2.9	1.090	1.121	1.154	1.187	1.222	1.257	1.293	1.331	1.535
3.0	1.093	1.126	1.159	1.194	1.230	1.267	1.305	1.344	1.558
3.1	1.096	1.130	1.165	1.201	1.238	1.277	1.316	1.357	1.581
3.2	1.099	1.134	1.171	1.208	1.247	1.287	1.328	1.370	1.604
3.3	1.102	1.139	1.176	1.215	1.255	1.297	1.339	1.384	1.627
3.4	1.106	1.143	1.182	1.222	1.264	1.307	1.351	1.397	1.651
3.5	1.109	1.148	1.188	1.229	1.272	1.317	1.363	1.411	1.675
3.6	1.112	1.152	1.193	1.236	1.281	1.327	1.375	1.424	1.700
3.7	1.115	1.156	1.199	1.244	1.290	1.337	1.387	1.438	1.725
3.8	1.118	1.161	1.205	1.251	1.298	1.348	1.399	1.452	1.750
3.9	1.122	1.165	1.211	1.258	1.307	1.358	1.411	1.466	1.775
4.0	1.125	1.170	1.217	1.265	1.316	1.369	1.423	1.480	1.801
4.1	1.128	1.174	1.223	1.273	1.325	1.379	1.436	1.495	1.827
4.2	1.131	1.179	1.228	1.280	1.334	1.390	1.448	1.509	1.854
4.3	1.135	1.183	1.234	1.287	1.343	1.401	1.461	1.524	1.880
4.4	1.138	1.188	1.240	1.295	1.352	1.411	1.473	1.538	1.908
4.5	1.141	1.193	1.246	1.302	1.361	1.422	1.486	1.553	1.935

年率＼年	3 年 後	4	5	6	7	8	9	10	15
4.6%	1.144	1.197	1.252	1.310	1.370	1.433	1.499	1.568	1.963
4.7	1.148	1.202	1.258	1.317	1.379	1.444	1.512	1.583	1.992
4.8	1.151	1.206	1.264	1.325	1.388	1.455	1.525	1.598	2.020
4.9	1.154	1.211	1.270	1.333	1.398	1.466	1.538	1.613	2.049
5.0	1.158	1.216	1.276	1.340	1.407	1.478	1.551	1.629	2.079
5.1	1.161	1.220	1.282	1.348	1.417	1.489	1.565	1.645	2.109
5.2	1.164	1.225	1.289	1.356	1.426	1.500	1.578	1.660	2.139
5.3	1.168	1.230	1.295	1.363	1.436	1.512	1.592	1.676	2.170
5.4	1.171	1.234	1.301	1.371	1.445	1.523	1.605	1.692	2.201
5.5	1.174	1.239	1.307	1.379	1.455	1.535	1.619	1.708	2.233
5.6	1.178	1.244	1.313	1.387	1.464	1.546	1.633	1.724	2.264
5.7	1.181	1.248	1.319	1.395	1.474	1.558	1.647	1.741	2.297
5.8	1.184	1.253	1.326	1.403	1.484	1.570	1.661	1.757	2.330
5.9	1.188	1.258	1.332	1.411	1.494	1.582	1.675	1.774	2.363
6.0	1.191	1.262	1.338	1.419	1.504	1.594	1.689	1.791	2.397
6.5	1.208	1.287	1.370	1.459	1.554	1.655	1.763	1.877	2.572
7.0	1.225	1.311	1.403	1.501	1.606	1.718	1.839	1.967	2.759
7.5	1.242	1.336	1.436	1.543	1.659	1.784	1.917	2.061	2.959
8.0	1.260	1.361	1.469	1.587	1.714	1.851	1.999	2.159	3.172
8.5	1.277	1.386	1.504	1.632	1.770	1.921	2.084	2.261	3.400
9.0	1.295	1.412	1.539	1.677	1.828	1.993	2.172	2.367	3.643
9.5	1.313	1.438	1.574	1.724	1.888	2.067	2.263	2.478	3.901
10.0	1.331	1.464	1.611	1.772	1.949	2.144	2.358	2.594	4.177
11.0	1.368	1.518	1.685	1.870	2.076	2.305	2.558	2.839	4.785
12.0	1.405	1.574	1.762	1.974	2.211	2.476	2.773	3.106	5.474
減少率(△)									
△ 0.2%	0.994	0.992	0.990	0.988	0.986	0.984	0.982	0.980	0.970
△ 0.4	0.988	0.984	0.980	0.976	0.972	0.968	0.965	0.961	0.942
△ 0.6	0.982	0.976	0.970	0.965	0.959	0.953	0.947	0.942	0.914
△ 0.8	0.976	0.968	0.961	0.953	0.945	0.938	0.930	0.923	0.886
△ 1.0	0.970	0.961	0.951	0.941	0.932	0.923	0.914	0.904	0.860
△ 1.2	0.964	0.953	0.941	0.930	0.919	0.908	0.897	0.886	0.834
△ 1.4	0.959	0.945	0.932	0.919	0.906	0.893	0.881	0.868	0.809
△ 1.6	0.953	0.938	0.923	0.908	0.893	0.879	0.865	0.851	0.785
△ 1.8	0.947	0.930	0.913	0.897	0.881	0.865	0.849	0.834	0.762
△ 2.0	0.941	0.922	0.904	0.886	0.868	0.851	0.834	0.817	0.739
△ 2.2	0.935	0.915	0.895	0.875	0.856	0.837	0.819	0.801	0.716
△ 2.4	0.930	0.907	0.886	0.864	0.844	0.823	0.804	0.784	0.695
△ 2.6	0.924	0.900	0.877	0.854	0.832	0.810	0.789	0.768	0.674
△ 2.8	0.918	0.893	0.867	0.843	0.820	0.797	0.774	0.753	0.653
△ 3.0	0.913	0.885	0.859	0.833	0.808	0.784	0.760	0.737	0.633
△ 3.2	0.907	0.878	0.850	0.823	0.796	0.771	0.746	0.722	0.614
△ 3.4	0.901	0.871	0.841	0.813	0.785	0.758	0.732	0.708	0.595
△ 3.6	0.896	0.864	0.833	0.803	0.774	0.746	0.719	0.693	0.577
△ 3.8	0.890	0.856	0.824	0.793	0.762	0.734	0.706	0.679	0.559
△ 4.0	0.885	0.849	0.815	0.783	0.751	0.721	0.693	0.665	0.542
△ 4.5	0.871	0.832	0.794	0.759	0.724	0.692	0.661	0.631	0.501
△ 5.0	0.857	0.815	0.774	0.735	0.698	0.663	0.630	0.599	0.463
△ 5.5	0.844	0.797	0.754	0.712	0.673	0.636	0.601	0.568	0.428
△ 6.0	0.831	0.781	0.734	0.690	0.648	0.610	0.573	0.539	0.395
△ 6.5	0.817	0.764	0.715	0.668	0.625	0.584	0.546	0.511	0.365
△ 7.0	0.804	0.748	0.696	0.647	0.602	0.560	0.520	0.484	0.337
△ 7.5	0.791	0.732	0.677	0.626	0.579	0.536	0.496	0.459	0.311
△ 8.0	0.779	0.716	0.659	0.606	0.558	0.513	0.472	0.434	0.286
△ 8.5	0.766	0.701	0.641	0.587	0.537	0.491	0.450	0.411	0.264
△ 9.0	0.754	0.686	0.624	0.568	0.517	0.470	0.428	0.389	0.243
△ 9.5	0.741	0.671	0.607	0.549	0.497	0.450	0.407	0.369	0.224
△10.0	0.729	0.656	0.590	0.531	0.478	0.430	0.387	0.349	0.206

Ⅲ. 掲載統計要覧

A. 統計調査

統計の名称	作成機関	調査単位	対象のとり方	頻度
国民経済計算	内閣府経済社会総合研究所	×[1]	×	四半期・年度
生産動態統計	経済産業省	×	×	毎月・四半期・年度
工業統計表	経済産業省	事業所[2]	全数	年1回（12月末）
経済センサス	総務省統計局	事業所・企業[3]	全数	本調査5年に1回 簡易調査を中間年に実施
生産性統計	日本生産性本部	×	×	毎月
毎月勤労統計調査	厚生労働省	事業所（5人以上）	標本	毎月
賃金構造基本統計調査	厚生労働省	事業所（5人以上）	標本	年1回（6月）
就労条件総合調査	厚生労働省	企業（30人以上）	標本	年1回（1月）
雇用管理調査	厚生労働省	企業（30人以上）	標本	年1回 平成16年をもって廃止
家計調査	総務省統計局	世帯	標本	毎月
民間給与実態統計調査	人事院	事業所（50人以上）	標本	年1回（4月）
モデル条件別賃金調査	各地商工会議所	企業・事業所	標本	年1回（5～7月）
賃金事情調査	中央労働委員会	企業(1,000人以上)	標本	年1回
学校基本調査	文部科学省	学校	全数	年1回（5～6月）
わが国企業の経営分析	経済産業省	主要企業	標本	年1回
法人企業統計	財務省	企業	標本	四半期・年度
民間給与実態統計調査	国税庁	個人・事業所	標本	年1回
国勢調査	総務省統計局	世帯	全数	5年毎
労働力調査	総務省統計局	世帯	標本	毎月
職業安定業務統計	厚生労働省	○[4]	○	毎月
雇用保険業務統計	厚生労働省	○[4]	○	毎月
労働組合基礎調査	厚生労働省	労働組合	全数	年1回（6月）
労働争議統計調査	厚生労働省	事業所	全数	毎月

注　1．×は各種統計を基に作成。
　　2．西暦末尾0・3・5・8年全数、それ以外は4人以上の事業所。
　　3．以前の商業統計および事業所・企業統計調査に代わるもの。
　　4．○は業務上作成される統計。

B. 指数

指数	作成機関	指数計算基礎調査名	頻度
生産・出荷・在庫	経済産業省	生産動態統計調査	毎月
生産性	日本生産性本部	生産動態統計調査	毎月
雇用	厚生労働省	毎月勤労統計調査	毎月
賃金	厚生労働省	毎月勤労統計調査	毎月
企業物価	日本銀行	－	毎月
消費者物価	総務省統計局	小売物価統計調査	毎月

Ⅳ. 主要統計一覧

項目	資料名	調査機関	調査回数
労働条件	「毎月勤労統計調査」	厚生労働省統計情報部	毎月
	「賃金構造基本統計調査」	厚生労働省統計情報部	年1回
	「職種別民間給与実態調査」	人事院	年1回
	「賃金事情等総合調査」	中央労働委員会	年1回
	「民間給与実態統計調査」	国税庁企画課	年1回
	「賃金引き上げ等実態調査」	厚生労働省統計情報部	毎年
	「条件別賃金統計」	主要都市商工会議所	年1回
	「モデル賃金調査」	関東経営者協会	年1回
	「退職金制度調査」	厚生労働省統計情報部	随時
	「中小企業賃金･退職金事情調査」	東京都産業労働局	年1回
	「初任給調査」	東京商工会議所	年1回
	「就労条件総合調査」	厚生労働省統計情報部	年1回
	「労働時間・休日・休暇調査」	中央労働委員会	隔年
	「退職金・定年制度および年金事情調査」	中央労働委員会	隔年
	「労働者福祉施設制度等調査」	厚生労働省統計情報部	3年に1回
	「雇用管理調査」	厚生労働省統計情報部	年1回
	「労働協約等実態調査」	厚生労働省統計情報部	5年に1回
経営	「経済センサス」(中間年に簡易調査あり)	総務省統計局	5年に1回
	「工業統計表」	経済産業省	年1回
	「工業実態調査」	経済産業省	3年に1回
	「わが国企業の経営分析」	経済産業省	年2回
	「中小企業の経営指標」	中小企業庁	年1回
	「企業短期経済観測調査」	日本銀行	四半期
	「法人企業統計」	財務省	四半期別･年別
雇用	「国勢調査」	総務省統計局	5年に1回
	「就業構造基本調査」	総務省統計局	5年に1回
	「労働力調査」	総務省統計局	毎月
	「職業安定業務統計」	厚生労働省職業安定局	毎月
	「雇用保険業務統計」	厚生労働省職業安定局	毎月
	「雇用動向調査」	厚生労働省統計情報部	半年に1回
	「学校基本調査」	文部科学省生涯学習生活局	毎年
家計	「消費者物価指数」	総務省統計局	毎月
	「小売物価統計調査」	総務省統計局	毎月
	「家計調査」	総務省統計局	毎月
	「消費水準」	総務省統計局	毎月
	「標準生計費」	人事院	年1回
	「生計分析調査」	東京都総務局統計部	毎月
生産性	「労働生産性指数」	日本生産性本部	毎月
経済動向	「労働経済動向調査」	厚生労働省統計情報部	四半期別
	「生産・出荷・在庫・稼働率等」	経済産業省	毎月
	「企業物価指数」	日本銀行	毎月
	「国民経済計算年報」	内閣府 経済社会総合研究所	四半期別
	「機械受注実績統計調査」	内閣府 経済社会総合研究所	毎月
	「経済見通し」	内閣府 経済社会総合研究所	年1回
	「消費動向調査」	内閣府 経済社会総合研究所	年4回
	「法人企業動向調査」	内閣府 経済社会総合研究所	年4回
	「景気動向指数」	内閣府 経済社会総合研究所	毎月
労使関係	「労使関係総合調査」	厚生労働省統計情報部	毎年
	「労働争議統計調査」	厚生労働省統計情報部	毎年

生産性労働情報センター購読会員のご案内

当センターは、広く働くことに関わる、様々な労働問題や労使関係、個別企業の人事・賃金問題、キャリア育成、ワーク・ライフ・バランスについてのデータ集積や調査研究を実施し、書籍・刊行物としてご提供しています。また、刊行物をベースとした、時事に富んだテーマでの出版セミナーを開催し、直に著者の講演を聴き、情報交換の場を設定しています。さらにご希望に応じ、書籍をベースにした出張セミナー・講師派遣も行っています。

年間購読会員制度を設け、ご入会の皆様へは毎月定期的に、
①働くことに関連する「書籍」
②時事に富んだ、様々な「調査報告書」や定期的刊行の「統計集」
③働くことの情報誌「ワークライフ（年数回）」　をお送りしています。
さらに、年間購読会員の皆様は、各種出版セミナーに特別割引価格で優先的に参加することができます。会員制度のパンフレットや、刊行物／セミナーはホームページをご覧ください（https://www.jpc-net.jp/lic/）。

また、web上で過去のワークライフ誌や活用労働統計、生産性新聞のバックナンバーを閲覧できる、「みるしるさがす」をご利用いただけます（会員にID・パスワードをご案内）。

2024年版 活用労働統計
—生産性・賃金・物価関連統計—

ISBN 978-4-88372-610-3 C2033 定価 2,200円（本体2,000円+税10％）

2024年（令和６年）１月22日　印刷
2024年（令和６年）１月29日　発行

編集
発行所　公益財団法人日本生産性本部
生産性労働情報センター
〒102-8643 東京都千代田区平河町２－13－12
電　話：０３（３５１１）４００７（直通）
ＦＡＸ：０３（３５１１）４０７３（直通）
URL：https://www.jpc-net.jp/lic/
印刷／製本　第一資料印刷株式会社

乱丁・落丁の際はお取り替えいたします。

＜生産性労働情報センター関連書籍ご案内＞

ＳＤＧｓ実現へ、新しいステップ　～労使の役割と現代ＣＳＲの活用～

ＩＬＯ協議会　熊谷　謙一　著

ＳＤＧｓは2015年のスタートから2030年のゴールに向けて折り返し点を迎え、これまでの共感と理解の段階から、実践と達成へのステップへの移行が求められています。いま求められていることは、社会の核となる組織での取り組みの質的な強化です。とりわけ、企業と労働組合は、市民組織と連携しながら、具体的な活動を強化し、その本気度を社会に示していかなければなりません。

幹部がバッジを付ける、ＣＳＲ報告書やサスティナビリティレポートで一通り紹介するような活動は切り替える必要があります。本書はそのような考えから、労使の職場リーダーなどを対象に、ＳＤＧｓの背景、構成と内容、推進のメカニズム、企業での実践を解説し、実現に向けての取組みを提案しています。

A4・191頁 定価2,200円（10%税込） 2022年11月刊行 ISBN 978-4-88372-594-6

労働組合現場執行役員のためのＱ＆Ａ５０　改訂増補版

村杉 靖男　白石 哲也　前田 修平　宮本 亮　著

職場で多くの課題に直面する労働組合執行委員のため、１）ケース、２）スタディ（考えられるリスクと執行委員としての基本姿勢)、３）アクションおよびアドバイス、４）関連法令・判例等から構成される、課題解決に向けた職場で起こりがちな、５０のケース&アドバイス集。

初版から10のケースを新規収録し、既存ケースは法令改正や社会環境変化を鑑みアップデートしています。

国内外での厳しい企業間競争にさらされ、また労働環境がはげしく変わるなか、仲間である組合員のために役割を果たすべく、専従であればもちろんのこと、非専従であれば仕事と二股をかけながらも努力している労働組合役員。そんな、職場の労働環境であり企業の発展に重要な役割を果たしている労働組合役員を、何らかの形で応援できないかと編集されています。

A5・324頁 定価2,750円（10%税込） 2020年7月刊行 ISBN 978-4-88372-569-4

全国大手書店・ネット書店ほかにて好評発売中。生産性労働情報センターホームページからもお求めいただくことができます（http://www.jpc-net.jp/lic/）

昇給管理の考え方とその進め方

～働く人の幸せと日本の成長のために～

河合 克彦　（編集協力）藤井 公明・中野 剛　著

日本経済の今後の成長と、そこで働く労働者の幸福を考えれば、将来の付加価値獲得のベースとなる人的資本に投資を行い、人件費にも適切に収益を分配し、労働者が潤い、消費も増加し、経済が活性化する経済社会を目指す必要があります。本書では、賃金・昇給に関する基本知識を確認し、若年層や管理職別のこれからの昇給管理の方向性、総額人件費管理としての人件費原資管理をどのように行っていくか、考えます。また、昇給計算の実際としてモデルを設定し、具体的に解説します。

A5・210 頁 定価 2,200 円（10%税込） 2022 年 11 月刊行 ISBN978-4-88372-597-7

生産性向上に効くジョブ型人事制度

～組織の成熟度を上げるための新しい評価とは～

コーンフェリー・シニアプリンシパル　加藤　守和 著

職務よりひとに焦点を当てた人事マネジメントを行ってきた日本企業でなぜ、ジョブ型雇用はなぜ取り入れるべきなのでしょうか？いかに取り入れると、付加価値を高め、生産性向上につながるのでしょうか？それには、どのように運用すればよいでしょうか？

本書では人事領域での多様な経験を持つ筆者が、「生産性向上に効く」ジョブ型人事制度について解説し、処方箋を示しています。

A5・174 頁 定価 2,200 円（10%税込） 2021 年 3 月刊行 ISBN978-4-88372-579-3

コンピテンシー評価モデル集 –各社事例にみる評価と活用- [改訂増補・第５版]

青山人事コンサルティング株式会社代表取締役　佐藤　純　著

コンピテンシー評価制度とは、高業績者に共通する行動特性を抽出して、それを評価制度に体系化したものです。しかし、コンピテンシーの行動特性にまで深く踏み込んでいる解説書に乏しいという声もあります。本書は実際に導入して好評を得ることができたという事例を掲載したモデル集であり、職務調査の結果としてのコンピテンシー行動特性を具体的にまとめ、体系化されたモデル事例を紹介しています。

今回の改訂では全体改訂と、第 14 章を増補し「資格等級別のコンピテンシー評価基準の事例」「コンピテンシー評価要素の定義例」を紹介しました。

B5・154 頁 定価 2,200 円（10%税込） 2015 年 7 月刊行 ISBN978-4-88372-498-7